U0528092

顾昕，浙江大学公共管理学院教授，浙江大学社会治理研究院首席专家，浙江大学民生保障与公共治理研究中心高级研究员，北京大学国家治理研究院高级客座研究员，教育部-浙江省省部共建社会组织与社会治理协同创新中心学术委员会委员。

浙江智库　求是智库　｜社会治理创新研究系列丛书｜

社会治理

理念的普适性与实践的复杂性

顾　昕　著

浙江大学出版社
·杭州·

前言　作为一种治国理念的社会治理

本书试图超越对社会治理的传统解读和主流应用。传统的解读是将社会治理视为对社会事务的治理，这一解读不仅在中文世界流行，而且在国际文献中亦有踪迹；基于这一解读，中文文献进一步将社会治理局限于对基层事务的治理，尤其是对基层民政事务和治安事务的治理。与传统解读和主流应用不同，本书将社会治理视为一种治国理念，其核心内容是多方治理主体协作互动，多种治理机制互补嵌合。秉持这一解读思路，社会治理的理念在学术上为我们透视公共治理提供了一个双维视角。由此，社会治理理念的适用性不再局限于社会事务（尤其是民政事务）的狭窄领域，而是能够遍及绝大多数社会经济领域的公共治理。践行社会治理的理念，实现多方治理主体共建共治共享、多种治理机制互补嵌合协同，是诸多政策领域公共治理创新的关键所在。本书以创新驱动、产业转型、福利提供、住房保障、扶贫减贫、生态保护、医疗保险、健康服务、政府创新等诸多领域的理论探讨与经验研究，展示了社会治理作为一种理念的广适性。政府、市场和社会协作互动，从而完善行政机制、增强市场机制、激活社群机制，建立运作良好的社会治理共同体，是公共治理理论和实践在新航程中开新篇、创新局的关键所在。

本书的第一章首先对社会治理的概念进行了简要的学术史梳理，其中较具特色的是对这一概念在英文文献中的使用加以概述并与中文文献的使用加以对比。对学术史的梳理揭示了三点：第一，作为一个学术概念，社会治理在中英文文献中都有两重意涵，一是特指对社会事务的治理，二是与新公共治理、协作治理和互动治理等同，基本上意指政府、市场和社会多方主体在治理中的协作互动，其中也蕴含着行政机制、市场机制和社群机制在治理中的互补嵌合；第二，社会治理的第二重意涵逐渐被淡忘，具体表现在中文文献主要是在第一重意涵上使用这一概念，而英文文献则以协作治理或互动治理替代了社会治理;第三,社会治理在中国成为政府的治国理念,其内容则与上述社会治理的第一重意涵等同。由此,本书认为,必须重新重视社会治理的第一重意涵并在学术上加以厘清和深化,第一章正是开展了这一尝试,试图汲取经济学、政治学、社会学和公共管理学等多学科的思想,将社会治理建构为一个分析框架,以利对诸多领域的公共治理实践进行学术分析。

本书的主干呈现了将经过重新解读的社会治理应用于诸多领域公共治理研究的努力。这些研究的性质和类型是多样的。既有理论分析,例如旨在为经济创新、产业转型、政府创新及政策企业家行动的蓬勃发展,建立新的分析框架;也有规范研究,例如从治理角度为中国福利国家建设及医疗保险和健康服务的高质量发展提供学理依据;还有经验研究,例如通过对中国产业扶贫、森林防火治理两个案例的研究,以及对荷兰社会住房治理案例的研究,揭示社会治理作为一种治理理念的广适性和重要性。尤其值得一提的是,笔者自2005年以来卷入中国新医改争论,被视为所谓"医改市场主导派"的代表人物之一。可是,笔者近十年的医疗政策研究已经超越了曾经涉入的政府与市场之争,而是致力于发展一种医疗保险和医疗服务的新治理理论,其要旨是在政府与市场之外引入社会,探究行政机制、市场机制和社群机制各得其所、相得益彰之道。笔者对医疗政策以及中国医疗体制改革开展了近20年的研究,成果汇聚在浙江大学出版社2022年出版的《人民的健康》(上、下卷)之中。这两卷本论著颇为冗长,多达80余万字,其中不乏琐碎的技术性论述,对不了解医疗政策的读者来说并不友好。本书将笔者有关医保和医疗治理的研究浓缩为四章,以利关注社会治理理论的读者快速且全面地了解医疗卫生健康事业公共治理完善与其他社会政策领域治理变革的相通性。

除了作为结语的最后一章,本书各章的早期版本曾在各种学刊上刊出。收入本书时,笔者进行了整合和充实,由此可弥补单篇论文读起来支离破碎的缺点,可为读者就相关问题提供相对系统的图景。笔者在每章的第一个脚注中列出了刊发拙文的学刊,以表谢忱。在这里,我要向这些刊物的主编或责任编辑,《国家现代化建设研究》的王浦劬和关海庭、《公共行政评论》的朱亚鹏、《学习与探索》的房宏琳、《经济社会体制比较》的刘承礼和纪宛伯、《河北学刊》的王维国和把增强、《中国公共政策评论》的岳经纶、《广东社会科学》的左晓斯、《公共管理与政策评论》的何艳玲、《武汉科技大学学报(社会科学版)》的许斌、《中国社会科学》的冯小双、《保险研究》的孟慧新、《社会保障研究》的仇雨临、《中国医疗保险》的刘砚青、《东岳论丛》的韩小凤、《公共管理评论》的梅赐琪,深致谢意。他们要么向笔者约稿,客观上督促了总梦想"躺平"的笔者坐起来,要么精心完成了对笔者投稿的编辑工作。本书若干章的早期版本,是笔者与所指导的学生共同完成的,在此一并感谢其辛劳和付出,他们是彭云、韩鑫、杨艺、周凌宇、赵琦、惠文。

最后,我要感谢浙江大学公共管理学院和社会治理研究院的同仁,尤其是郁建兴、王诗宗和沈永东,他们对本书写作和出版给予了卓有成效的助推。

目　录

第一章　社会治理理念的学术传承：多方主体协作互动、多种机制
　　　　互补嵌合 / 1

第二章　创新体系的建设与发展：行政机制、市场机制和社群机制的
　　　　互补嵌合 / 43

第三章　产业政策与产业发展的治理：国家—市场—社会的协作
　　　　互动 / 72

第四章　中国福利国家的建设：增进市场、激活社会、创新政府 / 122

第五章　社会扶贫中的协作互动治理：山东乡村的创客项目 / 163

第六章　让协作互动治理运作起来：荷兰住房协会与社会住房
　　　　提供 / 182

第七章　行政引领型的社群治理：山东乡镇护林防火体系建设的
　　　　案例 / 204

第八章　全民医保高质量发展的社会治理：中国经验的理论反思 / 228

第九章　医保支付改革的社会治理：理论分析与经验总结 / 273

第十章　医疗卫生服务的治理体系：行政化、市场化、社会化 / 325

第十一章　基本卫生保健的治理：中国"强基层"实践的理论
　　　　　反思 / 391

第十二章　协作互动式政府创新：一个分析性概念框架 / 440

第十三章　政策企业家的涌现：动机激励、创新空间与治理结构 / 460

第十四章　结语与思考：走向社会经济发展的社会治理新范式 / 492

参考文献 / 503

第一章 社会治理理念的学术传承:多方主体协作互动、多种机制互补嵌合[①]

在中国,社会治理早已成为引人关注的学术论域、公共实践和施政理念。然而,无论是在学术上还是在实践中,社会治理的所指都具有高度的多样性和歧义性。最为重要的是,社会治理是中国共产党和政府确立的一个治国理念,可是,无论是在学术解读之中,还是在具体实践之中,这一治国理念都被缩减为一个治理领域。社会治理的适用面基本局限在基层社会与政法事务的治理领域,仿佛与经济事务、文化事务和国际事务无关。

中共中央于 2019 年 11 月 5 日发布了党的十九届四中全会决议,即《中共中央关于坚持和完善中国特色社会主义制度 推进国家治理体系和治理能力现代化若干重大问题的决定》,提出"坚持和完善共建共治共享的社会治理制度","建设人人有责、人人尽责、人人享有的社会治理共同体"。[②] 社会治理成为一种治国理念,可谓四海瞩目。这一治国理念是人类公共治理学术前沿探索的思想精华,更是协作互动治理理论在中国国家治理体系现代化实践中的理念体现。

可是,作为一种治国理念的社会治理,在学术解读和具体实践中,要么被用作各种社会事务治理工作的总称,要么被具体化为政法介入的民政工作,即确立民生保障、完善社会服务与维护社会稳定。对社会治理的这一流行解读,不仅窄化了中国共产党治国理念的适用面,而且狭化了这一理念的理论意涵,降低了这一理念的思想高度。实际上,社会治理的理念不只是中国国家治理经验的总结,也是人类治

[①] 本章内容的早期版本曾经发表于:顾昕,《作为治国理念的社会治理——学术传承与理论建构》,《国家现代化建设研究》2024 年第 1 期,第 115—129 页。

[②] 《中共中央关于坚持和完善中国特色社会主义制度 推进国家治理体系和治理能力现代化若干重大问题的决定》,中国政府网,2019 年 11 月 5 日,http://www.gov.cn/xinwen/2019-1/05/content_5449023.htm。

理思想和实践精华的结晶;其适用面,并不限于社会事务的治理,而是广及经济、法律、文化和国际事务的治理。因此,我们有必要对社会治理的中国理念在全球性治理变革的国际理论探索中加以再定位,将社会治理共同体建设的理论意涵与中国国家治理体系现代化的实践及其在中国式现代化中的体现有机地勾连起来。

考察治理体系及其变革有两个学术维度:一是治理主体间关系;二是治理机制间关系。尽管公共事务治理的参与者众多,但也可以概括为三类,即国家(政府)、市场(企业)和社会(行动者)。国家—市场—社会的关系,尤其是三者的职能范围或三者的运作边界,以及三类主体之间的协同性或嵌合性,成为无数社会科学文献的主题。相较于以治理主体间关系为中心的视角,探究治理机制之间的关系并以此视角透视治理变革的努力,散及政治经济学、经济社会学、发展社会学和公共管理学等诸多领域的学术文献之中,但是,以治理机制为中心的视角,在国内外学术界依然有待发展成熟。治理主体间互动关系的变化固然重要,但治理机制间关系的变化对国家治理体系现代化的影响,更为深入、持久和深远。不同治理机制对行动者构成了不同的激励结构。着重研究治理机制之间的关系,能为深入探究国家—市场—社会关系的变革,进而探索国家治理体系现代化的创新之路,开辟新的视野。

虽然人类社会经济生活的治理模式多种多样,但可将其归约为三大类,即行政治理(多称"等级治理")、市场治理和社群治理(有时以"网络治理"代替)。行政治理通过行政机制发挥作用,发生在所有大型等级组织、公共部门和政府机构之中,更是主要体现在政府职能的行使之中,其特征是"命令与控制"(command and control);市场治理通过市场机制发挥作用,体现在身份平等的市场参与者基于契约的自愿交易,基本特征是"选择与竞争"(choice and competition)(Le Grand,2007);社群治理通过社群机制发挥作用,基本特征是相互密切关联的个体形成各种形式的社群,基于对共同价值与社群规范的"认诺与遵从"(commitment and compliance),协调社群成员活动并开展集体行动(Bowles,2004:474)。

行政机制和市场机制的重要性已经广为人知,并在学术文献中得到了较为充分的探究;相对而言,对社群机制重要性的认知,无论是在学术还是在实践中都远远不足。反映在社会科学文献中,尽管对社群治理各种亚类型的研究已经相当深入,但相关的知识并未整合到一个更具有概览性和包容性的理论框架之中。"社群机制"这个词的使用频率远不如"行政机制"和"市场机制"。尤其是,无论是"社群机制"还是"社群治理",均未在中文社会科学文献中成为通用术语。实际上,社群机制发挥作用的领域遍及各种公共和私人事务。依据社群形式的不同,社群治理的亚类型包括群体治理、法人治理(Hopt and von Hippel,2010)、协会治理(Coleman,1997;Friedman and Phillips,2004)、网络治理(Goldsmith and Eggers,2004;Ehrmann,et al.,2013)、联盟治理(Reuer,et al.,2010;Otieno,et al.,2016)和社区治理(McAllister,2005)等。在很多涉及治理的早期文献中,常常存在着将网络治理机制与等级治理机制和市场治理机制并列的现象(Powell,1990;Thompson,et al.,1991),这实际上是用社群治理的一个重要子集代表了各种各样的社会治理机制。

自 20 世纪 70 年代以来,世界各地的国家治理体系发生了深刻的变化,相应地,治理变革实践激发的理论范式转型大体上经历了三波发展浪潮。第一波发展以新公共管理(new public management,NPM)及管理主义(managerialism)的兴起为标志,其主要内容是将市场力量和市场机制引入以行政机制为主导的公共部门运作和国家治理实践之中。第二波发展以自我治理、网络治理、协会治理、参与式治理、民主治理、多中心治理、共同生产(co-production)等思想的提出为标志,其核心内容是让社群机制发挥基础性作用,让公民社群或社会组织主导公共事务的治理。体现在社会组织自我治理或多中心治理之中的社群治理不仅是公共治理的第三种选择(Ostrom,1990),超越了行政治理和市场治理,甚至可以成为一种主导性的选择(Ostrom,et al.,1992)。在社会中心论的视角中,自我治理被视为能促成独立个体间自愿性合作的有效治理模式(Myers,1999),也常被视为一种优越于行政治理和市场治理的治理模式(Leeson,2014)。

这两波范式转型的共同点,在于试图克服韦伯式公共行政传统中层级制和行政化治理独大所产生的弊端,要么以市场治理,要么以社群治理予以弥补或矫正。尽管这两次范式转型浪潮中的许多文献注意到政府与市场、国家与社会关系的复杂性,但有意识地关注行政—市场—社群机制的嵌合式关系的却很少,而这成为第三波发展的主题。

作为第三波发展浪潮的标志,新公共治理(new public governance,NPG)一度成为热点,但很快,协作治理(collaborative governance)和互动治理(interactive governance)的兴起被视为治理理论的新范式。这两种新的治理理论,不仅阐发者有交叉(Ansell and Gash,2008;Torfing,et al.,2012;Torfing and Ansell,

2017),而且在内容上具有两个共同关注点:(1)国家、市场和社会多方行动者如何协作与互动,其中既包括国家与市场、国家与社会之间的纵向协作,也包括市场与市场、市场与社会、社会与社会之间的横向协作;(2)行政机制、市场机制和社群机制如何相得益彰。在加以整合之后,协作互动治理理论不仅进一步深化了有关市场机制和社群机制积极作用的认识,而且强调了不同治理机制之间互补嵌合的重要性,并考察了行政力量和行政机制在互补嵌合性建构中所发挥的元治理作用。这一取向与前两波发展浪潮中对行政治理积极作用的贬低,构成了一种扬弃,同时也为深刻理解通过行政机制与市场机制和社群机制的互补嵌合实现政府职能转型和公共治理变革开辟了新的视野。

国际学界在协作互动治理上的理论建构与中国弘扬的社会治理的理念取向是高度合拍的;或者说,中国社会治理的理论建构完全可以汲取国际治理研究领域前沿的学术精华,从而使中国国家治理体系现代化建筑在人类文明思想精华的基础之上。实际上,"社会治理"作为一个学术概念出现在中国学术文献之中,本来就与"协作治理"的引入有关。"协作治理"的理念曾在中国学界激起了广泛共鸣,这一舶来品也被译为"合作治理"或"协同治理",并被注入了丰富的中国元素。强调多元主体共治的协作/合作/协同治理不仅被视为"人类社会治理模式的全新形态"(张康之、张乾友,2011),而且也被认为必将在中国公共治理创新的实践中成为现实并形成中国的特色(敬乂嘉,2015)。在协作/合作/协同治理的话语基础上,中国学界发展了"社会治理"的理念,多方主体在中国各地诸多社会事务领域开展了社会治理共同体建构的广泛实践,为社会治理成为国家治理体系和治理能力现代化的施政战略夯实了基础。

值得注意的是,社会治理并非纯粹的中国概念,也并非在中文中独有。在受到中国学界广泛关注之前,社会治理(social governance)在国际文献中曾以两种意指出现:一种是指社会事务的治理,常常与经济治理(economic governance)并列(Hirst, 1993);另一种是指多方利益相关者形成合作伙伴关系的治理模式,既体现在地方治理(Reddel, 2005),也适用于全球治理(Kaasch and Martens, 2015)。这同中国语境下"社会治理"所指的多样性和歧义性是相似的:一种是指一些特定的治理领域;另一种是指特定的治理理念。但是,无论在哪一种意义上被使用,"社会治理"一词在国际文献中都并不常见;尤其是就后一种意指而言,"社会治理"一词的流行度远远比不上"新公共治理"和"共同生产",以及后来的"协作治理"和"互动治理"。在这一点上,国内外的情形相似。大多数中国学者主要是在社会事务治理领域的意义上使用"社会治理"这一概念,只有少数学者尽管基本上也是如此,但也试图突出从政府全责全能型社会管理向多方主体合作协同型社会治理这一理念转型对于国家治理现代化的重要意义(王春光,2015;郁建兴,2019)。本书将进一步开展后一种探索,通过梳理公共管理的理论变革,为作为一种治国理念的社会治理建立一个初步的理论框架,期望在理论上有所创新,为各社会事业领域的治理创新提供有益的借鉴。

一、公共管理的理论变革:以主体为中心的视角

在公共管理和公共政策的相关国际文献中,"治理"一般泛指政府对公共事务协调管控的各种制度和行为(van Heffen, et al., 2000),因此实际上与"公共治理"同义;而对于没有政府涉入的私人事务的协调,则用"民间治理"或"私人治理"(private governance)一词来指涉(Stringham,2015)。国家治理体系的现代化或公共治理体系的变革,是一个全球性的浪潮。这一浪潮的冲击力,在于国家、市场和社会的关系所发生的深刻变化。同样,在中文文献中,公共治理创新的要义在于调整国家、市场和社会的关系,重点在于政府职能的调整和转型(汪玉凯,2014),而"放管服"则是政府职能调整与转型的核心(汪玉凯,2018),同时,政府权力的运用还必须得到适当的规制(胡税根、翁列恩,2017)。为此,学界和政界取得的共识可以概括如下:市场能办好的,就放给市场;社会可以做好的,就交给社会。[①] 政府的职责是管住、管好其应该管的事务,即弥补市场不足与社会不足,矫正市场失灵和社会失灵。

无论在理论还是在实践中,以政府行政力量对各类公共事务尤其是社会事务实施自上而下的行政管理,在公共治理中常常占据主宰性的地位。这一现象可被称为"治理行政化",可被视为公共行政的传统实践模式。治理行政化的现象并非中国独有,而是在世界各地普遍存在,即便是在市场机制占主导地位、社会力量颇为活跃的国家和地区也是如此(Peters and Pierre,2003)。治理行政化的弊端既

---

① 《李克强谈机构改革:市场能办的多放给市场 社会可做好的就交给社会》,人民网,2013年3月17日,http://leaders.people.com.cn/n/2013/0317/c58278-0816505.html。

普遍也常见,公共治理变革应运而生,其大趋势是去行政化,即打破单一行政力量和行政机制主导公共部门运行的既有格局,让政府、市场和社会多方主体展开协作互动,让行政、市场和社群机制形成互补嵌合的格局。

政府、市场和社会主体间的关系,或国家—市场—社会关系,尤其是三者的职能范围、运作边界及相互影响,是经济学、社会学、政治学和公共管理学领域中一个基础性的永恒命题。在大多数既有文献之中,国家、市场和社会被视为三类行动主体(actors)或三个部门(sectors),得到重点关注的议题是三者的职能范围或三者之间的边界。尤其是,关于政府在社会经济发展中究竟扮演什么角色(Tanzi,2011)、政府的边界(张维迎、林毅夫等,2017)、政府超越市场和社会的影响力而拥有的国家自主性(Nordlinger,1981),以及市场和社会在政府干预无所不在的现代世界中如何保持自己的自主性(Trigilia,2002:75)等问题,均成为研究的重点。

当然,不同学科对三者关系的研究重点不一,例如,经济学曾主要关注国家与市场的关系,政治学和社会学曾主要关注国家与社会的关系,而作为社会学子学科的经济社会学非常关注市场与社会的关系,但这种关注重点上的学科间差异现在已经基本上消失了。考察三类主体间关系的文献汗牛充栋,要对这些文献进行完整的、系统性的考察,即便是单部论著都难以胜任,恐怕需要多卷本论著方能实现。就本书的主旨而言,有两类文献值得特别重视:其一关注三类主体的自主性;其二重视三类主体之间的相互依赖性或嵌合性。

讨论国家、市场和社会自主性的文献关注其中一类主体如何不受其他主体干预以保持独立自主运作的空间,并据此分别强调国家、市场和社会在推动社会经济发展中的主导性,其中,发展政治学、发展社会学和发展政治经济学中的国家中心论(state-centered approach)和社会中心论(society-centered approach)分别重视国家或社会的主导性,而市场原教旨主义及在此基础上形成的新自由主义意识形态高扬市场主导性。在这些文献中,国家与市场、国家与社会这种二元对立型概念框架往往成为社会经济政治生活的分析工具。然而,正如美国哥伦比亚大学社会学系教授玛丽·鲁吉(Mary Ruggie)在一部比较研究美国、英国和加拿大医疗卫生体制的论著中精辟指出的,诸如"国家对市场""强国家对弱市场""监管对竞争"等二元对立型概念,已经无法用来分析当代社会体系(包括医疗体制)的复杂性(Ruggie,1996:259)。美国弗吉尼亚大学的政治史学家从国家—市场—社会协同的视角所展开的历史分析揭示,美国政治生活的最重要、最值得弘扬的特征在于国家与各种民间市场与社会组织(例如大学、营利性与非营利性法人、自愿性组织等)协作互动,使得美国的国家治理体系达成一种协会式协同的境况(Balogh,2015)。

于是,重视三类主体相互依赖性或相互嵌合性的文献应运而生,其重点在于考察国家、市场和社会协同格局的形成及其对社会经济政治生活的重要意义。从数量上看,讨论嵌合性的文献已经在诸多学术领域超越上述讨论自主性的文献。由于讨论嵌合性的文献同样不计其数,难以尽述,以下仅仅论及前文提及的近30年来在国际公共管理学界兴起的若干密切相关且颇具重叠性的新理论概念,包括新公共治理、共同生产、协作治理、互动治理和社会治理。这些新概念都强调国家、市场、社会三类主体协作与互动对于公共治理体系运转良好的重要意义。

这些新理论均试图超越公共治理的基础性和传统性理念,即韦伯式公共行政。尽管不乏复杂性,但公共行政基本上是一种行政化的治理模式,以马克斯·韦伯(Max Weber)对科层制理想类型的刻画为蓝本,其特征是政府对公共事务实施自上而下的管理,行政力量和行政机制在其中发挥主导作用。作为一门学问,公共管理就是以超越公共行政为目标而发展起来的(Hood,1991),作为一门学科的公共行政自20世纪90年代就有衰落之势(Chandler,1991),而公共治理的理论和实践经历了从政府主导的公共行政传统向新公共管理、共同生产与多中心治理,再向新公共治理,最终向协作互动治理的转型。

治理理念和实践的兴起是在多种名号下展开的。在早期发展阶段,以强化透明性、回应性、参与性和问责性为重点的"善治"(good governance),成为推进社会经济发展的重要治理手段(Smith,2007)。这一理念的出现并不具有范式转型的意味,因其要害在于改善行政机制的运作,可以说是对公共行政完善之举的提炼。但是,善治理念中对参与性的关注孕育着范式转型的种子,这预示着在行政机制的运作中非系统性地引入一定的社群机制。很快,这一种子在不同的学术土壤中萌芽成长。首先,"没有政府的治理"在国际政治经济学界(Rosenau and Czempiel,1992)和国内经济社会研究(Rhodes,1996)两个领域相继兴起。这一理念近乎取消了行政机制的作用,以致Chandler(1991)甚至预言作为一种学科的公共行政将进入衰退期,真可谓极端的去行政化,受到公共行政学者的强烈质疑(Pierre and Peters,1998)。继而,以参与式治理、民主治理、多中心治理、网络治理、共同生产等思想的提出为标志,多种治理理论风起云涌,但其核心内容都是让社群机制在人类生活诸多领域尤其是公共事务的治理中发挥基础性作用,让公民社群或社会组织主导公共事务的治理。

公共管理取代公共行政的另一个重大学术标志是新公共管理运动的兴起。新公共管理的要害在于将市场力量引入公共行政,从而使国家与市场形成合作伙伴关系(Ferlie, et al.,1996)。新公共治理是公共管理学界在反思新公共管理超越传统公共行政时提出的一个新思路,试图借鉴社会学中的制度和网络理论,为公共管理建构一个多方主体通过网络式、关系性协商实现协同治理的新思维方式和新实践路径(Osborne,2010)。尽管其倡导者有意将其发展为一个新的理论范式,但由于未能澄清"旧公共治理"指什么,以及"新公共治理"到底新在何处,"新公共治理"仅仅停留在一种思路上,最终没有成形为一种理论范式,但却指出了公共治理理论发展的方向。

在新公共治理登堂入室之际,"共同生产"的理念异军突起,并与同时出现的网络治理、民主治理、参与式治理、多中心治理等概念交相呼应,共同将社会力量在公共治理体系的主导性作用突出出来。共同生产是奥斯特罗姆(Elinor Ostrom)领衔的布鲁明顿学派(the Bloomington School)提出来的一个概念,意在借鉴工商管理学界中将消费者参与纳入生产过程的理念,倡导公民作为公共服务的消费者介入公共服务的治理,以突出公共服务递送中公民社群参与的重要意义(Ostrom, et al.,1978;Parks, et al.,1981)。以超越国家与市场为取向,布鲁明顿学派是治理研究领域中社会中心论的典范,这集中体现在其核心概念"多中心性"或"多中心治理"之中(Cole and McGinnis,2014),而共同生产概念中所蕴含的公民介入(civic engagement)也是多中心治理的核心之一。2009年,奥斯特罗姆获得诺贝尔经济学奖后,其倡导的多中心治理思想成为一种新理论范式,而共同生产的概念也在公共管理学界日渐流行,如新公共治理概念的提出者也在其论文中改用"共同生产"一词(如:Osborne and Strokosch,2013;Osborne, et al.,2016)。然而,如果加以细辨,新公共治理与共同生产实际上有着重大差别,共同生产的理念具有强烈的社会中心论色彩,而新公共治理则有所超越,开始重视国家、市场和社会多主体协同的重要性。

无论是新公共管理,还是新公共治理,或是共同生产等理念,都刻意高扬了市场主体或社会主体在公共治理体系中的主导地位,相对来说削弱了国家行动者在新治理范式中的重要性。这对于这些理论旨在超越的公共行政传统来说,颇有矫枉过正之嫌。鉴于此,尤其是针对新公共管理所推动的公共服务市场化倾向,出现了新韦伯国家(the neo-Weberian state,NWS)理论的反弹,试图将国家重新拉回到公共治理视野的中心位置(Pollitt and Bouckaert,2011)。新韦伯国家理论强调行政力量主导善治的可能性和必要性,重点放在强化等级制或层级式公共组织对民众需求的反应性,同时提升行政治理的透明性(Dunn and Miller,2007)。

沿着新公共治理理念所昭示的新方向,协作治理和互动治理作为理论新范式兴起,试图矫正各种新理念高扬某一类主体在治理体系发挥主导性作用的倾向,转而探究多方主体共融互补协同之道。实际上,在新公共治理未成气候,以及共同生产尚未流行之际,协作性公共管理的思想就已出现了(Agranoff and McGuire,2003),其强调在一个多方主体建构的网络中实现有效的公共管理(Agranoff,2007)。同时期兴起的网络治理理论,尽管依然有强烈的社会中心论倾向,但也提出了多方治理主体通过网络建构参与公共治理的想法(Goldsmith and Eggers,2004)。协作治理与网络治理的思想发生共振,最终使得国家—市场—社会多方主体协同的思想在公共管理学界确立了主导位置(Agranoff,2012)。在这个过程中,更为简洁的"协作治理"一词超越"协作性公共管理"变得更加流行(Ansell and Gash,2008;Donahue and Zeckhauser,2011;Emerson and Nabatchi,2015),成为这一理论范式的新标签。此后,协作治理、共同生产和网络治理有趋同和整合之势(Poocharoen and Ting,2015)。这一趋势也同前述社会学和政治学中重视国家—市场—社会协同的学术趋势交相呼应。

互动治理理论(Torfing,et al.,2012;Jentoft and Chuenpagdee,2015)与协作治理理论一脉相承,两者又都建基于民主网络治理理论(Sørensen and Torfing,2007),而且在理论发展中,互动治理理论将协作治理理论的精华内容基本上悉数纳入。互动治理理论与协作治理理论具有很多共同的关注和主张,其倡导者也多有合作(如:Ansell,et al.,2017;Ansell and Torfing,2022),但两者也有微妙的差别。在互动治理理论中,国家、市场和社会通过频密、制度化的互动,对于涉及社会经济政治发展的公共事务,形成共同的目标,凝聚共享的价值观,建构共同遵守的行为规范和制度,从而达成良好的治理(Edelenbos and van Meerkerk,2022)。与协作治理理论相比,互动治理理论最为显著的特色之一是更加关注考验政府或行政力量在多方主体协作互动网络建构与运作中无可取代的独特角色和作用——元治理(meta-governance),即治理的治理。政府行政部门从统治者转型为治者,再转型为元治理者,超脱于对具体事务的治理,超脱于在服务递送上的大包大揽,超越于对市场组织和社会组织自上而下的控制,通过在网络建构、愿景确立、制度建设、互动管理、跨界沟通等方面发挥引领、支持、赋能和助推的作用,致力于实现治理体系的良好治理,这对公共治理的完善是至关重要的(Gjaltema, et al., 2020)。

在政府职能转型和公共治理体系变革的大背景下,社会治理的理念开始出现。在国际文献中,"社会治理"一词的用法有两种。一是与经济治理并列(Hirst, 1993),或与贸易治理、环境治理等并列(Kirton and Trebilcock, 2004),指称社会事务的治理;二是指称国家、市场和社会通过合作伙伴关系实施治理的模式,既见于地方治理(Reddel, 2005),也见于全球治理(Kaasch and Martens, 2015; Martens, et al., 2021)。实际上,无论在哪一种意义上被使用,"社会治理"一词在国际文献中都并不常见。就社会事务治理而言,国际文献常用"社会行政"(social administration)(Heisler, 1977; Lohmann and Lohmann, 2001)和"社会管理"(social management)(Argiolas, 2017)来指称。就治理模式创新这一意指而言,"社会治理"一词的流行度远远比不上协作治理、互动治理、共同生产,甚至新公共治理。

在中文文献中,协作治理理论在社会治理论述成为热点之前曾经受到广泛的关注,但其名称的中译呈现多样性,除协作治理之外,还有合作治理、协同治理等。这一理论被应用于对中国诸多领域和诸多层级公共治理变革实践的分析之中。新公共治理和共同生产的理念也都受到一定的关注并得到应用。可是,互动治理理论尚未受到广泛关注。中文文献中出现频次最高的概念无疑是社会治理,这一现象缘于社会治理理念从本土学术概念向政策理念的转变,而非自身的概念传承和学术积累。事实上,前文提及的社会治理相关国际文献,在中文文献中极少得到引证。但在思想脉络上,中国本土孕育的社会治理理念与社会治理的国际话语别无二致,同时也借鉴了国际学界协作治理和共同生产的思想。在国际学界出现新公共治理、共同生产、协作治理、互动治理等诸多理论趋同并整合的大背景下,将国际公共管理学界学术前沿的研究成果整合在中国本土中成长起来的社会治理的框架之中,既是适时的,也是必要的。

在中国语境中,"社会治理"一词也有两种用法:一种指称社会事务的治理,包括民政管理、扶贫脱贫、社区秩序、冲突管理、风险管控、信访维权、公共安全、网络监管等(冯仕政,2013;童星,2018),简言之就是政法介入的民政事务管理;另一种指称强调多方主体协同共治的治理理念及其制度化(张静,2019)。在2013年前后,中文文献常用"社会管理"一词来指称社会事务的治理(刘继同,2002;文丰安,2012;郁建兴、关爽,2013;张立荣、刘毅,2014),而前述英文文献中出现过的"社会行政"一词在中文中极为罕见。社会管理实际上是一种自上而下式的行政化治理理念和模式,而社会治理的概念在早期出现时与社会管理形成两种对立的态势:一是将社会治理视为以社会力量为主导的治理模式,对立于以国家力量为主导的社会管理(林尚立,2014);二是将社会治理视为多方主体通过互动网络实施治理的模式,对立于政府主导的一元化传统治理的社会管理(麻宝斌、任晓春,2011)。从社会管理到社会治理,一字之差,不只是概念的更迭,更是全新的改革理念的升华(周红云,2014)。很快,社会治理的后一种界定日渐流行。中国公共管理学界在借鉴国际治理变革理念的基础上,对以多方主体协同参与为特征的社会治理展开了广泛的探讨,并据此对地方治理中的创新实践和经验加以总结,试图以此超越社会管理的传统模式。

2019年深秋,社会治理从学术概念转变成中国共产党的治国理念。[①] 在中国共产党的治国理念中,社会治理的核心是社会治理共同体的建构,即政府、企业、社会组织等多方主体依据互动协商、权责对等的原则,针对回应治理需求的共同目标,自觉形成相互关联、相互促进且关系稳定的协作网络(郁建兴,2019)。在此之后,尽管"社会管理"一词的使用频次并未快速下降,但"社会治理"一词的使用频次则迅速攀升并后来居上。作为一种治国理念的社会治理,其适用范围理应从社会事务拓展到所有公共事务,包括经济事务,但在学术论述和治理实践中并未如此。只有少数文献尽管还是在社会事务治理的意义上使用社会治理这一概念,但也试图突出从政府全责全能型社会管理向多方主体合作协同型社会治理转型的重要意义(曾红颖,2019;郁建兴、任杰,2020)。无论如何,作为一种全新治国理念和中国实践经验的社会治理,经由中国学者如李培林(Li,2016)、郑之杰(Zheng,2020)、魏礼群(Wei,2021)、莫家豪(Mok,2022)等的论著的出版,以及韩国学者张京燮(Chang,2021)等的论著的出版,已开始在国际学界占据一席之地。而且,韩国学

[①] 《中共中央关于坚持和完善中国特色社会主义制度 推进国家治理体系和治理能力现代化若干重大问题的决定》,中国政府网,2019年11月5日,http://www.gov.cn/xinwen/2019-1/05/content_5449023.htm。

者也开始关注从国家中心主义向多方主体协同型社会治理转型对于韩国公共治理变革的重要意义(Kim,2015)。

社会治理理念在中文文献中的兴起是以治理主体为中心的理论思维的一种反映。无论社会治理适用范围的宽窄,所有文献都将多方治理主体协作分工视为社会治理共同体形成与运作的重要标志,在这一点上,中国的社会治理理念与国际公共管理学界前沿的协作互动治理理论是高度契合的。无论是在中国本土的社会治理理念中,还是在协作互动治理的西方理论中,国家、市场和社会都是通过制度化的网络建设达成良好的治理。这种协作互动网络,在中国的党和政府的治理理念中,以及在社会治理的学术论述中,就是"社会治理共同体"(郁建兴、任杰,2020)。

二、治理机制的互补嵌合:以机制为中心的视角

对治理主体间关系的研究往往蕴含着对治理机制间关系的考察,但突出后者并使之与前者有所区别,有助于提高分析的清晰性。无论是公共事务还是私人事务,使之协调有序的机制可谓多种多样,但归根结底可以归结为若干种。就此,不同学者以不同的术语提出了一些治理机制的类型学(typology)。

(一)治理机制的类型学

匈牙利著名经济学家雅诺什·科尔奈(János Kornai)在对社会主义经济体制的研究中曾把人类活动的协调机制(coordination mechanism)归结为五类:(1)科层协调,即个人和组织(行动者)之间建立上下级关系,上级通过命令与控制对下级的行动加以组织和协调;(2)市场协调,即行动者之间建立自愿交易关系;(3)自律协调,即行动者自愿加入民间组织,并按章程遴选管理层来协调其活动;(4)道德协调,即行动者自愿依照道德规范行事;(5)家庭协调,即行动者依照家庭或宗族的规范行事(Kornai,1992:91-109)。在此基础上,他对计划经济体制下经济生活的治理开展了系统性研究。在科尔奈的研究中,并未出现治理和治理机制等字眼,而在其开展研究的年代,治理或治理机制这类概念在经济学中尚未得到普遍采用,但其所使用的"协调机制"与后来在学界流行的"治理机制"是同义的。

总体上,经济学主流(尤其是新古典学派)的主干并不着力于研究各种治理机制,而是专注于对市场机制运行的刻画,尤其是关于市场机制显灵(成功)与失灵的

第一章　社会治理理念的学术传承:多方主体协作互动、多种机制互补嵌合

研究。新制度经济学巨擘、诺贝尔经济学奖得主奥利弗·威廉姆森(Oliver H. Williamson)可谓将治理机制研究系统性引入经济学的第一人,他把"治理机制"定义为协调人类活动的方式(Williamson,1996)。很显然,这同科尔奈的"协调机制"是一对可以互换的概念,涉及社会经济政治生活的所有领域。威廉姆森重点考察了等级治理、市场治理和混合治理。"等级治理"等同于科尔奈所说的"科层治理",即本书所说的"行政治理",而"混合治理"概念所指涉的现象比较庞杂,既包括体现在企业集团内部不同主体间的既有行政命令性又有市场交易性的关系,也包括主要体现在相互熟悉的市场主体间长期稳定交易往来中的"关系型契约"(Williamson,1985,1996),实际上就是经济活动的网络治理。

威廉姆森的研究是在另一位诺贝尔经济学奖得主、新制度经济学创始人罗纳德·科斯(Ronald H. Coase)的思想指引下开展的。科斯在其经典论文《企业的性质》中将企业中的科层等级与企业对外经营活动所涉及的市场视为经济活动的两种治理机制,即层级机制(或科层机制、行政机制)和市场机制,其相互替代关系的格局取决于层级治理成本与市场交易成本之间的比较和权衡(Coase,1937)。科斯的思想后来沿着两个不同的方向取得进展:一是威廉姆森创立的交易成本经济学(Williamson and Masten,1999;Carroll and Teece,1999),以及另一位诺贝尔经济学奖得主道格拉斯·诺斯(Douglass C. North)在科斯—威廉姆森传统中建立的交易成本政治学(North,1990a);二是由众多经济学家联合发展的契约经济学或合同理论(Hart and Holmstrom,1987;Hart,1995),后来融入了信息经济学的大潮之中。契约经济学的扛鼎人物埃里克·马斯金(Eric Maskin)、让·梯若尔(Jean Tirole)、奥利弗·哈特(Oliver Hart)、本特·霍斯特罗姆(Bengt Holmstrom)和保罗·米尔格罗姆(Paul Milgrom)都获得了诺贝尔经济学奖。

契约经济学将企业内部行政管理与企业对外市场交易的核心特征打通,将各种关系均界定为契约关系,企业因此被视为一整套契约集束(nexus of contracts)(Jensen and Mekling,1976;Jensen,2000)。契约经济学着力研究委托代理关系所造就的激励结构(Holmstrom and Milgrom,1991;Hart,1995),因此又称激励理论,并衍生出完备契约理论(Maskin and Tirole,1990,1992)和不完备契约理论(Tirole,1999)两个分支。契约经济学家对委托代理关系中逆向选择(adverse selection)和道德损害(moral hazard)(Holmstrom,1979,1982)的分析成为保险经济学研究的基础,而为委托代理理论做出杰出贡献的图卢兹学派则为政府购买

和管制的激励理论奠定了基础(Laffont and Tirole, 1993)。经济学家基于对合同的研究所发展的委托代理理论后来进入了政治学的领域,形成了政治委托代理论,成为研究政治行动和公共管理中激励结构的利器(Moe, 1984; Laffont, 2000; Miller, 2005)。契约经济学或委托代理理论对于加深我们对市场机制和行政机制运作的理解都有很大的贡献。

对于经济治理的研究并不是经济学的专利。在20世纪末期,一组经济社会学家基于对美国经济治理的研究,将经济生活的治理模式概括为六种,即(1)等级治理;(2)市场治理(或契约治理);(3)监控或规制;(4)双边联盟,也称为"责任网络治理";(5)多边联盟,也称为"推广网络治理";(6)协会治理(Campbell, et al., 1990: 18,56-61)。其中的双边联盟和多边联盟,只是两种不同的网络治理形式。下文将会论及,网络治理和协会治理是社群治理的两个亚类型。

早在1980年,以日美企业管理比较研究著称的日裔美籍管理学家威廉·大内(William Ouchi)基于交易成本经济学对层级和市场机制的研究成果,进一步提出团伙或宗派是第三种治理机制(Ouchi, 1980)。1990年,组织社会学和经济社会学大家沃尔特·鲍威尔(Walter W. Powell)发表了一篇经典论文,将网络界定为一种与市场和等级相平行的治理机制(Powell, 1990),次年,此文获得了组织研究领域的马克斯·韦伯最佳论文奖。文中用"网络"取代"团伙"或"宗派",在概念建构的档次上得到了大的提升。前文述及的新公共治理在思想形成过程中就受到了大内和鲍威尔论文的影响(Osborne, 2010: 9)。1991年,一组社会学家将人类社会生活的协调机制简洁地归结为三种,即等级、市场和网络,并编纂了一部经典性论文集,将三种协调机制的一些经典性论文汇编成册(Thompson, et al., 1991)。他们对协调机制的三分法概括与威廉姆森的治理机制三分法概括异曲同工,而后者的"混合治理"(尤其是其中受到重点关注的"关系型契约")实际上特指市场主体间形成的网络。

等级、市场和网络三分法的应用领域并不限于对经济事务的分析,而是遍及整个公共事务领域。公共管理学及公共政策研究领域对治理机制的分析中也出现了类似的概念提炼。伦敦政治经济学院教授、曾任布莱尔政府高级政策顾问的朱利安·勒·格兰德(Julian Le Grand)在2007年出版的名著《另一只无形的手:通过选择与竞争提升公共服务》中,将公共服务的治理机制概括为四种,即"信任"(专业化自律,以及公众对专业人士的信任)、"命令与控制"(目标与绩效管理)、"发声"

第一章 社会治理理念的学术传承:多方主体协作互动、多种机制互补嵌合

(民众对公共服务进行监督)和"选择与竞争"(引入市场机制),并把最后一种治理机制称为"另一只无形的手",以区别于在私人物品和服务市场中的"无形的手"。在他看来,通过引入选择与竞争,让市场机制这只"无形的手"发挥积极的作用,正是公共服务治理变革的核心,而这一变革取向体现在英国医疗和教育改革之中,只不过在公共部门中,市场机制的运作方式与私人部门相比有一些特殊之处而已(Le Grand, 2007)。格兰德的这部名著在2010年有了中译本(格兰德,2010)。

行为经济学和复杂社会系统研究的进展为经济治理的研究注入了新的活力。著名的行为经济学和演化经济学家萨缪·鲍尔斯(Samuel Bowles)把社会经济活动协调机制简化为三种,即行政、市场和社群机制;与之相对应,则有三种治理模式,即行政治理(bureaucratic governance)、市场治理(market governance)和社群治理(community governance)(Bowles, 2004: 474-501)。这是一个简洁的概括。以往不同学者所概括的治理机制,均可被纳入这一简洁的三分法分析框架中。对于市场机制或市场治理,具有不同学科背景的学者无论在认知理解上还是在术语使用上,均别无二致。但对于行政治理和社群治理,不同学者曾使用不同的术语。科尔奈所述的"科层协调"、科斯—威廉姆森传统中及社会学家笔下的"等级治理",都可归入行政治理的范畴,其特征都是治理者依赖于等级化的科层机制,通过命令与控制的手段,对各种事务进行治理。监控或规制,无论是在公共领域还是在私人领域,都属于行政治理的范畴。无论是经济学家和社会学家笔下的网络治理、联盟治理、协会治理,还是格兰德所述的基于自律与信任的公共服务专业化治理,本质上都是社群治理的不同表现。在前述科尔奈所概括的五种协调机制中,后三种其实均以社群为基础,只不过社群成员的构成不同而已:(1)自律协调所基于的社群由自愿组织起来的成员组成;(2)道德协调所基于的社群由认同并遵守特定道德规范的个体组成;(3)家庭协调所基于的社群则因血缘关系而形成。这三种协调机制,其实是社群机制的三种亚类型。

由此可以看出,有着不同学科背景的不同学者分别用不同的术语提炼出多种治理机制,但社会学家及一些早期的公共管理文献多用网络来刻画等级与市场之外的第三种治理机制,有欠全面性。实际上,网络治理只是社群治理的一种具体形式,而如前所述,其他社群治理形式包括社区治理、法人治理、协会治理、联盟治理及非正式的群体治理等,其中非营利组织的法人治理(Cornforth and Brown, 2013),也是重要的社群治理形式之一。因此,鲍尔斯给出的三分法,即行政、市场

和社群机制,最为简洁且具有全面性,也为本书所采用。

(二)行政治理机制

对于行政治理的基本特征,科尔奈、格兰德、鲍尔斯等学者都概括为"命令与控制"。实际上,"命令与控制"(command-and-control)在英文中是一个词组,常被用作定语,专门指称行政机制的运作。例如,经济合作与发展组织在一份有关不同国家医疗体制绩效比较的简报中指出,"在提供服务是否具有高性价比方面,没有任何一种医疗体制有系统性的更佳绩效。重要的或许不是体制的类型,而是如何进行管理。基于市场的体制和更加集中化的命令与控制型体制均有其优势和弱点"(OECD, 2010: 3)。

在行政治理机制中,作为命令者的治理者对治理对象是否服从命令必须加以一定的监测与控制,而施加控制的手段无非奖励或惩罚。命令通过行政治理中的决策过程而形成,而控制则需要通过清晰的目标设定、行为监控与绩效管理来完成。正如格兰德所指出的,命令与控制型治理机制的一个常见版本就是目标与绩效管理,而绩效管理在公立组织的治理中常常处在核心位置(Le Grand, 2007: 15)。奖励和惩罚既有物质性或经济性的,也有非物质性或非经济性的。非经济性奖励包括晋升、荣誉、授权等,非经济性惩罚包括不晋升、处分、公开批评、整顿整改等。在公共部门,经济性奖惩由于受到公共预算硬约束的限制往往并不得力,而后一类奖惩,例如晋升和降级、表彰和处分,是非常常见的,而且对于治理对象的行为有更为深切的影响。由于惩罚的影响似乎大于奖励,有学者将目标与绩效讽刺为"目标与恐吓"(Bevan and Hood, 2006)。当然,严格地说,晋升和降级既包含经济性奖惩,也包含非经济性奖惩,但对当事人来说,权力地位在此过程中的更迭远比薪酬待遇的变化更有意义。

行政治理发生在所有大型等级组织或等级化组织体系之中,也常常发生在政府与市场、国家与社会的关系之中,因此又被称为自上而下型治理(top-down governance)(Bell and Hindmoor, 2009: 71-76)。当行政协调治理机制主导着一个国家政治、经济、社会生活的方方面面时,我们常称之为"官本位"或"行政化"。在这样的国家中,政治生活行政化自不待言,经济和社会生活也呈现行政化的格局,即行政协调(行政治理)的主导性挤压了市场协调(市场治理)和社群协调(社群治理)运作的空间(Kornai, 1992: 91-100, 362-363)。

行政治理在政府所实施的干预、规制、管控等法律和政治行动之中有集中体现,以至于人们常常把国家行动等同于行政治理,把政府力量视为行政机制的唯一施为者,但这种看法并不正确,因为国家行动也可以通过市场机制和社群机制来实施,而国家行动者既可以成为市场参与者,也可以成为社群建构者。在政府施政中以多种方式在不同程度和层次上引入市场机制和社群机制,构成了公共管理变革的核心内容,也成为去行政化的具体展现。

除此之外,行政治理也出现在私立组织(商业企业和非营利组织)和公立组织之中。但细加分析,在这两种场景中,行政治理的运行是略有不同的。在第一种场景中,行政治理出现在政府对社会经济生活中各类行动者的管控和干预之中,其根源在于国家在一定地域内对合法使用强制力拥有垄断权(Gerth and Mills,1991:78),这既体现在税收,也体现在各种施政的合法性之上。在第二种场景中,行政治理体现在科层等级化组织内部权威的作用,而权威的合法性来源则多种多样。随着等级化程度的提高,行政治理在大型民办非营利组织和大型公立组织中都非常显著,在企业尤其是大企业中的重要性也越来越高。但无论如何,与私立组织中的相关情形相比,行政治理的重要性在公立组织中更加明显。

(三) 市场治理机制

市场机制的运作基于市场主体之间的自愿交易。市场交易均伴随着各种各样的契约订立,包括威廉姆森深入研究的"经典性订约"(classical contracting)和"关系性订约"(relational contracting)(Williamson,1985:15-16,70-79,119),也包括经济社会学家笔下的"合作性订约"(cooperative contracting)或"义务性订约"(obligational contracting)(Campbell, et al.,1990:18,56-61)。因此,市场治理也常常被称为"契约治理"。市场治理本身具有多样性,这不仅体现为契约类型的不同,也体现为针对不同物品和服务的最优所有权安排有所不同(Hansmann,2000),还体现在市场治理所嵌合的制度结构在不同地方和不同时期也有所不同(Donahue and Nye,2002)。市场治理可以发生在任何类型的行动者之间,包括国家行动者或公法人;换言之,政府行政部门和公立组织也是重要的市场参与者,而政府购买就是其市场参与行为的主要体现。

前文提及,市场治理的基本特征被格兰德概括为"选择与竞争"(Le Grand,2007:cha.2),但这一概括并不十分准确。市场交易是自愿性的,市场主体在交易中无疑拥有选择权,其在订约交易行为中通过竞争获取程度不同的经济利益,而追求经济利益最大化就是市场性激励机制的根本所在。一般来说,引入竞争常常被等同于引入市场机制,但竞争并非市场行为所特有,在行政行为中同样存在着竞争。在行政治理中,作为控制手段的奖惩措施必然不同程度地引发被治理者之间的竞争,而治理者组织竞争的方式也多种多样,例如标尺竞争、绩效锦标赛、标杆评比之类,不同竞争方式的激励效应也有所不同。由于以竞逐物质利益为根本依归的竞争在市场治理中无所不在、无时不在,并考虑到格兰德在学界的影响力,本书依然沿用"选择与竞争"作为市场机制特征的概括。

市场机制运作良好的条件之一是信息完备性,在此情况下,完备契约才有可能形成。新古典主义对市场机制良好运作的刻画基于买卖双方对交易品的信息完备充分的理论假设。然而,在现实中,信息不完备才是常态。当信息不完备性达到一定程度之后,契约订立和契约执行成本都会加大,从而导致交易成本的提高,最终引致市场机制失灵。在市场失灵发生的情况下,行政机制的作用是一种替代,而社群机制的作用则是另一种替代。

如前所述,新公共管理运动的勃兴在公共管理学界的兴起,推动了对于国家治理体系创新的第一波发展,在此过程中,市场机制或市场化运营模式在国家行动中得到了广泛运用。新公共管理在理论上试图超越传统的公共行政范式,可以概括为以市场机制取代行政机制在公共管理中的主导地位。公共行政基于韦伯给出的层级体制(或科层体制、官僚体制)经典理论,对行政治理机制的运作给出了全面、深入、细致的刻画(Wilson,1989[2000])。新公共管理强调超越韦伯主义,通过引入市场机制或工商管理手段,打破行政机制一统公共行政的传统治理格局,由政府直接提供公共服务的模式逐渐转向政府购买或政府外包。对于公共服务,政府不再大包大揽,而是采用市场化的激励手段促进其发展(Pollitt and Bouckaert,2011)。对于这些市场化手段的深入研究,则是"管理主义"文献的具体内容(Pollitt,1993)。

(四)社群治理机制

当然,将市场机制引入公共部门并非公共治理变革的全部内容,甚至也不是公共治理变革的主导性取向。公共治理变革的另一个取向是引入社群机制,并以此来推动行政机制运作的完善。社群机制是与行政机制、市场机制并列的第三种治理机制,基于社群成员对共享价值观和规范的认同,对公共事务实施治理。政治学家和公共管理学者奥斯特罗姆正是由于对公共事务社群自我治理机制的杰出研究(Ostrom,1990)于2009年获得了诺贝尔经济学奖。在她领衔的布鲁明顿学派看来,社群自我治理的适用领域并不限于渔场、森林和环境等公共资源的治理(Gibson,et al.,2000),而是遍及社会经济生活(Cole and McGinnis,2017)。社群机制的运作既可以出现在各类正式民间组织及其组成的非营利部门之中,也可以出现在包括家族、联盟、社会关系在内的非正式社会网络之中,社群的具体组织形式具有多样性。

与行政治理和市场治理有所不同,社群治理的特点在于当事人均为相识者,在公司、非营利组织、社区、商会、专业社团、体育俱乐部甚或帮会,社群成员均是"一个在多方面直接并频繁交往的人群","成员之间保持关联(而不是感情)是社群最显著的特征","数量不多的社群成员存在着重复且多方面的社会交往"(Bowles,2004:474)。他们的社会经济身份自然有别,但相互关联,密切互动,对各自的权益和诉求予以积极的回应,形成某种程度上的平等互助关系,从而体现出"社群的精神"(Etzioni,1993)。这一点无论对于非正式社群,如群体、联盟、网络,还是对正式的社群,如协会和各类非营利组织,都是适用的。

对于社群机制的基本特征有多种概括。在格兰德笔下,公共服务的治理机制源于服务提供者的专业主义,即专业服务人士通过自律恪守专业规范,而公众对专业人士的专业精神也有着高度的信任。格兰德所刻画的基于专业规范的治理及其中所蕴含的信任机制,正是社群治理机制的核心特征之一,此处的社群就是专业共同体。鲍尔斯把社群机制的基本特征概括为"认诺与遵从"(commitment and compliance),即相互密切关联的个体基于对某些共同价值与规范的认同、承诺与遵守,协调其活动。而在认诺与遵从中蕴含着高水平的人际信任,即学界所称的"社会资本"(Bowles,2004:474;Bowles and Gintis,2005)。如果说行政治理的运作离不开政治资本,市场治理离不开物质资本,那么社群治理就是基于社会资本的一种治理模式。在很大程度上,基于社会资本的社群治理可以克服信息不完备所导致的市场失灵问题。在高频重复博弈、多维互动、关系密切的情况下,例如稳定的邻里、很少裁员的企业、会员制组织及非营利组织甚至宗派中,以强调声誉、重视互惠、遵守规范为特征的社群治理机制,就成为市场治理机制的有效替代(Bowles,2004:258-260)。这一点经由行为经济学家通过各种放松信息完备假设后开展的行为博弈实验得到了理论上的确证,并在经济人类学家的田野调查中得到确证。

社群机制在成员同质性较高的小型社群中容易有效地发挥作用。社群规模变大后,社会资本就会变得稀薄,免费搭车者问题就会愈加凸显,因此,强有力的集体行动更容易出现在小群体中(Olson,1971)。当社群规模变大之后,成员异质性的增大也会给社群机制的运作带来一定的障碍。如果社群成员有着不同的认同(例如种族认同)或者拥有差异较大的财富,他们之间的利他性和互惠性就有可能不足,导致自发的合作或集体行动难以形成或难以持久。社群成员之间的社会等级差距还会破坏共同监督和制裁的有效性,因为在异质性程度较高的社群中,制裁和惩罚在某些社群成员那里难以产生足够的羞愧效应(Bowles,2004:164)。

社群机制在社会经济活动的治理中有能力塑造有利于集体的激励,从而使集体理性超越个体理性。首先,在一个社群中,成员间持续性交往的可能性很高,因此为了避免将来受到报复,社群成员具有较高的增进集体福利的动力;其次,频繁交往使得社群成员熟悉彼此的性格、近期行动及远期作为,这有助于降低交易成本;最后,社群可以通过其成员以各种方式惩罚不符合规范、危害社会的行为,有效减少搭便车行为(Bowles,2004:490)。行为经济学家对互惠、慷慨、关怀等社会性偏好及其行为后果的研究显示,在有利的制度环境中,由社会性偏好驱动的成员共同参与所开展的合作性集体行动,如自愿性公共物品提供,是可以维持下去的(Bowles,2004:491)。一些关于囚徒困境和公共物品博弈的实验经济学研究表明,在一个互动频密且存在着有效协商的团体(社群)中,每个参与者对其他参与者的偏好、能力和行动的信息有较多的了解,参与者有较高的概率就公平的行为规则达成共识,对社会规范的高水平认知和共享有助于阻遏失范行为,平等协商与共同监督也有利于克服协调失灵(Bowles,2004:146-147)。

一般认为,社群机制在前现代的社会经济治理中扮演着重要角色;现代化意味着市场机制的作用日益重要,尤其是在经济领域发挥着决定性的作用,从而在很大程度上挤压了社群治理。然而,实际情况并非如此。在现代社会经济的许多领域,社群治理都发挥着重要作用,以应对棘手的激励问题。正如鲍尔斯所论述的,特别是在出现社会互动的性质或交易的商品和劳务阻碍完全契约订立的情况下,社群经常可以解决一些市场和政府都束手无策的问题。一个高效的社群能够监督其成员的行为,使他们对自己的行为负责。社群治理依赖于政府、雇主、银行及其他正式的大型组织常常无法获得的分散的私人信息,根据成员表现与社会规范的符合程度加以奖惩。相对于政府和市场来说,社群能够有效培养并利用传统的激励机制来治理公共行为,这些激励机制包括彼此间的信任、团结、互惠、声誉、自尊、尊重、报复和补偿(Bowles,2004:490)。

基本上,社群治理或网络治理,并非传统经济学的关注领域,相关的研究留给了行为经济学、社会经济学、经济社会学和组织行为学(Powell,1990)。相对来说,新制度经济学者重视对市场治理和行政治理的研究,并且其开创者之一威廉姆森还专门考察过私立组织和公共部门中行政治理的差别(Williamson,1999),但他对关系型契约的研究未能发展成为对社群治理的一般性理论,殊为可惜。与威廉姆森同年分享诺贝尔经济学奖的政治经济学家奥斯特罗姆弥补了这一缺陷,对社群治理机制展开了深入的研究。她在1990年出版的《公共事物的治理之道》一书,现已成为政治学和公共管理学的经典,该书通过案例分析揭示了社群治理成果的八个条件(Ostrom,1990)。她领衔的布鲁明顿学派,通过大量论著,揭示了社群治理最优运作的制度安排及其对社会经济生活治理的重要性(Cole and McGinnis,2015),尤其是在公共资源(例如森林、渔场、草场等)永续利用的治理上,布鲁明顿学派的成果卓著(Gibson,et al.,2000)。

(五)三种治理机制的嵌合性

行政、市场和社群治理机制的区分是分析性的,而在现实世界中,三种治理机制是相互嵌合的,而"制度嵌合性"正是新制度主义政治学和社会学的核心概念之一(Hollingsworth and Boyer,1997),三种治理机制之间的嵌合正是制度嵌合性的一种体现。制度影响经济交易和社会互动的多个方面。首先,制度影响信息获取、隐藏、分享,尤其是影响基于信息的契约实施;其次,与收入和财富分配相关的制度,在诸多层次影响各种经济社会决策的力量对比;再次,制度影响利益冲突及其解决;最后,制度有可能改变行动者的偏好和价值观(Bowles,2004:484)。市场、政府与社会的复杂关系,行政机制、市场机制和社群机制的嵌合,一方面是治理本身的特征,另一方面也是制度研究和治理研究的永恒主题。

治理机制嵌合的必然性,源于任何一种治理机制的运作都存在着失灵的情形。市场机制运作下的非合作性交易会出现协调失灵的情形,经济学中市场失灵的诸多理论对此有系统性刻画。对此,最为明显的一种解决方案,是政府运用权力,通过行政机制的运作,鼓励、引导甚至强迫个体进行合作,以此来克服协调失灵。政府的比较优势在于制定规则:只有政府拥有强制力来制定并执行游戏规则。对于界定、安排和实施产权,维护契约,提供公共物品,管制垄断,抑制各种负外部性,发展社会保险,调控宏观经济实施等,政府能够胜任,而市场和社群一般是无能为力的(Bowles,2004:486-487)。

但是,政府通过行政机制的运作所实施的行政治理,也存在若干局限性。其一,政府难以获得被治理者的私人信息;其二,作为政府的委托人,公民或民众也不具有政府官员的完备信息;其三,在涉及偏好具有异质性的社会群体时,公共政策会遭遇到最优决策不可能的难题,即个体偏好无法加总为集体偏好的社会选择困境;其四,政府对社会经济活动的干预难免会给某些社会经济群体带来额外的好处,由此必定会激发寻租活动,进而扭曲经济、社会和政治秩序(Bowles,2004:487)。因此,政府失灵现象并不鲜见。政府失灵成为经济学中公共选择学派的研究主题,这一学派对于公共管理学的发展及公共管理变革实践都产生了重大影响。公共部门中的行政治理失灵往往会引出治理变革的强大政治、经济和社会压力,公共部门治理变革也因此成为全球性公共管理变革的核心。例如,英国的全民健康服务(National Health Service,NHS)在20世纪80年代之前亦呈现行政化的公共治理格局,行政机制失灵的情形比比皆是,弊端丛生,由此催生了将医疗服务购买与医疗服务提供分开,进而建立内部市场制的治理变革(Le Grand and Bartlett,1993)。这一变革后来成为公共管理学界概括的新公共管理的典范之一(Ferlie,et al.,1996:56-116)。

与市场治理和行政治理相类似,社群治理也存在着失灵。成员间频密的互动是社群治理的主要特征,这使得社群的规模相对较小。社群治理的局限性在很大程度上取决于社群本身是否具有一定的包容性和开放性。一旦互动或交易超越了社群成员的范围,就意味着社群机制的效力下降了。社群治理无助于成员在更为广阔的空间和环境中谋取利益,而社群成员相对同质化的倾向也无助于成员从经济社会多样化中获取更多的益处(Bowles,2004:491)。当然,除了规模问题,制度建设对于社群治理的显灵和失灵是至关重要的。前述奥斯特罗姆的经典论著《公共事物的治理之道》一书,通过对八个案例的分析,总结出公共资源社群治理成功的八个条件:(1)使用权的边界清晰;(2)使用权的规则与社区规范相契合;(3)集体参与、集体决策;(4)监督规则明确;(5)分级制裁原则得以运作;(6)存在冲突解决机制;(7)自主治理具有合法性;(8)分层治理的制度化。如果只有三个或更少条件存在,那么社群治理就会失灵;如果只有四个条件存在,那么社群治理就处于脆弱的状态(Ostrom,1990)。需要指出的是,尽管相关研究不乏卓见,但有关社群治理失灵的学术思想远不如有关市场失灵和政府失灵的学术思想成熟。

治理模式和机制的嵌合性,从结果上看,有两种可能的类型,一种是互补嵌合性,另一种是互斥嵌合性。鲍尔斯对于制度互补(institutional complementarity)和制度挤出(institutional crowding out)的界定,刻画了这两种嵌合性。鲍尔斯引用了若干案例及颇具影响力的行为博弈的研究成果表明,制度互补主要体现为政府在市场机制和社群机制良好运作的基础上通过行政机制的施为矫正了市场失灵和社群失灵,从而达成了帕累托改进,而制度挤出则意指一种治理机制的运作会削弱另一种激励机制既有的效力,这一点往往体现为行政机制对市场机制和社群机制的挤出,也就是不恰当的政府干预扭曲了市场机制,扰乱了社群机制,甚至在某些情况下使后两种机制无法运作(Bowles,2004:494-497)。

在公共管理中,三种治理机制的互补嵌合对于治理体系的建设和治理的实施至关重要(Meuleman,2008)。良好的行政治理难以超脱于基于市场协调的激励机制及社群协调所蕴含的社会资本,良好的市场治理有赖于通过行政机制所建立的制度及其执行,以及通过社群机制在市场参与者当中所滋养的信任与认同(即所谓"社会资本"),良好的社群治理也嵌合在依赖于行政机制的制度建设与执行,以及基于市场协调的激励机制之中。

例如,作为法人,无论是营利性组织(企业),还是非营利组织,本质上都是社群,其组成和运行在一定程度上是社群机制发挥作用的结果,尤其体现在组织文化的建设上;但在组织内外,市场机制和行政机制的作用同样无所不在,如组织中的雇员需要通过劳动力市场招聘,组织规模的扩大必然导致等级治理的引入,而组织建立和运营所涉及的诸多事务都会受制于政府管制,等等。

又如,在政府管制(规制)领域,传统的治理模式是高度行政化的,即采取命令与控制的施政模式,而管制失灵的根源常常被归结为"行政不作为",即行政机制由于行政主体源自倦怠、避险、卸责等的自利性行为而无法发挥应有的作用。对此,管制(规制)改革是必需的。在规制经济学中兴起的新规制治理模式则注重在政府管制中引入市场机制,形成了"通过合同的治理"(库珀,2007)。政府行动中的市场治理还体现在公共采购之中,无论对于产业发展、技术升级,还是创新拓展,这都是一项重要的需求侧政策（Eliasson，2010）。在政府施政、公共服务和公共治理中引入市场机制，正是新公共管理运动的核心内容（Ferlie, et al., 1996）。在公共服务中取代"命令与控制"的"选择与竞争"，被称为"另一只无形的手"（Le Grand, 2007）。同样，在公共政策制定中也可以引入社群机制，以议题网络、政策社群（Richardson, 1995）、政策网络（van Waarden, 1992; Compston, 2009）和协商民主或协会民主（Elstub, 2008）等方式兴起的公民参与理念和实践，实际上都包含着社群治理发挥作用的理念和实践，同时涉及行政治理和社群治理的互动、交融和协同。在公共管理学领域兴起的网络治理（Goldsmith and Eggers, 2004）、互动治理（Torfing, et al., 2012）和参与治理（Fung and Wright, 2003）等新理念和新实践，实际上都体现为在政策实施、政府管控及更广泛的公共治理中社群机制的引入。

总之，在当今世界，无所不在的行政机制在公共治理变革的旗号下发生了各式各样的改变，在公共部门内部，行政机制与市场和社群机制的嵌合方式日渐丰富（Pollitt and Bouckaert, 2011）。简言之，走向社会治理，达成国家、市场与社会多方主体的协作互动，造就行政、市场和社群机制的互补嵌合，一方面是实现国家治理体系和能力现代化的特征，另一方面也是公共治理研究的永恒主题。

可从两个维度来考察治理机制的互补嵌合性：一是功能互补性；二是制度嵌合性。市场机制的主要功能在于激励个体基于自身禀赋和偏好，通过竞争性的分散化行动形成社会合意的格局；社群机制的主要功能在于促使具有相似价值观的个体通过社群的运作，采取小规模集体行动以达成其共同目标；行政机制的主要功能在于通过权威和领导力的行使，在较广的公众范围开展公共行动以促成社会公益性的实现。无论哪一种治理机制的运作，要达成社会公益性都是有条件的，对于这些条件的研究构成市场失灵、社群治理和行政失灵（或政府失灵）理论的内容。这些理论的综合将显示出三种治理机制在功能上具有互补性。

同时，三种治理机制在制度上具有嵌合性，这意味着任何一种机制的运作均需嵌入另两种机制的制度结构之中。市场机制的运作嵌入行政机制所主导的制度建设和社群机制所主导的社会规范之中。社群机制的运作需要外部行政力量赋予合法性，也需要市场力量的涉入以增进社群成员间及社群间有序竞争的激励。行政机制的运作既需要与市场激励相容，也需要与社会规范相契合。治理机制嵌合性的细节已经由新制度经济学、新经济社会学的大量研究所揭示，例如诺贝尔经济学奖得主诺斯有关制度建设与经济绩效关系的研究(North,1990),诺贝尔经济学奖得主梯若尔(Jean Tirole)参与建构的以激励相容性为核心的新规制理论(Laffont and Tirole,1993),奥斯特罗姆有关社群自主治理与地方政府关系的分析(Ostrom,1990:20,54,101,223-224),其他学者有关市场活动的社会嵌入性的研究(Granovetter,1985),有关社会资本在经济发展中作用的研究(Francois,2002),有关公共治理转型过程中行政、市场和社群机制关系的重构(Kettl,2015),等等。治理机制嵌合性的研究目前依然散见于诸多社会科学领域的研究成果之中,有些方面的成果精彩纷呈,但有些方面的研究孱弱缺失,而新的理论整合依然有待展开。

尽管绝大多数既有文献也会论及不同治理机制的关系,但相关内容往往淹没在有关三部门主体间协同互动或共同参与的详尽论述之中。换言之,以主体为中心的视角往往压倒了以机制为中心的视角。在公共管理学界,这一点集中体现在关注协作治理的文献之中,其关注点在于国家、市场和社会在共同确定公共服务的目标并加以实施的过程中如何共享裁量权(Donahue and Zeckhauser,2011),实际上是着重研究多方参与和共同治理的制度化。在发展政治学和发展社会学的领域,政府与商界之间受到管控的互相依赖与竞争性协作(Weiss and Hobson,1995)、国家与产业组织之间的嵌合型自主性(Evans,1995)、国家与社会之间的协同行动(Evans,1997)或相互赋权(Wang,1999),曾在20世纪90年代成为研究热点,其探索重点也在国家—市场—社会主体间的互动关系,并没有系统论述三种治理机制如何在三部门主体的互动中形成相得益彰的关系。

总体而言,对于所有私人和公共事务的治理,行政、市场或社群这三种协调机制分别独自发挥作用以达成善治之态的可能性并不能被彻底排除,但是,在新自由主义理念的光环下强调市场主导性的思潮(尤其是经济学界的奥地利学派和芝加哥学派)、强调国家自主性的新国家主义思潮和强调社会自主性的新社群主义思潮(尤其是政治学界的公民社会诸理论),往往既不切合实际,也多具有误导性。在绝大多数情况下,三种机制必须相互嵌合,方能达成相得益彰的治理之效。换言之,三种治理模式既具有一定的运行自主性又具有互补嵌合性。三种机制嵌合和协同方式不同,治理体系的绩效就会呈现出差异。其中,国家行动者所主导的公共政策制定和实施方式是至关重要的。公共政策的制定和实施并不是国家行动者的国家主义单边行动,而是需要市场和社会行动者的参与;但更重要的是,国家行动不单独依赖于以等级化的、自上而下的、命令与控制为特征的行政治理模式,而是需要因地制宜、因时制宜地引入市场治理和社群治理机制。这就是去行政化的重要内涵。去行政化并不意味着取消行政机制,而是意味着更好地发挥行政机制在元治理中的主导作用。如何在增进市场、激活社会,亦即在市场治理、社群治理和行政治理互补嵌合并相得益彰上做好文章,正是政府改革和国家治理体系创新的核心内容。

(六)走向互动治理或社会治理:公共治理新范式

对于国家治理体系的现代化来说,公共治理理论的创新仅仅停留在第一波和第二波发展阶段是远远不够的。超越前两波发展的公共治理之道及政府创新,亟待新的发展,即国家行动必须超越对行政治理的依赖,发展出增进市场、激活社会的新治理模式并使之制度化,从而让市场机制和社群机制与行政机制在公共治理之中发挥协同之效。这一点在公共管理学界方兴未艾的互动治理新范式上有所体现。

互动治理是指利益多元的多方行动者通过互动以形成、促进并达成共同目标的复杂过程,在此过程中,他们动员、交流和利用一系列理念、规则和资源(Torfing, et al., 2012:2)。互动治理有三个组成要素:(1)意向,即多方行动者凝聚愿景、信念、价值观以达成共同努力的目标;(2)工具,即多方行动者所拥有的资源及他们共享的规范和共建的制度;(3)行动,即多方行动者运用工具将意向现实化(Kooiman, et al., 2005:20-21)。互动治理有三个重要特征:(1)是一个复杂的过程,基于国家、市场和社会行动者之间的动态交流和反馈;(2)这个过程由集体行动所推动,而采取行动的集体形成并追逐共同的目标;(3)这个过程具有非中心性的特征,即既非以国家为中心,也非以市场或社会为中心(Torfing, et al., 2012:14-15)。简言之,互动治理的核心在于使社群机制在公共治理中发挥重要作用,同时注重其与市场机制和行政机制的互补嵌合。

实际上,治理这一概念或语词在学界、政界和社会各界中流行开来,本身就蕴含着对社群治理的憧憬。人们不再认为传统的、等级化的行政化治理是国家行动或政府行为的唯一方式,甚至认为这也不应该是主要的方式。行政化治理及作为行政治理化身的官僚体系一向因因循守旧、循规蹈矩、繁文缛节、保守封闭及部门间协调的缺乏而饱受诟病。民众一方面因广泛存在的政府失灵而对政府的信任下降,另一方面又对公共服务有着殷切的需求和期待。这就构成了国家从统治向治理转型的大背景。在此背景下,将社群治理纳入行政治理就成为政府转型的题中应有之义。

在治理浪潮的冲击下,自上而下的驾驭或行政机制的单独运作已经不再是有为政府唯一的身份特征,行政化治理已经被多方行动者参与其中的互动治理所取代。这一过程,不仅改变了治理的性质,而且也改变了政府。互动治理不同于以国家为中心的、自上而下式的、行政化的传统式治理,是通过被治理者参与的制度化和常规化机制,以及治理者与被治理者之间的平等互动,推动公共政策的理性决策和有效实施。在此过程中,政府或公共部门在治理的治理(即所谓"元治理")中依然发挥着重要作用,但重要的是,政府与社会经济行动者之间的互动推动着政府行动的转型,即政府并不一定采用命令与控制型的行政治理方式,而是更多地引入市场治理和社群治理的方式,以多元化的契约谈判和协商参与取代单一化的权威行使(Torfing, et al., 2012:3)。

传统式公共治理以行政机制为主导,即国家行动者以自上而下的、命令与控制的方式进行治理。与之相反,在互动治理中,行政机制不再发挥主导作用,而社群机制和市场机制的重要性凸显出来,网络、伙伴和准市场成为互动治理的三大身份标签。互动治理与行政治理的实质性区别,在于社群机制被引入国家、市场和社会之间的网络建设及其对所涉社会经济政治事务的治理当中。简而言之,社群机制的制度化是互动治理的核心特征。我们用图 1-1 来展示互动治理与传统治理的差别。

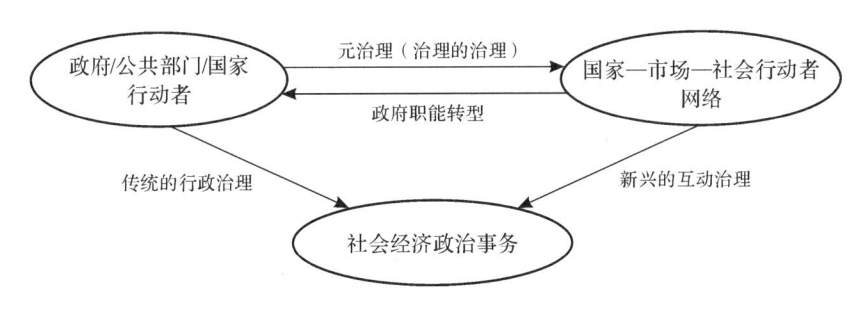

图 1-1 互动治理与传统治理模式的比较

资料来源:Torfing, et al., 2012:5 (Figure I.1)。这里对原图的措辞进行了调整,不仅突出了行政治理和互动治理的对比,而且也使用了中国语境中常见的概念。

准市场是新公共管理运动的宠儿。对于那些相对比较标准化的公共服务,政府要么通过合同购买的方式外包给民间的服务提供者,要么对公共部门实施内部市场化改造,将购买者与服务者分开,让公立的服务提供者法人化(Le Grand and Bartlett,1993)。然而,如果购买者和服务者只是两个分立的纯市场主体,那么契约化就存在着高昂的交易成本,契约失灵常常由此而发生,因此,通过社群机制的运作形成关系型契约是克服契约失灵的一种途径。互动治理范式的早期发展强调市场机制的行政嵌合性,即从自我规制的准市场走向政府指导监督下的准市场(Denters,et al.,2003)。互动治理的成熟范式对单纯引入市场机制的准市场加以更完整的改造,通过引入社群机制并使之嵌合在行政机制之中,让订立和执行契约的过程建立在制度化互动所产生的信任的基础之上,从而形成一种关系型契约化模式(Torfing,et al.,2012:15-16)。在这里,前述威廉姆森的思想得到了拓展和升华,被融入治理机制互补嵌合性的探索之中。

公私合作伙伴关系有不同的形式:有些基于非正式关系,有些基于正式的协议(契约);有些私立行动者需要做出财务贡献,并分担风险,有些则只是提供服务。无论何种形式,公私合作伙伴关系都建构了一种"结构化的合作"(structured cooperation)(Koppenjan,2005:137),在此过程中,合作伙伴通过社群治理机制建构的共享价值观和协作性规范及其通过社会机制与行政机制的协同运作得以制度化,正是结构化的体现。

民主网络呈现为多方行动者平等的、横向的关联,其参与者相互依赖但又独立自主(Sørensen and Torfing,2007)。民主网络的形式多种多样:既包括非正式的网络,也包括正式的联盟、协会等;既有公共部门内部的组织间网络,也包括公私行动者之间的网络(如政策网络),以及民间行动者之间的网络(如民间产学研联盟)(Torfing,et al.,2012:16)。在互动治理的过程中,网络建构(network building)和网络维护(network maintenance)是不可或缺的。网络建构所应对的事项多种多样,既包括知识共享、联合行动的协调,也包括共同目标的确定、解决方案的形成;网络维护的核心事项是社群共同规范和组织结构的维护。

依照其倡导者的解说,互动治理的新范式既超越了强调市场机制积极作用的新自由主义,也超越了强调行政机制积极作用的新国家主义(Torfing,et al.,2012:5)。但是,在笔者看来,互动治理新范式的超越不止于此,其重要的理论意涵还体现在第三个超越之上,即超越了新社群主义对社群机制自主运行的强调。

首先,互动治理新范式并不贬斥政府的作用,也不再执着于市场机制的主导性,从而超越了新自由主义的政治学、经济学和公共管理理念。在新自由主义的影响下,"没有政府的治理"的理念一度在公共管理学界颇受关注(Rhodes,1996;Pierre and Peters,1998)。这一理念滥觞于国际政治领域,其初衷是在一个没有国际性权威的世界中探索国际事务通过多方参与、自我组织实现治理的方略(Rosenau and Czempiel,1992)。将无政府世界政治中兴起的这一理念移植到有政府的国内事务治理,对新公共管理运动或经理主义理论的兴起起到了推波助澜的作用。新公共管理运动强调在公共治理中引入市场机制,以取代行政机制一统天下的传统治理格局。政府管制更多地建立在竞争的基础之上并且更多地运用市场化的激励手段,而诸多公共服务则从政府直接提供向政府购买或政府外包转型(Pollitt and Bouckaert,2011)。相当一部分公共服务组织将走向法人化(McDonald,2014),尤其是医疗机构(Preker and Harding,2003)和教育机构(Blum and Ullman,2013)。

互动治理的新范式固然重视市场机制的作用,但也在两个方面实现了对新公共管理和经理主义范式的扬弃和超越,即一方面凸显了社群机制的作用,另一方面在一个更具有包容性的框架中将行政机制的驾驭、控制和协调作用也纳入公共治理之中,从而彻底消除了新公共管理运动中为人诟病的"市场原教旨主义"色彩。

其次,互动治理新范式在两个论述层次上超越了新国家主义。其一,在互动治理中,政府不再是公共治理中唯一的甚或是最重要的行动者,政府的单边主义行动不再可取。其二,更为重要的是,在互动治理的新分析框架之中,发展政治学和发展社会学中有关政府超越市场和社会特殊利益的"国家自主性"(Nordlinger,1981;Mann,1984),也成为不切实际的理念。

国家自主性是新国家主义的核心理念。新国家主义者提出要超越社会科学中盛行的社会中心论,即超越把国家视为统治阶级利益代言人的马克思主义或多元利益群体代言人的自由民主主义,代之以国家中心论,即基于国家自主性来探究各种社会经济变迁的奥妙。因此,"把国家找回来"便成为推进社会经济发展的不二法门(Evans, et al.,1985)。在新国家主义的理论框架中,许多学者把第三世界的不发达归结于国家能力的薄弱,也就是发展型国家的缺失;而国家能力薄弱的症结就在于传统社会力量的强大,强社会的存在致使国家的社会控制七零八落(Migdal,1988)。

互动治理范式同时超越了社会中心论和国家中心论,坚守多中心论的道路。新范式在这一点上继承了布鲁明顿学派的多中心论传统。在一个多中心的框架之中,国家、市场和社会必须通过社群机制进行有效的互动,才能达成公共治理的良好绩效,而三类主体中哪一类的作用较大,以及行政机制、市场机制和社群机制中的哪一个发挥主导作用,取决于所治理的事务或问题。可以预计,互动治理理论和实践新范式的兴起和推广,不仅是公共管理学界的一场革命,而且还将对发展政治学、政治社会学和比较政治学的既有学术传统产生一定的冲击。

最后,互动治理理论超越了政治学、社会学和公共管理学领域中各种强调社会行动者自主性积极作用的理论。对这些理论,为简化陈述起见,本书不尽准确地笼统冠之以"新社群主义"。

互动治理新范式明确扬弃的第一个理论是政治学中传统而又经典的多元主义。在思想史上,多元主义并非属于"新社群主义"阵营,因为这一理论并未将社群机制和社群治理纳入其研究范围,而只是考察了多元社会行动者在政治生活中的作用,同时把国家视为一个供社会行动者凝聚和追逐权益的开放空间和自由平台。在互动治理的理论家看来,多元主义固然突出了非政府行动者在公共政策决策中的作用,但多元主义把国家与非国家行动者看成相互独立自主的两类主体,市场主体和社会主体组成压力集团,通过游说来影响国家行动,而国家仅仅是一个多元利益和诉求的中性聚合者。多元主义理论隐含着公共部门与私人领域截然两分的理念,难以把握两者之间相互依赖和制度与组织纠结在一起的现象,也没有关注到三种治理机制的相互关系,因此难以对公共事务的治理提供充实的指引。互动治理理论弘扬了多元主义对市场与社会行动者政治重要性的认知,但抛弃了多元主义将公共与私人领域在制度和组织上截然两分的分析视角(Torfing, et al., 2012:11),同时还增添了有关治理嵌合性的分析。

互动治理新范式所扬弃的第二个政治学经典理论,就是布鲁明顿学派发展出来的社群自我治理理论,而这一理论可谓最为成熟的新社群主义理论。依照这一学派的观点,自我组织起来的社群有可能在没有公共部门正式政府干预的情况下建立并实施正式的规则和程序,对公共资源的使用和分配进行有效的治理(Ostrom, 1990; Ostrom, et al., 1992)。互动治理的新范式继承了布鲁明顿学派对社群自组织治理积极作用的研究成果,但对其忽视行政机制或公共部门在合法化、维系、助推甚至强化社群治理等方面的作用进行了超越。

互动治理新范式所扬弃的第三个理论,是公共管理学界风靡一时的网络式治理理论。网络式治理的理念在20世纪90年代兴起(Kooiman,1993;Scharpf,1994)。进入21世纪之后,网络式治理成为公共部门或国家治理体系的新面貌(Goldsmith and Eggers,2004;Klijn,2008),并且汇入"民主网络治理"的新范式之中(Bogason and Zøner,2007;Sørensen and Torfing,2007)。互动治理新范式吸纳了网络式治理理论的几乎全部内容,但在两点上有所超越:其一,抛弃了网络治理文献中时常可见的功能主义论述,取而代之的是新制度主义论述,网络治理不再必然是行政化治理的功能替代品,而必须经过适当的制度化过程才能发挥善治之效;其二,扬弃了网络治理文献中对自我治理重要性的过度弘扬及对行政治理重要性的相对贬抑,对政府运用行政机制的方式给予了全新的界定和探讨。后一点对于无论是公共管理还是国家转型领域的学术发展,都意义重大。

值得注意的是,互动治理范式的倡导者对于超越新自由主义和新国家主义,有着明确的理论意识,但对于超越新社群主义的理论自觉却有所不足,具体表现为互动治理重要文献中缺乏这方面的系统性阐述。实际上,自20世纪90年代在美国学界兴起的新社群主义社会思潮,直面权力膨胀、市场无德、社会失序、公共道德崩塌的严酷现实,将共享价值观、个人权利与社会责任的平衡、公共道德秩序的重建,引入国内和全球治理的理念和实践之中,为社会、经济和政治生活的治理提供了一条中间道路。新社群主义与重视市场机制的新自由主义和重视行政机制的新国家主义分庭抗礼,将社群置于社会经济政治生活的核心位置,对各种公共政策展开分析(王俊、顾昕,2017)。可是,令人感到诧异的是,新社群主义社会思潮并未将治理理论(包括网络治理和互动治理文献)中有关社群机制积极作用的内容吸纳进来,而互动治理理论也没有重视新社群主义有关社群在社会经济政治生活中积极作用的论述。事实上,在互动治理的重要文献中,新社群主义领军人物阿米泰·埃兹奥尼(Amitai Etzioni)的论著未得到应有的重视,仅寥寥几处零星地征引其某几点思想,如将新社群主义的核心主张"回应性"(responsiveness)视为互动治理中元治理的核心原则(Kooiman, et al.,2005:273),或从埃兹奥尼早期组织理论的文献中汲取有关公共项目中目标冲突和公共部门中运行效率的一些思想(Torfing, et al.,2012:168-169)。由此可见,将新社群主义社会思潮的理论发展与互动治理新范式加以有效的整合,既能为新社群主义的公共政策分析开辟新的视角,也能为互动治理的新范式提供充实的内容。

互动治理理论的学术探索与社会治理理念的中国话语,在内容上是高度契合的。因此,在探寻国家治理体系和治理能力现代化之道的学术努力中,互动治理与社会治理可以等同,而在具体内容中,互动网络与社会治理共同体也是等同的。运用本书所采纳的二维分析思路,无论是互动治理还是社会治理,其核心内容都可以概括为:多方治理主体的协作互动,多种治理机制的互补嵌合。

三、治理变革的政府职能转型:走向元治理

用本书所给出的术语来说,互动治理新范式的最大特色,在于重新界定了政府职能,以及行政治理在新国家治理体系中的作用,即深入探究了市场机制和社群机制的行政嵌合性。无论政府职能抑或公共治理发生何种变化,政府、公共部门及行政机制的作用都不可能遭到消除,甚至也不可能被淡化。正是在这个意义上,有学者感叹无论如何引入市场和社会力量,治理永远发生在"等级体系的笼罩"之下(Scharpf,1994)。这意味着,如果行政机制无所不在并且时时发挥主导性作用,那么任何治理新模式或新范式就会倒回到传统的韦伯式行政治理。

针对这一担忧,互动治理理论给出了进一步的思考。基于所治理事务的层次,互动治理文献区分出三阶治理:第一阶治理涉及日常的公共管理,即运用特定的政策工具完成特定任务;第二阶治理包括治理共同体的建构和维护,即网络建构和网络维护;第三阶治理又称元治理,由治理行动的治理规则所组成(Kooiman,2003)。三阶治理层次的划分实际上是基于 Kiser and Ostrom(1982)给出的理论模型,它把影响治理的结构化游戏规则分为三个层级,即运行规则、立法规则和宪政规则。立法规则是有关运行规则订立和修改的规则,而宪政规则是嵌合在立法规则之中的规范、理念和价值观。由于涉及合法性,政府有必要也有条件在立法和宪政规则这两个层级的治理中发挥主导性作用。换言之,国家行动者扮演元治理者的角色,高度依赖于立法和宪政规则的订立和完善,确定治理的基本条件,并对影响治理成败的政治传统和社会经济结构加以改造(Torfing,et al.,2012:134-135)。

"元治理"的概念由英国著名政治社会学与政治经济学者鲍勃·杰索普(Bob Jessop)首先提出,以表达"协调不同形式的治理,并确保它们之间的最小一致性"的期望(Jessop,1997)。在杰索普那里,元治理是通过对纷呈多样的治理模式进行反思和批判,将等级、市场和网络治理机制以明智的方式整合起来,实现可能的

最佳结果(Jessop,2002)。用本书分析框架所确立的术语来说,元治理的目标就是促成国家、市场和社会的协作互动,行政、市场和社群机制的互补嵌合。此后,对于其具体内容和理论基础,元治理相关文献中出现有微妙差别的两种界定。

第一种界定是"自组织的组织"(organization of self-organization),将元治理视为社群治理机制运作的一个内在组成部分(Kooiman and Jentoft,2009)。这一界定基于社会组织自组织的案例研究,尤其是对其中网络建构作用的研究(Hovik and Vabo,2005;Qvist,2017),其宗旨是推进自组织的完善。如前所述,网络是社群的一种组成形式,其参与者具有一定自主性。网络参与者自愿结成一个社群,共享资源,共同行动,以期达成共同的目标。与联盟或协会相比,网络具有较强的非正式性,但与群体相比,其非正式性又较弱。将具有一定自主性的参与者组成多多少少具有非正式性的网络,需要由元治理者通过制定多方行动者间的互动框架、协商安排、激励结构、冲突管理等方式来增进网络成员的集体效益。在网络治理中,元治理最关键的任务是在不过分削弱网络参与主体自我管理的前提下,尝试对网络进行引导和促进的活动(Ansell and Torfing,2022)。缺少元治理的网络可能面临着混乱与赢者通吃的不公平、不民主风险;而过多的元治理则可能削弱参与者的自主性、兴趣和责任(Whitehead,2003;Bell and Park,2006)。恰当的元治理是网络治理实现公共价值的重要保证,也是社群治理机制正常运转的重要一环。

第二种界定是"治理的治理"(governance of governance),强调元治理是行政力量的一种新职能,也是行政机制运转的一种新形式,其宗旨是使协作互动治理有效、持续地运转起来(Torfing,et al.,2012:4;Torfing,2022:567),让社会治理共同体充分发挥作用。从这一视角来看,以社群治理机制为核心的治理模式,无论是网络治理还是多中心治理,均不可避免地出现权力从行政力量向多方主体下放的现象,但这不应该意味着行政治理机制的必然衰落(Gjaltema,et al.,2020),而这一点正是互动治理理论或社会治理理论应该加以特别关注的。由于层级制、市场制、社群制的运作并不天然兼容,为了使不同治理机制在治理中能各展所长并互补协同,需要元治理者以创造性的方式对不同治理机制的运作加以协调(Kelly,2006)。唯有行政力量发挥好元治理作用,才能使协作互动治理或社会治理更加制度化,更好地实现治理的公共价值(Sørensen,2006)。

理论上,任何在资源、能力或影响力等方面居核心或优势位置的行动者,包括社区(社群)领袖、社会组织领导人、商界领袖等民间行动者,都有可能扮演元治理者的角色,但是,一般而言,政府拥有扮演元治理者角色的独有资质和优势(Sørensen and Torfing,2017)。唯有行政力量恰当运用行政机制,才能发挥好元治理作用,才能使协作互动治理更加制度化,从而更好地实现治理的公共价值。多方主体形成协作互动共同体或社会治理共同体,这本身就构成一种新的治理实践,而政府实施治理的治理,将有助于确保这一新治理实践的结构、程序和决策符合公共价值。具体而言,政府的元治理职能主要有:(1)制度设计:定义和影响治理网络的范围、特性、构成和运作程序;(2)框架确立:旨在帮助参与者们确定治理目标、财政支持、法律基础和话语体系;(3)过程管理:旨在减少矛盾,解决冲突,赋权特定行动者,降低治理的交易成本;(4)决策主导:特定情况下改变政策议程、可行方案的选择范围,以及重新确立决策前提,以提升协商的效率(见表1-1)。

表1-1 政府在互动治理中的元治理职能

主要职能	主要行使方式
制度设计	引领目标,确定互动共同体的行动范围; 通过给共同体参与者赋权,规划共同体构成和特性; 规划政策互动的流程
框架确立	确定政治框架,确保互动与目标保持一致; 帮助政策参与者建立互相依赖的政策网络,以推进资源交换; 促进政策受益在共同体参与者中的公平分配
过程管理	为降低交易成本而提供足够的资源; 通过议程控制、仲裁、联合实况调查、跨框架学习等方式减少破坏性冲突; 灵活调整目标和手段以增进互动。
决策主导	及时终止多余或不成功的协作行动; 通过快速取得成果并建立共同所有权来促进持续合作; 通过反馈和学习,探索制度化信任体系的构建

资料来源:Torfing, et al., 2012:122-145;Torfing,2022:573-574。

这四种职能是互补而非互斥的。其中,制度设计和框架确立的职能旨在改变协作互动共同体的制度特征(如改变行动者的位置、进入规则、互动制度等)或塑造共同体的结构。在这两种职能的行使中,政府均未直接参与共同体中的具体协作互动行动,因此属于间接治理。与之相对,过程管理和决策主导职能都是在共同体的结构(规则、参与者的位置和资源划分)业已给定的情况下促进参与者之间的协作互动。这类职能行使的关键在于政府的直接参与,但这类参与仅仅涉及协同行动的战略决策，而不是具体行动。用一个不尽完美但却形象生动的比喻，如果将协作互动共同体或社会治理共同体比作一个剧组，那么元治理者的角色就是导演，而演员则是众多其他行动者，尽管不排除导演有时兼任主演或者配角的可能性。

元治理职能的行使需要不同的工具。传统的行政化治理工具，如监督管控、经济激励、信息整合等，在数字时代也能发扬光大（Hood and Margetts，2007），自然都对政府行使元治理的职能有所帮助。但政府如果仅仅基于规则、命令、制裁等传统管控手段，不仅会削弱治理参与者的自我规制能力，还有可能遭到参与者的抵触，大大降低其持续、深度参与治理的积极性，因此，元治理职能需要政府采用更细致、灵活、多样的手段，既包括插手型工具（hands-on tools），如遴选参与者、资源分配、制定规则等（Klijn, et al., 2010：1069），也包括放手型工具（hands-off tools），如激活外部参与者、搭建互动平台、议程设置协商等（Sørensen and Torfing，2009：246）。依照治理工具的不同，上述前两种元治理功能的行使被称为放手型元治理，而后两种则被称为插手型元治理，而众多案例研究的成果显示，只有放手型和插手型元治理结合起来，元治理才最有可能获得成功（Torfing，2022：574）。

实际上，有关元治理的研究，在互动治理新范式兴起之前，早已得到了相当充分的开展（Kooiman and Jentoft，2009）。有四种元治理理论，分别就元治理的目标、功能和工作重点给出了各自的解说，而互动治理理论对此给出了新的整合。

第一种理论是新国家主义的视角，将网络管理视为国家实施元治理的主要工作（Jessop，2002；Meuleman，2008）。这一理论强调治理中多方行动者的相互依赖性，即利益有别的行动者通过建立网络或合作伙伴关系，共享资源，共寻方案，以达成共同目标。然而，网络也好，合作伙伴关系也罢，均有可能失败，其缘由既包括社会与认知封闭性（Schaap，2007），也包括竞争与机会主义行为（Williamson，1985）和沟通成本高昂（Koppenjan and Klijn，2004）。因此，所谓"网络管理"的绩效便成为治理成败的关键。在这一视角中，管理网络构成政治经济社会交易的场所，也是随之而来的有可能会产生冲突的场所，而作为其中的主角，国家行动者或公共管理者运用元治理以促进多方互动、推动资源交换、缓解冲突风险（Torfing, et al., 2012：127）。

第二种理论关注治理能力。由于便于多方互动所形成的网络由不同的利益相关者组成，随时会由于协调失灵而处在崩溃的边缘，而元治理的功能在于厘清、建构并强化互动者之间的关系，其中最主要的工作在于通过制度建构实现所谓的"博弈结构化"(game structuration),这既包括多方共商制定有利于正和博弈的游戏规则,也包括在必要的情况下由国家行动者在自我规制失灵的情况下扮演治理网络规制者的角色(Scharpf,1994:40;Kooiman,2003:155)。互动治理既依赖于也有助于治理能力的提升(Kooiman and Bavinck,2013)。

第三种理论强调规范整合的作用,突出规范、惯习、认同、认知和价值观对于互动治理中多方利益相关者的约束和协调作用(March and Olsen,1995),在此过程中,公共管理者在为建立治理场域并强化合法性上扮演着举足轻重的角色(Powell and DiMaggio,1983)。

第四种理论具有后现代主义色彩,关注治理过程中权力的治理术(governmentality)及弱势群体的反制。基于法国哲学家福柯(Michel Foucault)的主张(Foucault,1991),"自我规制的管制"理论得到发展,强调社会行动者总是试图动员能力、资源和知识,通过合作伙伴关系、社会网络和参与式体制的形成,对公共事务形成一种自由且自我规制的治理格局,而权力拥有者则倾向于通过生产并传播一系列规范、标准、标杆、绩效指标和激励等,对自我规制的行动者进行管制(Rose,1999;Dean,1999)。

这些理论视角实际上具有一定的重叠性。综合其睿识,元治理被视为一种反思性的高阶治理实践,又可被称为"第三阶治理"(third-order governance)(Torfing,2022:567),涉及:(1)主导性规范和理念的生产和传播;(2)在不同的治理模式之间进行选择;(3)对特定形式的治理制度进行战略管理,以促成互动的持续,防止功能失调,推进共同目标的达成(Torfing, et al.,2012:131;Torfing,2022:571)。无论把工作重心放在何种事项上,元治理都有四项基本原则,这些原则构成了所有社会体系可治理性的标尺(Jentoft and Chuenpagdee,2015):(1)合理性:这意味着治理的工具和行动必须具有相互支持性,对利益相关方来说都是理性的,而不是强制或劝诱任何一方给予奉献或做出牺牲;(2)代表性:治理参与方的声音都有制度化的渠道得到适当的表达;(3)回应性,即治理体系对诸方权益给予反应的质量(Kooiman, et al.,2005:273);(4)绩效性,即关键目标达成的程度。

无论是互动治理或社会治理新范式,还是在此基础上发展出来的元治理理论,对于公共治理者角色的新界定都对传统的行政化治理中国家行动者的角色构成了一定的挑战(Torfing, et al.,2012:151)。

首先,在行政化治理中,治理者和被治理者的界限是一清二楚的,而无论是政治家还是公共行政者,其作为国家行动者的角色也是一清二楚的——就是命令者和执行者。但是在互动治理中,治理者和被治理者的界限变得模糊了,国家行动者更显著的角色是跨界参与者和促推者,推动各种类型的行动者通过社群治理就行动目标和行动方案达成共识。

其次,在行政化治理中,公共部门与私人部门的两分是清楚的,但在互动治理中,公私界限也不再成为相干的参考点。不同类型的行动者究竟在治理过程中扮演什么角色,不再取决于他们的公私归属,而是取决于他们所拥有的资源、知识和能力,以及所治理事务的某些特性。

最后,在行政化治理中,政治与行政的界限也是一清二楚的,但在互动治理中,这一界限也被打破了。在互动治理中,多方行动者互动所涉及的事项,既有政治性的,也有行政性的,政治家和行政者都需要扮演公共管理学界日趋重视的跨界协调角色(Williams,2002;Jemison,2007)。政治家致力于政策制定,公共行政者致力于政策执行,这一经典性划分固然不会完全失效,但在多方频密互动的情况下,政策制定与政策执行的区分也就显得不再举足轻重了。

总而言之,作为国家行动者的政治家和公共行政者,以及作为非国家行动者的营利性组织、非营利组织和公民社会组织,在行政化治理和互动治理中的角色,既有一定的重叠性也有相当的差异性,但其必须面对的两难选择具有共同性(见表1-2)。

表 1-2　不同类型的行动者在传统的行政化治理与互动治理中的角色及其两难选择

行动者	在行政化治理中的角色	在互动治理中的角色	两难选择
政治家	政治统治者 具有反应性的权威	理事会理事 跨界协调者与参与者	涉入还是独立
公共行政者	政策执行者 基层公共服务者	行政管理者 跨界协调者与参与者 促推型管理者	授予行使还是赋予合法性
公司或非营利组织	被管制者 游说者	被管制者 合同方 项目伙伴	追逐私人利益还是承担社会责任
公民及社会组织	被管制者 被动型意见提供者	消费者 参与型意见提出者	免费搭车还是积极行动

资料来源:Torfing, et al., 2012:146(Table 8.1)。这里对原表中的结构、内容和语词进行了一定的调整。

概言之，元治理是行政治理机制运转的一种新思路、新取向和新形式，其宗旨是使协作互动治理有效持续地运转起来(Torfing, et al., 2012; Gjaltema, et al., 2020)。政府及公共部门组织超脱于对具体事务的治理，超脱于在服务递送上的大包大揽，超越于对市场和社会行动者的控制，发挥元治理(治理的治理)的作用，主导决策并引领网络搭建、愿景确立、制度建设、互动管理，同时推动政府职能和施政模式从统治到治理再到元治理的转型，对于协作互动治理体系的建构与运作，都是不可或缺的。置于中国的语境下，政府角色从具体事务的治理者转型为元治理者，政府职能从社会经济和公共事务的管理者转变为社会治理共同体的建构者和引领者，推动多方治理主体的协同参与，推进多种治理机制的互补嵌合，正是国家治理体系和治理能力现代化的关键所在。

值得注意的是，元治理理论揭示了政府职能或角色的转型是公共治理体系创新的关键，这一点在社会政策学界关于福利国家转型的学术探讨中早就现出端倪。早在 20 世纪 80 年代末，社会政策学界就兴起了能促型国家/能促型政府(the enabling state)的理念，探讨国家如何通过推动非营利组织的能力建设，来实现发达国家中福利国家的转型和治理创新，从而一方面完善社会保护，另一方面推动社会经济的发展(Gilbert and Gilbert, 1989)。能促型政府的理念很快就进入了美国智库的视野。美国民主党智库进步政策研究院(Progressive Policy Institute)在为克林顿政府出谋划策时提出：

> 新任政府必须以一种崭新的能促型策略取代社会福利。尽管福利国家的建立是以收入保障为目标，但一个能促型政府的建立则要以工作和个人增权为目标。首先，它应该帮助美国穷人发展摆脱贫困和依赖的能力，而且应该直截了当，一有可能就要避开政府官僚机构和服务提供者，将责任和资源直接交到我们要帮助的人的手中(Marshall and Schram, 1993: 228)。

能促型国家的理念旨在颠覆传统的行政化福利国家理念，其具体内容包括三大理念性变革。

第一，社会福利或公共服务的供给侧从政府转向民间。在行政化的福利国家模式中，福利提供者大多是公立组织。支撑这一做法的观念来源于某种对公共物品理论的僵化理解，即认为社会公益事业属于公共物品，而市场在提供公共物品方面会产生失灵，因此公共物品应该由政府提供。在社会主义国家的福利模式中，民间的福利组织甚至根本不存在。一旦政府决定为全社会提供某种社会福利,那么接下来的做法一定是铺摊子、设编制、建事业单位。

同行政化的福利国家相比,能促型国家采取某种市场化的路径从事社会福利。最为显著的区别在于,能促型国家拥抱"民间提供服务而国家出钱买单"的理念。事实上,自20世纪70年代之后,在发达国家,出现了社会服务和福利民营化的新趋势,学者们把这一趋势称为"公共产品的民间提供",从而打破了由于市场失灵,公共物品只能由政府来提供的传统观念(Kemp,1991)。

第二,从国家直接拨款支持向国家间接支出转型。在能促型国家的实践中,国家的职能不再是直接为公众提供社会福利的服务,但也并非撒手不管,而是通过各种直接或间接的方式,为提供这种服务的民间组织提供支持,其中主要是财政支持。支持的方式多种多样,最为常见的方式包括:通过竞标把福利服务的合同外包给民间组织;直接向救济领取者发放现金或者代金券,让他们自行选择心仪的服务提供者;为购买社会福利服务的个人和家庭提供税务优惠。

国家退出社会福利提供领域但又致力于促进民间非营利服务提供者的能力建设,其主要政策考量是增加社会福利服务的竞争性和多样性,减少原来公共机构提供所带来的垄断性和官僚化的弊病,从而更好地为福利的受益人服务(Gilbert,2002:44-45)。

第三,从保护劳工向保护工作转型。国家要么逐渐减少普惠性的社会福利,转而采取种种目标定位的方法,把福利递送给最有需要的人(吉尔伯特,2004),或者在普惠主义模式中增加福利给付的条件,附设激励劳动力市场参与的奖惩条件。总而言之,劳动力非商品化的趋势逆转,出现了所谓的"劳动力再商品化"(Gilbert,2002:44,46,86-89)。

除此之外,能促型福利国家还在其他若干方面与传统的行政化福利国家有所差别。从表1-3可见,除了理念转型和政策变化之外,政策工具的更新也是福利国家治理变革的一环,更多可以引入选择与竞争因素的市场化政策工具得以发展起来,如代金券。不仅如此,有关社会政策治理的研究还将重点从政策项目转移到政策工具。从这个角度来看,即便确定了项目,采用何种政策工具来实施项目也是重要的,有些政策工具依赖于行政机制的运作,而另外一些工具则体现了市场机制或社群机制的作为。关于政策工具的研究,也已经从传统的政策执行研究领域提升到治理转型的新研究领域(Salamon,2002)。

表 1-3 行政化福利国家与能促型福利国家的比较

行政化福利国家	能促型福利国家
扩大社会权利	权利与义务相结合
直接支出为主	提高间接支出的比重
福利品以服务为主要形式	福利品以现金或代金券为主要形式
由政府机构或公立组织提供	由民营非营利组织甚至公司提供
政策侧重个人	政策注重家庭
福利津贴用于日常生活消费	福利津贴用于人力资本投资
减少经济不平等	恢复社会公平

资料来源:Gilbert,1995:52。

实际上,无论是能促型政府的理念还是元治理的理论,都强调政府改革的方向在于增强市场、激活社会。在公共治理变革中,政府能否从行政化治理所主导的传统干预型有为政府(active interventionist government),转型为市场强化型政府(market-augmenting government)(Olson,2000;Azfar and Cadwell,2003)或市场增进型政府(青木昌彦等,1998)与社会增强型政府(society-enhancing government),或笼统地说,转型为能促型国家,对于国家治理模式或公共治理体系的创新,都是至关重要的。方向正确的政府改革对于中国的公共部门转型尤其是事业单位改革来说,尤为关键(顾昕,2005a)。

四、结语

作为治国理念的社会治理是全新的治理理念。社会治理不仅意味着社会事务的治理,而且意味着公共治理的思维和取向从政府运用行政机制主导的行政化治理向多方主体协作互动、多种机制互补嵌合的方向转变。走向社会治理是国家治理体系创新的新方向。在社会治理中,国家、市场和社会通过频密、制度化的互动,对于涉及社会经济政治发展的公共事务,形成共同的目标、凝聚共享的价值观、建构共同遵守的行为规范和制度,从而达成良好的治理。

社会治理的兴起是公共管理理论变革的第三次浪潮,对国家治理体系中传统的国家、市场和社会的关系形成了深刻的冲击。在国际学术界,这次浪潮多以协作治理和互动治理为旗号,尤其是互动治理理论,不仅沿袭了传统的以治理主体为中心的思路,而且还开拓了以治理机制为中心的视角,成为一种新的治理范式。

第一章 社会治理理念的学术传承:多方主体协作互动、多种机制互补嵌合

在传统的治理模式中,国家行动者以有为政府的角色发挥主导作用,行政机制的运作成为主导性的治理方式。公共管理理论变革的第一次浪潮着重于引入市场机制,推动公共部门中内部市场制的形成,并且在国家行动者与市场主体之间形成准市场关系塑造的合作伙伴关系。公共管理理论变革的第二次浪潮着重于引入社群机制,让多元行动者自发形成的、自我管制的网络治理成为国家治理体系的核心。

作为公共管理变革的新范式,无论是国际学界发展的协作互动治理理论,还是中国本土生长的社会治理理念,就国家治理体系中国家、市场和社会的关系而言,都超越了发展政治学、发展社会学和公共管理学中既有的新自由主义、新国家主义和新社群主义旧范式,为政治理论和社会理论的发展开辟了新的空间。同时,新的范式还进一步强化了市场机制和社群机制的积极作用,也强调了不同治理机制之间互补嵌合的重要性。首先,准市场机制的积极作用嵌合在社群机制之中,即多方行动者通过网络式互动和参与形成共同遵守的规范和制度有效降低了订约和履约过程中的交易成本,从而让市场机制能够有效运作起来;其次,社群机制所主导的网络治理嵌合在市场机制之中,通过关系型契约助推多方行动者之间建立制度化的合作伙伴关系;最后,也是最重要的,无论是市场机制还是社群机制,其有效运作均嵌合在行政机制的积极作用之中,即政府在强化市场机制和激活社群机制上扮演重要的角色,一方面成为跨界协调者,成为网络互动的参与者和推动者,另一方面通过积极推动网络建构和维护过程中的制度建设,将市场机制和社群机制的运作合法化。

在社会治理共同体建构中,国家、市场和社会通过制度化的网络建设,形成共同的目标、凝聚共享的价值观、建构共同遵守的行为规范和制度,并通过密切的、平等的、民主的协商互动,达成良好的治理。多方行动者分工协作,运用多种治理机制,发挥各自在资源动员和运作能力方面的比较优势并形成互补嵌合的格局,既能提高治理体系的运转绩效,也能大幅度提升治理能力。

特别值得注意的是,在多方主体共建共治共享的治理过程中,各方主体所扮演的角色是不尽相同的。由于行政、市场和社群机制的运作并不天然兼容,为了使之在社会治理或协作互动治理中能发挥互补性,就需要元治理者以创造性的方式对不同治理机制的运作加以协调。政府要从单纯的行政管理者向元治理者角色转换和职能转型,充分发挥其在增强市场和激活社会上的独有能力。通过市场机制、社

群机制与行政机制的互补嵌合,赋能市场和社会,确保社会治理共同体的顺利建构和良好运作,是政府改革的方向和关键,也是国家治理体系和能力现代化的方向和关键。

然而,作为一种正在兴起的公共治理新范式,社会治理的理论意义尚未受到学界的足够重视,尤其是在政治学界。本书仅从多方主体协作互动和多种治理机制互补嵌合的二维视角,提炼了一些要点。社会治理所推动的政治科学和公共管理学的新发展,在不远的将来,是充分可期的。

第二章　创新体系的建设与发展：行政机制、市场机制和社群机制的互补嵌合[①]

创新是经济增长的最大推动力。创新政策是一个国家、地区或产业提升经济竞争力的必不可少的利器(Cantwell, 2004)。尤其是在进入 21 世纪之后，世界各国所面临的经济挑战在于如何充分利用知识社会的优势，实现从管理型经济向企业家型经济或创新型经济的转型(Audretsch and Thurik, 2000)。然而，在不同的地方和不同的时期，由于公共治理体系的不同，国家、市场和社会发挥作用的方式不同，行政机制、市场机制和社群机制运转良好的程度不同，创新型企业所处的创新体系有所不同，政府创新政策为创新型企业创造的社会环境大有不同，这些都影响着创新型经济的发育程度。简言之，国家、市场和社会，以及行政机制、市场机制和社群机制的关系，决定着创新体系和创新政策的多样性及其后果。

有关创新体系和创新政策的很多既有文献，一般均持行动主体为中心的分析思路(actor-based approach)，重点探究国家、市场和社会在创新中行使职能的适当范围，尤其是国家在推动创新上的适当角色(封凯栋, 2022)。但是，国家—市场—社会的关系，既可以被视为不同行动主体之间的关系，也可以被视为不同治理机制之间的关系。对这两个不同的视角未能加以足够有效的区分，并且相对忽视了以治理机制为中心的视角，是大多数相关文献的一个缺陷。

如第一章所述，所谓治理，即人类活动的协调。因此，"治理机制"(Williamson, 1996)与"协调机制"(Kornai, 1992)是可互换的概念。对于包括创新在内的人类活动，具体的协调方式固然有很多，但都可归类为三种，即行政机制、

[①] 本章内容的早期版本，曾经发表于：顾昕，《协作治理与创新体系的多样性：创新政策中的国家、市场与社会》，《公共行政评论》2017 年第 6 期，第 6—32 页(全文转载于中国人民大学复印报刊资料《创新政策与管理》2018 年第 4 期，第 27—43 页)。本章就理论论述及相关引证进行了大篇幅充实。

市场机制和社群机制。与之相对应的则有三种治理方式,即行政治理、市场治理和社群治理。三种治理方式既具有一定的自主性又具有相互嵌合性,对于几乎所有私人和公共事务的治理——创新活动和过程也不例外——都离不开三种协调机制各自发挥其重要作用,也离不开协同作用。三种机制分别独自发挥作用以达成良好治理之态的情况并不能被彻底排除,但在多数情况下,三种机制必须相互嵌合,方能达成相得益彰的协同之效。三种机制的组合或嵌合方式大有不同,导致公共治理体系有所不同,进而导致治理绩效呈现差异性。有一种非常流行的观点认为,无论是本质分析还是现象观察,创新都属于分散性的、探索性的、具有高度不确定性和不可预知性的,因而无法加以规划的社会经济活动,因此,行政力量和行政机制在其中应该是无所作为的。但是,这种观点是大错特错的,其错误之源在于对行政力量和行政机制作为的理解仅限于规划,实际上,行政力量和行政机制在赋权、助推、提供通用性和专属性公共物品及元治理等方面发挥积极的作用,对于创新的推进是至关重要的。

在公共管理中,三种治理机制的协同组合是治理设计和实施的核心内容(Meuleman,2008)。对于包括创新政策在内的公共政策分析来说,行政治理如何与另外两种治理方式协同尤为关键,因为在经济和社会活动中,行政机制挤压、扭曲市场机制和社群机制运作的情形比比皆是。行政、市场和社群机制相得益彰型的嵌合关系,在公共管理学领域成为协作治理(Donahue and Zeckhauser,2011)和互动治理(Torfing, et al.,2012)的研究重点,也应该成为本书所理解的社会治理共同体建构和成熟的研究重点。本章所强调的国家—市场—社会的协同,试图在既有论述的基础上有所超越,即着重探讨三者如何以强化(augmenting)、增进(enhancing)或能促(enabling)的方式协助另外两方发挥积极作用。换言之,本章关注的不仅仅是行动者的协同行动,还是治理机制的嵌合性。

尤其需要关注的是,在包括创新政策在内的诸多公共政策领域,国家能否从行政治理机制所主导的传统干预型有为政府转型为市场强化型政府与社会增强型政府,或笼统地说,转型为能促型国家,将施政重点从管理控制市场与社会转向增强市场和社会主体的能力,改善市场机制与社群机制的运作,对于国家治理模式或公共治理体系及其子系统国家创新体系的创新,都是至关重要的。在诸多历史、文化和结构性因素的影响下,在不同国家和地区的公共治理体系中,三种机制协同作用的方式不同,尤其是政府转型的差异,导致创新体系无论在国家(Nelson,1993;

Lundvall，2010)、区域(地方)(Mothe and Paquet，1998；Freeman，2002；Grillo and Nanetti，2016)，还是在产业(或部门)(Malerba，2004；Malerba and Mani，2009)的层级上都呈现出高度多样性，进而导致创新政策的绩效呈现出巨大的差异性。

一、创新体系中三种治理机制的互补嵌合性

无论是在国家、地方，还是在产业层级，任何创新体系都由各种组织或多种主体组成。本章不考察政府决策与施政、公共服务筹资与递送、社会生活蓬勃与发展的创新，亦即公共创新和社会创新，仅关注经济领域的创新，即经济创新。关于公共创新的公共治理体系及促使政策企业家涌现的治理结构，本书第十二章和第十三章将加以专门的论述。下文在提及创新的时候，如果不加说明，即指的是经济创新，而不是公共创新和社会创新。经济创新的主体自然是企业，但企业不是唯一的主体，政府、大学、科研机构、技能培训机构、金融机构等对于创新的蓬勃发展同样是不可或缺的(封凯栋，2023：41)，它们为企业的创新提供推力、助力或创造条件。这是基于行动者或主体的分析视角。如果从本书所着重的基于机制的视角来看，对于创新体系的高质量发展来说，市场机制发挥决定性作用固然至关重要，但是行政机制和社群机制的作用也是不可或缺的，而只有行政、市场和社群机制的互补嵌合能为创新体系的高效运作造就基础性的治理结构。

(一)经济创新中的三种治理机制

1.经济创新中的行政机制(以及政府的作用)

对于行政机制的一种刻板印象是其与创新绝缘，正如前述具有市场原教旨主义色彩的流行观点所呈现的。行政机制的运作方式是命令与控制，其在公共部门的治理中占据主导地位，也在大型私立组织(尤其是大型企业或企业集团)的治理中发挥着重要作用。命令与控制的运作必然依附于等级体系，而在等级体系中，行动者的主要行为方式是听从命令，循规蹈矩，但这并不意味着创新不可能在行政机制的运作下出现。在大型私立等级式组织中，例如企业集团或规模较大的综合性大学，创新是层出不穷的。实际上，正如本书第十二章所论，即便是在政府或公共部门之中，创新也是大量存在的，而且在所谓"公共创新"中，有一种类型被称为"权

威式创新"(authoritative innovation)(Roberts,2000)或"层级式创新"(hierarchical innovation)(Torfing,2019)。在这类创新中,公共部门内部高层扮演政策企业家角色,界定新问题并寻找相应的解决方案,然后运用行政机制协调动员足够的组织资源和能力,以确保创新的开展。对于这种创新,有中文文献称之为"指令式创新"(冯猛,2021)。然而,行政机制所主导的层级式创新具有很多局限性,例如创新理念及可调动的资源都局限于层级体系内部,对于市场和社会的需要有可能缺乏充足的反应性(Torfing,2019)。这些局限性,都是行政失灵在创新领域的具体表现。

无论用何种术语来指称,权威式创新或指令式创新也好,层级式创新也罢,总之,创新亦有可能发生在等级体系及其中的企业之中。行政机制作用强悍的大企业中是不乏创新的。即便在计划经济体制中,近乎所有的经济活动都发生在大型等级体系之中,其中也不乏经济创新,但也存在着很多局限性。北京大学的创新政策专家封凯栋教授在研究创新型企业在中国的发展时发现,很多创新型企业(例如华为、中兴等)都从建立于原计划经济体制时期并在市场转型之后依然存在的体制内公立科研机构"挖人",也从原国有企业与外国公司设立的合资企业"挖人",这些人才所掌握的知识和技能其实并不新,但他们却能在进入创新型企业之后焕发出新的活力。既有的人力资源及其所承载的知识和技能在新的组织体系中发生了新的创造性组合,从而推动了创新型企业的能力提升和创新产品的涌现。其中的关键是,在计划经济体制的工业体系中,产业科研部门和生产部门实行纵向式"条条"管理,而创新活动中不可或缺的横向互动也只能在与纵向管理下的定点对口单位(无论是科研单位还是企业)之间产生;而在众多大型合资企业的内部,销售部门、生产部门和研发部门也组成了相互分割的纵向体系,其中的活动由各个体系内部的行政机制来协调,这使得中方工程技术人员仿佛进入了一个"隐形"的计划体系(封凯栋,2023:310-311)。无论是在传统的等级化组织如国有企业或科研院所,还是在新兴的企业化等级体系,如合资企业,社群机制都极其孱弱,而下文将详述,社群机制的运作,尤其是其在横向协调上的积极作用对于创新型企业来说是基础性的。这表明,主要或是单独通过纵向式运作的行政机制来推动创新,尤其是经济创新,尽管并非不可能,但终究是高度受限的。层级式创新的难以蓬勃是不难理解的。

然而,行政机制对于创新来说,依然是至关重要的。这不仅体现在行政机制有

第二章 创新体系的建设与发展：行政机制、市场机制和社群机制的互补嵌合

可能在创新过程中发挥直接作用，更为重要的是，行政机制在推进创新上发挥着不可或缺的间接作用。后一点集中体现在国家或政府在创新体系建设和运转中承担着不可或缺的角色。封凯栋(2022)论述了创新体系发展与转型中的双重国家角色，即创新体系建设的参与者和创新体系转型的推动者。就第一重角色而言，政府的重要职责是塑造并维护创新竞争或熊彼特竞争的市场机制。这一职责之所以不可或缺，缘由在于熊彼特竞争是一个动态的、非线性的、累积性的过程，其中早期环节的具体创新者（无论是个人，还是企业或者非企业型组织）尽管付出了大量投入，但最终无法独占其创新成果所带来的收益，甚至其创新成果并不会产生多少收益，最终会血本无归。可是，这些对创新者来说收益不高的成果对于事后作为一个完整链条被看待的创新来说并不是无关紧要的，它们会转化为公共知识，为后续环节的创新者提供支撑。因此，熊彼特竞争的促进，离不开政府在确保公共知识可获取性上扮演的角色。就第二重角色而言，政府的重要职责包括：(1)战略性资源的配置者，推动创新者占领经济创新的制高点，其中包括"机会窗口"的开启、产业化导向的资源配置和为技术突破奠定基础的教育与科研的长期投资；(2)开放式创新的推动者，即推动多方主体参与持续性的创新过程，并就此过程中出现的各种有损于创新体系运转的行为加以协调。

封凯栋的双重角色论深入挖掘了政府作为行政机制的最重要承载者，在国家创新体系建设、维护和转型中所发挥的不可或缺或至关重要的多重作用。但是，此论的缺陷在其概念化的分析性有所欠缺：一来体现在同样的政府职能出现在两个角色之中，例如第二重角色中的教育与基础性科研的投入实际上属于第一重角色中公共知识积累的一部分；二来体现在第二重角色所包含的内容较为庞杂，削弱了此角色界定的分析性。有鉴于此，本章将封凯栋双重角色论改造为三重角色论，即政府在创新体系建设、维护和转型中的角色有三：(1)公共物品提供者，尤其是公共知识生产和积累的促进者、维护者，其中创新专属性公共知识的维护、累积和传播尤为重要；(2)战略性资源的动员者，尤其是投资，而动员者角色并非意味着政府是创新先期或早期活动的唯一资金提供者，而是意味着政府发挥行政力量的引领作用，鼓励、促进市场和社会中存在的分散化的资源向创新活动倾斜；(3)元治理者，即对创新体系的治理实施治理。

对于经济创新来说，有许多公共物品是必需的，其生产是创新者无暇或无力顾及的。这些公共物品又可细分为四类：(1)良好的物质性基础设施（交通、通信、公

用事业等）、充沛的人力资源和基础性科学知识的持续性生产与广泛的传播，这类公共物品并非仅仅为经济创新所必需，也为所有经济社会活动所必需，也就是说，这些是通用性公共物品，并非创新专属性公共物品；(2)一般性技术能力的累积和提升，这依然属于通用性公共物品，为产业升级和经济创新所必需，需要政府为技术教育体系、管理教育体系、职业培训体系等的高质量产出提供支撑；(3)制度建设，既包括一般性制度建设，也包括创新相干性制度的建设；(4)创新专属性公共知识的积累。

第一类公共物品的供给是政府基本职能的体现，不仅适用于创新过程，而且适用于所有的社会经济活动。第二类公共物品的供给对于产业发展及内含于其中的经济创新是至关重要的。这两类公共物品供给的到位对于创新体系来说是基础的基础，很显然，如果没有政府支撑基础设施建设，没有政府兴办教育和科学事业，没有政府大力支持科普事业，没有政府促进职业培训体系的发展，经济创新所仰赖的技术变革就没有物质、知识和人力资源的储备。

制度实际上是一种特殊的公共物品，其对于所有社会经济活动的正常开展来说都是至关重要的，其重要性在某些新制度主义的国家兴衰论中还以富于思想启发性的方式被夸大了(North，1990b；Acemoglu and Robinson，2012)，但无论如何，政府在知识产权保护、创新投融资(尤其是风险投资和创新偏好型资本市场)和中小企业扶持等领域的制度建设对于创新体系的蓬勃运转来说是不可或缺的。由于具有强制性，制度的建立、维护和执行主要是政府的职能，当然，制度的有效性也离不开市场和社会的遵从，而有效的制度往往能为多数市场参与者和社会行动者的行动设定良好的秩序并使其从中受益，从而得到其高度认可及自愿遵守甚至主动维护，这意味着制度拥有了合法性而成为有效制度；否则，制度的实施会受到利益相关者明里暗里的抵制，最终成为无效的制度。无效制度在阻碍有效制度的形成和完善上常常是非常有效的。无效制度的形成和坚固正是本书第一章所提及的行政机制与市场机制和社群机制互斥嵌合性的表现之一。

创新专属性公共知识生产、维护和积累的重要性为众多产业政策、技术政策和创新政策研究者所揭橥。Rosenberg(1985)、Levin，et al.(1987)、Nelson(1988，1990，1992)和 Merges and Nelson(1994)都把产业技术发展和经济创新中所涉的知识区分为"公共知识"和"私人知识"。公共知识固然包括民众通过国家教育、培训和改革传播体系等途径获取的知识，但更为重要的是产业或社群通过政府支持

第二章 创新体系的建设与发展:行政机制、市场机制和社群机制的互补嵌合

的科研、产学研跨部门交流、专利体系内的信息公开、技术交易,以及与特定产业及其内含的创新相关的特定知识。这类创新专属性公共知识是一个有限范围内的公共物品,其对某一产业或创新领域的参与者来说是公用的,但对另外一些产业或创新领域则没有公用性。私人知识是创新者个体或创新型企业在特定时间内所持有的技术秘密及与之相关的商业秘密。为了维持其先行者优势,创新型企业在一定时间内倾向于使创新的核心知识处于严格保密状态,此时并无知识产权保护体系的介入,但创新及相关的产业发展是一个多方主体互动的过程,因此随着产业和创新社群内部成员的交流,这些私人知识会得到传播而转化为公共知识。由于互动性过程往往产生多方受益并共赢的效果,相当一部分私人知识的拥有者也会主动参与私人知识向公共知识的转化(Levin, et al., 1987;Nelson, 1990),以期在此过程中从别人那里汲取更多的私人知识,而自我隔绝于创新互动和知识转化则意味着在创新过程中从先行者变成落后者。

无论创新发生在哪一个层级,企业、城市、区域,还是国家,战略性资源尤其是资金的持续性投入(Perez, 2002),都是不可或缺的。由于创新过程中不可避免地存在着试错性和累积性,即某一时节、某个项目甚至某一领域的资源投入有可能在市场上无所收获或商业上没有前途(俗话讲"打水漂"),但这些投入却有可能提升创新利益相关者的能力并且促使其能力累加,也有可能使得没有市场收益的创新成果成为创新专属性公共知识或成为技术累积过程中的积淀(Perez, 1983),对于最终产业化的经济创新依然具有重要意义。因此,推动创新过程顺利前行的战略性资源持续性投入,单靠市场机制尤其是一般性资本市场机制的运作是不够的,需要市场外力量参与资源的强力推动,而政府是扮演这一角色的最可靠行动者。

对于企业、地区或国家来说,经济创新的实现相当于一个产业赶超过程。正如产品发展具有一定周期一样,内含技术变革的创新过程也有一定的周期,其中在不同的时段,创新者的进入门槛和机会之窗是不一样的,这涉及投资规模、区位优势、公共知识和人力资源的配置(Perez and Soete, 1988)。在进入门槛与机会之窗理论的框架中,基于对韩国诸多产业创新与发展的案例分析,韩国学者提出了赶超的三模式理论,即路径跟随型、路径跳跃型和路径开创型(Lee and Lim, 2001; Lee, 2013; Choung, et al., 2014)。然而,纯粹意义上的路径开创型赶超即便存在,也是凤毛麟角,而绝大多数经济创新基本上是一个新旧不断累积叠加的过程;现实中的路径开创固然是另辟蹊径,但依然与既有的路径有关。正是由于这种累积性,没

有持续性的资源投入,机会之窗是无法开启的。

2.经济创新中的市场机制

本章所关心的经济创新及与此相关的技术创新,基本上是市场力量推动的产物,创新活动的开展尤其是创新的商业化过程,特别是创新的供给与需求,基本上由市场机制协调,这与科学领域中由好奇心驱动、由科学共同体通过社群机制来协调的知识创新是有所不同的,也同前述在等级体系中通过自上而下的权威行使、指令执行的行政机制所推动的创新有所不同。在前述封凯栋所提供的案例研究中,诸如华为、中兴等企业从原体制内科研院所或国有企业"挖"来的技术人才,在打破了纵向分割并由市场力量所驱动的创新型企业,焕发了新的活力(封凯栋,2023:312-313)。

经济创新受市场力量所推动,归根结底是为了迎合或满足市场的需求。当然,根据萨伊定律,供给(尤其是创新所带来的新供给)也能激发需求(尤其是新的需求)。因此,市场机制在经济创新中的作用无疑是决定性的。但是,仅仅认识到市场机制的作用对于创新具有决定性影响这一点是不够的,尤其是对于深入理解创新体系和创新政策远远不够,简单强调或单独突出这一点容易落入市场原教旨主义的窠臼。除了在本章上下文中所论及的行政机制和社群机制的作用之外,对于市场机制本身,也需要加深认识。

在主流经济学中的新古典主义那里,市场机制被视为供给和需求达至均衡的机制。在这一学术传统中,市场机制的最优运转发生在完全竞争的境况之中,其中,作为物品(包括服务)的提供者,企业在既有技术能力和市场价格的约束下寻求将可获得的资源进行最优化配置,从而实现利润最大化。在完全竞争的市场中,物品具有同质化的特征,市场进入没有障碍,物品的生产者和消费者众多,买家和卖家都是价格的接受者。

新古典主义中并不存在创新。在充分竞争的市场模型中,既不存在需要提升技术能力的企业,也不需要企业家的敏感性、想象力、创造力、决断力和勇气。这是新古典主义不但在社会学界和政治学界遭受非议,而且也在经济学界蒙受诟病的重要原因之一。熊彼特(Joseph Schumpeter)将创新定义为打破既有资源的既定配置,对既有资源进行重新组合,形成所谓的"创造性破坏"或"产业突变",即创新"不断地从内部使这个经济结构革命化,不断地破坏旧结构,不断地创造新结构"(熊彼特,1999:147),并视之为市场经济的本质特征,而从事这种创造性破坏活

第二章 创新体系的建设与发展:行政机制、市场机制和社群机制的互补嵌合

动的人,即企业家。依照他的经典性概括,创新的结果包括新产品(和服务)、新工艺、新供应源和供应链、新市场和新产业组织模式(Fagerberg,2005:5-7)。在熊彼特传统中,企业从既有资源的最优行动者变成了创新者,其竞争的着力点在于差异化,通过开发新的技术,提供新的产品或服务,从而开辟新的市场,也为自己带来超出原有市场平均水平的超额利润。自熊彼特以来,作为企业家行为的创新,对于长期经济发展至关重要,这一点早已经宏观经济学家的研究(Aghion and Howitt,1992;Baumol,2002,2010)而众所周知,而且创新已经逐渐成为不同国家经济发展差异的更有力的解释因素(Fagerberg,2005:18-20)。

更为重要的是,在熊彼特开辟的学术传统中,市场机制的核心特征超越了新古典经济学的刻画,"选择与竞争"的范围、幅度和方式有了新的面貌。在新古典式的自由竞争中,企业间可以说大同小异,差异只不过在于哪家企业能在价格体系的指引下将既有资源进行边际性最优配置,然而,在熊彼特式竞争中,对于企业来说,最为重要的是发展出特异性甚至是怪异性的能力(idiosyncratic capabilities),这种能力自然是越具有多样性越好,而且还需具有动态性,即企业具有学习、积累、发展特异性能力的特有模式。在微观层次,如果说自由竞争中的市场机制是驱动企业在同质化产品中争优争胜,那么熊彼特竞争中的市场机制则是推动企业在差异化中做大做强,企业之间必须在产品的特异性上展开竞争,而企业内部必须在不同的技术、组织形式和产品特质上进行选择。在宏观层次,熊彼特式选择与竞争呈现为新企业的市场进入和旧企业的市场退出,而新进入的企业则在市场中激发出持续不断的模仿、适应和更新的创新。随着新企业的涌现,熊彼特式竞争不仅会引发产业结构(industrial structure)的变迁,而且还会引发产业人口(industrial demographics)的变迁(Dosi and Nelson,2010:95-96),即旧产业及其所在地区就业及人口吸引力的下降,而新产业的兴起不仅改变了产业结构,还改变了经济地理。其中,模仿和适应的过程,在一定程度上由自由竞争式市场机制所驱动,而更新的创新则继续由熊彼特式市场机制来驱动。可以说,产业变迁或熊彼特所称的"产业突变"的推动力来自熊彼特式竞争,而变迁之后产业自身的高质量发展则很大程度上由产业内部的自由竞争来驱动。

3. 经济创新中的社群机制

社群机制在经济创新中的重要性有多重体现。首先,社群机制的良好运作对于创新型企业的发展是至关重要的,由此,我们甚至可以发展出一个全新的企业理

论,即企业的社群治理理论;其次,经济创新涉及企业间的关系,包括创新型企业与用户及供应商的关系,以及在创新活动的集聚中企业间的合作型竞争;最后,对于经济创新来说至关重要的是多类型多方主体协作互动网络的形成和维护,依赖于社群机制的良好运作。对于企业的社群治理理论,本章将在下文单辟一小节加以详述;关于创新集聚,亦将在下文中详述。这里仅对企业间关系和多方主体协作互动网络稍加详述。

企业是创新的主体固然不错,但这主要体现为企业是创新产品的生产者和供给者,但在生产和供给过程中,除了组合生产要素之外,更为重要的是从用户、供应商、大学和研发机构等各类主体那里获取信息和知识并加以整合。有鉴于此,创新研究或创新政策研究领域出现了"开放式创新"的概念。2003年,当时还是哈佛商学院助理教授的亨利·切萨布鲁夫(Henry Chesbrough)在哈佛商学院出版社出版了《开放式创新:从技术中创造并营利的新规则》一书(Chesbrough,2003),一跃成为经济创新领域中的学术领袖,在世界范围内开启了开放式创新的研究,激发了开放式创新的实践。狭义的开放式创新是指"开放用户创新",即将用户的需求及其创意纳入产品的创新和生产之中。有研究发现,英国1945—1979年间最重要的2000项技术变革,超过一半是根据用户的直接需求而产生的(Pavitt,1984)。这类创新尤其在科学仪器产业(von Hippel,1976)、复杂技术和装备研发产业(Rothwell and Gardiner,1985)、文化产业、互联网产业等消费异质性或特异性强的经济领域中兴旺发达。创新型企业与其用户形成了一种特殊的"创新社群",其成员规模相较传统社群要大,社群成员的流动性也较强,即用户一般只是在特定事项上参与创新,其参与行为绝大多数具有一次性、局部性、细微性的特征;更为重要的是,与传统社群中经常性的集体行动有所不同,创新社群中更多呈现的是"私人集体性",即个体通过一次性、局部性、细微性的参与为创新做出贡献并获得奖励,但大量个体的参与构成集体性的持续性、整体性、结构性的创新(von Hippel,2010:421-422)。在这里,值得说明的是,用户个体既有可能是消费者个体,也有可能是企业或其他类型的组织。

然而,广义的开发式创新则成为一种创新的模式。与集中于一个企业内部尤其是集成于企业研发部门的内部式创新有所不同,开放式创新意指创新型企业同其他企业建立合作网络关系,不仅有意识地推动知识和创意的流入,而且还加速自产知识和自生创意的流出,这一方面可以激发内部创新的勃兴,另一方面也能推动创新的外部应用以开拓市场(切萨布鲁夫等，2010：2)。从本书的学术视角来看，并使用本书所提炼的学术术语来说，内部式创新由行政机制所主导，主要体现在大型企业在其内部建立专门的研发部门，其中的活动由企业内部自上而下垂直式的行政治理机制加以协调；开放式创新则由社群机制主导，主要体现在企业间形成横向型网络式合作关系，通过频密的互动，一方面促进了企业间的互动式学习，另一方面实现了新思想和新知识的快速传播，并激发更多创意的诞生。

(二)治理机制的嵌合性

对行政、市场和社群治理机制及行政、市场和社群治理方式的区分只是分析性的，而在现实世界中，三种治理机制或治理方式往往具有嵌合性，即除极少数事务的治理单靠一种治理机制也能取得良好的结果之外，绝大多数私人和公共事务的治理都需要三种治理机制的相互嵌合。当然，嵌合性的结果，有可能是相得益彰，也有可能是相互抑制。

既有的治理理论，尤其是处在治理研究前沿的协作治理和互动治理理论，基本上是出于基于主体的视角，着重探究多方主体的协作互动。关于创新的研究，尤其是国家创新体系的既有研究，基本上也是出于这一视角。从基于主体的视角来看，尽管经济创新体系中的主角是市场行动者，但国家行动者和社会行动者也扮演着重要的角色。从基于机制的视角重新审视创新体系建立和运作所得到的新启示，可以与基于主体的视角所得到的发现相互印证。

市场机制的良好运作从来不会发生于仅由市场主体所组成的空间，而是有赖于行政力量通过行政机制所建立的制度及其执行，也有赖于市场参与者自身社群机制的运作在其中所滋养的信任与认同，亦即所谓"社会资本"。新制度经济学，尤其是其两个分支——产权经济学(Demesetz，1967；Alchain and Demesetz，1973)和契约经济学(Hart，1995)，分别强调了政府在产权界定和契约维护方面的制度建设对市场治理正常运行的决定性作用。规制经济学的一个重要课题是政府对契约的订立和执行施加管制(或规制)(Collins，1999)。经济社会学有关嵌合性的文献(Barber，1995)则就市场机制的运作如何嵌合到政府行动(Evans，1995)、道德规范(Zelizer，2017[1979])和社会结构(Granovetter，1985)之中，开展了深入的研究。这些文献依然秉持以行动者为中心的思路，关注的是市场主体(个体或企业)的行动在组织、制度和结构中的嵌合性，与本章所秉持的以机制为中心的思路及所关注的市场治理机制在行政和社群治理机制中的嵌合性相比,侧重点有所不同,但借鉴价值显然是存在的。

同理,良好的社群治理也嵌合在依赖于行政力量通过行政机制的运作所完成的制度建设与执行及基于市场机制而形成的激励机制之中。由奥斯特罗姆所领衔的布鲁明顿学派,揭示了在诸多公共事务尤其是公共资源的可持续性利用上,社群治理运行的组织和制度基础(Gibson, et al., 2000),并从公共资源治理领域拓展到更加一般性的"自我治理社会"(self-governing societies),发展出有关社群治理制度多样性的系统化理论(Sabetti and Castiglione, 2016)。尤其是,奥斯特罗姆在其经典性著作(Ostrom, 1990)中就良好的社群治理在权利界定、合法化和分层制度化过程中如何依赖于行政治理的分析,对于我们分析创新政策领域社群治理的行政嵌合性,有很强的借鉴意义。但总体来说,有关社群治理行政嵌合性的研究,与新制度经济学有关市场机制与行政机制关系的研究相比,无论是学术深度还是广度,都大有欠缺,因此,这是有待开拓发展的一个学术领域。

再同理,良好的行政治理难以超脱于基于市场协调的激励机制及社群协调所蕴含的社会资本。在当今世界,公共部门在新公共管理运动或公共治理变革的旗号下发生了各种的市场化改变,单纯依靠命令与控制的政府施政已成明日黄花,市场机制与行政机制在公共事务治理中的融合日渐多样丰富(Pollitt and Bouckaert, 2011)。换言之,行政机制主导的公共部门行政化的格局,在理论上遭到了质疑,在实践中则走向了去行政化的变革之路(顾昕,2022)。公共部门与私人部门形成了各式各样的合作伙伴关系(Link, 2006),让行政机制与社群机制发挥相得益彰的协同作用,在诸多社会经济领域,包括在对经济创新活动的促进中,达成了一种全新的治理格局——网络治理(Goldsmith and Eggers, 2004)。

对于经济创新,尤其是其中的技术创新,政府通过行政治理机制施加的支持、引导和管控,有着深刻的影响。其中,对于创新过程影响最大的政府管控莫过于知识产权保护,其次是技术标准制定(Williams and Aridi, 2015)。除了管控,政府还可以通过公共扶持措施,例如研发补贴、信贷优惠、风险投资资助、税收减免等,对创新活动施加鼓励。经济创新活动还受到社群机制的制约。社群机制的作用,主要体现在两个环节:一是对创新型企业自身的治理,社群机制对于创新型企业能力增进所必需的互动式学习具有基础性的作用;二是体现在创新活动的集聚之上,社群机制对于企业家、技术人才和创新型企业之间的互动式学习,具有决定性的影响。社群机制的作用还必须有市场机制和行政机制的加持。

因此,从基于机制的视角来看,尽管市场机制的运转对于经济创新的蓬勃发挥着决定性的作用,但绝不是独享性或独揽式作用,行政机制和社群机制的作用并非无关宏旨或无足轻重。实际上,国家、市场和社会行动者之间的互动性联结(interactive linkage),无论是正式的还是非正式的(Balzat,2006:21-23),纵向的还是横向的,直接的还是间接的,对于创新体系的运转都是至关重要的(Edquist,2005)。其中,无论是三类行动者的行动本身,还是它们之间的联结,都受制于行政、市场和社群治理机制。行政、市场和社群治理机制的运行方式及三者之间的复杂互动,造就了创新体系公共治理模式的多样性。前文所述的"开放式创新"所涉及的主体范围扩大,其自身也变成经济创新的一种新范式,同时也显示出创新体系运转的新治理模式。以此概念为核心的研究强调经济创新并非创新型企业的独角戏,也不仅仅限于创新型企业与其用户的互动式创新,而是多方主体的协作式参与,其中政府通过财政和金融支持及构建公共知识库等方式助力互动式创新是非常关键的(戴亦欣、胡赛全,2014)。

二、重新认识企业尤其是创新型企业:治理嵌合性的视角

行政、市场和社群治理机制的嵌合性,为我们重新认识企业的性质提供了新的视角,从而发展出了一种全新的企业理论。这一新理论的发展思路,是将科斯传统、熊彼特传统和奥斯特罗姆传统融为一体。

我们已经知道,在经济学的新古典主义传统中,并不存在企业理论。新古典主义将企业等同于寻求既有资源最优化配置以获取利润的个体,因此,企业成为一个黑箱,其内部的治理并不在新古典主义的视野之内。科斯的经典性论文,将企业视为一个行政(科层)机制主导的组织,其内部活动由企业权威(企业家—经理)通过自上而下命令与控制的方式加以协调,以期减少依赖于市场交易所难以避免的交易成本(Coase,1937)。自此,企业自身的治理开始成为经济学的研究对象。由威廉姆森在科斯传统中发展起来的交易成本经济学理论视企业为一个等级组织,因此企业内部的治理是一种区别于市场治理的行政治理或等级式治理;换言之,行政机制成为企业内部治理的主导性(甚至是唯一的)治理机制。交易成本经济学关于

企业与市场边界的深入研究,实际上是在探讨市场治理机制与行政治理机制的权衡(Williamson,1996)。具体而言,当交易成本高于可能的行政成本,契约化的市场交易就会被企业或组织内部的权威关系所取代,而反过来,当交易成本低于行政成本时,企业或组织就会选择外包(Carroll and Teece,1999),用市场机制取代行政机制来协调企业的经济或商业行为。当然,企业建立和运营所涉及的诸多事务还会受制于各种各样的政府管制,其中行政治理也发挥着不可或缺的作用。

然而,就无论企业内部事务还是外部事务而言,市场机制的作用自然都是举足轻重的,对于创新型企业来说也不例外。企业家行为所导致的经济创新活动,基本上都是市场力量驱动的。创新型企业需要通过劳动力市场招聘创新型雇员(尤其是技术研发人员),通过资本市场获得创新活动的融资,通过要素市场获得创新活动所必需的各类物资,等等。因此,组织经济学和契约经济学家发展出了企业的契约理论。在组织经济学或契约经济学中,企业被视为"契约的集合"(Jensen and Mekling,1976;Jensen,2000),其中在完全或不完全契约约束下,企业的所有人与管理者及管理者和被管理者之间的委托代理关系(Hart,1995),企业资产所有权的配置和非命令与控制式激励结构的安排对企业绩效的影响(Holmstrom and Milgrom,1994),职业经理人市场的存在如何能降低代理问题的负面影响(Fama,1980)等,都是企业理论的重点研究内容。简言之,企业的契约理论关注的是如何使企业运营中的契约机制更加精细化,从而将企业雇员的激励结构搞对,以利企业的发展。在这里,各种委托代理问题的解决,关键在于如何通过契约的精细设计将市场机制的积极作用最大化,将信息不对称所引致的高交易成本的负面影响降到最低程度。在企业的契约理论或委托代理理论上做出过杰出贡献的哈特、霍尔斯托罗姆、米尔格罗姆和法玛(Eugene F. Fama)都是诺贝尔经济学奖得主。

从第三种角度来看,企业还可以被视为一种社群组织,其组成和运行在很大程度上都是社群机制发挥作用的结果(Heckscher and Adler,2007),其中尤其是涉及创新的战略决策、创新活动的协调(Kodama,2007),以及如何管理与其他组织的连接(van de Ven,1993),更是离不开社群机制的作用。折中吸收多篇理论之后,Kogut and Zander(1996)曾提出,企业是一种认同、学习和协调的社会组织,并因此挖掘出被以往企业理论所忽视的集体性因素。

创新充满了高度不确定性,必定会给企业带来风险,因此并非所有企业都致力于开展创新活动。一般的企业追求最优化,即在既有技术和市场的约束条件下追求运营绩效尤其是利润的最大化。与最优化企业不同,创新型企业致力于打破既有的约束条件,克服"管理的局限",通过挖掘新的知识,发展新的技术,拓展新的能力,转移并重组自己的生产性资源,开发新的产品,开拓新的市场,参与并实现熊彼特所说的"创新性破坏"或拉佐尼克(William Lazonick)所说的"历史性变革"(Lazonick,2002)。对于创新型企业来说,战略选择和资金投入固然是不可或缺的,但决定着企业是否具有创新能力的主要因素在于组织整合,组织整合使企业对于新的理念和实践具有强大的学习能力、吸收能力和应用能力(Lazonick,2005)。

在创新研究者眼里,管理最优化企业和创新型企业之间的差异,才是企业之间最为重要的差异。正如演化经济学大家、创新体系研究开创者纳尔逊(Richard Nelson)所说,"企业之间持久且不易效仿的区别并非源于各自所掌握的特殊技术的差别,而是源于组织上的差异,尤其是产生创新的能力及从创新中获利能力的差异"(Nelson,1991:72)。企业只有就这种动态能力的发展制定具有长远眼光的战略,并持之以恒地加以落实,才能不断地实现竞争力的整合和重塑,确立自己的竞争优势(Teece, et al.,1997)。

问题是,这种能力的形成和增进通过何种治理机制的作用才有可能完成? Penrose(1995)提出的企业成长理论对此给出了一定的考察。这一理论把现代法人企业视为致力于学习如何最佳利用其所拥有的生产性资源,包括其成员的人力资源及其所拥有的知识和才能,因此企业成长的关键在于学习。

进一步而言,创新型企业致力于开发其可获得的宝贵且难以复制的资源(Lazonick,2002)。或者说,创新型企业致力于拥有基于隐性知识的能力,而能力增进体现在其日常的活动之中(Nelson and Winter,1982)。独特资源的开发也好,特有能力的增进也罢,都需要企业内部成员的协调和学习(Kogut and Zander,1996:502)。学习过程"在本质上具有社会性和集体性"(Teece, et al. 1997:519)。创新是一种具有不确定性、累积性和集体性的活动(O'Sullivan,2000)。创新过程具有不确定性,因为这一过程需要不断学习,而究竟需要学什么,只有那些从事创新并使之产业化的实践者才深有体会;学习不可能一次性完成,某一次学习的成果并不一定能直接进入产业化的环节,但可以为后续的学习奠定基础,而对于学习的投入也必须具有累积性;指向产业化的创新所需的学习不可能由实践者单独完成,而需要具有不同知识背景和拥有不同技能的人开展合作,因此学习过程具有互动性和集体性,组织的重要性恰恰体现在集体性学习的治理之中(Lazonick,

2005:31)。

可是,将企业视为一种社群治理的新理论,还有待发展。本书第一章曾经提及,社群有很多类型,其中正式的法人组织,既包括营利性组织也包括非营利组织,是社群的一种类型,或者说是社群的一种组织方式。然而,总体来说,组织经济学尚未将诺贝尔经济学奖得主奥斯特罗姆及其他著名经济学家关于社群治理机制的学术研究成果纳入,并与既有的理论加以整合。创新经济学也存在着同样的缺陷。上文提及的企业成长理论在经济管理理论学域中占有一席之地,但可惜的是,这一理论一来并没有形成一个兴旺发达的学派,二来也未能被拓展为一种企业的新治理理论。与此同时,基于演化经济学思路的创新经济学已经挖掘出互动式学习对于创新型企业的重要性,但距离发展出创新型企业的社群治理理论还有难以跨越的一步之遥。值得一提的是,创新经济学的研究大多扬弃了新古典主义经济学,而秉持演化经济学和制度主义经济学的思路,但却极少吸收演化经济学大家鲍尔斯和新制度主义大师奥斯特罗姆关于社群治理机制和社群治理模式的研究成果。

所有这些表明,将企业刻画为一种行政治理或契约治理的理论,固然都具有各自独有的洞见,但对于现实世界的解释力依然存在着各自的局限性。我们需要发展出一种将企业视为社群治理的理论。更进一步,我们还需要从协作互动治理的理论或社会治理的理念汲取思想养分,发展出一种基于行政、市场和社群治理嵌合性的新企业理论。这样,我们就可以将诸多诺贝尔经济学奖得主的学术成就熔于一炉,而且也能将社会学和公共管理学的思想精华纳入其中。这一探索方向的宝贵性不仅适用于企业研究,也适用于私立非营利组织的研究,对于公立组织的研究来说也是成立的。尽管公立组织的组建基本上都是行政治理的产物,但在其运行过程中,诸多事务的治理,尤其是创新活动的治理,既离不开市场机制作用所产生的激励效应,也离不开社群机制作用所形成的协调和凝聚效应。换言之,公立组织,尤其是法人化的公立组织,同样是行政、市场和社群机制嵌合的所在。

三、创新型企业所处的环境:创新体系中的政府、市场与社会

绝大多数经济创新都发生在商业企业当中。创新活动不止于发明,也不止于技术变革,而是涉及企业运营的许多方面,但可简化为知识生产与扩散、技术开发

与应用、能力建设与增进,以及组织变革与优化四个核心领域。无论在哪一个领域,创新活动都有一些共同的特点,影响到不同治理机制的适用性及其相互之间的嵌合性;而且,创新型企业处在由多种政府、市场与社会行动者组成的创新体系之中,不同行动者之间的连接,也受制于行政、市场和社群机制的多重治理。这里给出国家或区域创新体系中治理机制嵌合性的图示(见图2-1)。

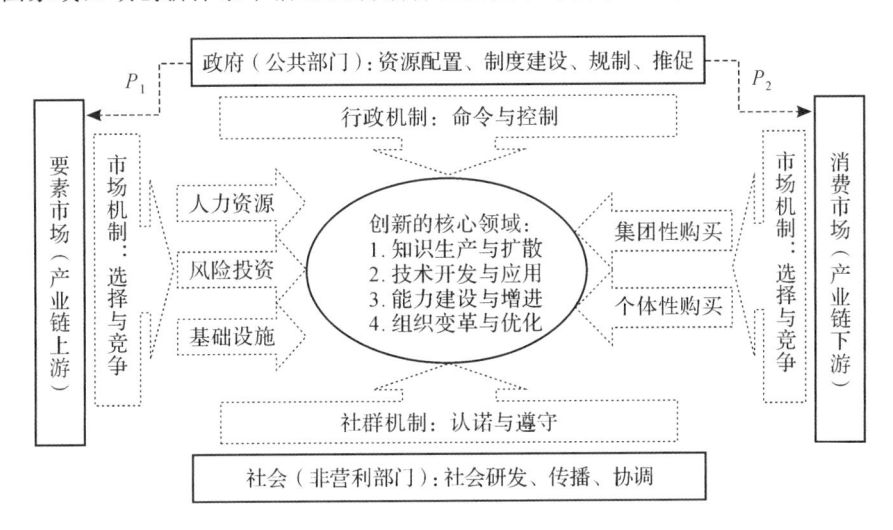

图2-1 创新体系中的创新组织及其所处的环境:政府、市场与社会

(一)创新型企业动态能力建设及发展的外部环境

企业动态创新能力的建设,固然是企业家的事业,也是企业内部社群治理的产物(Teece,1999),但国家与社会行动者所营造的有利环境也是重要的。就国家而言,创新推动型公共政策的重点不止于推动创业,即放宽新企业的市场准入。诚然,创业活动的兴旺本身是经济蓬勃的表现之一,但是只有某些特定类型的企业家活动才能对经济发展带来长远的深刻的正面影响,这类企业家活动具有知识密集性、创新频密性的特征。知识—创新密集型企业家行动是一种多维的现象,因此公共部门和社会部门的多方面举措,将有利于这种高发展潜力的企业家活动的蓬勃开展。

政府及公共部门的举措包括公共资源配置、制度建设、规制、推促,其目标对象既可以锁定创新型企业及其中的特定企业家活动,也可以针对创新型企业发展所需的市场环境。

图 2-1 中的 P_1 显示政府(公共部门)对创新型企业所提供的公共扶持(public supports),可称为"供给侧措施",旨在促进创新的供给。公共扶持过程涉及政府对公共资源的配置,但并非限于针对创新型企业的直接补贴,而是将公共资源投入能够促进创新活动蓬勃开展的要素市场之中,其中包括人力资源培训机构、风险投资机构、基础设施建设及大学等。

图 2-1 中的 P_2 显示政府的需求侧政策措施或政策工具,包括公共采购、消费补贴、税收优惠、信息散播等,旨在提升市场对创新产品(或服务)的有效需求。其中,政府推动的信息散播,例如公关广告、强制性标牌标识、集中化查询、公共论坛等,被称为"意识建设措施",一方面可以提升民众对创新型产品或服务的认知度,另一方面也可以对其可能产生的负外部性加以抑制(Edquist, et al., 2015: 1-24, 29)。

公共采购是最常用的一种需求侧政策工具,又分为一般性(或常规性)、战略性和催化性公共采购三种,其中,后两种措施尤其是战略性公共采购能够在创新产品尚未商品化的特定时段形成有效需求,从而促进其创新活动的开展(OECD, 2017b)。以创新为导向的公共采购实践打破了基于新古典经济学的传统公共采购理论。在传统理论指导下的常规性公共采购具有高度透明性、非歧视性和竞争性的特点,政府也不明确宣示公共采购的政策目标,旨在不对竞争性市场治理的运行造成扭曲效应。创新导向型公共采购同样具有透明性和竞争性,但却给出明确的经济社会目标宣示。当这种宣示明确指向某类产业或某类技术,那么这种创新导向型公共采购也成为产业政策、技术政策、研发政策的一种工具(Lember, et al., 2014: 13-34)。

当然,需求侧和供给侧创新政策的区分只是分析性的。在现实世界中,政府的很多创新政策同时在供给侧和需求侧发力。尤其是在早期发展阶段,市场对于创新产品的需求是不足的,市场主体对于创新产品的供给能力也是不足的,此时政府创新政策的着力点就不止于弥补市场不足和矫正市场失灵,而是通过对选定的创新领域进行公共投资,创造市场,并引导民间投资流向这些领域(Mazzucato, 2014)。

社会(非营利部门)的行动包括组织和资助社会研发、信息传播和创新性活动的协调。其中,各种专业性、技术性、行业性和联合性社团,为治理创新活动之间的协调失灵,弘扬创新的正外部性,抑制创新的负外部性,提供了多样化的管道和平台。私立研究型大学是创新体系中非常活跃的非营利组织,而大学中的企业家行动对于技术研发和技术转移的成效来说,有着决定性的影响(Libecap,2005)。

(二)创新的集成性、网络性及创新体系的组织与制度

创新的蓬勃具有集成性、网络性和多部门协同性的特征。其中,作为创新的核心环节,知识生产本身及知识转化为市场化产品,都不只依托于个体的奋斗和打拼,而是一个多主体参与的系统集成事件(Laperche, et al., 2008)。因此,无论是在产业、地方还是国家层次,创新网络(Powell and Grodal,2005)或创新体系(Soete, et al., 2010)的建设对于创新型企业的培育和兴旺,以及创新型经济的发展,都是至关重要的。在创新体系中,公共部门与民间部门二元对立是一种迷思(Mazzucato,2014),国家、市场与社会的协同才是常态。

创新体系由一系列组织和制度组成(Edquist and Johnson,1997),其互动决定着企业的创新绩效,其中最重要的是支持研发的制度(Nelson,1993:4)。就国家和地方创新体系而言,在政府创立的研发机构、标准设定机构、公立大学、基础设施建设者和提供者(例如高新产业园区、科技园区等)、人力资源开发机构、创新投资公司等组织中,内部权威在组织内部和涉外事务的协调上发挥着主导作用。进而,这类组织中权威的形成也是政府内部自上而下行政治理的结果,这与私立组织中(如下文详述)通过社群机制发挥作用的法人治理而形成的权威是大为不同的。当然,这类公立组织的治理模式也处在不断的变化之中,其中一种变化就是从行政治理主导的行政化模式转型为市场—社群治理主导的法人化模式。

创新体系中组织间的连接方式具有多样性。同部门组织尤其是企业间的协作创新,被称为横向连接(Balzat,2006:23-24)或横向协作(Hagedoon,1993,2002;Farrell,2009),这类协作固然由市场力量推动,但其治理在很大程度上仰赖于社群机制的作用。跨部门组织,即公共部门或社会非营利部门中的创新相关组织与创新企业的关系,以及社会非营利部门与创新企业的协作关系,被称为纵向连接(Balzat,2006:24-26)或纵向协作。其中,产业组织、学术组织和研发机构的合作,即产学研关系,包括大学与企业的协作创新,是创新学界研究最深入的一种纵向协作(Bagchi-Sen, et al., 2015)。即便政府机构或公共部门在纵向协作中扮演积极的角色,其发挥作用的方式主要也不是仰赖于行政治理,而是参与社群治理之中。

其中,行政治理即便有一定的作用,也必须以社会强化型的方式加以实施。

对于创新体系或创新网络中的组织,无论是致力于创新的工商企业,还是包括研究型大学、商业协会、专业技术学会之类的非营利组织,抑或是包括政府机构、公共研发机构和监管机构在内的公立组织,这种平等互助型的多方互动都是促进创新理念形成与扩散及组织间创新协作的关键(OECD,2005),也正是社群治理良好运作的核心特征。社群被视为知识密集型创新的社会核心所在(Assimakopoulos,2007)。尤其是在并非基于正式契约所形成或由市场力量所推动的网络中,例如在技术性社群、专业性社群、区域创新联盟等非正式网络中,成员之间互动式、开放式、合作式的交往,对于企业接触新思想、快速获取新资源、快速吸收或转移知识、提升自身的创新能力,做出了杰出的贡献(Powell and Grodal,2005)。

(三)创新的集聚效应与区域创新体系建设

创新的产业化往往离不开集聚,这将使创新发展本身更快,也会带来生产和需求上的结构性变化,最终带来组织和制度上的变革(Swann,2009:chap. 13)。进行组织和制度变革的能力对于能否产生创新并从创新中受益,是非常重要的(Fagerberg,2005:20)。这一点无论是对企业,还是对产业、地区或是国家而言,都是适用的。

对于创新集聚效应的根源,有两种理论解释。一种是隐性知识论,即创新活动所创造的独特产品、独特能力和独特组织模式等,包含着人们不易获得的隐性知识,而这类知识与容易编码化的显性知识相比更难以进行远距离的交换(Maskell and Malmberg,1999)。另一种是学习组织化论或互动式学习论,即创新过程中新知识、新思想、新模式的传播和学习,并不止于个体企业家和个体企业的行动,而是一种多种主体之间的互动式、组织化的行动(Lundvall and Johnson,1994;Cooke and Morgan,1998;Christensen and Lundvall,2004),由此,空间上的集聚对于创新活动的蓬勃及其扩散是不可或缺的。互动式学习的参与主体,不仅包括创新型企业及其上下游客户,而且也包括公共部门和社会部门的研发机构、技术转移机构及专业技术性社团(Lundvall,1988;Christensen and Lundvall,2004)。

创新的集聚效应强化了集群、园区和区域的重要性。这些地理空间本身受益于本地化的创新能力、创新网络和隐性知识所造就的无形资产的存在,同时,这些能力、网络和资产进一步强化了这些地方的吸引力,从而使集聚效应进一步强化。正是由于社群治理集聚效应的强化,使得某些地方相较于其他地方具有某些特殊的组织和制度禀赋(Maskell and Malmberg,1999)。这些禀赋的产生和延续具有路径依赖性(Zysman,1994),并且难以被复制,因此也就成为区域持续竞争优势的基础。

由此,区域创新体系的重要性凸显出来。在不同的程度上,创新活动的集聚通过民间社群组织(行业协会、商会、企业联盟等)和公共服务组织(例如不同级别政府所创办并授权的产业和地区发展促进机构)的协同治理来实现(Casper,2007)。区域创新体系具有多样性:第一种是所谓"领土嵌合型区域创新体系",即由基层地方政府的发展机构、技术中心或产业中心所提供的互动网络,为当地创新型企业提供市场研究和知识密集型服务,以促进本土化的创新开展、学习、扩散;第二种是网络化区域创新体系,这使得创新所必需的互动式学习与知识扩散超越了本地或基层的层次,扩展到当地之外的大学、研发机构、技术转移和服务中心等;第三种是国家或国际区域创新体系,这使得创新互动的疆界拓展到整个国家甚至国际的范围(Amin and Cohendet,2004)。

总而言之,区域创新体系通过系统化促进本地化互动式学习和知识扩散来提高区域内企业创新能力和竞争优势,但创新体系的区域化也会由于锁定效应和路径依赖而一定程度上丧失突破性创新的能力。区域创新体系在国家创新体系中的嵌合性及其运作绩效,在很大程度上又受制于国家创新体系嵌合于其中的市场经济生产与商业体系(Asheim and Gertler,2005)。

四、创新政策:公共治理变革与创新体系建设

无论是在哪一个层级的创新体系中,国家行动者都扮演着积极而又重要的角色。换言之,创新政策至关重要。然而,为什么要有创新政策?这一直是创新经济学的一个重要论题,而且创新经济学家的主要工作之一是基于市场失灵理论论证政府干预创新活动的理据(Swann,2009:chap. 22)。就此而言,发展经济学家罗德里克(Dani Rodrik)基于对两种市场失灵的划分对产业政策必要性的论证,也适用于创新政策,这两类市场失灵分别由信息外部性和协调外部性所导致(参见第三章第七节末尾)(Rodrik,2007:104-109)。

相对来说,创新经济学对于政府边界或政府职能的论述较为充分,而对于政府运用何种治理方式进行创新政策的决策和实施,着墨不多,或者说依然未尽充分。

同产业政策的情形(参见第六章第三节开始部分),鉴于创新政策的普遍存在是一个全球性的事实,争论其必要性已不再必要,真正值得探讨的问题是创新政策的制度建设、激励机制和治理模式。其中,由于行政机制与市场机制、社群机制的互补嵌合性会呈现不同组合,这会导致创新政策施政或者创新型国家在不同的地方及同一个地方的不同历史时期呈现出多样性。

整合既有的文献,并基于对三种治理机制如何发挥作用的重点关注,本章给出一个创新政策的新概念框架(见表2-1),在此基础上可以对创新型国家的多样性进行深入分析。在这一框架中,创新政策可以分为三个理想类型:一是新制度自由主义(new institutional liberalism);二是国家引领型配置主义(state-led allocationism);三是协作型协调主义(collaborative coordinationism)。

表2-1 三种创新政策的特征和治理模式

创新政策类型	政策特征	目标定位	政策工具	治理取向	三种治理模式的作用		
					市场机制	行政机制	社群机制
新制度自由主义	放任性:旨在为创新提供有利的制度框架和社会环境	横向性:面对所有创新个人和创新组织	跨部门性:制度建设、合法化	市场治理和社群治理为主,行政治理为辅	协调市场主体开展各种创新活动;为创新活动提供投入要素;为创新产品提供消费;为创新者提供优厚的回报	制度建设与实施过程中自上而下地治理	政策社群、联盟和网络;公民参与;协商性治理
国家引领型配置主义	选择性:旨在促进选定的创新活动的蓬勃发展	纵向性:面对特定创新组织的特定创新活动	部门性:政府补贴包括金融、土地、人力等优惠	行政治理为主,市场治理和社群治理为辅		政府驾驭市场,引领市场主体的创新行动	协调产业间、企业间、群体间的利益冲突
协作型协调主义	功能性:旨在弥补或矫正创新活动和过程中的协调失灵	横向性:面对若干(跨部门的)创新组织	跨部门性:咨询、协商、协作性活动、网络建设	社群治理为主,市场治理和行政治理为辅		政府扶持拓展正外部性或抑制负外部性的创新行动	协调冲突,促进沟通与协作,提供创新相关性公共服务

第二章 创新体系的建设与发展:行政机制、市场机制和社群机制的互补嵌合

新制度自由主义创新政策在学术上植根于新制度经济学和美国式自由主义社会政治思想,基本上否定政府在创新领域发挥积极干预主义作用的正当性和可行性。在这一派学者看来,既然具有高度不确定性,创新就应该留给企业家或企业家社群,对创新活动的协调就应该留给市场,而政府既然不知道什么东西会被创新出来,也不清楚什么样的创新能给全社会带来什么,因此占用公共资源去鼓励创新会得不偿失。当然,这一派并非主张创新无政府主义,而是与涉及其他领域的主张一样,认为政府应该也能够在公共物品的提供上扮演积极角色。

为创新活动提供的公共物品包括三大类:(1)智识性基础设施,包括基础科学研究、大学的科研(Libecap,2005)及公共研发中心等,这些领域构成了创新政策与科学政策和技术政策的交汇点(Lundvall,1988);(2)社会性基础设施,即创造一个创新友好型的社会环境,其中尤其是对创新所造成的"创造性破坏"提供社会缓冲,这涉及福利国家的建设,而北欧国家(丹麦、芬兰、瑞典、挪威等)在创新型国家和福利国家的建设上都成就斐然,造就了"斯堪的纳维亚模式"(Barth, et al.,2014),或者说这些国家通过发展型福利国家的建设,非但没有抑制创新,反而与创新型国家的建设相辅相成(Kangas and Palme,2005);(3)制度性基础设施,包括契约、产权、技术标准(Williams and Aridi,2015)及一个反垄断的营商环境,而最后一个领域构成了创新政策与竞争政策的交汇点,其中有关专利许可、合资、并购的政策尤为重要(Scotchmer,2004:161-195)。

在新制度自由主义创新政策中,产权制度和契约制度的建设尤为重要。由于知识创新具有:(1)累积性,即必须基于前期积累;(2)高初始成本和低边际生产成本;(3)收益递增性;(4)传播反向不可能性,即新知识一旦为人所知就不可能收回。知识产权保护对于营造一个有利于创新者的经济激励环境是至关重要的。然而,知识产权保护的力度,与两种效率的增进有关。轻度保护有利于分配效率的增进,即促进创新成果的扩散,这尽管会在一定程度上有损于创新者的利益,但对于全社会来说有更大的正外部性;重度保护则有利于动态效率的增进,即提升创新活动的激励,这尽管会在一定程度上减缓创新成果的扩散,但会激发创新的频度,强化创新的能力,促使整个经济有更持久的活力。知识产权保护的制度建设,需要在这两个相互冲突的目标上找到一个平衡点(Williams and Aridi,2015)。因此,最优知识产权制度的设计,是新制度经济学和创新经济学领域中的重要课题之一(Scotchmer,

2004:97-126)。

合同法在促成企业间或组织间的长期合作和信任增进上扮演着重要角色,这对于创新过程所仰赖的网络建设有很大的影响。然而,合同法的制定和执行并非行政治理独自发挥作用的结果。合同法的恰当制定和有效执行都有赖于法律体系和社会体系之间的协同,尤其是与商业协会所建立的行为规范和标准制定机构所建立的技术规范协调一致(Arrighetti, et al., 1997)。鉴于创新活动高度依赖于企业间或组织间的长期合作和信任,合同法的制定和实施对此如何产生影响,依然是创新研究领域较少探讨的一个话题。

新制度自由主义创新政策在目标定位上具有横向性,在政策工具上具有跨部门性。市场治理是新制度自由主义创新政策的基石,协调着创新型企业的创新活动。社群机制在政策制定或立法环节发挥着积极作用;在政策和法规的执行上,行政治理占据主导性。

国家引领型配置主义创新政策的根基在于对创新正外部性的识别,旨在通过政府主导的公共资源配置,要么提供创新活动所赖以维系的诸多公共物品,从而间接地促进创新活动的开展,要么直接对某些创新型企业的特定创新活动加以扶持。直接性配置主义政策一方面将公共资源倾斜性地配置到选定的特定创新活动企业之中,另一方面引导民间资源流向政府所指引的创新领域。

配置主义创新政策与选择性产业政策相类似,目标定位具有纵向性,政策工具具有部门性(Pelkmans, 2006),其核心特点在于"政府挑选赢家"(pick up winners),即政府中某些特定的由技术官僚组成的机构成为"导航组织"(pilot organizations),扮演经济发展领航员角色(Johnson, 1982)。在配置主义创新政策的实施中,政府要么建立公立组织或国有企业,采用直接提供模式为创新型企业供给投入要素,要么引入公私合作伙伴关系,对民间风险投资、土地开发和人力培训等提供补贴。由于有事后诸葛亮之嫌,"挑选赢家"式配置主义取向在产业政策领域遭遇广泛质疑。联合国贸易与发展会议(UNCTAD)组织的一项研究提出,以"挑选赢家"来概括产业政策,根本就是一种误导性的说法,因为事实上根本不存在所谓的"赢家产业",而一个政府决定予以扶持的产业最终是否在国际竞争中有活力取决于很多因素,并非这个产业天生就是赢家(Haque, 2007:7)。同理,配置主义创新政策是否有效,或者说,配置主义是否应在创新政策中占据主导或主流位置,是创新政策研究领域中一个值得深入探究的课题。

值得注意的是,尽管具有行政治理主导的特征,但在配置主义创新政策中,市场治理和社群治理也有发挥作用的空间。创新中的多数经济决策和行动本身依然由市场机制引导,而社群机制的作用在于协调企业间、产业间及其他利益相关者之间的利益冲突,以图减弱创造性破坏给全社会所带来的不利影响。实际上,就饱受诟病的"挑选赢家"而言,配置主义政策即便有成功的可能性,也不一定是行政治理的结果,即扮演赢家挑选者角色的是企业和企业协会,及其与政府形成的"政策网络",而不是单靠"全知全能、至真至善的政府"(Okimoto,1989)。

对此,罗德里克在研究产业政策的上下文中给出了一个理论解释,也适用于创新政策。在罗德里克看来,看待产业政策的正确方法是把它视为一个发现的过程,即一个企业与政府共同发现潜在的成本和机会,并参与战略合作的过程,而不是政府机构单边主义式的"发现赢家"(Rodrik,2007:100-101)。这意味着,即便是针对配置主义创新政策,其有效性是否植根于行政治理的主导性,也是值得怀疑的。本章强调的治理嵌合性,应该成为配置主义创新政策专题研究中的重要探索内容。

协作型协调主义的目标定位具有横向性,政策工具具有功能性,即旨在推动创新过程中诸多利益相关者之间的横向协调。协调主义创新政策不再使用政府补贴为主要政策工具,而是把有限的公共资源投入拓展正外部性和抑制负外部性的各种创新活动之中,尤其是各种协会性、联盟性、互动性组织通过社群机制的作用所开展的横向协调性活动,如咨询、协商、网络建设,从而促进创新者之间的沟通,缓解其冲突,并提升与创新相关的公共服务的提供水平。

选择性与功能性政策的区别,最早是由一篇有关技术政策的文献提出的(Lall and Teubal,1998),后来在产业政策的文献中也得到广泛使用(Bianchi and Labory,2006;Pelkmans,2006;Lall,2013)。这一区分显然也可以移植到创新政策研究领域。功能性协调主义政策的理念和实践在于促进协作型创新,而不是单个企业的创新。协调主义创新政策的施政重点在于企业间关联和跨企业制度建构。如同第六章所探讨的协调主义产业政策一样,协调主义创新政策注重"中介逻辑",即由企业间的非正式组织(企业间合作性网络)及为企业服务的中介组织或企业支持性组织(商会、服务中心和发展中介等),就创新对企业间关系的影响进行协调(Cooke and Morgan,1998)。中介组织、网络或协会的功能在于推动并协调企业之间就创新开展的合作,推动上下游企业之间创新行动的关联,促进新知识和新信息在产业链上诸多企业间交流,并采取集体行动解决相关企业共同面对的问题,如开展研发合作、分享新知识、共同推进创新产品的市场营销等。在协调主义创新政策中,政府行动的特征也不再是命令与控制,而是注重引入社群机制,采用社会强化型的方式,促成、推进、维持、管控创新网络,从而以全新的互动式治理取代传统的行政化治理(Torfing, et al., 2012)。

这三类创新政策在现实世界中并非相互分离,而是混合在一起,以致很多创新政策学者也未能在分析上将它们分开。事实上,一向被视为奉行自由放任主义的美国政府,也非常重视发挥创新政策的作用。在新自由主义大行其道的20世纪80年代,里根执政下的美国联邦政府推出了一系列美国创新政策,体现在如下几个法案之中:《大学和小企业专利程序法》(1980年)、《技术创新法》(1980年)、《科技企业税收优惠法》(1981年)、《小企业创新发展法》(1982年)、《国家合作研究法》(1984年)、《综合贸易和竞争力法》(1988年)。尽管这些法案的地位和预期目标各有不同,政府工具也有差别,但都超出了新制度自由主义创新政策的范围,进入了国家引领型配置主义创新政策的疆域,采用了配置主义的政策工具(诸如政府补贴、税务优惠等),而其共同点却在于都有一定的协调主义创新政策取向。这些创新政策的最重要的方面是增进不同企业之间现实纽带的异质性,增进企业利用多样性开展创新活动的能力,从而使企业家们有更多、更丰厚、更具有多样性的社会网络,使他们在把握机会和利用机会的动态过程中更具有创造性(Leyden and Link, 2015)。

与联邦政府相比,美国地方政府的创新政策理念和实践更加丰富多彩。由于拥有制度建设和政策设计与实施上的高度自主权,美国各级地方政府混合运用上述三种类型的创新政策,在推动社会性学习、区域创新能力建设、大学研发的商业化、学术界企业家行动、创新集聚、企业家集体行动、地区性创新经济上,发挥着积极有为的作用(Audretsch and Walshok, 2013)。

针对美国政府(尤其是联邦政府)在促进创新方面积极有为的作用,Block (2008)提出,美国实际上有一个被新自由主义意识形态所遮蔽的隐形发展型国家模式,通过多种国家行动有效地促进了经济生活中首创性(而非模仿性)创新活动的蓬勃开展。在他的笔下,美国式发展型国家与东亚发展型国家有所不同,前者是一种网络性国家,而后者是一种官僚性国家。在网络性发展型国家之中,政府做出四种国家行动,即资源定位、窗口开放、中介经纪和引导推促。在本章提出的概念框架中,官僚性发展型国家所推出的政策,多以行政治理为主导,具有强烈的国家引领型配置主义的特征;而网络性发展型国家所推出的政策,则多以社群治理为主导,具有强烈的协作型协调主义的特征。Block(2008)所概括的四种国家行动,除了资源定位兼具配置主义和协调主义的特征之外,都属于典型的协调主义国家行动。

欧洲国家则三管齐下,同时运用上述三种创新政策,以促进创新型经济的发展,抵御全球化的冲击。在欧盟,无论是在超国家的欧盟层级,还是在国家层级、地方层级,各级政府都注重运用新制度自由主义创新政策,充分发挥知识产权保护法律和竞争政策的积极作用,强化企业创新活动的经济激励,促使技术的交易更加便利。各级政府通过标准制定、公共补贴、研发税务优惠、政府购买等配置主义措施,促进创新活动的开展(Edquist,2001)。

与此同时,欧洲各级政府加强了协调主义创新政策的分量,注重创新相关性组织内部和组织之间的网络建设,注重在国家和地方层面上改善创新体系的制度,从而使创新领域的利益相关者在更为有利的制度框架中开展范围更广和程度更深的协作。欧盟各级政府推出的众多创新推进型项目,均具有多方参与(至少要有两家)、多部门协作(既有企业,也有公共或社会研发机构参与)、竞争性(政府"挑选赢家"的消退)、自下而上的功能选择(由市场行动者和社会行动者选择公共扶持的功能)、多样性、程序灵活性的特征(Sharpe,2001)。简言之,以多种多样的国家行动推进创新网络的发育和蓬勃,既是欧洲政府创新政策施政的重点,也为创新型国家本身的能力建设提供助力(Malerba and Vonortas,2009)。

五、结语:创新政策中的政府转型

本章试图从治理嵌合性的新视角对创新政策中国家—市场—社会关系进行新的探索。有关创新政策的既有文献主要是从国家、市场和社会三类行动者的互动来探讨创新体系中的组织和制度。继承既有文献的思路并试图进行超越,本章从行政、市场和社群治理机制的相互嵌合性的视角,来探讨创新体系的组织和制度及创新政策和创新型国家的多样性。

行政、市场和社群治理是人类生活的三大治理方式,其各自均在政治社会经济活动的协调中发挥着重要作用。在绝大多数情况下,三种治理方式并非单独发挥作用,而是嵌合在一起,共同发挥作用。三者嵌合的方式不同,会导向不同的治理绩效。当治理嵌合性呈现相互排斥、相互扭曲的态势,就会出现治理失灵。当三种治理方式以互为补充、相互强化的方式发挥作用,就会呈现出一种良好的协作治理态势。对于公共政策的决策和实施来说,政府能否以市场强化型和社会增进型的方式运用行政治理方式,使之能使市场机制和社群机制有效地发挥作用,是治理能否成功的关键。

经济生活中的创新活动发生于创新型企业之中,有赖于企业家行动的开展。创新的供给和需求主要由市场机制来协调,而创新过程,无论是涉及知识生产与扩散、技术开发与应用、能力建设与增进,还是涉及组织变革与优化,基本上都通过社群机制来协调。企业不仅是行政治理和市场(契约)治理下的行动者,而且在很大程度上是一个社群组织,尤其是就创新而言,企业呈现为一种战略性社群,其内部事务和外部事务由等级、契约和社群治理相互嵌合的协作治理方式来协调。在某种程度上,所有组织化的创新利益相关者,包括非营利部门中的社会组织(尤其是协会)和公共部门中的公共服务组织(事业单位),在一定程度上也是社群,社群治理在非市场组织的治理中也发挥着重要作用。

创新过程具有不确定性、累积性、集体性。因此,创新的蓬勃,尤其是一个地方性、区域性甚至全国性创新经济的形成,绝非通过个体创新型企业在自由市场上的充分竞争就能实现的。集聚化和网络化是创新经济形成不可或缺的环节。多元创新相关行动者,包括创新型企业,包括社会组织和公共服务组织,也包括各层级的政府机构,以协会、联盟、合作伙伴等多种正式和非正式的方式连接起来,形成创新网络,为创新过程所仰赖的互动式学习提供了平台和空间。创新网络中的组织和制度建设,形成了创新体系。

对于创新体系的发育和发展,国家行动者的角色体现为创新政策的决策与实施者。创新政策可以分为三个理想类型:一是新制度自由主义,即政府着重于权利界定与配置、契约规则制定与执行、标准设定与实施等方面,为创新活动的蓬勃开展提供制度性基础设施,并同时促进创新友好型的物质性和社会性基础设施建设;二是国家引领型配置主义,即政府通过公共资源的配置,弥补市场不足,矫正市场失灵,为具有正外部性的创新活动提供足够的激励,并对具有负外部性的创新活动施加应有的成本;三是协作型协调主义,即政府发挥能促型作用,以因势利导或助推的方式,在创新网络的建设上扮演积极的角色,矫正单靠市场治理和社群治理所不能完全克服的协调失灵。在现实世界中,很少有国家实施单独一种创新政策,而是将多种创新政策混杂在一起。

无论在哪一种类型的创新政策之中,都不可能只让一种治理机制或方式独自发挥作用。新制度自由主义创新政策的核心是公共物品提供,尤其是制度建设和制度执行,从而让市场治理正常运转起来。制度建设需要行政治理的积极作用,但也必须引入社群治理,让多元利益相关者有充分的渠道参与其中,同时,法律法规也需要与通过社群治理方式形成的社会惯习和规范相契合。制度实施本身固然在很大程度上表现为行政治理的运作,但引入社群机制,在国家行动者与市场和社会行动者的互动过程中,形成参与式、互动式和网络式治理的新格局,才是创新体系治理成功之道。配置主义政策固然需要行政治理发挥主导作用,从而通过公共资源配置的引领作用鼓励社会资源涌入创新领域,但对于资源配置目标定位的选择,还需要仰赖于社群治理和市场治理发挥积极有效的作用。协调主义政策是社群治理发挥主导作用的领域,但社群治理能否发挥有效的作用,一要看社群行动是否获得市场力量的激励,二要看社群行动是否获得行政力量的背书。换言之,社群治理的市场嵌合性和行政嵌合性至关重要。

简言之,创新政策既不是国家行动者的单边主义行动,也不等同于政府自上而下命令与控制型的行政治理。如果能在增进市场、激活社会、创新政府,亦即在市场机制、社群机制和行政机制如何相得益彰上做好文章,推动国家公共治理体系的创新,创新型经济的形成和创新型国家的建设才能走上健康发展之路。同时,纳入治理机制互补嵌合性的视角,也能帮助我们开辟创新研究的新视野和新空间。

第三章 产业政策与产业发展的治理：国家—市场—社会的协作互动[①]

中国经济发展模式亟待转型，中国的产业亟待升级，这早已成为当今中国知识和政治精英的一个共识。然而，对于如何转型，大家表面上有共识，实际上却没有。表面上的共识就是大家都认可市场机制应该在资源配置上发挥"决定性作用"，而且这一共识已经历史性地载入了中共十八届三中全会的决定之中。然而，在这一表面上的"共识"之下，依然存在着巨大实质性的争议，即政府与市场的边界究竟何在。换言之，一般认为，市场机制对于经济发展发挥着不可或缺的甚至是决定性的作用，但对政府（或行政机制）的作用是什么，尤其是政府在产业升级中究竟应该发挥何种或何等作用，则有很大的分歧。

这不仅仅是一个中国的实践问题，同样也是一个困扰着无数国际学者的学术性问题。诺贝尔经济学奖获得者诺思（Douglass C. North）写道，"国家的存在是经济增长的一个基础，但国家又是人为经济衰退的根源"（North，1981：20）。另一位诺贝尔经济学奖获得者福格尔（Robert W. Fogel）在评论诺思的学术贡献时写道："在诺思那里，政府在经济发展过程中的地位是一个争议颇大的问题，而这一问题又构成了他理解国家与经济制度在经济增长过程中之作用的研究背景。尽管他承认，国家的创立是经济增长基本的先决条件，但他也承认，在多种情况下国家

[①] 本章内容的早期版本，曾经发表于如下论文：顾昕，《协作治理与发展主义：产业政策中的国家、市场与社会》，《学习与探索》2017年第10期，第1—10页（全文转载于中国人民大学复印报刊资料《产业经济》2018年第3期，第31—40页）；顾昕、张建君，挑选赢家还是提供服务？——产业政策的制度基础与施政选择，《经济社会体制比较》2014年第1期，第231—241页（全文转载于中国人民大学复印报刊资料《产业经济》2014年第4期，第72—80页）；顾昕，政府主导型发展模式的兴衰：比较研究视野，《河北学刊》2013年第6期，第119—124页（全文转载于中国人民大学复印报刊资料《管理科学》2014年第1期，第12—16页；摘要转载于《高等学校文科学术文摘》2014年第1期，第52—53页）。本章对相关内容进行了修订、更新、充实和整合。

也是经济下滑的原因。"(福格尔,2003:29-30)中国学者将此称为"诺思悖论"。

众多西方经济学家,尤其是公共选择学派学者,都或多或少地把政府干预视为经济发展的阻碍力量。曾在世界银行长期工作的美国著名发展经济学家伊斯特利(William Easterly),在可能影响经济增长的各种因素当中,甚至将政府干预形容为"头号杀手"(Easterly,2005)。鉴于政府的负面力量可能有如此之大,美国著名经济学家奥尔森(Mancur Olson)甚至将政府的性质或类型视为关涉国家兴衰的首要制度性因素,提出只有"市场强化型政府"(market-augmenting government)才是促进和维持经济繁荣的可靠保证,而市场强化型政府的职能基本上只限于保障产权、维护契约和提供公共物品(Olson,2000)。

尽管政府干预对经济发展的积极作用在主流经济学家那里是普遍遭到质疑的,但不容否认的是,在人类历史的长河中,政府主导型发展的成功的确也不乏其例。早在19世纪,原本贫困落后的俄罗斯帝国和普鲁士帝国通过实行"赶超战略"实现了早期工业化,一举跻身于世界强权,成为所谓"后发型工业化"或"后发型发展"的典范(格申克龙,2012)。在20世纪中后期,东亚若干经济体,如日本和"亚洲四小龙",成功地赶上了发达国家的经济发展水平,被称为"东亚奇迹"(世界银行,1998)。与此同时,智利、以色列、爱尔兰、土耳其等国家,在经济发展上也取得了长足的进步(Maman,1998;ÓRiain,2000)。尤为重要的是,在20世纪末和21世纪初,中国大陆取得了持续30多年的"超常经济增长"(史正富,2013)。在这些国家和地区的发展进程中,政府(或当年的朝廷)所实施的发展战略看起来都扮演了极为耀眼的主导性角色。对此类现象给出理论解释,毫无疑问是社会科学的一大挑战。

一、发展型政府(或发展主义)与中国产业发展战略中的政府与市场之争

面对现实的挑战,国际学术界,尤其是以政治学家或政治经济学家为主的比较发展研究学界,自20世纪80年代起形成了一个名为"发展型政府"(the developmental state，又译为"发展型国家"）的理论思潮。[①]

首先，"发展型政府"概念的诞生源于对日本、韩国和中国台湾地区的研究。所谓"发展型政府"，意指一种特定的政府行为、政策和制度的总和，这样的政府拥有一批具有强烈发展意愿的精英，他们超脱于社会力量或利益集团的左右，有能力自主地制定高瞻远瞩的发展战略，并最终将有限的资源动员起来，通过产业政策的实施推动了所管辖地区的产业发展和经济成长。之后，在国际比较政治经济学界，一大批学者将有关的思路从东北亚拓展到其他地区（Kohli，2004；Woo-Cumings，1999）和其他历史时期经济发展的研究（Weiss and Hobson，1995），从而使发展型政府学派发展壮大。从此，"发展型政府"这一标签不再专属于东北亚经济体，而成为一种政府行为与制度模式的标签，可以适用于任何历史时期所有或多或少采用过政府主导型发展模式的国家与地区。

特别值得注意的是，即便是在日本泡沫经济崩溃及亚洲金融危机爆发的大背景下，"东亚奇迹"的光环黯淡下来，发展型政府理论也没有停止发展的脚步。关于发展型政府的研究案例，已经从东北亚扩展至东南亚（Doner, et al.，2005），并进一步扩展到法国（Loriaux，1999）、以色列（Levi-Faur，1998；Breznitz，2007）、爱尔兰（Breznitz，2007；ÓRiain，2000，2004）、俄罗斯（Dutkiewicz，2009）、土耳其（Bayar，1996）、印度（Chibber，2003；Sinha，2003）、巴西及其他拉丁美洲国家（de Medeiros，2011）、南非（Edigheji，2010；Deen，2011）、毛里求斯（Meisenhelder，1997）、埃塞俄比亚（Clapham，2018）以及其他非洲国家（Mkandawire，2001；Meyns and Musamba，2010）等。这些研究旨在勾画出一种不同于新古典主义所倡导的市场导向型的发展模式，并基于后发型工业化国家和地区的政府主导型发展经验来挑战主流经济学的共识（Amsden，2001）。甚至有学者论证，在公认与政府主导型发展模式最不搭界的美国，其实也存在着"隐形发展型政府"（Block，2008）。同时，在这个大背景下，西方经济学教科书普遍不加提及的"美国学派"，也悄然重现于学术界，而这一学派的核心观点是，政府在国际竞争中通过实施保护主义的政策来主导资源的配置才是美国经济在19世纪崛起的真正秘诀（赫德森，2010）。通过保护主义型的产业政策来推进落后产业的发展，在美国也有悠久的历

[①] 值得说明的是，在本书及在所有相关文献中，"发展型国家"一词中的"国家"，并非指国际关系中"主权国家"意义上的"国家"（country），而是在社会科学文献所论及的"国家与市场关系"和"国家与社会关系"意义上的"国家"，基本上可以与"政府"（包括各种由政府组建的组织，即公共部门）这个概念等同。

史,而幼稚产业论的鼻祖就是美国开国元勋之一、首任财政部部长亚历山大·汉密尔顿(Bingham,1998)。

"发展型政府"的论述在国际社会科学界,尤其是在比较发展学界和比较政治经济学界,激起了不小的反响,在政治学界和社会学界当中的追随者众多。但毫不奇怪,质疑、反对和挑战之声也不绝于耳。一种反对的声音主要来自受主流经济学影响的学者,因为"发展型政府"与主流经济学所概括的"新古典政府"模型显然不相吻合。"新古典政府"是一个只专注于为市场机制的正常运行提供必要基础设施建设的政府,其职能停留在市场制度建设、公共物品提供、外部性矫正等领域。由于发展型政府理论明确将新古典主义视为竞争对手,受主流经济学影响的学者自然大多对发展型政府理论持否定态度。另一种质疑和挑战的声音来自政治学家和社会学家。这些声音的音质和音色十分杂乱,但共同点在于都质疑发展型政府理论对政府的角色过于偏重甚至偏爱,而相对忽视了市场、社会乃至文化因素,以及这些因素与政府产生复杂互动而形成的各种各样的制度结构。对于这些质疑者来说,强调政府重要固然不错,但其重要作用是不是对社会经济发展产生了正面和积极的效果,还需要进一步研究。面对各种反对、质疑和挑战的声浪,发展型政府理论也出现了各种各样的修正版,有些注重分析国家与市场、国家与社会关系的制度组合并进一步强调市场经济的多样性(或资本主义的多样性),有些则强调发展型政府运行的条件性或阶段性并进一步分析发展型政府在新历史条件(如经济全球化)和新制度条件(如政治民主化)下的衰落、调适、创新和转型(Weiss,2000;朱天飚,2005)。

显然,发展型政府理论与中国经济发展模式转型的讨论有关,也显然与有关"中国模式"的争论有关。然而,令人感到意外的是,在有关"中国模式"的争论中(何迪、鲁利玲,2012),无论持何种立场的中国学者尤其是经济学家和政治学者,都极少提及甚至根本不提及发展型政府理论。尤其令人感到费解的是,"中国模式"的弘扬者也极少提及这一理论,仿佛政府主导型发展模式是从石头缝中蹦跳出来,然后进入这批学者的脑海之中。关于发展型政府的中文文章,大多由从事公共管理和公共政策研究的学者撰写,散见在各种学术期刊上(参见郁建兴、石德金,2008;赵自勇,2005;朱天飚,2005),基本上并未直接并有力地介入当今中国学界有关"中国模式"或中国经济发展模式转型的争论,其影响力很少广及一小部分高校公共管理学院的教师之外。发展型政府理论竟然在有关中国发展的大争论中少露行踪,这从一个侧面反映出中国社会科学学界一向忽视、漠视甚至无视学术传承性的"潜规则"。

特别值得注意的是,在有关中国经济发展模式转型的大讨论中,林毅夫自2012年秋从世界银行卸任回国以来所倡导的"新结构主义发展经济学"(被其简称为"新结构经济学"),再次将政府在经济发展尤其是在推动产业升级与发展方面的作用,推上了中国公共政策议程的前沿,并引发一场有关制定产业政策何以必要、何以可行的争论(林毅夫等,2018)。作为对发展经济学中旧结构主义和新自由主义潮流的超越,新结构经济学一方面坚持竞争性市场体制是人类社会资源配置的最优机制,另一方面认为政府应该超越新古典国家模型的限制,通过合理的产业政策积极推动产业升级、技术创新和经济结构的变迁,最终推动经济成长(林毅夫,2012a,2012b)。作为立志于引发发展经济学之第三次浪潮的学术思想,新结构经济学及其公共政策主张自然引发了中国学界和舆论的关注。然而,再次令人感到困惑的是,尽管新结构经济学现有的内容大多只不过是发展型政府理论的经济学版,且发展型政府理论始终把产业政策视为政府主导型发展的核心政策工具,但无论是林毅夫本人、他的赞扬者,还是他的批判者,都对发展型政府理论及与此相关的产业政策学术文献甚少置喙。

毫无疑问,发展型政府理论是中国近30多年来发展经验和教训中不可分割的组成部分,也理应被视为"中国模式"理论论说的组成部分之一。但由于对国际经验及相关国际学术文献的考察不足,中国学者(甚至在某种程度上也包括研究中国问题的海外学者)对涉及政府在经济发展中作用的诸多实质性问题,既缺乏深入的理论探究,也缺乏在理论指导下的经验研究。因此,无论是对新结构经济学及中国经济发展模式的讨论,还是对更加宽泛的"中国模式"的争议,在很大程度上,只是停留在"要市场机制还是要政府干预"这类非左即右型意识形态之争,而缺乏对行政与市场机制互补嵌合的学术性思考,而且完全漠视或忽视社群机制的作用。

本章试图填补这一学术空白,通过对有关发展型政府文献的梳理,探究涉及政府主导型发展模式的若干实质性问题,尤其是探究国家、市场与社会协作互动的多样性,挖掘行政、市场和社群机制互补嵌合的复杂性,并兼及奥尔森所谓"市场强化型政府"的制度与行为模式,从而促使有关中国经济发展模式转型的讨论在比较发展研究的视野中得到学术性的升级。

二、政府主导型产业发展的学术探索:发展型政府理论的发展

发展型政府理论一开始只是一种解释日本和东亚经济奇迹的学说,但后来其覆盖范围拓展,成为探索政府主导型发展的重要理论之一。这一理论潮流兴起于日本经济如日中天的20世纪80年代。

1982年,美国学者查默斯·约翰逊(Chalmers Johnson)出版了他潜心十年撰写的论著《通产省与日本奇迹:产业政策的成长(1925—1975)》(Johnson,1982),论证了日本政府通过产业政策的实施对日本奇迹起到的重大推进作用。约翰逊早年曾以有关中国农民民族主义的杰出研究而成名,并于1976年当选美国人文与科学院院士,一向被视为中国问题专家。然而,《通产省与日本奇迹》这本书不仅使他本人从中国问题专家转型为日本问题专家,而且还一举在国际比较发展学界催生了"发展型政府学派"。

接着,在1989年和1990年,美国学者安士敦(Alice Amsden)和英国学者罗伯特·韦德(Robert Wade)先后出版了《亚洲新巨人:南韩与后发工业化》(Amsden,1989)和《驾驭市场:经济理论与东亚工业化中政府的作用》(Wade,1990),这两本书分别运用韩国和中国台湾地区的案例,论述了政府在市场机制之外构成经济发展助推力的重要性。《亚洲新巨人》和《驾驭市场》共获1992年美国政治学会政治经济学部最佳图书奖;《驾驭市场》一书还于2000年再版,呈现了其学术影响力的持续性(Wade,2000)。《通产省与日本奇迹》《亚洲新巨人》《驾驭市场》被学界普遍视为"发展型政府理论"的三大奠基之作。

综合上述三大奠基性文献可知,发展型政府具有如下特征:第一,政府具有持续的发展意愿(developmental orientation),或者说政府以发展主义作为施政纲领,即以促进经济增长和生产而不是收入分配和国民消费作为国家行动的基本目标;第二,政府具有很强的"国家自主性"(state autonomy),即与社会利益集团保持一定的距离,选贤与能,聘用有才能、有操守的专业人士组成经济官僚机构,独立自主地制定具有前瞻性的发展战略;第三,有合作式的政商关系,即政府与商界保持紧密的统合主义(或法团主义)合作关系,制定并实施经过精心选择的产业政策;第四,国家与市场相互依赖,即政府有能力、有渠道动员经济资源(例如信贷)并改

变其配置方向,从而有效地落实产业政策(Önis,1991;郁建兴、石德金,2008)。

在发展型政府理论的文献中,由高度专业化的技术官僚所组成的经济治理机构是发展型政府的大脑,这些机构有能力以高瞻远瞩的眼光挑选出能够引领国家与地区经济发展的战略性产业,即所谓"挑选赢家",并制定相应的产业政策。这一类具有强烈发展主义取向、充当经济发展领航员角色的机构,或约翰逊所称的"导航组织"(pilot organizations),在日本,主要就是通商产业省(Johnson,1982);在韩国,主要是经济企划院(Amsden,1989);在中国台湾地区,主要是经济建设委员会(简称"经建会")(Wade,1990/2000)。

在政府主导型发展模式中,金融是发展型政府的神经,政府能够掌控甚至直接拥有重要的金融机构,从而可以将优惠信贷作为产业政策的主要施政工具(禹贞恩,2008:13-16)。当然,在很多情况下,政府也可以直接补贴相关产业,甚至是特定企业。信贷优惠和直接补贴是政府产业政策的两大工具,而产业政策的要旨就在于故意"把价格搞错"(getting the price wrong),从而将有限的资源引导到能够促进整个经济体长远发展的战略性产业之中。这种价格扭曲之所以并没有像在其他国家那样导致资源浪费,原因在于政府同时对私人企业有约束作用,即对那些享受优惠信贷或接受直接补贴的私人企业提出了严格的业绩要求,并实施严格的绩效管理,奖优罚劣(Amsden,1989)。

在不少东亚经济体中,尤其是在日本和韩国,大公司成为发展型政府的延伸,发展型政府一般通过大公司来推进产业政策。这些大公司有些是与政府关系密切的民营企业,有些则干脆就是国有企业。与此同时,无论政治体制中是否具有竞争性选举的因素,发展型政府所嵌入的政治体制往往都带有威权主义的色彩。尽管与裙带资本主义(crony capitalism)有些纠缠不清,但发展型政府的行动时常会超越裙带利益,也独立于利益集团,即具有较强的国家自主性,因此发展主义与裙带资本主义是大有不同的(Woo-Cumings,1999:16,19)。

发展型政府理论的核心,是一种超韦伯式官僚和官僚机构的概念。马克斯·韦伯曾为官僚和官僚组织确立了如下的理想类型:(1)管辖权限明确:由法律或法规加以规定,官僚们各司其职;(2)职位权威清晰:权威来自等级体系中的级别;(3)公私领域分开:为官僚组织履行职责与私人活动相分离;(4)依照规则办事:官僚履行职责有章可循;(5)听从上级指挥:服从是官僚组织中的美德;(6)资质审查严格:对官僚从业具有一定的要求,而官僚们均训练有素,能力卓著;(7)获取固定薪酬:

薪水和福利的发放规则与等级制度相适应;(8)享有崇高地位:官僚在公共部门享有终身职位,并且即便是一般级别的公务员都享有一定的社会地位,高于私营部门的一般雇员(韦伯,2010:188-120)。在韦伯看来,官僚和官僚机构的理性化在西方社会得到了长足的发展,从而构成了西方现代化的动力之一;相反,在东方社会,官僚和官僚机构的理性化长期裹足不前,无论是在中国、印度,还是在日本和朝鲜,官僚们固然受到过最好的教育,但都缺乏行政管理能力,缺乏理性化的政策制定和实施能力,而官僚机构及整个官僚体系更多地受制于礼仪、伦理和意识形态(Weber,1981:321-414)。

在东亚研究者看来,韦伯基于普鲁士帝国的经验所提出的"官僚理性化"固然是一个开创性的学术概念,引领了比较政府研究的学术发展,但是他本人对东方社会官僚和官僚组织的认知却有极大的偏差。与韦伯的看法相对,很多东方社会研究者认为,官僚理性主义的传统在东亚地区源远流长。日本、韩国(朝鲜)和中国都有着悠久的文官政府传统,均采取了儒家的治国方略,整个官僚体系由能力卓越的文官及各种与之相匹配的制度性基础设施组成。发展型政府在第二次世界大战之后相继出现在东亚经济体之中,恰恰就是古老文官传统经现代科学理性化而走向现代化的产物(Cumings,1999)。在追溯日本发展型政府的起源时,约翰逊直接聚焦于从明治维新时期开始形成的经济官僚。在他的笔下,日本在19世纪末从德国引入了君主立宪政体,同时建立了接近于韦伯描述的官僚体系,由此在德川幕府时期享有崇高社会地位的武士阶层转变为现代政府的文官。无论是在二战前还是在二战后,官僚体系都对日本行使着真正的管理。当战后盟军的占领基本上瓦解了财阀的政治力量之后,官僚对政治经济的掌控更是到了无以复加的程度。正是在这样的历史背景下,由全亚洲最好的、在世界上也属于一流的大学培育出来的日本经济官僚们,才能抵御被利益集团俘获的诱惑而免于大范围的腐败,并超越局部和短期利益考量的影响,以高瞻远瞩的眼光制定并实施国家发展战略(约翰逊,2010:37-89)。对于这支"精英官僚队伍"的职责,约翰逊写道:"第一是识别和选择需要发展的产业(产业结构政策);第二是识别和选择促使选定产业迅速发展的最佳方案(产业合理化政策);第三是在指定的战略部门中监督竞争,以确保他们在经济上的正常运行和效率。"(约翰逊,2010:351)

很显然,在发展型政府理论家那里,东亚成功经济体的官僚机构已经超越了韦伯的官僚体系理想类型,其中的"精英官僚队伍"在经济发展战略制定方面不仅近乎全知全能，而且还近乎至真至善。他们简直就是诸葛亮再世，只不过并非出自草庐，而是毕业于世界级的高等学府。他们人数众多，但都能精诚团结，鞠躬尽瘁，死而后已，以团队的力量投身于经济的发展和民族的复兴。可以说，第一代发展型政府论极大地夸大了行政力量和行政机制在推动产业发展上的积极作用。

发展型政府理论出现的学术背景，是所谓"新国家主义"（neo-statism）在发展社会学、发展政治学和比较政治经济学领域中的兴起。与一味认定政府干预是解决一切问题之灵丹妙药的旧国家主义有所不同，新国家主义强调，在对社会经济发展提供解释的过程中，相对独立于市场和社会的政府（或国家）应该被视为一种自变量，而不应被视为由市场或社会力量所支配的一种中间变量，即国家具有自主性，可以超越社会利益而自主地形成国家发展目标和战略。因此，新国家主义者提出要超越社会科学中盛行的"社会中心论"，即超越把国家视为统治阶级利益代言人的马克思主义或多元利益群体代言人的自由民主主义，代之以"国家中心论"，也即基于国家自主性来探究各种社会经济变迁的奥妙。在新国家主义的分析框架中，国家行动者自主确定的目标和自主采取的行动，构成解释各种社会经济发展的自变量。新国家主义学派的兴起，以1985年出版的论文集《把国家找回来》作为标志（Evans，et al.，1985），而后在国际学刊，"把××找回来"成为一种极为流行的学术论文标题。发展型政府理论正是新国家主义或国家中心论的一种具体实践。1987年，在比较发展学界和比较政治经济学界享有盛誉的"康奈尔政治经济学研究丛书"出版了一部题为《新亚工业主义的政治经济学》的论文集，聚集了新国家主义学派的重量级学者，包括该学派领军人物之一彼得·埃文斯（Peter Evans）及发展型政府理论的开山者约翰逊，来"探讨政府在经济发展中的作用，为东亚经济发展寻找更合适的解释"（Deyo，1987：1）。

发展型政府理论的发展初衷仅局限于对东亚发展提出另一种有别于经济学主流的解释，其案例来自日本、韩国和中国台湾地区。后来，自然也有学者将新加坡政府当作发展型政府的一个典例进行研究（Low，2001）。与此相反，由于中国香港长期以来一直被视为自由放任主义的典范，其政府并没有明确的产业政策（Chiu，1994），香港的发展经验一向被视为发展型政府理论解释的例外（Weiss，2000）。因此，发展型政府理论在发展初期，仅仅是一种研究区域政治经济问题的分析思路，还没有上升到理论的层次。约翰逊明确地将发展型政府称为"日本模式"，并提出，这种政府"计划引导型"的资本主义发展模式完全不同于中央命令型计划经济,也有别于市场主导型的经典型资本主义发展模式,即美国模式(约翰逊,2010:341-360)。后来,约翰逊把日本和德国的发展模式合为一体,称之为"明治—俾斯麦发展模式",其核心就是发展型政府(Johnson,1995:12)。

然而,这一学派很快从区域性政治经济的研究框架发展成为一般性的政治经济学理论。在这一方面,澳大利亚学者琳达·维斯(Linda Weiss)扮演了重要角色,她把历史社会学的视野引入比较发展研究领域,将政府主导型发展视为一个普遍的人类现象(而不是东亚现象)加以考察。1995年,维斯与其同事合著出版了《国家与经济发展:一个比较及历史性的分析》一书,将政府与企业之间"受到管控的相互依赖"(governed interdependence),即政商之间形成竞争性合作(competitive collaboration)的关系,视为政府主导型发展的制度性特征。在中译本中,"受到管控的相互依赖"这个术语被译为"治理式互赖"(Weiss and Hobson,1995)。1998年,在亚洲金融危机大爆发的背景下,维斯出版了《国家无用的神话》,对新自由主义全球化浪潮中汹涌澎湃的"政府无用论"和"拒斥国家"的现象,给予了系统性的批判,并大力强调政府在维护经济稳定、促进经济发展中的积极作用(Weiss,1998)。

与此同时,一大批美国知名大学学者也推出了重量级论著,对政府主导型发展给出了更加精致的学术分析。1995年,著名经济社会学家和政治社会学家、"新国家主义"的发起人之一、加利福尼亚大学伯克利分校教授彼得·埃文斯出版了《嵌合型自主性:国家与工业转型》一书,强调发展型政府的制度性特征不仅在于国家自主性(即政府官员尤其是技术官僚能够超脱于社会利益集团的影响,独立自主地制定发展战略),而且还在于存在制度化的管道,可以让政府将其发展战略与政策渗透并落实到社会和企业之中,这种制度化的管道就是他所谓的"嵌合型自主性"(embedded autonomy),用以取代发展型政府理论中原有的"国家自主性"概念(Evans,1995)。这一新概念与维斯的"治理式互赖"可谓异曲同工,但前者在国际文献中的引证率要远比后者高。2001年,由于《亚洲新巨人》一书获奖而从纽约新社会研究学院转赴麻省理工学院的安士敦出版了《"余者"的兴起:后发工业化经济体对西方的挑战》一书,将发展型政府进一步解读为对西方新古典主义或新自由主义发展模式的挑战,也就是将政府主导型发展视为有别于自由市场主导型的新发展模式,即安士敦自称的"修正主义模式"(Amsden,2001)。

2004年,普林斯顿大学政治学系教授阿图尔·科利(Atul Kohli)出版了《国家引导的发展:全球边缘地区的政治权力与工业化》,该书基于对韩国、巴西、印度和尼日利亚四国的案例研究,力图从政治经济学中比较制度分析的视野,对发展中国家政府干预经济发展的各种行动及其成败,给出了一个统一的宏大理论分析框架。根据政府如何运用国家权力,尤其是政府如何动员经济资源并训导劳工力量,该书建构了三种政府模式,即凝聚性资本主义政府、新世袭性政府、碎片化-多阶级性政府。同样有殖民主义根源,韩国、巴西、印度和尼日利亚四国的国家建设(state building)走上了不同的道路。韩国形成了凝聚性资本主义政府,亦即发展型政府,最终引领经济走上了快速发展之路;印度和巴西出现了碎片化-多阶级性政府,难以通过一致性和系统性的方式行使政府力量,推动经济发展;而尼日利亚则出现了新世袭性政府,一方面,政府动员资源能力极其有限,另一方面,政府又将有限的资源挥霍浪费(Kohli,2004)。值得注意的是,科利的大理论建构,激发了有关国家建设与后发型发展的研究浪潮,着重分析精英结构与社会结构的互动如何影响了不同政府形态的形成,并对社会经济的发展构成不同的影响(瓦尔德纳,2011)。同时,在政治科学的文献中,发展型政府嵌入其中的政体也不再必然是威权主义政体,发展型政府也可以在自由民主宪政的政治体制中发挥其作用。"民主的发展型政府"这一概念,既出现在理论建构之中(Robinson and White,1999),也出现在经验研究(Sandbrook,2005)和对策性研究(Omoweh,2012)之中。

三、质疑发展型政府理论:对行政机制局限性的反思

发展型政府理论甫一亮相,就在学界遭到了各种质疑。质疑的声音多种多样,但来自两个学术阵营的质疑尤其醒目,并且值得特别认真地对待。一派是倾向于新自由主义的学者,或深受主流经济学新古典主义影响的学者,大多认定发展型政府并非东亚奇迹的重要贡献因子,而产业政策的采用一般来讲并不是经济发展的助推剂,顶多是润滑剂。另一派质疑者则强调发展型政府的条件性和阶段性,他们承认政府对经济生活的高强度干预对于经济发展或多或少有一些正面作用,但认为发展型政府的高效能受到一系列非制度性因素(例如冷战背景)和制度性因素(例如企业模式、经济组织间的关系、政商关系等)的制约,因此在经济全球化的大背景下继续把发展型政府的发展作为一种发展战略,可能面临极大的不确定性,也极有可能不再合乎时宜(Hayashi,2010)。

第三章 产业政策与产业发展的治理:国家—市场—社会的协作互动

新自由主义或新古典主义学者反对发展型政府理论是自然而然的,因为两者在思想市场上是直接的竞争者。这里需要强调的是,新自由主义也好,新古典主义也罢,都绝不是无政府主义,其理论和政策指南中为政府的角色留下了相当大的空间。作为新自由主义公共政策的主要推动者,世界银行曾就政府在经济发展中的角色,提出过"五核心使命论":(1)奠定法治的制度框架,即立法和执法,尤其是要捍卫产权和契约制度,为市场的正常运行提供制度性基础设施;(2)实施正确的宏观经济政策,尤其是财政政策、货币政策、汇率政策、外资政策等,尽最大可能维持市场运行的稳定性;(3)提供公共物品,为市场运行建立坚实的物质性基础设施,例如交通、通信、公用设施等;(4)治理市场活动的外部性,既包括通过改善教育和医疗卫生来促进正外部性,也包括通过保护环境来抑制负外部性;(5)推进社会公平,既包括提供社会安全网以维持基本的横向公平,也包括实施再分配政策以确保适当的纵向公平(World Bank,1997:42)。

在新自由主义者看来,国家(政府)在成功的经济发展经验中的确扮演着这样的角色,而就上述五大角色而言,绝非任何一个具有强烈发展意愿的政府都能轻易为之。"东亚奇迹"之所以能够发生,相关经济体中的政府当然功不可没,但其最出色的表演是在以上五个角色。沿着这一思路,不仅日本、韩国、新加坡及中国台湾地区的发展案例能够得到解释,发展型政府理论以例外来处理的香港案例,也能得到很好的解释。依照新自由主义的解释,就发展模式而言,东亚经济增长并不是什么"奇迹",而是市场经济体制正常发挥其功能的一种结果。东亚经济增长应该归功于生机勃勃的民营企业,而其经济活动的外向性让东亚民营企业在激烈的国际市场竞争中茁壮成长(Kruger,1992)。至于这些经济体的政府,均在保障私有产权、维护契约制度、提供基础设施、促进医疗卫生和教育等方面发挥了应有的作用。

因此,新自由主义并非笼统地否定国家在经济发展中的作用,而是具体地反对发展型政府理论所描绘的政府角色,即政府有能力通过高瞻远瞩的战略与战术有效地驾驭市场,从而引领整个经济体走向繁荣与发展。的确,发展型政府理论的开创者尽管也承认市场力量和民间企业的巨大作用,但在行文中常常自觉不自觉地把相关案例中的政府描绘为成百上千诸葛亮的大集合,而在发展型政府之"导航组织"(约翰逊,2010:355)中的技术官僚们既是战略家,又是领航员。因此,可争议的核心问题,并不是要不要政府干预,而是要怎样的政府干预,或者说,政府究竟有无可能扮演市场驾驭者或领航员的角色。简言之,新自由主义所认可的政府干预,与发展型政府理论所推崇的政府干预,在范围和手段上都大有不同。

在发展型政府理论诞生之前,世界银行有关东亚经济的研究报告,就是持这样的新自由主义基调。这引起了其主要会员国日本的不快。尽管主导发展战略的技术官僚在发展型国家理论里有着不计个人得失的道德形象,但日本政府还是斥资100多万美元,资助世界银行开展对"日本奇迹"的研究(林恩,2009:522),以图为"日本模式"正名。1993年,世界银行完成了这项研究,出版了题为《东亚奇迹:经济增长与公共政策》的报告(World Bank,1993b)。这份报告除了重申市场机制及新自由主义政府干预对于东亚奇迹的积极作用之外,第一次正式承认如下看起来违背市场机制的政府干预措施也有可能是有益的:(1)针对某些特定行业的产业政策;(2)出口促进政策;(3)适度的金融管制及谨慎的信贷优惠政策(如利率补贴或政府直接贷款)。但仔细阅读可知,这份报告对这些政府干预政策其实是语多保留的。报告指出:首先,以促进特定产业发展为目标的产业政策一般不会成功,因此不宜向其他发展中国家推荐;其次,信贷优惠政策或指导性信贷有时会奏效,但也可能阻碍金融机构的自主发展;最后,出口促进政策的根基在于为自由贸易和自由投资建立制度性基础,而出口补贴或奖励政策只有在客观竞争性的基础上才有一定的效果,也就是说必须减少甚至遏制相关政府官员的自由裁量权的行使。世行特别警示,这类政策只有在市场机制正常运转、私人企业生机勃勃、政府与企业具有建设性合作的制度化管道、官僚体系制度健全且能力卓著、政府权力受到合理制约的制度性条件下,才能发挥积极的作用。世行还指出,发展型国家理论所推崇的政府积极干预主义,尤其是与特定产业有关的贸易和产业政策,具有历史条件性,在经济全球化的时代,将面临极大的限制而日益不合时宜(世界银行,1998)。

从比较发展研究学术史的角度来看,世界银行的这份报告具有里程碑的意义,它所提出的问题为日后有关政府主导型发展的研究划定了范围、奠定了基础。但不出意料的是,世行报告的折中主义观点两面不讨好,争议性极大(林恩,2009:522)。对自身的英武表现竟然做出如此模棱两可的评价,这绝不是日本政府花100多万美元所期望得到的那种答案。尽管世行报告对"发展型政府"(此报告中译本译为"开发性政府")的理论要点给予了有保留的接受,但该学术阵营中的强硬派对此也不满意。1995年,约翰逊在日本经济泡沫已经崩溃、经济发展日显衰象之后,依然宣称"冷战结束了",但是历史并没有结束,"真正的赢家是日本"(Johnson,1995:8)。

第三章　产业政策与产业发展的治理：国家—市场—社会的协作互动

为了澄清有关争议,世界银行经济发展局委托斯坦福大学经济政策研究中心设立了一个课题组,由知名日裔经济学家青木昌彦领衔,对政府在东亚经济中的作用开展进一步研究。1997年,由青木昌彦、金滢基、奥野-藤原正宽主编的《政府在东亚经济发展中的作用》一书出版,次年此书中译本就在中国出版了。基于青木昌彦所发展的"比较制度分析",该书试图扬弃新古典主义的"市场亲善型政府"和新国家主义的"发展型政府",转而提出"市场增进型政府"(market-enhancing government)概念,以解释政府在东亚经济发展中的作用。"市场增进型政府"这一概念,与奥尔森晚年萌发的"市场强化型政府"(market-augmenting government)(Olson,2000)想法不谋而合。但可惜的是,奥尔森尚未将自己的想法发展成成熟的理论就英年早逝,而青木昌彦则将这一概念发展成为一个解释东亚奇迹的分析思路。

依照青木昌彦的思路,在经济发展的过程中存在着市场失灵,需要由非市场力量来弥补或矫正市场失灵,而政府有可能扮演这一角色。但关键在于,政府失灵的情形也存在,而且非市场力量并不限于政府的行政力量,也包括由民间组织所行使的协会治理力量。因此,市场失灵的存在,并不意味着政府就可以全方位地取代市场和社会。政府干预有效的情形,或者说政府失灵概率较小的情形,恰恰出现于政府仅仅扮演补充型而不是主导型的角色,其功能在于改善市场、企业和民间组织解决协调失灵问题和克服其他市场失灵的能力(青木昌彦等,1998)。可以说,青木昌彦团队的研究成果,为世界银行的有争议的报告,提供了一个理论基础。这一理论的重大学术意义,在于超越了政府与市场之争,而意识到社会在推动产业发展中的作用,意识到行政、市场和社群机制互补嵌合的重要性,但可惜的是,这一点在青木昌彦及其同僚的作品中,仅仅停留在意识的阶段,始终没有发展出完整的理论,青木昌彦也未能就社会组织和社群机制在经济生活中可能发挥的作用做出杰出贡献。

实际上,除了世界银行及世界银行资助的青木昌彦团队之外,比较发展学界在发展型政府理论的刺激下,自20世纪80年代后期以来涌现出大量有关日本模式和东亚奇迹的研究成果,从多种角度质疑了发展型政府理论。第一种质疑强调,正是民营企业和民间组织,在市场力量的驱动下,发展出的辨别与挖掘机会的能力、研究与发展的能力及通过网络或协会治理推进协调的能力,才是日本的这些产业取得成功的关键贡献因子;因此,扮演"挑选赢家"角色的是企业和企业协会,及其与政府形成的"政策网络",而不是单靠全知全能、至真至善的政府(Okimoto, 1989)。即便是在发展型政府理论高度重视的产业金融领域,也是私人部门的战略考量而不是政府的行政指导,对整个经济体的战略性发展发挥着重要作用(Calder,1993)。

第二种质疑直面发展型政府理论中的政府模型。依照政治科学中理性选择学派的研究,发展型政府理论所神化的技术官僚机构或集团并不处于日本政治生活的核心,它们只不过是若干利益集团当中的一个而已。技术官僚并不能独立于议会民主政治而高瞻远瞩地制定发展战略。尤其是貌似权势强大的大藏相,他们主要不是从职业官僚处汲取信息,而是从日本的议会中获得政策安排(Ramseyer and Rosenbluth, 1993)。

另有学者质疑发展型政府理论中所蕴含的至真至善型政府官员的神话。一项关于韩国朴正熙时期信贷政治的研究表明:经济官僚们在制定政策时并非不受政治干涉;政府对经济的干预并非从国家利益出发,而是为了少数商业和政治精英的利益;国家提供的公共物品不过是一些人利用公共资源赚取个人私利过程中的一种副产品而已。由于这样一种"金钱政治"的因素,政府动员的信贷资源大量流向了与政府官员有关系的朋友而不是最具有经济竞争力的企业,而在这种裙带资本主义的体制之下,金融危机于1997年在韩国的爆发则具有某种必然性(Kang, 2002b)。同一位研究者对韩国和菲律宾的比较研究表明,无论是在拥有发展型政府的韩国,还是在不拥有发展型政府的菲律宾,都存在严重的腐败现象,而在这两个国家,经济政策的制定主要是出于政治而不是经济的考虑(Kang, 2002a)。因此,这两份研究提示我们,经济表现上的巨大差异,其根源并不在于发展型政府理论所幻想的全知全能、至真至善的经济技术官僚所指定的发展战略,真正的原因要到其他地方去找。

还有研究者指出,日本政府的行为模式并非铁板一块,通商产业省的确具有发展型政府的特征,但是大藏省(相当于我国的财政部)的所作所为就更接近于新自由主义或新古典主义的政府范式(Vestal, 1993)。这一点可以提醒新国家主义的拥趸,发展型政府毕竟还要基于市场机制的正常运行,而保障市场机制正常运行的政府则是新自由主义或新古典主义型的政府,因此发展型政府理论对发展型政府模式的推崇及对新古典主义政府模式的否定都可能是言过其实的。

第三种质疑是强调发展型政府的制度基础,即私人企业的一些制度性特质及政府与企业关系的一些经过长期形成的制度性安排,构成了发展型政府的制度性基础,也构成了发展型政府能否发挥作用的约束性条件。这些制度性基础包括:(1)银企关系:日本企业的治理结构及主银行制度(Aoki,2001);(2)企业集团:企业之间的联盟构成所谓的"联盟资本主义"(Gerlach,1997);(3)劳资关系:在企业层面的劳资管理中存在协调机制(即所谓"雇员主权型资本主义")(Dore,2000);(4)福利社会:即国家、企业与社会分担福利责任(Estevez-Abe,2008);(5)庇护主义型国家与社会关系:国家与具有高度生产性的制造业部门和非生产性的经济部门(农业、零售业和建筑业等)形成广泛的庇护主义关系(clientelism),而这样的国家又被称为"庇护主义国家"(the clientelist state)(Pempel,1998)。

第三种质疑者并不像新自由主义经济学家那样质疑政府干预对于经济发展可能的积极作用,但是他们并不认为这种积极作用产生的根源在于发展型政府理论所描述的核心经济技术官僚所具有的高度自主性和强烈的发展意愿,而是缘于各种制度和结构性因素的复杂互动。

在一波又一波的质疑浪潮中,发展型政府学派的后辈学者试图修正前辈学者的研究范式,转而将"发展型政府"这个概念中性化,而将发展型政府与发展的关系视为开放性的经验研究课题。用他们的话来说,发展型国家未必会带来发展(Woo-Cumings,1998:4)。这意味着,发展型政府具有强烈的发展意愿这一点,或称发展主义取向,近乎一个常量,并不构成发展与否的重要解释因子。

在发展型政府理论发展的早期,很多研究者花费很大精力来解释为什么有关案例中的政府领导人和技术官僚具有强烈的发展意愿。例如,约翰逊本人将民族主义置于发展型政府在日本兴起的历史背景,在他关于中国、日本和朝鲜20世纪发展的一系列论著中,实现民族振兴是三个地区各派政治精英的共同追求,只不过中国和朝鲜、日本和韩国在经济体制上分别走上了社会主义和资本主义道路。尽管走上了资本主义道路,但在民族主义政治精英的治理下,日本和韩国的政府自然呈现发展型政府的特质(Johnson,1982)。此外,约翰逊还提及,战争时期必定会出现的国家动员具有历史惯性,也会促成当地政府走向发展型政府,而不是新自由主义类型的政府(Johnson,1995:10)。另有学者致力于挖掘发展型政府形成的历史根源。就韩国而言,日本殖民主义缔造了韩国的发展主义和发展型政府(Cumings,1984),而战争则培育了新一代具有强烈民族主义精神的经济政策制定者,也造就了新兴的财阀和工业金融体系(Woo,1991)。

但是，拥有强烈发展意愿的政府可以说无处不在，而政治精英具有强烈的民族主义和发展主义取向，也是一个普遍的现象。这或许是一个很好的历史学话题，但就我们这里所关注的经济社会发展的解释因子而言，并不需要特别加以解释。实际上，不少西方学者对此特别关注，缘于一个在西方学术界流行的理论，即国家或统治的掠夺理论(the predatory theory of the state or rule)(Levi, 1981)，具体来说就是假定统治者的目标之一是岁入最大化，但其达成这一目标的行动受到诸多限制(Levi, 1988)。在很大程度上，国家掠夺论成为经济学中公共选择学派及政治学中理性选择学派的公用理论假设之一。因此，正是在这一学术背景下，国家为什么具有发展主义取向，才成为新国家主义者们认为需要特别加以解释的现象。

事实上，在很多国家和地区，统治者或政治精英有强烈的发展意愿，并均以各自的方式而为之奋斗，尤其是着力于推进某些产业的发展。在这个意义上，他们所领导的政府都是"发展型政府"。但是，正如所有类型的政府一样，发展型政府有成功的，也有失败的。有学者分析，印度独立后也拥有一个发展型政府，当时印度政府发展战略的指导思想是所谓的"尼赫鲁共识"(the Nehruvian consensus)，包含以下几点：(1)在民族主义的推动下，国家精英具有强烈的发展意愿；(2)国家官僚机构制订经济计划，试图指导并驾驭经济发展；(3)国家通过"许可证—许可—配额式的统治"，即通过市场准入的管制，试图引导资源配置到国家希望推进的经济领域和地区；(4)国家推进进口替代战略；(5)国家大力发展国有企业，去占领并控制经济的制高点。但众所周知，发展型政府并没有为印度带来发展，印度的发展型政府就是一个失败的发展型政府(Herring, 1999)。在"华盛顿共识"的冲击下，印度的经济自由化在20世纪90年代起步，印度政府本身和国家经济发展模式都发生了深刻的转型，经济发展才取得了突飞猛进的进步，使印度成为"金砖四国"的重要一员。

因此，问题的关键不在于发展型政府的发展主义取向如何形成及发展意愿如何强烈，而在于究竟何种因素导致发展型政府的发展政策在某些地方有效，而在另外一些地方失效，而且从全球的视野来看，失效的例子更多。在发展中世界，产业政策无处不在，但其成功并非无处不在(Haggard, 2018)。实际上，这句话的适用范围，在很大程度上，也包括发达世界。因此，比较发展领域的学术研究重点，不应该是描绘政府的发展主义取向如何及产业政策如何无处不在，而是应该在控制发展主义取向及产业政策方向与强度的情况下对国家发展战略成败的其他原因，尤其是制度性原因,进行经验性研究。对此问题,初步的答案是,政府必须建立一整套制度并且有能力对受到扶持的企业予以严格的训诫,使之以增进全社会利益的方式开展经济活动,而不是从寻租中谋取私利,当然,政府有无这样的能力,在很大程度上也取决于政府政策承诺的可信性(Grabowski,1994)。

总而言之,在后来的研究者们看来,发展型政府理论的开创者,在案例选择上存在系统性的偏差,在研究方法论上也存在着整体主义的谬误。尤其是约翰逊、安士敦和韦德这三位学者,他们的研究方法是以历史学家的笔调,首先给出相关案例地区经济绩效的卓越表现,然后详细记录当地政府在经济规划和经济政策上看起来不错的所作所为,最后断定政府的积极干预主义厥功至伟。粗略地说,他们的论证思路,就是认定一个地区的经济表现,应该用这个地区经济生活中的所有因素,既包括市场机制的因素,也包括政府干预的因素,来加以解释。这样的论证思路,与社会科学(尤其是经济学)中流行的分析性思路,即深入探究一个个因素(自变量)对所解释对象(因变量)的影响度,是大相径庭的。或许正因为这一点,即便是支持政府积极干预主义立场或者说试图超越新自由主义的经济学家,例如林毅夫和下文将详细讨论的斯蒂格利茨,也对发展型政府理论不大重视。他们对约翰逊博得声名的《通产省与日本奇迹》一书,极少甚至根本不加以引证,而对两位在方法论上非主流的经济学家安士敦和韦德则稍微客气一些,但也是引而不用。

四、产业政策的有效性之争:中外学者的思考

实际上,对发展型政府理论的最大质疑焦点在于产业政策的有效性,因为产业政策的有效实施是发展型政府的核心特征。在西方主流经济学教科书中,"产业政策"没有一席之地。然而,自20世纪80年代以来,关于产业政策的文献不断涌现。当时,人们普遍将产业政策看成一个时髦的"日本货"。

这主要拜日本经济起飞所赐。由于日本的经济如日中天,探究"日本模式"成功的奥秘,也就成为当时美国知识界的最热门话题之一。哈佛大学的中国问题专家傅高义(Ezra F. Vogel)1979年出版了《日本第一:对美国的教训》一书(Vogel,1979),一时间震惊美国,颇有警世危言的味道。这本书很快被译成日文,在美国和日本两国都洛阳纸贵,后多次再版重印。同样作为中国问题专家的约翰逊,在1982年出版其《通产省与日本奇迹》的时候,其实也包含着一丝非学术性的目的,

即警示美国的精英们应该向日本学习一下如何在美国实施产业政策。于是,一场有关产业政策的大辩论首先在美国学界兴起(Norton,1986),后来遍及世界各地(尤其是英国)(Thompson,1989),并且从未停歇(Lee,2010;OECD,2013)。不光是经济学家,政治学家、历史学家、社会学家和公共政策研究者也都投身其中。约翰逊本人在1984年曾主编了一部题为《产业政策辩论》的论文集,收录了一批知名公共政策学者的论文,全面检讨美国在产业政策上的得失,笔锋所向直指以反对干预主义而著名的"里根经济学"(Johnson,1984)。

可是,当时有关产业政策的争论,总体来说缺乏实证研究的基础。自20世纪90年代以来,情况有所改变。国际学刊和学术出版物中刊出了大量有关产业政策的经验性研究,基于严谨的计量经济学分析,深入探究了政府的扶持之手究竟对产业的发展及对相关地区总体经济绩效产生了多大的影响,从而对发展型国家理论构成了一定程度的检验。检验结果显示,总体来说,在日本、韩国、中国台湾地区和新加坡这四个经济体,产业政策对于某些日后表现不错的产业来说的确有一些促进作用,但绝非发展型国家理论所渲染的那样举足轻重;同样在这些经济体中,产业政策引致失败的例子也比比皆是。2000年,世界银行又发表了一部新的论文集,题为《东亚奇迹的反思》,对东亚政府主导型发展在新自由主义全球化条件下所面临的各种挑战,进行了深入的思考(斯蒂格利茨、尤素福,2003),其中有相当一部分章节详细论述了产业政策在不同背景下的有效性。

在这场大辩论中,很多学者(尤其是经济学家)并非对产业政策青睐有加。在日本经济停滞不前及后来亚洲金融危机大爆发的背景下,大量质疑产业政策有效性的文献更是不断地在国际学刊上发表。很多技术性很强的论文运用计量经济学的方法,围绕以下几点,详尽分析产业政策与经济绩效之间的因果关系。

第一,探究产业政策对一个经济体的机会成本有多高,即对产业政策的成功和失败进行比较。产业政策的成功案例固然有之,而失败的情形也俯拾皆是,忙碌于"挑选赢家"的政府常常选出了输家。即便是在发展型国家模式应用最为成功的日本,产业政策的机会成本也是不菲的。在日本,通过税收优惠、信贷补贴和贸易保护所引导的很多资源,并没有配置到具有发展前景的产业,而是流向了不少业已成熟、发展有限甚至趋于衰退的行业(Beason and Weinstein,1996)。行政机制并不会永远显灵,这一点在产业发展的治理上绝不会例外。

第二,探究产业政策对相关产业成长的贡献率。声誉隆崇的日本经济学家小宫隆太郎曾指出:"不能把日本经济的发展看作产业政策获得成功的证明,因为在日本经济发展过程中,除了产业政策外,还有许多因素支撑着日本经济的高速增长。"(小宫隆太郎等,1986:45)20世纪90年代以来的很多文献致力于仔细分辨市场力量、政府干预及其他因素对"成功"产业发展的贡献率,这类文献是有关产业政策有效性研究的重点(张鹏飞、徐朝阳,2007)。其中,一项较有影响的研究发现:日本各工业部门生产率的进步中只有7%左右能够被产业政策所解释,其中对电气、通用机械及交通运输机械等行业而言,产业政策与生产率之间甚至呈负相关(Beason and Weinstein,1996)。此外,还有研究发现,日本政府的确在家用电器、汽车、机器人、电动游戏、信息、生物技术等诸多领域推出了大量推动型产业政策,但这些产业日后的发展实际上与产业政策的相关度要么不大,要么还有可能是负的(Okimoto,1989;Partner,1999;Porter, et al., 2000)。

第三,探究产业政策的条件性,以及与此相关的可持续性和可复制性。有研究发现,产业政策在日本战后经济恢复期的确发挥了决定性作用,但在随后的经济高速增长期间,其范围有所收窄,仅仅限于促进新技术的发展和缓和无竞争力产业的衰落过程(Vestal,1993)。有日本学者指出,日本的产业政策在战后恢复期和赶超期(即"高速增长期")比许多经济学家所承认的更有效,但随着赶超期的结束,产业政策越来越无效,甚至走向反面,因此那些希望美国向日本学习产业政策的建议者忽视了不同经济体发展阶段不同的时空背景(山村光三,2010)。

与此同时,产业政策的可复制性也成问题,这也是产业政策条件性的另一种体现。东南亚的发展型国家在采用产业政策方面比较谨慎,即产业政策锁定的行业较少,产业政策理应有所作为,但事实上给当地的经济带来了更多的损害而不是发展。依照世界银行专家的描绘,印度尼西亚试图通过产业政策推动汽车、飞机和木材工业的发展,但结果却是代价巨大的失败;马来西亚跌入了类似的深渊,其政府着力推动的汽车、石油化工、造纸和建材产业绩效极差;泰国和菲律宾政府大规模支持的产业,表现也大多惨不忍睹(尤素福,2003:15)。

更为重要的是,在推动产业从无到有、从小到大的过程中,鼓励和扶持性产业政策类似于生长激素,极有可能快速催肥这些产业,导致产能过剩,而这些产业在面对国内外市场需求不足的时候,会形成强大的利益集团反过来要求政府予以保护。因此,即便扶持性产业政策是必要的,其施政的最重要一环也是何时退出及以何种方式退出。可是,在产业政策的施政过程中,政商关系的密切必然会造成新利益集团的诞生,最终形成所谓的"裙带资本主义"。在东北亚和东南亚,产业政策所带来的显著后果,就是为政府官员创造了大量寻租机会,也造就了政府与商界严重的裙带主义(Kang,2002a)。发展型政府理论的一个弱点,就是其很多概念缺乏分析性,例如所谓"嵌合型自主性"无法将政商关系中的"法团主义"和"裙带主义"区分开来。

因此,发展型政府即便在某一段时期在某些经济体中取得了成功,但这一成功既不是一成不变也不是一劳永逸的。政府主导型发展模式并非永远的、可持续的灵丹妙药。在某些历史条件下碰巧正确的产业政策,的确可以在后发国家的早期发展阶段发挥增长促进作用,但是其效力将会随时间而递减,产业政策失灵的情形日益增加。发展型国家往往呈现弱持续性和弱可复制性,如果一味强求或者一味硬挺,极有可能遗患无穷(山村光三,2010)。

第四,探究产业政策的类型所产生的影响。事实上,产业政策涵盖的内容和范围都比较广,笼统地谈论其对经济发展的作用是不得要领的,要进行深入的分析就必须对不同类型的产业政策进行分类。根据研究的不同需要,分类方法自然多种多样,但在理论分析和现实实践中最为常见的做法是将产业政策分为两类:支持型和保护型。前者注重"挑选赢家",即政府选择一些具有发展潜力的产业,通过种种举措扶持其发展;后者则注重"拯救输家",即政府采取种种举措防止缺乏竞争力的产业急速衰落(The Economist,2010)。

其实,保护型产业政策在发达国家和地区(美国和欧盟)也是普遍存在的。如果所涉及产业参与国际市场,那么就涉及贸易保护主义的问题。美国在特朗普和拜登任总统期间对中国企业发动的芯片战,既是贸易保护主义的典型案例,也是技术保护主义的典型案例。保护主义传统在美国源远流长。斯蒂格利茨1998年在日本通产省研究所第十届年会发表演讲时提到,美国农业部门的生产者常常游说政府对整个产业采取保护主义措施;牛奶业向政府申请建立卡特尔组织,并声称唯有如此才能"自助"以符合公众利益;乙醇燃料业打着减少环境污染和降低对外石油依赖性的幌子,获得了政府的财务补贴;很多经济部门还善于诉诸"不公平贸易法"(例如反倾销法),成功促使政府对来自国外的产品进行各种各样的市场限制,从而保护其国内企业免受国外竞争的威胁(斯蒂格利茨,2009a:376-377)。对这种抗拒竞争、限制竞争的政府政策,斯蒂格利茨是明确反对的。在另一本反响极大的畅销书《不平等的代价》中,斯蒂格利茨细述了美国政府对众多产业和企业的高额补贴和税务优惠如何造成市场的扭曲和社会的不平等,以及他本人和克林顿政府其他高管在努力削减这类所谓的"公司福利"时如何遭到各种利益集团代言人的阻挠(斯蒂格利茨,2013a:159-160)。由此看来,保护主义政策在相当大的程度上是利益集团俘获政府的结果,在利益集团主宰的多元主义民主政治中必定会层出不穷(格罗斯曼、赫尔普曼,2005)。

贸易保护主义是国际经济中最为常见的一种政府政策,归根结底也是一种产业政策。关键在于保护主义对于本经济体的经济发展是否有好处,主流经济学的传统观点一般持否定态度(巴格沃蒂,2010)。但是,反对的声音也很响亮,例如,英国剑桥大学的韩裔经济学家张夏准对"自由贸易是好的"这一新自由主义正统进行了尖刻的抨击,并将发达国家推进自由贸易的呼吁视为"富国的伪善",因为发达国家发达起来的秘诀就是不断地采用保护主义(Chang,2008)。他特别指出,与普遍流行的刻板印象相反,正是美国(而不是德国或日本)其实才是"现代保护主义的发源地和堡垒"(Chang,2004)。当然,张夏准认为,无论是日本、韩国、还是其他发展中经济体,政府采取保护主义不仅应该理直气壮,而且事实上也是卓有成效的(Chang,2006:234-237)。此外,主流经济学教科书和多数经济思想史论著几乎从来不加提及的"美国学派",也认为政府实施保护主义才是美国经济崛起的秘诀(Hudson,2010)。

总而言之,对于产业政策在造就"东亚奇迹"中究竟发挥了什么作用,很难得出一个一清二楚的结论。前文提及,1997年,世界银行首席经济学家斯蒂格利茨和世界银行发展经济学研究部主管尤素福共同主编了《东亚奇迹的反思》一书,全书绝大多数章节引述了很多技术性研究成果,对产业政策的有效性基本上持强烈怀疑的态度,但斯蒂格利茨在他撰写的总结性章节中,却对这些技术性研究成果加以质疑(斯蒂格利茨,2003:359)。2008年,在国际经济学会的一次圆桌会议中,哈佛大学的农业和发展经济学家及东亚经济专家德怀特·珀金斯(Dwight H. Perkins)声称,对于东亚产业政策可以做出的明确评论是,"我们无法了解这些决策是不是最完美的选择或者它们发挥的作用是否与市场力量自身可能实现的成就相当",但它们"显然没有成为影响经济发展的主要障碍物"(珀金斯,2008:29)。听这口气,谢天谢地,作为政府干预主义标杆的东亚产业政策,对于经济发展来说,好歹不是那么糟糕。

关于产业政策的必要性和有效性,也是中国学界有关新结构经济学争论的一个重要内容。余永定认为,在发展中国家的赶超阶段,产业政策不可或缺;发展中国家的发展水平越是接近发达国家,产业政策发挥作用的余地就越小(余永定,2013:1077-1078)。这一判断接近上文提到的"产业政府条件论"。对此,林毅夫反驳说,"今天的英、美、德、日等发达国家在他们处于追赶比他们更发达的国家的阶段时,无一例外地采用许多针对特定产业的政策措施去扶持国内的某些追赶产业的发展……事实上发达国家即使到今天也没有奉行自由放任的政策,他们还用专利保护、补助基础科研、政府采购、规定在一段时间内市场上只能使用某种技术或产品等措施来支持他们的企业进行技术创新和产业升级。那种认为发展中国家的政府在技术创新、产业升级上不应该发挥因势利导作用的看法,其实是要发展中国家自废武功"(林毅夫,2013:1102-1103)。很显然,这一回合的争论无论对学术研究还是对公共政策制定来说都是于事无补的,因为这样的争论并没有建立在充分掌握国际经验研究文献的基础之上。

五、发展型政府的调适与转型:学术界的新关注

在日本泡沫经济崩溃后一蹶不振,以及东亚诸多经济体在1998年陷入金融危机的大背景下,发展型政府理论也陷入了信任危机。新自由主义重镇卡托研究所在亚洲金融危机爆发的前夜发表了一篇评论性文章,指出日本在泡沫经济崩溃之后蒙受了失去的十年,以"权贵资本主义"或"关系资本主义"为特征的日本模式失去声望,其根源就在于迷信政府:相信政府能"选出赢家",相信政府能更好地配置资源以驾驭市场,相信政府能确保证券市场和房地产市场永远屹立不倒;发展型国家理论体现了哈耶克所说的"致命的自负",即相信国家经济官僚拥有高人一等的知识、洞察力和责任感。这篇题为《重访"修正主义者":日本经济模式的兴起与衰落》的文章高调宣布,资本主义的修正主义是没有出路的(Lindsey and Lucas,1998)。

实际上,比卡托的这篇评论更有名也更早发表的批判性评论,就是克鲁格曼1994年末在著名的《外交事务》杂志上刊出的《亚洲奇迹的神话》一文。克鲁格曼在这篇使其享有盛誉的著名文章中断言,亚洲经济高速增长主要来源于物质资本和人力资本的巨额投入而不是技术变革和全要素生产率的提高,因此会随着资本回报率的递减而不具有可持续性,而依赖于强势政府动员资源以刺激经济成长的

所谓"亚洲模式",只不过是一种仅仅具有警示意义的神话,并不构成对西方自由市场经济模式的实质性挑战(Krugman,1994)。克鲁格曼的论点基本上基于其他经济学家(其中包括著名华人经济学家刘遵义)的计量经济学研究成果(Young,1992,1995;Kim and Lau,1994)。

当然,这些批判意味浓厚的文章并不是严谨的学术论文,而学术思潮中的意识形态倾向总是随着现实世界的变化潮起潮落,当新一波金融危机于 2008 年在新自由主义的家乡美国爆发之后,世界各地非学术媒体对发展主义的热情又重新抬头。抛开相关的意识形态争论,有关发展型政府在金融危机大背景下究竟会有怎样的命运,也就是政府主导型发展模式在全球化时代的可持续性问题,学术界一直没有停止探索和争论。

事实上,在 20 世纪最后一个十年,由于全球化所带来的经济自由化冲击以及政治民主化的浪潮,发展型政府的政经基础开始松动,许多东亚经济体的政府开始告别发展型模式,东亚发展型政府所拥有的经济资源动员和调配能力遭到极大的侵蚀。与此同时,在政治民主化的推进下,政府与企业的关系也日趋走向制度化,原本颇具一些神秘色彩的政商关系也日渐公开,而大企业也在新政治舞台上有了新的角色,不再单纯是发展型政府的政策抓手。无论是主动为之还是被动应对,许多经济体的政府职能都发生了转型,逐渐回到华盛顿共识或后华盛顿共识的轨道上来。简而言之,乍看起来,发展型政府正在发生转型,而且转型的方向似乎都是走向新自由主义。1998 年爆发的亚洲金融危机,一方面暴露了各地政府在应对危机上出现进退失据的病症,另一方面也凸显了发展型政府在转型过程中所经历的漫长的"阵痛"。这一"阵痛"的时间和烈度在不同的经济体呈现出完全不同的格局。

就日本而言,发展型政府早在 20 世纪 90 年代初泡沫经济崩溃之前就受到侵蚀了。泡沫经济崩溃之后,日本和国际学界关于发展型政府的争论迅速降温,乃至有关发展型政府与经济高速增长和泡沫迅速膨胀的关联不明不白。部分针对这一问题,同时针对有关日本繁荣和停滞的制度性根源,美国杜克大学社会学系教授高柏进行了抽丝剥茧般的研究,给出了意涵丰富的解答。依据高柏的分析,发展型政府理论对于日本的描述基本上是错误的,因为它基于三大错误的假设:一是认定政府主导了政策制定,而企业仅扮演从属性角色;二是认定发展型政府的工作重心是"挑选赢家";三是认定政府有能力而且一定会把有限的资源合理化地配置到最有效率的产业甚至企业之中。基于实地考察及大量学术文献,高柏告诉读者,实情并非如此。发展型政府不是高高在上的独裁者,也不是社会主义国家中的计划者,而是私有企业的赞助者和保护者。在日本,政府组织、倡导和担保了私有部门中非常广泛的活动,其中包括大企业中的终身就业和小企业间的卡特尔,从而一方面推动经济成长,另一方面保护社会稳定。在这种情况下,发展型政府的工作不仅仅是挑出"赢家"予以扶持,而且也要保护经济效率意义上的"输家",进而在福利国家建设不足的同时着力发展一种福利社会,让民间企业发挥一定的社会保障功能。因此,日本"发展型政府"所派生出来的一系列制度和机制,既促成了日本过去的成功,也导致了日本现在的停滞(Gao, 2001)。发展型政府对于日本来说,真可谓成也萧何,败也萧何。

韩国虽经阵痛,但其发展型政府的转型却相对比较平缓。在20世纪80年代,随着经济的发展,韩国的中产阶级壮大,劳工阶级的政治力量也在增长。与此同时,随着开放程度的加大及经济自由化的发展,政府与大企业的关系发生变化,企业自主性加强,发展型政府的权力遭到侵蚀,强政府指导大企业的政商关系模式难以为继。发展型政府的遗产及其转型的阵痛,在相当一段时期内导致韩国政治经济格局不稳定,这也构成了亚洲金融危机重创韩国的内部因素。在金融危机之后,韩国一方面在国际组织的压力下推进了新自由主义式的结构性改革,尤其是在金大中主政期间,军政府时期常规性使用的很多市场干预政策被撤销,但另一方面由于路径依赖,其发展型政府依然在经济生活中发挥着重要作用(Park, 2011)。

发展型政府的转型并非一帆风顺,或者说发展型政府的韧性,主要源于其所引发的并发症和后遗症。如前所述,发展型政府本身是一把双刃剑,在催生新兴产业的同时也保护缺乏竞争力或产能过剩的产业;更有甚者,发展型政府在推进经济成长的同时也滋生了裙带资本主义。面对经济全球化尤其是金融自由化的压力,嵌入传统政商关系的政府无力推进自身的改革,发展主义国家、庇护主义国家、福利主义国家和新自由主义国家的并存导致政府转型的阻滞。新的经济增长点,即战略型产业,始终没有出现。这样的情形恰在实践发展型国家理论的优等生日本发生了。

因此,在经济全球化和新自由主义勃兴的大背景下,发展型政府或政府主导型发展模式本身的转型,正成为比较发展研究领域的新热点之一。学者对发展型政府转型的不可避免性,一般没有异议,但对其方向和路径却有很多截然不同的看法。这些看法大致可以分为三类：一是新自由主义转型论，即认为发展型政府将会或快或慢地转型为新自由主义政府，而新自由主义是市场经济健康发展的唯一正常模式，尽管不排除在这一大同模式的内部存在一些小异；二是发展主义持久论，即认为各地的发展型政府将会在内外政治和经济的压力下进行改革、调适、创新，也不排除某些地方会出现短时期内的政府崩溃现象，但是发展主义会展现其韧性和活力，而发展型政府通过向新自由主义政府转型从而走向"正常化"的论说根本是一个伪命题；三是市场经济多元主义论，即认为世界各地的市场经济体由于历史形成的制度、结构和文化的遗产，其国家与市场、国家与社会的关系具有多样性，过分强调政府在经济社会发展中有神级表现的发展型政府理论不具有解释力，而学术的发展重心应该转移到对多样性的研究上来。值得注意的是，众多研究文献并非只是表达其中的一类看法，更多的情况是其中两类看法的组合。

对新自由主义转型论的认可在众多经济学家那里是不言而喻的，但亦有不少政治学家持此看法。有学者主张，在经济和政治双重转型的压力下，发展型政府走向衰亡并走上新自由主义政府之路是不可避免的（Kim，1999；de Medeiros，2011），而新自由主义政府形态能否顺利形成并取代原来的发展型政府，是相关经济体能否走上社会经济发展新良性循环的关键。由于"新自由主义"这个概念内涵过于丰富以致含混，"新自由主义政府"这一概念的外延自然也有些边界不清，有些学者倾向于更加具体地加以论述，认为发展型政府的转型方向是规制型政府（the regulatory state），即国家在推进产业发展方面基本上处于退出的状态，但在完善对社会经济活动的规制（尤其是社会性规制）方面理应也必将发挥更为积极的作用（Majone，1997）。亦有学者论证，新自由主义政府与规制型政府并非对立，而在全球化解除管制的新自由主义旗号中，无论是正处于从发展型国家转型的日本，还是经受了撒切尔主义新自由市场制度洗礼的英国，市场自由度无疑都增加了，但解除管制的运动实际上走向了重新管制，规则增多了，市场机制的正常运行反而有了更多的保障（Vogel，1996）。

当然，有不少专门研究规制型政府的学者指出，在亚洲金融危机和经济全球化的背景下，东亚地区发展型政府向规制型政府的转型，并没有沿着新自由主义的路径快步前行，即政府改革在加强政府管制机构的独立性及管制规则执行中的非自由裁量性方面十分缓慢。即便是世界经济强国日本，在银行管制领域，受制于政治压力的高度自由裁量性行为依然广泛存在；换言之，发展型政府的行为依然比比皆是。因此，全球化并不意味着发展型政府与规制型政府的混合体不具有可持续性（Walter，2006）。

在发展型政府的早期理论之中，发展型政府与规制型政府构成了一组二元对立的概念。约翰逊指出，所有地方的政府都对社会经济进行干预，只不过干预的理由和方式有所不同。在美国模式中，政府的规制型取向远远压倒了发展型取向。与关注哪些经济领域应该取得实质性发展的发展型政府有所不同，规制型政府主要关注如何建立客观的规则和程序，以确保经济竞争的充分（Johnson，1982：18）。针对这一点，有学者质疑，作为一种分析性概念，发展型政府与规制型政府的二元对立，还是成立的，但在现实中，两者并不是处在有你没我的二元对立格局，而是你中有我，我中有你。这一点无论是在发达经济体，还是在发展中世界，都是一样的。因此，学术探究的重点并不是发展型政府向规制型政府转型的问题，而是两种政府类型优势互补、良性互动的制度性条件（Levi-Faur，2013）。规制型政府亦可具有发展主义取向（董学智，2022）。

与新自由主义转型论相抗衡，发展主义持久论在国际学术界也大行其道。一篇在2022年发表的文献综述表明，尽管对发展主义的成功多有悲观论述，但是很多学术文献阐明，发展型政府的实践依然会持续下去，并在产业发展中发挥重要作用，至于其作用的结果则有赖于国内和国际因素的复杂影响（Karaoguz，2022）。有众多学者，尤其是在发展型政府理论建设方面贡献卓著的学者，否认在全球化时代会必然会出现发展型政府的衰亡，更不认为发展型政府必然会向新自由主义政府转型。这一点上最为鲜明的表达来自琳达·维斯。她在2000年发表的一篇论文，全面质疑全球化将导致世界各地的政府实现新自由主义式"正常化"的流行看法。此文提出了五大命题：（1）在激烈的全球经济竞争中，不同经济体之间的赶超永远存在，因此以制定和实施赶超战略为己任的发展型政府不可能退休；（2）经济自由化固然不可避免，但新自由主义绝非各经济体在经济领域（尤其是在金融领域）推进经济自由化的唯一路径，具体路径的选择无可避免地受到各地已有制度结构、社会结构和特定政治目标的制约；（3）发展型政府受到冲击，尤其是其原有的一些政府能力受到侵蚀，并非全球化或经济自由化自然而然导致的结果，而是经济体内政治格局改变（例如在韩国、日本和中国台湾地区均已出现的政党轮替）所导致的结果；（4）亚洲金融危机本身并非发展型政府不适应经济全球化的确证，而只不过表明发展型政府自身需要更具有适应性而已；（5）日本的停滞并不能证明发展型政府丧失活力,而是证明其原有的生机勃勃的发展型政府转变为既不具有鲜明发展主义取向、也不具有强烈自主性的政府,这种软弱的政府只能屈从于各种利益集团的压力,制定并执行"没有输家"的经济政策,最终导致整个国家成为输家。在她看来,世界各地的发展型政府处在改革和转型之中是毫无疑问的,它们有可能会强化适应性,有可能会进行自身的创新,也有可能在某些特殊的政治经济条件下衰落,但是绝不可能出现向新自由主义政府转型的趋同现象,而在全球化时代的市场经济中,政府与市场的关系必然呈现多样性(Weiss,2000)。2005 年,维斯又发表了一篇论文,论证全球化并不会使各地政府在经济生活中的作用降低,反而会产生一种"政府增强式效应"(state-augmenting effect),让各地政府在社会经济生活中继续扮演核心角色(Weiss,2005)。

以提出"嵌合型自主性"概念而享誉比较发展学界的埃文斯,是发展型政府学派的新领军人物之一。2006 年,他在南非约翰内斯堡发表的一次演讲中,对发展型政府在 21 世纪的前景进行了展望。多年后,他将这份演讲词进行改写后正式发表。这篇论文提出了两个重要观点:其一,在 21 世纪,发展型政府将继续在推进经济增长和社会转型上扮演关键性的角色;其二,21 世纪的发展型政府必须基本上走出既定的模式,才能在未来取得成功。很显然,发展型政府自身的转型势在必行,而转型的核心在于发展战略不再以资本积累为中心,而是致力于能力建设。与此同时,国家与市场、国家与社会关系的重心也不再是政府与商界(或政治精英与资本精英)的亲密关系(Evans,2014)。

值得注意的是,在探讨发展型政府的韧性和可持续性上,一大批参与建构发展型政府理论建设和经验研究的学者,修正了自己的学术立场和方法论。由于不再把研究重心放在详细分析政府发展主义意愿的来源及夸大经济技术官僚接近韦伯主义理想类型的行为,而是强调政府所嵌入的各种复杂的制度安排和社会结构,强调国家与社会关系的多样性,强调政府行动所受到的历史和制度因素的制约,这些后期的研究与发展型政府理论的早期成果拉开了距离。相应地,以约翰逊、安士敦和韦德为代表的早期理论又被称为"传统的发展型国家理论"。

在有关发展型政府调适、转型、韧性和可持续性的论述中,我们经常可以看到"多样性"这个主题。所有不认同新自由主义经济学论述的学者,都反对市场经济体制唯一论,坚持认为资本主义具有多样性。事实上,在国际学术界,主要在经济社会学、发展政治学和政治经济学领域,自 20 世纪 90 年代中期兴起了有关"资本主义多样性"(varieties of capitalism，VoC)研究热潮,形成了所谓"VoC研究路径"(the VoC approach)。现在,这一研究领域的成果已经蔚为大观了。

大体来说,有关资本主义多样性的研究可分为两大学派:一是发展政治学中的"历史制度主义";二是经济社会学中所谓的"社会学新制度主义"。两派学者的共同点是认为市场经济绝非新古典主义或新自由主义所刻画的一种模式,而是呈现出多样性,其根源来自"制度的互补性"(institutional complementarities)或是"制度的嵌合性"(the embeddedness of institutions)——前一种表述多为政治学家所使用,而后一种表述则为社会学家所偏好。两派的相异点在于研究方法论,前者信奉方法论个人主义,后者尊崇方法论整体主义。历史制度主义学派多在特定历史背景下选择特定的制度安排和制度结构作为自变量,来解释社会经济生活中的各种现象,包括经济成长和社会变迁。社会学制度主义则倾向于把所解释的现象,例如经济增长和社会变迁,置于制度安排、社会结构和文化传统的多层次、全方位的整体之中加以考察。

历史制度主义者对资本主义多样性的考察,聚焦于两类市场经济体制,即自由型市场经济(liberal market economy)和协调型市场经济(coordinated market economy)。两者在四个维度上呈现显著的差别:(1)在公司治理上,前者强调股东主权、职业管理者主导日常运营,而后者强调利益相关者主权,重视雇员的权益;(2)在金融结构上,前者是资本市场发挥主导作用,投资银行发达,商业银行相对边缘化,而后者是商业银行发达并且在企业融资和股权中都占主导地位;(3)在劳资关系上,前者奉行市场自愿主义和有限度的政府规制,而后者奉行社会法团主义、三边主义和企业经济民主或终身雇佣;(4)在社会保护上,前者倚重于自由主义型福利国家,而后者建设法团主义或社会民主主义型福利国家(Hall and Soskice, 2001)。很显然,这两种市场经济理想类型的划分,多基于英美资本主义和德日资本主义的对比,而后者又被称为"非自由型资本主义"(Streeck and Yamamura, 2001)。在经济全球化的大背景下,德日资本主义的前景如何,尤其是会不会向英美资本主义趋同,也成为学界的一个研究话题(Yamamura and Streeck, 2003)。

社会学新制度主义者将各类行动者(个体、公司、社团、政府等)的行为动机分为两种,即追求自我利益和履行义务责任,同时将行动者之间权力配置和行动协调的机制分为五大类,即市场、社群、私立科层组织(大型公司或非营利组织)、公立科层组织(政府机构、公立组织),以及协会或网络。由此,经济社会生活的协调机制可以出现多种不同的组合,而社会经济生活的方方面面,也包括发展型政府理论所关心的经济发展的推动,都可以通过不同的组合来解释(Hollingsworth and Boyer,1999)。由此,资本主义多样性的政治经济学才能得到深刻的理解(Crouch and Streeck,1997)。社会学新制度主义者还提出了"生产的社会体制"(social systems of production)这个概念,主张将生产活动置于劳动关系、工人与管理者的培训体系、公司的内部结构(即公司治理结构)、同行业公司之间的关系、公司与上下游公司的关系(产业链的组织结构)、金融体系的制度与结构、政府结构与政策、劳资双方对公平公正观的共识、社会价值观和道德观等诸多制度、结构和文化因素的整体中加以考察(Hollingsworth and Boyer,1999)。

无论哪一种版本,关于资本主义多样性的研究吸收了发展型政府理论的部分成果,但其理论架构和探索视野显然比发展型政府理论更加宏大,更具有包容性,而且对政府及经济官僚的假定已经不再具有唯理性主义和唯道德主义的色彩。正是在这一学术发展的背景下,有学者指出,发展型政府理论对东亚政治经济景象(尤其是政府的所作所为)的描绘是不完整的,如果要对政府在社会经济发展中所发挥的作用具有解释力,一个理论不仅需要聚焦于成功的产业政策,也需要覆盖其他政策领域,如社会福利、环境保护和收入分配政策,同时在这一理论的研究框架中,必须把国家行动及其政治经济后果放在更大的社会网络和制度背景当中去分析(Moon and Prasad,1998)。加利福尼亚大学伯克利校区的著名日本政治经济专家彭佩尔(T.J.Pempel)认为,"发展型政府"这个概念应该被"发展型体制"(the developmental regime)所取代,而后者则包含一整套促成国家与市场、国家与社会协作互动的制度性因素。唯有如此,当有关经济发展的新国家主义研究范式被新制度主义所取代之后,发展型政府理论才能从循环论证和选择性举证的学术困境中走出来(Pempel,1999)。上文所述的历史制度主义和社会学新制度主义,都是新制度主义的分支。在某种意义上,新制度主义旗下关于资本主义多样性的研究已经吸纳并超越了发展型政府学派,而这一超越的关键在于扬弃了发展型政府理论对行政机制主导性和优越性的迷信。

值得一提的是,有关资本主义多样性的研究近来也破天荒地引起了主流经济学家的重视。2007年,耶鲁大学出版社出版了一部由著名宏观经济学家威廉·鲍莫尔(William J. Baumol)领衔撰写的著作《好的资本主义、坏的资本主义:以及增长与繁荣的经济学》。该书给出了四种类型的资本主义:(1)寡头垄断型,其有弊无利,具体表现在高度收入不平等、经济结构失衡(由少数企业主宰),以及经济发展缓慢甚至不发展;(2)政府主导型(或国家导向型),其利在于有可能短期内提升企业、行业或国家的竞争力,其弊在于极有可能导致经济结构失衡(过度投资、资源配置扭曲)和大面积腐败,最后形成裙带资本主义或权贵资本主义;(3)大企业主导型,其利在于有利于形成规模经济,也有助于提升本国企业的全球竞争力,其弊在于创新不足,加强垄断,发展容易失去动力;(4)企业家型,其利在于拥有无穷的创新动力,其弊在于规模不经济。作为主流经济学的论著,该书对企业家型资本主义赞赏有加,但同时认为,一个健康的市场经济体,应该也有大企业主导型资本主义的适当空间。至于具有短期诱惑力和吸引力的政府主导型资本主义,最好避而远之(鲍莫尔等,2008)。

六、发展型政府理论的再发展:重新认识市场失灵

发展型政府理论所提出的"修正主义发展模式"是否成立姑且不论,但事实上,以产业政策为核心的发展型政府依然在世界各地普遍存在,不论这些地方的发展模式是不是以政府主导型发展为特征,也不论产业政策的实施在世界各地究竟对经济发展产生了积极的还是消极的影响,或者是根本没有什么影响。同时,发展型政府理论的核心,即讨论国家与市场的何种关系及何种政治经济制度结构更加有利于经济成长,是经济学、政治学、发展研究乃至整个社会科学的核心课题之一。因此,发展型政府作为一种政府行为模式不会消退,而发展型政府理论自然也不会消退。

但毫无疑问,发展型政府理论本身需要发展,以国家自主性这一概念为基础的"传统发展型政府理论"不但没有说明问题,反而引发了更多的问题。其中的关键性问题之一是:发展型政府及产业政策的普遍存在本身是需要解释的。尤其是传统发展型政府理论的初期成果,即约翰逊、安士敦和韦德的论著,在这方面特别不令人满意。他们提出的"理论"只具有描述性,并不具有解释力,而且还包含了很多事后诸葛亮式的描述(即用产业成功的结果来说明政府产业政策的英明)。与此相类似,资本主义多样性理论固然视野宏大、内容丰富,并且贴近现实,但其理论基于对现实世界复杂现象的归纳,同样具有描述性精彩、解释力不足的缺点。

针对这一情况,一些主张政府积极干预主义的学者进行了新的尝试,试图为政

府主导型发展模式,也为产业政策,奠定全新的理论基础。在这方面,特别需要提及的是斯蒂格利茨,他在担任世界银行首席经济学家职务期间及在2000年任满到哥伦比亚大学任教之后,成为新自由主义的最高调的反对者。他不仅连续出版多部畅销书,而且还多次参加左翼人士的集会。2001年,斯蒂格利茨获得诺贝尔经济学奖。他在诺贝尔奖授奖演讲中宣称将挑战亚当·斯密基于"看不见的手"的原理对政府作用的定位。他告诉听众:"我的理论认为,'看不见的手'之所以看不见,可能就是因为它并不存在,或者说,即使存在,它也是瘫痪的。"(斯蒂格利茨,2009b:29-30)

斯蒂格利茨对市场自由主义的抨击及他对政府积极干预主义的拥护,自有其理论底气。早在1986年,斯蒂格利茨与合作者将新古典市场模型中关于完备信息的假设打破,基于不完全信息和不对称信息的新假设,重新分析了诸多市场的运行机制,提出了著名的"格林沃德-斯蒂格利茨模型",赫然发现如果没有来自非市场力量的干预,市场通常不能产生帕累托最优的结果,从而引致诸多新古典教科书所没有阐明的市场失灵现象(Greenwald and Stiglitz,1986)。在这里,格林沃德-斯蒂格利茨模型只是论证了政府干预的必要性,但没有涉及政府干预的类型,也没有论及产业政策的必要性。1988年,在另一篇论文中,斯蒂格利茨与其合作者论证了在面向外国企业寡头竞争的局面下,传统的"幼稚产业保护论"是成立的,即通过实施以进口保护为主的贸易产业政策,能比自由贸易带来更高的福利水平(Dasgupta and Stiglitz,1988)。

1989年,阿姆斯特丹大学邀请斯蒂格利茨发表了题为"政府的经济角色"的演讲,并邀请七位学者进行书面评论,包括后来获得诺贝尔经济学奖的诺思。在这次演讲中,斯蒂格利茨基于其信息经济学的研究成果,提出所谓"非传统意义上的市场失灵"在广度和深度上远远超过新古典经济学所认可的范围,因此为积极政府干预主义提供了基础(Stiglitz,1989)。他的这次演讲,一方面是针对当时正在兴起的"新右派"或新自由主义经济思潮,另一方面也是在公共经济学领域对新古典主义的超越。当然,市场失灵的普遍存在并不自动证明政府干预的必要性,政府干预能不能矫正市场失灵,还需要另行分析,否则就会犯方法论上的"功能主义谬误"。斯蒂格利茨后来充分意识到了这一点。在其学术作品及所撰写的教科书中,他一再强调,"尽管市场失灵的存在意味着可能有政府活动的空间,但是,它并不意味着旨在矫正的特定的政府项目就一定是可取的。要评估政府项目,我们不仅要考虑项目的目标,还要考虑项目是如何实施的"(斯蒂格利茨,2005:77);而且,他还曾承认,即便"存在帕累托改进型政府干预,但是我还是坚持认为,政府干预的空间确实有限"(斯蒂格利茨,2009a:25)。

斯蒂格利茨对于政府干预的立场乍看起来飘忽不定,但其实,他的学术发现已经暗藏着一个全新的政府理论,即应该将信息不完全和信息不对称的假设同时应用于对市场和政府行为的分析。对此,诺思评论道,政府的所作所为在很多情况下是建立一系列游戏规则或制度,关键在于政府行为在什么情况下导致了那些有利于经济成长的制度(可以简称为好制度)的建构;要回答这一问题,必须在新政治经济学的视角中建立一个更加精致的国家理论,对政治行动者的行为进行进一步的分析。因此,在诺思看来,仅仅基于市场失灵理论给出积极政府干预必要论是不够的,更重要的是要说明我们对政府的何种期待是现实可行的(North,1989)。简言之,某种关于政府(或国家)的实证性政治经济学理论亟待发展。对这一建言,斯蒂格利茨无疑是感同身受的,他在诺贝尔奖获奖典礼的演讲词中提出要超越"信息经济学"以发展一种"信息政治经济学"的愿景(斯蒂格利茨,2009b:77-80)。只是斯蒂格利茨后来扮演了公共知识分子的角色,并没有致力于发展这一新的政府理论,因而导致其积极政府干预主义的理论基础并不坚实,而他的学术拥趸们似乎也没有在这一领域开疆辟土。但无论如何,信息经济学的新假设无疑比新古典模型更加贴近经济生活的现实,因此其理论进展引起了众多学者的关注,成为当今经济学界的最热研究领域之一。前文提及的青木昌彦等提出的"市场增进型政府"的新概念,正是建立在信息经济学的基础之上,而青木昌彦本人也是信息经济学领域的大家。

尽管多次论及产业政策,但是斯蒂格利茨在很长一段时期内并没有对产业政策的理论依据给出系统性的阐释,这一情况到1996年发生了稍许改变。这一年,他为联合国撰写了一篇文章,对政府在推进产业方面的积极作为提出了一个理论解释。在他的分析下,无论是在发达的还是发展中的市场经济体,产业发展都会遭遇一系列市场失灵,需要非市场机制(尤其是行政机制)发挥作用。第一类市场失灵是所谓"传统意义上的市场失灵",包括公共物品、外部性、自然垄断等。但斯蒂格利茨着重解说的是经济学关于市场失灵的最新发现,其中包括:(1)创新活动(无论是模仿性的还是自主性的)具有很强的正外部性,以致在某些情况下成为全行业的公共物品,导致企业的行动激励受限;(2)信息搜寻和扩散也具有公共物品的性质,因此单纯依靠市场机制的运作难以促使充分提供;(3)新兴产业在初期发展阶段存在市场不足甚至市场缺失的情形,这不仅涉及其自身产品的市场,也涉及相关投入品的市场。因此,为了推动新兴产业的发展,需要非市场力量在鼓励创新、信息提供和市场发育方面发挥一定的积极作用,而政府干预就是最为重要而又显著的非市场力量(斯蒂格利茨,2009a:396-409)。

斯蒂格利茨2001年获得诺贝尔经济学奖之后,致力于在更大范围内传播其积极政府干预主义的理念。2002年,刚刚辞去世界银行首席经济学家一职的斯蒂格利茨在巴西社会与经济发展银行50周年纪念年会上发表题为"全球化世界中的发展政策"的演讲。其中,他直接论及产业政策在经济学理论中的依据,即"看不见的手"不存在,市场失灵比比皆是,而弥补或矫正市场失灵的需要也就应运而生了;原则上,政府可以扮演这个角色,也有可能把这个角色演好。这个原理应用到产业发展之上,最为关键的环节在知识的创新、扩散和发展。一方面,新兴产业的发展及已有产业的升级都同创新有关,而新知识具有公共物品的特征,市场失灵也充斥着创新过程本身,这就为产业政策的必要性提供了理论基础;另一方面,产业政策在施政方式上也有必要进行创新,最为关键的是如何辨识产业发展中的市场失灵,并找到适当的方法来弥补并矫正市场失灵(斯蒂格利茨,2013)。

然而,由于致力于写作一系列振聋发聩的畅销书,纵论美国金融危机、新自由主义、全球化、不平等、第三世界发展战略和现行资本主义制度的困境,以及诉说他本人在世界银行纠偏新自由主义全球化的艰苦努力所遭遇的挫折,斯蒂格利茨没有足够的精力来深化有关产业政策的分析。但是,他的学生和追随者们并没有放缓对产业政策进行探索的学术努力。2009年,斯蒂格利茨与两位学者合编了一部论文集,题为《产业政策与发展:能力积累的政治经济学》,由牛津大学出版社出版。该书将知识和能力积累视为经济发展和结构升级的核心,并确定政府在推进知识和能力积累上有相当大的作为空间,尤其是为企业在信息搜集、技术研发和学习创新方面(特别是在起步阶段)提供特殊的正向激励(Cimoli, et al., 2009:1-16)。

说到斯蒂格利茨的追随者及论及发展型政府的理论基础,还有一位学者必须提及,这就是前文提及的英国剑桥大学韩裔学者张夏准(Ha-Joon Chang)教授,他是积极政府干预主义、发展型政府理论、产业政策、保护主义、政府主导型发展模式的最积极支持者,也是新自由主义的最高调批判者。他的博士论文《产业政策的政治经济学》(Chang, 1994)被发展型政府理论的拥护者视为产业政策经济逻辑的最具说服力的总结(Woo-Cumings，1999：27)。张夏准认为，发展型政府在促进长期经济发展上所发挥的积极作用，主要体现为如下几个方面：(1)协调促变：为了推动产业的发展，无论是投资、技术开发，还是产业内部商业链的形成，都需要协调，而国家干预有可能会节省大量的协调成本和交易费用；(2)提供远景：产业发展本质上是从低水平均衡向高水平均衡的转变，其中的关键不再是寻找给定生产要素的最佳组合，而是激发那些隐匿的、分散的、潜在的、尚未好好利用的资源和能力，而在此过程中，发展愿景和发展战略的确定特别重要；(3)制度建设：除了最基础性的产权制度和契约制度之外，产业发展需要非常广泛的制度建设，例如劳资关系、贸易推进、外资引入、企业间关系等，这些都需要政府发挥积极有效的作用；(4)冲突管理：无论是在制度建设还是在产业推进的过程中，都会出现赢家和输家，不同行业和不同利益群体之间的冲突在所难免，而冲突管理恰恰是政府的义务，其中建设福利国家就是通过社会风险的分担(或称"风险社会化")以减缓经济发展过程中不同人群之间的冲突。所有这些为发展型政府的存在和可能的成功，奠定了经济学理论的基础(Chang，1999：192-199)。

说到产业政策，还不能不再次提及克鲁格曼。正如张夏准所说，克鲁格曼所发展的战略性贸易政策理论受到了产业政策辩论的影响，同时也影响了产业政策的理论发展(Chang，1994：56)。我国也有学者援引克鲁格曼来支持产业政策的实施(俞灵燕，2001；金戈，2010)。的确，在克鲁格曼国际经济学的理论大厦中，产业政策的位置与战略性贸易政策联系在一起。克鲁格曼等人发现，由于规模经济等因素造成进入壁垒很高，某些产业很容易在国际市场上形成寡头垄断的格局，最典型的就是飞机制造业中的波音和空客。在此种情况下，某国对本国企业采取一些保护性或扶持性的贸易和产业政策，就有可能加强其在国际市场上的竞争地位(Krugman，1984；Brander and Spencer，1985)。有趣的是，贸易和产业政策的英文简写为TIPs，同样写法的单词意为"小贴士"，这也象征着，战略性贸易政策理论中的政府行动，并非用行政机制的运作取代推动市场机制的作用，而是推动并强化市场机制的作用。这一思想与前文提到的青木昌彦等提出的"市场增进型政府"是交相辉映的，也同诺贝尔经济学奖得主塞勒(Richard Thaler)和行为主义法学家桑斯坦(Cass Sunstein)所倡导的助推思想(Thaler and Sunstein，2008；桑斯坦，2015)异曲同工，尽管后者从未将其思想应用于产业发展和贸易促进等领域。中国政府促进大飞机产业之举，可印证这些理论。

七、走向发展主义的治理理论

毫无疑问,发展型政府理论本身需要发展。发展型政府存在于不同时期的不同国家,因此发展主义呈现出多样性。发展主义的多样性是一种多维度现象,其中的一个维度在于产业政策决策与实施的治理模式呈现多样性,而治理模式的多样性体现为国家—市场—社会多方主体协作互动和行政—市场—社群机制互补嵌合的多样性。发展主义的治理理论,亟待发展。这正是本章的学术旨趣所在。通过对两种产业政策模式的分析,尤其是考察两种模式之中的三种治理机制间的关系,我们有可能重建发展型政府的理论,建构一个分析发展主义多样性的概念框架,发展出发展主义的治理理论,并有望在未来的实证研究中据此对世界各国或地区产业政策的实践进行新的梳理。

如第一章所述,所谓治理,可以理解为人类活动的协调机制和激励机制。人类社会经济生活的治理模式有很多,但可简化为三种,即市场治理、行政治理和社群治理。产业发展的治理无疑由市场机制所主导,但是单靠市场机制的运作实现产业发展的情形近乎完全不存在。新古典经济学的经典命题认为:在充分竞争且信息充分的情况下,市场治理可以协调诸多市场参与者之间的自主选择,达成资源的有效配置。但是,新古典综合派认为,在存在着垄断、外部性和信息不对称的情况下,市场失灵便会出现。其中,垄断固然可以由新兴市场力量的出现而打破,但外部性和信息不对称的情况是普遍存在的。当外部性较为显著的时候,单靠市场价格信号的指引无法促成资源的社会有效配置,即资源配置的有效性无法从市场交易双方扩及他们之外的整个社会。当信息不对称绝非无足轻重的时候,市场交易本身都有可能无法达成,从而导致市场失灵无所不在(Stiglitz,2002)。更有甚者,除了新古典综合派的市场失灵论之外,制度主义经济学的代表人物之一、美国斯坦福大学经济学教授青木昌彦及其同僚的见解更为深刻,他们认为"经济中的协调失灵可能比市场失灵更为普遍"(Aoki,et al.,1996:xvii)。协调失灵意味着两个或多个市场主体陷入某种囚徒困境博弈,无法采取合作性行动,从而在他们之间无法达成帕累托最优的双赢或多赢的局面。由外部性导致的市场失灵只是协调失灵的一类,而各种类型的非合作性互动导致的协调失灵,不仅普遍存在于市场互动,而且广泛存在于社会、经济与政治生活之中(Bowles,2004:40-41)。

产业出现、发展与升级缘于企业家对于特定产业市场需求的发现甚至创造,这一过程基本上是市场机制运作的结果。但产业发展并非单一物品(或服务)的需求与供给问题,而是涉及多种物品与服务研发、生产、购销活动的协调,这需要多方市场主体的协调与合作。这一过程与相似产品生产者之间的市场竞争大为不同,而新古典经济学的市场竞争可达成总体均衡的理论刻画的恰恰是相似产品生产者之间的市场竞争,新古典综合派所分析的市场失灵实际上也是这种市场竞争所导致的社会收益未达最佳的境况。可是,以新古典主义为主流的经济学教科书所刻画的市场显灵和市场失灵论,在分析产业升级与发展时存在着极大的局限性。在产业发展中,即便可能的市场参与者对升级后产品的最终需求有着明确和深切的认知,但基于对成本(尤其是风险因素引致的机会成本)与收益的不同考量,他们的诸多决策和行动仍有极大的可能处在某种囚徒困境之中,即他们所采取的保守性市场策略及行动对于他们自身来说的确是理性选择,但是对于产业的发展来说却不是最优的。换言之,就产业发展而言,如果没有政府和社会力量的介入,市场治理机制的运作会出现协调失灵的情形,而这种情形可谓无所不在。

对于协调失灵的矫正,理论上有三种办法。一是市场治理的重新设计和精致化;二是诉诸行政治理,即政府对某些市场行动予以引导和支持;三是依赖社群治理,让企业间自发形成的协会、联盟、网络甚至社会关系发挥协调作用。针对产业发展,诉诸行政治理如果超出了大企业等级化内部治理的范围,并依赖于政府力量,就构成了产业政策。产业政策的决策和实施有两种可能的模式:一种是配置主义(allocationism),即用行政机制取代了市场机制和社群机制,以致政府行动者(state actors)在资源配置上扮演主导性的角色,呈现出政府驾驭市场的格局,而这样的政府在学术文献中被称为"发展型政府";另一种是协调主义(coordinationism),即政府行动者在行动协调上发挥了积极的作用,从而使行政机制补充了市场机制和社群机制,政府仅仅扮演了助推者和服务生的角色。

然而,如第一章所述,行政治理、市场治理和社群治理的区分只是分析性的,而在现实世界中,三种治理模式既具有自主性又具有嵌合性,即对绝大多数私人和公共事务的治理都需要三种治理机制的互补嵌合,才能达成协同之境。在公共管理中,国家、市场和社会的协同及行政、市场和社群机制的相得益彰型的互动关系,对于治理体系的良好运转至关重要(Meuleman, 2008)。正是在这一点上,无论是发展政治学还是发展社会学,抑或是发展政治经济学,均存在着学术探索的盲区或盲点。既有的发展主义文献,尽管也提出了政府与市场嵌合型自主性的概念(Evans, 1995),也论及了国家与社会的协同(Evans, 1997),但依然未能充分有效地考察产业政策决策与实施过程中行政、市场与社群治理机制的互补嵌合关系。

经济发展中存在协调失灵,这个经济学共识自发展经济学诞生之日起就已形成(Bardhan and Udry, 1999: 207),尽管经济学家们对如何克服协调失灵意见不一。协调失灵的本质在于相互独立的市场行动者在博弈之中采取了非合作性行为,从而使大量具有互补性、最终有可能达成双赢且具有正外部性的发展型行动,由于缺乏必要的协调而无法开展。实际上,协调失灵就是囚徒困境博弈的一种体现,而囚徒困境在人类生活中是普遍存在的。在某种意义上,治理协调失灵是经济发展的核心问题(Matsuyama, 1996: 138)。

在经济发展过程中,每一个环节都有可能出现协调失灵,包括实体性投资、人力资本投资、技术研发与创新,以及产业通用性或专属性公共物品的提供等。

首先,实体性投资中的协调失灵广泛存在。在经济发展的初期,不同产业的发展常常具有互补性,例如钢铁业、煤炭业(能源业)和造船业,因此跨产业之间的投资协调被视为工业化的一个基本要求(Rosenstein-Rodan, 1943)。可是,市场主体并不一定能通过基于自愿性谈判的市场治理达成跨产业投资行动的协调,因此导致协调失灵。这就需要某种集体行动,首先使协调投资的初始规模迈过一定的门槛以达成一定的"门槛外部性"(Azariadis and Drazen, 1990),进而在产业链上下游的若干领域中实现协调投资的"大推进"(Murphy, et al., 1989)。

跨产业投资协调的一个重要性体现在于基础设施的建设,而产业共享型基础设施建设往往成为发展中地区产业发展的瓶颈。"如果决定产业化的企业数量不足,基础设施或许不会被建设,而基础设施建设不足这一事实又会反过来促使企业不进行产业化所需的大规模投资。这就是协调失灵所引致的一种欠发展陷阱"(Bardhan and Udry, 1999: 211)。

即便是在同一产业内部的产业升级过程中,也存在着协调失灵的问题。产业升级的核心是企业持续不断的能力建设,其中三个方面的能力建设至关重要:(1)运营生产能力的提升,体现为全要素生产率的提高;(2)投资能力的提升,即升级改造生产设施,扩大生产规模;(3)技术开发和创新能力的提升。市场治理中的竞争机制,固然能在促进企业的三种能力建设上发挥有效的作用,但仅仅依靠市场机制的运作也会导致协调失灵的情形。

投资能力提升后也有可能出现产能过剩、过度竞争,从而导致相关企业双输或多输的局面,而导致这种情况产生的投资具有产业专属性和沉淀性,也难以有效地再配置到其他产业,从而导致资源配置的非社会最优。

其次,人力资本投资中同样广泛存在着协调失灵。谁都知道技能培训对于生产能力的提升至关重要,但如果劳动力市场环境引致高劳动力流动性,那么企业就会担心经过培训后的员工跳槽到竞争对手那里,由此竞争中的企业在技能培训上常常陷入囚徒困境博弈,它们在技能培训上的投资不可能达到双赢的局面,更达不到社会最优的水平。

再次,就技术开发和创新能力的提升而言,如果竞争中的企业处于囚徒困境博弈之中,就会导致双方在技术和创新方面的投入都处于次优的纳什均衡而不是最优的帕累托均衡。与此同时,技术研发和创新本身都具有正外部性,哪怕是失败的教训对整个产业来说也是宝贵的公共财富,由此,单靠市场治理不足以让技术研发和创新活动达到社会最优水平。

最后,协调失灵频发的第四个领域在于产业专属型公共物品的提供。任何产业的发展,离不开特定的组织和制度建设,也离不开一定的公共服务。例如,消费者保护和环境保护对于任何产业的长期发展来说都是不可或缺的制度要素,但在产业发展初期,罔顾消费者利益的企业有可能在短期内获得超额的私人收益,但其行为却会产生"一粒老鼠屎坏了一锅汤"的效应,最终致使整个产业发展缓慢。漠视环境保护的企业也有可能在一定时期内赚得盆满钵满,但却对整个产业乃至经济的发展带来极大的负外部性,而对企业来说,在环保上进行投资,又是一个众所周知的囚徒困境博弈。

产业专属型公共物品种类还有很多,包括产品标准的确立、关键性技术的开发、生物类投入品和产出品的检疫(Sabel, et al., 2012)、劳资关系的稳定、质量管理体系的建立等等。

总而言之,市场行动者之间出现非合作性行为的现象,真可谓俯拾皆是。导致这种现象出现的根源很多,其中之一是行动者对于知识或信息的了解、认知和把握,存在着很大异质性。信息不充分、信息不确定和信息不对称都会导致这种异质性,也会引致市场失灵。另一个根源在于动态博弈之中的可信承诺问题。实际上,信息的充分性与承诺的可信性是相互强化的。即便市场行动者进行合作,但外部性问题也会导致其合作性行为的力度从产业乃至整个经济发展的视角来看依然有所不足。由于协调失灵和外部性的普遍存在,产业发展和升级中必然出现市场失灵,集体行动成为必然。如果集体行动涉及政府,无论是全国性政府还是地方性政府,产业政策都会应运而生。

针对信息不充分问题,斯蒂格利茨在多次演讲中提及了知识生产、传播、积累及学习对于产业发展的重要性。2014年,斯蒂格利茨与他的老搭档布鲁斯·格林沃德正式推出了"学习社会理论",为包括产业政策在内的积极政府干预主义奠定理论基础。学习社会理论有三个出发点:(1)贫富国家的基本差别不在于资源之差,而在于知识之差;(2)发展中国家的发展速度是填平知识鸿沟速度的函数;(3)知识生产和传播的机制有别于普通产品。他们建立了一系列模型,提出市场本身并不足以创建一个充分的学习社会,这是市场失灵的一种体现,因为:(1)学习具有溢出效应,呈现正外部性;(2)市场化的学习在一定时期和一定空间内具有垄断性;(3)知识传播是一种产业(行业)公共物品。为了促进学习社会的形成,政府干预有可能弥补市场不足,矫正市场失灵(Stiglitz and Greenwald,2015)。

著名发展经济学家、哈佛大学政府管理学院教授丹尼·罗德里克(Dani Rodrik)把产业政策的必要性与两类关键的市场失灵联系起来。一类市场失灵涉及信息外部性,即有关创新失利的信息实际上是一份宝贵的公共物品,可以让其他市场主体减少无谓的冒险。另一类市场失灵涉及协调外部性,即新兴产业活动只要具有规模经济、投入特定性和产业链的集合性,那么对大规模投资活动加以协调就具有社会效益(Rodrik,2007:104-109)。无论是信息正外部性的拓展还是协调正外部性的促进,都是矫正协调失灵所产生的积极结果。

八、产业政策决策与实施中的国家、市场与社会

在发展主义的众多文献之中,产业发展过程中的市场失灵或协调失灵是普遍存在的,而首要的甚至唯一的矫正之道似乎就在于行政治理发挥积极的作用。这种思路,首先,将产业发展的治理思路局限在市场治理与行政治理的博弈,从而导致政府与市场之争主宰了经济学争论;其次,漠视了社群机制的作用;最后,未能将研究的重点放在行政治理与市场治理、社群治理的协同之上,而是将国家、市场与社会的关系视为零和博弈。

对行政治理的积极作用情有独钟,在斯蒂格利茨那里十分显著,而在发展经济

学和发展型政府理论的早期文献中更是突出。发展经济学的早期文献,尤其是大推进理论(Rosenstein-Rodan,1943),强调政府必须通过一定规模的投资有力地干预市场。发展型政府的早期文献(Johnson,1982;Amsden,1989;Wade,1990/2000)秉承发展政治学和发展社会学中新国家主义的视角,强调一个扮演领航员角色的政府在推进社会经济发展中具有独立的、积极的、不可或缺的作用。早期发展经济学中的积极政府干预主义(Myrdal,1956;Rosenstein-Rodan,1964)和发展政治学与社会学中的新国家主义(Weiss and Hobson,1995),都将产业政策的治理局限在行政治理和市场治理的二元选择,并将政府驾驭市场的角色突出出来。

然而,行政治理的主导并不一定是协调失灵的首要可行解决之道,更谈不上唯一的解决之道。针对东亚奇迹的新国家主义解释,松山公纪指出,关于协调失灵和市场失灵的正统经济学分析,往往过于强调行政机制发挥矫正作用的有效性。但无论是市场主体还是政府主体,都会面临信息不确定问题,都无法确定最大的生产可能性边界。如果由单一的政府行动者实施垄断性的协调,而不注重多样化协调机制的发育,那么形成更具有效率的协调机制的机会就会大大降低(Matsuyama,1996)。更广泛地说,政府行动常常会导致帕累托较劣的均衡,从而出现政府失灵,而政府失灵也是协调失灵中重要的一类(Bowles,2003:41)。

实际上,国家主导型的发展政策取向早在20世纪80年代就在发展经济学界引发反弹(Lal,1983/1997/2002)。当时,发展经济学经历了范式革命,从积极政府干预主义的立场大幅度后退,转而深入探索市场机制的完善对于经济发展的重要作用及政府在完善市场机制上应该扮演的重要角色(Dorn, et al., 1998)。但在本章看来,对发展经济学中国家主义传统的既有的反思,迄今为止依然没有到位。在这里,特别值得强调的是,除了诉诸行政治理之外,让社群治理发挥积极作用是协调失灵的另一个矫正之道。社群机制在既有文献中有所提及,但始终没有被整合到一个统一的分析框架之中。

世界银行报告的《东亚奇迹》最早认识到社群机制在产业政策施为中的作用,尽管"社群机制"这个概念在这部报告发表时尚未流行于经济学文献之中,而且这一点在当时国家与市场二元对立的语境中也未受到应有的重视。《东亚奇迹》明确指出,发展型政府理论的缺陷在于过于强调国家自主性,即过分夸大了东亚政府中经济管治官僚机构(如日本通产省、韩国经济企划院)对资源配置的引导作用,而忽视了政府与民间部门之间的各种中介机构,比如协商理事会。在这些中介机构之中,政府官员与民间代表通过协助信息交换的制度化,推动了信息的有效配置,从而有助于民间企业打破囚徒困境局面,有效解决了协调失灵的问题(World Bank, 1993b：13-15)。

对于社群机制在产业政策施为中的重要性,由青木昌彦领衔的一批经济学家给出了进一步的阐发,提出了超越新自由主义和新国家主义的市场增进论。在他们看来,矫正产业发展与升级中协调失灵的关键在于民间组织的试错,而政府可能的作用是对民间部门的协调努力予以补充和扶持,而不是取代民间部门。矫正协调失灵并不是政府独有的职责,而政府更有效履行这一职责的方式是协助民间协调的制度化(Aoki, et al., 1996：8-9)。因此,在青木昌彦等学者看来,发展型政府理论对于东亚奇迹中政府在促进经济发展发挥了积极作用的事实认定并没有问题,问题在于其强调政府统领并驾驭市场的新国家主义的解释存在着问题,而这也是发展经济学中积极政府干预主义传统的问题所在。对青木昌彦等来说,"在解决协调失灵上,市场之外的各种民间制度与组织也演化发展出来,包括企业组织、贸易协会、金融中介、劳工和农民组织及商业协会等。东亚地区政府的首要职能,更多的在于促进这些制度与组织的发展并与其互动,而不是直接干预资源配置"(Aoki, et al., 1996：xvii)。

社群治理对于经济生活的重要性,并非一个现代的现象,其发挥作用的领域也不限于产业政策。社群治理是人类社会最早发育出来的一种协调机制,但在行政机制和市场机制高度发达的地方,社群机制的相对重要性降低了。长期以来,社群机制对于经济活动协调的重要性在经济学界遭到忽视,但在经济社会学界,在嵌合性(Granovetter, 1985)、网络治理(Smith-Doerr and Powell, 2005)、社会组织(Granovetter, 2005)等主题下得到了较为深入的发掘。自20世纪90年代以来,随着新制度经济学和行为经济学的发展,社群机制重新受到经济学界的重视。有一项研究发现,早在中世纪,基尔特通过建立产品标准、规制交易程序、动员集体行动等活动,有效地促进了商业的繁荣(Greif, et al., 1994),该篇论文的第二作者米尔格罗姆(Paul Milgrom)于2020年获得诺贝尔经济学奖。这项研究揭示了经济生活中社群治理在西方的历史悠久性。实际上,类似的机制,在中华帝国时代的商业活动中也存在,以乡土亲缘为纽带形成的晋商、徽商、浙商等商帮组织运用社群治理机制在促进远程贸易上发挥了举足轻重的作用,只不过有关商帮的既有学术研究很少将其置于治理的视野之中。运用本书的概念框架,一个基本判断是,在传统中国,工商尤其是商业的治理主要依靠市场机制与社群机制的互补嵌合,而行政机制的作用主要体现在禁止和挤压市场机制和社群机制。在社群治理发达的地方,可信承诺不成问题,违约行为的发生率较低,集体行动更容易达成,市场机制也能促进经济发展更有效地发挥作用(Aoki and Hayami,2000)。

当然,同市场治理和行政治理一样,社群治理也有两面性。当处在一个更具有竞争性的市场(例如国际市场)环境之中,规模有限的社群治理可以有效地抑制盲目竞争,促进合作,提升国内产业的整体发展水平。但是,社群治理具有使产业卡特尔化的倾向,有抑制竞争的一面,而且这一面有可能随着社群规模的增大而对产业乃至更大的经济发展呈现出更大的负面作用。因此,如何规制经济活动的卡特尔化,如何让企业间的联盟或网络发挥积极的行动协调而不是消极的抑制竞争作用,不同国家在不同时期针对不同的产业是有所不同的。大体来说,美国政府对于卡特尔化的规制较为严厉(Hollingsworth,1991),而欧洲和日本的情况则有所不同(Granovetter,1998:91-93),这或许是因为欧洲和日本的国内市场规模较小的缘故。

由此可见,不仅市场治理是由国家提供行政机制加以规制的,社群治理的运行也嵌合在行政治理的运作之中,而市场、社会与国家的相互嵌合性,正是经济社会学的最重要命题之一。

九、两种产业政策模式:市场机制、行政机制与社群机制的嵌合性

无论是在发达国家还是在发展中国家,产业政策普遍存在,争论其必要性已不再必要,真正的问题是,通过何种制度建设,建立何种激励机制,运用何种治理模式,政府才能更好地为产业发展提供有效的服务。这正如罗德里克一篇论文的标题《产业政策:不要问为什么,要问如何去做》(Rodrik,2008)。其中,最为重要的问题在于行政机制如何与市场机制和社群机制协同作用、相得益彰。行政机制与市场机制、社群机制相互嵌合性的不同组合,导致产业政策施政出现多样性,或者说,发展主义在不同的地方及不同的历史时期呈现出多样性。

第三章　产业政策与产业发展的治理：国家—市场—社会的协作互动

(一)产业政策的多样性：认知与实践模式

对于如何去做的问题,罗德里克通过区分两种产业政策的认知和实践模式给出了答案：战略选择模式和政策过程模式。在战略选择模式中,施政目标是选择战略性产业,占领经济制高点;施政焦点是对战略选择的社会经济后果进行分析;施政手段包括庇古税、税务优惠、政府补贴或保护主义措施(关税与非关税保护)等。在政策过程模式中,施政目标是政府与企业进行战略合作,发现产业发展的机会和成本,并致力于产业组织形态和产业结构的优化;施政焦点是设计正确的政策过程和治理模式;施政手段包括协商、沟通、咨询、学习(Rodrik,2007：99-152)。

在罗德里克看来,新国家主义文献对东亚奇迹的解释并不充分,乃至政府积极干预主义对产业政策的弘扬也有所偏颇,要害就在于过于强调"挑选赢家"的战略选择型产业政策模式而忽视了政策过程型产业政策模式的重要意义。就中国学界爆发的产业政策之争而言,争论焦点不应在于产业政策或有为政府是否必要,而在于有为政府如何施为。

事实上,罗德里克的两分法,在卷帙浩繁的产业政策文献中早有端倪。在日本的政府文书和学术文献中,产业政策常被分为两类：一类是所谓"结构化产业政策",其特征是政府通过公共资源的倾斜性配置,对产业结构的变动产生影响,其中包括对某些产业的升级所产生的影响;另一类是所谓"合理化产业政策",其特征是政府通过促进企业间的沟通协商合作,推进制度与组织的合理化,其中包括提升产业共享型和产业专属型公共物品提供水平(宋磊,2016)。

在国际学术文献中,产业政策常被分成选择性与功能性两类。这一划分最早是在一篇有关技术政策的文献中提出来的(Lall and Teubal,1988),后来在产业政策的文献中也得到广泛使用(Bianchi and Labory,2006;Pelkmans,2006;Lall,2013)。实际上,产业政策与技术政策无论在现实世界中还是在理论分析中,都常常交织在一起(Lall,1996)。

选择性产业政策(selective industrial policy)旨在促进特定的行业甚至特定的企业取得快速发展,这些特定的企业常被称为"国家冠军"(national champions)(Falck,et al.,2011)。选择性产业政策又被称为"纵向产业政策"(vertical industrial policy),或部门性/专属性产业政策(sectoral/specificindustrial policy)(Pelkmans,2006：48)。选择性产业政策的要害在于政府高瞻远瞩,挑选出对于

115

所在国家或地区的发展具有战略意义的产业,通过多重激励与管制措施,对特定产业予以扶持,俗称"挑选赢家"。

功能性产业政策(functional industrial policy)旨在通过促进市场主体之间的协调来改善市场的运行,在很多情况下并非面向特定的行业(更不会针对特定的企业),而是具有一定的跨行业特征,因此又被称为"横向产业政策"(Bianchi and Labory,2006)。横向产业政策的涵盖面较广,举凡不以特定行业或企业为目标定位的产业政策都可纳入这一范畴之中(Cowling, et al., 2000)。

很多学者认为,功能性/横向产业政策是市场友好型的,甚至具有市场强化的性质。既有文献相对忽略的是,功能性/横向产业政策其实也是社群友好型的,甚至具有激活社会之效。无论在学术上如何界定其特征,功能性/横向产业政策在欧洲等发达经济体中也被视为新型产业政策而受到各国政府及政府间国际组织的重视,而选择性/部门性/专属性/纵向产业政策则被视为"旧式产业政策"而被列入需要加以大力改革的对象(Bianchi and Labory,2006)。尤其是欧盟,自20世纪90年代起,就在多份政府文件中提出大力拓展横向产业政策以取代纵向产业政策的主张,这一主张基本上包括四个方面:(1)促进投资的公开透明,包括在研发、孵化、联盟构建、质量提升、清洁技术、职业培训等方面的投资,从而向产业界发送积极的信号;(2)发展产业合作;(3)确保公平竞争;(4)改善公共机构的行动(Pelkmans,2006:63-65)。

当然,支持选择性产业政策的学界声音不绝于耳,发展型政府理论早期的领军人物之一安士敦早就认定,(选择性)产业政策的奥妙就在于政府有意"把价格搞错",从而打破市场失灵给产业转型带来的瓶颈(Amsden,1989)。后来有学者认为单纯依赖于有效市场的运作或基于传统市场失灵理论的有限政府干预主义,会把一个国家(或地区)的产业结构局限在既有的比较优势之中,唯有通过积极的政府干预才能实现企业能力和产业竞争力提升的突破(Perez and Primi,2009)。在这派学者看来,政府唯有有意识地创造小型市场失灵才能防止或阻止更大的市场失灵(Hart, 2004)。"有意识地创造市场失灵"成为产业政策的核心(Naudé,2010)。

(二)配置主义 vs. 协调主义

整合既有的文献,我们提出一个产业政策的新概念框架(见表3-1),在此基础上对发展主义的多样性进行分析,也对发展型政府的理论进行重构。在这一框架中,产业政策可以分为两个理想类型:一是配置主义(allocationism),二是协调主义(coordinationism)。

表 3-1 两种产业政策的特征和治理模式

产业政策类型	政策取向	目标定位	政策工具	治理模式		
				市场机制	行政机制	社群机制
配置主义	选择性:旨在促进产业结构调整和升级	纵向性:面对特定行业或特定企业	部门性:政府补贴、金融优惠、土地优惠等	市场主体发现产业发展的需求和机会,明了其成本,尤其是难以突破的瓶颈	政府驾驭市场,引领市场主体的投资行动	协调产业间、企业间、群体间的利益冲突
协调主义	功能性:旨在弥补或矫正协调失灵	横向性:面对若干个行业	跨部门性:咨询、协商、协作性活动、网络		政府扶持拓展正外部性或抑制负外部性的经济行动	协调冲突、促进沟通并提供产业专属型公共服务

配置主义的政策取向旨在促进产业结构的调整和升级,施政重心放在战略性产业及重点企业的选择,目标定位具有纵向性,政策工具包括政府补贴及各种价格优惠,其共同特征是有意"把价格搞错"(Amsden,1989),一方面将公共资源倾斜性地配置到选定的产业或企业之中,另一方面引导民间资源向政府指引的方向流动。

在配置主义产业政策的治理中,行政力量占据主导性位置,行政机制发挥主导作用。尽管如此,市场治理和社群治理也有一定的作用空间。产业发展中的多数经济决策和行动本身依然由市场机制所引导,而社群机制的作用在于协调产业间、企业间的利益冲突,以图减弱再分配给全社会所带来的不利影响。

协调主义的政策取向旨在推动产业发展过程中诸多利益相关者之间的协调,施政重心放在合理化/功能性产业行为的拓展,目标定位具有横向性。在协调主义产业政策之中,政府补贴不再是主要的政策工具,有限的公共资源投入扶持正外部性拓展和负外部性抑制的各种经济活动,以协调冲突、促进沟通并提升公共服务的提供水平。

从治理的视角来看,协调主义产业政策的决策和执行更加注重多方主体的协作互动和多种机制的互补嵌合。协调主义的理念和实践重心在于促进协作型经济活动,而不是单个企业的经济活动。在经济学中,新古典主义把企业与个体等同齐观,新制度主义把企业视为一种等级(行政)治理模式,区别于基于资源交易的市场治理,而契约主义的企业理论打开了企业的黑箱,探究企业内部以各种合同关系为基础的治理模式。协调主义固然也探究大型企业内部不同单元之间的关系,但探究的重点在于企业间关联和跨企业制度建构(Cooke and Morgan,1998)。

因此,配置主义注重资源配置,而协调主义注重所谓的"中介逻辑"(intermediary logics),包括企业的集聚和合作性网络、中介组织及企业支持性组织,例如服务导向的商业协会、服务中心和发展中介等。这些正式与非正式组织的功能在于推动并协调企业之间以及企业与地方经济中介组织的合作型活动,推动企业上下游之间的关联,促进知识和信息的交流,采取集体行动解决共同面对的问题,分享共性资源、开展研发合作、共同推进市场营销和其他商务活动。值得注意的是,在美国和欧洲,这些协调主义产业政策的实施多由州政府或地方政府施为,因此出现了发展主义地方化的趋势(Sepulveda and Amin,2006)。企业、社会中介组织和地方政府性发展服务机构为推动经济发展所形成的合作型制度和组织,曾被区域经济学家概括为"发展型联盟"(developmental coalitions)(Keating,1998)。将这个概念引入发展主义的研究之中,可以有效地凸显社群机制在协调主义产业政策中的突出作用。

(三)市场治理的行政嵌合性和社群治理的行政嵌合性

尽管协调主义产业政策建立在社群治理的基础之上,但是,市场机制和行政机制也同样发挥着重要的作用。产业发展的机会和成本都是由企业发现并加以明确的,这本身属于市场行为,而社群治理的作用在于突破由协调失灵所引致的瓶颈。社群机制主要通过企业间联盟或网络、行业协会、多行业协议会等中介性机构对多市场主体之间的协调失灵加以治理,而行政机制的作用在于辅助民间自发的中介性组织,推动其合法化和制度化,尤其是在跨行业的情景之中。嵌合于行政机制的社群治理有助于产业共享型和专属型公共物品的有效提供,其中包括制度和组织形态的合理化。

在很多情况下,市场治理、行政治理和社群治理无法单独发挥作用,而是以相互渗透、相互嵌合的方式治理协调失灵。市场嵌合于国家和市场嵌合于社会,这是波兰尼传统的主线,也是新经济社会学的研究主题。实际上,不仅市场机制的正常

第三章　产业政策与产业发展的治理:国家—市场—社会的协作互动

运行离不开良好的行政治理,社群治理发挥作用也依赖于行政治理的有效保障。政治经济学家和公共管理学者奥斯特罗姆以有关社群自我治理的研究获得诺贝尔经济学奖,其重大发现之一是社群治理有效运行的制度条件之一是政府的认可,否则就难免脆弱性(Ostrom,1990:101)。本章提出的新命题,即社群治理的行政嵌合性,超越了奥斯特罗姆的发现。在社群治理有效运行的制度条件之中,合法性的保障仅仅是消极的条件,更积极的条件在于政府能否扮演能促型角色(Gilbert and Gilbert,1989),或者发挥助推作用(Thaler and Sunstein,2008),帮助社群或社会组织提升能力。

在协作治理的模式中,关键的议题不是政府干预的规模而是方式,重要的事情并非国家与市场的边界,而是有效互动的框架。在新古典主义与新国家主义的对决中,国家与市场之间的选择成为唯一的焦点,但协调主义将重点放在处在国家与市场之间的中介性协会的增权之上。这些中介性协会既包括企业联盟、商会、贸易协会,也包括工会和公民协会(Cooke and Morgan,1998:22;Amin and Thrift,1995;Amin and Thomas,1996)。

在协调主义模式中,政府所扮演的发展型角色是为企业、中介性组织和公立机构通过自组织的过程推进互动式学习、知识积累和能力建设创造条件,这种条件既可以是正式的框架,也可以是非正式规范、互信和互惠(Cooke and Morgan,1998:23)。某些协会主义或协会民主的文献把恰当政府角色定位于保持与民间组织的距离,从而让民间组织拥有自组织的空间(Hirst,1993)。但是,这种社会中心论的观点忽视了政府所能起到的战略性作用,而与之相对的国家中心论观点强调政府应该也能够在推进社会整合、促进协调方面承担起全面的责任(Cooke and Morgan,1998:23;Amin,1996)。这种发展型角色,正是第一章所述的元治理角色的具体展现。

很多产业政策文献发现,在成功的案例中,政府(尤其是地方政府)所扮演的主要角色是促进企业网络或联盟的能力建设,由此各类市场主体可以为共同的有益目标展开合作(Morgan and Nauwelaers,1999:14)。其中,决策过程中的包容性和以对话为取向的政策导向,是协调主义产业政策成功的钥匙(Amin,1996;Boekema,et al.,2000;Morgan,1997)。反过来,民间社群组织也必须具有多元性、包容性、反应性、非等级性,并能积极地表达当地企业的需要和需求,统筹资源,以直接或间接的方式为社群成员提供"俱乐部物品",并且创造条件促进集体学习

(Brusco,1982; Brusco and Righi, 1989; Best, 1990; Helmsing, 2001)。

对于企业来说,持续不断的学习是其能力提升的关键,但学习的组织化或制度化并非完全能由企业自主的市场行动所促成。演化经济学的研究显示,组织/制度化学习(institutional learning)需要公共与民间利益相关者迈过一个最低协调门槛,从而创造一个集体性的环境,使得其中的企业不断地采取能力提升的行动;与之相对的是管控分歧,使之不会冲破"最高不满屋顶",演变成危机(Sepulveda and Amin, 2006:325-326)。无论是迈过最低协调门槛,还是防止分歧爆棚,都需要社群机制发挥有效的作用。因此,由商业协会或企业家联盟所组成的民间社群组织成为产业政策的主体,它们在某些特定的条件下有可能独立发挥作用,但更有可能是在与当地政府建立合作伙伴关系的情况下行使强有力的协调职能。

十、结语:发展型政府的转型之道——增强市场、激活社会

让我们回到发展型政府与产业政策之争。在世界各国各地,在不同的历史时期,以产业政策为核心的发展主义无所不在,既有成功的经验,也有失败的教训。对政府主导型发展模式进行国际比较研究,既是现实之需,也是学术之要。发展主义的成功,并不在于国家、市场、社会边界的移动,而在于行政机制、市场机制和社群机制相互补充、相得益彰的制度建设和政策选择。进而,由于国家—市场—社会具有多种组合和融合模式,发展主义的制度结构和施政选择具有多样性。

产业政策必要性的根源在于产业发展过程中市场主体在诸多市场行动上出现协调失灵;而行政治理和社群治理是矫正协调失灵的两种路径。从政府的视角来看,产业政策的施为可分为两种模式:配置主义和协调主义。配置主义注重资源配置,而协调主义注重中介服务。在配置主义产业政策模式中,政府通过行政机制发挥主导性的作用来矫正市场行动之间的协调失灵;在协调主义产业政策模式中,政府发挥能促性或助推性的作用,通过合理化和制度化的方式,扶助社群机制发挥主导性的作用来矫正市场行动之间的协调失灵。在配置主义中,产业政策多为选择性的、纵向的;而在协调主义中,产业政策多为功能性的、横向的。

要将产业政策之争引向深入,有必要在比较发展研究的大视野中将"发展主义多样性"当作新的学问加以精研,既非停留在政府与市场、国家与社会之间选边站

的意识形态争论,亦非停留在缺乏理论指导而对产业政策实施与效果所进行的朴素经验调查。"发展主义多样性"这门学问的发展,必须贯通国家、市场、社会的学问,打破经济学、政治学和社会学既有的门户之见,促进协同治理学术研究的大发展。

  国家与市场之间的协同,国家与社会之间的协同,市场与社会之间的协同,在既有的新国家主义产业政策文献中常常遭到忽视。新国家主义将政府视为市场和社会的驾驭者,但却大大忽略了一个基本事实,即产业发展过程中普遍出现的协调失灵,可以通过市场治理和社群治理的有效运作加以一定的矫正。同时,新国家主义的另一个忽略之处在于,行政治理能否发挥积极有效作用的前提在于能否增强市场、激化社会,而以政府为媒介的社团型组织和制度可以在其中发挥重要作用。"发展主义多样性"的新学问显示,发展主义的成功之道在于政府转型,即走向市场强化型政府,走向社会增强型政府。

第四章 中国福利国家的建设：增进市场、激活社会、创新政府[①]

中国的经济奇迹有目共睹。尽管有关中国发展型政府的学术研究并未在相关国际学术领域占据主流位置，但以政府推动投资为核心的经济发展主义模式对中国经济奇迹的卓著贡献是显而易见的。然而，正如第三章所述的，发展型政府还需发展，发展主义的发展模式正在转型，这是一种全球性的政治经济变革趋势，也是相关学术研究理论范式转型源自现实的驱动力。就此而言，无论是政治经济转型的实践还是学术理论范式转型的尝试，中国自然都不例外。中国发展模式尤其是经济发展模式亟待转型，这一点在进入21世纪之后的第一个10年，已经成为中国学界和政界的一个共识。至于转型的方向，大体上也清晰可见。原有经济发展模式主要靠投资推动和外需拉动，而在投资推动中，政府主导型投资又发挥着举足轻重的作用。在这个意义上，中国政府呈现出发展型政府的特征，中国的发展模式呈现出发展主义的特征。不言而喻，中国经济发展模式转型的核心，在理论上就是超越发展主义模式，在实践中就是增大国内民间投资和民间消费占总投资和总消费的比重。其中，居民潜在消费需求如何释放，从而使中国最终走向消费大国，就成为转型成功的决定性因素（迟福林，2013）。

毫无疑问，中国居民的消费需求潜力是巨大的。问题在于，究竟是哪些因素阻

[①] 本章内容的早期版本，曾经发表于如下论文：顾昕，《社会政策变革与中国经济发展模式转型》，《国家行政学院学报》2013年第6期，第28—34页（全文转载于中国人民大学复印报刊资料《管理科学》2014年第5期，第37—40页）；顾昕，《中国福利国家的重建：增进市场、激活社会、创新政府》，《中国公共政策评论》2016年第2期，第1—17页；顾昕，《走向准全民公费医疗：中国基本医疗保障体系的组织和制度创新》，《社会科学研究》2017年第1期，第102—109页；顾昕，《走向全民健康保险：论中国医疗保障制度的转型》，《中国行政管理》2012年第8期，第64—69页（全文转载于中国人民大学复印报刊资料《社会保障制度》2012年第11期，第45—52页）。本章对相关内容进行了修订、更新、充实和整合。

碍了潜在的消费需求变成现实的消费？对此，经济学视角的讨论非常详尽。然而，有关的讨论很少注意到社会政策的重要性，忽视了社会体制的不完善对经济增长的抑制作用，也不大关注社会体制变革对社会经济发展的积极作用。尽管多数经济学家也会在有关讨论中提及一下社会保障体系的巩固和完善及其对拉动居民消费的正面作用，但这方面的思考基本上处于边缘性的位置，也仅仅起到工具性而不是战略性的作用。与此同时，社会政策研究者亦极少参与经济发展模式转型的讨论。多数社会政策研究者倾向于从推进社会公平、促进社会发展的视角来讨论社会政策的意义，不屑于或/和不善于探讨社会政策对于促进经济发展的积极意义，这一倾向在很大程度上源于社会政策学术领域重视通过社会政策促进生计发展的社会发展主义范式尚未得到普遍认同。

然而，人类社会现代化的历史表明，社会政策的重要性随着市场化的进程而日益凸显。在经济生活日益市场化的时代，社会保护（social protection）体系的建立，可以帮助民众防范与应对负面风险，从而更有利于财富的创造和经济的发展。20世纪最伟大的经济史学家卡尔·波兰尼（Karl Polanyi）曾经指出，西方社会的现代化可以归结为市场化和社会保护两种制度建设交替推进的双向运动（double movement）。前者可以简化为经济制度的建设，而后者一般被简化为社会制度的建设，主要体现为一系列社会政策的制定和贯彻以及有关社会事务治理制度安排的建立（Polanyi，1965[2001]）。当然，在波兰尼那里，双向运动是消极的，即市场制度建设和社会保护推进之间具有零和博弈的性质，两者在很大程度上具有互斥性。波兰尼对市场原教旨主义的批判有走上社会原教旨主义之嫌。然而，无论基于理论思考还是实践观察，双向运动都可以是积极的，即市场制度建设和社会保护推进是相辅相成的。简言之，现代化意味着经济社会的协调发展；具体而言，意味着市场化进程与社会保护体系发展的协调发展。在此过程中，国家、市场和社会的协作互动，行政机制、市场机制和社群机制的互补嵌合，是至关重要的。

实际上，中国既有的经济发展模式之所以形成以及发展模式转型之所以艰难，关键的因素之一就在于社会政策的变革长期以来没有被纳入国家社会经济发展的大战略，而最多只是局限在为经济增长提供服务的边缘位置。换言之，中国的发展主义仅仅是一种经济发展主义，缺少社会发展主义的要素。具体而言，中国居民消费长期不振，主要肇因之一就是国民必定会面临的各种社会风险（social risks）难以得到有效的分散，居民对于未来收入的预期不稳定，而对于未来支出快速增长以及风险增加的预期却是确定无疑的,因此中国居民储蓄率持续攀升,自然导致消费率持续下降。

在任何一个国家和地区,政府的核心职能就是建立健全一整套制度,帮助民众有效地分散社会风险。这种政府行为、制度和政策的总和,就是众所周知的"福利国家",其核心就是社会保护。源自望文生义的惯性思维,很多人往往把福利国家理解为福利水平较高的国家。其实,"福利国家"一词可以简单地被理解为对一定程度的福利提供负有一定责任的政府,可以适用于任何经济体中的政府施政行为和模式。按照这一理解,福利国家完全可以有不同的模式,而其中的福利提供水平也会有高有低。无论如何,运转良好的福利国家提供的是一种社会性基础设施(social infrastructure),同实体性基础设施(physical infrastructure)一样,它也是一个国家和地区经济健康、可持续性发展的保障。而且,福利国家的建设也是一个永无止境的过程,国家、市场和社会在其中所扮演的角色,日益呈现多样化的格局,即便在发达国家也是如此。一个有趣的现象是,尽管福利缩减或者国家瘦身被视为福利国家改革的方向之一,但欧美等地的经济发达国家政府在社会政策上的支出,却没有下降(皮尔逊,2004)。

一、社会风险的预期与中国居民消费的限制

无论在什么地方,几乎所有人都有可能因老龄、疾病、残疾和丧失工作(失业)而引致收入减少甚至收入中断,有些人还会在一段时期内因为抚养儿童而导致收入与需要不相适应的困难境况。在自然经济和农业社会之中,这类风险均为家庭(家族)风险,而且也不存在"失业"的概念。但在工业社会和市场经济的背景下,这类风险转变为社会政策学界所谓的"社会风险"。人们普遍认为政府有责任建立社会保护体系,以帮助所有国民在一定程度上抗击社会风险(Elster, et al., 1998),而制定并实施各种社会政策以履行这一责任的政府就是福利国家(Esping-Andersen, 1999)。当然,福利国家的职能不止于提供社会保护,还包括通过积极劳动力市场政策和教育政策等促进社会发展。福利国家或其中的社会保护体系发展到何种程度,取决于一个国家或地区的经济发展水平。这意味着,福利国家无所不在,只不过在发展中国家,福利国家的发展水平较低,还不足以帮助国民有效地抵御社会风险所带来的危害。而在发达国家,应对这些"旧社会风险"的制度安排

已经充足,而其作为福利国家所面临的挑战是应对所谓的"新社会风险",主要包括:(1)妇女劳动力市场高参与率所引致的社会问题;(2)老龄化导致老年照顾的需求激增;(3)技术变迁导致的低技能、非熟练劳动力的就业问题;(4)公共服务民营化所引致的服务品质监管问题(泰勒-顾柏,2010)。

中国刚刚迈入中高收入国家的队伍不久,因此在发展阶段上属于新旧社会风险并存且纷至沓来的历史时期。当然,由于历史和制度背景不同,有些西方国家所面临的"新社会风险",如妇女劳动力市场高参与率所引发的女性社会保护问题,在中国并不是新鲜事,因为自新中国成立以来,中国妇女的劳动力市场参与率一直很高,在城市工业部门,妇女劳动保护问题也一直受到重视。中国作为一个二元转型国家,即从农业向工业转型和从计划经济向市场经济转型的国家,会遭遇很多西方发达国家从未碰到过的社会风险,例如进入城市的原农村居民和进入市场体系之中的原城市居民所面临的医疗、养老、失业等问题。但无论面对传统的社会风险,还是新兴的社会风险,中国福利国家(或社会保护体系)的制度建设速度和质量均未能赶上风险日益增长的速度,这是无可置疑的。

在 21 世纪初,亚洲开发银行基于各国社会保险、社会救助和劳动力市场政策项目的数据,对亚太地区国家的社会保护体系进行了系统评估,并从 2005 年开始发布"社会保护指数"。社会保护体系被分为三个板块,即社会保险、社会救助和劳动就业保障。社会保护指数(social protection index,SPI)为人均社会保护支出与国家贫困线之比:人均社会保护支出以社会保护项目目标定位受益者人口数为基数进行测算,国家贫困线设定采用相对法而不是绝对法(顾昕,2011a),即设定为人均 GDP(国内生产总值)的 25%(Asian Development Bank,2013:xiii)。后来,亚洲开发银行将社会保护指数更名为社会保护指标(social protection indicator,SPI),其计算方法有所修订,改为受益者人均社会保护支出与人均 GDP 之比(Asian Development Bank,2016:1)。

基于 2009 年的数据,亚洲开发银行在 2013 年社会保护报告中对 35 个亚洲国家的社会保护指数进行了计算,其中中国社会保护指数处于中偏上的位置。就社会保护支出占 GDP 的比重而言,中国为 5.4%(见表 4-1)。在这一年,有不少人均 GDP 低于中国的国家的这一比重超过中国,例如乌兹别克斯坦、蒙古国和吉尔吉斯斯坦。当然,也有一些人均 GDP 高于中国的国家例如新加坡、马来西亚和泰国,这一比重还低于中国,这或许同社会保护支出的统计口径有关。在新加坡和马来西亚,都存在着公积金制度。公积金制度是一种强制储蓄制度,并不在人与人之间扮演分散社会风险的作用,因此其基金大多不计入社会保护支出;但实际上,这种制度也在很大程度上行使着社会保护的功能(Asher,1994)。由此,我们可以在表4-1展示的数据中看到,对于新加坡和马来西亚的社会保护发展,亚洲开发银行的历年报告都有所低估。

表4-1 2009、2012、2015、2018年亚洲部分国家社会保护指数或社会保护指标、社会保护支出占GDP的比重

国家	社会保护指数或社会保护指标/%				社会保护支出占GDP的比重/%			
	2009年*	2012年	2015年	2018年	2009年	2012年	2015年	2018年
日本	41.6	11.7	12.1	11.7	19.2	22.1	21.1	20.5
乌兹别克斯坦	34.3	9.3	8.1	6.3	10.2	9.9	9.8	6.0
蒙古国	20.6	4.8	5.2	4.8	9.6	13.2	8.8	8.5
韩国	20.0	5.1	5.3	6.0	7.9	7.5	8.4	9.6
新加坡	16.9	6.3	6.2	5.7	3.5	4.7	5.3	4.6
马来西亚	15.5	4.2	4.0	3.7	3.7	3.8	4.2	3.6
哈萨克斯坦	NA	NA	NA	4.6	NA	NA	NA	4.8
吉尔吉斯斯坦	15.1	5.7	5.5	5.0	8.0	11.6	10.3	9.2
中国	13.9	4.3	4.6	5.8	5.4	6.5	7.7	9.2
越南	13.7	4.0	4.1	4.5	4.7	5.0	6.3	6.7
斯里兰卡	12.1	2.7	3.2	3.1	3.2	2.6	3.2	2.8
泰国	11.9	2.9	2.8	3.7	3.6	4.5	4.1	5.3
菲律宾	8.5	2.2	2.6	3.0	2.5	2.6	2.9	3.1
马尔代夫	7.3	4.2	4.2	4.0	3.0	5.2	5.6	4.6
尼泊尔	6.8	1.7	2.7	2.7	2.1	2.2	2.6	3.2
印度	5.1	1.3	NA	NA	1.7	1.6	NA	NA
巴基斯坦	4.7	1.4	1.7	2.1	1.3	1.4	1.9	2.5
印度尼西亚	4.4	1.2	2.1	2.1	1.2	1.2	2.1	2.1

续 表

国家	社会保护指数或社会保护指标/%				社会保护支出占GDP的比重/%			
	2009年*	2012年	2015年	2018年	2009年	2012年	2015年	2018年
孟加拉国	4.3	1.1	1.1	1.2	1.4	1.3	1.2	1.3
塔吉克斯坦	3.9	3.8	4.0	4.1	1.2	0.8	4.0	4.0
不丹	3.6	0.8	0.7	1.2	1.2	0.9	0.8	1.1
老挝	2.6	0.6	0.6	0.9	0.9	0.7	0.8	1.1
柬埔寨	2.0	1.2	0.6	1.0	1.0	1.2	0.8	1.1

资料来源：Asian Development Bank，2013：13-14；Asian Development Bank，2016：8；Asian Development Bank，2019：76-77；Asian Development Bank，2022：137-139，149-150。

注：* 2009年社会保护指数与后些年份的界定有所不同，不具有可比性。

2016年，亚洲开发银行出版了新版社会保护报告，基于2012年的数据，对更多的亚洲国家进行了研究。如前所述，新版社会保护指标的计算方法有所变化，即不再用人均社会保护支出与国家贫困线（人均GDP的25%）相比，而是直接与人均GDP相比，并且用百分比的形式展示。如果人均社会保护支出的增长速度赶不上人均GDP的增长速度，那么社会保护指标就会下降（Asian Development Bank，2016：1）。从新版来看，社会保护指标更加直观，数据采集也更加充分。

重要的是，亚洲开发银行在其2013年的社会保护报告中曾指出，除了日本、韩国、蒙古国和乌兹别克斯坦之外，亚洲国家在社会保护的深度和广度上都存在着偏低的情形，即社会保护不足。所谓"社会保护深度"，是指实际受益者（非目标定位受益者）的人均受益金额；"社会保护广度"，是指实际受益者占目标定位受益者的比重。与此同时，亚洲开发银行的报告指出，在亚洲社会保护体系中，以养老保险和医疗保险为主体的社会保险制度占据主导地位，而社会保险的主要受益群体是非贫困中产阶层人群。相对来说，亚洲社会保护体系中为贫困人群所提供的保护更加不足；换言之，面向贫困人群的社会救助在深度和广度上都严重不足。总体来说，亚洲国家，尤其是包括中国在内的进入中高收入行列的国家，未能使社会保护体系的发展跟上经济成长的步伐，其社会保护体系内部也存在着结构不平衡的状况（Asian Development Bank，2013：xix）。

在2016年的社会保护报告中，亚洲开发银行指出，亚洲只有少数国家为民众提供了较为适当的社会保护,其中日本和新加坡是优等生。至于乌兹别克斯坦等苏联加盟国的社会保护指数相对较高,主要是因为其公共养老金体系覆盖面较广且保障水平较高。这是苏联体制的一笔遗产,其继承并不足以表明这些国家的社会保护体系完善度能与日本和新加坡相媲美。总体来说,社会保险主导社会保护体系的亚洲格局没有发生多大变化,但社会救助的地位略有提高,而劳动就业保障始终是亚洲社会保护体系中的短板。在社会保险中,养老保险的支出占比很高,但受益者覆盖面(12%)平均而言较小,而医疗保险的支出占比尽管不是最高,但受益者覆盖面(14%)却略高于养老保险。在社会救助中,儿童救助、一般性社会救助和医疗救助在社会保护受益者中的覆盖面名列前三,分别为18%、17%和10%。与此相对照,积极劳动力市场政策的覆盖面仅为4%。这份报告特别指出,中国和菲律宾的社会保护有所改善,主要是拜社会医疗保险和社会养老保险覆盖面的拓宽所赐(Asian Development Bank,2016:xiii-xiv)。

依照表4-1展示的数据,亚洲开发银行2019年和2022年的报告表明,前苏联系社会保护原本"发达"的国家2015年和2018年在两个指标上的表现都有所下降,这基本上缘于其社会保护结构上的偏差。多数亚洲发展中国家的社会保护有所进步,其中中国在原本中等水平上更进一步,而且是取得持续进步的少数国家(仅中国、韩国、越南、尼泊尔、巴基斯坦)之一。在2018年,在中高收入组别的亚太国家中,社会保护指数平均值为4.8,而中国在这个组别中的社会保护指数为5.8,在这个组别中为第二高,仅次于阿塞拜疆的5.9(Asian Development Bank,2022:139)。

加强社会保护体系建设是亚洲开发银行在2008年提出的"亚太2020脱贫战略"的三大支柱之一,该战略认定社会保护的强化是推进包容性增长的首要贡献因子(Asian Development Bank,2008)。从亚洲开发银行2013年和2016年社会保护报告来看,大多数亚洲国家社会保护体系的发展还任重道远,其中最为重要的是健全面向贫困人群的社会救助、社会扶贫项目,以及面向低收入者的积极劳动力市场政策。

尽管中国的社会保护体系,尤其是社会医疗保险,自2009年以来得到了快速发展,并在2012年实现了全民医保(Yu,2015;详见本书第八章),但包括医疗财务风险在内的社会风险对于广大的城乡居民来说依然居高不下。让我们仅以医疗费用的风险来说明这一问题。随着经济持续不断地发展,中国城乡居民的收入在过去的30多年里有了可观的增长。不计入通货膨胀的因素,2018年城乡居民家庭人均收入分别是1980年的82.1倍和76.4倍,然而2018年城乡居民医疗保健人均支出则是1980年的215.3倍和213.8倍,都远远超出收入增长的幅度(见图4-1)。中国的基本医疗保障制度已经成形,人口覆盖率已经超过了95%,再加上商业健康保险,全民医保早已实现,但是医疗保障的总体水平并不高。对于大多数参保者来说,其30%—40%的实际医疗费用还需要依赖于自付的格局(顾昕,2013:38-39),多年来并没有得到实质性的改变。这意味着,尽管中国在医疗保障制度建设方面取得了很大的成就,但是民众医疗费用的社会风险依旧没有得到适当分散。因此,如何提高社会医疗保险的保障水平,改善社会医疗保险的给付结构,依然是中国社会保障体系建设的重要内容。

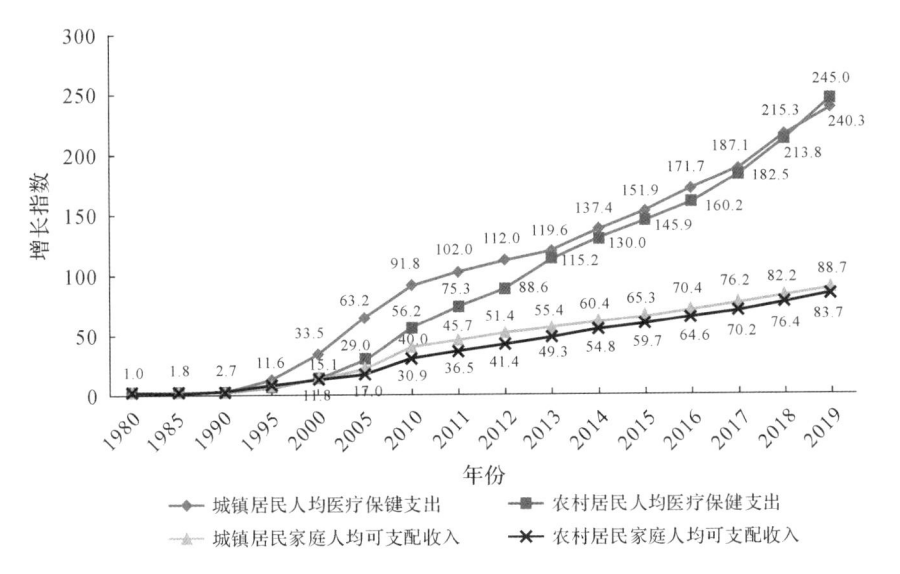

图 4-1　1980—2019 年中国城乡居民收入和医疗保健支出的增长指数

资料来源:国家统计局,2020:173,176;国家卫生健康委员会,2021:97。

其实,就诸多社会保险而言,中国医保体系的建设还是相对比较完善的。养老保险制度在民众那里造成的不确定感也比较强烈。据研究,城镇职工基本养老保险给付的工资替代率在21世纪的第一个10年曾经快速下降至60%以下,由此引起退休金对退休人员"保基本"功能的削弱和在职人员对退休生活的不安(李珍、王海东,2012)。此后,尽管替代率下降之势得以遏制,但随着老龄化程度的提高,社会养老保险替代率"保基本"的待遇缺口依然存在,并呈现出区域差异性,而养老保险第二、第三支柱建立的迟缓,使得待遇缺口问题不仅始终存在,而且呈现增强趋势(费清等,2023)。提高养老保障水平依然是社会养老保险体系高质量发展所面临的重大挑战(邱超奕,2023)。

由于对未来社会风险的担忧,尤其是必然会发生的医疗支出和养老支出缺乏足够财务保障而引发的担忧,中国居民消费不振也就是自然而然的结局。图 4-2 显示,2019 年同 1980 年相比,中国的人均 GDP 提升了 151.1 倍,但城乡居民消费水平只分别提升了 73.9 和 82.2 倍。由此可见,城乡居民消费的提高速度远远跟不上人均 GDP 的增长速度。毫无疑问,尽管中国的社会保护体系发展取得了长足进步,但依然还不足以支撑经济内循环的蓬勃。

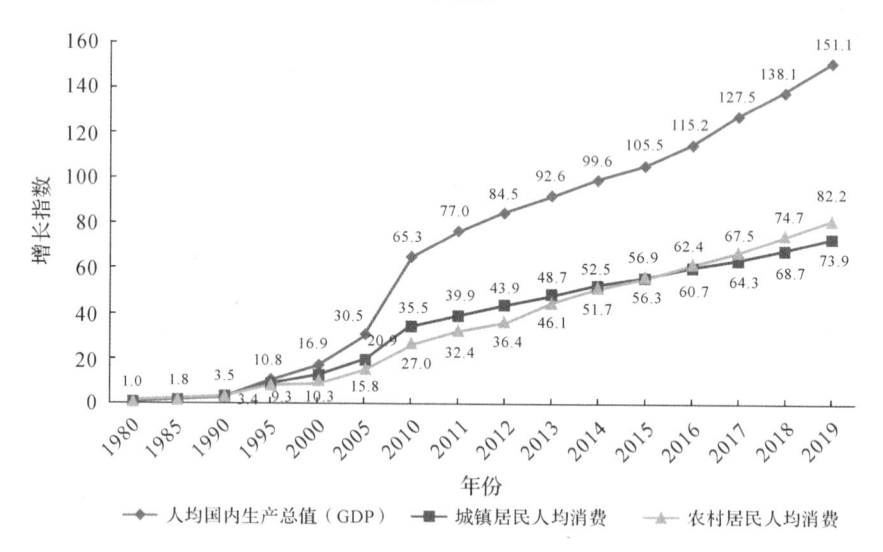

图 4-2　1980—2019 年城乡居民消费水平与人均国内生产总值的增长指数

资料来源:国家统计局,2020:5,173,176。

当然,就中国的社会保护体系而言,除了社会保险之外,社会救助和社会扶贫事业在 21 世纪第二个 10 年内取得了长足的发展。自 2013 年以来,中国执政党和政府不仅将扶贫开发工作定为实现全面建成小康社会目标的重点工作之一,而且还就扶贫开发中市场力量和社会力量的参与提出了一系列新的设想。2013 年 12 月,中共中央办公厅、国务院办公厅发布《关于创新机制扎实推进农村扶贫开发工作的意见》,提出"创新社会参与机制",建立和完善广泛动员社会各方力量参与扶贫开发的新制度。[①] 2015年11月,中共中央、国务院颁布了《中共中央 国务院关于打赢脱贫攻坚战的决定》,提出要坚持政府主导、社会协同的原则,"构建专项扶贫、行业扶贫、社会扶贫互为补充的大扶贫格局"[②]。"大扶贫格局"设想的提出,意味着市场化组织和非营利性组织作为重要的社会力量,理应在社会扶贫中拥有更大的作用空间。这意味着,中国的贫困治理走向了多方主体共建共治共享的社会治理新方向(邢占军、张丹婷,2022)。中国精准扶贫的实践将政府、产业和社会力量有效整合起来(童洪志,2021),显示了行政机制、市场机制和社群机制互补嵌合的重要意义,证明了以多方主体协作—互动为核心的治理理念在脱贫攻坚实践中的适用性。

在中国,越来越多的人认识到,内需不足的原因之一在于政府在社会政策上的投入不足。当社会保护体系不健全,福利国家不发达,国民在养老、医疗、教育等方面被迫要面对不确定的巨额支出之时,压抑当前的消费需求自然是不得已而为之的普遍行为。无论如何,中国经济发展模式转型迫切需要社会政策变革,迫切需要福利国家的建设,迫切需要社会保护的发展,也迫切需要社会政策研究者的参与。中国的福利国家建设,一方面与经济发展水平的提高不相适应,呈现为福利水平普遍较低的境况;另一方面在制度变革和制度建设方面发展缓慢,导致国家、市场和社会在福利筹资、提供和监管各领域的边界不清和职能错位,既损害了公平也不利于效率。建设福利国家是中国经济高质量发展的保障,对这一点,中国的学界和政界精英应该有全新的认识了。

二、福利国家建设与社会经济的可持续性发展

在有关中国发展模式转型的知识精英论说中,福利国家基本上是缺位的。令人感到啼笑皆非的是,不管其意识形态取向根源于何处,哪怕是新旧凯恩斯主义、新旧国家主义抑或新旧马克思主义,很多中国知识精英在谈到福利国家之时,却都会突然变脸,一下子变成了奥地利思想家米塞斯(Ludwig H. E. von Mises)和哈

[①] 《中共中央办公厅 国务院办公厅印发〈关于创新机制扎实推进农村扶贫开发工作的意见〉的通知》,中华人民共和国教育部,2013年12月18日,http://www.moe.gov.cn/jyb_xxgk/moe_1777/moe_1778/201401/t20140122_163033.html。

[②] 《中共中央 国务院关于打赢脱贫攻坚战的决定》,中国政府网,2015年12月7日,http://www.gov.cn/zhengce/2015-12/07/content_5020963.htm。

耶克(Friedrich A. von Hayek)的同道,要么如米塞斯那样彻底否定福利国家(von Mises,2010),要么如哈耶克那样基本上反对福利国家、仅仅在最低保障的意义上勉强承认福利国家的正面意义(Farrant and McPhail,2012)。谈起福利国家,很多奉哈耶克主义为圭臬的中外学者都会露出鄙夷之色。在他们看来,福利国家的建设必定意味着国家官僚体系的膨胀,个人选择权与责任感的侵蚀,从而动摇甚至压碎市场机制运行的基石。在他们看来,福利国家应该最小化,而福利提供的责任则应该从国家转移到家庭、社群(社区)、市场和公民社会(慈善组织)(Tanner,1996)。

这样的看法并非全无根据。在福利国家发展的历史上,的确有一段时期,社会政策的实施呈现极强的行政化之势,以"命令与控制"为特征的公立官僚机构主宰着公共服务的筹资和提供。此种行政机制主导的福利国家自然是对市场机制的损害。尽管中国的福利国家建设尚处在初级阶段,但行政化的情形在中国却已经普遍存在。在推进中国医疗体制改革的过程,有一种强烈的呼声发自体制内以及与之有千丝万缕关系的某些专家,即政府应该主导基本的医疗服务,要确立公立医疗机构在医疗服务体系中的主导地位,政府应该对公立医疗机构从筹资、支付、运行和评估等各个方面,实施全环节、全方位、全天候的管理(顾昕,2008b)。

但值得深思的是,正如市场制度本身正处于持续不断的自我改革与完善之中,福利国家也是如此。自20世纪70年代的石油危机之后,福利国家理念在很多国家都走上了自我改革与完善的道路。福利国家改革的内容林林总总,但大趋势之一就是在公共服务(例如医疗和教育)中引入一些精巧的市场机制,从而让民众在公共服务领域也能享受到"选择与竞争"带来的好处(Le Grand,2007)。与此同时,国家在福利筹资方面依然承担主导责任,从而在提升个人自由与责任的同时依然维持国民的公共福利水平。在中国医疗政策领域,笔者始终不渝地反对以"命令与控制"模式主导医疗体制改革,力主在医改中走去行政化的道路,大力引入市场机制,即国家在筹资方面主导全民医疗保险的建设,然后通过医疗保险对医疗服务进行集团性购买,同时大力推进医疗服务体系走向多元竞争的格局(顾昕,2013)。

简言之,福利国家的发展完全可以与市场体制的良好运行并不相悖。正如马克思可能根本料想不到资本主义有今天的发展一样,哈耶克也没有预想到福利国家受到了脱胎换骨的改造。21世纪的哈耶克主义者,也应该与时俱进了。同以往人们将社会政策支出(social spending)视为纯粹消费的观念有所不同,当代社会经济史学家已经证明,一个国家社会政策支出的多少,尤其是其占GDP的比重,对该国整体的经济发展水平,有极大的促进作用(Lindert,2004)。社会政策支出的扩大,或者说社会政策的发展,不再是只花钱、无效果的社会消费,而是一种"社会投资"(social investment);这一投资的产物,就是"社会性基础设施",其重要性不亚于实体基础设施的建设(吉登斯,2000)。这是所谓"新社会民主主义"的核心理念,深刻影响了英国新工党和德国新社会民主党的社会政策。

其实,尽管对"福利国家"避之唯恐不及,很多中国的经济学家并未一味地反对政府强化社会政策。他们大力主张政府健全社会保障制度,并视之为改善中国收入分配不均衡的必定之策,视之为政府职能转型的必然之举,视之为中国经济社会发展模式转型的必由之路。但是,对于如何应对当前中国所面临的经济局面,经济学家们多认为政府财政投资于"社会性基础设施",是远水解不了近渴。亦有学者提出,中国不仅要防范"中等收入陷阱",而且还要防范"福利国家陷阱",提醒政府不要"一味地为了讨好民众而承诺各种超出国家经济能力的福利措施",否则"就有违经济发展的规律,最终可能拖垮经济"(黄益平,2012:28-29)。有很多政府官员和学者认为,福利国家建设弄不好会"养懒汉",因此形成了"福利恐惧症""社会福利社会责任论""社会福利可替代论"等流行的观念(郑功成,2013)。更有甚者,明明中国在福利国家建设方面始终存在着"低福利"和"负福利"并存的现象,距离所谓的"福利国家陷阱"有十万八千里之遥,但正如秦晖所指出的,有很多包括著名的"左派"人士在内者,都时常痛斥福利国家的危害性(秦晖,2013)。这些说辞颇令人有时空倒错之感。

中国政府始终奉行经济发展主义的意识形态,即强调"发展是硬道理",将施政重心放在促进经济增长之上,甚至将政权合法性建基于政府的经济绩效(龙太江、王邦佐,2005;杨宏星、赵鼎新,2013)。尽管在社会建设上并非无所作为,而且进入21世纪之后,中国政府在平衡经济发展和社会正义上付出了巨大努力(Gu and Kelly,2007),尤其是各项社会保障制度的建设,正是不折不扣的福利国家建设。可是,在施政理念上,中国发展主义始终缺少社会发展主义的要素,而福利国家建设从未在发展战略的议程中占据核心位置,甚至连"福利国家"这个词也在公共政策的论说中或明或暗地成为一个忌讳词。

实际上,中国经济发展模式本身的转型都需要包含社会政策的维度,即经济发展模式的转型有必要与社会发展的方向统筹起来加以考虑。中国社会发展的方向,根本不必讳言,就是建设一个适合中国经济社会发展水平的福利国家。或者,借用欧洲社会政策学者习惯的表达方式,建构一个"社会中国"(岳经纶,2010,2016)。在这个过程中,中国社会政策研究界至少需要在三个领域的研究上使出"洪荒之力",即发展型福利国家的可能性、社会发展主义的多元理念基础和福利国家治理模式的创新,亦即如何通过治理模式的创新使福利国家以增进市场、激活社会的方式运作起来,才能为建设中国福利国家创造必要的智识条件。

三、福利国家建设与经济社会发展的协同

福利国家是一个极易产生意见纷争的领域。三个在国内外都极为流行的观点与本章的主旨密切相关,有必要加以厘清,即(1)福利国家是经济发展水平提高的副产品,换言之,注重经济发展应该放在政府施政的优先位置;(2)经济发展主义与社会发展主义是零和博弈的关系,即福利国家的建设只是一种社会财富的再分配,而再分配无助于经济发展;(3)国家与社会是零和博弈关系,福利国家的发展会挤压市场组织和社会组织的空间,从而不仅不利于经济发展,而且也不利于社会发展本身。

这三个观点相互关联,而第一个观点尤为根深蒂固,其产生的部分原因在于望文生义。很多人把福利国家理解为"有福利的国家"或社会福利水平较高的国家,诸如"新加坡已跨入'福利国家'的行列"之类的报道(木易,1995),就是在这种意义上使用"福利国家"这个词。但这种理解并非完全源于望文生义,而是基于一种根深蒂固的认知,即只有在经济发展水平提高之后才谈得上福利国家建设;换言之,很多人认为福利国家是发达国家的专利。按照这种理解,中国自然谈不上"福利国家",自然也就不存在"福利国家建设"的问题。

著名社会政策学者艾斯平-安德森(Gøsta Asping-Anderson)提出一个问题:"一个国家何时才能被称为福利国家呢?"(Asping-Anderson,1990:18)要回答这个问题,首先要弄清"福利国家"这个概念的定义。事实上,无论是在国际上还是在国内,人们在使用"福利国家"这个词的时候经常夹杂着自己的价值观。例如,如艾斯平-安德森自己所说,最为常见的、教科书式的福利国家定义,是指"国家对于其公民的某些基本的一点点福利负有保障责任"(Asping-Anderson,1990:18-19)。这一定义自然有着很大的含混之处,因为关于何为"基本",不同时期、不同国度乃

至不同社群都会有不同的看法。

其实,对于"福利国家"这个概念,完全可以有一种独立于各种价值观的界定。本章认为,福利国家是指一种国家形态,即对社会保护(social protection)或社会福利(social welfare)负有一定责任的政府;至于政府承担这一责任的边界和程度,则呈现变异性。按照这一理解,福利国家是普遍存在的,除非政府在社会保护上完全无所作为。即便是中华帝国,朝廷也在赈灾领域扮演着积极的角色,因此可谓最低意义上的"福利国家",至于荒政的优劣(魏丕信,2003),即"中华帝国福利国家"的绩效,那是另外一个问题了。

当然,在国际文献中,"福利国家"的起源一般被公认为19世纪末期的德意志帝国,但其滥觞被追溯到英国的"济贫法传统"(the Poor Law tradition)(Patriquin,2007)。1597年,伊丽莎白王朝统治下的英国议会通过了《济贫法》,正式建立了公共财政支持下的贫困救助体系。基本上,"济贫法传统"乃把公共救助的对象限定在"老弱病残",也就是完全无法通过自身的努力而生存的社会成员(Brundage,2002)。然而,福利国家的正式出现和发展终结了济贫法传统:不仅仅是社会边缘群体,全体公民(甚至包括享有合法居住权的外国人)均有权成为国家福利的受益者。简言之,在福利国家中,享有社会保护成为每一个公民的社会权利(Dean,2015)。

可是,社会权利的边界也具有很大的漂移性,这意味着"福利国家既随时也随地而有所不同"(Powell,1999:2)。因此,福利国家中的福利提供水平也会有高有低。当然,福利国家或社会保护体系发展到何种程度,在很大程度上取决于一个国家或地区的经济发展水平。而且,福利国家完全可以有不同的模式,最著名的分类当数艾斯平-安德森的三模式论,即自由主义型、法团主义型和社会民主主义型福利国家(Asping-Anderson,1990)。后来,三模式论又被拓展为四模式甚至五模式论(Arts and Gelissen,2002)。这里特别值得注意的是,东亚地区的福利国家模式被界定为生产主义(Holiday,2000),其特色是社会政策附属于经济政策,福利国家服务于经济发展(Kim,2015)。这一模式与本节关注的发展主义社会政策密切相关。

进而,福利国家的建设也是一个永无止境的过程,政府、市场和社会在其中所扮演的角色,日益呈现多样化的格局,即便在发达国家也是如此。在20世纪70年代的石油危机之后,欧美福利国家的发展模式面临严峻的挑战,庞大社会福利开支被视为经济发展的负担。于是,上述的第二种观点,即福利国家阻碍经济发展论,日益流行开来。这种观点在意识形态上根源于新自由主义和保守主义,各种抨击福利国家的论述风起云涌。长期以来,在人们的印象中,福利国家社会政策的实施,无非对财富再分配,对某些人群实施了过度的社会保护,并不能直接促进财富的增长。于是,20世纪最后20年,在西方发达国家的政策论说中,福利国家收缩或福利收缩成为一时之选(Starke,2006);而在发展中国家,社会政策的发展障碍重重,更不必说福利国家的建设了。

然而,福利国家收缩真可谓雷声大雨点小。一个有趣的现象是,在新自由主义的冲击下,全球各地的福利国家,尤其是欧美的福利国家,都在福利国家收缩的呼声中经历了多维度的改革(Piven,2015)。可是,无论福利国家的改革走向何方,欧美经济发达国家的政府在社会政策上的支出,即所谓"社会支出",基本上都没有下降(Pierson,2001),或者说下降的幅度远不如福利收缩论者的预期(Levy,2010)。

关于福利国家扩张和收缩究竟对经济增长会产生什么影响,国际学界开展了旷日持久的争论,也催生了大量经验性研究成果,但尚未得出具有共识性的结论。针对上述流行的福利国家阻碍经济发展论,很多经验研究成果提出了质疑。最响亮的质疑声莫过于美国社会经济史学家林德特(Peter H. Lindert)2004年出版的两卷本获奖巨著《增长中的公共部门》,此书通过分析详尽的历史数据和丰富的历史资料论证了一个具有冲击性观点,即一个国家高水平的社会支出(用其占GDP的比重来度量)对该国整体的经济发展有促进作用。林德特此书所界定的"社会支出",仅由基于税收的政府支出(tax-based government spending)组成,不包括通过受益者本人及其雇主缴费而形成的支出,即不包括社会保险支出(Lindert,2004:6-7)。

至于社会保险或较为狭义的社会保障对经济的影响,也有一些实证研究的成果。两位意大利经济学家在1999年发表的一篇文章中建构了一个模型考察社会保障、公共投资与经济增长的关系,显示给付水平与工资水平挂钩的养老金体系能为纳税人提供有利于增长的正向激励(Bellettini and Ceroni,1999)。次年,他们基于61个国家跨国数据的分析发现,社会保障支出水平与经济增长的相关性本身在统计上并非总是显著的,但只要这种相关性出现,就是正相关,而且在社会保障体系相对不太发达的穷国,这种正相关更加显著;导致这种正相关性产生的机制,在于社会保障对人力资本形成的正面影响(Bellettini and Ceroni,2000)。

值得注意的是,有关福利国家与经济增长关系的经验研究,其自变量多选用某种形式或类别的社会支出。然而,福利国家究竟是否构成经济增长的障碍,并不仅仅或者不主要取决于社会支出水平,而取决于福利国家中是否包含着不利于经济增长的激励结构,尤其是福利国家的行政化治理对市场机制的挤出效应。对这个问题,英国著名公共经济学家阿特金森(Anthony B. Atkinson)早在1995年发表的一篇论文中,就拨开了新自由主义和新保守主义话语所制造的重重迷雾。阿特金森指出,姑且不论福利国家在健康和教育领域的支出对人力资本增进的巨大作用及其进一步对经济增长产生的正面影响,即便是饱受诟病的收入转移类社会支出,对于经济增长也并非一定是障碍;关键在于福利国家中是否存在有损于经济增长的负激励结构,尤其是国家养老金计划是否会通过减少私人储蓄、压缩民间投资而不利于经济增长,以及这种不利影响,与私营养老金计划通过机构投资者对企业治理和成长的不利影响相比,是否更大(Atkinson,1995)。阿特金森的想法合乎逻辑,可是,对此进行计量经济学的实证检验并不容易。

简言之,福利国家"养懒汉",在国际上基本上是一种陈腐过时的论调,而"福利国家陷阱"在中国也完全是一种时空倒置的观察。关键在于,福利国家的施政,完全有可能不养懒汉,也不一定会造就福利国家陷阱。健全养老保障和发展医疗保障,都与"养懒汉"毫不相干。在有关社会政策的国际文献中,探究所谓"发展型社会政策"(developmental social policy)或"积极的社会政策"(active socialpolicy),是近40年来的一个热点,正试图解决这一问题。

四、发展型社会政策:社会发展与经济发展的协同

前文提及,20世纪70年代的石油危机之后,西方发达国家福利国家的发展模式面临严峻的挑战,庞大社会福利开支被视为经济发展的负担。毫无疑问,保护型的社会政策为新自由主义对社会政策的抨击提供了土壤。20世纪最后20年,在西方发达国家,福利国家的改革似乎成为大趋势;而在发展中国家,社会政策的发展障碍重重。在这样的背景下,国际社会政策学术界兴起了从发展主义角度来研究社会政策的新思潮,主张社会政策绝非仅仅涉及财富的再分配,而且也可能通过各种方式来推动经济社会的发展。这种所谓的"发展型社会政策"着重于个人(尤

其是社会弱势群体中的成员)、家庭、社区、民间组织和政府机构的能力建设,从而实现经济社会的协调发展。进而,关于发展型社会政策的研究成果逐渐转化为关于福利发展主义或发展型福利国家的论述(Kwon,2005a)。这一论述兴起的更大学术背景,在于发展政治学和发展社会学中的基础性思维方式,从以往国家与市场、国家与社会的二元对立、零和博弈转变为相互增权(Wang,1999)、协同发展(Evans,1997),并在此基础上兴起了发展主义或发展型政府的理论(Woo-Cumings,1999;详见本书第三章)。

关于发展型社会政策,最早的论述可追溯到美国加利福尼亚大学伯克利校区梅志里(James Midgley)教授1975年出版的《社会发展:社会福利中发展型思路》一书。在此之前,社会政策文献中的经典性话题是所谓"剩余型"和"制度型"福利国家之争,而梅志里在此书中则提出发展主义的新思路,主张超越这一争论,把家庭、社区、民间组织甚至市场力量(即营利性组织)、国家的努力,整合到一个协同推进社会福利的新制度框架之中,从而使社会政策与经济发展协调起来(Midgley,1975)。1996年,梅志里在一篇论文里将其思想提炼,正式提出了"发展型社会政策"的概念(Midgley,1996)。2005年,梅志里和霍尔(Anthony Hall)合著了《为了发展的社会政策》一书,系统性总结了发展型社会政策的理念,即社会政策可以通过促进人的发展能力,提升人力资本,推动社会发展与经济发展的协同(Hall and Midgley,2005)。2006年,梅志里又发表了一篇论文,回顾了社会政策发展型模式(the developmental model of social policy)的学术史,并扼要阐述了发展型社会政策的理论和实践(Midgley,2006)。

《为了发展的社会政策》的中译本由笔者组织翻译并审校,并在2006年出版时将书名意译为《发展型社会政策》(哈尔、梅志里,2006),该书的出版对发展型社会政策成为中国社会政策学界的热点(郁建兴、何子英,2010)起到了助推的作用。2011年,梅志里教授在一次国际会议中也曾向笔者表示,将此书书名翻译成与developmental social policy同义的"发展型社会政策",正合其意。

值得注意的是,梅志里等学者所提出的发展型社会政策的思路,主要针对的是发展中国家。在他们看来,经济发展水平尚不高、政府财力比较孱弱的发展中国家,不能盲目追寻发达国家福利国家建设的既有道路,而是必须探寻将经济发展与社会发展协调发展之路;甚至在某种意义上,社会政策固然不必为经济发展让路,但必须有助于经济发展。唯有如此,社会发展才能具有可持续性。这一点对中国

来说自然意义重大,笔者在上述《发展型社会政策》一书中的"译者后记"中对此做出了如下评价:

> 社会发展或发展型社会政策的思路,超越了从扶危济贫甚至社会保护来看待社会政策的传统思路,着力探讨社会政策的发展型功能,亦即社会政策如何能够为改善民众的可持续性生计做出积极的贡献,从而直接推动社会经济的协调发展……本译著无论是其有关发展中国家社会政策的丰富内容,还是其内含的"发展型社会政策"的思路,都是当今中国所迫切需要了解和掌握的新知。(哈尔、梅志里,2006:402)

但是,发展型社会政策的适用性绝不像梅志里所认为的那样仅限于发展中国家,而是同样适用于发达国家,具有普适性。即便是在发达国家的福利国家建设中,也有发展型社会政策的要素,而且社会政策的发展主义传统是值得加以关注的宝贵经验(Dahl, et al., 2001)。笔者在《发展型社会政策》一书的"译者后记"中也指出了这一点。实际上,就在梅志里致力于以发展中国家为背景构建发展型社会政策的理论框架的同时,国际社会政策学术界呈现了百花齐放的态势,多种理论同时孕育生长,为发展型社会政策的发展提供了肥沃的土壤。

这些理论包括:

- "社会投资"(social investment)理论,把国家与社会的福利开支视为社会投资而非社会消费,不仅重视社会政策对于推进社会公平的作用,而且强调社会政策对于推进经济社会协调发展的作用(Lister, 2004)。
- 工作福利(workfare)理论,强调以促进就业为中心的社会福利政策(Solow, 1998),致力于推动或约束福利受益者参与劳动力市场(King, 1995)。
- 福利混合经济(mix welfare economy)理论,高度强调国家、市场、非营利性组织协同发挥作用(鲍威尔,2011)。
- 福利多元主义(welfare pluralism)或福利社会(welfare society)理论,高度强调基于社会资本和社群治理的所谓"利益相关者福利"(Rodger, 2000;彭华民,2016)。
- 能促型国家(the enabling state)的理念,探讨了国家如何通过推动社区和非营利组织的能力建设,来实现发达国家福利国家的转型,从而一方面完善社会保护,另一方面可以推动社会经济的发展(Gilbert and Gilbert,1989)。

在以上的理论中,相当一部分发源于对西方发达国家福利改革的研究。这其中,最为显著的当数"社会投资"理论,把福利开支视为社会投资而非社会消费(Midgley,1999),不仅重视社会公平,而且强调经济与社会的协调发展,这与发展型社会政策的思想一脉相承。按照这一理解,运转良好的福利国家是一种社会性基础设施,同实体性基础设施一样,都是一个国家和地区经济健康与可持续性发展的保障(吉登斯,2000)。这一理论的兴起,超越了前述将福利国家视为纯粹社会消费和再分配的传统观点。福利发展主义也吸纳了一些传统上一直被视为具有强烈新自由主义或后现代主义取向的社会政策理念,如工作福利、福利多元主义和福利社会。

所有这一切都提示我们,福利国家建设的问题,对于中国来说,绝不应该成为一个可以回避的问题。事实上,中国正在建设一个福利国家(岳经纶、刘璐,2016)。只不过,中国的福利国家建设,一方面与经济发展水平的提高不相适应,呈现为福利水平普遍较低的境况,另一方面在制度变革和制度建设方面进展缓慢,导致国家、市场和社会在福利筹资、福利提供和福利监管各领域的边界不清和职能错位,既损害了公平也不利于效率。同时,无论是在理念上还是在实践中,中国正在兴起的福利国家的治理依然停留在行政机制主导的阶段,而在公共治理创新的新理念、新范式、新实践上有待普及。因此,中国福利国家的改革与发展理应成为中国发展模式转型的题中应有之义。中国的福利国家建设,亟待摆脱既有的行政化藩篱,亟待创新治理模式,亟待走上一条让行政机制、市场机制和社群机制相互融合、相得益彰的新路。走向发展型福利国家(the developmental welfare state),是可行的选择。

五、走向社会发展主义:发展型福利国家的理论探讨

发展型福利国家的理念是由联合国社会发展研究所(United Nations Research Institute for Social Development,UNRISD)2005年组织的一个有关东亚社会政策的研究项目首先加以界定的(Kwon,2005a)。同年,这个项目又正式出版了一部有影响力的论文集(Kwon,2005b)。发展型福利国家或福利发展主义

(welfare developmentalism)的理念,植根于有关发展型国家或发展主义的文献中。在这里,发展主义是一种以促进经济发展为导向的政府施政理念和行动,其中产业政策的实施成为发展型国家的核心(参见本书第三章)。可是,发展型国家的发展政策不仅包括产业政策,而且包括社会政策,其社会政策的取向是强调福利的民间性来源、降低民众对国家的依赖、将社会公正的追求从属于经济效率的考量(Goodman and White,1998:17)。

简言之,发展型福利国家的最大特色是将社会政策从属于经济发展的目标。具体来说,除了注重教育、医疗之外,东亚发展型福利国家在社会保护方面注重对产业工人的社会保险,同时将社会救助局限在剩余主义的框架之中,而对普惠性的社会福利敬而远之。但随着经济发展水平的提高以及经济全球化给民众带来的社会风险加深,东亚各国和经济体政府在福利国家制度建设方面迈出了新的步伐,覆盖全体民众的新公共福利项目相继应运而生,尤其是全民健康保险和最低生活保障制度。

一开始,社会政策学者是在贬义的基础上使用"发展型福利国家"或"福利发展主义"等字眼,视之为社会政策发展滞后的集中体现。但是,随着福利体制中出现的新变化,东亚是否走出了福利发展主义,成为一个值得探索的课题。相关学者注意到,在欧美福利国家的发展中,有两个福利发展主义的主线特别值得关注:一是俾斯麦式福利国家理念,其本身就通过强调基于就业的社会保险而从属于工业化的发展战略;二是自20世纪30年代就在斯堪的纳维亚半岛出现的积极劳动力市场政策,其宗旨是帮助民众提升参与劳动力市场的技能。前者在社会政策学界是众所周知的,而后者则是联合国的相关组织早在20世纪60—70年代就加以推动的,而哈耶克主义的极力反对者、1974年与哈耶克同获诺贝尔经济学奖的冈纳·米达尔(Gunnar Myrdal)在此过程中发挥了举足轻重的作用。两种福利发展主义既有共同点也有相异点:共同点在于都具有生产主义取向,注重让社会政策发挥对经济发展的积极影响;相异点在于,俾斯麦式福利发展主义在社会投资上具有选择性,在福利提供上依赖于威权治理,而北欧福利发展主义在社会投资上具有普惠性,在福利提供上建基于民主治理(Kwon,2005c:7)。

在发现福利发展主义实际上贯穿着福利国家的整个历史发展过程之后,国际文献对发展型福利国家的取向发生了微妙的变化。以往,北欧福利国家都作为福利体制的典范出现在众多崇尚社会民主主义的社会政策文献之中,其核心特征就是艾斯平-安德森所说的高水平的"劳动力去商品化",即劳动力不依赖劳动力市场参与而获得收入的程度。但进入21世纪,北欧国家摇身一变,在社会政策文献中成为发展型福利国家的典范。2004年,联合国社会发展研究所发表长篇报告,对斯堪的纳维亚福利国家中发展主义经验进行了总结,并推荐给发展中国家。简言之,作为北欧福利国家的核心特征,普惠主义不仅能为各种各样的个人和家庭提供一个平等且较为体面的生活条件,而且也能为民众参与社会经济生活创造有利的条件(Kuhnle and Hort, 2004)。当一个社会的成员不再为衣食住行以及教育、医疗等基本需要而焦虑、狂躁甚至撕裂的时候,他们的追求自然转向了社会经济生活的高效、丰富、多彩。

在发达国家中,尽管各国政府的施政理念有所不同,但其共同点是将福利国家治理模式的改革纳入"积极社会政策"的框架。近年来,经济合作与发展组织(OECD)着力推动这一治理创新。所谓"积极社会政策",是指一种全新的政策理念,即将各种社会项目的重心,从保障民众免受风险转向其能力建设,并且以更好的方式利用其能力。将积极社会政策作为施政主轴的福利国家,自然被称为"积极福利国家"。在积极福利国家中,福利体系得到重新定位,资格认定不再宽松,给付水平不再慷慨,而且旨在促进人们工作的积极措施来替代消极的收入援助(OECD, 1989)。那些将过去的消极社会政策转变为积极社会政策的改革举措,被称为"社会激活政策"(social activation policy)或"社会激活项目"(social activation programmes)。福利国家的这一改革取向,最终目标是召集并塑造"积极的公民"(the active citizenship),强化公民责任感,通过积极参与和选择,将"消极的社会"改造为"积极的社会"(Daguerre, 2007)。

积极社会政策其实并非全新的理念。前文已述,在此概念提出之前,有关积极劳动力市场政策(active labour market policy)的研究和实践早已行之有年,其宗旨是将劳动政策的重心从失业保护转为就业促进(Schmid, et al., 1996),而积极社会政策无非积极劳动力市场的一种拓展,其宗旨是将社会福利政策从收入支持的提供转为工作能力的培养。积极社会政策的框架将原来两个略有不同但颇多重叠的研究与政策领域整合起来,从而使得社会激活的努力不再限于有工作能力的失业者和就业政策,而是从就业政策扩展到儿童政策、弱势人群政策、老年人政策等。

理念的转变具有巨大的威力。随着发展型举措的不断增加和改善,社会政策不再是消极的、保护型的措施,而成为推进社会公平和经济发展的一种积极的手段。相较传统的社会公正取向,福利国家的建设有了更加广泛的理论基础。至于积极的、发展型的社会政策林林总总,但归纳起来,主要有两个方面:一是加强医疗、教育和社会救助,从而强化福利领取者的人力资本,提高其参与劳动力市场和社会生活的能力;二是通过鼓励性或者惩戒性措施,要求福利领取者接受工作培训、参加社区公益活动、参加非社区性志愿服务,为其创业提供财务和非财务支持(咨询、信息提供等),为他们提供法律援助等。

福利发展主义也好,积极社会政策也罢,其兴起的制度性前提条件是政府转型,即国家治理模式的创新。福利国家本质上是一种对社会经济生活实施广泛干预的政府形态。为了达成社会经济生活的协调与发展,治理机制无非有三:行政机制、市场机制、社群机制。在发展政治学和发展社会学中,我们常常用国家—市场—社会的三角关系来概述三种治理机制的关系。在新自由主义和新保守主义所批评的福利国家之中,行政机制无疑发挥着举足轻重甚至压倒性的作用,而国家对社会福利和公共服务从筹资、递送、评估到监管等方面都大包大揽,自然会导致公共部门的日益膨胀和行政化,从而一方面对民间的社会经济生活空间形成挤压,另一方面对社会经济生活的高效、多样构成不利的影响。

六、走向全民公费医疗

福利国家的重要活动领域之一在于医疗和健康。中国福利国家建设的重要支柱之一就是将中国现行碎片化的社会医疗保险制度转型为全民公费医疗或全民健康保险。在当今中国,一个覆盖全民的基本医疗保障体系已经建立起来,但这一体系与运转良好的目标还有一定的距离(参见本书第八章)。基本医疗保障体系原本由城镇职工基本医疗保险、城镇居民基本医疗保险和新型农村合作医疗三个社会医疗保险组成,自2015年以来,城乡一体化得到强力推进,后两个保险已经合并为城乡居民医保。现在,基本医疗保障体系由职工医保和居民医保组成。该体系运转不良的根源在于三个(或两个)医疗保险的诸多制度细节,如筹资模式、缴费年限、统筹层次、给付结构和行政管理等,呈现高度地方化,而地方差异的复杂性导致了整个医保体系的碎片化。医保碎片化不仅有损于医保体系的公平,而且也有损于效率(顾昕,2017b)。

直面碎片化,就事论事、零零碎碎的制度微调已经无济于事。中国医疗保障体系亟待从碎片化到一体化的系统性改革。以全民健康保险或全民公费医疗制度取代现行的社会医疗保险制度,是一个合意且可行的社会政策选择。除了在筹资模式的细节上有所差别之外,全民健康保险或全民公费医疗基本上别无二致,因此下文根据上下文来使用这两个术语。

以全民健康保险为制度基础重建中国医保体系,并非将既有的基本医疗保障体系推倒重来,实际上是延续既往的渐进主义改革思路,但又有所创新。创新的要领是将职工医保并入居民医保,完成"三险合一"或"三保合一"。废除职工医保,让所有参保者都变成"居民",是推进基本医疗保障体系一体化的新思路,而零碎性、微调式的旧思路,则是立足于维持职工医保的制度框架不变。

基本医疗保障体系需要巩固与发展,这是医保界的共识,但对于如何巩固、如何发展,却一向没有共识。比较主流的意见,是在维持既定制度框架不变的前提下,对既有社会医疗保险所面临的问题进行小幅渐进式调整,以克服制度不调的现象。具体而言,在很多学者以及主管医保的政府官员看来,基本医疗保障体系目前最大的问题在于社会医疗保险的"泛福利化"(王永,2014),即城镇居民医保和新农合,无论是否经历着城乡一体化的过程,都出现了民众缴费水平涨幅远低于政府补贴水平涨幅的趋势,从而导致城乡居民医保从社会医疗保险演变成了社会福利制度。对这一转变倾向,是需要警惕并加以避免的(刘峥,2018)。对这一主流人群来说,医保改革与发展的方向是基本医疗保障体系的"去福利化",具体措施不仅要提高城乡居民医保中百姓的缴费水平,降低政府财政补贴的相对水平(蒋云赟、刘剑,2015),而且要在城镇职工医保中废止退休者免于缴费的政策(楼继伟,2015)。反对"泛福利化"或主张"去福利化",有两个核心坚持:一是坚持社会医疗保险为医保体系的制度主干,简言之,职工医保制度不可触动;二是降低居民医保筹资中政府财政投入的比重,提高国民筹资责任,简言之,让城乡居民参保者多缴费。

可是,这一思路早已脱离中国社会发展的现实,也与中国迈向共同富裕的目标背道而驰。事实上,在成就举世无双的经济奇迹的同时,中国还成就了"社会奇迹",正通过新型福利制度的建设,助力共同富裕。其中,全民医保的实现,就是中国社会奇迹的最亮眼名片之一。在福利水平依然不高的大背景下,推动全民医保的"去福利化",无论是其政策原则,还是其具体措施(如大幅提高参保者缴费水平和让原本免予缴费的退休者重新缴费),都会因遭遇强烈民意反弹而步履维艰(刘涌,2012)。

医疗保障的改革与发展应该另辟蹊径了。对此,学界始终在探讨,实践中的探索也屡有出现。无论基于学术逻辑还是实践逻辑,推进医保体系去碎片化之路有三条:其一,基于职工医保制度,实现"三险合一";其二,基于居民医保制度,实现"三险合一";其三,维持职工医保与居民医保两险并行的格局,但打通参保者在两者之间转换的通道,其中最关键之处是统一两者的筹资水平和给付结构。关于第三条道路,无论是学术论述还是实践探索,均未出现可信的操作方案,两个保险的给付结构差异缘于其筹资渠道和筹资水平的差异,而统一两者筹资的水平,在既有筹资机制不做重大改变的前提下是根本不可能完成的。因此,对第三条道路,本章不予详细讨论。基于职工医保的医保一体化,学界论述和实践探索都较早,但达成目标不仅遥遥无期,而且还极有可能永远达不到终点(参见顾昕,2022a:381-382),此处不予详述。

基于居民医保的医保一体化,实际上,就是走向全民健康保险的一种尝试,在实践中以"全民免费医疗"的"神木模式"为代表(顾昕,2022a:第十三章)。如下文所述,尽管"神木模式"由于"孤岛效应"而名声不再,但其制度架构和运作均未出现不可持续性的问题。在理论上,笔者早在2012年就提出了全民健康保险的构想(顾昕,2012c),并在2017年进一步拓展并细化为"准全民公费医疗"的设想(顾昕,2017a),这些设想实际上就是"神木模式"的细化版、拓展版和完善版。如前所述,从国际经验来看,全民健康保险就是"准全民公费医疗"。

这种医保去碎片化改革的方向,是从"去福利化"转向"再福利化",将基本医疗保障体系改造为一个以普惠型福利模式为主轴的社会福利制度,并使新型医疗保障体系成为中国福利国家的主干支柱之一。新转型路径既清晰也简单,即中止城镇职工医保的运作,以既有的城乡居民医保为制度基础,建立一体化的全民健康保险体制。值得注意的是,在中国语境中,全民健康保险亦可被理解为全民公费医疗。

这一转型思路具有可操作性。实际上,自实施全民医保战略以来,城乡居民医保的人口覆盖率始终远高于城镇职工医保,两个保险所覆盖的人口分别为10亿和近4亿。走向全民公费医疗的医保改革思路,可以概括为五个字,即"职工变居民"。具体而言,全民健康保险的新制度架构如下。

1. 目标定位:所有国民,无论老幼、性别或工作种类,均以居民身份参加全民健康保险。

2. 参保登记:所有国民(无民事行为能力者由其监护人代办)每年在法定期限内到居住地所在区社会保障事务所(或其他行使类似职能的机构,如村委会)办理参保登记手续,而搬迁之后也必须在一定时间内在新居住地社区重新登记。不登记者不能享受全民健康保险。对于延迟登记者,设立待遇等待期。

3. 筹资机制:由国民和政府分担。所有国民缴纳定额年参保费,在新制度实施的初始阶段,国民参保费可确定为500元/人,而政府人均筹资水平可确定为1500元/人。国民参保费和政府筹资水平均随人均GDP增长指数化。医疗救助制度的受益者免缴参保费,改由政府财政支付,这是现行医疗救助制度的延续。享受免缴费待遇的现城镇职工医保退休参保者,继续免予缴费,只需履行参保登记义务。

4. 给付结构:全民健康保险采用既有居民医保给付结构的加强版(即提高医保支付比例,又称报销比例)为"基本服务包",其给付范围(即服务项目、药品及耗材目录的更新)走向常规化、制度化。在宏观上,全民健康保险支出占所有定点医疗机构业务收入的比重达到70%上下,这样患者自付比可控制在30%上下。

5. 多元发展:全民健康保险设立补充医疗保险,与民营健康保险建立公私合作伙伴关系,供参保者自愿选择;既有的大病再保险沿用。补充医疗保险和大病再保险的筹资由参保者保费和全民健康保险补贴组成,其经办均通过外包方式由民营健康保险组织加以承揽。各地政府(尤其是省级政府)可自主选择对民营健康保险的其他公共支持方式。

6. 行政管理:国家医疗保障局更名为全民健保局。更名能产生名副其实之效,但不更名也不影响新体系的运作。重要的是,在各省健保局下设立公立独立法人"全民健保中心",负责筹资和支付的组织工作,中短期内的工作重心是大力推进医保支付制度改革。医保或健保服务的法人化是其公共治理体系的重大创新,其中引入市场机制和社群机制并与行政机制形成互补嵌合是治理创新的关键。

对于上述制度架构,一个最容易产生的疑问是,为何要设立国民参保登记缴费的行政环节?为何不干脆在筹资环节实行全民免费,使健保筹资全部来源于一般税收,并让国民自动成为全民健保的受益者?

从医疗保障模式国际比较的视角来看,全民健康保险与全民公费医疗模式的主要差别在于筹资机制,前者的部分筹资来源于参保者缴费,而后者的筹资来源于

第四章　中国福利国家的建设：增进市场、激活社会、创新政府

一般税收。在全民健康保险中，参保者需要缴费；在全民公费医疗中，民众无需再为参保缴费。在实施全民公费医疗的发达国家，尽管民众无需缴费，但必须在基本卫生保健提供者那里登记，方能享受公费医疗。基本卫生保健提供者一般是全科医生，又称"家庭医生"，他们面向社区，要么单独执业，要么联合执业。

笔者针对中国情况所提议的全民健康保险，其筹资来源既包括国民缴费也包括一般税收，而后者比重较高。新体系设定了国民年定额参保缴费的规则，并非出于筹资本身的需要（因为国民健保缴费水平低于政府补贴水平，其在筹资上发挥的作用有限），而是旨在建立参保者登记制度，这一点对于新医保体系的行政运作，是至关重要的。

首先，参加全民健康保险，既是国民应该享有的权利，也是国民必须履行的义务，设立国民缴费制度有助于强化民众的健康意识和参保意识，而等待期制度的设立是为了防范民众的逆向选择（即自我感觉身体好的民众平时选择不登记、不缴费、不参保，而在生病之后再登记缴费参保）。其次，登记地点的明晰化可为医保支付管理者统筹医保基金的地区配置，即所谓"钱随着人走"，带来扎实的数据基础。最后，如下文将会详述的，参保者缴费登记制度，也能为医保关系的跨地区转移接续带来便利。

对于这里提议的全民健康保险新体系，另一个容易产生的疑问是为什么"基本服务包"的给付水平仅为医疗机构医疗收入的70%，而不是更高？这会不会产生保障水平不高的问题？实际上，首先，这里的基数是所有医疗机构收取的医疗费用，既不限于医保定点医疗机构，也不限于医保政策范围内的医疗费用，其中既包括门诊也包括住院，因此在此基数上70%支付比的金额，远高于现有医保政策中70%的报销比例的金额，因此保障水平不高的问题不存在。其次，保留30%的未支付费用，为补充性健康保险留下了发展空间。实际上，民营健康保险在所有发达国家都有所发展（OECD，2004）。法国社会医疗保险体系就仅仅支付大约70%的医疗费用，而剩余的医疗费用空间则由民众自愿参保的民营健康保险来填补（Buchmueller and Couffinhal，2004）；在德国、荷兰、日本等国，民营健康保险也在社会医疗保险体系之外扮演重要的补充保险角色（Henke and Schreyögg，2005）。民营健康保险的类似作用，也出现在全民健康保险国家，如澳大利亚（Colombo and Tapay，2003）。

全民健康保险制度的建立，即医保再福利化，意味着原本在中国只有少数人才

能享受的公费医疗转型为一项普惠型福利项目,这一改革之所以具有合意性和可操作性,在于民众的高欢迎度。多年来,就中国的医改而言,对广大民众和大众媒体最具有撩拨效应的辞藻,非"全民免费医疗"莫属。

早在2009—2010年,陕西省神木县曾因推行"全民免费医疗"而名动天下,一时间,神木模式蜚声神州,引发"学习神木好榜样"的议论(王家敏,2010)。神木模式其实是对全民健康保险的践行,而其自称并引发媒体喧嚣的"全民免费医疗"具有误导性。实际上,神木模式的要害在于通过医保再福利化,以变相搁置职工医保的方式推进了三险合一,超前推行了笔者在2012年和2017年两次提议并在本章加以重申的"职工变居民"的医保转型路径。正因为其超前性,神木在全国范围内通行三险分割向二险并行转型的格局中成为改革孤岛,并因其对本身和周边地区城镇职工医保的运行造成不良影响而遭到排斥。在这个意义上,神木模式由于孤岛效应而不具有可复制性,但其可操作性和可持续性并不是神话(详见顾昕,2022a:第十三章)。

多年来,无论是俄罗斯还是印度,都因其所谓的"全民免费医疗"而引起国内舆论界(尤其是新媒体)众声喧哗。尤其是印度实行"全民免费医疗"总能引发诸如"印度能,为什么中国不能"的议论,更具有民意撩拨性。尽管喧哗的众声由于对俄罗斯和印度的医保体系缺乏专业性认知而具有误导性,但也折射出民众对于医保福利化的期待。针对这种期待,中国人民大学劳动人事学院的医保学者专门撰文加以澄清,指出在民意关注并属意的"全民免费医疗"国家如英国、俄罗斯和印度当中,私人卫生支出的比重差异很大,英国最低,俄罗斯居中,印度则很高;但社会医疗保险也能做到降低私人卫生支出,某些国家如德国在这一指标上甚至比"全民免费医疗"的典范英国做得还要好;与此同时,在基本医疗服务可及性、质量及国民健康水平上,英国也不如实施社会医疗保险的德国和法国,更不必说俄罗斯和印度了(赵莹、仇雨临,2014)。当然,通过舆论反映出来的民意认知,本身就具有非专业性的固有特点,而且舆论传播中的"信息茧房"效应,即舆论接收者和传播者倾向于接受和传播符合自己既有认知和期待的信息并规避其他具有客观真实性和专业可靠性的信息,致使有关"全民免费医疗"的言辞和提议总是停留在高民意撩拨性和低实际操作性相伴随的境地,而这类言辞和提议的发出者与响应者对于有关全民健康保险、全民公费医疗及"全民免费医疗"的专业讨论基本上是经不起推敲的。

我们已经知道,新医改发轫于2005年以来兴起的新一轮医疗体制改革方向的争论。尽管争议点多多,但争论者毕竟达成了一项共识,即新医改的突破口在于医疗保障体制的健全,也就是实现人人享有基本的医疗保障,即"全民医保"。然而,这一共识缺乏实质性内容。关键在于,如前文所述,无论从理论上探讨,还是从人类历史的实践经验中观察,建立医疗保障体系有多种制度选择。那么,中国新医改所确定的"全民医保",究竟应该选择何种制度,或者说哪些制度的组合呢?具体而言,中国全民医保的主干性制度安排,究竟是全民公费医疗,还是社会医疗保险,抑或是全民健康保险?在有关新医改的大争论中,对这一关键性问题,并没有达成共识。国家新医改方案最终选择了以社会医疗保险为主轴推进全民医保的战略方向,但这一选择以及全民医保目标在2012年的达成,并未让这一争论尘埃落定。全民医保如何实现高质量发展,其制度架构如何完善,依然是中国社会政策领域最严峻的挑战之一。

如前所述,在世界上,凡是实现全民医保的国家,除了一两个孤例(如瑞士和新加坡)之外,其医保制度主干要么是全民健康保险或全民公费医疗,要么是社会医疗保险。相当一部分国家,从社会医疗保险起步,逐步走向了全民健康保险或全民公费医疗。推动这一转型的动力,不仅在于提高保障水平,而且也在于强化公平性以及其他现实可操作性的考量。在经济合作与发展组织成员国中,一半实行全民健康保险或全民公费医疗,而另一半实行社会医疗保险。值得说明的是,很多国家和地区的全民医保体系采用混合型制度,即以某一种医保制度为主,以其他医保制度为辅。

对于中国人来说,公费医疗并不陌生,也令很多人向往,但却有些声名不佳。众所周知,中国公费医疗只覆盖了少数人,显然有欠公平;同时,由于其制度缺陷所导致的浪费以及特权人士的滥用,现行公费医疗体制在受益面非常狭窄的情形下却占用了相当大比例的卫生经费,包括政府在医疗卫生领域中的投入。于是,公费医疗成为舆论批评的对象,有"特权医保"的名声,也成为改革的对象,并入城镇职工医保成为公费医疗改革的大方向,但这一并轨步履维艰,直到本书写作之时也未竟全功。这样一来,在中国,很多人有意回避"公费医疗"这个字眼,也不使用更具有专业性的"全民公费医疗"(或简称"全民健保"),而喜欢"免费医疗"。神木的医改经验体现了这一点。无论是神木模式的创建者还是其赞扬者,都竭力回避"公费医疗"这个字眼,也不使用"全民健保"这种中性字眼,却都刻意使用"免费医疗"这个容易引起轰动效应的字眼。

然而，轰动效应是一把双刃剑，既会吸引关注，也会妨碍人们认清其本质。从2010年到2020年，神木"全民免费医疗"的光环早已不在，但其以高财政补贴下城乡一体化居民医保为制度主干的医保运作模式在当地早已常态化。尽管其可复制性已经很少再被提及，但其财务可持续性也不再受到质疑。相对较高的医疗保障水平，不仅让当地百姓受益，而且也促进了基层医疗机构的发展。当地唯一一家公立定点医院取得了跨越式发展。2017年，神木撤县设市，神木县医院更名为神木市医院，并成为陕西省唯一一家县级三级医院。当地在规范县级公立医院发展的国家政策下扶持了另两家公立医院，即神木市中医医院和神木市妇幼保健院。民营医院在当地医疗服务市场上依然占据半壁江山。神木的医保支付改革依然稳步前行，总额控制和按人次付费的支付模式依旧，尽管按人次付费常被误解为按病种付费。[①]

可以说，尽管神木模式并没有成为"神州模式"，但其当年的轰动效应折射出"全民免费医疗"的民意刺激性。对此，由郝模教授领衔的复旦大学卫生发展战略研究中心和健康风险预警治理协同创新中心在2015年发表了一篇论文，给予详细分析。基于其30余年卫生政策研究心得，这篇论文提出新医改建立"基本医疗卫生制度"的目标过于含混抽象，质疑新医改方案中琳琅满目的医改措施中哪条能够反映百姓期望，如何承诺于民、服务于民，如何形成共识，如何加以操作。该论文认为，新医改亟须一个凝聚各阶层民心的社会目标，满足百姓心中最大的期望，即至少85％的公众向往的"免费医疗"，并断言，对于全民免费医疗制度的构建，我国现有的筹资能力足以支撑，理论和技术都很成熟，关键在于决策者的决心（王颖等，2015）。

"全民免费医疗"在舆论场的燃爆力，当然不会因神木模式的光环不再而有丝毫消退。除了医疗界知名人士的呼吁和传播之外，"全民免费医疗"更是因成为政协会议提案而屡屡受到舆论的关注。曾在2009年被搜狐网评为"当代四大国学大师"之一的全国政协委员、中国中医药大学国学院和管理学院院长张其成教授在2020年、2021年和2022年两会上连续三年提交开展"全民免费医疗"试点的提案，但由于种种原因，尤其是其"争议性"，其提案内容从未由正式渠道加以公布，媒体

---

① 朱雪琦：《11年前轰动全国的神木"全民免费医疗"，如今怎样了？》，"八点健闻"微信公众平台，2020年12月2日，"贞观"微信公众平台转载，2020年12月31日，https://mp.weixin.qq.com/s/6REIvf_9xtxUp9IZTquaWQ。

固然热衷于报道,但内容常常是碎片化的。

综合众多媒体报道的呈现,张其成委员多次提案的内容至少包括如下几点:(1)整合财政资金和医保基金,实施"全民免费医疗",使医疗费用中个人支付的比重不超过20%;(2)在金砖五国中,唯有中国未实施"全民免费医疗",而中国的综合国力在金砖五国中最强;(3)中国亦有"全民免费医疗"的地方实践,例如神木等,并未显示出财政不可持续性和制度不可操作性;(4)"全民免费医疗"试点可以从基层公立医疗机构和中医医疗机构起步,逐步向所有公立医疗机构推开;(5)建立健全遏制过度医疗的制度,确保"全民免费医疗"不至于陷入财务无底洞;(6)公立医疗机构尤其是公立医院去市场化,让医务人员没有创收激励;(7)动态调整医疗服务价格,设置药事服务费,调整医务人员薪酬结构,确保公立医院医务人员的待遇不仅不降低,反而有提高。基本上,张其成委员的提案内容,是民意与医疗界"全民免费医疗"呼声的综合和系统化。

对于"全民免费医疗"的提案,国家卫健委曾在2021年两会后按照提案处理规范,经商财政部、国家医保局、国家中医药局等部门后给出答复,并在其官网上公布了答复函,基本内容是:(1)我国的经济发展水平尤其是有限的财政能力在可见的未来不足以支撑"全民免费医疗";(2)中国已经建立了覆盖全民的基本医疗保障网,其中包含医疗救助和大病保险,保障水平不断提高,并且针对困难群众,"夯实托底保障";(3)基层医疗机构已经就某些基本药物实行全额保障;(4)中国全民医保制度的筹资原则是互助共济、责任共担,即"建立政府、社会和个人的合理分担机制";(5)"全民免费医疗"的实施"需要其他制度的联动和配套,以防止各种风险和弊端","增强改革的系统性、联动性和协同性是深化医改以来一直坚持的原则",并正在医改实践中"落地见效"。[1]

综览有关神木模式的舆情、"全民免费医疗"的民意呼声和提案,以及政府的回应,可以看出相关争议呈现出某种失焦状态。首先,"全民免费医疗"呼声,无论由何种人士发出,无论以何种方式呈现,均未清晰勾画其制度框架,也未能说明其设想的制度与既有全民医保体系有何区别,更谈不上其制度设想具有专业性。张其成委员的2022年提案并未针对国家卫健委2021年答复逐一加以专业性的回应,

---

[1] 答复的文本参见:《关于政协十三届全国委员会第四次会议第4768号(医疗体育类600号)提案答复的函》,中华人民共和国国家卫生健康委员会,2021年12月7日,http://www.nhc.gov.cn/wjw/tia/202112/255a02a3db1e414e91e6d9259f3dcbd5.shtml。

凸显出"全民免费医疗"仅仅停留在民意表达、尚未形成政策建议的基本事实。

其次,"全民免费医疗"发声者对既有全民医保体系去碎片化认知不足,对其属意的制度如何能对既有医保体系的改革与发展有所贡献阐述不清,甚至根本没有阐述。政府对"全民免费医疗"提案的答复,只是阐述既有的医保改革与发展措施也符合提案者的期待,也没有表明既有医保体系存在的问题是否不必借助向"全民免费医疗"转型也能得到解决。简言之,全民医保去碎片化问题与"全民免费医疗"问题未能发生应有的关联性。

最后,最为重要的是,对其中最为关键的争议点,即财政支撑能力,"全民免费医疗"发声者从未给出自己的专业性测算,对既有文献中具有一定专业性的测算和分析也不屑一顾。政府在对这类舆情和提案的答复中,也只是声明既有公共财政能力不足以支撑"全民免费医疗"。于是,对于财政可支撑性,变成了各说各话的局面。

简言之,无论是从国际比较所获得的启示,还是中国民意观察所传递的信息,全民健康保险或全民公费医疗其实未尝不能成为中国建立全民医保的一项制度选择。但是,究竟是否应该选择全民公费医疗,不应该仅仅基于国际经验,也不应该仅仅基于中国民意和舆情,而应该基于对制度选择收益与成本权衡的专业理性分析。唯有开展一定的专业分析,政策建议的可争议性才能转变成可讨论性。从社会医疗保险到全民健康保险的转型,收益主要体现在职工现金收入增加、企业社保负担减轻、基本医疗保障体系诸多老大难问题可望迎刃而解,成本主要体现在政府财政支出的增加以及制度转型过程中的一些技术性难题。转型收益中,很多对中国社会经济发展的宏观大局来说都具有战略意义,而目前有关全民免费医疗的民意喧哗基本上只是就医疗论医疗。因此,下文对转型收益详加叙述。关于转型成本分析的基本结论非常清楚,即实行全民健康保险的财政可负担性无论是在今天还是在未来的中国,根本不是问题,而其他转型成本一来可承受,二来也能为医保体系的治理创新提供新的动力(详见顾昕,2022a:309-404),但由于其分析颇具技术性,这里不展开。

就走向全民公费医疗的社会经济收益而言,可分为三个方面加以分析和展望:一是宏观社会经济收益,即对社会经济发展的宏观影响;二是对全民医保改革与发展的中观影响;三是对百姓民生的微观影响。全民健康保险或全民公费医疗对于百姓来说,能既有效也公平地分散其医疗费用所带来的财务风险,让中产阶级不至于因高额医疗费用支出而致贫,也让贫困人群有病能医而不至于因财务原因陷于贫困加剧的境地。对于全民健康保险或全民公费医疗的有效性和公平性开展详细的政策模拟分析,笔者通过专业论文的形式另行为之。因此,对其微观影响,这里不再赘述。本节只讨论向全民健康保险转型的宏观和中观影响。

在宏观层面,向全民健康保险转型,对于当今中国经济领域正在开展的供给侧结构性改革以及内循环的强化,有推动效应,而供给侧结构性改革和内循环强化对于中国应对险象环生的国际政治经济变局具有重大的战略意义。由于新制度终结了城镇职工医保,那么所有企业将免除基本工资6%—8%的医保缴费,这对正在全国范围内推进的企业社保减负来说,是一项实质性的推进措施。事实上,为应对经济增长下行压力,政府已经多次采取企业社保减负措施,但大多集中在失业保险、工伤保险和生育保险单位缴费率的降低,其减负空间不到3%,显然是杯水车薪。在新冠疫情的冲击下,职工医保单位缴费率的降低也成为企业减负措施选项,但基本上只有1%的空间。与这些零敲碎打的企业减负措施相比,推行全民健康保险的经济效益明显更大,且更具有持久性。

同时,全民健康保险制度的建立可以在短期内有效增加职工的收入。截至2020年底,城镇职工医保共有参保者3.4亿,其中在职职工参保者2.5亿,基金收入为15731.6亿元,那么在职职工参保者的人均缴费水平大约在1546.6元(国家统计局人口和就业统计司、人力资源和社会保障部规划财务司,2021:375-376)。如果转型为全民健康保险,那么原城镇职工医保在职参保者每年的医保缴费将降为500元,每人节省大约1000元,2.5亿多在职职工的现金收入会有2500多亿元的增长空间,这部分新增现金收入很有可能在当年转化为消费。可以说,全民健康保险可为企业永久性减负做出贡献。

可以说,全民健康保险的建立每年能为中国经济运行多注入1万多亿元的资金,成为激活内循环、稳增长的利器,而经济增长的稳定又能为全民公费医疗的可持续性发展奠定基础。从这个意义上说,全民健康保险恰恰是一种凯恩斯主义福利国家的实践,以社会性基础设施建设的方式,有效并且持续性地刺激了总体需求。对于这一点,无论是经济学界还是社会政策学界,以及"全民免费医疗"的呼吁者,都缺乏足够清醒的认识。

当然,医保制度的选择不应仅仅基于其短期经济效应,而应该考察其中长期社会经济影响。在中观层面,医保再福利化的社会经济之利恰在于能够一劳永逸地解决基本医疗保障体系中长期难以克服的诸多老大难问题,从而为中国全民医保的巩固和发展奠定一个可持续性发展的制度基础。诸多医保碎片化问题,将随着全民健康保险制度的建立,一一自动化解。而与之相对,基于现行社会医疗保险制度所试图推进的医保去福利化,既不可能解决医保碎片化问题,也不可能实现全民医保的可持续性发展。如前所述,"全民免费医疗"的呼吁者,对这一点并未加以哪怕是最为基本的阐述。

第一,在既有全民医保体系中,职工医保与就业身份挂钩,居民医保则与就业身份无关,由此在参保和支付上存在着一系列因职工医保和居民医保的制度间分割所造成的弊端。全民健康保险将彻底消除医保身份化的问题。

尽管全民医保早已达成,但却面临许多新问题甚至难点,需要下功夫予以解决,如新经济新业态从业人员的参保率不高、流动人口和流动就业人员的断保、职工医保与城乡居民医保之间出现的参保逆向选择、重复参保与漏保并存的问题等。这些问题,有的是新发生的,有的是存在多年的。在既有体制下,无论是政府还是学者,都不得不为流动人口和非就业人员能否顺利参保而殚精竭虑(梁鸿,2020),也要为就业与非就业人群、正式就业与非正式就业人群之间中断断保、重复参保、错保、漏保等问题的治理而献计献策(顾海,2020)。但各种方案的实施效果无论从公平还是从效率的角度来看都不理想。一旦实施了全民健康保险制度,医保身份化荡然无存了,这些问题也就不治而解。随着新经济在经济结构中的地位日渐提高,其从业人员的医疗保障问题也日渐成为新的社会风险,推进全民健康保险制度的建设,将有助于提高相关人员以及全社会抵御新风险的能力。

第二,在新制度下,医保统筹层次过低的问题将得到解决。在既有体制下,政府自2009年以来努力多年,至今也尚未在全国范围内实现地级市统筹的目标,省级统筹的试点也是屈指可数,作为施政目标,其实现更是遥不可及。统筹层次难以提高的根本缘由在于省以下政府间财政关系在不同地区有所不同,也缘于既有城乡居民医保政府补贴在省以下各级地方政府间的分担模式在不同省份有所不同。一旦实现了社会医疗保险向全民健康保险的转型,其政府补贴费完全可以由中央和省级两级财政分担,由此健保省级统筹就可以轻而易举实现。这样,在每一个省级行政区,都可建立单一付费者医保体系,由省级健保中心负责基金管理。

第三,全民健康保险体系中个人缴费和财政补贴均随经济发展水平而指数化,如下一节详述,就能确保新体系的财务可持续性,而旧体系中居民医保时常因个人缴费水平提高而引发的争议自然也就消弭殆尽了。

第四，新医保体系消除了人均医保筹资的地方差异性，也自然消除了医保给付结构的地方差异性。缴费水平划一、给付结构划一，这符合医保公平性的一般原则。如世界银行的一份报告所说，医保"筹资的一般原则是：国民依照其财富多寡（或支付能力高低）来缴费，而病人则根据其需要接受医疗服务"（World Bank, 2010b：ix）。在新体系中，民众健保缴费水平是划一的，这一点不符合世界银行医保公平性原则的前半部分。一般认为，公平的缴费水平应具有累进性，可是这种做法就中国医保改革而言是不经济的，也是没有必要的：一来由于新制度拟议的健保缴费水平并不高，再设定累进费率，将极大地增加行政成本；二来新制度的主要筹资来源是一般税收，其具有累进性与否取决于税收体制本身是否具有累进性。在健保缴费水平上推进累进性，远不如在一般税收的税制中推进累进性重要，而推进税收体系的累进性本来就是税制改革与发展的题中应有之义，是税收体系高质量发展的重中之重。如果一般税收具有累进性，那么全民健康保险的筹资也就在很大程度上具有了累进性。国民健保缴费水平即便划一也不会对新体系筹资的累进性有实质性的负面影响，但却能极大地减少行政成本，有利于体系的良好运转。

第五，彻底解除既有医保体系的老龄化危机。退休者免缴费规则，为城镇职工医保埋下了老龄化危机的引信，是基本医疗保障体系发展不具有可持续性的制度性根源之一（顾昕，2022a：第十章）。然而，退休者免缴费的法定规则，只要城镇职工医保不废除，几乎是不可能改变的。2011年颁布的《中华人民共和国社会保险法》第二十七条规定，"参加职工基本医疗保险的个人，达到法定退休年龄时累计缴费达到国家规定年限的，退休后不再缴纳基本医疗保险费，按照国家规定享受基本医疗保险待遇；未达到国家规定年限的，可以缴费至国家规定年限"（人力资源和社会保障部法规司，2011：4）。只要在维持既有职工医保不变的制度格局中，如前文提及的以职工医保为主干的"三险合一"策略，或职工医保为主、居民医保为辅的"两险并行"策略，终将无可避免地遭遇老龄化危机。职工医保老龄化问题的解决，不可能指望退休者缴费，而研究并制定退休者缴费最优政策，即便达成最佳境况也只能是事倍功半，正常情况下极有可能是劳而无功。归根结底，无论如何制订这个问题的解决方案，都不可避免地需要政府财政增加投入。既然如此，与其对既有体制进行繁琐无比、劳而无功的修补，不如直接推进"职工变居民"，走向全民健康保险，便可轻易摆脱退休者缴费这一棘手的政策议题。

至于既有职工医保中享受免予缴费的退休参保者（俗称"老人"），可以在新的全民公费医疗中继续享受免缴费政策，以体现转型公正并利于平稳过渡。对于既有职工医保参保者中接近退休的人（俗称"中人"）来说，可以设定参加新制度的两个选项，即要么依照老办法继续缴费至原定医保累计缴费年限后在新制度下享受免缴费政策，要么自行缴费，直接进入新制度。对于所有尚未入职或从未参加过城镇职工医保的国民来说，自然是"新人新办法"，直接按全民健保的制度登记参保。为了让城镇职工医保的退休参保者以及临近退休的参保者顺利过渡到新体系之中，政府需要在一定时期内支付一定的转型成本。

第六，医保再福利化转型可以让医保基金累计结余过多的问题（Liu and Chen，2013）彻底终结。在新制度下，全民健康保险是现收现付，当年筹资基本上全部用于当年支付，而筹资标准的指数化确保了医疗保障给付水平与经济发展水平相适应。

截至 2020 年，城镇职工医保累计结余 25423.51 亿元，其中统筹基金累计结存 15396.56 亿元，个人账户 9926.95 亿元。[①] 对于这些沉淀资金在新体系中的使用，可以有多种方式，尤其可以用于支持旧体制向新体制的平稳过渡，下文将对此加以详述。

第七，废除职工医保可以让困扰人们多年的个人账户问题一劳永逸地得到彻底解决。个人账户中的沉淀资金，既可以在取消个人账户的同时成为其持有人的当期收入，也可以在一定时间内在设定途径内得到使用，如保持既有使用渠道并加设持有人支付其本人和家庭成员全民健保费的新途径，最终在沉淀资金清零后销户。

第八，全民健康保险省级统筹的实现，能为多项医保的公共服务带来行政便利。首先，省健保中心有足够的能力根据本省定点医疗机构的服务能力设定区域总额预算，为普通门诊的按人头付费和普通住院服务的 DRG/DIP 付费奠定基础；其次，医保异地结算提供了极大的行政便利。由于实行省级统筹，全民医保制度下的省内异地就医就不再是问题。如果参保者跨省就医，而且患者通过本省医疗机构进行跨省转诊转院，那么本省医疗机构实际上可扮演跨省就医的"守门人"职能。

[①] 《2020 年医疗保障事业发展统计快报》，国家医疗保障局，2021 年 3 月 8 日，http://www.nhsa.gov.cn/art/2021/3/8/art_7_4590.html。

即便不设立转诊转院制度,任何一个省的健保局都可以同跨省医疗机构直接建立契约化支付关系,例如,天津、河北、内蒙古、山西、山东、辽宁等地的全民健保局都可以同北京的协和医院建立医保支付关系。而且,跨省医保支付服务也可以外包给第三方管理公司,让后者与医疗机构打交道,这就是国际上通行的医疗险或健康险的第三方管理(third-party administration,TPA)模式。第三方管理模式的开拓,不仅能极大地促进健康保险的专业化,而且还能催生一个全新的服务行业。

第九,在既有体制下,城镇职工医保和城乡居民医保在给付结构上极为复杂的地方差异性,不仅本身有损于社会公平,而且还对医保体系的运作,尤其是对医保关系跨地区转移接续(即医保可携带性),造成了极大的障碍。

在既有体制中,医保可携带性是一个长期以来难以解决的棘手问题。除了参保者"累计缴费年限"接续的问题之外,所谓"转移接续问题"中还涉及不同地方城镇职工医保经费如何转移接续的问题。目前,当参保者工作地点发生跨统筹地区变动之后,个人账户资金移转较为便利,而统筹基金的移转则非常困难。在新体系中,这个问题解决起来要轻松许多。任何国民如果在省内迁居,则什么事情都没有;如果跨省迁居,那么参保者原所在的省健保局可将其个人缴费和中央财政补贴的资金按月划为12份,根据参保者在本省实际居住的月份,将剩余金额转给迁移后所属的省健保局。因此,全民健康保险是一个具有高度"可携带性"特征的制度,即医保待遇可以随着参保者的迁徙而全国漫游。这就要求,所有参保者在跨省迁居之后,在一个月内及时在新常住地的社区服务中心重新注册健保关系。毫无疑问,健保关系注册与居住证签发这两项公共服务通过社区服务中心的平台整合在一起,有利于公共服务整体性地改善。

随着医保再福利化转型,这些问题均可迎刃而解。参保者异地工作和定居后,只需在新工作和居住地重新登记,其当年缴费以及财政投入可按登记时剩余月份计算从原住地转移到新住地。当健保资金随着参保者流动,健保关系可携带性和异地就医结算的问题就根本不存在了。

第十,医保再福利化转型也能为医保经办的公共管理改革带来新的契机。新全民健保经办机构完全可以从行政化向法人化转型。为了推进这一转型,全民健保总局从设立之初,就可模仿全国社会保障基金,建立理事会制度。全民健保总局在各省设立分局。设在北京的总局负责所有与医保支付相关的政策性事务,并对各地健保局进行业务指导,而各省的全民健保局则扮演支付者的角色。这意味着,一个以省为单位的单一付费者体系建立起来了。实际上,从全民医保的全球经验来看,只要是在地域辽阔的大国(例如加拿大和澳大利亚),以省(州)为单位的单一付费者体系是最为常见的制度安排(Thai, et al., 2002：79, 119, 489)。在单一付费者体系中,由医保体系来推动本书所述的"有管理的竞争",更为便捷顺畅。

此外,在新体制中,随着医保支付水平的不断提高,当患者自付率控制在20%以内,且政府与社会协同强化医疗救助的强度,全民健康保险就能展现出"亲贫性",大大提高医保给付的再分配功能,将健康不平等和医疗支出不平等所引致的纵向不公平降低到最低程度,助力共同富裕(参见顾昕,2022a：第十六章)。简言之,实现从社会医疗保险向全民健康保险的转型,无论是从效率还是从公平的视角来看,都是大有益处的。

最后,我们对有关"全民免费医疗"的中国争论,进行一番赫希曼式的审思,以利我们透视中国医保改革的方向。

阿尔伯特·赫希曼(Albert O. Hirschman, 1915—2012)是发展经济学的先驱之一,但更为重要的是,他是被视为思想家或知识分子的少数经济学家之一。如果有人要问谁是没有获得诺贝尔经济学奖的伟大经济学家,稍微有一点儿经济学学问的人一定会把赫希曼列为榜首。绝大多数经济学家,包括许多获得诺贝尔经济学奖的经济学家,在西方世界,并不被视为知识分子,更谈不上思想家,但是另一位伟大的知识分子型经济学家阿玛蒂亚·森1996年在为赫希曼的杰作《激情与利益》撰写的序言中赞曰:"阿尔伯特·赫希曼是当代伟大的知识分子之一。他的著作改变了我们对经济发展、社会制度和人类行为的认识,也改变了我们对身份认同、忠诚、认诺的性质和意义的理解。"(Sen, 1977：ix)美国享有盛誉的学术性社会组织社会科学研究理事会(Social Sciences Research Council)于2007年设立"赫希曼奖"(The Albert O. Hirschman Prize),每两年颁发一次,获奖者都是在社会科学领域作出跨学科杰出贡献、无人不知无人不晓的学者。

对改革情有独钟的赫希曼在其名作《反对变革的说辞》一书中,以公民、政治和社会公民身份的演进为历史主线,辛辣分析了对公民权利伸张(法国大革命)、政治权利落实(普选权制度化)和社会权利普遍化(福利国家建设)的保守主义批判,将反对变革的说辞归结为三种,即适得其反、无济于事和险恶危殆。这三种说辞在逻辑上往往相互关联。其中,对于福利国家致力于社会权利的制度性普遍化,赫希曼揭示,反对之声无非呈现为三种说法:一是强调福利国家会适得其反,为福利领取者挖了"福利陷阱",俗话讲,福利国家养懒汉;二是福利国家没有用,即便不产生适得其反之效,也无法实现其本身的目标,如促进纵向公正,即让处于不利社会经济地位的人有更好的社会经济收益;三是福利国家蕴含着众多潜在危险,如对自由民主和市场经济的运作造成损害(Hirschman,1991)。

赫希曼对福利国家的审思,可以被直接借鉴到我们对"全民免费医疗"中国争议的审思。赫希曼所审思并加以批判的说辞,很多出自同时代自由主义或保守主义思想大家,如诺贝尔经济学奖得主乔治·斯蒂格勒(George J. Stigler)和弗雷德里希·冯·哈耶克(Friedrich A. von Hayek)、公共选择学派扛鼎人物戈登·图洛克(Gordon Tullock)、保守主义在政治学领域的领军人物萨缪·亨廷顿(Samuel Huntingdon)等。尽管保守主义的很多思想不乏对人性和官僚体制运作幽暗面的深刻洞察,或者用本书的语言来说,对行政治理的失灵有真知灼见,但其对福利国家的批判却往往失之于认知偏执和疏于实证。在中国,对于"全民免费医疗"的民意喧腾,很少有知名学者加以系统性的辩驳,但很多通过网络或自媒体流传的反对之声,都不脱保守主义的基本说辞。

对于"全民免费医疗",最具有基础性且流行的反对是一种适得其反的说辞,即免费的东西不可能凭空变出来,总要有人(例如政府财政)埋单。好多人希望全免费,实际上是想"薅有钱人的羊毛",但真正有钱人的羊毛其实是薅不到的。"全民免费医疗"会让特权人士更加便利地享受"免费医疗",而贫穷人士往往会望"免费"而兴叹。

接下来就是一种无济于事的说辞,即越免费的东西其实越贵,最终大多数民众难以获得"免费"的医疗服务。其基本逻辑如下,免费医疗消除了竞争机制和价格信号,难免在医疗供给侧带来行业效率和服务品质的下降,俗话讲,医生缺乏积极性;同时,由于看病不花钱,也难免会在百姓中诱发很多无效和不合理的医疗需求。供给不足而需求旺盛,自然会导致服务短缺。在实行所谓"全民免费医疗"的国家,最常见就医等待时间偏长,成为这一说辞和逻辑的"实证"。为了获得"免费医疗",很多人不得不另掏腰包,以减少等待时间。

继而就是一种险恶危殆的说辞,即"全民免费医疗"会产生"财政无底洞"。政府财政投入少了,"全民免费医疗"会蜕变为一种制度花瓶;财政投入多了,上述逻辑就会以强化的方式运作,民众无病呻吟、小病大看、大病特治,医生也因"免费医疗"有人埋单而不加阻止甚至予以配合,百姓和医生从中得益而政府必定成为最终的输家。

反对"全民免费医疗"的这些说辞,实际上也是反对中国应该建设福利国家的说辞。这些说辞之所以是说辞，是因为其不仅缺乏实证，而且也时常有悖常理。依循赫希曼的分析思路，我们不难认识到，有关"全民免费医疗"是"财政无底洞"（或更广泛的"福利国家陷阱"）的说辞完全是危言耸听。一来按常理，任何国家的公共预算都基于某种制度化的政治博弈，不可能出现投向某一领域的财政预算无止境增长的格局；二来，在现实中，非"全民免费医疗"国家如美国、德国和日本，政府卫生支出在财政总支出中的占比，居全球最高之列，而政府财政投入比重较高的"全民免费医疗"国家如英国，政府始终在政府卫生支出上保持谨慎。在金砖（创始）五国中，中国之外的其他四国，其医保体系固然都有"免费医疗"的要素，但均未惠及全民，原因恰恰在于其政府财政投入不是无止境增长的。

认定"全民免费医疗"必定陷入消除市场机制以及价格信号的说辞，与全民公费医疗和全民健康保险国家正在运转之中的"有管理的竞争"的现实相悖，实际上是无视专业和不求实证的表现。这与将全民公费医疗或全民免费医疗视同于计划体制的传统认知有关。当然，"全民免费医疗"的中国呼声之中往往夹杂着对市场机制的民粹主义式贬低，这同"全民免费医疗"的中国反对声中往往夹杂着对市场机制的非专业主义无视，构成了一对绝妙的镜像。实际上，正如本书在许多章节中详论的，在发达国家中，无论实施何种医保制度，均可通过医保支付改革以及医疗机构的法人化改善医疗领域市场机制的运作，而且在此过程中还激活了社群机制，使得专业共同体在医疗市场机制的运作中发挥了积极作用，从而形成了行政、市场和社群机制互补嵌合的格局。在这一点上，不仅"全民免费医疗"国家没有例外，即便是"全民免费医疗"在中国不太完美的地方实践，也是如此。只要持续不断地推进公共治理变革，完善社会治理体系，"全民免费医疗"就不会出现无济于事的败局，那些在初期实施阶段出现的弊端，也能通过市场机制的引入和社群机制的激活加以矫正。

最后，那种认定"全民免费医疗"将导致特权泛滥的说辞，更是缺乏实证分析中因果推断训练的一种体现。特权泛滥的决定因素是政治和法治体系中的公正不彰，而特权泛滥的现象能否得到遏制，与是否实施某种特定的社会制度（如"全民免费医疗"）并无显著的相关性，更谈不上因果性。在现实中，无论采用哪一种医保制度，特权问题都有可能存在，而且没有任何证据表明哪一种医保制度会助长特权泛滥。即便不实行"全民免费医疗"，如何治理特权依然是一个棘手的问题。用实证分析的语言来说，在医疗领域的特权问题，医保制度没有显著的影响，那是某些控制变量的事情。

作为一位钟情于改革和进步的知识分子和入世哲学家,赫希曼艰难的思想旅程以及他在《政治经济学与可能主义》一文(Hirschman,1971)中所表达的思想,启示我们,勇敢走进某些未知的领域,创造一种可能主义(possibilism),当美德与运气互相交错缠绕时,你的机会可能就来了(Adelman,2013:3,10)。这种美德,不仅包含着以民为本的入世情怀,也包含着尊重专业、敬畏实证的智识精神以及对抗民粹主义和反智主义的道德勇气。赫希曼的"可能主义",可以为我们超越医疗领域,探究一下中国建设福利国家的可能性,提供启示。当然,这一探究并非与医疗无关,毕竟全民医保体系的高质量,无论在什么地方,都是福利国家建设的重要支柱之一。

全民医保的高质量发展应该纳入福利国家建设的宽广视野之中。如果纳入福利国家建设的广阔视野之中,全民医保体系的高质量发展也能得到更为全面的理解。全民健康保险的建立和完善,是中国发展型福利国家建设的重要支柱之一。福利国家建设之路,不再是传统的行政化之路,而是多方主体协作互动之路,是多种治理机制互补嵌合之路,是社会治理理念践行之路。

七、结语:福利国家的治理创新

中国正进入一个新的发展时期。以经济发展主义为导向的政府主导型发展模式,已经不可持续,中国经济发展模式的转型势在必行,供给侧结构性改革的重要性日益凸显。然而,供给侧结构性改革不可能包打天下,中国的发展也需要需求侧改革,即建设福利国家。作为社会性基础设施,福利国家是市场经济体系正常运转的制度性保障。就中国而言,社会政策的变革,对于中国经济的"稳增长"和发展模式的转型来说,并不一定都是"远水"。关键在于如何选择社会政策变革的路径,使之一方面能有效地帮助民众分散社会风险,无论是传统的社会风险还是新兴的社会风险,另一方面又能同市场机制的运行并行不悖。

在当今中国社会经济发展模式大转型的时代,福利国家在很多人的心目中依然是一个忌讳,这一方面是出于对福利国家的误解,另一方面是忌惮行政化、官僚化福利国家对社会经济生活所产生的负激励。但是,行政化并非福利国家的本质特征,市场机制和社群机制也可以在福利国家的建设中发挥积极作用。福利国家建设并不一定与市场化建设相悖,也不一定会有损于市场运行的效率,这一点同样适用于社会。正如市场机制本身有多样性一样,福利国家的制度结构也有多样性。实施积极的社会政策,建设一个发展型福利国家,使之成为市场机制运行的社会性基础设施,是中国经济发展模式转型的社会基础。积极社会政策有很多形式,"发展型福利国家"也有很多发展模式。中国经济发展模式的转型能否成功,关键在于我们能否在福利国家建设上抛弃陈腐的理念,从社会发展主义的新视角,重新探索社会经济协调发展的新路径。

长期以来,中国在社会政策的变革与发展方面始终陷入一种零敲碎打的局面,缺乏一个持续有力的、一以贯之的、协调平衡的福利国家发展战略,这也是中国经济发展模式转型不利的一个重要原因。唯有清醒地认识到这一点,才能有效地推进必要的社会经济改革。简言之,如果能将增进市场、激活社会、创新政府相结合,亦即在市场机制、社群机制和行政机制相得益彰上做文章,福利国家的建设才能走上健康发展之路。正是在这一点上,中国的社会政策学者任重而道远。

第五章 社会扶贫中的协作互动治理:山东乡村的创客项目[①]

中国农村的扶贫开发是一项国家、市场和社会多方主体参与的社会事业,其中,多种治理机制共同发挥作用。自2013年以来,中国执政党和政府不仅将扶贫开发工作定为实现全面建成小康社会目标的重点工作之一,而且还就扶贫开发中市场力量和社会力量的参与提出了一系列新的设想。2013年12月,中共中央办公厅、国务院办公厅发布《关于创新机制扎实推进农村扶贫开发工作的意见》,提出"创新社会参与机制",建立和完善广泛动员社会各方力量参与扶贫开发的新制度。[②] 2015年11月,中共中央、国务院颁布了《中共中央 国务院关于打赢脱贫攻坚战的决定》,提出要坚持政府主导、社会协同的原则,"构建专项扶贫、行业扶贫、社会扶贫互为补充的大扶贫格局"[③]。"大扶贫格局"设想的提出,意味着企业和非营利组织等重要的市场和社会力量,理应在社会扶贫中拥有更大的作用空间。

然而,从各地的实践来看,政府扶贫仍在扶贫开发中占据主导地位,社会扶贫仍在发育成长,大扶贫格局的形成依然有待时日。有学者发现,即便在方兴未艾的社会扶贫中,中央政府各部门和东部地区的各省市政府仍然发挥主导性作用,而社会组织的参与仍然存在运作成本很高、效率优势未能显现、组织规模普遍过小、总体贡献仍很有限等问题(李周,2016)。其中,社会组织等社会力量参与精准帮扶的

---

① 本章内容的早期版本,曾经发表于:彭云、韩鑫、顾昕,《社会扶贫中多方协作的互动式治理——一个乡村创客项目的案例研究》,《河北学刊》2019年第3期,第166—177页(本书作者是该文的通讯作者)。本章对相关内容进行了修订和充实。
② 《中共中央办公厅 国务院办公厅印发〈关于创新机制扎实推进农村扶贫开发工作的意见〉》(中办发〔2013〕25号),中国政府网,2013年12月18日,http://www.gov.cn/gongbao/content/2014/content_2580976.htm。
③ 《中共中央 国务院关于打赢脱贫攻坚战的决定》(中发〔2015〕34号),中国政府网,2015年12月7日,http://www.gov.cn/zhengce/2015-12/07/content_5020963.htm。

制度供给不足(黄承伟、覃志敏,2015),即扶贫开发领域社会治理共同体建构的非制度化,依然是一个重要的问题。关于扶贫治理的文献会提及市场机制的积极作用,但往往会把市场机制与社会企业的作用等同起来(覃志敏,2016),实际上,社会企业在生活经济生活中的作用是市场机制和社群机制互补嵌合的体现。至于并非社会企业性质的企业(纯市场化组织)在社会扶贫中的角色,尚未得到应有的重视和讨论,即便是在相关的学术研究和政策分析报告中也鲜有论及。

社会扶贫成功的关键,在于政府部门、非营利组织、基层社区组织、社会企业和纯市场化组织建立网络型协作关系,而多方行动主体间的行动协调有赖于互动治理发挥积极有效的作用。作为一种新的治理范式,互动治理是指利益多元的多方行动者通过动态的互动以达成共同目标的复杂过程,在此过程中,他们动员、交流和利用一系列理念、规则和资源(Torfing, et al., 2012:15-16, 85-88, 131)。正如第一章所述,互动治理的兴起是全球性公共管理变革大潮中的第三波发展,超越了广泛运用市场机制的新公共管理运动的第一次浪潮和高度重视社群机制的网络治理的第二次浪潮。这一新的治理范式致力于推动国家行动者、市场主体和社会行动者之间的制度化互动,让市场机制和社群机制与行政机制以互补增强的方式嵌合在一起,从而在公共治理中发挥协同之效。

社会扶贫的治理是公共治理的重要内容之一。由于社会扶贫本身就是由多元行动者共同参与并实施的面向贫困人群和弱势群体的各种社会经济救助项目所组成,互动治理的形成和制度化,对于社会扶贫项目的成败,是尤为重要的。然而,在国内学界,尽管有论文已经意识到行动主体的网络互动、行动目标的价值理性、行动内容的需求导向,以及行动方式的内源发展对于社会扶贫的重要性(苏海、向德平,2015),但却尚未出现从互动治理的新视角对社会扶贫的治理模式进行系统性理论探索和经验研究的学术风潮。总体而言,互动治理的新范式在国际学界正处在方兴未艾的阶段,但在中国学界诸多有关社会服务、社会发展和社会治理领域的研究中并未得到应有的重视。

本章首先对互动治理的分析框架进行概述,进而基于这一新的范式,对一个案例进行解剖。本章选择全国性公益组织黑土麦田的乡村创客在山东夏津县开展的扶贫项目作为案例。黑土麦田由耶鲁大学和哈佛大学的中国毕业生联合创办,2014年在民政部登记注册为"民办非企业单位",旨在培育杰出的乡村创客。2015年,黑土麦田开始在各地选择合适的项目,次年设立了"乡村创客计划",从顶尖学

第五章　社会扶贫中的协作互动治理：山东乡村的创客项目

府的优秀毕业生中招募志愿人员成为乡村创客，并为入选创客提供薪资福利、履职支持、出路选择等多方面保障，到国家级贫困县的乡村从事精准扶贫和创业创新。[①] 黑土麦田创客在夏津县的社会扶贫实践，涉及政府多部门、社会公益性组织、基层社区组织、市场化组织和农户等五方行动者的网络建设和互动协同，为互动治理范式提供了宝贵的中国本土经验，并使得互动治理的理论据此深化。

一、多方协作中的互动治理：分析框架的概要

作为国家、市场和社会行动者多方协作的治理新范式，互动治理有三个要素：(1)多方行动者必须通过频密的互动凝聚信念和价值观，以达成共同努力的目标和愿景；(2)多方行动者共建规范和制度，通过网络建设和维护，让互动制度化；(3)多方行动者动员各自所拥有的优势资源，将目标和愿景现实化（Kooiman，2005：20-21）。不同于传统的、韦伯式的、自上而下式的、以政府为中心的行政化治理模式，互动治理具有非中心性的特征，即既非以国家为中心，也非以市场或社会为中心。互动治理基于国家、市场和社会行动者之间的动态交流和积极回应，这个过程由行动者的集体行动所推动，形成网络并追逐共同的目标（Torfing, et al., 2012：14-15）。简言之，互动治理的核心在于社群治理发挥主导性作用。

社群治理（community governance），意指相互密切关联的个体组成正式或非正式的社群，基于对共同价值与规范的认诺与遵从，以协调其集体活动（Bowles，2004：474-501）。社群治理与诺贝尔经济学奖获得者埃莉诺·奥斯特罗姆领衔的布鲁明顿学派所深入研究的自我治理（self-governance）是同义的（Cole and McGinnis，2017）。自我治理是指在没有政府干预的情况下，多方非国家行动者经过自发演进过程而逐渐形成的一系列组织模式和制度结构，以管理其共享资源，协调其集体行动（Ostrom, et al., 1992；Ostrom, et al., 1994：101-102，404-417）。自我治理具有多中心的特征，因此也被称为"多中心治理"（Cole and McGinnis，2014）。

如第一章所论，社群治理是人类生活的三大治理机制之一，另外两个常见的治理机制是行政治理（bureaucratic governance）和市场治理（market governance），分

[①] 参见黑土麦田官方微信公众平台：http://mp.weixin.qq.com/s/n18feP9wlpzPmm-5bKiztw。

别基于命令与控制和选择与竞争(Bowles,2004；Le Grand,2007)。对于所有私人和公共事务的治理,三种治理机制独自发挥作用以实现善治的情形,即便不是根本不存在,也是极为罕见的。三种治理模式既具有一定的运行自主性,又具有互补嵌合性,其嵌合和协同方式影响着治理的绩效。在韦伯式公共行政传统中,行政治理模式主导着公务事务的治理,而市场治理和社群治理均处于从属、边缘的位置。在日渐兴起的互动治理模式中,社群治理占据核心位置,但市场治理和行政治理分别在日常互动的促进和治理的治理(即所谓元治理)上发挥着不可或缺的重要作用。

首先,互动治理的核心在于动态的网络建设和维护。网络呈现为多方行动者的横向关联,其参与者相互依赖但又独立自主(Sørensen and Torfing,2007)。网络建设所涉及的事项多种多样,包括信任关系的培育、共同目标的确定、各自资源的动员、分散知识的共享、解决方案的形成和联合行动的协调等；网络维护的核心事项是对社群共同规范和组织结构的维护,并对可能有损于网络持续的情况加以处置。

互动治理主要呈现为多方行动者之间通过动态的网络建设和维护而实施的横向治理,在此过程中,即便是政府领导人和政府官员之间以及他们与其他行动者之间的关系也不再以行政化的命令与控制为特征,而是转变为相对平等的理念沟通、相互依赖和协同合作。当然,纵向治理也在一定程度上存在于互动治理之中,尤其当受治理事务涉及处在不同层级的机构和组织之时,但上层机构对基层机构并不只是自上而下地运用行政命令,而是更多地采用因势利导型的助推方法,而助推型有为政府的治理方法由诺贝尔经济学奖得主、行为经济学家理查德·塞勒和行为法律经济学开创者桑斯坦加以总结并弘扬(Theler and Sunstein,2008)。

就网络建设和维护而言,非营利性社会公益组织的积极参与是至关重要的。在中国非营利部门的发展过程中,国家与社会零和博弈的思维定式一度左右着社会行动者的选择以及学界的相关论说(顾昕、王旭,2007),致使曾在发展政治学和发展社会学中占据主流地位的国家与社会相互赋权的思想(Wang,1999)难以在中国落地。由此,民间组织的独立性抑或依附性成为中国研究学界的关注重点(Lu,Y.,2009；王诗宗、宋程成,2013)。由于其具体行动必然发生在由地方政府所主导的政治社会结构中,因此,在这一关注下,民间组织被认为存在着"入场悖论",即不合作难以入场,而合作则有失独立性原则的风险(郭占锋,2012)。引入互动治理的新范式,有助于破解民间组织的"入场悖论"。政府、公司、社会组织及家庭以独立自主的身份共同建构并维护网络,形成多中心的互动场域,实现对相关事务的协作治理。

非常重要的是,互动治理的具体实践不再局限于横向和纵向治理这两个维度,而是出现了更多的对角治理(diagonal governance)或蜿蜒治理(zigzagging governance),即多方行动者之间的动态互动发生在跨国家、市场、社会三部门的不同层级的行动者之间。因此,除了参与网络建设和维护之外,非营利性社会公益组织还需要扮演工商和公共管理学界日趋重视的跨界者(boundary spanner)角色(Williams,2002;Jemison,2007),即在政府部门之间、政府与企业之间、政府与基层组织之间、政府与社会组织之间进行穿梭协调。

其次,在互动治理中,市场机制和社群机制的互补性嵌合在促进多方行动者之间的利益契合上发挥着重要作用。行动者之间的利益契合使得市场力量推动的策略性多方协作成为可能(江华等,2011),而多方协作从策略性行动转化为可持续性行动则需要利益契合制度化,其中的关键在于互动各方在某些特定政策环境所创造的行动空间里,基于各自的资源禀赋开展稳定的合作,从而实现各自权益最大化。这种功能互补性合作的制度化,呈现为某种社群组织或社会企业(如战略联盟或合作社)的形成。在此过程中,市场治理中的选择与竞争机制对于多方行动者的参与发挥着协调作用,而社群治理中的认诺与遵从机制对于降低多方行动者在战略联盟或合作社中的交易成本发挥着积极作用。

互动治理的具体操作之一在于准市场机制的运用,即在多方行动者之间建立关系型契约,而此种契约嵌入在以联盟和合作社为代表的社群组织或社会企业之中。实际上,与交易成本不菲的经典性市场契约不同,关系型契约的订立有助于降低交易成本,而在诺贝尔经济学奖得主奥利弗·威廉姆森所建立的"交易成本经济学"中,关系型契约是一种举足轻重的制度安排(Williamson,1985)。然而,交易成本经济学未能阐释清楚而经济社会学加以强调的是,关系型契约的本质在于将社群机制引入市场机制,或者说让市场机制嵌入在正式或非正式的社会关系或社会网络之中(Baker, et al., 1998; Uzzi, 1996)。互动治理的新范式对准市场机制进行了更加完整的改造:通过引入社群机制并使之进一步嵌入在发挥元治理作用的行政机制之中,让订立和执行契约的过程建立在制度化互动所产生的信任的基础之上,从而形成一种制度化关系型契约化模式。

网络建设也好,关系型契约的订立也罢,其要害都是在多方行动者之间建立合作伙伴关系。无论是基于非正式的社会关联,还是基于正式的契约化关联,合作伙伴关系中不同的行动者拥有不同的资源,发挥不同的作用,从而建构出一种"结构化的合作"(Koppenjan,2005)。在此过程中,合作伙伴通过社群治理所建构的协作规范和所培育的社会资本,正是结构化的体现。

最后,互动治理重新界定了国家行动者(即政府)的角色,即元治理者和合法化者的角色。与日常事务的治理和游戏规则的治理相比,元治理是一种高阶的具有反思性的治理实践,涉及:(1)在互动网络中生产和传播主导性规范和理念;(2)在不同的低层阶治理模式之间进行选择;(3)对互动的制度化进行战略管理,以防止功能失调,推进共同目标的达成。不止于此,在互动治理中,多方行动者互动所涉及的事项,既有政治性的也有行政性的,政治家和行政者的传统分界在互动治理中也被打破了。

除了元治理之外,国家行动者通过行政机制在互动治理中扮演的一个重要角色,就是合法化非国家行动者的行动,尤其是社会行动者的跨界协调活动。作为互动治理新范式的思想渊源之一,奥斯特罗姆的自我治理理论往往被视为对古典自由主义传统的一种传承,即在强调社群治理积极作用的同时弱化了国家的作用,这同各种版本的新自由主义对市场治理积极作用的弘扬有异曲同工之妙。可是,在奥斯特罗姆的经典之作《公共资源的治理》一书中,她给出了社群自我治理摆脱失灵的八个制度性条件,其中包括社群组织的组织权利至少得到政府的认可(即赋予合法性)以及分层治理的制度化(Ostrom,1990)。尽管未能得到充分的阐释,但这两个条件,实际上都涉及本书强调的"社群治理的行政性嵌合性",即政府一方面扮演着社群治理合法化者的角色,另一方面也在社群机制运作中不可避免地将会出现的分层治理中,扮演制度化者的角色。

二、个案研究:黑土麦田乡村创客扶贫项目中多部门行动者间的互动治理

黑土麦田所开展的乡村创客扶贫项目,涉及多部门行动主体间的多阶段互动。在这一节,我们将通过对各个阶段多行为主体间互动的深描,揭示互动式协作治理的运行机制。本研究的经验材料主要搜集于参与式观察与深度访谈。本研究参与

者韩鑫是黑土麦田所派的四位乡村创客之一,她在此进行了为期一年(2016年8月—2017年7月)的志愿服务,也完成了充分的"局内观察"。深度访谈资料的收集则由彭云和韩鑫于2017年3月到7月间完成。依照学术惯例,本研究对所涉及的一些人名和地名进行了化名处理。

2016年5月下旬,黑土麦田的领导团队前往夏津六和农牧有限公司(以下简称六和公司)就"现代高效种猪场+合作社"的精准扶贫项目展开座谈。在座谈交流中,夏津县政府、六和公司及黑土麦田三方达成了初步的合作意向,借鉴六和公司在当地合作养猪的产业发展经验,结合黑土麦田提供的人才资源和当地基层自治组织力量,创新精准扶贫模式,带动农民致富。六和公司承诺提供资金赞助,黑土麦田派驻四名山东籍乡村创客进驻夏津,组织和动员当地农民参与六和公司"生猪家庭代养"项目,通过"企业+公益组织+代养户"三方合作开展精准扶贫。由此,夏津县政府、六和公司和黑土麦田三方以国家行动者、市场行动者和社会行动者的身份形成了一个稳定的互动式网络,确立了共同的行动目标,这是乡村创客项目得以实施的基础。

大致来说,项目实施可分为三个阶段:(1)创客入场;(2)选定项目村;(3)项目实施。

(一)创客入场

2016年8月底,在夏津县委组织部有关同志的陪同下,黑土麦田的四位创客到该县下辖的苏留庄镇政府报到。县委组织部授予他们"扶贫专员"的身份,以便在当地开展公益扶贫。

基于参与性观察可以获知,项目乡镇级实施地点由县委组织部推荐,黑土麦田没有选择权。黑土麦田项目部负责人2015年在当地考察时,曾有两个项目镇的选择,即苏留庄镇和毗邻的雷集镇。从客观条件上说,苏留庄镇是夏津县内贫困村较为集中的一个乡镇,有桑葚等农特产品可以开发,而且六和公司夏津分公司驻地也在苏留庄镇,有利于创客入驻后开展合作。

但项目地点选择的影响因素,其实主要还是政府机构中人。县委组织部负责对接黑土麦田的孙主任是苏留庄镇东韩村人,交谈中也着重推荐了苏留庄镇,甚至具体到了几个村。此外,苏留庄镇扶贫办公室的张书记在接待黑土麦田项目部负责人实地考察时,其对于乡镇扶贫工作的认识给人留下了较为深刻的印象,这一点也有助于苏留庄镇成为项目的最终实施地点。

对黑土麦田而言,公益扶贫项目的顺利开展是它的核心目标,但由于黑土麦田组织自身的力量有限,只有借助外部力量的协作才能顺利完成项目。除了来自六和公司的资金支持外,更离不开县政府在各方面的扶持,特别是在用地审批、惠农政策(如政策性贷款)及创客当地生活的部分津贴等方面。因此,黑土麦田的理性选择就是附议县政府的推荐。

当然,对县政府而言,选择苏留庄镇不仅缘于县领导的乡土认同,也出于对该镇多项禀赋优势的综合考虑,即(1)该镇毗邻县城的地理优势;(2)作为六和公司夏津分部驻地所具有的区位优势;(3)在农业发展方面的资源优势。

简言之,在创客入场阶段,三方互动在价值认同、目标建构和资源动员上达成了共识,在此过程中,作为国家行动者的县政府领导扮演了主导性的角色。尽管县政府需要黑土麦田提供高端人才资源开发和创新当地农村产业扶贫项目,也可借助黑土麦田的媒体影响力提高社会各界对本县贫困村的关注,但在二者的关系上,黑土麦田实际上更依赖县政府所提供的政策便利和行政支持。在有关国家与社会关系的既有中文文献中,国家行动者与社会行动者之间的互动被描述为"非对称性依赖"(徐宇珊,2008),成为社会组织依附性过强或独立性不强的证据。但从互动治理的范式来看,国家与社会之间的非对称性相互依赖,只是某一方更多地扮演了跨界协调者的角色。

(二)选定项目村

乡村创客在村一级项目实施点的选择上有一定的自主性。苏留庄镇有54个行政村,其中16个为贫困村,县委组织部推荐了其中的四个贫困村。

根据黑土麦田的工作要求,四名创客在进驻项目地的第一个月开展了综合调研和入户访谈,摸清项目地的基本概况,涵盖当地的生产方式、生活方式、资源禀赋、经济来源、人口结构、产业基础等方面,并在调研中询问了村民对六和公司生猪家庭代养项目的合作意愿。四名创客采取"包村"的形式,每人分别进入一个贫困村进行入户访谈。经过一个多月的综合调研,最终选择了苏留庄镇南部的M村作为生猪代养项目首批合作的试验点。

根据参与者观察,创客组选择M村作为项目村的原因主要有三:

一是该村村委会的组织动员能力强,在当地有权威性。刚上任的村支书是村里的致富能人,他常年做生猪贩卖的生意,对这个行业比较了解,参与兴趣很高,也希望通过组织村民实施该项目做出一定的政绩。其他领导班子成员也对村支书的工作比较配合,文书(村会计)家也从事养殖业,眼界较为开阔,对此项目也很支持。

二是村民自组织能力强。村民们致富意愿强烈、思路开阔,有经济实力参与项目前期基础投资的村民人数多。

三是客观条件的约束。根据夏津县国土局现行的土地政策,基本农田是不能用于养殖的。因此养殖用地就是林地或一般农田,并且在进行土地性质的转换之后才可以使用。我们联系了县国土局,对四个村子进行了土地测绘,只有镇南 M 村和镇北 S 村的土地性质、养殖规模和环评条件(距离居住区 500 米以外)等,满足县国土局对养殖业的用地政策规定。但 S 村不具备前两个优势,M 村无疑是最优选择。

项目村的确立实际上是黑土麦田与四个备选村之间基于经济逻辑的双向选择。从黑土麦田的角度来说,以项目实施的最大可能性和最低成本为前提,M 村无疑是最优选择;从四个备选村的角度来说,则要结合本村客观条件、村委会的协调动员能力、村民致富意愿,以及项目本身的风险和投资回报周期全盘考虑。从黑土麦田与备选村村委会的互动过程来看,二者呈现出平等互惠的合作特征,也为日后关系型契约的达成奠定了基础。

项目村确立以后,由于对接企业六和公司的决策变化,生猪代养项目只能被暂时搁置。在这段时间里,创客们为当地村民办了三件实事:一是化肥团购,通过网上团购的方式为村民买到价廉质高的正规化肥;二是利用电子商务模式开发小麦面、玉米面等当地特色农产品网上销售项目,并利用售卖盈余为村民购买香椿树苗以利用闲置宅基地发展"边角经济";三是开展一些公益性活动,如为当地村民拍摄全家福、组织村里的孤寡老人吃年夜饭等。一系列的暖心创收和公益项目从 2016 年 9 月开始,持续很长时间,为创客们赢得了村委会和村民的信任,也为随后开展的生猪代养项目夯实了信任基础。由此,黑土麦田与基层自治组织之间的合作伙伴关系建立起来,而在此阶段,这种社会关系具有非正式性。

(三)项目实施

1.成立合作社

2017 年 3 月初,黑土麦田、六和公司与县政府之前达成的生猪代养精准扶贫项目重新启动,但采取何种组织和制度形式来搭建项目村与六和公司之间的有效合作关系,成为创客们亟待解决的现实问题。经过共同商议,黑土麦田、村委会及村民代表于2017年3月22日召开大会,成立由黑土麦田、村委会主要成员及部分村民参与的"山东夏津县田予种养农民专业合作社",作为黑土麦田创客之一的D君被选为合作社法人代表,办公地设在M村村部。在此过程中,作为社会组织代表的黑土麦田创客们扮演了多方行动者合作网络制度建设者的角色。

实际上,合作社扶贫的口号喊了很久了,但在此之前,当地其实并没有真正意义上农户参与分红共建的合作社,而是某个老板买下一块地,雇用当地农户经营。挂名"合作社"只是为了获取农资代购的税收减免或套取国家扶贫政策中的其他优惠。所谓的"合作社"其实是独资私营企业,代养户只是领取固定工资的雇佣工人。而黑土麦田发起的是真正意义上的合作社。按照该合作社的章程,农户入社自愿、退社自由,并给社员颁发社员证书,实行自主经营、自负盈亏、利益共享、风险共担,盈余按照农户与合作社的交易量(额)及出资额、公积金份额等按比例返还。

成立初期,合作社社员主要包括黑土麦田创客、村委会主要领导成员、部分村民,共计12人。为扩大惠及面,合作社积极扩社,吸纳了更多农户,包括12户贫困户。根据黑土麦田与六和公司达成的合作意向,"企业+合作社+代养户"三方参与的生猪养殖项目既是商业性质的合作,也具有精准扶贫的公益性质。因此在代养户的甄选上,合作社既要考虑有一定经济基础的普通农户,也要兼顾贫困户,并从年龄、家庭结构、经济信用情况、村内民情评价四个方面对其代养资格进行评定。由此,六和公司与合作社的关系型契约正式达成。

从六和公司的角度来说,与合作社而不是单个村民达成关系型契约有四个好处:(1)由黑土麦田负责协调村委会并动员有合作意向的村民参与,能够有效降低六和公司直接与村民逐个进行谈判的合作成本;(2)所有代养户与六和公司所产生的交易,均由合作社统一规划管理,确保了六和公司前期借贷资金的安全回收;(3)充分利用黑土麦田丰富的媒体资源为六和公司树立和推广良好的社会公益形象,节约了企业的宣传成本;(4)积极响应国家精准扶贫的政策号召,有助于六和公司营造与项目地政府的良好政商关系。

从黑土麦田的角度来说,通过合作社的制度模式建立多方合作伙伴关系有三个优势:(1)合作社使村委会主要成员与黑土麦田结成利益战略联盟,能够充分利用村委会主要成员的威望,在动员、组织和协调村民方面发挥关键性作用,便于生猪代养计划在项目村的实施和推广;(2)根据项目实施方案,合作社可以抽取一定比例的利润作为公共服务基金用于合作社基本运营及村内公共服务,确保了黑土麦田在当地开展公益活动所必需的资金来源;(3)通过进一步扩社,吸纳更多的村民入社,通过合作社培养本土创客,为黑土麦田在当地公益项目的持续开展储备丰富的人才资源,逐步将合作社的日常运营过渡给当地村民(访谈资料20170319DFG,受访者为创客小组组长)。

从入社村民的角度来说,合作社模式也有三个优点:(1)根据生猪家庭代养的项目方案,在项目盈利后,代养户可获得每头生猪140元以上的代养费,除去所有成本,每年可获净利润大约12.5万元,收入将显著增加;(2)通过合作社,六和公司将给代养户提供猪苗、饲料并进行防疫,并提供3年本息还清的基建扶持资金,从而有效降低了代养户前期投资的压力,同时合同代养也消除了滞销的市场风险;(3)合作社还吸纳了12户建档立卡的贫困户,根据山东省"农户贷"政策,这些贫困户每户可获得5万元"免抵押、免担保"金融贴息贷款,贫困户可以以此入股参与合作社分红。

从合作社的成立到扩社完成,黑土麦田与村委会及入社村民之间建立了实现共同利益的正式社群组织——合作社,从而将不同组织间的非正式合作转化为社群组织内部的协调,这有效减少了黑土麦田与村委会、村民之间的沟通成本。

2.签订土地租赁合同

在提交土地申请、联系县国土局实地测绘以后,养殖小区的选址在2016年的12月就基本确定了。但由于对接企业的政策调整,养殖小区前期的基础建设一直没有开始。2017年3月项目重新启动以后,黑土麦田创客在村委会的协助下与村民开始了土地租赁的谈判。根据规划,养殖小区建成共需35亩土地,而符合土地政策规定、养殖场规模的这35亩土地属于11户人家。谈判的事宜主要涉及土地租赁费用、迁坟补偿、林木补偿三个方面。

从土地租赁合同的文本来看,甲方是作为土地出租方的村民,乙方是作为承租方的合作社,而丙方是作为见证机构的村委会。从逻辑上讲,谈判应该是在合作社与村民之间展开。然而我们在参与观察中发现了一个有趣的现象,即实际谈判的过程是在以村支书为主导的村委会的名义下展开的。这意味着,在实际谈判中,村委会与黑土麦田之间发生了角色转换:作为丙方见证机构的村委会转变为合同中的乙方,而本来作为乙方的黑土麦田却转变为见证方的第三方协助者。在访谈中,村民们也认为他们是在与村委会而不是与合作社或黑土麦田谈判。根据本研究第二作者的参与式观察,黑土麦田创客一致认为,由于涉及租金、迁坟、林木赔偿等经济利益,以村里比较有权威性的村委会参与集体谈判更有效,因为 M 村村民总体上对村委会比较认可。尽管黑土麦田在 M 村开展了能赢取信任的公益服务,但对于村民来说,他们还是外部力量,接触时间也短,与村民没有多深的交情,一旦涉及利益的分配与协商,不占优势。这就是说,创客们认为让村委会而不是黑土麦田作为谈判方,主要是因为村民对二者的信任程度不同。

我们也就此访谈了 M 村的村支书:

> 一开始我就建议由村委会出面来谈。要是让他们(黑土麦田)跟老百姓谈,那租金就不止这个数,拖的时间也会很长。市场经济嘛,老百姓也很精明。我们都是一个村子的,每户的家底、人品、土地的市场行情都掌握些,也经常跟这些人打交道。村委会出面,一般他不好意思"狮子大开口",有个脸面问题。再说猪场办起来对村子也有好处,真把事情弄坏了,谁心里也过不去。(访谈资料 20170318HZS,受访者是村支书)

由此看来,在同村民的谈判中,黑土麦田与村委会不仅是在公信力上有差异,更重要的是二者所拥有的社会资本不对等。黑土麦田仅在对接企业这一重要外部资源以及与县镇两级政府打交道方面发挥着村委会无法取代的桥梁作用,但村委会则在村一级拥有人脉、认同、信任和内部信息优势。简言之,在与村民签订土地租赁合同的过程中,在当地拥有更多社会资本的村委会发挥着主导作用,而作为外部力量的黑土麦田只有与村委会结成互惠的战略联盟才能以最低成本完成其公益扶贫项目的关键一步。在此过程中,黑土麦田与当地村委会之间的互动实现了各自资源优势的最大程度动员。

3. 申请政府小额贷款

在推进土地租赁谈判的同时,项目前期基建资金也需要进一步筹措。除了合作社社员自筹、六和公司赞助、黑土麦田总部给予的部分资金支持外,仍然面临着一定的资金缺口。由于合作社在扩社过程中吸纳了 12 户建档立卡的贫困户,利用精准扶贫的政策性贷款成为解决资金缺口的可能途径。根据《夏津县创新发展扶贫小额信贷工作实施方案》(以下简称方案),县金融机构(农村信用合作联社、农商行)可以给予建档立卡贫困户以及带动贫困户脱贫致富的新型农业经营主体一定额度的扶贫小额贷款,贷款条件如下:

申请扶贫贷款的贫困户必须是建档立卡并符合"四有两好二一项目"(有劳动能力、有致富愿望、有贷款意愿、有收入保障,信用观念好、遵纪守法好,参与扶贫产业开发或自主选择了较好的小型生产经营项目)条件且没有不良信用记录的贫困农户。申请扶贫贷款的新型农业经营主体必须与县扶贫办签订扶贫责任书、与建档立卡贫困农户书面签订带动脱贫协议,有良好发展项目,无不良信用记录。其中农业合作社需注册成立1年以上。[①]

由于合作社成立时间不足一年,不符合方案规定的新型经营主体的贷款条件,故而只能尝试以合作社吸纳的12个贫困户的名义来申请扶贫小额贷款。事实上,之前为了争取到六和公司的资金赞助和项目扶持,入社的贫困户是依据四个评价标准择优录取的:(1)每户至少要有两个完整的劳动力;(2)入社的贫困户要有脱贫致富的主观愿望;(3)经济信用情况良好,无不良信用记录;(4)村内民情评价良好,有责任心,与村内居民没有不良纠纷。可以说,具备上述四条的贫困户也基本满足了方案所规定的小额扶贫的贷款条件。

尽管整个申请严格依照方案规定的贷款程序进行,然而以贫困户个人的名义申请小额贷款的过程却并不顺利。我们访问了专门负责协助贫困户申请贷款的黑土麦田创客D君,访谈内容如下。

访问者:在申请小额贷款的过程中遇到过什么阻力吗?

D君:贷款最开始受阻是在县扶贫办。县里对发放扶贫贷款非常谨慎,担心贷款放出去,贫困户无法按期偿还,成为坏账。资金不到位,大家都很焦虑。但是说实话,贫困户缺乏与县政府交涉的经验和技能,就只好由我们与县扶贫办沟通。我们多次去扶贫办争取,最后分管县扶贫的副县长、扶贫办主任批复了贷款申请。

访问者:你觉得为什么他们会批复?

D君:主要还是我们这个项目的模式很新颖。"企业+合作社+代养户"的扶贫项目至少在山东省的县一级政府来说算得上创新的。加上黑土麦田在全国有一定的媒体影响力,这个项目做成了,在当地的产业扶贫上也是个亮点。媒体肯定会报道,这对领导的政绩会有帮助。

[①] 《关于印发〈夏津县创新发展扶贫小额信贷工作实施方案〉的通知》(夏办发〔2016〕3号),夏津县政府网,http://www.xiajin.gov.cn/n708922/n914438/n27249920/n27250644/c27402209/content.htm。

访问者：之后的贷款还需要走什么程序？

D君：虽然通过了县扶贫办的审批，但要从农商行拿到贷款，还得有县担保公司的担保才行。但是县担保公司觉得风险太大，以没给贫困户担保过为由不愿意做担保。我们跑了好多次，但发改局的态度很坚决，我们一度以为没啥指望了。副县长这大领导都批了，没想到在这又给拦住了。

访问者：你能介绍下这家担保公司吗？

D君：担保公司是县发改局下设的。[①] 因为县担保公司要为全县所有的扶贫贷款进行担保，如果在担保中出现有的贷款收不回来，就会影响整个县里政府贷款的信誉，会对后期的政府申请贷款有重大影响。所以担保公司对于农户贷款担保非常谨慎，农户的信用系数太低了。风险赔偿金里有100万是县里配套的，其实就是县里的几个职能部门拿的。不过最后我们也是软磨硬泡，还承诺以合作社做担保，并设置了安全的还款模式，才总算拿到了担保。目前60万的贴息贷款申请已走完前面的程序，扶贫办、担保公司、农商行都已考核通过，等猪场主体建起，60万贴息贷款就可到位。（访谈资料20170728DFG，受访者是创客小组成员）

上述访谈内容表明：(1)从黑土麦田与入社贫困户的关系而言，在协助贫困户申请小额贷款的过程中，黑土麦田承担了贫困户代理人的角色，贫困户与黑土麦田之间形成了某种隐而不见的实际"委托—代理"关系；(2)从县政府内部的关系而言，县政府具有多主体性，即地方政府内部"地方主要领导"与"职能部门领导"之间利益诉求具有差异性。

政府不同部门之间的差异性造成了两种不同的政府行动逻辑：一种是偏好政绩逻辑，另一种是偏好避责逻辑。申请小额贷款的12户贫困户只要经过核实确实符合县里相关政策规定的贷款条件，批复申请就不存在责任问题，加之引进项目的初衷就是希望能做出成绩，打造一个精准扶贫的样本，这对于偏好晋升逻辑的县政府领导来说是适用的，因此在其权限范围内提供有据可依的批复就不存在太多顾虑。然而，这一点对于负责担保的政府职能部门并不适用。为了解决农村"贷款

[①] 根据《夏津县创新发展扶贫小额信贷工作实施方案》，担保公司应该是县财政局、扶贫办委托夏津县经济开发投资中心来承担。所以从法律关系上讲，担保公司与县财政局、扶贫办是"委托—代理"关系，而不是行政隶属关系。D君所描述的是县担保公司的实际运作，它是由县发改局直接领导的，所以二者实质上构成了上下级的行政隶属关系。那么，担保与否就取决于县发改局的一把手领导。

难""贷款贵"问题出台的方案,尽管减少了金融机构贷款的风险,但这种政府与金融机构风险共担的模式却增加了职能部门(还有作为国有企业的县担保公司)的责任。一旦贫困户无法还贷,作为担保方的政府职能部门不仅要承担政策规定的风险赔偿金,还可能影响其担保的其他政府项目的贷款信誉。因而,对于职能部门的领导而言,出于避责的逻辑,自然不愿为信用系数极低的贫困户做担保。

换言之,在批准贷款的过程中,县级政府存在着主要领导与职能部门领导之间的利益诉求差异,政府内部不同行动主体或基于政绩逻辑或基于避责逻辑所创造的行动空间既为黑土麦田争取项目贷款设置了障碍,也为其提供了可能的机会。黑土麦田的创客在贫困户、合作社、村委会、担保公司、发改局、扶贫办及副县长等不同部门的行动者之间开展了频密的对角和蜿蜒式互动,而且不同国家行动者之间还呈现出横向和纵向治理的纠结,这集中体现了互动治理的多维特征。

三、讨论与结论

通过对黑土麦田乡村创客社会扶贫案例的深入观察,我们发现,社会扶贫项目涉及多方行动者,既有多重的国家行动者(包括县政府领导、政府职能部门如扶贫办和发改局、国有银行和县担保公司),也有民间社会组织(包括外来的黑土麦田和当地的村委会),企业(六和公司)和农户(尤其是其中的贫困户),均有各自的利益诉求。在项目开展的不同阶段,不同的行动者之间形成互动网络,营造信任、凝聚目标、动员资源、分享知识、解决问题、协调行动。在项目运行的全过程中,这些行动主体既不会同时出现在每一个阶段,也不会单独出现在某个阶段,因而总会发生互动。这些互动的合力一方面影响着单个行动主体的行为选择,另一方面也对项目本身的进程乃至结果产生影响。

在动态的网络建设中,以社群机制的运作为核心的横向治理始终发挥着主导作用。互动网络的参与者由于各自拥有的知识、能力和资源不同,在不同的阶段扮演不同的角色。社群治理具有行政嵌合性,即社群机制要充分发挥其积极作用,有赖于国家行动者以社会增进型的方式发挥行政力量的作用。国家行动者当中的政治领导人在项目形成的初始阶段和项目融资过程中扮演着社群行动合法化者的角色,运用行政手段赋予外来的社会公益组织在当地从事社群活动的合法性,从而有力地推动了互动网络的形成,并在战略性决策(项目选点)和关键性实施(贷款融资)上发挥主导作用。在项目实施的过程中,行政化的纵向治理也经常发挥着不可或缺的、助推性的补充作用。可以说,社群机制的作用依赖于能促型国家的出现,即通过政府促进社会行动者的能力建设,以因势利导的方式强化社群治理的运行(顾昕,2004)。

在项目实施的过程中,外来的社会公益性组织黑土麦田的创客们主要在对角治理和蜿蜒治理上扮演跨界者的角色,发挥着积极主动的作用。他们不断地同多层级、多部门的国家行动者(县政府、扶贫办、发改局、担保公司、国有银行)以及多层级的社会行动者(村委会、农户)和市场行动者(六和公司)进行多维、多向的互动,在项目实施的每一个阶段,推动着一个个小目标的实现。

作为在当地拥有更多社会资本的民间自治性社群组织,村委会在互动网络的制度化过程中,即在合作社的组建和运作上,发挥着主导性的作用。合作社本身是一种社会企业,兼具营利性和非营利组织的特性,在互动治理中市场机制发挥积极作用方面扮演着重要的角色。但与此同时,市场机制在互动治理中充分发挥作用,还有赖于纯市场化组织的积极性。在本研究的案例中,作为在当地拥有更多经济知识和能力的纯市场行动者,六和公司在动态的互动网络中,不仅传播着市场信息,而且还承担着相关产品的收购和销售。没有乡村合作社与六和公司之间所形成的准市场性关系型契约,社会扶贫项目显然无法具有可持续性发展的能力。

尽管社会扶贫项目实施的结果可能会有所不同,但其主要行动机制却是可以辨识的。基于上述经验观察和理性行动者的基本预设,我们提出跨部门协作治理的多重行动机制,即"政绩/避错"的政治机制、"以利养善"的公益机制和"效益最大化"的经济机制。

(一)"政绩/避错"的政治机制

作为社会扶贫项目的关键行动者之一,地方政府的影响力是不言而喻的。然而深入地方政府内部来看,却并非"铁板一块"。近年来,学界已经充分关注到地方政府的多主体性特征。冯仕政(2014)指出,学界有关国家多主体性特征的刻画愈发精致,尤其体现在对地方政府的多层级的理论观照,以及同一地方政府内部"地方主要领导"与"职能部门领导"之间在效用追求和行为逻辑上的差异分析。田凯(2004)则指出,作为制度空间的主要塑造者,地方政府或公共部门(包括非行政机构的国有企业和事业单位)的内在张力使得民间组织处在"非协调约束"的制度环境中,会对社会公益项目的实施产生一定的负面影响。

但是,在涉及地方政府行为的文献中,多数研究关注的焦点仍在于地方"一把手"领导追求政绩以及晋升的行动逻辑(周黎安,2007),对于职能部门领导的行动逻辑着墨不多。特别是在同一政策情境中,当地方行政首长的行动逻辑与职能部门领导的行动逻辑发生矛盾时会对具体政策或项目的执行乃至地方政府行为产生何种影响,尚未引起足够的重视。经验表明,职能部门领导的行动逻辑对于政策的实际执行乃至整个地方政府行为都会产生相当大的影响。因此,与政绩/晋升逻辑不同,避错/避责逻辑(Weaver,1986;Hood,2011;倪星、王锐,2017),正成为分析实际政策执行中作用于地方政府行为的另一个框架,即在某一政策的实际执行中,负有直接责任的职能部门领导基于责任风险选择风险或责任最小化执行路径的行动逻辑。地方行政首长与职能部门领导基于政绩或避责逻辑所采取的不同行动,既可能为政策的顺利实施提供机会,也可能造成政策执行的内生性制度障碍。

面对政府或公共部门本身的多主体性,互动治理对社群机制作用的重视有可能为破解上述的内生制度障碍开辟一定的空间。互动治理首先强调在多元国家行动者之间建立横向治理的关系,淡化传统韦伯式公共行政的自上而下式命令与控制的色彩,缓和纵向治理的行政化色彩,更多地引入行为经济学所开发的助推模式。更重要的是,互动治理新范式致力于通过社会行动者的积极行动推进对角治理和蜿蜒治理,从而在不同层级、不同部门的行动者之间开展有效的协商和互动,促成其共同目标的实现。

对角治理或蜿蜒治理的发生都需要跨界者的积极作用。在任何地方,当地的多方行动者之间往往都存在着一定的等级关系,无论这种等级关系是行政性的还是社会性的,因此本土行动者,无论来自政府、企业还是来自基层社区,在扮演跨界者的角色上都有一定的困难。本研究发现,外来的社会公益组织往往在扮演跨界者的角色上拥有足够的作用空间。这使得外来社会公益组织与本土自治性社群组织在互动治理中的角色有所差异。

(二)"以利养善"的公益机制

民间社会公益性组织作为现代社会中介于政府与企业之间的一种社群组织形式,不以营利为目的,而是为不特定的公众提供某种志愿性的社会服务,从而弥补了现代社会中"政府失灵"与"市场失灵"所造成的公共服务真空(Weisbrod,

1975)。一个普遍的看法是,非营利性是民间组织的基本特征,但非营利性是就民间组织的目的而言,而不是说具体运作的手段。所谓"以利养善"的公益机制就是指民间组织采取公司化运作模式,发挥其组织协调和资源整合能力,通过履行社会责任和共享价值,协调政府、社会、市场三者关系,在政府、民间组织、企业三大主体间生成公益主导的跨部门协作的行动机制。当然,这里的公司化运作模式完全有可能采用社会企业的模式,本研究的案例就采用了合作社的形式。

从功能上讲,"以利养善"的公益机制具有二重性:一是向内的资源供给,能够为民间组织的日常运作和公益项目提供相对持续、稳定的资金支撑;二是对外的谈判筹码,即一个具有良好自我运行能力的民间组织在寻求与企业、政府的合作时更可能获得关注,从而实现地方政府、民间组织、企业、基层自治组织"跨界融合的新公益"模式(王名,2016;唐悦,2017)。从运行上看,"以利养善"的公益机制体现了社群治理的市场嵌合性。

(三)"效益最大化"的经济机制

孙飞宇等(2016)在对一个国际民间组织扶贫实践的观察中发现,民间组织具有"科层制性质的理性化态度",这意味着民间组织对扶贫项目的基本评估仍然是以"投入—产出"比作为考核标准。这一点无论是对于外来的社会公益组织还是对于当地的社群组织来说,都是一样的。这种效益不仅是经济上的,更具有作为标杆的示范性。因此,民间组织的效益最大化体现在基于组织的经济理性挑选那些"能够扶得起来"的村庄、农户作为扶助对象。在项目制的逻辑下,项目进村分配呈现"两极化",其中富裕村由于"基础较好、有能力进行项目的前期投入,可以快速、较好地完成项目任务",因而能够获得更多更具有发展潜力的项目(折晓叶、陈婴婴,2011)。这一现象在社会扶贫项目中同样存在,其项目地点的选择取决于当地政治资本、社会资本和经济资本的相对雄厚程度。我们通过观察发现,对于"中间村"而言,当地社群组织的资源和禀赋,即村委会的组织动员能力及其私人关系网络,才是项目落地的决定性因素。

从村治主体的角度来看,由于其在村庄中的经济和政治地位都较高,相比于脱贫,他们更为在意项目所能创造的经济效益。企业作为市场主体,以最小成本获取最大利益既是这一组织类型的本质属性也是其核心的行动逻辑。然而,由于企业并非在完全市场化的环境中运行,而是受限于特定的政治社会体制和具体政策环境,为实现利益最大化,企业会在组织外部寻求与其他政府和社会力量的合作来降低成本。从国家行动者的视角看,出于政绩要求,地方政府原则上也愿意为社会扶贫项目的运作提供相当程度的支持,但如何为国家行动者找到尽可能规避风险和错误的行动路径,是互动治理多方参与者(尤其是其中的跨界协调者)的主要工作。

无论如何,多方行动者之间建立运作良好的互动治理,以社群机制为主导,让行政机制和市场机制发挥不可或缺的补充作用,才能理顺社会扶贫实践中的政治、社会和经济行动逻辑。社会扶贫的成功依赖于多方行动者互动治理的运作。在互动治理中,社群治理发挥核心作用,但社群治理的作用必须嵌合在市场治理和行政治理之中,让市场机制和行政机制强化社群机制的运作。唯有大力挖掘互动治理运作的机理,才能为中国政府了解社会扶贫领域民间组织的组织行动提供有效、可靠的经验证据,并推动那些有志于从事扶贫事业的民间组织被纳入各级地方政府减贫的政策框架中。在为民间组织带来更大的政策参与空间和政府扶贫资源的同时,进一步增进政府与民间组织和企业在扶贫领域的跨部门协作,从而真正达成政府主导、社会协同的"大扶贫"格局。

第六章　让协作互动治理运作起来：荷兰住房协会与社会住房提供[①]

中国社会政策所界定的"保障性住房"，在国际上（尤其是在欧洲）通称"社会住房"(social housing)(Reeves，2005)，又称"可负担住房"(Davidson and Malloy，2009)，在美国、加拿大及亚洲部分地区则通称"公共住房"(public housing)(Chen, et al.，2013)，旨在满足没有能力进入一般商品房住房市场的低收入人群的基本住房需要。由于社会住房或公共住房投入大、回报低、回报周期长，单靠市场机制发挥作用会导致其提供不足。与此同时，若单靠行政力量通过行政机制提供保障性住房，那么政府也会面临财政和治理能力的约束，即政府一来不可能无限制地提高财政支出水平以增加此类住房的提供，二来也不可能就低收入民众对基本住房的多样化需要给出个性化回应。因此，在社会住房领域，市场失灵与政府失灵是同时存在的，这就需要诉诸第三方即非营利组织的介入，以弥补市场、政府双失灵留下的功能缺失(Weisbrod，1977，1988)。非营利住房组织有些是基于信念的组织(faith-based organizations)(Jackson-Elmoore，2011：15-49)，有些是基于社区的组织(community-based organizations)(Beider，2007)，都不具有市场组织追求利润最大化的取向，对多样化需求也能有较强的回应性。这类组织一般规模都比较小，因此更有可能避免大型组织行政化、官僚化的弊端。非营利组织发挥积极的作用，在解决社会住房的供给问题上成为市场调节与政府干预的重要替代手段(Budrys，2013：187-208)。

在欧美发达国家，住房协会与住房合作社是非营利住房组织的两种主要形式，

[①] 本章内容早期版本的一些内容，曾经发表于：顾昕、杨艺，《让互动/协作治理运作起来：荷兰的住房协会与社会住房的提供》，《广东社会科学》2019年第1期，第205—214页。本章对相关内容进行了修订和充实。

第六章 让协作互动治理运作起来:荷兰住房协会与社会住房提供

其悠久的历史可追溯到19世纪,并自20世纪中后期成为社会住房及相关服务的重要提供者(Cope,1999;Sazama,2000)。协会和合作社是社会组织的最常见组织形式,两者都是会员制的组织,均以为会员服务为其日常工作,其差别非常微妙。协会往往通过收取会费来弥补其运作成本,其服务对象也只限于会员。合作社则通过服务收费来维持运营,这些收费在弥补成本之外,还有可能形成盈余,而盈余则向所有者分红。由于存在着分红,合作社介于营利性组织和非营利组织之间,可谓"非典型"非营利组织。与常见的投资者所有的营利性组织有所不同,合作社是顾客所有的企业,顾客成为合作社的会员,自动成为其股东。作为一种重要的经济组织形式,合作社在农业生产资料、农村公用事业和日用消费等领域是常见的。农业生产资料供需双方就其质量而言,信息不对称性很强,而且其实际功用显现需要一定时间,例如种子质量低劣导致收成不佳甚至颗粒无收需要一定时间才能显现,因此如果农业生产资料购买者成为提供者的股东,那么提供者利用信息不对称针对购买者的投机动机也就荡然无存了。在农村,由于用户过于分散,公用事业的市场化会遭遇成本过高、运营困难因而无法给投资者带来收益的困境,在这种情况下,由用户所有的合作社便成为一种可行的组织模式。合作社在用户同质性高的领域较容易成功,并且具有可持续性。在日用消费领域,由于顾客异质性强,合作社已经不再是一种重要的组织模式,其只是在一些特殊的消费空间(例如大学)中占有一席之地(Hansmann,2000:148-173)。作为一种社群组织,合作社中社群机制的运作可以弥补市场机制运作的一些缺陷,尤其是克服信息不对称所带来的市场失灵。

表6-1列举了八个欧美国家在2007年非营利住房组织的情况。由于统计口径的差异性和多变性以及民间社会组织本身缺乏跨国性统计等缘故,有关非营利住房组织的晚近跨国比较数据难以获得。但鉴于欧美发达国家社会经济制度和组织的成熟性和稳定性较强,2007年数据依然有一定的参考价值。从非营利住房组织拥有住房的全国性占比来看,荷兰最高,超过了三分之一,德国则是近乎三分之一,英国、丹麦也不低,达到五分之一的水平。由此来看,非营利组织参与社会住房提供,从而参与多方共建住房供应体系之中,早已成为欧洲一些发达国家解决基本住房保障问题的一项重要举措。

表 6-1 欧美发达国家非营利住房组织概况(2007年)

国别	组织类型	组织数量/个	平均拥有住房数/间	占住房总量之比/%
荷兰	住房协会	500	4800.0	35.0
德国	住房合作社	2000	1100.0	31.0
英国	住房协会	3000	1706.7	21.0
丹麦	住房合作社＋住房协会	121	4462.8	20.0
瑞典	住房合作社	7400	101.4	18.0
挪威	住房合作社＋住房协会	5000	64.0	15.0
爱尔兰	住房协会＋住房合作社	470	276.6	8.5
美国	住房合作社	6400	187.5	7.0

资料来源：住房国际官网，https://www.housinginternational.coop/housing-co-operatives-worldwide/。住房国际在 2007 年以后不再按照同口径进行统计。

合作社在住房领域是一种重要的组织形式，在某些国家，例如美国，这一组织形式并不限于专为低收入者提供住房的公共住房领域。即便是非低收入者，也可以成为住房合作社的会员。住房合作社拥有住宅（主要是公寓）的产权，而承租人则通过加入住房合作社成为其会员（股东）而间接拥有住宅的产权。住房合作社所提供的住房在美国住房市场上的份额低于欧洲国家，主要原因在于美国还发展出了另一种住房集体所有权的组织模式，即共有制住宅，这种模式在公寓中非常常见。在这种组织模式中，业主或者承租人是公寓的直接所有者，同时也是公寓大楼以及小区公用部分的所有者。住房共有制的历史非常悠久，但发展非常缓慢，主要障碍在于住房的业主或承租人之间往往存在着很强的偏好差异或利益冲突，导致社群机制的运作常常失灵，对住房的管理造成负面影响。随着美国各州在 20 世纪 60 年代陆续颁布了共有制住宅的法律并在此后逐渐完善，这一组织模式才在 90 年代开始在住房提供领域占有一席之地（Hansmann，2000：195-200）。

在欧洲，非营利组织在社会住房供给体系中发挥着重要作用，与福利多元主义思潮的兴起有关。第二次世界大战之后，政府主导的福利国家在欧洲一度兴旺发达，社会住房也就变成了公共住房，基本上由政府提供。但到了 20 世纪 70 年代，福利国家的财政压力陡增。由此，福利国家反思和改革的浪潮兴起，非营利组织在

第六章 让协作互动治理运作起来：荷兰住房协会与社会住房提供

社会福利供给侧中的积极作用开始受到高度重视，福利多元主义理念在这一背景下应运而生。这一概念最早出现于1978年英国一份具有官方背景的研究报告，该报告提出应该大力推进志愿组织参与社会福利提供，构建多元主体的福利供给体系（Wolfenden，1978：9-14）。随后，一些学者阐发了"福利混合"或"福利多元主义"的理念，认为政府不是也不应该是社会福利的唯一提供者，市场、社会和家庭也是社会福利的重要提供者（Rose，1986）。在走向福利多元主义的过程中，政府职能也发生转变，即从福利提供者转变成福利融资者、推动者和监管者（Offer and Pinker，2018）。关于社会住房或可负担住房公私合作伙伴关系的论述，也秉持类似的理念，即政府在筹资上发挥主导作用，而在住房提供以及相应的服务领域则由社会组织发挥主导作用（Davidson and Malloy，2009）。

无论对这一思潮有何争议，尤其是其在多大程度上能够成为福利国家主义的替代（Johnson，1987），但有一点是确定无疑的，即福利多元主义理论的兴起使人们重新认识到非营利组织在社会福利事业中的重要地位。对于政府来说，激活社会，让民间的非营利组织发挥积极的作用，是福利国家转型的关键所在。在世纪之交以及进入21世纪之后，福利混合或福利多元主义的理论和实践汇入公共管理变革或公共治理体系创新的洪流之中，国家、市场和社会多部门行动者互动协作，行政、市场和社群治理机制互补嵌合，已经成为国家治理体系现代化的新常态。非营利组织在社会住房提供上所扮演的积极角色，一方面为福利多元主义的兴起提供了住房政策领域的经验基础，另一方面也从福利多元主义中获取了理论支撑。

本章在福利多元主义的背景下，在协作互动治理理论的框架中，从政府、市场、非营利组织三类主体协作互动以及行政、市场和社群机制的互补嵌合型关系入手，重点探究非营利组织参与社会住房提供的运作模式，并以荷兰住房协会为案例对这一模式进行详细考察。本章的研究有利于探索解决社会住房的提供主体和治理机制，充分发挥非营利组织和社群治理的比较优势，构建国家、市场和社会三方有序互动、共同参与的多元住房供应体系。这对于我国推进保障房建设和提供的国家治理体系创新，具有重要的借鉴意义。

一、非营利组织的比较优势与协作互动治理的兴起

社会住房具有竞争性和排他性,并非公共物品,但其正外部性较大,因此属于"准公共物品"的范畴。由于显而易见的原因,社会住房提供的预期收益远远低于商品房,仅靠市场力量难以实现社会住房的充分供给;与此同时,社会住房领域存在着信息不对称,即相较于需方,供方掌握更多关于住房质量的信息。由于正外部性和信息不对称的存在,社会住房供给领域存在严重的市场失灵(Whitehead, 2003:138-141, 150-151)。

为了弥补市场失灵的不足,政府自然可以设立公立组织(在中国被称为"事业单位")来承担为低收入者生产和提供可负担住房之责,此种住房在国际上通称为公共住房,与社会住房的功能是一样的。事实上,在世界各国的住房体系中,公共住房举足轻重,而公共住房的筹资者、生产者和提供者往往都是地方政府(Chen, et al., 2013)。在中国,保障性住房的提供是地方政府的重要职责,其政策执行的有效性对于城市的繁荣和包容来说发挥着重要作用(Wang, et al., 2021)。

然而,无论是公共物品还是准公共物品,政府提供过程中常常会出现政府失灵,这主要体现在五个方面:第一,任何政府都面临着预算约束,很多需要政府财政支持的社会事业都在竞争着公共预算的份额,在这种约束条件下,公共住房的数量往往无法满足社会需求;第二,公共选择理论揭示,政府提供的公共物品只能满足多数民众或"中间选民"的偏好(Buchanan and Tullock, 1990:337; Romer and Rosenthal, 1982),而人们对社会住房的需求是多元的,政府提供的社会住房多具有整齐划一的特征,难以对多样化的需求做出反应;第三,政府具有时间性的局限,在很多情况下,尤其在政府更替成为政治常态的社会中,政府往往会从短期效益着眼,对于长期性的社会问题往往缺乏兴趣和关注;第四,政府具有知识性的局限,政府往往是以一种等级性的方式组织起来的,因此在信息、理念和研究成果的收集方面不够灵活,从而无法对很多公共事务做出明智的决策;第五,政府具有规模性的局限,公立组织的规模一般来说都比较庞大,而且不可避免地有官僚化的倾向,因而难以对普通公民的各式各样需求做出反应(Douglas, 1987)。就公共住房而言,美国学界从政治、经济和社会视角展开的批判性文献可谓汗牛充栋,由此塑造了公共住房失灵的舆论氛围和公众认知;在现实中,公共住房及其周边小区也往往给人

留下破败不堪的刻板印象。直到21世纪第一个10年,才出现了对这种否定性的氛围和认知进行反思性修正的学术研究(Bloom, et al., 2015)。

无论如何,在社会住房领域,市场与政府双失灵总是存在的。从功能主义的角度出发,在这种情况下,非营利组织会应运而生,以拾遗补阙的方式,成为提供(准)公共物品和服务的民间机构(Weisbrod, 1975)。社会住房是非营利组织的一个活动领域(Koebel, 1998)。市场失灵和政府失灵的广泛存在固然有可能使非营利组织应运而生,但这种功能主义的论说无法解释非营利组织成为替代方案的优势。对于非营利组织的比较优势,学术界提供了如下相互关联的解释:

第一,非营利组织的共同特点之一是盈余不能分红,即所谓"盈利非分配性约束"(non-distribution constraint),在这种约束下,非营利组织丧失了借助信息不对称从消费者那里牟利的动机,因此从消费者的角度来看,非营利组织比营利性组织更值得信赖(Hansman, 1980)。

第二,非营利组织管理者和领导人的筛选机制,促使那些更具有公益心的专业人士在这类组织集中,而那些以寻求财富最大化为己任的人士会向营利性领域聚集(Young, 1983)。

第三,非营利组织的制度结构规定管理者和其他从业人士只能领取固定数量的报酬,因此他们没有理由为满足个人收入最大化而欺骗消费者(Easley and O'Hara, 1983)。

第四,非营利组织的治理结构允许捐款或赞助人还有消费者对组织的运作施加相对更强的控制(Ben-Ner, 1986)。

第五,许多非营利组织的运营取向以扎根基层和基于社区为特点,更关注社会底层的低收入群体,了解他们的切身需求,并努力以参与的方式帮助他们表达自己的需求,因而在提供社会服务和参与社区管理时更具针对性和反应性(Bebbington, et al., 2008)。

第六,非营利组织的项目常常具有实验性,很多社会实验就是由非营利组织在小范围内尝试并证明成功后,再由政府加以推广的。当然,不可否认,也有一些非营利组织会因为担心失去资助而不愿尝试有风险的社会实验(Weisbrod, 1988)。

第七,非营利组织具有弱官僚性,灵活性强。一般而言,不同于公立机构所组成的等级化科层体系,非营利组织的规模都比较小,相互之间有竞争关系。非营利组织的运行体制更为灵活,在社会住房提供中具有运作高效、反应灵活的比较优势

(Anheier，2014：216)。

第八，非营利组织具有多样性。其数量众多，成员也是来自社会各个阶层，群体内部的这一多样化趋势有助于这类组织为社会提供丰富多样的公共选择(Douglas，1987)。

非营利组织的重要性，在全球福利国家转型和公共服务治理变革的浪潮中，日益凸显。随着福利多元主义的形成，国家、市场和社会多部门共同参与公共服务的提供，已经成为世界各国的共同实践。第一章已经详述，在这一大背景下，国家治理体系在理论和实践上出现了三次重大的变革浪潮。第一次浪潮是新公共管理运动或经理主义的冲击，致力于在公共服务中引入市场机制；第二次浪潮是自我治理和网络治理的兴起，强调充分发挥社群机制在公共服务治理上的积极作用；第三次浪潮是协作治理和互动治理新范式的孕育和成长，强调国家、市场、社会的协作互动，重视行政机制、市场机制和社群机制的互补嵌合。住房领域也不例外。让社会组织独自行为，让社群机制独自运作，往往不会产生应有的效果。社会住房的有效提供需要多方主体协作互动，多种机制互补嵌合。公共部门、私人企业和非营利部门(或称第三部门)建立合作伙伴关系，便成为社会住房生产和提供的通行运作模式(Fallis and Murray，1990)。

协作治理的理念试图打破有关国家—市场—社会关系的传统模式，即公共服务由政府承担，商业由市场承担，慈善或社会事务由社会组织承担，每一个部门独立运作、各司其职。协作治理的新理念强调，无论是对公共物品、准公共物品还是对一些目标定位较为特殊的私人物品的提供，国家、市场和社会三部门协同承担才是最佳的治理之道，在此过程中，三部门共同决定目标和行动方案，同时共享信息，共同开发资源，从而达成提升生产率和合法性之效。如第一章所详述，互动治理与协作治理在理念上一脉相承，其差别在于前者在后者的基础上进一步探究了三部门组织在协作互动过程中不同治理机制的作用。互动治理是指利益多元的多方行动者通过互动以形成、促进并达成共同目标的复杂过程，在此过程中，他们动员、交流和利用一系列理念、规则和资源。多方行动者所拥有的资源不同，他们所运用的治理机制也不同。在互动治理的新理论范式中，社群治理发挥主导作用，但社群治理始终嵌合在市场治理和行政治理之中。

二、协作互动治理与社会住房的提供

社群治理常常出现在各类正式民间组织及其组成的非营利部门之中,法人治理和协会治理成为两种正式化程度较高的社群治理亚类型。在住房领域,协作互动治理主要通过两种正式的非营利组织——住房协会和合作社——发挥作用。住房协会和合作社都是采用会员所有制并为会员服务的法人组织,两者的区别在于协会不能像合作社那样将净收益以现金股息的方式分配给会员(Hansmann,1996:242)。如前所述,由于盈余可分红,合作社本质上介于营利性和非营利组织之间,住房合作社也不例外,但由于住房合作社致力于为低收入人群提供低价住房,因此其盈余不会很多,其分红也无足轻重。在现实生活中,住房协会和合作社在运作上差别不大,常常混同在一起,均被视为非营利组织(Kemeny,1995:33)。

社会住房的提供包括资金筹集、房源汇聚和分配管理三个环节(见图6-1)。社群治理贯穿于所有环节;但在资金筹集和房源汇聚的环节,社群治理运作嵌合在市场机制之中,行政治理发挥助推的作用,而在房源汇聚和分配管理上,社群治理嵌合在行政机制之中,市场机制发挥辅助性作用。

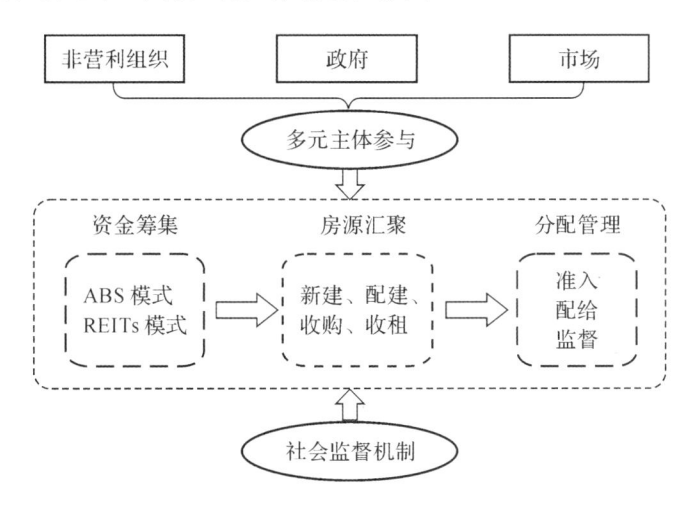

图 6-1　非营利组织参与社会住房提供的运作模式框架

(一)社会住房的筹资

筹资是所有社会事业的基础性环节,这一点对于住房协会或合作社来说也不例外。一般来说,非营利组织的慈善收入来源一般非常有限,其大部分收入主要来自会费、服务收费及政府补助(萨拉蒙,2007:21-26)。至于社会住房的筹资来源,会费和收费是微不足道的,因为无论是住房协会还是住房合作社,其会员就是其服务对象,一般为非富裕人群,况且住房协会和住房合作社面向低收入者提供住房,其租赁和出售收入均不可能达到较高水平。社会住房的筹资,在很大程度上来源于市场和政府,主要有三:一是银行等金融机构的投资贷款;二是债券、信托基金、保险基金等社会资金;三是政府补贴(Mullins and Murie,2006:152)。

值得注意的是,社会住房的筹资集中体现了国家、市场和社会三部门主体协作互动治理以及行政、市场、社群机制互补嵌合的优势。尽管社会住房的提供由非营利组织主导,但其筹资环节却主要依赖于市场机制的运作,辅之以政府补贴。住房协会和住房合作社的治理是社群治理机制的典型体现,但其运营还需嵌合在市场机制的运作之中。社群机制之所以能嵌合在市场机制之中,缘于住房协会或合作社拥有社会住房的部分或完全产权,且政府发挥了助推作用。社会住房投入使用后待收的住房租金与政府补贴租赁,为住房协会或合作社形成了稳定的收入预期,因此住房协会或合作社能在金融市场上对投资者(尤其是风险厌恶型投资者)产生一定吸引力。非营利组织以市场化运作为手段,依托专业化融资模式,延长资金筹集链,提高资金使用效率,保障社会住房的长期资金供给。在此过程中,政府一方面通过直接或间接的补贴以及政府包租(再转租给低收入者)的手段,稳定了非营利组织的财务状况,强化了非营利组织的信用基础,另一方面也通过制度化的监管,对非营利住房组织的市场融资行为进行风险控制。

具体来说,非营利机构能够参与其中的市场化融资模式有两类:

一是资产支撑型证券化模式(asset backed securitization,ABS),即项目或组织运营者以所辖资产为基础,以未来预期收益为保证,将收益权转移给专门的金融机构,并由其在金融市场上发行债券筹集资金(Mansini and Speranza,2002)。ABS适用于风险低但收益预期稳定的任何项目或组织进行融资——只要项目或者组织拥有一定的资产,常见于各种商业地产开发运营的融资(Wolfe,2000)。在这一点上,盈利虽低却很稳定的社会住房符合 ABS 模式运作的要求(见图 6-2)。运用 ABS

模式能够充分调动市场化资本的力量,缓解非营利组织资金短缺的永恒矛盾。

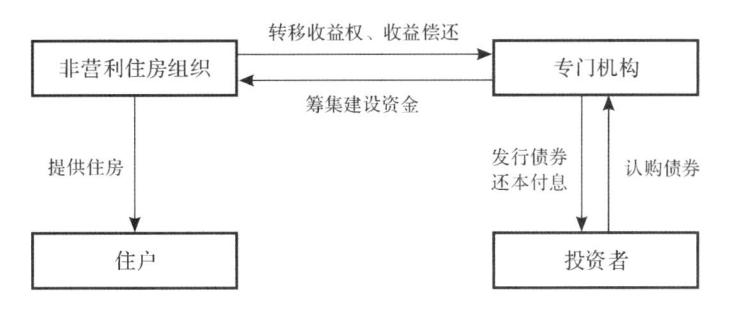

图 6-2 非营利住房组织参与的 ABS 融资模式

二是房地产投资信托基金模式(real estate investment trusts，REITs)。这也是将资产未来收益证券化的一种融资模式,只不过并不依赖于债券融资,而是由信托公司发起,用股票或收益凭证的形式吸引投资(Garrigan and Parsons, 1998：3-4, 339-341)。这一模式一方面是商业地产(尤其是写字楼、大型商场等)开发商常用的融资手段,另一方面也为退休金管理机构等投资者提供了收益稳定的投资机会(布洛克, 2015：1-2)。相对来说,房地产投资信托基金与前述的资产支撑型证券化相比,风险稍高一些,但收益率也稍高一些,对投资者的吸引力更强。自20世纪80年代以来,在很多发达国家,这一融资模式开始应用于公共住房和社会住房的筹资之中(见图 6-3)。社会住房也好,公共住房也罢,尽管其租金收益不高,但鉴于其需求的长期稳定性,其租金收益回报也具有长期稳定性,因此在金融市场上也能吸引到追求低风险收益的投资者。采用房地产投资信托基金模式不仅将本来不具有流动性、资金回笼慢的社会住房固定资产转化为可交易的、流动性高的金融产品,而且以较低的风险为市场投资者(如养老金投资机构)提供了保值增值的空间,从而将分散的社会资金吸引到社会住房领域(Chan, et al., 2003：198-200)。实际上,在电子商业以及各种新经济业态兴起的新时代,零售业中实体店铺的经营受到强烈的冲击,很多商业地产的租金收益出现了极为不稳定的情形,因此原本在商业地产领域兴旺发达的房地产投资信托基金,日益成为风险不低且收益不高的投资品种,有可能丧失对投资者的吸引力。但是,基于社会住房或公共住房的房地产投资信托基金则不然,其投资收益尽管不高,但稳定性依然不会发生多大变化。

与依赖于政府财政投入的保障房筹资模式相比,资产支撑型证券化和房地产投资信托基金模式的兴起,从实务操作角度来看,拓宽了公共住房/社会住房建设

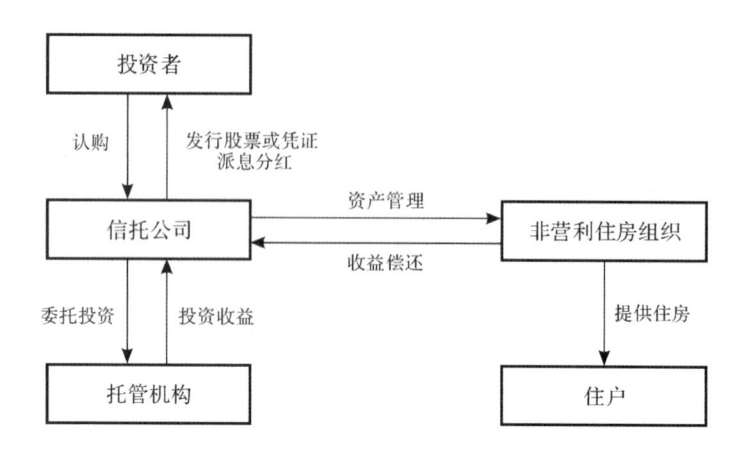

图 6-3　非营利组织参与的 REITs 融资模式

的资金来源渠道;从治理分析的学术视角来看,体现了政府、市场和社会力量的协作互动,行政、市场和社群机制的互补嵌合。社会住房筹资的市场化运作,需要一大批专业人士进入非营利组织(Kirkpatrick, et al., 2005:127-153)。这意味着,非营利组织的运作并不能单靠依赖于志愿人士积极参与的社群治理机制,还要依靠基于劳动力市场的市场治理机制发挥积极作用。笔者曾经在 2010 年发表文章,指出中国慈善事业的发展需要超越道德主义,即以适当的方式引入市场机制,并与慈善事业自身的社群机制运作相融合,让慈善事业的专业化制度化(顾昕,2010c)。这一点自然适用于所有的非营利组织,这一主张也适用于非营利部门的发展。在中国的住房领域,非营利组织极为孱弱,固然与社群机制在住房领域的运作由于利益相关者的高度异质性而具有不少天然障碍有关,但与行政机制、市场机制和社群机制有欠互补嵌合有更大的关联。

(二)社会住房的房源汇聚

社会住房的房源汇聚共有"新建、配建、收购、收租"四种途径(见图6-4),每一种途径均需要非营利组织与政府、市场协作完成,每一种途径的良好治理都需要行政、市场和社群机制的互补嵌合。

新建住房是社会住房的主要房源之一。一般来说,政府负责制定公共住房和社会住房的建设规划,规划必须纳入多维考量,尤其是考量社会住房与普通商品房的合理布局以及与此相关的基础设施配套,尤其是公共交通。其后,政府一般会委托非营利住房组织承接社会住房从筹建到分配阶段的所有工作,这是一个典型的

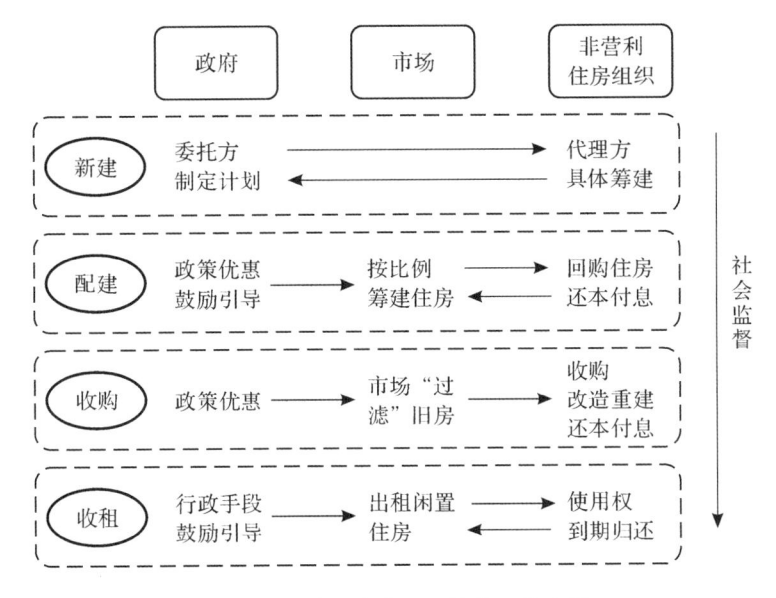

第六章　让协作互动治理运作起来：荷兰住房协会与社会住房提供

图 6-4　社会住房房源汇聚的四种途径

政府外包过程，也是公私伙伴关系的一种典型实践。政府在土地划拨或出让、税收减免、资金补贴或贴息等方面，发挥积极的职能。非营利组织在获得建设许可后，全权负责施工工程的有序展开，严格监管住房建设质量，同时还接受社会各界及政府部门的多方监督。行使社会监督职能的社会中介组织也是一种非营利组织。最终非营利组织在新建住房验收后将建成的项目提交委托方政府，而政府一般会把新社会住房的租赁运营外包给专门负责此类业务的非营利组织或者公司。在土地资源丰富、产业和人口集中度高的地区，大规模新建社会住房，是较为适合的（Harloe，1995：528-530）。在此过程中，政府通过各种助推方式，激活了社会住房领域的社会组织，使得这一领域中的非营利性组织呈现出多样化、专业化的格局，同时也促进了非营利组织间的竞争加剧和效率提升。

配建是指政府通过减免土地出让金、减免税收等手段，鼓励甚至强制要求商品房开发商在商品房项目中建设一定比例的社会住房。其中，社会住房的建设受到政府部门及社会各界的多方全程监督，竣工并验收后由非营利组织在一定期限内进行回购，偿还开发商的建设本息。这一捆绑式的政策不仅大大拓宽了社会住房的房源供给，同时还推动了"邻里社会交融"（Galster，2007），具有打破社会分层、促进不同阶层的人员流动、维护低收入群体尊严的社会意义。

收购是指非营利组织出资收购经过住房市场"过滤"的旧房,包括小户型商品房、中高档住宅的二手房、危旧房、废旧厂房仓库等,获取房屋的完全产权后,进行适当的规划重建,改造为面向低收入群体的社会租赁住房,从而达到扩充房源的目的。收购旧房不仅能提高市场住房的使用率,加快危旧房改造进程,促进住房的更新换代,还对改善市容市貌、推动城市建设有一定的促进作用。

　　收租是指政府通过行政与经济手段并重的方法,鼓励公众把闲置房屋租给政府或非营利住房组织,以作为公共住房或社会住房的房源之一。在具体运作上,政府或非营利住房组织与房屋所有者签订租赁协议,获取房屋一定年限的使用权,协议到期后房归原主。"收购"获得的是住房的完全产权,而"收租"仅获得房屋的部分使用权。相较于收购,收租模式的弹性更大、适用范围更为广泛,可有效利用分散的社会房源。在这种模式的实际运作中,政府常常与住房协会等非营利组织建立长期的合作伙伴关系,私人业主租赁给政府的房屋,也常常交由住房协会加以管理(Reeves,2005:85)。

(三)社会住房的分配管理

　　同公共住房类似,社会住房的分配一般有实物配租和租金补贴两种方式。无论哪一种方式,都由政府部门负责目标定位的协商与确立,即确定哪些民众才具有申请公共住房/社会住房的资质,而具体的目标甄别和房屋分配工作则由非营利组织完成。非营利组织需要收集住房、土地、人口等信息,与政府协商制定社会住房的准入标准和租金标准,并向社会公示。符合准入标准、接受租金标准的个人或家庭可申请一定户型的公共住房/社会住房,经非营利组织审查后即进入待分配名单。如果待分配住户数量大于现时可提供的社会住房数量,则由非营利组织根据经过事先公示的社会人口学指标进行优先排序,依次供给住房(Harloe,1995:526-527)。

　　由于非营利组织全权负责住房分配的具体工作,职权很大,因此整个分配过程必须受到来自社会各界和政府部门的严格监督,以保证住房分配的公正公开,减少以权谋私、"黑箱操作"等腐败行为,使社会住房分配给真正需要的低收入群体。

　　在社会住房的分配环节,政府的职责是制订全面的住房配给计划,尤其是对中供应量进行宏观控制,同时在目标定位与分配监督的制度建设上扮演主导性角色。作为社会住房管理的核心,准确的目标定位依赖于住户信息的动态监测与即时更新。这就需要非营利组织加强与政府统计部门的沟通合作,并由非营利组织定期收集住户的收入、就业、家庭情况等信息。当住户的社会经济状况有显著变化,如收入大幅增加、工作职位晋升、家庭重组时,社会住房的分配也应予以相应的调整,以增强住房目标定位的有效性。对于刻意隐瞒收入的住户,政府要施以一定的惩罚,并向社会公示予以警戒。由此可见,在社会住房的服务递送环节,国家与社会的有效互动和协作是不可或缺的,政府的职能主要体现在制度建设、政策制定和法规执行上,而信息搜集的职能主要由社会组织来行使(见图 6-5)。

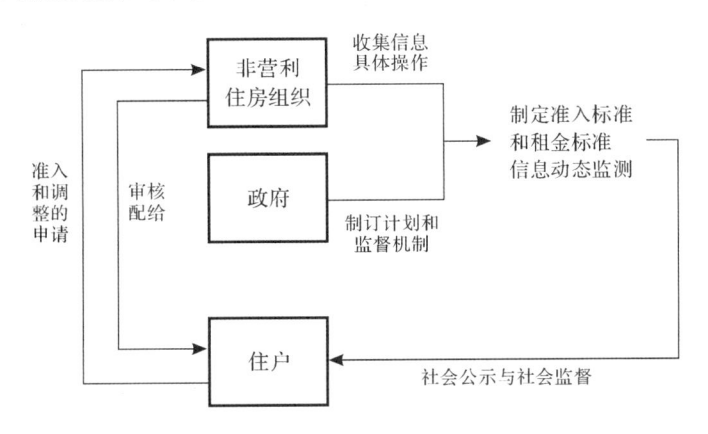

图 6-5　社会住房的分配流程

三、案例分析:荷兰住房协会

荷兰社会住房拥有的住房数在荷兰住房总量中的比重居欧洲之首(van der Veer and Dick Schuiling,2005:167)。在社会住房的建设和管理中,住房协会占主导地位(见表 6-2)。不仅住房协会自己拥有并管理着大量社会住房,而且荷兰政府还把很多公共住房的管理服务外包给住房协会。在 2012 年,荷兰 99% 的公共租赁住房都由住房协会负责提供(胡毅等,2013)。由于缺乏同口径的数据,目前尚不清楚这一占比后来有无下降,但荷兰政府官方网站显示,到 2022 年,荷兰有 300 万间租赁住房,其中大约 75% 为所属住房协会的住房[①],而住房协会的住房绝大多数属于社会住房而不是商品住房。荷兰住房协会在社会住房提供中的参与程

---

① 参见荷兰政府官方网站:https://www.government.nl/topics/housing/rented-housing#Social%20Housing。

度领先世界多数国家,其经验具有借鉴意义。为此,本节选取荷兰住房协会作为案例,进一步阐述上文总结的非营利组织运作模式。

表 6-2 荷兰住房协会的发展

年份	1920	1947	1971	1985	2000	2007
住房协会的数量/个	1350	1040	990	850	700	474
住房协会拥有的社会住房数量/间	49000	196000	890000	1947000	2464000	2403654
住房协会拥有的社会住房占社会住房总量的比例/%	79	74	64	89	90	95

数据来源:van der Veer and Schuiling,2005:167;Whitehead and Scanlon,2007:134;Priemus,2003:270;Oxley,et al.,2008:33。

荷兰住房协会诞生于19世纪末,最早是为解决工人阶级住房问题而成立的非正式组织。1901年《住房法》颁布后,住房协会纷纷成立,1920年协会数量已达1350个(Ouwehand and van Daalen,2002)。二战后凯恩斯主义的盛行,使得荷兰政府在战后住房重建中占绝对主导地位,住房协会的作用一度式微。重建工程完成后,住房协会才逐渐取代政府部门成为社会住房提供的核心,同时住房协会间的合并使得其数量有所减少(Whitehead and Scanlon,2007:134),这有助于提升其规模经济效益。

荷兰的《社会租赁住房管理法令》(BBSH)规定了住房协会的职能范围,包括为特定群体提供住房、保证住房质量、促进社会住房领域的资金链循环、加强租赁者管理、加强社区管理,为需要特殊照顾的群体提供住房(Oxley,et al.,2008:33)。住房协会使用自有资金、贷款和社会资本,承担社会住房资金筹集、房源汇聚及分配管理的工作。在社会住房提供中,住房协会的运作模式遵循非营利组织的一般规律,同时也具有适应荷兰国情的创新之处。

(一)荷兰社会住房的资金筹集

荷兰住房协会的筹资渠道具有明显的阶段性变化。1989年前,由于《住房法》规定政府要给予住房协会以补贴、贷款等经济援助,因此住房协会的运作资金以政府贷款和补贴为主(Priemus,2010:756);而在20世纪后期,荷兰推进住房市场化改革,尤其是1995年《应付补贴与应付债务抵补操作办法》颁布后,政府不再给予住房协会资金补贴,其筹资渠道转而以租金收入和金融贷款为主。

由于战后政府主导式的住房重建使得政府不堪债务重负,荷兰没有盲目模仿其他国家推行纯粹市场化的 ABS、REITs 等融资模式,而是立足本国的基本国情,着重发展政府主导或政府协助的担保基金以增强投资者对住房协会的信心,通过提高信用额度拓宽了住房协会的资金来源渠道(Priemus,2001)。具体来说,担保基金主要有两类:

一是社会住房担保基金(WSW),由国家住房委员会和住房协会共同出资组成,协会无力偿还债务时由政府承担债务责任。政府担保增强了投资者的信心,有助于协会获得低息贷款。WSW 在其困难时期为许多住房协会提供了紧急资金支持,成为住房协会的财务后盾。荷兰绝大多数住房协会都加入了这一基金,成为其集体会员。

二是中央住房基金(CFV),又称"团结互助基金"。这是一种联盟性机构,社群治理在其形成和运作中发挥了主导作用,而政府通过赋予其合法性并参与其制度建设的方式发挥了助推作用。中央住房基金由住房协会每年提取1%的租金收入注入这一基金,当任何一家住房协会无力偿还债务时,基金提供无息贷款支持,条件是三年内取得运营效益(Czischke,2009:47)。在资金筹集过程中,政府主要给予住房协会间接支持,包括降低土地出让金、减免协会的公司税等。借贷方面,政府积极鼓励银行、投行等金融机构给住房协会发放贷款,荷兰的政府银行也给予住房协会低息贷款(Oxley, et al., 2008:34)。政府的积极支持,为荷兰住房协会的发展提供了有力的资金保障,打造了夯实的物质基础(见图6-6)。

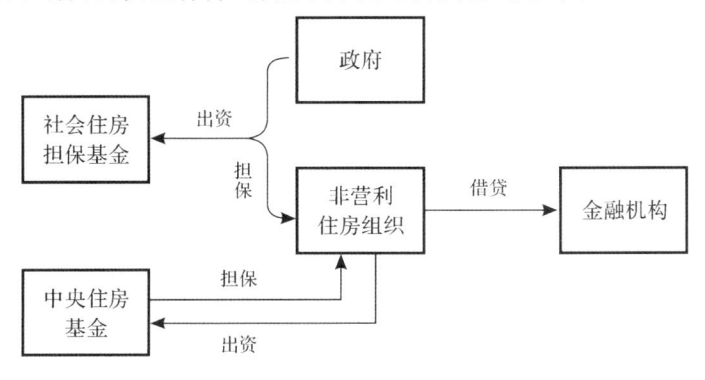

图 6-6 荷兰住房协会的资金筹集模式

(二)荷兰社会住房的房源汇聚

荷兰社会住房的建设和改造工作全部由住房协会具体承担,政府基本退出了供给,更多的是提供政策支持,比如依据1901年《住房法》,政府有责任给予住房协会优先购地权和价格折扣。住房协会在汇集房源时,以配建和收购两种途径为主。

在重新修建住房方面,2003年荷兰住房协会新建的住房量占全国新建住房总量的80%,其中31%的新建房作为社会租赁房出租。新建住房中,多数采用的是商品房、租赁房混合建设的模式(van der Veer and Schuiling,2005:167-168),即符合"配建"这一房源筹集办法。通过配建的方式,荷兰社会阶层间的流动性加大,有利于减弱不同社会阶层的极化与隔绝效应。例如,荷兰社会住房的供应量一度有降低的趋势,2009年住房协会还持有30400套租赁住房,至2010年这一数值就降至28600。社会住房供应减少导致出现了住房市场紧张、申请租赁的居民排队时间长、租赁房价格居高不下等问题(胡毅等,2013:39)。为了改变这一供不应求的局面,荷兰住房协会联盟达成协议,决定加速社会住房的建设步伐,通过配建、新建的方式增加住房供应量,以满足荷兰国民的基本住房需求。

在改造旧住房方面,荷兰以"收购"为主要方式。住房协会与房屋原所有者签订协议后,即购买获得房屋的完全产权,可开展翻新、拆除、重建等住房改造工程,通过旧房换新充实社会租赁房供给(Hoekstra,2003:60)。为了鼓励、引导旧住房所有者参与这一改造计划,住房协会需要协同政府部门给予一定的优惠条件,比如给予房屋定向补助。住房协会相比地产开发商更考虑长远利益与社会利益,它承担了80%的住房改造工程(van der Veer and Schuiling,2005:167),发挥了不可取代的突出作用。改造旧住房的途径具有两点优势:一是旧住房的所有者一般为社会底层群体,改造工程改善了其住房条件,生活质量提高,即使以前是荷兰最破旧的社区,改造后也可能晋升中等社区行列;二是住房协会改造的通常为中心城区的旧住房,既有改善市容的考量,也考虑了工薪阶层上下班的便利需求——他们无须搬到出勤不便的郊区或城镇,在市中心即可租到满意的住房。

(三)荷兰社会住房的分配管理

在社会住房的分配管理阶段,荷兰住房协会的参与遵循非营利组织的一般模式,仅在确定分配对象和租金水平时结合荷兰的经济发展水平进行了地方化调整。

第六章　让协作互动治理运作起来:荷兰住房协会与社会住房提供

下文将从准入标准、租金标准、住房配给机制和监督机制四个方面加以详细阐述。

(1)准入标准(或目标定位):荷兰政府于2011年1月做出规定,住房协会必须把住房存量的90%分配给低收入群体,这一政策的出台有利于从供给面更充分地满足低收入群体的基本住房需要。荷兰的低收入群体和中等收入阶层均可申请社会住房,但优先性有别,低收入群体的界定标准为年收入不超过33614欧元,30岁以下的年轻人、55岁以上的老年人、领取政府救济金的失业者和外来移民、有居留权的难民、残疾人、拆迁户、无家可归者等,具有优先租赁权(李罡,2013:88)。当然,低收入线随时间发生变化,荷兰政府官方网站提供的资讯显示,在2023年,低收入线标准为单人家庭年收入44035欧元,多人家庭年人均收入48625欧元。①

值得注意的是,社会租赁住房的租户并非都来自低收入人群。一份21世纪初发表的实证研究论文显示,荷兰最上层的10%高收入者中有大约8%居住在社会住房中(van Kempen and Premus,2002:244)。荷兰政府2023年规定,住房协会所属的社会租赁住房,租户为非低收入者的比例原则上不得高于7.5%。对于某些非低收入者占比不高但住房依然紧张的地区,这一占比限制可以放松到15%,但放松措施必须与租户协会协商,并征得省政府的同意。② 简单地说,有少部分社会租赁住房的租户并非来自低收入人群,甚至还有少部分高收入者也居住在社会住房中。造成这种情况的具体原因很多,一是一些社会住房的租户在家庭经济状况改善后并没有结束租住;二是某些城市在住房市场紧张的情况下将一部分社会住房租住权向非低收入者开放,这自然会使相当一批非低收入者租住在社会住房之中。对这种情况施加何种程度的管制,取决于住房协会、租户协会的互动协商,其中社群机制发挥着主导作用,住房市场机制在当地的运营情况对于双方的协商结果是重要的影响因素,而政府的协调和认可发挥一锤定音的最后作用。这一过程体现出社群机制主导下的行政、市场和社群机制的互补嵌合。

(2)租金标准:为了防止租金价格过高损害低收入群体的权益,荷兰于1979年颁布《住房租赁法》,规定每年仅能增加房租一次。荷兰政府严格控制社会住房的租金水平。根据2012年的标准,荷兰社会住房的月租金不得超过664.66欧元(李

---

① 参见荷兰政府官方网站:https://www.government.nl/topics/housing/rented-housing#Social%20Housing。

② 参见荷兰政府官方网站:https://www.government.nl/topics/housing/rented-housing#Social%20Housing。

罢,2013:89);2023年,月租金最高限额为808.06欧元。① 此外,政府还为社会租赁住房设置了最高租金涨幅管制,涨幅为"通胀率+1%"或"工资上涨率+1%"(仅当工资上涨率低于通胀率之时)②,在涨幅范围以内,住房协会作为社会住房的出租者有权自行灵活调整租金价格。

(3)住房配给:符合准入条件、接受租金水平者可通过网络、邮政、电话等渠道申请社会住房,每名申请者最多可申请三套。大多数申请都是通过网络平台提交的(van der Veer and Schuiling,2005:178)。根据优先性、等待时间等因素确定的顺序,申请者依次看房,不满意者继续排队,直至达成住房租住协议。一般而言,荷兰居民的平均排队时间为四至五年。当低收入者的收入增加至不再符合准入标准时,政府会采取减少补贴、提高租金等市场化手段加以引导,同时提供购房贷款利息减免的优惠政策,鼓励租住户购买商品住房。如果租赁者有意愿购买所租住的社会住房,可获得市价七五折至九折的优惠。在这一政策刺激下,荷兰房屋自有化率从2006年的55.8%提高至2010年的65.0%(de Kam,2014:444-445)。

(4)监督机制:主要表现为外部监督和组织内部监督两个层面。外部监督方面,荷兰的住房协会需要定期向社会公布季度和年度报告,阐明一定时期内社会住房的建设和运营情况、协会自身的发展状况等,接受广泛的社会监督;同时,住房协会全国联合会的设立促进了各协会之间的相互促进与互相监督,敦促各协会制定公开、明确的协会章程,约束协会行为(汪建强,2014:80)。组织内部监督方面,荷兰住房协会设有独立的监督委员会,一般由7—9名各领域的专业人士组成,有权提名或罢免执行总裁(Vincent and Nico,2006:137-140)。专家的参与不仅增强了协会决策的民主治理,还从机构设立上完善了协会内部的监督机制,有利于激励住房协会主动提高管理水平。

四、结语

自20世纪70年代以来,欧美发达国家的非营利住房组织逐渐活跃,以住房协

---

① 参见荷兰政府官方网站:https://www.government.nl/topics/housing/rented-housing#Social%20Housing。
② 参见荷兰政府官方网站:https://www.government.nl/topics/housing/rented-housing#Social%20Housing。

第六章 让协作互动治理运作起来:荷兰住房协会与社会住房提供

会和住房合作社为代表,在社会住房提供中作用显著。本章以福利多元主义为背景,从政府、市场、非营利组织三者的关系入手,研究非营利组织参与社会住房提供的运作模式,并以荷兰住房协会为例对这一运作模式进一步阐释。

市场组织(即公司)以利润最大化为目标,单纯依赖于市场机制的运作,难以解决正外部性强的准公共物品的充分供给问题,而政府又面临财政预算约束,无法无限制地扩大对社会住房的投入比重。因此,社会住房领域存在着广泛的市场失灵与政府失灵,必须诉诸第三方主体——非营利组织来解决其供给问题。非营利组织具有不以营利为目的、与基层联系紧密,实验性、灵活性和多样性强的比较优势,然而,非营利组织在筹资(或融资)上存在着天然的缺陷,这成为非营利组织研究领军人物萨拉蒙(Lester M. Salamon)笔下"志愿失灵"的首要根源(Salamon,1995:44-45)。因此,充分发挥非营利组织的作用,并加强多主体协作,在非营利组织社群机制运作的基础上引入行政机制和市场机制,成为各国社会住房供给的通行途径。

非营利组织在社会住房提供中的参与主要体现在筹建和分配两个阶段。筹建阶段包括资金筹集与房源汇聚两个部分。在资金筹集中,非营利组织与金融机构合作,以社会住房未来租金收入为收益预期,由专业金融机构负责债券、资金等融资产品的具体运作,发展了 ABS、REITs 两种融资模式,筹集了大量分散的社会资金,保证了社会住房建设中资金链的循环可持续。在房源汇聚中,非营利组织发展了互为补充的"新建、配建、收购、收租"四种方式,一定程度上保证了各国的社会住房房源供给。至于分配阶段,非营利组织参照政府制定的准入标准和租金标准,承担住房分配的具体工作,在社会居民申请后负责审核申请材料,核定住房分配顺序,并负责后期的住房调整与信息动态监测。整个分配过程公开透明,接受广泛的社会监督。

荷兰是欧洲社会住房比重最大的国家,其住房协会在社会住房建设中占主导地位,因此本章以荷兰住房协会为案例,进一步阐释了上述运作模式。荷兰的住房协会参与社会住房的筹建和分配工作。筹建阶段,在资金筹建中,荷兰没有盲目仿照其他国家推行 ABS、REITs 模式,而是立足本国资金缺乏的国情,发展了 WSW 和 CFV 两种担保基金,增强投资者对住房协会的信心,提高资金借贷的信用度;在房源汇聚中,以配建和收购两种方式为主,由住房协会承担修建和改造住房的具体工作。而在分配阶段,荷兰政府综合考量后制定社会住房的准入与租金标准。低收入者等社会弱势群体具有优先配给权,可获得不同程度的政府租金补贴。符合准入标准、接受租金水平的居民可向住房协会提出申请,审核通过后排队入住。分配全程受到协会内部及社会各界的严格监督。

非营利组织参与社会住房提供是欧美发达国家的普遍做法,体现了政府、市场、第三部门合作的福利多元主义理念,是政府失灵和市场失灵的有力补充。它不以营利为目的,具体运作中高效、协调、职责明确,在社会住房提供中具有重要作用,有利于发展多元主体参与的社会住房供给模式。欧美国家尤其是荷兰的经验,非常值得中国政府在保障房政策制定和实施中加以借鉴。

荷兰的经验显示,市场/政府双失灵的存在,使非营利组织在欧美发达国家社会住房的提供中扮演积极的角色,而国家、市场与社会多部门组织通过行政、市场和社群机制的互补嵌合性,形成了协作互动治理的格局。在荷兰,住房协会承担着社会住房的资金筹集、房源汇聚和分配管理的工作,社群治理贯穿于所有环节。在筹资环节,住房协会采用资产证券化融资模式,筹集分散的社会资金,体现了社群治理的市场嵌合性,而政府则通过公共担保基金的建立和住房协会间互助基金的推动,为融资市场化提供支撑,体现了市场机制的行政嵌合性。在房源汇聚和分配管理环节,住房协会的社群治理具有行政嵌合性,即政府在目标定位、制度建设、审核监督、鼓励推动等方面发挥不可或缺的作用。政府转变既有的行政化治理模式,助推社群机制和市场机制,促进了住房领域的公共治理体系创新。

值得注意的是,加快建立多主体供给、多渠道保障、租购并举的住房制度,让全体人民住有所居,早已成为中国住房政策的宗旨。然而,中国住房的供给主体仍然由"市场—政府"二分构成:在商品房领域,是以房地产开发企业为主体供应,市场机制是主要的治理机制,而行政机制则在商品房的购买资质认定以及价格规制上发挥着重要作用;在保障性住房领域,政府提供筹资保障并负责分配,房地产开发企业参与住房建设,非营利组织尚未直接参与保障性住房建设和运营领域中。总体来说,在中国的住房尤其是公共住房领域,缺乏社会的因素。西方发达国家中的住房社会组织,包括住房协会和住房合作社,以及共有制住房的制度建设,受到中国住房政策研究者以及相关实践者的关注(方敏等,2016;徐漫辰等,2019;李嘉、梁城城,2023),但无论是住房协会、住房合作社,还是共有产权住宅,在中国的发展都受到多方掣肘,不仅极为缓慢而且有欠制度化。在住房领域,尤其是在保障房筹资、建设、分配和管理领域,如何以社会治理的新理念建立一个多方主体共建共治共享、多种机制互补嵌合协同的治理体系,尤其是如何促进住房社会组织的发展,让社群机制在住房领域发挥更加显著和积极的作用,依然是住房公共管理的一个重大课题。其中,尤其是政府,如何充分有效发挥元治理职能,赋能社会组织,规制市场力量,从而使多方主体以协同的方式参与保障房的供给,依然是政府职能转型和公共治理现代化的一个重大课题。社会治理理念的广适性在住房政策领域的充分体现,亟待社会政策学者、公共管理学者及住房政策学者的辛勤耕耘。

第七章 行政引领型的社群治理：山东乡镇护林防火体系建设的案例[①]

火灾通常被认为是森林破坏和重启的重要表征（Certini，2005；Agbeshie，et al.，2022）。尽管生态学相关研究表明，森林火灾具有促进树木再生（Martínez-Sánchez，et al.，1999）、改善气候生态（Caldarano，2002）和促进特殊植物种群传播（Vihnanek and Ballard，1988）等特性。但是，频仍过度的森林火灾也会严重危害人民群众生命财产安全和国家生态安全，例如，2019年3月30日，四川省凉山彝族自治州木里藏族自治县发生森林火灾，27名消防员和3名地方干部在救火中牺牲[②]；2020年3月30日，四川省凉山彝族自治州西昌市经久乡发生森林火灾，19人在救火中遇难。[③] 因此，森林防火系统的良好运转是国家治理体系现代化的重要内容之一，也是基层治理完善的重要内容之一。

森林火灾具有突发性、高危害性和难处置性的特征（舒立福等，1998）。突发性表现在易受气象、地形和环境影响，森林火灾呈现易发、猝发、多发的特征，从明火到爆燃会迅速蔓延；高危害性表现在政府消防与赔偿的高支出、基础设施的高损坏和生物资源的高消耗（Stephens，et al.，2014）；难处置性表现在应急处置时间短、处置风险大、处置成本高，生态修复时间漫长。基于林火危机处置的高风险和高成本，林火监测和预防便成了林火灾难治理的题中应有之义。有鉴于此，各地森林草原防灭火指挥部办公室经常开展森林防火专项整治行动。

[①] 本章的早期版本，曾经发表于：顾昕、周凌宇，《行政引领型的社群治理：乡镇护林防火体系的制度与组织建设》，《公共管理与政策评论》2024年第1期，第20—35页。本章对相关内容进行了修订和充实。

[②] 《四川凉山木里县森林火灾造成30名扑火人员牺牲》，人民网，2019年4月2日，http://energy.people.com.cn/n1/2019/0402/c71661-31007929.html，访问日期：2022年8月11日。

[③] 《造成19人牺牲的凉山火灾，原因查清了》，光明网，2020年12月22日，https://m.gmw.cn/baijia/2020-12/22/1301963607.html，访问日期：2022年8月11日。

第七章 行政引领型的社群治理：山东乡镇护林防火体系建设的案例

专项治理整顿，在学术界被称为"运动式治理"，即高层级政治或行政主体，尤其是中央政府，"以政治动员来打断、叫停官僚体制各就其位、按部就班的常规机制，通过自上而下的各类运动方式调动资源和注意力来追求某一目标或完成某一特定任务"（周雪光，2012：114）。专项治理整顿的频发，本身是行政机制超常规主导的表现，但也是在行政机制日常运作失灵情况下，行政力量运用行政机制的超常规运作来弥补常规行政治理失灵的一种常态化表现（倪星、原超，2014）。实际上，长期以来，行政机制是森林防火的主导常态化治理机制。为"保护森林资源，促进林业发展"，早在1988年1月，国务院办公厅便发布了《森林防火条例》，规定火灾防治实行"预防为主、积极扑灭"的方针，采用"各级人民政府行政领导负责制"实施森林防火，同时提出了"分级负责""属地为主""快速反应"的工作要求。[①] 这一条例厘清了地方政府承担属地林业资源保护的职能，也令相应的行政问责体系有章可循。

森林火灾的社会属性说明了林火治理需要公权力予以行政介入。从经济学以及公共管理学的视角来看，森林火灾的防范是一种公共物品，需要集体行动，而行政力量的介入对于集体行动形成并发挥效力无疑是重要的。深究林火成因，人为因素在我国高达98%（狄丽颖、孙仁义，2007），而在美国和加拿大仅为70%（Liu, et al., 2017）。烧荒、除草、积肥等生产性用火和丧葬祭祀、野外不规范用火等非生产性用火是我国人为森林火灾数量和比例居高不下的重要原因（苏立娟等，2015）。无论是生产性用火还是非生产性用火，对当事人来说是可受益的，但对于较大的社群来说却具有极大的负外部性。数倍于自然野火的人为林火，需要高效、长效、有韧性和敏捷的治理予以预防和纾解，行政体制介入护林防火问题具有合理性和合法性。

森林防火行政治理在实践中结出丰硕成果。多年来，我国已经形成了基于《中华人民共和国森林法》《中华人民共和国消防法》《中华人民共和国突发事件应对法》《森林防火条例》和《国家森林草原火灾应急预案》的森林防火立法体系和各级政府自上而下实施并日益完备的森林防火体系。从执行视角来看，各级政府通过上下传导、层层督查、适度加码和任务分解等举措，积累了丰富的实践经验，包括

---

① 《森林防火条例》，中国政府网，2005年9月27日，http://www.gov.cn/ziliao/flfg/2005-09/27/content_70641.htm。

(但不限于)设置火灾防控期(通常为每年秋季至春季)、开展各项防火督查演练、完善失火问责、推进林地产权制度改革(鼓励市场资本介入)、更新火灾预警监测技术设施等举措,取得了一定绩效。根据应急管理部发布的信息,"2021年,全国发生森林火灾616起,未发生重大以上火灾,受害森林面积约4292hm^2;发生草原火灾18起,受害面积4170hm^2。与近五年均值相比,森林草原火灾发生起数、受害面积和造成伤亡人数均降幅较大"[1]。2021年森林火灾发生起数和受害森林面积分别是2020年的53.43%和50.34%。[2]

不过,随着"西昌火灾"的影响力降低,全国森林火灾专项整治在行政性注意力和物质性资源分配上都有所减少。在此背景下,如何建构更高效、敏捷和富有韧性的长效体系,成为森林火灾治理的关键。森林火灾治理的政府事权分工明晰,高层级政府通常扮演选择性控制的角色,基层政府负责自主性试验,试探出因地制宜的基层适应性林业治理体系(涂成悦等,2021)。在生态治理共识的大背景下,在有限财政和问责压力倒逼的制度格局中,作为森林防火的一线桥头堡,承担属地林业资源保护职能以及负责并协调预防和初步扑灭两个阶段的工作的基层政府不得不努力调适治理结构,趋向缜密化、精细化。因此,乡镇森林防火体系日益呈现出常态预防—动态监督—多中心联动的治理结构。

常态预防意味着基层政府投入较高比例行政资源用于森林火灾的事前预防;动态监督致力于以渐进的方式完善当前的护林防火体系,强化对风险因素的监督,同时积极回应上级运动式督查和专项整治行动;多中心联动意味着基层政府践行社会治理的治国理念,通过行政、市场和社群机制的互补嵌合,建立社会治理共同体,在森林防火上形成政府、市场和社会多方主体共建共治共享的新治理格局。基层治理的这一变化,发生在我国国家林业治理体系从管制向治理转变的大背景之下。政府自上而下的行政管制日益走向精准化,但频次有所减少,以市场机制为基础、以社会力量参与为推力的新型治理模式不断受到重视和广泛应用(龙贺兴等,2016)。因此,从行政化治理向多中心联动的转型及其背后的治理观念变革,值得深入分析。

---

[1] 《应急管理部发布〈2021年全国自然灾害基本情况〉》,中华人民共和国应急管理部,2022年1月23日,https://www.mem.gov.cn/xw/yjglbgzdt/202201/t20220123_407204.shtml。

[2] 《应急管理部发布〈2020年全国自然灾害基本情况〉》,中华人民共和国应急管理部,2021年1月8日,https://www.mem.gov.cn/xw/yjglbgzdt/202101/t20210108_376745.shtml。

第七章 行政引领型的社群治理：山东乡镇护林防火体系建设的案例

本章基于2021年1—3月在S省Q市P县青林镇森林火灾基层治理变革开展的田野调查。[①] P县在争创省级森林城市的活动中表现优异，2019年成为获此荣誉的三个县市区之一。根据对相关负责人的访谈，从2017年曾经频频连夜救火到2021年全年未发生规模以上森林火灾，青林镇的森林治理近年来绩效卓越。事实上，这四年来，该镇气候条件变化较小，法律环境和产权制度未有变化，行政资源投入相近，但基层政府在2018年下半年开始转换工作思路，从原来完全依赖行政机制的治理模式，转变为激活社群机制的新治理模式。本章基于社会治理理论，通过田野调查考察乡镇防火体系的演变及逻辑，试图回答如下研究问题：基于行政治理占主导的治理体系，如何通过行政力量激活社会资本，建设起行政引领型社群治理体系，实现长效自运行的多中心善治，进而，本章将凝练基层治理转型经验的普适性部分。

一、森林防火的三种治理机制：行政、市场和社群机制

如第一章所述，人类社会经济生活的治理方式林林总总，但归结起来，无非有三种：一是行政治理，以等级化、自上而下、命令与控制型的行政机制为主导；二是市场治理，由基于市场主体间自愿交易的、以竞争与选择为特征的市场机制为主导；三是社群治理，基本特征是密切关联的个体形成各种形式的社群，基于对共同价值与社群规范的认同、承诺与遵守，以社群机制的运作协调其活动并开展集体行动。森林防火的治理也不例外，其治理创新之路无外乎行政治理的改革、市场治理的尝试和社群治理的探索。

第一，行政治理的改革。我国传统的森林防火体系秉持行政治理的单一思路，其特征是政府主导的自上而下管控，行政机制的运作具有主导性。诚然，由于森林防火具有公共物品的性质，行政治理在基层护林防火体系占据主导地位是难以动摇的，但过度的行政治理会挫伤社会公众参与的积极性，也常常要面对底层信息搜集不力的问题（王凯，2019）。尽管主张协同治理发挥多元主体的治理优势，大多数关注林火治理的学者仍主张由政府主导的行政化治理，强调行政机制运作的完善

[①] 田野调查由周凌宇完成，笔者参与了对田野调查结果的解释和分析。依从于学术规范，本章对田野调查所涉地点和人员，予以匿名化处理。

(余洋婷等,2021),即注重发挥政策工具和行政法规的权威作用(黄冲、罗攀柱,2021),在科技进步和财政支持的党政体制优势中形塑政府主导的森林治理体系(朱震锋等,2021)。

第二,市场治理的尝试。正如《森林防火条例》的"预防为主、积极扑灭"方针,林火治理可以分为预防任务和扑灭任务。扑灭任务专业性较强,多由消防系统专业人士完成,但预防任务专业性较弱。因而,以林权制度改革为代表的林火治理的一大切入口是市场主体承包,从而使林火预防任务的主体发生变更。这一尝试,旨在通过产权界定,将林火预防任务的承担者从政府转移到具体的承包主体。然而,在当前生态环保要求下,市场承包的种种探索往往依赖于资本的青睐,这致使预防主体变革的举措无法适用于诸多经济效益缺乏的山区以及禁止采伐的公益林。林火市场治理的另一切入口是在政府承担预防任务的同时,更广泛地引入市场资本扩充防火资金。

森林生态资产资本化运营有利于释放市场机制的活力(赵越等,2019),天然储备林公私合作伙伴关系(PPPs)的治理架构、适用条件、边界和推广策略得到了学者的话题聚焦与理论凝视(赵树本等,2020;王有志等,2021)。然而,市场化林改的价值取向也常常受到质疑(王有志等,2015);尽管市场化林改已有初步成效,但集体林地三权分置仍需完善(朱莉华等,2017),以确保生态价值导向优于经济价值导向(涂成悦、刘金龙,2020)。事实上,不管是变更林火预防任务主体,还是引入市场资本扩充防火资金等市场治理的各种尝试,均忽视了森林防火生态效益的外部性溢出——尤其是当地村民的集体获益,譬如森林景观的可观赏价值和派生文旅业的就业岗位等。因而,厘清当地民众的护林防火利益格局,考察其护林或是毁林动机亦是关键(张毓峰、胡雯,2017)。

第三,社群治理(多中心治理)的探索。奥斯特罗姆领衔的布鲁明顿学派学者通过研究公共资源治理发现,除了行政机制和市场机制之外,体现在社会组织自发性多中心治理之中的社群机制是第三种选择,而且在很多情况下有可能成为一种主导性的治理机制。其笔下的多中心治理,又称自我治理,是指在没有政府干预的情况下,多方行动者经过自发演进过程而逐渐形成的一系列组织模式和制度结构,以管理其共享资源,协调其集体行动(Ostrom, et al., 1992)。在广泛考察国外森林治理经验(刘思源等,2019;朱洪革等,2021)及顺应社会资本增殖的趋势下(陈仑松、石道金,2021),一些秉持协同治理或协作治理理念的学者主张深挖多中心治理理论的实践意涵(王光菊等,2020),在我国的森林治理中发挥社群治理的优势,增强公众参与度,突出基层社群民众在森林治理零散信息搜集上具有的广泛性优势,更好地弥合森林治理的信息差距,增强行政机制的回应性(聂法良,2016),借此整合社群治理的制度资本、社会资本和治理传统(Dietzt,et al.,2003)。林火治理是归属于林业治理的重要环节,因此多中心治理或社群治理在林业治理中的相关探索也适用于林火治理。不过,孕育于异国他乡的社群治理经验如何适配于社会资本羸弱的中国乡镇护林体系,如何使新社群主义的"社会首先"的关怀(Etzioni,1996:314)及主张没有政府主导的社群治理(或多中心治理),应用于行政治理历史悠久且在现实中占据主导地位的中国森林治理实践,依然是棘手的理论问题和严峻的现实问题。

实际上,以社群机制为基础的多中心治理理论在我国公共管理学界产生了很大影响,这种影响在奥斯特罗姆于2009年以公共管理学者的身份获得诺贝尔经济学奖之后与日俱增。多中心治理思想在环境生态治理领域的应用更是成果丰硕,尤其是在自然资源治理领域(黄智宇,2017)。然而,聚焦于森林保护的多中心治理研究较少,应用于森林防火治理的研究更是少之又少。

护林防火工作具有制度稳定性强、时间跨度大、问责压力大的特征。林业制度少有变更,加之治理的时间跨度大、专业性强,有利于促进制度的调适、修复和尝试,而问责压力来源于各级行政领导负责制。虽然基层政府业已投入大量行政注意力资源,然而基层护林防火任务依旧严峻。实行单一行政治理,会出现分散信息搜集困难、行政治理成本高企、行政力量负担过重等问题;实行单一社群治理,会出现成员利益分散,缺失共同动机,森林防火集体行动无法形成,纵火行为的社群惩戒既孱弱乏力也缺乏合法性。在这种情况下,探索行政机制与社群机制的互补嵌合,对舒缓基层护林防火压力具有理论可能和现实意义。为此,借鉴中国实践经验,本章提出"行政引领型社群治理"理念,以超越奥斯特罗姆式社群主导型的多中心治理,打破多中心治理理论的社会中心论格局,以多方主体协作互动、多种机制互补嵌合为分析维度,提炼一套新的森林防火治理理论框架和实践模式。

二、从社群主导的多中心治理到行政引领的多中心治理

第一,提出行政引领型社群治理的现实前提是单一行政治理的失灵。由于政

府信息有限性和森林火灾广泛性的矛盾、政府行为单一性和森林火灾社会性的矛盾,以及森林纵火隐蔽性和某些群体(如牧民、烟民、扫墓"烧纸"的民众)利益诉求特殊性的矛盾,单一的行政机制在预防宣传、收集信息、及早扑灭等方面呈现出效能递减的态势,单纯自上而下的管控既无法激活民众的有效参与,也挤出了社会力量的治理资源。因此,基层政府想要破解现有的行政治理不堪重负的难局,亟待建构更长效、高效的新防火治理体系。

乍看起来,社群治理或多中心治理提供了一种"理想方案"。如上所述,致火信息的分散性、隐蔽性和社会性是困扰森林防火的"三大难题"。多中心治理的"三重优势"恰与这些难题的解决相契合。首先,分散于各处的基层村民能够发挥零散信息搜集的广泛性优势,更广地汇集致火分散信息;其次,生于斯长于斯的基层村民,能够发挥熟悉当地火情隐患分布的本土性优势,更敏捷地发现致火隐蔽信息;最后,强调互惠互信、人情信任的社群防火体系形成后,出于人情、宗族和自身社会声望的羁绊,当地村民的违规用火行为将有所减少,他们也会更加警惕外来民众的违规用火行为并加以防范、予以制止。所以说,多中心治理理应适配于森林防火治理。

可是,在实践中,以"拿来主义"方式引入多中心治理的理念及其实践却常常无法奏效。在"生态优先"的原则下,大部分荒山处于"封山育林"的保护状态,对当地社群成员来说,不能开发的森林资源称不上传统意义上的公地。同时,当地社群成员在森林防火上无利可图,也就缺失足够动机在林火预防上贡献心力,因而难以自发形成奥斯特罗姆所倡导的自主运行的社群治理体系。此外,在村社区半行政化趋势增强的基层,即使存在着自发演变中的村社多中心治理,也很难不通过行政介入进行干预和引导。

探寻森林防火"三大难题"的破解之道,并非取消行政治理,而是推动政府从"总揽一切"的全能式角色向元治理(即治理的治理)角色转型,承担起作为治理体系主导者设计治理体系的职能,并通过赋权赋能社群力量,加速激活社群机制,利用社群治理机制的运作在信息收集、村民参与和共识凝聚等方面的优势应对森林防火的"三大难题",最终形成长效运转的社群善治(见图7-1)。撬动社群善治的重要前提,在于通过行政力量的介入和行政机制的嵌入,推进政府职能的转变,使之在社会治理共同体建设中扮演好元治理者的角色,从而让社群机制有效运转起来。在这一过程中,行政放权是社群力量得以激活的前提条件,但并非决定性的促成因素,更谈不上充分条件;更为关键的是行政力量转变职能,让行政机制在元治理中发挥应有的引领作用,从而激活社群机制。治理体系转变的最终目标是形成社群善治。

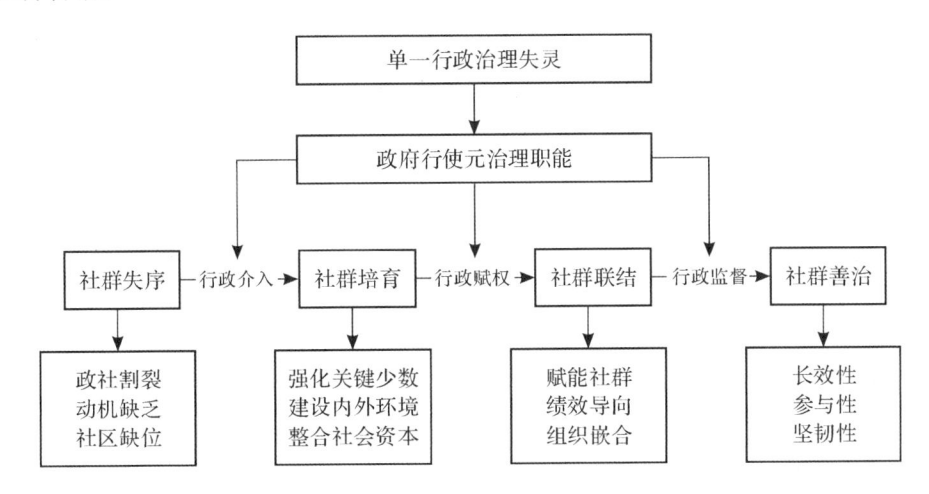

```
                    ┌─────────────────┐
                    │  单一行政治理失灵  │
                    └────────┬────────┘
                             ↓
                    ┌─────────────────┐
              ┌─────│  政府行使元治理职能 │─────┐
              │  ┌──┴──────────┬──────┘     │
              ↓  ↓             ↓            ↓
         ┌────────┐行政介入┌────────┐行政赋权┌────────┐行政监督┌────────┐
         │ 社群失序 │──────→│ 社群培育 │──────→│ 社群联结 │──────→│ 社群善治 │
         └───┬────┘       └───┬────┘       └───┬────┘       └───┬────┘
             ↓                ↓                ↓                ↓
         ┌────────┐      ┌──────────┐      ┌────────┐      ┌────────┐
         │政社割裂 │      │强化关键少数│      │赋能社群 │      │长效性  │
         │动机缺乏 │      │建设内外环境│      │绩效导向 │      │参与性  │
         │社区缺位 │      │整合社会资本│      │组织嵌合 │      │坚韧性  │
         └────────┘      └──────────┘      └────────┘      └────────┘
```

图 7-1　行政引领型社群治理森林防火体系演进的逻辑

第二,提出行政引领型社群治理的逻辑起点是社群治理缺失的局面。在单一行政治理情境下,行政力量集权成为必然,相应地,社群力量要么根本无法形成,要么遭到行政力量的漠视甚至挤压。故而,社群治理缺失通常有两种表现形式:一种是社群缺乏,即利益相关者一盘散沙,利益冲突频频,没有形成基于共同价值观和规范而运行的社群;另一种是社群机制缺位,即社群固然存在,也能在某些细微、日常性事务的治理上发挥一定作用,但由于社群被治理主导者漠视,社群机制受到行政机制的挤压,社群力量未能成为治理体系中的重要主体之一,社群机制也未能与行政机制、市场机制形成互补嵌合的格局。

如上所述,在中国当前绝大多数乡镇森林防火体系中,不是社群没有形成,便是社群力量的治理功能被漠视,两者交互影响,因而奥斯特罗姆笔下卓有成效的社群自主治理或称多中心治理格局无法形成。一方面,乡镇聘用的合同工——护林专业队成员(森林防火体系中的街头官僚)以及护林员(行政体制的传导末端),过低的薪水使其往往都是本地村民,所以具有作为中间人连接行政机制和社群机制的潜力,但这一潜力并没有被行政力量充分挖掘,以至于这些合同工只是庞大行政科层体制的螺丝钉,他们可用于动员其他村民森林防火的社群身份和社会资本价值,被乡镇政府大大忽视。作为村民中相对最为谙熟森林防火效用的关键成员,他们却没能成为激活社群成员参与防火的宣传者,更谈不上促进者。

另一方面,不少村民存在特殊利益,与护林防火的过程要求和最终导向存在利益冲突,容易发生烧荒、祭祀烧纸、恶意纵火等社会失范行为。对于失范村民,乡镇政府处罚三路径(见图7-2)中的"司法追责"和"治安处罚"属于行政治理的强手段,路径清晰、通畅且明朗,但不可能高频使用,对于林火预防更是无济于事,而批评教育则属于行政治理的弱手段,由于缺乏对乡土人情的关注而常常力有不逮。因缺少奥斯特罗姆意义上的自治性社群,基层政府一般将村两委作为村庄的代表;由于村社区呈现半行政化趋势,乡镇政府尚且可以对村两委有一定的惩戒手段(如经济处罚、荣誉降级等)。可是,村两委对失范民众的批评处罚,由于难以基于乡土人情运作,缺乏社群教化的警示作用。批评教育路径的无力,彰显了行政治理下的个体原子化、社会资本缺失、社群羸弱的局面。在此治理情景中,民众被简单地划定为失范者与合规者,对失范者的行政处罚来自村庄外部,而不是来自合规者出于维护村民共识、保护村庄整体的自发行为。这样,当地村庄多数合规村民处于旁观者的位置,既无法也无力有效参与基层护林防火。

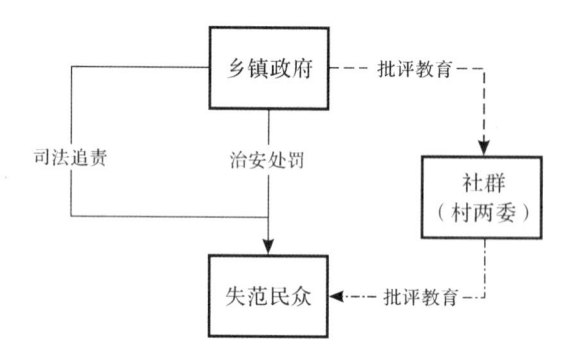

图 7-2 乡镇政府对失范民众的惩戒处罚路径

相反,如果行政力量能够授权赋能激活村庄中的社群力量,那么社群机制的良性运作可以直接滋养社会资本,促进人际信任建构,增强集体情感,激励互惠行为(林南,2005)。在社群治理生机勃勃的情境下,合规者将会呈现出维护村民共识的担当,村庄的"剧场仪式"(公示处罚、大会通报、社区舆论等)可以对既有的和潜在的纵火者产生警示作用。

第三,行政介入有利于加速社群整合培育。社群治理强调考虑治理参与者的需要和需求,但治理参与者仅仅作为行政力量中的执行者参与治理,依然是行政治理的体现。社群治理判定的关键,在于治理参与者是否组成社群,通过社群机制的运作来参与治理。要形成普遍参与、自主运转的社群治理需要强大的社群凝聚力,而社群凝聚力的核心在于集体性社会资本,在于人际信任、自发互惠和价值共识。村两委如果仅是一味遵循行政治理,则往往难以胜任培育社群凝聚力之责,因为村两委将面临双重"委托—代理"困境,即代表村民利益的同时需要优先完成乡镇政府下达的任务。在社区治理行政化趋势增强的背景下,村两委则逐渐成为政府意见传达的"下级组织"或上级政府的"代言人",也成为积累民怨的出气筒。形象日趋负面,遵循行政治理惯性的村两委将丧失社群集体情感的培育功能,这使得社群成员通过联动形成自我治理成为空谈。

行政介入的关键是在行政上吸纳村干部、护林员、党员和护林专业队成员的同时,转变其角色,使其承担培育社群的职能。与行政体系中来自异地的职业官员不同,这些吸纳进来的成员来自社群、居于社群,与社群成员有着紧密的关联,有能力也有潜力成为社群建设的关键角色。以关键角色作引领,可促进社群成员自下而上积累、扩散社会资本,基于小范围信任与互动,致力于社群秩序建构。这一过程,可实现个体与组织的和谐对接,形成从个体到组织的多重嵌套体系,有利于破解社群主体间的联动难题(冷向明、郭淑云,2021)。

第四,行政机制和社群机制嵌合,促使弱组织化的社群内生出制度资本,达成社群联结。是否拥有共同利益及充分的权责空间以供社群公共讨论并衍生社群自主制度,是社群治理能否存续的重要前提。社群动员的重要基础在于所涉议题与社群成员自身利益息息相关,唯有如此,社群内个体参政议政的实际参与感才会强烈。既有的森林保护体系禁止村社承包大部分林地,既导致村民在森林防火上缺乏实际收益,也导致村两委有责无权。林火治理手段以行政处罚为主,村社区的职责仅限于配合举报并担任处罚的执行员,没有决策权、讨论权、管理权。这诱使村社区没有动力重视森林防火工作,也根本无法激发村民参与护林防火的动机与责任。简言之,行政力量对基层组织和社群成员的赋权式动员,其有效性取决于是否因嵌入社群内部的权力结构和利益格局而具有赋权内容的针对性和赋权方式的灵活性(宋煜萍、施瑶瑶,2022)。

乡镇政府将森林防火赋权于基层社区,恰恰促进了社群联结如下两个缺失要件的生成:

一是以绩效为导向,赋权责于社群。乡镇政府通过党政体制支持村社领导集体,将自身权威转化为社群骨干的权威,将护林防火的宏观目标拆解为各社群的公共议题,将防火绩效作为村级干部评价、村级护林员评价的核心内容,赋予社群防控林火的自主权,自主制定奖惩办法、巡逻办法、监督办法等实施细则,以激励社群自主治理、内部相互监督,生成契合社群实际情况、长效灵活运行的村约制度。

二是培育社群公地或社群公共空间。一方面,乡镇政府可以将社群形象及与之匹配的行政资源分配作为关键抓手,集共同奖励与共同处罚为一体,引领构建林地治理的公地,即营造公共参与的渠道、空间和氛围,为社群联结凝聚共同利益。具体表现为,将社群历年绩效作为基础指标,根据防火绩效对比排名,乡镇政府将乡镇林业资金分梯度授予各村;通过宣传表彰公共参与增强各村民众"公地意识",形成努力维护社群形象的社群文化。在这一过程中,乡镇政府将护林防火确定为各村社群形象建设的重中之重,而各村努力维护社群形象的激励因素在于争当先进试点、促使产业项目落村,争取行政补助等。另一方面,村落聚居是北方乡土社会的重要特征,乡镇政府通过任务分解为社群提供公共议题,促进社群成员在"参政议政"中互动、交往和联系,在主动的公共参与中增强责任意识、活化社会资本、改善社群氛围、推动成员互助。热心公共参与的社群氛围对于社群来说就是一种公共物品或公共资源,随着森林防火、人居环境整治、村落规划等与民众利益攸关的社区自治议题不断增多,社群氛围将呈现出越来越强的公地特征。反过来,如果这种社群氛围日渐薄弱甚至丧失殆尽,那么就会出现社群治理失灵的"公地悲剧"。

第五,行政监督是社群善治长效保障的重要组成部分。社群护林的多中心机制具有长效性、参与性和坚韧性三个显著特征。一是熟悉当地地理环境、社会环境的大量村民被吸纳进林火防控、预警和扑火机制,便于收集分散的火情信息,形成稳定持久的防火村规,降低行政负担,为低成本长期运行提供可能;二是通过森林防火任务的行政分配以及绩效监督,鼓励公共参与;三是通过人情纽带羁绊对故意纵火行为产生遏制作用。此外,原有的乡镇护林专业队职能在单纯的训练和救火的基础上逐渐添加监督和宣传,一方面,尊重社群自治框架、维护社群秩序,表现为帮助社群主导者维护权威、惩戒失范社群成员;另一方面,顺应社群防火制度调适,提供相对本土的社群信息,以利社群防火制度的迭代更新。

下文通过S省青林镇的护林防火案例,详细解释行政引领型社群治理理念的实践方式,阐述微观实践的细节。

三、行政引领型社群治理的案例:S省青林镇的实践

本章采取个案分析法,案例地点位于东部S省Q市P县青林镇,面积17000hm²,辖92个行政村,人口约7万,公益林面积近15000亩。该镇地处山区平原接合部,多低山丘陵,温带季风气候,森林防火压力较大。本研究合作者周凌宇于2021年1—3月在青林镇展开田野调查,方式为半结构式访谈与参与式观察,先后采访青林镇分管林业的乡镇领导、农业办公室负责人,护林专业队成员、护林员、村干部及村民共计40余人,关键访谈人7人。

(一)单一行政机制主导下的治理失效:防不胜防

当地有民谚"穷山僻壤出青林",青林镇林业发展的市场机制基本失灵。在现行法律法规和生态保护要求下,由于青林镇山体以石灰岩为主,土壤稀缺,承包后的利用空间极小,难以种植作物,经济效益较差,并不被市场资本和村民认可。此外青林镇路况较差,交通不便。故鲜有"包山大户"愿意到青林镇承包投资。

因而护林体系变革前,青林镇政府森林防火体系主要依靠乡镇政府自上而下行使的行政机制,由乡镇林业办工作人员和护林员负责护林防火,在特殊的易燃时节开展"专项任务"进行运动式治理,但火灾依然频发,经济损失严重,相关干部被问责,青林镇也在全市护林防火工作会上遭到批评。

每逢旅游节假日、祭祀节假日等林火高发时间节点,青林镇中层干部(股级)全体出动,在山腰、山脚处设置巡逻点、播报禁烧通知、检查民众携带火种登山情况,但因人流密集、天干物燥、火源分散,难以彻查,且当地有祭祀烧纸的积习,常常是"一支香烟""一片坟纸"的微火借风势即暴起。大量行政资源(精力和资金)消耗在护林防火,正如笔者走访的青林镇分管农业工作的常务副镇长所言,"护林防火工作……是非常繁重的,如果非要说……我觉得在护林防火期,(这些工作)能占一半的精力","甚至在之前(防火绩效不突出的时候),乡镇的领导干部时不时就要半夜起来救火,(乡镇干部)救一次火发一百块钱补助,2016年光补助就领了四千多块

钱,你说是占了多少精力?"(访谈编号:20210118SZFZZ[①])

尽管乡镇干部东奔西走,四处救火,疲于奔命,但效果不彰。"就老是有偷着上坟的,风一吹,尤其是天干物燥的时候,呼地一下子就烧起来了,烧得很快,尤其是前几年的郑王山,很叫人心疼啊,几十年的松树一把火全没了……经常就是下午救完火,夜里接着救……"(访谈编号:20210203SZFZZ),郑王山有多处公墓,山顶有珍贵的油松林资源,2014年曾发生大火,当时负责林业的副镇长因此被问责。

当地的日常防火体系由分管林业的常务副镇长领导,乡镇林业办公室负责执行,在火灾重点防控期(每年十一假期到来年五一假期),通过村社区推荐招募60名左右的村级护林员进行巡逻和监督,以及时发现火情、制止违规行为。然而,薪酬水平较低的村级护林员作为行政治理的末端执行者,由于工作地点分散、工作内容难以量化、乡镇林业办缺乏稳定有效的监督机制等原因,磨洋工、翘班现象层出不穷:

> 很多人(村级护林员)都是心情好的时候在山里转一圈,每年就挣个五千块钱,扣也扣不了多少,而且你怎么监督?我们要求护林员工作时间待在山上,给护林员配备了上报火灾的GPS信号器,同时也监测护林员的位置;有的护林员就把信号器挂在树上,自己溜了。你也不可能只给五千块钱就让护林员一转一天,都是些60岁左右的老年人,很多还是为了扶贫(招募)的贫困户。(访谈编号:20210206SZNYB)

2016年,青林镇共发生规模以上森林火灾(出动消防车)61起,其中42起由青林镇领导干部(股级以上)全体出动救火,年度总结称"火灾频发、发现晚、扑救压力大、损失非常大"。究其原因,主要在于单纯依赖行政机制的运作,治理者难以收集、整合广泛的信息并对违规行为快速予以处罚,在复杂多变的基层火情环境中趋近失灵,村民也被视作原子化的个体,游离于治理体系之外。一方面,青林镇政府财政紧缺、人手紧张,只能进行简单的治安处罚与政府宣传教育,惩戒形式也仅限于罚款、批评或训诫,除非发生规模以上的火灾才以"纵火罪"量刑,很难对民众因个人利益危险用火产生阻遏作用;另一方面,行政监督很容易由于上下信息不对称

---

① 访谈记录编码规则:前8位数字为访谈日期(如"20210118"表示"2021年1月18日"),SZ为青林镇缩写。FZZ指分管林业的常务副镇长编号,NYB为农业办干部访谈编号,HLY为护林员访谈编号,ZYD为护林专业队访谈编号,CGB为村干部访谈编号,CM为村民访谈编号。

而失效,乡镇难以确保护林员尽职尽责,更何况护林员并没有对不当用火行为的执法权,仅能扮演侦查火情的角色。与此同时,民众没有主动检举火情的动机和渠道,护林防火被认为是基层政府的职能,事不关己。

(二)社群治理缺失、社群机制失灵:行政吸纳社会力量频频受挫

民众是青林镇护林防火体系的重要组成部分,他们既可以是监督者、参与者,又可能是违规者与旁观者。如果多数民众扮演后两种角色,那么整个林火治理体系就无法运作;扮演前两种角色者,则是多多益善。在护林体系演进过程中,青林镇政府逐渐意识到,上山分散劳作或喜欢遛弯晒太阳的村民们,在监控分散、多发的火情信息方面具有协助治理的天然优势,其时间充裕、熟悉环境、上报方便,因此,曾试图通过行政化的网格制管理方法将村社区成员纳入行政体制,于是层层设置了护林网格员和微网格员,责任下放、鼓励举报火情,但因为开支较大、管理困难而陆续作罢,最终仅保留下村头巷尾的一幅幅护林防火宣传墙画以及隔三岔五的村民防火讲座,成为行政机制下网格化管理尝试的一种昭示。

回想网格化治理的推广时期,来自青林镇政府的受访者认为,要把民众吸纳入防火体系并建立长期机制,首先应充分了解民众在火情中扮演的角色及行动的动机:

> 你知道火灾的原因是啥吗?九成以上查出来是人为的,还有一些是查不出来但大概率是的。田间地头,焚烧秸秆……有些放羊的牧民,为了防止前一年的旧草把羊的嘴划破,早春一把火就把山给烧了。当然我们从今年(2021年)开始,都逐渐地让他们圈养了……还有些就是仇视社会,一些非法上访户,也会蓄意烧……(访谈编号:20210205SZNYB)

> 有些老百姓还挺好的,看见了火灾打个电话,有可疑人也向村里报告……不过这样的终归是少数……有些人事不关己高高挂起,无利不起早……不操闲心……你说实话……护林防火确实也轮不到平常老百姓头上,我凭啥参加?是我的地还是我的树?消防大队是做啥用的?(访谈编号:20210301SZCM)

为方便理解和呈现村民参与护林防火体系可能的方式与场景,本章将村社民众划分为三类群体:第一类为公益者,他们积极配合协助行政治理,有村干部、护林

员等正式人员,也有老党员、退伍军人、空巢老人等热心公共事务的社群成员,能够主动举报失火情况并积极协同救火队员予以扑灭;第二类为中立者,由于青林镇政府缺乏激励,他们务工务农本就忙碌,帮助扑火更是劳神费心,监督意愿相对较弱,但自己不愿或较少违法违规,看到熊熊烈火肆虐山林也能及时上报消防部门;第三类为违规者(烟民、牧民、烧荒者、报复纵火者等具备用火动机者),其用火行为能为其带来一定的短期收益,或是因得以报复社会而获得病态心理满足,同时他们身处荒山野岭,危险用火甚至纵火行为很难被发现。

乡镇政府意识到了社区民众的重要影响和不同角色,于是统一招募了12名左右的镇常驻专业队队员,在监督村级护林员工作、承担乡镇消防队职能的同时,逐村宣传护林防火政策。同时在各村社区设置防火网格员及微网格员,要求他们积极上报火情消息,鼓励相互监督、奖励重大线索。但在多年积习形成的风俗时令传统(社会共识)面前,这些行政化举措收效甚微:

> 看见火大当然就上报啊,但……逢秋收,谁家不烧个地边?这么多年都烧过来了,为啥就不能烧了?举报(的话),乡里乡亲怎么看你?……你去上坟,谁不烧个纸?……(执法要求)就是说说,它怎么查你呢?(访谈编号:20210301SZCM)

网格制管理本质上是行政吸纳社会的治理尝试,想要通过行政机制向社区的延伸来逐级分配任务、收集信息。但从网格员的视角而言,不同地区的火情风险本就各不相同,即使每天坚持巡山,也防不住"三更半夜突然失火";退一步讲,虽然青林镇一年发生几十起火灾,但发生在自己网格区域的概率极低,即使发生,总会有人上报,无非时间早晚。因此,费力不讨好,拼努力不如拼运气,护林网格制过度细分,并没有起到预期的作用。而且,社区行政化的趋势还侵蚀了原有的社会资本,护林防火的职责被一块块地细分到了每个网格员,与其绩效补助挂钩,影响了网格员与社区普通民众的相互信任;同时,网格化治理本身并没有消解违规者群体的纵火动机。网格化治理不仅未能与社群治理形成互补嵌合的格局,反而致使社群治理空间的挤压和社群治理机制的萎缩,导致护林防火体系陷入保护力量不足而破坏阻力较大的困境:

> (那难道就没有老百姓帮助你们扑火吗?)这不是二十年前了呀,现在人没过去那么好了,大多数都是看热闹的……也有人帮忙扑火,不过都是些护林

员、村干部,以及一些心肠确实好的村民,如果你非要我说数量,那可能附近社区里来(救火)的超不过二十人。(访谈编号:20210130SZFFZ)

和老百姓无关,那多管闲事的(人)也不多……(和2021年不一样)以前处罚是直接罚款,然后情节严重的按纵火罪起诉,村里可能也说一嘴,要求批评教育,实际处罚不怎么严重。(访谈编号:20210118SZNYB)

良好的护林防火治理体系,需要多方主体共建共治共享,形成社会治理共同体。但是,社群功能不被重视,异化了治理秩序,割裂了政社利益,乐于协助防火的民众作用难以得到充分发挥,而中立民众熟视无睹甚至沿袭传统积习,损害了护林防火成果,社群失序无法解决。但是,护林网格员之间约定俗成的见到其他区域火情帮忙通知等"相互帮忙"的默契,为后续的社群培育及社群治理体系的建构提供了契机。

(三)社群培育:任务分配与"关键少数"的积极作用

青林镇或者说绝大多数乡镇,在意识到并企图发挥和利用民众的防火功能时,往往会面临一个相同的问题——社群失序,即民众利益不一致导致无法形成统一社群。解决这一问题有两条路径,一条是以网格化管理的多元举措直接取代社群,另一条是以网格化治理的种种手段间接激活社群。基于行政治理惯性,青林镇先行尝试了前一路径,发现管理体系的维持成本高企,把民众视作原子化的个人而直接建立联结的尝试,既缺乏持续性激励,提高了管理成本,也不适合护林防火这种外部性极强、很难将责任细化到个人的任务。

因而,激活社群的后一路径成为青林镇探索的新选择。彼时正逢村级组织负责人一肩挑改革试点的契机,青林镇转换思路,尝试扩大村社区在护林防火任务中的权责空间。一方面,镇政府挤出一部分林业财政支出用作奖励,以社群培育的方式鼓励社区自主制定护林制度和人员安排;另一方面,各村社区的护林防火网格员,由乡镇护林员兼任,将护林防火工作要求部署到村干部和村党支部学习会议中,以管区书记抓村党支部的组织建设,强化教育社群内具有特殊身份的"关键少数"——村干部、护林员、党员和护林专业队成员,以深入了解、把握乡镇政府的护林防火工作的思路、部署与战略。镇政府借由社群成员的情感信任、人际关系等社会资本,发挥党群共建作用,从组织纪律的角度严加约束,要求"关键少数"以身作则,推动用火习俗转变:

> 你吃公家饭,能不为公家说话吗?以前跟绝大多数老百姓宣传,那是站在两个山头上唱歌,利益不一样的,现在你宣传或者部署工作,老百姓里面有很多人开始听了,是在一个山头上……哪怕仅仅是不焚烧秸秆了呢,也是推动传统习俗的转变……越多人这么做,那就越好做。(访谈编号:20210301SZFZZ)

"关键少数"人员的观念转变并非一日之功,乡镇与其建构的联结也较为薄弱,而且缺乏鼓励执行的激励机制和规制手段,但这反映了从"大水漫灌"的宣传方式向有梯度的政策宣传的转型,也是精细化管理以节约财政资源的有益尝试。青林镇观察到了村民不当用火和坐视不管是因传统习俗和人情往来而起,便试图通过村规新约和社群公益加以遏制,从社群中寻觅社会资本的撬棍。青林镇通过激发"关键少数"的协作助力社群公共意识的培育,同时还多措并举裁减冗余护林员,减少乡镇护林专业队编制,腾挪筹措资金入村入网格下沉宣传,以轻奖励和重惩戒的方式促进"荒山上坟不烧纸""不烧地边地头"的防火观念深入社群民众人心:

> 到现在(2021年),乡镇的下沉宣传工作应该是比较充分的,每村拉五到十条横幅标语,村村响广播喇叭每天早中晚各响一个小时,宣传护林防火政策,我们在景区山间埋封山育林碑、挂宣传牌,护林专业队配置了带喇叭的护林防火车,每天上午转东边的村社区,下午转西边的村社区,处罚、纠正不规范行为,同时积极宣传防火规定。(访谈编号:20210214SZZYD)

(四)社群联结与社群善治:权责下沉与组织嵌套

社群防火村规初步建立、"关键少数"做出表率后,青林镇政府面对的新问题是:自下而上的社群机制如何长期运行?如何确保公益者、中立者和违规者三类村民各得其所?

青林镇权力下放、责任下沉,实行护林防火村支书负责制和问责办法,要求村社区对属地的林业资源保护承担保育责任,将乡镇护林队伍精简后腾退出的财政资金用作村社区护林防火专项资金,根据村社区护林防火绩效分梯度、分周期授予,使得主要村干部的工资福利与防火绩效挂钩,采取扣减制,"失火罚钱"。这些授权性措施赋予各村社区自主设计社群森林防火制度的自治空间,鼓励了社群自主治理。青林镇作为上级组织厘清了社群组织的权责,同时通过社群外部监督的方式,建立了"个人—社区""社区—政府"的层层嵌套的组织体系,保护社群治理积

极性和自主性,释放了制度创新的空间与公民参与的潜能:

> 这么做,村社区没有反对的声音吗?……肯定是有别的声音的,比如说不同村社区的防火压力不同,那凭什么火灾多发要扣我钱?不过总体来说,乡镇财政给村社区的蛋糕是做大了,只要好好抓,一般是比以前要好的,我们算了算,省下来的救火的支出和隔离带的费用是大头,(整个护林防火体系)还比以前少花钱了,这不是一举多得吗?(访谈编号:20211015SZFFZ)

> 那村社区是怎么调动老百姓的积极性呢?……其实也没怎么麻烦老百姓,老百姓现在就是知道了乡镇的有关防火规定,不放火、及时上报就行了。邻里之间看到了烧地边什么的,有的村是鼓励举报的,主要是这个环境起来了,就都慢慢地变好了,观念的东西改变还需要时间。(访谈编号:20211015SZFFZ)

青林镇护林防火的难点在于减少纵火和及早扑灭。社群自治有利于社群民众认同自己社群的准则,尊重自己社群的规范。将乡镇护林从行政任务拆解为社群任务,将原来森林防火体系中的危机来源——违规者(如牧民、祭祀者、烧荒者等)——通过村庄共识、邻里口碑、家庭声誉等社会资本纳入护林防火体系的社会治理共同体,有效重塑了违规者的行为。通过议事、制度建设和自主决策,第一类公益者村民的影响力增强了,第二类中立者村民公共参与的积极性提高了,同时利用人情往来的社会联结,影响、约束和遏制了第三类违规者的不当行为,尤其是其家人会提醒违规者不当行为被发现会影响家庭声望。当第三类违规者从原子化的个体转变为家庭化乃至社群化的集体成员之后,其行为逻辑将受到社群文化的影响。如果他们依旧打破社群规范,不仅会遭受法律的制裁,其本人和家庭也会在社区蒙羞。当新火灾发生时,有过纵火前科的养羊人会被邻居举报是否在家,这种本地化信息的充分也便于行政力量降低查证难度,遏制不当用火行为。

此外,由于森林防火预算结余,青林镇得以更新护林专业队技术设备,采用无人机巡查火情的方式,改进森林火灾的监测机制和检测能力,改善行政体制的治理效能。在社群机制的运行过程中,当地村社也出于效率竞争,自发地尝试新手段,比如通过全村微信群来举报火情,快速传达乡镇政府的最新护林防火规定和警示教育视频。更多的民众被社群机制动员起来,配合专业队伍的救火行动,例如为消防队伍指路以快速找到水源。但社群机制的激活也存在着盲区,老年人群体体现

出一些游离于社群的表征,而这些老年人往往又属于较难改变、固守传统的群体,他们成了下一步护林防火社群治理的重点人群:

> 有些老年人,说不说的不听啊,脾气也很倔,罚款也不听,家里人劝也没用,那就只能我们眼睁睁地看着他烧纸,出问题再第一时间扑灭。你刚才说我们的管理有温度,我们这好像也确实挺有人情味儿的。(访谈编号:20210301SZCGB)

从 2018 年下半年开始改革,四年光景,昔日的问题乡镇转变为模范乡镇。青林镇的护林防火体系转型呈现出主体更广泛、利益更多元、治理更精妙的特征,体现了社会治理的优越性。青林镇的护林防火通过激活社群善治建构社会治理体系的经验在全市会议上得到宣传和推广,也获得了前来视察的省级林业部门的肯定与赞赏,彰显了在乡镇护林防火体系中推广行政引领型社群治理的实践可能。

(五)转换后的青林镇森林防火体系及整体特征

青林镇行政引领型社群治理森林防火体系的整体特征,一言以蔽之,即行政力量通过激活社群机制,引领社会治理共同体的修复、建构和运行(见图 7-3)。

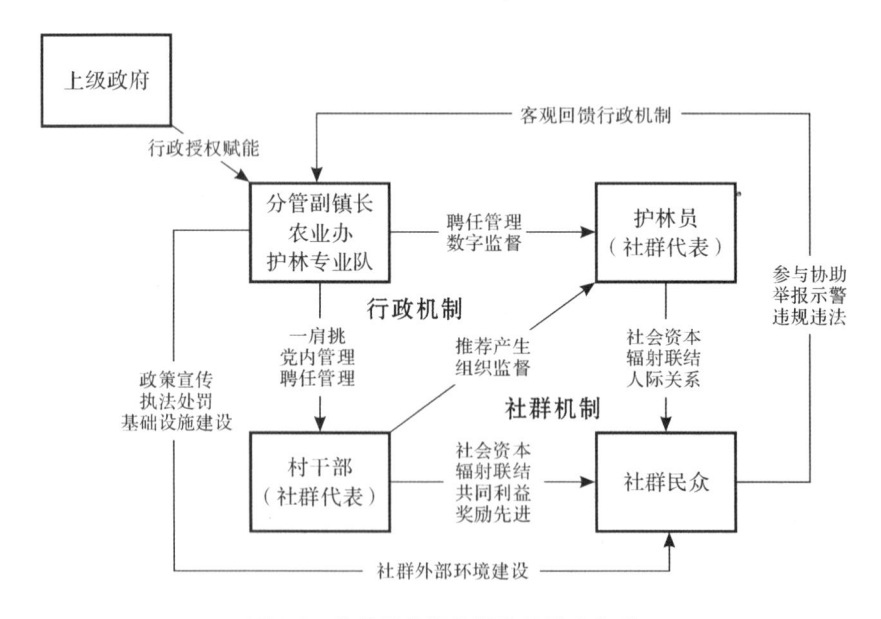

图 7-3 转换后的青林镇森林防火体系

第七章　行政引领型的社群治理：山东乡镇护林防火体系建设的案例

青林镇森林防火的任务和资源来源于上级政府授权赋能，起点为 Q 市政府，同处于行政体制中，不难理解青林镇争取全市推荐、总结经验的动机在于上级行政资源在赋能上的吸引力。

在行政授权和赋能过程中，行政机制和社群机制互补嵌合。尽管青林镇政府的行动以行政机制运作为主，但社群内部却以社群机制运作为主。行政系统内部的晋升激励并不适用于社区书记，但社区书记却可以通过乡镇赋予的法理型权威统一意见，开展社群自治，增强权威，继而演变为社群治理的主导者。行政引领恰恰是社区书记的社群治理行为激励产生的原因，一肩挑、一人兼，也为乡镇政府与社区书记的"合作"厘清了道路，进一步鼓励社区书记充当社群主导者，继续开展社群自治。

行政引领的表现除了如上文所述，行政力量通过行政授权、党群共建而深入社群治理体系的内部，还体现在行政机制遍布社群治理体系的外部。乡镇政府承担了对社群民众的政策宣传、执法处罚和基础设施建设等社群外部环境建设职能，另外，民众协助救火、举报示警、违规违法等行动最终都直接作用于行政机制而非社群机制，这表明行政引领型社群治理体系中的社群机制绝非孤立，而是与行政机制相互嵌合。如图 7-3 所示，行政机制的影响范围表现为乡镇政府、村干部和护林员连线组成的直角三角形，与社群机制中的护林员、村干部和社群民众连线组成的直角三角形范围对应，但护林防火社群机制的关键领导者（村干部和护林员）均在行政机制中承担了最基层的、接受管理的职责，彰显了行政机制嵌套社群机制、"关键少数"连接行政机制和社群机制的特性。

四、结论与讨论

如何建设好森林防火的最前线——基层乡镇的森林防火体系，既是行政实践中关系国计民生的重要议题，亦是自然资源治理理论的重要关照。从"行政—市场—社群"治理的分析框架出发，归纳现有研究发现，由传统行政化的森林管理机制向多元社会主体共治方向的转轨，正是森林资源治理体系演进的主流。行政引领型社群治理，从护林绩效的角度有利于减少林火肆虐、涵养森林资源、降低财政支出；从政治生活角度看，可以为乡镇行政治理与基层社群治理的协同提供一种有益的思路，促进民众自治、效率提升与基层和谐。

村民议事、社区建设等与社群民众实际利益息息相关的议题得到了广泛的关注,通过多方主体共同治理以实现社会共治的基层治理创新,一向是学术界关注的重点(王名等,2014)。党的十八届三中全会提出了国家治理体系和治理能力现代化的命题,要求建设打造共建共治共享的社会治理格局,推动社会治理重心向基层下移,实现政府治理和社会调节的基层治理体系。诸多学者就基层治理的框架设计与经验整合的研究成果丰硕,如协同治理(郁建兴、任泽涛,2012)、参与式治理(谈小燕,2020)、网络化治理(曹海军、陈宇奇,2021)和多维互动治理(何得桂、赵倩林,2023)等等,均体现了多元主体通过社会治理共同体建设和运作实现高质量社会治理的实践探索和理论创新。

然而,护林防火等具体权责明确归于基层政府的治理议题,却长期处于单一行政治理之中。从表面分析,社群民众无权采伐林木,无法从护林防火中获得直接经济收益,这也是基于中国林业政策从"经济优先"向"生态优先"的宏观变迁。但更进一步,社群民众并非游离于护林防火体系之外,森林资源的正外部性(表现为森林景观的可观赏价值、派生文旅业的就业岗位等)使其有动机协助护林防火,个人行为的负外部性(表现为野外祭祀用火、林区违规吸烟、放牧清除旧草等的不良后果)又使其有原因阻挠护林防火,这导致了致火信息的社会性。此外,林区空间广阔性和火灾时间突发性分别导致了致火信息的分散性和隐蔽性。

致火信息的分散性、隐蔽性和社会性,是基层森林防火的"三大难题"。理想状态下,多中心治理恰好具备与克服"三大难题"一一对应的"三大优势",即村民分布的分散性、熟悉林区的本土性和强调互惠的社群性。然而,在单一化行政治理情境下,行政力量集权成为必然。相应地,奥斯特罗姆所倡导的社群主导多中心治理难以形成,即表现为社群力量要么根本无法形成,要么遭到行政力量的漠视甚至挤压。在行政治理占主导的护林防火国情背景下,奥氏理论在实践中遇阻,是可以预料的。所以,如何建构适配中国护林防火议题的多中心治理体系,是值得深入探讨的理论和实践问题。

本章基于青林镇森林防火经验调研开展案例研究,梳理总结了护林防火议题的特殊性、体系特征和制度环境。从自然资源治理理论出发,结合森林防火的特性和不同主体的互动逻辑,着重从乡镇的森林防火体系的治理细节出发,搭建出行政引领型社群治理的分析框架,呈现出乡镇护林防火多中心治理的中国方案。

观察总结青林镇的善治经验发现,多中心治理在实践中较为适配乡镇护林防

第七章　行政引领型的社群治理:山东乡镇护林防火体系建设的案例

火体系。不同于网络治理、协同治理和参与性治理,多中心治理意在凸显社群主体的核心地位,社群内部的自主良性运转在先,与其他治理主体的互动协作在后。投射到拥有悠久行政管制传统的中国,在民众聚居的村落,青林镇的多中心治理实践演化成为行政引领型的多中心治理体系。所谓行政引领型多中心治理即行政引领型社群治理,就是在护林防火体系由行政主导的法律国情背景下,乡镇政府行使元治理职能以促成社群力量的发展,激活社群机制的作用,通过行政介入、行政赋权、行政监督的方式,培育社群社会资本和制度规范,在社群公共议题的感召下建构普遍参与、自主运转的社群治理。

青林镇的实践经验表明,社群治理对于确认共识、普遍参与和共同遵循具有重要的作用,行政引领型社群治理,除了具备制度创新、共商共建的部分社群机制优势,更有利于协助行政机制高效运转,促进政策传达并促成普遍遵循,同时在基层推广村支书一肩挑、合村并居、村落聚居的政策背景下,也更有利于乡镇政府对村社区进行行政授权,使村支书成为事实上的社群主导者,进而促进社群治理有效开展,一一破解基层森林防火的"三大难题"。这一案例所蕴含的理论意义在于,多中心治理的形成与作用需要行政机制与社群机制的互补嵌合,具体而言就是行政力量通过行政机制元治理作用的运作推动社群形成,激活社群机制。这意味着,奥斯特罗姆领衔的布鲁明顿学派独崇社群机制善治效力、忽视行政机制积极作用的社会中心主义取向有望得到一定的矫正。多中心治理的形成与运作需要社群机制与行政机制的互补嵌合,其中行政力量改变既有行政机制的运作方式,有效行使元治理的职能,是多中心治理格局形成的关键。

由此,本章基于案例研究的发现,不仅具有现实意义,有可能对现实中基层治理改革的开展有所帮助,而且还具有理论意义,有助于我们在既有治理理论的基础上进一步开拓。如第一章所述,在国际治理理论的学术前沿,协作治理和互动治理集中探讨了政府、市场与社会多方主体通过形成合作伙伴关系或网络型共同体开展协作互动对于治理完善的重要性,实际上,这正是中国社会治理治国理念的国际性学术论述;同时,治理理论的新学派还对行政力量的职能和行政治理的方式开展了新的探索,揭示了政府扮演好元治理者角色对于公共治理体系创新和国家治理现代化的重要意义,这对于基层治理的变革尤为重要。政府行政部门从统治者转变为治理者,这是从传统的公共行政向公共治理转型的核心;行政部门从治理者再转型为元治理者,这是公共治理创新的关键。由此,行政力量可超脱于对具体事务的治理,超脱于在服务递送上的大包大揽,超越于对市场组织和社会组织自上而下的控制,超乎对强力动员型行政机制超常规运作的迷恋,通过在网络建构、愿景确立、制度建设、互动管理、跨界沟通等方面发挥引领、支持、赋能和助推的作用,致力于通过打造社会治理共同体并维护其良好运转来实现良好的治理,这对公共治理体系的完善是至关重要的。

简言之,多方治理主体的协作互动,多种治理机制的互补嵌合,这是我们考察公共治理创新的两个关键维度。这一双维分析思路不仅适用于环境治理,也适用于各种社会、经济和公共事务的治理;不仅适用于基层事务的治理,也适用于跨层级事务的治理。这一新思维自然也适用于基层森林防火的治理变革。这一双维分析路径帮助我们超越了既有社群治理或多中心治理理论的社会中心主义,将行政机制与社群机制的互补嵌合纳入理论分析框架并据此重新透视现实经验。这一新的分析视角,有助于我们将中国基层治理中普遍存在的党政引领、多方共建的实践经验在理论上得到提升,并与国际治理理论前沿的研究成果开展对话。在国际公共管理学界讲好中国故事,不应止于在既有理论框架中注入中国的经验,而且还要在中国的实践中挖掘出具有普适性的理论意涵。

由于研究进展所限,一些重要的关切议题尚未获得足够的资料与观察:村支书的社群掌权之路是否顺畅?村支书能否逐渐转变同属行政体系末端的网格员"努力不如看运气"的工作状态?换言之,村书记在社群的权威如何形成,其中行政力量赋权增能所发挥的作用如何,并没有在田野调查中成为重点考察内容。与此同时,相较于经典的新社群主义治理理念,行政引领型社群治理模式是否丧失了一些自下而上反馈的功能?正如奥斯特罗姆参与撰写的一篇论文所指出的,日常监控体系的建立和惩戒规则的执行是社群善治的必要条件(Gibson, et al., 2005),其中行政力量的引领作用固然不可或缺,但行政引领型社群治理如何保证乡镇政府不过多介入社群治理中的具体事务,或者行政力量如何以更好的方式介入社群事务的治理?换言之,行政力量的介入和行政机制的运作如何能激活社群成员的参与,这是非常重要的。如何在多中心治理的实践中以正确的方式运用行政力量促成社群成员订立长期有效的社会公约,以达成社群善治可持续的格局,是公共治理学术研究乃至政治学理论研究的一个重要课题。例如,一篇采用实验法开展的研究显示,在多中心治理中,上述奥斯特罗姆与其合作者强调的行政机制的运用,即以监控和惩戒为主的"剑"的挥舞,并不一定能以可持续的方式呈现治理效果,行政力量采取措施促进社群成员间的日常沟通反而更为有效(Cason and Gangadharan,2016)。

探讨社群与行政的互动关系及演进逻辑是回答这些问题的关键,更多的森林防火成果突出、财政宽裕的乡镇案例亟待被纳入讨论。尤其需要关注的是,在基层政府财政宽裕的地方,行政力量较为强悍,其行政机制的作用主要是强化行政力量自身的作为以至于挤压了社会,还是被用来激活社会,促使社群机制运转起来?这是未来案例研究的重要切入点或重点内容。更深入广泛地归纳中国护林防火乡镇治理体系的本土经验,有利于为社群善治放权赋能,从而激活乡土中国社会资本,培育壮大农村基层社群力量,促进村民有序自治,进而提升基层政府治理效能,助推国家治理能力和国家治理体系的现代化。

第八章 全民医保高质量发展的社会治理：中国经验的理论反思[①]

在当今中国，一个覆盖全民的基本医疗保障体系（简称全民医保）已经建立起来。每一个人都会面临疾病风险。疾病不仅会使人丧失工作能力、损失收入，而且治疗疾病常常开支不菲。蒙受疾病打击的不仅仅是穷人。在很多情况下，疾病会使一个原本殷实的家庭倾家荡产。因病致贫被公认为最重要的贫困决定因素之一，也是共同富裕的最大阻遏因素之一。医保体系的主要功能就在于有效分散百姓因医疗开支所产生的财务风险，尤其是减缓突发性高额医疗费用对家庭收入和财富的冲击。所有人必须面对的医疗费用风险能否得到有效的分散，患者及其家庭在其生病期间是否需要被迫自行筹措高额的医疗费用，这取决于是否存在一个覆盖全民、运转良好的医疗保障体系。

显而易见，全民医保的实现是经济社会协调发展的体现，也是共同富裕的制度支撑。全民医保的高质量发展需要公共治理创新的加持，而公共治理创新正是国家治理体系和能力现代化的必由之路。公共治理创新的核心在于社会治理的理念在治理体系的建设中得到践行，而社会治理理念的核心在于政府、市场和社会多方主体协作互动，行政、市场和社群机制互补嵌合。

[①] 本章内容早期版本的一些内容，曾经发表于如下论文：顾昕、孙晓冬，《全民医保的社会治理：迈向共同富裕的社会性基础设施》，《武汉科技大学学报（社会科学版）》2022年第5期，第494—503页（此文全文转载于中国人民大学复印报刊资料《社会保障制度》2022年第10期，第3—14页）；顾昕，《走向有管理的竞争：医保经办服务全球化改革对中国的启示》，《学习与探索》2010年第1期，第163—166页（此文全文转载于中国人民大学复印报刊资料《社会保障制度》2010年第7期，第47—51页）；顾昕，《全球性医疗体制改革的大趋势》，《中国社会科学》2005年第6期，第121—128页（此文全文转载于中国人民大学复印报刊资料《社会保障制度》2006年第3期，第62—70页）。本章对相关内容进行了修订、更新、充实和整合。

一、全民医保体系的建立及其完善

经济社会协调发展的理念包含着丰富的内容,社会保护的完善是其中心内容之一,而全民医保体系建设是社会保护完善的重要一环。

在国际上,"社会保护"(social protection)一词已经逐渐取代了"社会保障"(social security)一词,作为各种防范社会风险举措的泛称(Ortiz,2001:41)。在中国,"社会保障"一词有广义和狭义之分:广义的"社会保障"就是一切保障民众防范社会风险的措施,与"社会保护"同义,而狭义的"社会保障"指的是"社会保险",即由人力资源和社会保障部主管的社会保险项目。当意指广义的社会保障之时,本书将使用"社会保护"一词,以便与国际文献接轨。在经济生活日益市场化和全球化的时代,社会保护体系在帮助民众防范与应对负面风险从而推进财富创造上的重要性日渐凸显。只有在完善市场运行规则的同时建立健全社会保护体系,市场经济体制才能真正构建起来,社会经济的高质量发展才能实现。

社会保护体系的发展离不开政府责任,尤其是政府在筹资上承担的积极的责任。在整个20世纪,西方国家政府预算中所谓"社会支出"(social spending)或"社会政策开支"的比重始终在加大,于是,在西方出现了一个看起来矛盾但却意涵深刻的现象,即全球性的福利国家收缩的确导致公共部门规模缩小,但各国公共财政用于民生的社会政策支出水平却没有降低(皮尔逊,2004)。更为重要的是,同以往人们将社会支出视为纯粹消费的观念有所不同,当代社会经济史学家已经证明,一个国家政策社会支出的多少,尤其是其占 GDP 的比重,对该国整体的经济发展有极大的作用(Lindert, 2004)。社会支出的扩大不再是只花钱、无效果的社会消费,而是一种"社会投资";社会政策支出所投资的领域,就是社会性基础设施,其重要性不亚于实体性基础设施的建设。由此,社会福利国家(the social welfare state)无论从理念上还是在实践中都可以转型为社会投资国家(the social investment state)(吉登斯,2000)。

公共财政的转型,在社会保护尤其是诸如医疗卫生这样的社会领域中发挥积极而有效的作用,对于中国市场经济的可持续性发展具有重大的意义。20世纪最伟大的经济史学家卡尔·波兰尼曾经指出,市场经济制度的构建是由两大截然相反的力量所推动的:一是市场力量的释放,二是社会保护体系的构建(Polanyi,

1965[2001])。市场经济体系与社会保护体系的双向发展,正是西方发达国家社会经济可持续发展的秘密。自1978年以来,中国经历了翻天覆地的市场转型。从1978年至2003年期间,中国市场转型的主轴是市场力量的释放,正是借助于此,中国经济才取得了飞速的发展。但是,与此同时,无论城市还是农村,相当一部分民众陷入极大的不确定之中。进入21世纪之后,中国的市场转型进入了一个新的历史时期。市场转型和经济增长不再单兵突进,社会发展开始受到广泛的关注。经济社会协调发展的新理念,开始成为新历史时期指导中国发展的新原则,也成为中国政府施政的新方向(Gu and Kelly,2007)。其中,建立一个普遍覆盖的医疗保障体系就是社会发展的重要支柱之一(Gu,2009)。

自2007年开始,中国医疗保障制度建设进入了快速发展的阶段,以基本医疗保障体系为主、民营健康保险为辅的制度架构初步成形。2009年4月6日公布的《中共中央 国务院关于深化医药卫生体制改革的意见》(中发〔2009〕6号)(以下简写为《新医改方案》)标志着新医改的正式启动,这是中国社会经济发展中的一件大事。《新医改方案》提出了基本医疗保障体系到2011年实现全面覆盖城乡居民的目标,即全民医保。基本医疗保障由城镇职工基本医疗保险(简称城镇职工医保)、城镇居民基本医疗保险(简称城镇居民医保)和新型农村合作医疗(简称新农合)组成,分别覆盖城镇就业人口、城镇非就业人口和农村人口,其建立是中国新一轮医药卫生体制改革的成就之一;此外,城乡医疗救助制度为城乡贫困人群参加基本医疗保障体系提供了财务支撑。2010年10月28日,由第十一届全国人民代表大会常务委员会第十七次会议通过并于2011年7月1日起施行的《中华人民共和国社会保险法》,将城镇职工医保、城镇居民医保和新农合纳入了社会医疗保险的范畴。全民医保的基本法律框架就此奠定。到2012年底,三个基本医疗保险的参保者人数分别达到2.6亿、2.7亿和8.1亿,参保者总和占全国总人口(13.5亿)的比重为99.5%(国家卫生和计划生育委员会,2013:347-348),城乡贫困人群在医疗救助体系的支持下免费参加城镇居民医保或新农合,其他少部分人参加民营健康保险或享有公费医疗。中国自2012年起进入了全民医保的新时代(Yu,2015)。这在世界社会保障发展史上是一个极其醒目的里程碑。由于全民医保的实现以及社会养老保险等其他社会保障制度的广覆盖,中国在2016年荣获国际社会保障协会

(ISSA)颁发的"社会保障杰出成就奖"(2014—2016)。[①]

中国全民医保的制度化经历了艰苦而漫长的渐进主义之路。基本医疗保障体系的建立,首功在于政府医疗筹资职能的再确定。在20世纪90年代和21世纪初叶,中国医疗体制的特征被国外学者形容为"国家的退出"(Duckett,2011)。《新医改方案》所勾画的变革,用世界卫生组织的话来说,就是从"国家退出"(withdrawal of the state)转变为"国家的再介入"(re-engagement of the state)(WHO,2008)。国家再介入的最重要体现在于政府强化公共财政在卫生筹资中的责任和功能。进入21世纪以来,在中国的卫生总费用中,公共筹资或广义政府卫生支出的比重大幅度上升,从2000年的19.2%提高到2007年的44.1%,翻了一番有余,超过了中低收入国家的平均水平,并且接近一般发展中国家的平均水平(顾昕,2022a:260);此后,公共筹资占比进一步攀升,在2013年曾达到58.4%的高点,从2013年到2019年,这一占比基本维持在56%的水平上下(顾昕,2022a:282)。公共部门在卫生筹资上的功能强化,最直接、最显著的效果就是大大降低了民众看病治病时的自付(out-of-pocket payment)水平,从而有效地提高了医药卫生费用负担的公平性。这充分体现了行政力量和行政机制在全民医保体系建设上的核心作用。

中国在促进经济社会和谐发展的进程之中,政府财政增加社会政策支出的水平和比重,是非常必要的,也是大有可为的。其中,政府预算卫生支出是社会政策支出的一个重要组成部分。世界各国市场经济以及整体现代化的发展历史表明,社会政策支出的提高以及随之而来的社会保护体系的完善,是市场经济体系完善的一个内在组成部分。社会政策支出不是社会消费,更不是社会浪费,而是社会基础设施建设所必需的。社会基础设施与实体基础设施的同步发展,是一个国家走向社会经济和谐发展的不二法门。正是在这个意义上,推进新医改方案中提出的公共财政新原则、新规范,其长远的、重要的战略性意义将超越医药卫生领域。

中国公共财政在卫生筹资上的功能强化,主要通过两个途径:其一是政府财政预算直接支出,支持医疗服务机构的建设和能力改善,即所谓"补供方";其二是政府通过财政预算补贴城乡民众参加公立的基本医疗保障体系,即所谓"补需方",从

[①] 《中国政府获"国际社会保障协会社会保障杰出成就奖"》,中华人民共和国人力资源和社会保障部,2016年11月18日,http://www.mohrss.gov.cn/SYrlzyhshbzb/dongtaixinwen/buneiyaowen/201611/t20161118_259793.html。

而推动医疗保险的全民覆盖。《新医改方案》提出,"中央政府和地方政府都要增加对卫生的投入,并兼顾供给方和需求方"。有很多人认为,"供需兼顾"体现了中国的国情,是一大创新。其实,全世界都是如此,政府卫生投入不可能只投向需方而不投向供方,反之亦然。因此,"供需兼顾"原则的确立并非创新。《新医改方案》真正的创新之处,在于同以往相比,把"补需方"作为一种新的公共财政原则加以明确。在医疗卫生领域,"补供方",甚至"养供方",亦即公共管理文献中常说的"政府直接提供"模式,是我国长期的实践,并非新的东西,而且会在未来很长一段时间内以某种程度延续下去;但是"补需方"却是以往政府所忽略的。

实际上,简简单单地追加对公立医疗机构的政府投入,并不能达到推进医疗事业治理创新的目的,也无助于医疗事业社会公益性的达成。政府投入不单单是投入,更为重要的是它也是一种推进治理体系变革的杠杆。政府新增投入的最优先领域,是需方而不是供方。通过投需方(或补需方)力度的提升,促进全民医保的发展,形成对医疗服务的第三方购买机制,再通过医保支付改革的实施,重构医疗供给侧的激励机制,从而间接地推进医疗供给侧的改革,实现"有管理的市场化",这才是新医改取得成功的唯一之路(顾昕等,2006)。

在有管理的市场化进程中,政府主导建立全民医保体系体现了行政机制的重要性,而医保支付改革体现了公共部门运用市场机制对医疗供给侧形成新的激励,促使后者为参保者(亦即全体民众)提供性价比高的服务。就新医改的施政思路而言,一向存在着"政府主导派"和"市场主导派"之争。概言之,政府主导派主张政府运用行政力量对医疗服务实施全方位、全环节、全天候的管理是实现医疗事业公益性的不二选择,相信行政机制单独运作能达成最优治理。市场主导派主张行政力量和市场力量的协作互动,以及行政机制与市场机制的互补嵌合,即政府通过行政机制的运作推动全民医保体系的建立和运转,而在医保支付环节需要运用市场机制。笔者曾经在 2006—2007 年参加《新医改方案》国家咨询的过程中主笔了北京师范大学提交的方案,即所谓的"第七套方案",后来此方案以及笔者本人被视为新医改中市场主导派的代表观点与代表人物之一(Kornreich, et al., 2012; Huang, 2013: 69-72;章平、刘婧婷,2013: 62-64)。需要说明的是,这里所谓的"市场"指的不是杂乱无章的"市场",或者说想象中的"自由放任的市场",而是"有管理的市场"。区别于"自由竞争",医疗领域中"有管理的市场"是通过各种医保方式组合的实施在医疗供给侧形成"公共竞争",即各种公立医疗机构之间及其与在医疗供给侧占据重要地位的民营非营利医疗机构之间形成竞争,当然一部分私立营利性医疗机构亦可以参与其中。简言之,新医改市场主导派的基本思路有三:一是推进全民医保,二是推进医保支付改革,三是促进多元医疗机构的有序竞争。这一思路的践行需要理念的转型,即从政府与市场关系的二元思考转变为政府、市场和社会关系的三元思考,并在行政与市场机制的协同之外注重社群机制在治理体系完善中的重要性(顾昕,2022b:5-12)。

公共财政"补需方"是行政机制在医保体系建设和医疗体系改革中发挥重要作用的集中体现。在我国的医疗卫生领域,公共财政"补需方"之举的标志性和制度性的事件是新农合在2003年的建立,但当时公共财政"补需方"的力度很小。政府财政"补需方"的力度在《新医改方案》正式发布之前的若干年就大大加强,自2006年以来,政府首先在新型农村合作医疗中加强了"补需方"的力度;继而,政府在城镇居民基本医疗保险中确立了普惠型参保补贴的制度,意味着"补需方"从农村进入了城市,其结果是有效地推进了全民医疗保障的进程,并且动员了社会资源投入医疗领域。从"补供方"独大到"补需方"的强化,充分体现出中国公共财政乃至整个政府转型的大思路,即从大包大揽社会事业的传统公共管理模式中走出来,国家发挥能促型的角色,动员社会资本进入社会事业,并提高对需求方的补贴;从政府直接提供公共服务的体制中走出来,推动政府购买服务的新体制形成。这一转变,正是我国整个公共部门改革大思路的一个缩影(顾昕,2019d;2021:第9、10章)。

自2015年起,在各级政府的主导下,城镇居民医保和新农合走上了城乡一体化之路;自2018年起,国家医疗保障局的建立标志着医疗保险的行政管理实现了组织统一。除了社会医疗保险的发展之外,医疗救助体系的建立和完善也是一项伟大的民生兜底工程,确保贫困人群免费享有医疗保险,同时通过对其自付的"二次救助"降低医疗支出对其家庭收入的冲击。医疗救助体系是全民医保助力共同富裕的制度基石。同时,体现市场机制作用的商业健康保险在全民医保体系中也占有重要地位。可是,商业健康保险始终没有超越初期发展阶段,在卫生筹资中的作用不高,其分摊民众医药费用风险的功能尚未发挥出来。商业健康保险大发展的关键,主要不在于保险技术的改进,而在于治理理念的变革,即商业健康保险与公共医疗保障建立互利互惠的公私合作伙伴关系,也即政府与市场的协作互动,行政机制与市场机制的互补嵌合(顾昕,2022a:第八章)。

在现实中,无论是城镇职工医保,还是早期城镇居民医保和新农合,以及2015

年以来两者合并而成的城乡居民基本医疗保险(简称城乡居民医保),都由政府主办,医保支付的主管者和经办者都是公立机构。作为医保支付对象的医疗机构,民营者尽管在机构数量占比上居多,但从支付金额占比来看,公立者却占绝大部分。因此,基本医疗保险的支付方和接受方,绝大多数隶属于公共部门。在公共部门中,以"命令与控制"为特征的行政机制在公共治理中常常占据主宰性的地位,因此,治理行政化也容易在公立医保体系形成常态,尤其是在医保支付的环节中形成常态,其弊端丛生亦为常态。当然,治理行政化及其弊端的出现并不限于医保领域。

针对治理行政化的弊端,诸多领域的公共管理改革应运而生,而医疗保险以及相应的医疗服务的公共治理变革往往成为世界各国各地公共管理改革的主要阵地之一。改革的大趋势,是打破单一行政力量和行政机制主导公共部门运行的既有格局,让政府、市场和社会多方主体展开协作互动,形成行政、市场和社群机制互补嵌合的格局(参见本书第一章)。

全民医保的实现固然是一个伟大的成就,但由于存在着治理行政化和制度碎片化问题,中国医保体系呈现出制度失调和运转不良的状态。高质量发展的全民医保是社会保障体系的重要支柱之一,也是迈向共同富裕必需的最重要社会性基础设施之一。全民医保体系的建立、巩固和发展都需要公共治理创新的加持,而公共治理创新之道在于践行社会治理理念,在医保筹资和给付两方面均通过社会治理共同体建设推动政府、市场、社会主体协作互动,促进行政、市场和社群机制互补嵌合。

从治理变革的视角建构一个医疗保障制度、组织和政策的分析框架,将全民医保相关的重大议题纳入,才能为经验研究奠定分析的基础,从而将全民医保体系的完善纳入国家治理体系和能力现代化的伟业之中。事实上,尽管制度已经建立,但由于制度设计的差异性与行政管理的地方化,中国的全民医保体系存在着碎片化的问题,这导致了严重的制度失调和运转不良(申曙光、侯小娟,2012;顾昕,2017b)。与此相对应,有关中国全民医保的学术研究也存在着碎片化的现象,即很多学术文献对各种议题进行了专业技术性分析,但却很少在一个理论框架中对医疗保障体系进行整体性分析。这样一个理论框架(见图 8-1),既是社会治理新概念框架的一种应用,也是对全民医保高质量发展之道的一种学术探索。

医疗保障体系的运行有两个环节:一是筹资;二是支付。为了实现全民医保,政府必须在筹资环节发挥主导作用,运用财政支持和组织动员的手段,适时制定具有反应性的医保政策并予以实施。如果说行政机制在医保筹资上发挥基础性作用,那么市场机制将在医保支付上发挥决定性作用。医疗需求侧改革重点在于引入体现市场机制多样性的各种新医保支付方式(Preker, et al., 2007),而供给侧结构性改革重点在于公立医院走向法人化(Preker and Harding, 2003)。医保支付改革的实质就在于在各自独立运作的医疗支付方与医疗供给方之间建立一种新的机制,即以市场机制为核心、行政机制为支撑、社群机制为辅助的公共契约制度,其核心在于医保方基于标尺竞争(yardstick competition)的原理重构医疗服务提供方的激励机制,使之就医疗服务品质的提升展开良性竞争。推动基于标尺竞争的契约化制度安排,也就是多种新医保支付方式的设计和实施,是市场机制精致化的一种体现,也是行政、市场和社群机制互补嵌合的一种体现(详情参见本书第九章)。

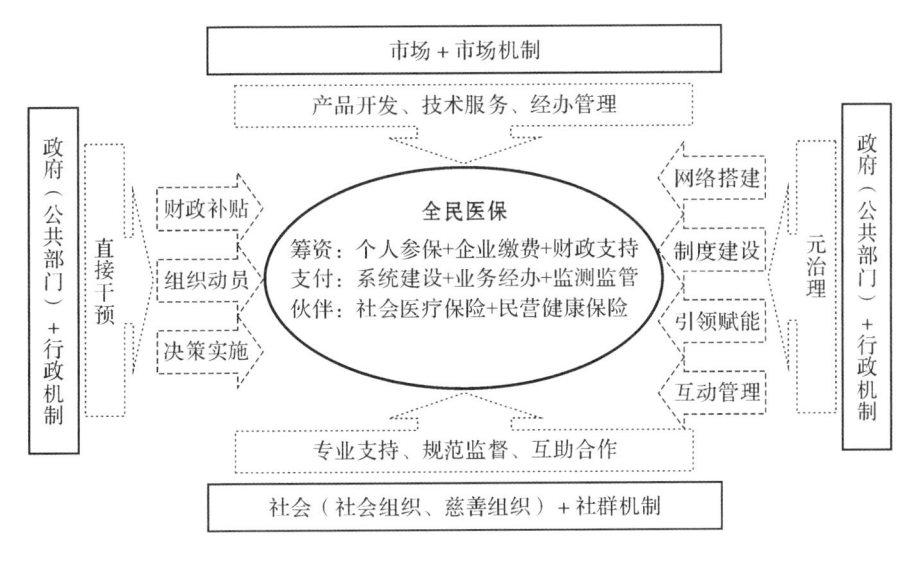

图 8-1 全民医保的社会治理体系

二、医疗需求侧的组织和制度安排

在学术界,医疗筹资和服务递送,分别被称为医疗需求侧和供给侧。在医疗需求侧,最为关键的是建立一个覆盖人人(universal coverage)的医疗保障体系,简称全民医保,把医疗费用筹集起来,以集体的方式购买医疗服务。如此一来,医疗服务市场上传统的医患双边关系,变成了百姓或患者、医疗服务提供者和医疗服务购买者即支付者的三角关系(见图8-2)。只有形成第三方购买的体制,而不是让患者直接购买医药服务,才能通过公共契约模式的建立为遏制供方诱导需求的行为开辟制度空间。在患者直接付费主导的体制下,由于医疗服务双方存在着信息不对称,过度医疗的问题无论如何也无法得到解决。

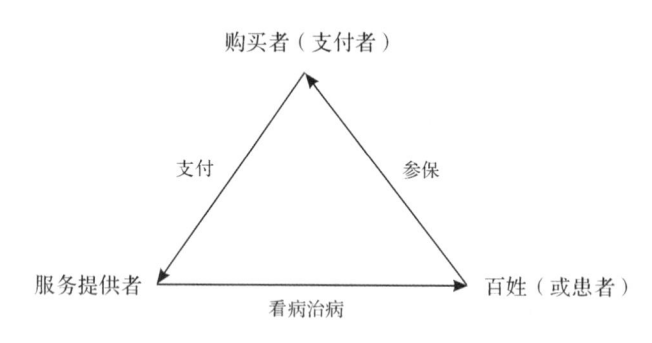

图 8-2 医疗服务三角关系

第三方购买者,要么是保险方,要么是国家。医疗保险或者说健康保险,可以由营利性(商业性)组织和非营利组织通过市场来提供,也可以由国家设立公立机构来主办。前者为民间医保,后者为公共医保。但是,无论是卫生政策理论还是人类历史上的实践经验都证明,如果坚持自愿参保原则,无论是民间运作,还是政府操办,要想实现医疗保障的全民覆盖是极为困难的。换言之,让市场来主导医疗保险,难以实现医疗保障的覆盖公平性,总有一些人,而且一般是弱势群体成员,没有任何医疗保障。因此,在医疗保障体系的建设方面,政府必须扮演积极的角色,要么通过税收直接为医疗筹资,要么通过强制性的实施确保所有人参加医疗保险,并为弱势群体提供救助,使他们有可能免费获得医保。政府必须卷入医疗保障的最根本理据,在于保险市场上普遍存在严重的信息不对称,参保方和保险方都会出现逆向选择。这意味着,医疗保障制度的完善,或者说全民医保的实现,不能依赖于市场化运作的民间医保,而必须依赖于国家的干预,国家运用其合法的强制性以及行政机制的运作是医疗保障体系走向普遍覆盖的必要条件之一。

与此同时,当第三方购买者主要是政府主办的医保,即公共医疗保险之后,那么医疗服务购买本质上变成了一种政府购买行为,而医保机构与医疗机构的关系就变成了公共契约关系。政府购买医疗服务主导了医疗供给侧并成为卫生经济学的一个重要研究课题(Chalkley and Malcomson, 2000),意味着市场机制而不是行政机制成为医疗行业内部主导性的治理机制。实际上,"公共契约"这个概念本身就意味着医保支付是契约关系的建立,而契约化可以说是市场化的核心。可是,在国际文献中常见的"公共契约"以及与此有关的"公共竞争""有管理的市场"等概念,在中文学术文献中并不流行,笔者在近 20 年的医疗政策研究过程中使用并试图普及这些学术概念的努力,完全不成功。

除了扮演第三方购买者的角色,医疗保障制度的建立还有其他的功能。其首要的功能是分散风险,也就是让健康人和病人、人们健康时段和生病时段分担医疗费用的风险。医疗保障制度的另一个功能是实现医疗费用的公平负担。无论生病与否,所有人都承担一定的医疗费用,收入高的人群多承担一些,收入低的人群少承担一些,这样才能体现一个社会医疗卫生筹资的公平性。2000 年,世界卫生组织发表报告公布了对 191 个会员国医疗卫生体制的绩效评价,中国在医疗卫生筹资的公平性这一指标上排名第 188 位,也就是会员国中的倒数第四位,从而极大地拖累了中国医疗卫生体制总体绩效的排名(WHO,2000)。因此,衡量一个医疗体制是否健全,最为重要且直接的指标之一就是看其医疗保障是否实现了全民覆盖。

从历史比较的角度来看,人类所能发明的医疗保障制度无非是表 8-1 所展示的七种模式。右边的两种模式均基于百姓自愿参加原则并由民间组织提供医疗保障,保障提供者要么是民营保险机构(既包括商业性保险公司,也包括民办非营利组织),要么是社群组织(包括各种互助社),属于民间医保的范畴。而左边的五种模式均有政府行动卷入,属于公共医保的范畴,其中仅"政府补贴的自愿保险"依然实施自愿参保,但政府以财政补贴的方式给予公共支持(public support),促使保费降低以提高医疗保险的吸引力;其他均具有强制性,即需要政府通过行政机制的运作加以实施。

表 8-1　医疗保障或医疗筹资的七种模式

公共					民间	
公费医疗制度	社会医疗保险	强制医疗储蓄	公共医疗救助	政府补贴的自愿保险	民营医疗保险	社群互助性医疗筹资

如果坚持参保自愿性原则,医疗保险就会出现所谓"双向逆向选择"问题。参保者逆向选择,即参保人群有可能集中了很多健康状况不佳的民众,从而使保险的风险分摊压力增大。保险方也会逆向选择,即出现所谓的"撇奶油"(cream skimming)现象,设法吸引那些生病风险较低的人来参保,这些人仿佛蛋糕上的奶

油部分;同时千方百计地把生病风险较高的人排除在外(Newhouse,1984)。对逆向选择现象的描述很早就出现在医疗保险的教科书之中(Dickerson,1959:333; Denenberg, et al., 1964:446),直到诺贝尔经济学奖得主约瑟夫·斯蒂格利茨与其合作者合作发表的一篇论文揭示了信息不对称造成市场机制失灵的成因(Rothschild and Stiglitz,1976)之后,医疗保险市场上逆向选择的奥秘才被揭开(Culter and Reber,1998; Cutler and Zeckhauser,1998; Handel,2013)。

对于自愿性医疗保险,哪怕是国家补贴的保费低廉的公共医疗保险,总会有些人想"赌一把",不愿意参保。这样的情形在我国新农合试点初期曾屡见不鲜。最初参保的民众如果一年内身体健康而没去看病,不少人就会因为感觉不划算而来年不愿意继续参保(方黎明、顾昕,2006)。就强制性参保的社会医疗保险而言,如果强制力度不够,就会在局部形成自愿性参保的格局,同样会出现参保者逆向选择的现象(张欢,2006)。基于2009年和2011年家庭调查数据的一项分析显示,在中国全民医保初期发展阶段,无论是城镇职工医保、城镇居民医保还是新农合,都存在着参保者逆向选择的问题,但这一现象随着政府补贴的提高和给付结构的改善令参保者感受到保费与所享服务之间的"性价比"有所提升而逐渐消失(谢予昭、顾昕,2019)。

这意味着,全民医保的实现不能单纯依赖于自愿性医疗保险。国家运用其合法的强制性,或者说政府主导并运用行政机制加以推进,乃是实现全民医保的一个必要条件。事实上,早在1970年,诺贝尔经济学奖得主阿罗(Kenneth Arrow)和阿克洛夫(George Akerlof)就在两篇论文中不约而同地基于医疗保险市场供需双方信息不对称而引致市场失灵的判断提出由政府出资建立强制性公共医疗保险的构想,以提高保险的覆盖率,从而消除逆向选择(Arrow,1970; Akerlof,1970),而阿克洛夫的论文更因揭示了逆向选择的重要性而成为信息经济学的经典论文。从表8-1还可以看出,尽管动用了国家强制力(征税并使用税收),但公共医疗救助只能覆盖低收入者,与医疗保障能否实现全民覆盖无关。政府要推动全民医保,在基本制度架构上,理论上只有三种选择:一是强制储蓄制度,即政府强制所有人建立专门用于支付医药费用的个人账户,其使用权仅限于支付医疗费用或购买私营医疗保险;二是公费医疗模式,即政府直接从国家一般税收(general revenue)中为百姓支付大部分医疗费用,患者只支付很少一部分医药费;三是实行强制性医疗保险,也就是社会医疗保险,让民众个人、工作单位和政府分摊保费,共同承担参保者的医药费用。

强制储蓄制度由于缺乏社会共济性,在实现风险分摊和推进社会公平这两个方面都有很大的局限性,因此仅在极少数国家成为全民医疗保障体系的主干,如新加坡在其覆盖全民的公积金制度中设有医疗账户,并以此为基础形成一种公私合作伙伴的制度安排(Lim,2005),强制储蓄模式在其他国家和地区只能作为全民医保的补充性制度安排,因此被称为"新加坡模式"。在世界上,凡是实现全民医保的国家,其制度主干要么是全民公费医疗制,要么是社会医疗保险制。无论这两种制度的利弊得失如何,其共同点都在于政府行政力量均在其中扮演着举足轻重的角色。

全民公费医疗在中国常被称为"全民免费医疗"。根据覆盖面的不同,"免费医疗"的具体运作方式一般有两种:全民免费和穷者免费。前一种方式就是英国模式的全民公费医疗(National Health Service,NHS),以及盛行于苏联和东欧前社会主义国家及古巴、朝鲜等国家的全民公费医疗模式(简称苏联模式);后一种就是美国面向穷人的医疗救助(Medicaid)模式(Engel,2006)。全民公费医疗的英国模式也在北欧和南欧各国盛行,在国际文献中通称 NHS 模式。在市场经济国家中,政府管理下的全民公费医疗体系在经过新公共管理运动洗礼之后,与公立医疗机构建立了公共契约关系,同时也可以通过授权或者合同的方式向私立医疗机构(无论是营利性的还是非营利性的)购买医疗服务。在英国模式的全民公费医疗体系中,基本卫生保健主要由家庭医生提供,而家庭医生执业的形式是开设个体或联合诊所,但其绝大部分收入来自全民公费医疗的支付。大同小异的改革也在北欧国家实施。简言之,全民公费医疗或全民免费医疗走上了市场化之路(顾昕,2011b)。这一点正是全民公费医疗英国模式与苏联模式的重要区别之一(科尔奈、翁笙和,2003:105-109)。

苏联模式的全民公费医疗并非在苏联诞生初期就形成了,而是到了 1965 年才建立起来。同计划经济时代的中国公费医疗不一样,苏联模式的公费医疗是一个覆盖所有国民的医疗体制,不仅在苏联运行,而且还在东欧、亚洲国家(如朝鲜、越南)和拉丁美洲的社会主义国家(如古巴)中运行。在这个体制中,所有医疗服务都由公立医疗机构所提供,对所有民众基本上都是免费的。作为计划体制通病的一种显现,苏联模式全民公费医疗供给短缺,服务恶劣,特权横行(Kornai and Eggleston,2001:135-145)。这类国家中的一部分后来成为转型国家,其全民公费医疗也转型为公费医疗、社会保险、健康保险混杂的医保体系,俄罗斯就是这类国家的典型。

苏联解体之后，俄罗斯在20世纪90年代初，即在叶利钦当政初期，国家财政紧张，社会安全网被撕裂。俄罗斯所继承的公费医疗制度，与其他社会保障制度（如国家养老金制度）一样，入不敷出，每况愈下（Field and Twigg，2000）。百姓看病治病，虽然号称免费，但自付的比例大幅度增加。面对这一情况，俄罗斯政府引入了社会医疗保险制度。在社会医疗保险制度下，所有民众都必须缴纳医疗保险费。但与此同时，国家财政依然在医疗筹资中扮演着重要的角色。缴费和税收双管齐下之下，所谓"全民免费医疗"大幅度缩水的情形得到了一定的遏制。但无论是依赖于保费还是税收，都会有公共筹资水平不足的情形。由于不同人群的医疗保险不一样，缴费水平不一，因此呈现一定的碎片化。为了应对这一局面，俄罗斯政府转而在医保给付结构的去碎片化上下了一定的功夫。无论靠保费支撑还是靠税收来筹资，俄罗斯政府定义了一整套"基本医疗服务包"，对所有国民基本上免费提供。换言之，俄罗斯有一整套基本医疗保障体系，其中有很多目录，目录内的医疗服务基本上是免费的，这就是俄罗斯医保体系被称为"免费医疗"的由来。值得一提的是，俄罗斯医保目录中的药品对弱势群体人群（低收入者、二战老兵、切尔诺贝利事件受害人等）是全额免费的，但对普通参保者来说却是半价的（OECD，2012）。因此，俄罗斯的"全民免费医疗"并非如中国媒体所想象或期待的那样"免费"，也同在英国、爱尔兰、北欧和南欧各国实行的全民公费医疗大为不同。从另一个角度来看，"免费"这两个字，不仅具有民意撩拨性，而且还具有民意误导性。

在国际文献中，"社会保险"（social insurance）一词有两种用法：广义的用法是泛指一切强制性保险的制度安排；狭义的用法是指德国模式（即"俾斯麦模式"）下的分散化强制性保险。根据筹资方式的不同，强制性保险又可分为集中化的全民健康保险（National Health Insurance，NHI，简称全民健保）和分散化的社会医疗保险（Social Health Insurance，SHI）两种模式。全民健康保险的运作方式是百姓缴纳健康保险费，健康保险业务由公立机构运营，如果出现亏空，政府财政有责任加以填充。全民健康保险模式在加拿大、澳大利亚、韩国等国实施，但在学术文献中一般被称为"加拿大模式"。

在分散化的社会医疗保险模式中，负责运营医保的机构是依照地区或者行业而设立的"疾病基金"，而政府的职能是就保费和服务设立统一的标准，并对这些基金的运行进行监管。在德国，这些疾病基金的2/3以上由企业设立，1/4由地方政府设立，还有一些由专业人士组织或各种行业协会设立（Giaimo，2002：87）。这一模式起源于俾斯麦时期的德国,因此被称为"德国模式"或"俾斯麦模式",今天在德国、法国、瑞士、荷兰、日本等国发展成熟(Henke and Schreyögg,2005)。在这一模式下,各种类型的医疗机构必须同分散化的"疾病基金"订立契约,为参保者提供医疗服务。由于医保机构具有准公立性质,而且其经过改革后的医保支付模式在不同的"疾病基金"之间没有什么差异,因此,在德国模式中,医保与医疗之间支付关系也属于公共契约模式。

加拿大模式全民健保与德国模式社会医保都属于全民医保制度,但在支付管理上存在一定差异。德国的社会医疗保险体系具有高度分散化的特征,多达200—300家社会医疗保险机构为不同的参保者服务(Giaimo,2002:87)。与之相反,加拿大全民健保具有集中化的特征,即每一个省及特殊领地都建立一个省级统筹的公立医疗保险,因此共有13个健保管理机构,用中国医保政策术语来说,有13个"统筹单位"。在国际文献中,德国模式医保体系是"多元付费者体系"的代表之一,而加拿大式医保体系是"单一付费者体系"的典范。以"单一付费者体系"为基础的全民健保模式由加拿大首创,因此在国际文献中通称为"加拿大模式"(Taylor,1990),这一模式后在很多国家实行,包括澳大利亚和韩国。有意思的是,加拿大和澳大利亚的全民健保体系名称都为"医疗照顾"(Medicare)(Thai,et al.,2002:79,119,489)。在美国,只覆盖老年人的公立医疗保险也名为"医疗照顾"(Medicare)。名字一样,但Medicare在不同国家的实质内容差别很大。

在加拿大,全民健保保费通过税收体系来征收,多来自联邦与省的企业与个人所得税,有些省份还通过附加征收工资税或提取部分彩票收入来补充保费。尽管筹资渠道有些许差异,但是各省健保在给付结构上都至少要达到一个基本的标准,基本给付结构由联邦政府制定,而省政府在"保基本"的基础上附加额外的保障(Charles and Badgley,1999:118-130)。由于各省经济发展水平不一,税收基数不一,因此其健保筹资水平也不一,于是联邦政府通过政府间转移支付试图在一定程度上抹平健保保障水平的省级差异,体现了政府推进公共服务均等化的努力(Maioni,2002:192-195)。由于全民健保体系的高保障水平,加拿大各类医疗机构的收入来源自然是健保支付,民众自付微不足道,公立医院自不例外。

在全民医保体系建设中,民营医疗保险的定位值得玩味。在世界上的很多国家,尤其是在经济发达国家,医疗保障(或医疗筹资)体制改革的一个大趋势,就是在维持全民医保基本制度架构不变的前提下,政府通过直接补贴、税务优惠等多种方式推进民间健康保险业的发展,一方面使之成为公共医疗保障体系的重要补充,另一方面以促进竞争的方式鼓励公共医疗保障机构改善绩效,如降低筹资压力、增进参保者的选择权、有效约束医疗供方行为、提高医疗体系的整体效率等(Scott, 2001：146)。民营健康保险的组织形式有两种,即民办非营利医保组织和商业健康保险公司。

由于各国大的医疗体制环境不同,因此民营健康保险在整个医疗筹资体系中的定位也就不同,政府对于民营健康保险运作的干预方式不同,民营健康保险对于整个医疗体系绩效的影响也就不同。总体来说,公立医保体系划定了民营健康保险的空间,两者的关系模式有如下三种：(1)民营健康保险主导型(美国模式)：公立医保覆盖面有限,因此民营健康保险成为主干；(2)社会医疗保险主导型(德国模式)：社会医疗保险实现广覆盖,但是高收入者有权不参保,因此为民营健康保险留下市场空间；(3)全民公费医疗主导型(英国模式)：公费医疗保证了全民医保,民营健康保险则为民众提供额外或者附加的选择。

以民营健康保险为主干建立医保体系的国家只有两个,即美国和瑞士。由于瑞士在20世纪末通过立法强制所有公民都必须参保,只是把在哪一家医保机构参保的选择权留给民众,因而在进入21世纪之后不久就实现了全民医保(De Pietro, et al.，2015)。美国是发达国家中唯一至今没有实现全民医保的国家,其民营非营利性和商业性医疗保险覆盖了大约40%的民众,其公共医疗保险覆盖那些民营医保无法或不愿覆盖的民众以及特殊人群,如老年人、低收入者、儿童、现役和退伍军人,以及印第安人等。

总体来说,除了在美国和瑞士之外,民营健康保险在社会医疗保险主导型国家有一定的发展空间,在全民公费医疗主导型国家的发展空间较为狭窄。由于公立医保体系留下的空间不同,民营健康保险的运行有两个模式：一是合作伙伴型,即与公立医保结成合作伙伴关系；二是独立运作型,即在公立医保障体系之外独立运作。

在合作伙伴型的模式中,一般做法是公立医保机构负责筹资,民营健康保险负责支付和基金管理。这一做法又被称为"医疗保险的第三方管理",即把保险支付与基金管理视为一项专业性的服务,由民营健康保险公司通过竞争获取服务合约。或者,公立医疗保险也可以为其受保人就某些类别的医疗服务或医疗费用向私立医疗保险机构打包投保,这相当于再保险。例如,美国联邦政府和州政府出资为低收入者设立的医疗救助是一个公共福利项目,而负责行政管理的州政府常常为医疗救助受益人向管理型医疗组织再投保,而这类组织整合了医疗保险和医疗服务,能为受保人提供性价比较高的医疗服务,大约70%的医疗救助受益人成为管理型医疗的受保人(Rice, et al., 2013：127)。

在独立运作型的模式中,民营健康保险独立筹资并且为参保者提供医保服务,具体而言又分为如下三种:(1)首要型,即公立医保体系不发达,民营健康保险成为医保的唯一渠道;(2)并立型,即某些为公共医保体系所覆盖的民众为了享受更好的服务自愿选择加入民营健康保险,同时放弃公立医保;(3)补充型,即参保者已经为公共医保体系所覆盖,但其覆盖的服务有限,参保者为了支付其自付的部分选择参加民营健康保险作为补充(OECD, 2004)。

在某些国家如美国和瑞士,公共医保体系覆盖面有限,因此有相当一部分民众依赖民营健康保险作为其医保的主渠道,这属于首要型模式。在德国和荷兰,医疗保障体系由社会医疗保险主导,但是政府允许高收入人群自愿选择不参加公共医疗保险,转而参加民营健康保险,因此民营健康保险成为这部分少数人(大约9%的德国民众、31%的荷兰民众)的首要医保渠道(Busse and Riesberg, 2004：17)。

并立型模式主要出现在实行全民公费医疗或全民健康保险国家,例如英国、瑞典、澳大利亚等。在这些国家,所有居民自动享有公共医保,从理论上来说完全不需要民营健康保险。但是,由于国家的筹资(无论来自税收还是来自专项保险费)总是有限的,因此公费医疗或全民健保总是存在这样或那样的问题,要么是服务水平不高(例如排长队),要么是无法提供某些高水平的服务(例如舒适安静的病房)。在这样的情况下,总有一部分民众尽管有权享受公费医疗或全民健保,但他们情愿自行购买民营健康保险,以获得更好的医疗与健康服务。值得注意的是,为了避免民营健康保险对公共医保体系的冲击,一些国家会全部或部分地禁止民营健康保险全盘复制公共医保的服务范围和内容,加拿大甚至全面禁止,而澳大利亚禁止民营健康保险覆盖公共医疗保障所覆盖的门诊服务,因此导致民营健康保险只能采取补充型的运作模式(Colombo and Tapay, 2003)。

补充型民营健康保险是比较广泛的一种运行模式。在很多国家,公共医疗保障体系覆盖所有民众,但设定一定的自付率,而民营健康保险主要覆盖自费的部分。因此,这些国家的大多数民众都参加民营健康保险。例如,法国社会医疗保险覆盖全民,但只支付70%的门诊费和35%的药费,因此民众大多参加补充型健康保险以覆盖自付部分,政府则对低收入者参加民营健康保险进行补助;因此,法国民营健康保险的人口覆盖率较高,2002年就已达到92%(Buchmueller and Couffinhal,2004)。再如,加拿大实行全民健康保险,由各省设立公立机构加以管理,覆盖民众的基本医疗服务(不包括门诊费、药费),民营健康保险被禁止提供全民健保已经覆盖的服务,而只能提供全民健保并不覆盖的服务,因此,大约有65%的加拿大民众参加各种各样的民营健康保险(Canadian Institute for Health Information,2005)。几乎在所有国家,公共医疗保障体系一般都会设定许多并不覆盖的健康服务。例如,视力矫正(配镜)、牙医、整形、理疗、长期看护、康复保健、豪华住院服务、替代型保健(如中医、瑜伽)等。因此,很多民营健康保险提供所谓的"补充性覆盖"。就这种模式而言,民营医疗保险必须依赖于与公立医疗保险的合作伙伴关系才能获得发展,否则其补充性功能会无所依归。

值得一提的是,很多国家和地区并不是采用单一的制度来建立全民医保,而是以某一种制度作为主干,以其他制度作为补充,下文将对此有所详述。在这一点上,中国也不例外,城镇职工医保是一种强制性的社会医疗保险,城镇居民医保和新农合及城乡一体化实现之后的城乡居民医保是一种政府补贴的自愿性公共医疗保险。城乡医疗救助是一种公共救助(又称社会救助)制度,很多工作单位的工会还会组织一些互助性的医疗救济,另有一些慈善组织也在医疗救助中发挥着拾遗补阙的作用。医疗救助构成中国全民医保体系中的托底保障部分,其运作一方面需要行政力量运用行政机制发挥主导作用,另一方面也需要社会力量运用社群机制发挥辅助作用,其中,行政机制与社群机制之间的互补嵌合对于夯实全民医保体系中托底保障的基础是非常关键的。中国还有少部分人享受公费医疗,另有一些高收入人群成员投保民营健康保险,只不过民营健康保险的发展极为滞后。一方面,民营非营利健康保险作为一种重要的组织和制度类型,尚未出现;另一方面,商业健康保险无论以覆盖面还是筹资—给付水平来衡量,经过十多年的努力,依然在全民医保体系中处于边缘化的位置。

三、医疗体制的多样性:医疗需求侧与医疗供给侧

人类社会对于医疗服务的需求可以说是无时无处不有。然而,在不同的社会中,究竟由谁来提供医疗筹资和医疗服务却有不同的做法。政府的角色是什么?市场的角色又是什么?这些是我们对不同医疗体制进行比较并且探讨全球性医疗

体制改革时所必须回答的问题。医疗体制健全与否,在需求侧取决于政府、市场和社会多方主体能否通过协作互动建立一个良好的医疗保障体系,以有效分散民众医疗费用的风险,并能发挥一定的再分配作用,让贫困人群不因看病治病而深陷贫困,让低收入人群不因看病治病而陷入贫困;在供给侧则取决于医疗服务供方能否在既定医学知识和医疗条件的约束下为患者提供性价比相对较高的服务。在一个高保障水平的全民医保体系中,医保支付将医疗需求侧和供给侧连接起来,其蕴含的激励机制影响着供方的行为。

由于医疗服务存在着市场失灵,政府在其筹资和提供两个方面都有所卷入。事实上,在不同的地方,政府卷入医疗服务筹资和递送组织的程度与方式有所不同,导致各地的医疗体制呈现高度多样性。为了分析这种多样性,本节构造了一个二维类型学。在已有文献中,这种二维类型学是非常常见的,但是往往做不到逻辑上的完备性,常常忽视强制储蓄和社群筹资这两种医疗筹资模式(参见科尔奈、翁笙和,2003:57;OECD,1992:13;OECD,1994:11)。当然,这一缺陷同现有文献中的西方中心主义倾向不无联系,因为这两种在逻辑上可能的模式实际上只在非西方国家中才常见。本节给出的类型学把强制储蓄和社群筹资一并纳入分析框架,一方面是为了追求逻辑上的完备性;另一方面也是为了拓展分析框架的适用性,以便更好地研究中国的实情。

在这一二维类型学中,医疗服务筹资这一纬度可被分为五种亚类型:国家出资(通过税收)、医疗保险、强制储蓄、自愿保险(可进一步分成商业保险和社群保险两小类)和患者自付。医疗服务提供这一纬度则被分为三种亚类型:公立机构、私立非营利组织和私立营利性组织。由此,这一类型学共构造出 14 种理想类型(见表 8-2)。这一类型学的另一个优点是可以将医疗保险和医疗服务置于同一个概念框架中一并加以考察。

在现实世界中,这 14 种逻辑上成立的理想类型都可以找到实际的例证。A_1—A_2 模式可以统称为"免费医疗"或公费医疗,医疗服务的费用由政府来支付,而政府则通过一般税收来筹资。当然在"免费医疗"中,为了应对医疗服务消费者滥用服务的"道德损害"问题,一般会引入一定的共付机制,即要求病人自付一定比例的医疗费用。自付的部分一般为挂号费、门诊费、小额处方药费等,而且自付比例大多在 5%—30% 之间。因此,"免费医疗"并不意味着医疗费用全额免费。

值得注意的是,全民公费医疗的苏联模式等同于 A_1 模式;但全民公费医疗的

英国模式则是 A_1 和 A_2 模式的混合。从本书所建构的治理机制嵌合性视角来看，全民公费医疗的苏联模式由行政治理机制主导，市场机制和社群机制的运作空间几乎被挤压殆尽；而在全民公费医疗的英国模式中，市场机制和社群机制本来就有一定的运作空间，在经过新公共管理运动的洗礼后，内部市场制在 NHS 体系中得到制度化，市场机制的治理作用得到大大增强（Le Grand and Bartlett, 1993; Ferlie, et al., 1996: 56-116; 顾昕, 2011b），其公立医疗机构也走上了法人化之路。NHS 的改革和完善之路，正是多种治理机制互补嵌合的体现。

表 8-2　医疗卫生体制的类型学（以筹资和服务提供者的组织模式不同来划分）

类型		提供（供给侧）		
		公共部门	民营部门	
		1. 公立机构	2. 私立非营利组织	3. 私立营利性组织
筹资（需求侧）	A. 国家出资	全民公费医疗（英国、苏联）（A_1）	公费医疗（英国、美国）医疗救助（美国）（A_2）	
	B. 医疗保险	社会医疗保险（法国）（B_1）	全民健康保险（加拿大、澳大利亚）（B_{2a}）社会医疗保险（德国、日本、美国）（B_{2b}）	商业健康保险（德国、瑞士、美国）（B_3）
	C. 强制储蓄	医疗个人账户（新加坡）（C_1）	商业健康保险（新加坡）（C_2）	商业健康保险（新加坡）（C_3）
	D. 自愿保险	社群（社区）医疗保险（改革开放前的中国）（D_{1a}）政府主办的自愿性社会保险（D_{1b}）	非营利保险（美国）（D_{2a}）社群（社区）医疗保险（发展中国家）（D_{2b}）	商业健康保险（美国）（D_3）
	E. 患者自付	（E_1）	（E_2）	（E_3）

医疗保险分强制性和自愿性两种。强制性保险又称"社会保险制",是实现全民医保的第二种主要医疗筹资方式。集中化的社会保险又称全民健康保险,被称为"加拿大模式"(B_{2a})。在加拿大,医疗需求侧实施全民健康保险制度,但在供给侧,绝大多数医疗机构是私立非营利组织,而且加拿大的私立医疗保险也不发达(Taylor,1990)。全民健康保险(即 B_{2a})也在澳大利亚、韩国等国家实施。分散化的社会医疗保险,由德国首创,在西欧地区和日本较为盛行(B_{2b})。相对来说,在全民健康保险或社会医疗保险国家,医疗供给侧的组织模式具有混合性,其中公立医疗机构的供给在法国稍多一些(B_1),在其他国家,主要是私立医疗机构。商业健康保险在社会医疗保险国家也相对较为发达(B_3),可为有着较高医疗服务需求的民众提供更多更好的选择。

除了筹资模式的不同之外,强制保险还可根据其保障对象的不同进一步细分。一种是追求普遍性,所有人都投保,所有人都受益;这种普遍主义无论是在加拿大模式还是德国模式中都得到很好的体现。另一种是所有人都投保,但是只有特定人群才有资格受益;美国的医疗照顾计划就是以这样的方式来运作的,其筹资来源是工资税,其受益对象是年满 65 岁的老人或伤残人士(Cohen, et al., 2015),因此又被称为"老人医疗保险"。大多数美国民众向商业健康保险投保,而商业健康保险的签约服务机构主要是私立的,既有非营利的也有营利性的(B_3)。

前文已述,社会保险的主流是强制性的,但也存在着自愿性的社会保险,多由政府主办并对保费进行补贴。这种筹资模式(D_{1b})的典例是美国很多州政府举办的儿童医疗保险,民众自愿投保,而州政府给予保费补贴(Ewing,2008)。中国的新农合、城镇居民医保及后来合并而成的城乡居民医保,也是采用自愿性社会保险的筹资模式。

被称为"新加坡模式"的强制储蓄模式具体运作方式如下:所有新加坡公民和永久居民在中央公积金局设立公积金账户,其中一部分是个人医疗账户(Medisave);强制性缴纳的公积金有一部分进入个人医疗账户,用来支付住院费用或者住院保险的报销。在新加坡,C_1 模式和 C_2 模式占据主导地位,因为 Medisave 账户的资金既可用于直接支付在公立或非营利医疗机构中的住院费用,也可用于购买商业健康保险公司的住院保险。C_3 在逻辑上存在,在新加坡的现实中也存在但微不足道,因为在新加坡私立营利医疗机构就医的患者基本上是本国以及周边国家的富人,他们主要通过商业健康保险或自付支付医疗费用,其中有些富人在商业健康保险的投保费有可能出自 Medisave 账户。因此,新加坡医疗体制形成了一种别具特色的公私合作伙伴关系(Lim,2005)。

自愿性医疗保险可分为社群(社区)保险和商业保险两种,前者是非营利的,后者是营利性的。基于社群(社区)的、非营利的医疗保险(D_{1a}),往往同合作运动联系在一起,不仅历史悠久,而且在当今世界,尤其是发展中国家,依然占据重要的地位(United Nations,1997)。中国改革开放前的合作医疗,如果不考虑其国家动员的背景,就属于社区医疗保险的范畴。在商业医疗保险或健康保险模式中,民众个人或集体(一般由雇主来组织)自愿购买商业性医疗保险,然后根据保险机构同各种医疗服务提供者达成的契约接受医疗服务。这一模式(即 D_3)一般又被称为"美国模式"(Jonas, et al., 2007)。

值得注意的是,在上文中,把任何一个国家的医疗体制等同于上述以该国家命名的模式,只是为了方便而已,实际上是不准确的,因为任何国家的医疗体制都是上述多种理想类型的混合体。例如在美国,医疗救助是 A_1—A_3 类型的混合,医疗照顾则是 B_1—B_3 类型的混合。还有大约14%—20%的美国人没有任何医疗保障,他们主要在公立医疗机构或私立非营利医疗机构(主要是社区医院)中自费接受医疗服务,因此属于 E_1—E_2 类型的混合。此外,美国还有少量的医疗合作社,提供医疗保险和医疗服务,属于 D_2 类型。

在改革开放初期,中国城市医疗体制是 A_1 和 E_1 的混合,农村医疗体制则还有 D_1 的成分。在城市,依托于单位的医保本质上是国家福利,但自付依然占据一定比重,而供方基本上是公立医疗机构;在农村,依托于集体主义人民公社的合作医疗本质上是一种国家动员支撑的社群医疗保险,而医疗服务提供者主要是在城镇地区的公立医疗机构以及由人民公社组织的卫生院和医务室(顾昕、方黎明,2004)。从需求侧来看,相当一部分民众享有全额或半额免费医疗,其余医疗费用则必须自付,保险和强制储蓄并不存在;而从供给侧来看,大部分医疗机构都是国营的事业单位,少数医疗机构附属于大型企业、事业单位或人民公社。

随着经济体制改革的深入,中国的医疗保障体制发生了渐进式但意义重大的变化。市场力量被引入,市场机制的作用开始有了运作的空间。在医疗体制的需求方,社会保险、商业保险和强制储蓄的制度安排均得到引入,但是民众自费看病治病依然是主导模式;而在医疗体制的供给方,尽管民办的营利性和非营利医疗机构开始出现,但是公立医疗机构依然占据绝对主导地位。因此,在新医改或全民医保实现之前,多种模式混合的中国医疗体制含有 B_1、E_1 和 B_2 的成分;在全民医保实现之后,中国医疗体制的模式同样具有混合性,只不过变成了 B_1—B_3 和 E_1—E_2 的混合。

四、走向有管理的竞争:医疗保险体系的治理之道

与诸如养老保险、人寿保险、财产保险等面向投保人的理赔概念有所不同,医疗保险承保方的核心工作是为参保者购买医药服务。医疗保险制度建设的重要一环是明确医保机构的角色定位,即扮演参保者的经纪人,代表参保者的利益,以成本-效益性(cost-effectiveness,俗称"性价比")较高的方式,购买医药服务。这一点既体现了医疗保险为参保者服务的本质,对医保自身的财务稳健性和可持续性也是至关重要的。在这里存在着一种双层委托代理关系,第一层委托人是参保者,医保机构为代理人;第二层,医保机构是委托人,医疗机构是代理人。在第二层委托代理关系中,医保机构所处的激励结构决定了其是否有足够的动力最大限度地完成好代理人的使命,为维护参保者(委托人)的利益服务。

在高度行政化的公立医疗保险体系中,医保机构是否具有足够的动力,以高性价比的方式开展购买医药服务的业务,尚属疑问。针对其中的委托代理问题,推动医保机构的治理变革,从而促进医疗保障服务水平的提高,成为中国新医改的一项改革原则。《新医改方案》第九条提出,"健全医疗保险经办机构运行机制。完善内部治理结构,建立合理的用人机制和分配制度,完善激励约束机制,提高医疗保险经办管理能力和管理效率"。

实际上,医保经办服务的改革不是中国独有的问题,而是全球性的议题。全球性医疗体制改革的共同推动力,在于提高医疗部门的效率,为民众提供质量有保障、但费用增长相对受到控制的医药服务。事实上,除了美国,所有的发达国家和相当一部分发展中国家都实现了全民医疗保障,因此医药费用负担的社会公平性基本上已经不再是大问题。但是,由于人口老龄化、医疗技术的改善及疾病谱的变化等客观因素,所有国家的医药费用都在上涨。如何在确保医药服务质量的前提下,尽量控制费用上涨是所有国家的医疗体制共同面临的难题。从大的背景来看,医疗保险和医疗服务日益走向有管理的市场化,是全球性公共部门治理改革的一个组成部分,具体而言,即新公共管理运动,其核心就是采用商业管理的理论、方法

和技术,提高公共管理水平和公共服务质量(OECD,1995)。无论是发达国家还是发展中国家,医疗服务提供和医疗服务保障两个方面都面临改革的压力,而改革的大方向就是引入竞争、引入市场机制。走向有管理的市场化,是全球性医疗体制改革的大趋势。在这个过程中,医保支付改革扮演着关键性角色,而随着医保支付改革的推进,医保体系的组织模式也在发生一定的改变。

(一)从筹资与支付模式透视医保体系组织模式的多样性

由于不同国家医疗体制不同,走向有管理的市场化这一全球性的改革浪潮,在各国的表现形式也大不相同。在美国,其医疗保险和医疗服务本来就高度市场化,因此其改革的方向是引入更多的规制或管理。而在其他国家,尤其是在欧洲各国,现行医疗体制中计划和管理的因素就比较强,因此改革的重点放在强化医保体系的市场竞争上。为了更加清楚地将医保和医疗体系走向有管理的市场化的改革理念和实践加以定位,这里以筹资方式和支付方式为维度,给出另一个医保体系的类型学(见表8-3)。

表8-3 医保体系的类型学(以筹资与支付方式的不同来划分)

类型		筹资方式	
		自愿性筹资(民间筹资)	强制性筹资(公共筹资)
支付方式	自付	自愿自付模式 (患者自己直接支付医疗费用)	强制自付模式 (这一类型在现实世界不存在)
	报销	自愿报销模式 (民营医保机构为投保者报销医疗费用)	公共报销模式 (公费医疗或者强制性医疗保险机构为参保者报销医疗费用)
	契约	自愿契约模式 (民营医保机构同医疗服务提供者订立契约为投保者服务)	公共契约模式 (政府或者强制性医疗保险机构同医疗服务提供者订立契约为参保者服务)
	集成	自愿集成模式 (民营医保机构同医疗服务提供者建立联合体为投保者服务)	公共集成模式 (国家建立公立组织同时负责医疗筹资和医疗服务提供)

资料来源:OECD,1992:19-27。

从筹资上看,简化为两类:一类是自愿性筹资,略等同于民间筹资;另一类是强制性筹资,略等同于公共筹资。从支付上看,简化为四类:一是患者自付,这当然包括患者通过自己或家庭的社会网络进行筹资并支付医疗服务费用;二是报销,即医疗保险机构,无论民营还是公立,为投保者所支付的医疗费用给予报销,此时医保机构的报销面向患者而不是医疗机构;三是契约,即医保机构,无论民营还是公立,直接同医疗服务供方订立契约,为参保者提供服务,其中包括支付医疗费用;四是集成,即医保机构与医疗机构整合成一个体系。

自愿自付模式存在于医保体系尚未建立或医保体系保障水平不高的情形。如同本书第四章所述,印度实施全民公费医疗制度,固然算是实现了全民医保,但由于保障水平不高,自愿自付模式依然占据主导地位。中国全民医保体系的保障水平远高于印度,但与发达国家如德国、加拿大、瑞典相比,还有一定的差距,自付在医疗费用支付上依然占有不低的比重,其中城乡居民医保的自付水平要比城镇职工医保高,降低前者的自付水平是中国医保进一步完善的重要工作之一。

报销模式,无论是自愿还是公共报销模式,都是医保体系初期发展阶段治理水平不高的表现,其特点是医保机构针对投保者或参保者进行管控。实际上,作为第三方支付者,医保机构(无论民营还是公立)的职责是作为投保者或参保者的代理人通过向供方购买医疗服务来管控供方,其中自然包含着支付关系;而且更重要的是,唯有医保机构才有能力和可能运用各种契约化的支付手段,改变供方的激励结构,从而对医疗服务质量进行管控。如果采取报销模式,就意味着医保机构放弃了本来应该行使的管控供方的职能,而将自己转变为投保者或参保者的管理者。代理人变成管理者,这显然是一种身份和职能的错位。实际上,在发达国家,医保机构针对投保者或参保者所实施的报销已经不存在了,尽管"报销"(reimbursement)这个词还常常被保留在有关医疗保险的论说之中,但其含义已经与医保机构对医疗机构的支付等同了。在发展中国家,报销模式还普遍存在,但随着医保体系的发展而逐渐式微。例如在中国,社会医疗保险机构针对当地医保定点机构都采用了直接支付即契约模式,但对于异地就医的参保者,依然采用患者报销模式,即患者必须首先自行垫付所有医疗费用,然后再向医保机构寻求报销。针对这种情况,政府逐步建立异地报销制度,让参保者在异地就医时只支付自付部分即可。异地报销制度到本书写作完成之时,依然未实现全国全覆盖。

契约模式体现了医保机构与医疗供方之间正常的服务购买关系,其中市场机制发挥着基础性作用。在全民医保已经实现的国家,公共契约(public contract model)模式是主流。由政府主导的公共医疗保障机构同各类医疗服务提供者建立契约化的服务购买机制,在国际学术界,又被称为公共竞争(public competition)模式(Saltman and von Otter,1992)。在这一模式中,医保支付改革是契约化不断完善的体现,而这一完善过程需要引入社会治理理念,需要政府、市场和社会多方主体的协作互动,需要行政、市场和社群机制的互补嵌合(参见本书第五章)。

集成模式呈现出两极分化的态势。自愿集成模式的典型是美国式的管理型医疗。美国在管理型医疗兴起之前主要采用"自愿契约模式",也就是民营医疗保险机构同医疗服务提供者订立契约,为投保者服务成为医疗服务市场的主导运营模式。管理型医疗兴起意味着从自愿契约模式向自愿集成模式转型,体现了节省契约成本(亦即交易成本)的努力(OECD, 1992: 19-27),是民营医保市场竞争的产物。自愿集成模式依然处在演进发展阶段。

相反,公共集成模式则处在衰落之中。这一模式的典型是内部市场制改革之前的英国全民公费医疗(NHS),但这一模式弊端重重,自20世纪80年代中后期开始走向了市场化。英国医疗市场化的核心内容是政府转变职能,将NHS统包统揽的全能型角色分解,建立了医疗服务购买者与提供者分开(purchaser-provider split)的新体制(Robinson and Le Grand,1995)。简言之,英国专门建立了法人化的公立机构,代表民众负责向医护人员和医疗机构购买医疗服务,即扮演付费者的角色。公立医疗机构,尤其是公立医院,也走向法人化,不再是政府的预算单位,而是成为独立于政府的法人实体,其业务是竞争来自付费者的付账(Flynn and Williams, 1997)。这种全新的体制,在学术上被称为"内部市场制",亦即政府在维持公共部门整体组织架构不变的情况下,在其内部模拟市场机制,通过政府购买服务的方式,来促进公共服务提供者之间的竞争。

经过内部市场制改革之后,很多国家和地区(英国、北欧等)的全民公费医疗形成了前述的有计划的市场(Saltman and von Otter, 1992, 1995)或公共竞争(Saltman and von Otter, 1992),这一过程体现了医保与医疗体系从公共集成模式向公共契约模式的转型。目前,公共契约模式在欧洲国家医保体系中占据主流。

前文已述,医疗保障体系的运行有两个核心环节:一是筹资;二是支付。为了实现全民医保,政府必须在筹资环节发挥主导作用,运用财政支持和组织动员的手段,适时制定具有反应性的医保政策并予以实施。如果说行政机制在医保筹资上发挥基础性作用,那么市场机制将在医保支付上发挥决定性作用。医疗需求侧改革重点在于引入体现市场机制多样性的各种新医保支付方式(Preker, et al., 2007),而供给侧结构性改革重点在于公立医院走向法人化(Preker and Harding, 2003)。医保支付改革的实质就在于在各自独立运作的医疗支付方与医疗供给方之间建立一种新的机制,即以市场机制运作为核心的公共契约制度,其核心在于医保方基于标尺竞争的原理重构医疗服务提供方的激励机制,使之就医疗服务品质的提升展开良性竞争。推动标尺竞争的契约,也就是多种新医保支付方式的设计和实施,是市场机制精致化的一种体现。

公共契约制度的核心是各种医保支付方式的确立和实施,这一过程首先需要医疗服务付费者和提供者展开谈判并订立医保支付契约或协议(Duran, et al., 2005)。我们设想一下没有任何医疗保障的情况,也就是缺乏第三方购买的情况下,付费者是患者及其家庭,最多扩及其社会支持网络,而提供者则是医生或医疗机构。在信息不对称以及医疗服务供给不充分甚至垄断的情形下,医疗服务价格的主导者自然是医疗服务提供者。尽管医疗服务供方有可能在职业精神的约束下合理定价,而且出于"医者仁心"会为可辨识的低收入者提供价格低廉甚至免费的医疗服务,但单纯依赖于基于专业主义和道德主义的社群治理难以确保医疗服务价格的合理性和公平性。

第三方购买格局形成之后,提供者在定价机制中的地位没有发生变化,但付费者的支付能力变得强大,而且还有可能代表众多参保者实施集团购买(俗称"团购")和集团支付。由此,作为参保者的代理人,医保方在面向医疗服务提供者的时候又变成了委托人,即委托后者为参保者提供性价比高的医疗服务。无论民营还是公立,医保机构在任何预算期限内都有支付预算限额的约束,因此自然也有设计更好的支付方式以实现委托代理关系良好治理的动力。相对来说,处于市场竞争之中的民营保险机构更有积极性去开发并尝试更好的医保支付方式,以提升自身运行的效率。公立医保固然可以采取一些简单粗暴的行政化措施,例如针对医疗机构实施"总额控制",以确保其预算总额不被突破,但也有积极性去采纳一些在私营部门得以试行并业已证明行之有效的创新之举,而且由于公立医保的覆盖面相对较广,对于创新的扩散具有推波助澜甚至一锤定音之效。在这一点上,政府与市场可以协作互动,行政机制与市场机制有望互补嵌合。事实上,很多新医保支付方式均在民营医保机构和民营医疗机构发达的国家首先应用于民营部门,继而被公立医保所采纳,然后在国内外得到扩散。

任何一种医保支付方式,无论新旧,其确立过程中若没有医疗界专业人士的参与都是难以想象的,因为一方面,其技术参数与临床实践密切相关,没有专业人士的参与,很难避免脱离现实的情况存在;另一方面,医保支付方式是经由医保机构与医疗机构个体逐一谈判,还是与医疗专业共同体集体谈判而形成,是大有讲究的。医疗界参与的方式有个体性参与和集体性参与之分。医疗界专业人士个人受到民营或公立医保组织的邀请参与支付价格和支付方式的确立,是非常常见的事情,但这种缺乏社群机制运作的个人性参与不利于医疗界集体利益的凝聚、表达和协调,很容易致使医保支付系统出现与医疗界大部分专业人士集体利益相悖的情形。医疗服务供方以集体谈判的方式参与医保支付方式的设计与实施,本身更有利于医疗界整体利益的维护,也有利于新医保支付方式在医疗供给侧更顺利地得到实施。在医保支付领域,社群治理机制的充分作用,主要体现在由医学学会、医师协会、医院管理协会等社会组织在医保支付方式规则的确定上扮演积极的专业角色,尤其是基于数据分析和循证研究对相关技术参数的初始设定和动态调整。

医保支付方式的实施以及供方行为的监测必然涉及支付和监测软件系统的开发和维护。软件系统的开发和维护者必定是企业,但软件本身是医保机构与医疗机构谈判协商的结果,因此其开发并非仅仅是基于IT专业知识和技能的工程,还必定涉及医保机构、医疗机构和软件提供商的合作伙伴关系。如果公共医保在整个医疗保障体系中占据主导作用,那么创新医保支付就不再是民营医保组织的市场竞争行为,而是医疗保障体系的制度建设和制度完善任务,需要政府实现职能转型和角色变革,从全能型政府转型为能促型政府,充分发挥组织引领、公共支持、授权赋能的元治理角色,促使医保机构、企业、医疗界社会组织、科研力量等多方主体构建社会治理共同体,并在网络搭建、制度建设和互动管理上发挥主导功能。

(二)"有管理的竞争"理论在斯坦福大学诞生

无论是实践还是理论,有管理的市场化都起源于美国。首先,如第二节所述,民营医疗保险主导了大多数美国人的医疗保障。由于商业医疗保险具有"双向逆向选择"的固有问题,美国没有实现全民医保,而是呈现出诸多医疗保险竞争的多元付费者格局(Quadagno,2005)。因此,如何在高度竞争性的医疗保险领域引入适当的规制,从而推进全民医保的实现,是美国医疗卫生领域的一个大课题。

为了应对这一大问题,"有管理的竞争"(managed competition)这一理论应运

第八章　全民医保高质量发展的社会治理：中国经验的理论反思

而生。这一理论是由美国人文与科学院院士、斯坦福大学商学院经济学家阿兰·安霍恩（Alain C. Enthoven）教授（现已退休）在1977年提出的，后来在其论著中加以充实，其要旨是在医疗保险和医疗服务两方面，在加强竞争的基础上同时加强规制（Enthoven，1988）。

在安霍恩看来，美国医保体制的根本问题在于众多商业医疗保险公司把竞争焦点放在风险规避，即想方设法（例如通过保险精算）排除患病概率大的参保者，而不是集中精力研究如何控制成本、提高服务质量。这是保险市场竞争中保方逆向选择的行为，本身也表现为医保机构身份和职能的错位。对此，他提出了一个引入管理者的思路，即民众向保险公司投保时并不直接缴费，而是向一个所谓的"管理者"缴纳保费，管理者根据各保险公司吸引参保者多少，按人头分配保费；在此过程中，保险公司必须满足管理者的规制条件，即不得拒绝任何人的参保申请，同时还必须对所有参保人提供一种价格划一的基本服务包。这样一来，保险公司竞争的焦点便不再是排除高风险投保者的精算评估，那些原来因为容易患病而被保险公司排除在外的人群也有机会获得医疗保险。如果政府对困难人群参加医疗保险提供一些补助，那么这一模式有望在不改变美国自愿性医疗保险基本制度架构的前提下实现医疗保障的普遍覆盖（Enthoven，1980），即我们简称的"全民医保"。

值得注意的是，安霍恩在其理论中，并没有说明这个管理者究竟是谁。不少人（尤其是迷信行政力量或行政机制的国人）看到这一理论，一定会把这个管理者想象为政府。但是，在安霍恩的心目中，管理者应该是复数的，主要是大的保险公司集团。它们可以给出价格与服务内容不一样的保险计划，即基本服务包大小不一，民众可以自由选择。当然，在传统的自由市场中，保险公司有权对投保人"挑肥拣瘦"，但在安霍恩看来，这种传统的竞争方式过于陈旧；如果保险公司按照他提出的"有管理的"模式发展，必然受到民众的欢迎而具有十足的竞争力，从而最终淘汰那些传统的医疗保险公司。在他看来，这才是一种以消费者为中心的医疗保险（Enthoven，1980）。

"有管理的竞争"理论在美国受到了重视，该理论的提出为安霍恩教授于1986年当选美国人文与科学院院士增添了相当重的砝码。首先，在安霍恩提出这一理论之前，美国医疗保险业在市场竞争中孕育了一种新的商业模式，即"有管理的医疗"（managed care），在中文中又被通译为"管理型医疗"。管理型医疗的兴起是商业医疗保险机构出于利润最大化和加强竞争力而自发推进的一种组织和制度创新

(Glied，2000)。虽然其组织和制度模式多种多样,但其共同点在于医疗保险公司与医疗服务机构要么结盟,要么干脆合并,以较为低廉的价格为参保者提供全方位的基本医疗服务(Kongstvedt，2019)。早期的管理型医疗组织大多被通称为"健康维护组织"(health maintenance organization，HMO),后来又发展出"优选供方组织"(preferred provider organization，PPO)(The Health Insurance Association of America，1996a)。1973年,美国国会就通过了HMO法案,力图推进这一医疗保险与医疗服务一体化模式的普及。自此之后,管理型医疗得到迅速发展,到1993年,已经有70%的医疗保险投保者选择管理型医疗组织。管理型医疗模式的最大特色就是医疗保险者开始将其主要精力放在基本服务包的设计之上,并且高度重视在保证服务质量和降低服务价格两者之间保持平衡(Glied，2000：717-721)。安霍恩的理论正是在HMO法案甫一生效就推出,其目的就是在学理上论证管理型医疗的优越性,并且进一步推动其创新。

其次,"有管理的竞争"理论在美国历次医改的政策辩论中都受到重视。比尔·克林顿(Bill Clinton)入主白宫后,曾经在20世纪90年代初期试图推动美国的医保改革,以实现全民医保,"有管理的竞争"成为其医改方案的理论指导。但是,同安霍恩的"市场取向型"理论有所不同,克林顿医改方案的特色是"政府主导",即政府强制雇主和雇员联合缴费参加医疗保险,而各种医疗保险机构依照"有管理的竞争"模式运作。这一所谓"左派版有管理的竞争"医改方案由于势力强大的医疗专业人士和保险业界的反对而在1994年未获国会通过并流产(Skocpol，1996)。当时,安霍恩教授本人也反对克林顿的医改方案。

其实,"有管理的竞争"模式要从理论变成现实,政府的参与是不可缺少的。要实现全民医保,安霍恩理论中那个扮演规制者角色的管理者,不可能是百分之百的公司。无论市场竞争再激烈,很难有大的保险公司集团总部,例如HMO组织,能够像安霍恩设想的那样,对旗下子公司进行规制,对一切投保人来者不拒,毕竟任何追求利润的公司,总要搞一些所谓"摘樱桃"或"撇奶油"的行为,尽量挑选患病风险低的参保者,而设法规避那些风险高的参保者。要想做到对一切投保者来者不拒,必须"政府主导",依赖行政力量运用行政机制对民营保险机构的逆向选择行为加以规制。克林顿医改的实质就是政府运用行政机制以强制性手段推动全民医保。

巴拉克·奥巴马(Barack Obama)2009年任职美国总统后,不遗余力地推动新一轮医改。与克林顿相比,奥巴马医改方案的"政府主导"色彩淡化了一些,政府主要扮演了助推者的角色。值得一提的是,政府扮演助推者思想的倡导者之一、曾任哈佛大学法学院院长的著名行为主义法学家卡斯·桑斯坦(Cass Sunstein)就在奥巴马执政期间任职于白宫信息与监察事务办公室(Thaler and Sunstein,2008;泰勒、桑斯坦,2015)。奥巴马医改的特点是新设一个"国民健康保险交换"(National Health Insurance Exchange)项目。这是一个平价医疗保险资助计划。无论是公立的还是民营的、营利性的还是非营利性的医疗保险机构,必须符合一定的资质标准,如不得拒绝任何投保者(杜绝逆向选择)、不得随意增加保费和保费水平对低收入者来说具有可负担性,方可成为该项目的定点医疗保险机构。民众及其雇主参加这样的医疗保险,可以获得一定的税务优惠,医保机构也能获得一定的政府补贴,为此政府在10年内需投入9400亿美元。同时,不为其雇员投保的雇主(尤其是小企业)以及不投保的个人都会受到一定的财务惩罚。奥巴马医改方案于2010年在联邦参众两院获得通过,但此后一些州依然予以抵制并提起宪法诉讼,2015年美国最高法院以6:3的票数确认奥巴马医改没有违宪(Emanuel and Gluck,2020),这在美国医改史上具有里程碑意义。在某种意义上,在国民健康保险交换项目中,尽管政府只采取了微弱的强制措施(对不投保者施加罚款),而主要采取了财务激励的措施,但政府扮演了安霍恩理论中管理者的角色。

可是,2017年,美国新上任总统特朗普(Donald Trump)推动国会通过了新的《美国医保法案》,废除了奥巴马医改方案中一些实质性条款,减少了行政力量的作为,例如惩罚不参保民众及其雇主,试图变相搁置奥巴马医改。但奥巴马医改的框架以及其中的相当一部分内容依然得以保留并实施。再后来,拜登(Joseph R. Biden, Jr.)入主白宫后,在巩固奥巴马医改并推进全民医保上并没有什么特别的作为。

不管美国政府推进全民医保的努力如何因两党政治而摇摆,美国医疗体系基本上依然由管理型医疗即自愿集成模式所主宰。管理型医疗组织基本上呈现出两种不同的发展模式:一种是HMO模式,即医保与医疗的紧密型一体化;另一种则是PPO模式,即一家保险组织与一些服务提供者(包括医院、诊所或个体执业医师、护理院、诊断中心、社区卫生中心等)形成联盟或网络(Shi and Singh,2012:6-8,348-352)。从威廉姆森交易成本经济学的视角(Williamson,1985,1996)来看,辅之以本书勾画的治理机制互补嵌合性视角,传统医保组织与管理型医疗组织之间的转型和替代,取决于三种成本——交易成本、行政成本和社群成本——之间的此消彼长。由于医保与医疗的市场交易成本太高,无论是医保机构力图遏制供方过度医疗,还是医保机构与医疗机构通过谈判订立各种医保支付契约,都耗时耗力,因此,HMO模式试图用科层化行政治理取代市场治理,其集团总部的法人治理中由于有多方利益相关者的参与,行政机制与社群机制嵌合在一起。但是,行政治理是有成本的,而且在很多情况下成本不低,即便在一个集团内部也会出现各种行政治理失灵的情形。因此,PPO模式放弃了行政治理主导的组织模式,改用网络治理或联盟治理(The Health Insurance Association of America,1996b:1-20)。这里的网络或联盟,类似于威廉姆森所称的关系型契约,试图通过社群机制的运作来改善以市场机制为主导的治理。PPO模式的本质,是在医保组织和医疗机构之间传统市场机制运作的基础上引入社群机制,是契约化市场机制和网络化社群机制互补嵌合的一种尝试。

(三)"有管理的竞争"在欧洲全民公费医疗国家的实践

不管影响有多大,"有管理的竞争"理论在美国尚未不折不扣地变成现实,全民医保直到本书完成时在美国依然没有实现。但是,这一理论却在欧洲的许多地方,尤其是在荷兰、英国、瑞典和德国等国开花结果(Flood,2000),其本质是在其全民医保体系中引入了市场机制(Ranade,1998)。由于欧洲国家全民医保的体制不一样,因此在具体改革中,安霍恩理论中有关保险者竞争的内容,仅仅在实行社会医疗保险的国家(例如荷兰、德国等)才具有相干性。在实行全民公费医疗体制的国家中(例如英国和瑞典),一开始并不存在多元的、相互竞争的医保机构,因此改革的重点在于推进医保支付改革以及公立医院法人化,也就是通过重新设计并执行新的医保支付,对医疗服务市场的竞争进行管控,学术界将这一改革称为"有计划的市场"(planned market)或"有监管的市场"(regulated market)。

这一改革,首先出现在实施全民公费医疗的英国,其本质是在NHS体系中实现行政机制和市场机制的互补嵌合。当然,在NHS体系中,"自律与信任"和"命令与控制"这两种思路也有不少拥趸,并且也出现了相关的改革实践,试图通过社群机制的强化和行政机制的完善克服行政治理主导所带来的问题。其中在"命令与控制"模式中最典型的改革就是建立目标与绩效管理(Le Grand,2007:15-30)。然而,由于这两种机制的完善并不足以克服重重弊端,于是第三种思路(后被称为"新公共管理")自1980年以来主导了许多国家的医疗体制改革,其核心就是诉诸

"选择与竞争"机制(Le Grand,2007:38-62),在医疗的公共部门中引入市场机制(Dawson and Dargie,2002)。具体而言,这种新市场机制的运作之道,就是通过在全民公费医疗体系中构建第三方购买机制,从而在医疗服务提供者(既包括家庭医生兴办的个体诊所也包括公立医疗机构)之间引入市场竞争(Harrison,2004)。例如,1980年之前,英国NHS的管理层既负责向医疗机构拨款,也作为医疗机构的行政上级行使行政管理之责,但在1980年推进新公共管理之后,英国NHS将医疗付费与医疗提供的职能分开,然后在这一体系内设立专门的付费机构,模仿商业医疗保险公司的运作方式,采用各种新的方式向医疗服务提供者(包括家庭医生和医院)付费。

因此,对于公费医疗主导的国家来说,推进"有管理的竞争",核心就是将医疗服务购买者与提供者分开,并在两者之间引入市场化的契约安排。由于在这些国家中,医疗服务购买者依然是公立组织,故其改革被归结为从公共集成模式走向公共契约模式的转型过程。因此,在公费医疗盛行的国家中,共同的改革举措是创建"内部市场":政府专设负责付费的公立组织,而医疗服务提供者,无论是家庭医生、私人诊所,还是公立医院,都必须竞争起来(Jérôme-Forget, et al., 1995)。简言之,负责付费的公立组织代表老百姓(纳税人),在一个模拟的市场中,为老百姓购买医药服务。内部市场制由英国发明(Bloor and Maynard,2002),后来逐步在其他实行全民公费医疗的国家(例如瑞典)推广(Glenngard, et al., 2005)。在英国,内部市场制与互动治理的关系也受到关注(Denters, et al., 2003)。

内部市场制的做法大体如下:(1)在全民公费医疗体系中将负责付费的公立机构与负责服务监管的公立机构分开;(2)付费者在基本卫生保健中主要实行按人头付费,即所有公费医疗享受者首先在家庭医生那里注册登记,由家庭医生为其提供基本卫生保健,包括医疗服务的首诊服务;(3)家庭医生成为所有民众的"健康守门人",然后付费者根据不同的"健康守门人"所吸引的登记者人头数向他们支付医疗费用;(4)医院从"健康守门人"那里竞争转诊病人,而付费者根据医院所接收的病人人数、病种及多种因素,运用多元付费方式,尤其是按疾病诊断相关分组(DRGs)的住院服务付费,为公立医院支付医药费用(Harrison,2004)。

(四)"有管理的竞争"在欧洲社会医疗保险国家的演变

与实行全民公费医疗的国家不同,在众多实施社会医疗保险的欧洲国家,医疗服务的购买者与提供者原本就是分开的,因此,"有管理的竞争"改革重点在于提高契约化过程中的竞争性。在荷兰和德国,医疗保险基金管理者,也就是所谓"疾病基金"(sickness funds),原来对医疗服务提供者的服务价格、质量并不热心监管,但现在情况发生了变化。在公共契约模式下,一些疾病基金通过多元付费方式的新组合,力图创造新的激励结构,促使医疗机构提供相对来说价廉物美的医疗服务。当然,这一过程是艰苦的,也是漫长的。一方面是由于改革前的体制,尽管荷兰和德国的医疗保险机构是多元的,但其在各自的管辖范围都具有一定的垄断性,因此这些保险机构缺乏竞争的积极性;另一方面医疗服务提供者也不愿意看到竞争的加剧。

这一点在德国非常明显。实际上,长期以来,德国的准公立医疗保险机构,也就是"疾病基金",尽管数量近300个,但在各自的"领地"内具有垄断性。有些疾病基金是依照地区设置的,有些是依照行业(由行业协会主导)设置,有些是由大公司或者大的机构设置,有些是由工会设置。在这种条块分割型的体制中,付费者是多元的,但缺乏竞争性,这是德国医疗政策专家们批评的对象,有些批评甚至称这种垄断性体制"在很多方面与中世纪的行会制度相类似"(Deutsche Bank Research,2006:23)。由于具有垄断性,这些准公立医疗保险机构对于探索多元的付费机制缺乏应有的积极性,而是长期采用按项目付费的方式向医疗机构支付医药费用,导致德国的参保者和医疗机构均缺乏费用控制意识,德国的医药费用上涨过快。毫无疑问,如果不改革,那么医药费用的快速上涨显然会导致社会医疗保险体系不可持续。

正是在这样的宏观经济背景下,德国的医疗保险体系不得不推进改革,走向"有管理的竞争"。1993年德国出台了《卫生保健改革法案》,打破了医疗保险机构的垄断性,民众可以自由选择任何医疗保险机构参保,并且可以在一定期限内(18个月)更换保险机构;同时,医疗保险机构在住院服务中引入了基于DRGs的支付方式,在普通门诊中引入了按人头支付的支付方式。尽管这些改革在德国的医疗服务领域曾经引起过小的震荡,甚至轻微的抵制,但是经过医保机构和医疗机构多年的"博弈",改革取得了一定的效果(Busse,2001)。

进入21世纪之后,德国的医保改革一直没有停步。2006年底,德国朝野达成共识,推出了新的医保改革法案。所有人必须参加医疗保险,要么参加公立医疗保险,要么参加私立医疗保险。从2009年1月1日起,德国在联邦范围内新设统一的"医疗基金"(Gesundheitsfonds,英译the Health Fund),负责医保资金的配置。

民众还是按照以前的方式参加医疗保险,即由雇主和雇员联合缴费;如果是个体户或没有工作,那就单方缴费。但是与以往不同,所有的医保缴费,会同政府财政补贴,都流入这新设立的联邦医疗基金。所有参保者自由选择一家医保机构为自己服务(即购买医药服务),联邦医疗基金根据各家医保机构吸引到的参保者数量,把医保资金分配下去。对所有的公立医保机构,德国联邦政府设定了统一的法定医保费率,以及基本服务包(也就是支付范围和水平)。对于私立医保机构,联邦政府参照公立医保机构的标准也设立了"基本服务包",并且强制私立医保机构不得拒绝任何投保者对基本医疗保险的申请(Busse and Blümel, 2014: xxv, 120)。

这个医疗基金,就是安霍恩理论中的管理者。正是有了"政府主导","有管理的竞争"理论在美国问世30多年之后,才在德国得到了真正的落实。实际上,这也是克林顿医改的德国翻版。

总而言之,在走向有管理的市场化的大潮中,实行社会医疗保险制的国家始终在推进渐进的改革,旨在完善社会保险制度。

首先,政府监管和组织职能强化。政府在社会医疗保险的运作上发挥监管和组织的作用。社会医疗保险的游戏规则,尤其是缴费水平、给付结构和水平、强制性参保的范围、保费资金的配置规则,均由政府制定并且严格实施。疾病基金依然是民办非营利组织,但政府参与医保经办机构理事会的组成,并且在医保经办机构与医疗服务机构之间的谈判中扮演组织者的角色(Saltman, et al., 2004: 47-60)。换言之,政府在医保体系中发挥着元治理者的角色,促使行政机制与社群机制的互补嵌合。

其次,参保费收集者(collectors)与医保付费者(payers)分开。用中国人熟悉的政策术语来说,就是医疗保险实行"收支两条线"。在德国,政府主办的医疗基金负责收集医保缴费,而民办的医保经办机构扮演实际付费者的角色。

再次,医保经办机构之间合理竞争。医保收费者采取按人头付费的方式,并考虑到风险调整的因素(例如老年人的风险因子高),在医保付费者(即医保经办机构)当中进行资金配置(Rice and Smith, 2001)。如此一来,医保经办机构之间就会出现竞争,它们的服务越好,吸引的参保者越多,其获得的医保经费就越多。医保资金的配置通过市场竞争和行政组织形成了互补嵌合的格局。

又次,医保经办机构与医药服务提供者建立谈判机制。尽管在社会医疗保险制度下,政府一般通过法律或行政命令的方式对参保者的最低给付结构和水平予以规定,但是在具体的医疗保障服务提供中,医保经办机构(也就是付费者)需要同医药服务提供者就服务的内容和质量水平进行谈判。针对某些医药服务(一般是非医院服务),有时要展开集体谈判。当然,谈判的组织机制以及谈判的结果是多种多样的,但作为医保经办机构的疾病基金是社会组织,其谈判对象主要是供方的各种协会。谈判本身是市场机制的一种运作,但这一运作同社群机制发挥作用的协会治理形成了互补嵌合。

最后,守门人制度兴起。守门人制度原本在全民公费医疗国家盛行,在社会医疗保险国家不大流行。社会医疗保险国家都设立了医保定点医疗机构制度,同医保经办机构签约的医疗机构就成为定点服务机构,参保者享有较为充分的选择权。为了控制参保者的道德损害,这些国家大多引入了各种自付机制,让参保者分摊一定的医药费用。参保者到非定点医疗机构寻求医药服务,医保的支付比会下降。荷兰是一个例外,其自付比很低,甚至很多医药服务基本上不存在自付,但是荷兰却较早引入了守门人制度。后来,社会医疗保险国家都逐渐引入了守门人制度。

伴随着守门人制度的建立,世界上绝大多数发达国家以及相当一部分发展中国家,其医疗供给侧出现了基本医疗服务(primary health care)和二级医疗服务(secondary health care)、三级医疗服务(tertiary health care)的制度化分工。基本医疗服务主要是普通门诊服务,是基本卫生保健的重要组成部分,而基本卫生保健提供者基本上是家庭医生;二级医疗服务是普通住院服务;三级医疗服务是非普通住院服务,例如长期医疗康复或特殊病种(如精神病)医治等,而这种制度化分工在我国是缺乏的(顾昕,2005b,2006b)。这种分工在我国被称为"分级诊疗"。尽管卫生行政部门自上而下地推动已经行之多年,各地也响应行政要求而推出了不少实施范围有限(例如选定某些慢性病按病种实施)的试点(廖晓诚,2019),但无论如何,分级诊疗制度难以制度化依然是我国医疗体制中一个重大的结构性问题。

总体来说,世界各国的医疗体制经过不断改革,出现了一些共同的发展趋势,我们可以用图8-3来展示。在改革之前,医疗服务主要呈现为一个双三角关系,其中之一为图8-3中中间的三角(见图8-2),另一个为图8-3中左边的三角,医保机构同时扮演筹资者和付费者的角色,而政府同时对医疗服务和医保服务进行监管。通过改革,很多国家将医保筹资者与医保付费者分开,从而让医保付费走上专业化竞争之路。具体而言,在实行全民公费医疗体制的国家中,国家通过税收筹集医疗资金,但是设立专门的机构负责资金配置以及向医疗机构付费;在实行社会医疗保险制度的国家,原本筹资与付费职能一体化的医保机构一分为二,形成"有管理的竞争"格局。

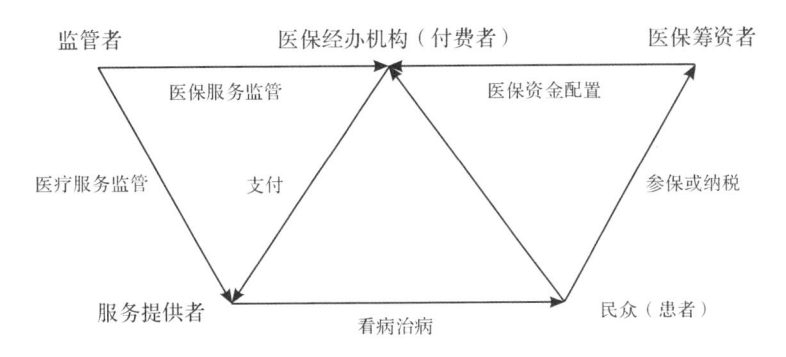

图 8-3　有管理的竞争:医疗服务的新三角关系

从长远来看,走向"有管理的竞争",同样是中国医疗保障体系改革的大方向。在此过程中,欧洲实行社会医疗保险制度国家的改革经验,很值得我们参考借鉴。但是,由于中国医疗保障体系的发展时间较短,因此在借鉴发达国家的改革经验时应该特别注意到我国的国情,有必要采取"三步走"改革战略。

第一步是推动专业化。中国的医疗保障体系同德国的社会医疗保险制度具有平行性。同德国改革前的情形相类似,中国的城乡医保机构是多元的,但具有垄断性。在很多地方,城乡医保经办机构分立,但在各自的管辖地域内独此一家。然而,与德国相比,中国医保经办机构的专业化水平较低,因此走向"有管理的竞争",第一步应该是推进城乡医保经办人员的专业化。很显然,在专业化水平尚未提高的情形下,贸然采用德国的改革经验,首先推动医保经办机构的竞争以及民众参保的自由选择权赋权,很有可能会导致竞争恶化。

在推进专业化的过程中,中国的医保经办机构在很长一段时期内依然具有垄断性。也就是说,在一定地域范围之内(地域范围依据统筹层次而定),依然是所谓"单一付费者体制"。在这样的体制下,借鉴英国和瑞典内部市场制的一些具体做法,具有高度的可行性,同时也是我国医保经办机构走向专业化的必经之路。首先,各地医保经办机构可以根据筹资水平、卫生费用统计及以往多年的发病率,确定出普通门诊统筹基金的额度。其次,医保经办机构会同卫生部门以及医疗机构协会,通过谈判,确立普通门诊的人头费(以及不同类别人群的加权因子)。再次,所有参保者可以自由选择其门诊首诊机构(即"健康守门人"),而医保经办机构根据门诊机构吸引了多少参保者进行首诊注册,以按人头付费的方式支付普通门诊的费用。最后,对于非普通门诊型医疗服务,医保经办机构通过与医疗机构协会的谈判,确立多元付费方式的组合,向医疗机构支付参保者的大部分医药费用。

第二步是推动竞争化。随着专业化水平的提高,多元付费方式的组合将普遍取代目前盛行的按项目付费。在此基础上,可以推动参保者自由选择医保经办机构。医保统筹层次的提高是参保者自由选择医保经办机构的前提。在现行区县级统筹的制度下,医保基金风险分摊的池子本来就很小,如果贸然推进参保者自由选择医保经办机构,风险分摊的池子就更小了,这不仅是危险的,而且也是不可能的。在医保统筹层次提高到地市级甚至进一步提升到省一级之后,原来区县级的公立医保中心继续保留,民众(参保者)可以自由选择其中的一家来为自己服务。

医保统筹层次过低的问题早就引起了医保行政部门的关注,提高统筹层次一直是各级政府努力的方向。2009 年 7 月,人力资源社会保障部、财政部联合下发的《关于进一步加强基本医疗保险基金管理的指导意见》(人社部发〔2009〕67 号)文件就已明确提出了实现基本医疗保险市(地)级统筹的时间表,即"增强基本医疗保险基金共济和保障能力""提高基本医疗保险统筹层次……到 2011 年基本实现(职工医保、居民医保的)市(地)级统筹"(人力资源和社会保障部,2010:377)。可是,这一目标不仅没有如期实现,而且即便是在国家医疗保障局成立之后,这一目标也依然没有完全达成,依然还有少数省份的医保统筹维持在区县级层次上。

第三步就是推动法人化。原来区县级的公立医保经办机构进一步转型成为独立的公共服务机构。在必要的情况下,可以引入商业医疗保险公司,同这些公立医保经办机构展开竞争,或者推进发展公立医保机构与商业健康保险的合作伙伴关系。

五、医疗救助制度的社会治理

"看病贵""看病难"一度成为我国医疗体制的两大重症。"看病难"的问题在何种意义上构成一个社会问题,这里姑且不论。作为一个社会问题的"看病贵",其内涵倒是十分清楚的,即民众因经济困难而无力负担日益高涨的医疗费用。医疗费用的超常快速增长已经导致了低收入人群医疗服务可及性的下降;与此同时,高额的医疗费用也是导致很多低收入家庭跌入贫困深渊的重大因素之一。

"因病致贫",即家庭灾难性医疗支出(catastrophic health expenditure)的发生可能耗尽资产、积累高额债务,是共同富裕的最大"杀手"(Xu, et al., 2003;朱铭来等,2017)。对于弱势群体成员来说,"看病贵"的问题尤其具有破坏性。毫无疑问,如何帮助低收入人群提高医疗服务的可及性,关涉诸多重大社会经济目标的实现,例如人人享有基本卫生保健、医疗费用负担的公平性、城乡贫困率的降低等等。

2005年以来,低收入者"看病贵"的问题受到政府和公众的关注。当时,要求公立医疗机构承担社会责任、为弱势群体提供低廉医疗服务的呼声越来越高。诚然,相当一部分公立医疗机构不但没有承担理应担负的社会责任,而且还常常出现诱导患者过度消费医疗服务和药品的行为,具体表现就是大处方、重复检查、多收费等问题。无可讳言的是,尽管还有很多其他的贡献因素,但是公立医疗机构追求收入最大化的行为是推动医疗费用超常快速增长的重要因素之一,加重了"看病贵"的问题。毫无疑问,对于公立医疗机构来说,承担相应的社会责任,乃是重建组织文化、提高经营管理水平的当务之急。

然而,值得商榷的是,公立医疗机构(或者说公立医院)作为公共服务提供者,是否应该承担国民收入再分配的职责?一般认为,再分配的角色显然应该由政府而不是服务提供者来扮演。一个广为流行的建议是政府设立"平民医院",专门为低收入者提供低廉的医疗服务。但是,作为专业的医疗服务提供者,"平民医院"的医务人员和管理者怎能具有社会工作的专业能力去鉴别谁是贫困者?如果专门的"平民医院"数量很少,而贫困者居住分散的话,这些医院如何能有效地为他们服务?鉴于贫困者规模在很多地方并不小,其罹患疾病种类有可能非常广泛,"平民医院"如何保障为其提供全面优质的医疗服务?由此可见,把解决低收入者医疗服务可及性问题的思路局限在医疗服务供给侧,基本上是一个死胡同。

实际上,解决问题的钥匙在于医疗服务的需求侧,即为贫困者或较广范围的低收入人群提供适当的医疗救助,帮助他们参加医疗保险,以解决他们购买医疗服务的费用负担问题。发展中国家如泰国(顾昕,2006b)的经验表明,为低收入人群提供适当的医疗保障是政府建立健全医疗保障体系的首要职责。在实行全民公费医疗或全民健康保险的国家和地区,如果给付水平较高,那么任何人都能享受医疗保障,低收入者的医疗保障自然不成问题。在没有实现全民医保的发达国家如美国,则需要为低收入人群单独设立保障制度,即联邦政府和州政府合力推出了医疗救助,为贫困者的医疗服务埋单(Stevens and Stevens,2003)。

在20世纪末和21世纪初,中国医疗费用的增长势头,远远超过民众收入的增长。推动医疗费用上涨的因素很多,诸如技术进步、疾病谱系转变、社会人口老年化等,但是种种迹象表明,供方诱导需求问题的大量涌现成为医疗费用快速增长的一大因素。这一问题的产生,自然同医疗服务提供者(主要是医院)追求收入最大化的行为有关。通过对有关统计数据的计算可以发现,从1990年到2004年,医生的服务量仅仅在中央和省级的医院中有少许提高,在其他各级医院反而有所下降,但是2004年人均医生的年业务收入在中央属、省属、省辖市属、地辖市属和县属的医院中分别是1990年的11.6、11.7、8.2、6.8和5.5倍(中华人民共和国卫生部,2005:139)。哪怕是在上升幅度最小的县级医院,这一上涨幅度都超过了当地居民收入的增长幅度。由此可见,各级医院追求收入最大化的行为至少是导致医疗费用居高不下的因素之一。

医疗费用的快速增长成为当时中国最严重的社会问题之一,低收入民众因"看病贵"而怨声载道。不少民众因为经济困难而"望医却步"。基本医疗服务可及性呈现的不公平性,从一个侧面反映了当时我国医疗保障制度的不健全。在2003年,64.5%的城乡居民没有任何医疗保障(卫生部统计信息中心,2004:16)。在城市,低收入人群没有任何医疗保障的可能性非常高。根据第三次国家卫生服务调查的结果,无任何医疗保障的城市居民比例随收入水平的降低而明显增加:1993年最低收入组别中的城市居民中有约50%没有任何医疗保障;到了1998年,这一数字攀升到大约72%;在2003年底,这一比例进一步升高至76%(见表8-4)。

表8-4 城镇不同收入组别人群中没有任何医疗保障者的比重

单位:%

年份	最低收入组	低中收入组	中等收入组	高中收入组	最高收入组
1993	49.9(19.9)	30.9(19.2)	21.5(20.7)	17.6(20.5)	18.8(19.7)
1998	71.9(19.9)	52.7(20.6)	41.1(19.5)	30.8(17.2)	24.6(22.8)
2003	76.0(19.9)	55.1(20.3)	41.1(22.6)	28.6(18.0)	19.5(19.2)

资料来源:卫生部统计信息中心,2004:82,86。

注:各栏括号中的数字为该组别人口占居民总数的比重。

没有医疗保障体系的支持,低收入家庭不得不完全靠自身及其社会关系网络来应对医疗费用的风险。在很多情况下,他们无可选择的应对办法之一就是有病不医,其结果就是小病拖成大病,而大病医治费用高昂导致其进一步贫困,最终陷入恶性循环。在中国走向全民医保之前,这一问题曾经变得越来越严重。在 20 世纪 90 年代和 21 世纪初期的中国,在没有任何医疗保障的人群中,有相当一部分人在生病时不去寻求医疗服务,甚至连费用相对不高的门诊服务都放弃。放弃门诊和住院者的比例都随时间的推进而有所增加,放弃住院的比例从 1993 年的 26.7%上升到 1998 年的 35.9%再攀升到 2003 年的 37.4%,但是放弃门诊的比例上升速度更快,从 1993 年的 40.0%变成 1998 年的 52.6%再上升到 2003 年的 62.5%(卫生部统计信息中心,2004:100,103)。由此可见,医疗保障制度的缺陷已经导致了基本医疗服务可及性上的极大不公平。

以上的分析表明,正是医疗保障体系的缺陷致使相当一部分低收入人群无力接受医疗服务,甚至连费用相对不高的门诊服务都令他们望而却步。因此,建立医疗救助制度,以帮助贫困人群提高其医疗卫生服务的可及性,就不仅仅是一个卫生政策的问题,而且还关系到他们提高自身的能力,从而摆脱贫困的大问题。对于实现建设和谐社会和促进共同富裕的双重目标而言,迫切需要的乃是"能够惠及穷人"的公共服务,其中最重要的公共服务之一就是建立惠及贫困人群的医疗救助体系。

自 2003 年以来,伴随着新农合和城镇居民医保的建立,政府陆续在农村和城镇地区建立了医疗救助制度,同时各类公立医疗机构也推出了一些针对贫困人群的价格优惠措施。医疗救助目标定位人群一开始以既有社会救助与救济对象为基础,主要包括低保户和优抚对象,后拓展到低收入困难群体。随着基本医疗保险的发展,尤其是城镇居民医保的设立和新农合保障水平的提高以及城乡医疗救助制度的运行,因支付能力放弃就诊的情况在 2008 年出现了大幅度下降。但是,下降之势并未延续到 2013 年,在农村地区,患病居民因担心支付能力而放弃诊疗服务的比例仅有微幅下降,在城市地区,这一比例反而有一定的上升(国家卫生计生委统计信息中心,2015:62-64)。这一情况的发生有可能与新农合和城镇居民医保没有覆盖普通门诊服务有关。无论是城镇居民医保还是新农合,长期以来都只覆盖住院服务,这使得整体医疗服务费用医保支付的比重迟迟不能得到提高。

自 2015 年开始,城镇居民医保和新农合开始合并,城乡医疗救助制度也走向一体化。此后的两年,即 2015—2016 年,城乡医疗救助制度的覆盖面出现波动。有鉴于此,2017 年 1 月 16 日,民政部会同财政部、人力资源社会保障部、国家卫生计生委、保监会和国务院扶贫办发出了《关于进一步加强医疗救助与城乡居民大病保险有效衔接的通知》(民发〔2017〕12 号),要求各地"全面落实资助困难群众参保政策,确保其纳入基本医疗保险和大病保险范围"[①],推动了城乡医疗救助制度的全覆盖。表 8-5 显示,2018 年,城乡医疗救助基本上实现应救尽救。从 2019 年开始,城乡医疗救助的覆盖人数超过了城乡低保对象人数,这意味着医疗救助制度不仅惠及所有低保对象,而且开始惠及那些低保边缘户,成为医保扶贫的利器。除了帮贫困者和一部分低收入者参加城乡居民医疗保险之外,医疗救助体系还在医疗保险给付完成之后为医疗费用负担依然沉重的救助对象提供"二次救助"。由此,民众因经济困难应住院而放弃住院的情形大幅度减少。国家卫生行政部门在第六次全国卫生服务调查报告没有报告这一指标的统计结果(国家卫生健康委统计信息中心,2021a:57)。

表 8-5 城乡一体化之后医疗救助体系的覆盖面(2015—2020 年)

年份	城乡低保对象/万人	受资助参加城乡居民医保的情况	
		人数/万人	在城乡低保对象中的占比/%
2015	7154.0	6213.0	86.8
2016	6601.1	5560.4	84.2
2017	5816.2	5621.0	96.6
2018	5023.9	4971.6	99.2
2019	4782.6	7782.0	162.7
2020	4895.6	7837.2	160.1

资料来源:中华人民共和国民政部,2021:134,136;2018 年医疗保障事业发展统计快报,国家医疗保障局,http://www.nhsa.gov.cn/art/2019/2/28/art_7_942.html;2019 年医疗保障事业发展统计快报,国家医疗保障局,http://www.nhsa.gov.cn/art/2020/3/30/art_7_2930.html;2020 年医疗保障事业发展统计快报,国家医疗保障局,http://www.nhsa.gov.cn/art/2021/3/8/art_7_4590.html。

政府通过行政机制的作用在医疗救助制度的发展中发挥了积极作用,但目前

---

① 《关于进一步加强医疗救助与城乡居民大病保险有效衔接的通知》,中华人民共和国民政部,2017 年 1 月 16 日,https://xxgk.mca.gov.cn:8445/gdnps/pc/content.jsp?mtype=1&id=116402。

第八章　全民医保高质量发展的社会治理：中国经验的理论反思

普遍存在的问题是社会力量和社群机制的作用并不显著。政府推出医疗救助制度固然是关键,但也不能因此排除公立组织和社会组织的积极作用。公立和民办非营利医疗机构肩负一定的社会责任,对缓解低收入者医疗费用负担可以发挥补充性作用。与此同时,对于一些特殊病种(如慢性病)的低收入病患来说,民间慈善组织发挥积极的救助作用,也能为公共医疗保障体系提供重要的补充。总体来说,提高低收入人群医疗服务的可及性并降低其医疗费用负担,需要政府、医疗机构和慈善组织的共同努力。

就医疗救助的高质量发展而言,无论是政府与社会的协作互动,还是行政机制与社群机制的互补嵌合,都有待滋养和拓展;尤其是,慈善组织在医疗救助领域可能的积极角色并没有得到应有重视的格局亟待改观。对那些单次医疗费用并不奇高,但需要依赖药物或者某些医疗手段的慢性病(例如糖尿病、肾衰竭等)患者来说,以门诊和住院费用报销为核心的医疗救助模式并不适合,因为慢性病的控制既不需要门诊也不需要住院。实际上,对于这类病种的患者,民间慈善组织恰恰可以扮演救助者的角色。在那些民间慈善组织发达的国家,由相当一部分慈善组织锁定某些特殊病种的病人作为其服务对象。依病种提供有针对性的个性化医疗救助,恰恰可以为民间慈善组织一展身手提供舞台。

例如,在新加坡,社会捐款吸纳能力卓著的慈善组织国家肾脏基金会(National Kidney Foundation,NKF)在社区设立"洗肾中心",收费低廉,致力于为肾衰竭患者提供专业性护理服务。[①] 2000—2004年,笔者在新加坡工作时,观察该基金会通过知名艺人电话筹集小额社会捐款,其能力令人印象深刻。这一筹资模式在数字化时代又得到极大的提升。该基金会在专业人员的聘用上遵从劳动力市场机制,从而有效保证其服务模式拓展和服务运行效率都在同业竞争中达到高水准。同时,政府在该基金会的法人治理结构中地位显著,在约束和治理其专业人士贪欲膨胀(如将慈善捐款用于建造豪华办公场所或高额出差等)上发挥关键性作用,以确保其运作不有悖公益性(Khoo, et al., 2010)。新加坡国家肾脏基金会是行政、市场和社群机制互补嵌合的一个好案例,但这一案例并未在公共管理、医疗保障和社会慈善等学术领域引起重视,既有的案例报告是在工商管理的学术脉络中完成的。

---

① 关于新加坡国家肾脏基金会的详情,可参见其官网:www.nkfs.org。

为配合国家精准扶贫战略的实施,国家医疗保障局自2018年建立以来,从扩大资助困难人群参加城乡居民医疗保险的覆盖面、因病致贫家庭监测和提供适当直接救助入手,开展了医保脱贫攻坚的专项行动。2021年11月19日发布的《国务院办公厅关于健全重特大疾病医疗保险和救助制度的意见》(国办发〔2021〕42号),针对贫困人群,确立了基本医保、大病保险、医疗救助三重制度的综合保障,同时要求各地鼓励慈善组织和其他社会组织设立大病救助项目,发挥补充救助作用。[①] 整合医疗保障、社会救助、慈善帮扶以实施综合保障的政府行动,是进一步减轻困难群众和大病患者医疗费用负担、防范因病致贫返贫、筑牢民生保障底线的重要举措,是发展型社会救助的典型实践,也是社会治理治国理念在医疗保障领域落地的显著体现。随着医疗救助制度的不断健全以及政府、医疗机构和慈善组织合作伙伴关系的制度化,低收入人群医疗服务可及性的问题有望得到缓解。

六、结语:全民医保走向社会治理

社会治理是一个治国理念,适用于任何公共事务,自然也包括全民医保的建设、巩固与发展。全民医保的发展需要践行社会治理治国理念,在医保筹资和给付两方面均通过社会治理共同体建设推动政府、市场、社会主体协作互动,促进行政、市场和社群机制互补嵌合。其中,政府发挥组织引领、公共支持、授权赋能的元治理角色,激活社群机制,促进社会组织的参与和能力建设,是全民医保社会治理完善的关键。

政府公共支持作用的发挥集中体现在新医改实施前后医疗卫生领域公共财政的转型。在新医改前若干年的实践基础上,国家《新医改方案》进一步明确公共财政在医疗卫生领域的改革原则,为整个新医改指出了新的方向。首先,国家将继续强化公共财政的卫生筹资功能,使城乡居民个人与家庭的医疗卫生费用负担进一步明显减轻;其次,国家将增加政府财政预算中的卫生支出,并且动员社会资本进入医疗卫生领域,《新医改方案》第十条中,有一个自然段专门论述了鼓励社会资本进入医疗服务领域的原则性规范;最后,国家将

---

① 《国务院办公厅关于健全重特大疾病医疗保险和救助制度的意见》,国家医疗保障局,2021年11月19日,http://www.nhsa.gov.cn/art/2021/11/19/art_37_7353.html。

第八章　全民医保高质量发展的社会治理：中国经验的理论反思

调整新增政府卫生投入的流向，将公共资源更多地投入市场不足或者容易发生市场失灵的领域，即农村地区的医疗服务体系建设和城乡基本医疗保障体系建设。简言之，"补需方"新原则的确立和"补供方"重点的调整，是新医改方案的新特色。这些新的探索，均同全球性公共管理变革以及随之而来的公共财政转型的大趋势相吻合。

但是，值得注意的是，全民医保体系的改革与发展需要市场力量和社会力量的参与，而商业健康保险的发展是市场力量参与的一种体现，社会慈善尤其是民营非营利医疗保险的发展是社会力量参与的一种体现。经历十多年的发展，商业健康保险在我国全民医保体系中依然处于严重滞后的境况，而医疗保险领域的社会慈善和民办非营利组织的发展基本上尚未起步。商业健康保险在全民医保体系中最杰出的贡献，来自大病再保险的实践，即医保管理部门从基本医疗保险基金支取保费，向商业健康保险公司就参保者的大病费用补偿进行再投保。由于商业健康保险公司在大病再保险业务上基本不可能盈利，因此其承揽此类再保险的行为在学术上可被视为"社会再保险"（Dror and Preker，2002）。商业健康保险公司完全有可能将社会再保险变成其"公司公益战略"的一个组成部分（德鲁克，2009），公司社会责任或企业社会责任已经成为公司战略管理的核心指导原则之一（姜启军、顾庆良，2008）。

2014年10月27日，国务院办公厅正式印发《关于加快发展商业健康保险的若干意见》（国办发〔2014〕50号），对商业健康保险业务进行了细化界定，对商业健康保险全产业链的发展给出了清晰的思路。2020年3月5日，中共中央、国务院颁布《关于深化医疗保障制度改革的意见》，明确提出"到2030年，全面建成以基本医疗保险为主体，医疗救助为托底，补充医疗保险、商业健康保险、慈善捐赠、医疗互助共同发展的医疗保障制度体系，待遇保障公平适度，基金运行稳健持续，管理服务优化便捷，医保治理现代化水平显著提升，实现更好保障病有所医的目标"[①]。由此，商业健康保险和慈善医疗保险在全民医保社会治理体系中的定位得到确立，但其发展还任重道远。

随着政府通过行政机制的运作重新承担其卫生筹资的主要责任，基本医疗保

---

① 《中共中央 国务院关于深化医疗保障制度改革的意见》，国家医疗保障局，2020年3月5日。http://www.nhsa.gov.cn/art/2020/3/5/art_37_2808.html。

障体系得到巩固和发展,中国在2012年实现了全民医保。全民医保高质量发展的重心必将转向医保体系的另一个核心环节,即医保支付。医保支付改革是全球性医疗保险改革的核心,对于中国新医改来说也具有战略意义。医保支付改革的实质是行政力量通过行政机制的引领作用,在医保支付者和医疗服务者之间建立市场机制,运用公共契约重构医疗服务供方的激励结构,以期提升效率,遏制供方诱导过度需求。由于医保支付方式呈现多样性和复杂性,市场机制与社群机制的嵌合对于制度细节的完善是不可或缺的。公共契约的制度化依赖于社群机制的运作,其中包括医学会、医师协会和医院管理协会等在内的医疗界社会组织为新医保支付方式的选择及其细节规则的制定提供专业性、技术性支撑,是医保支付改革成功推进的关键。唯有多方利益相关者协作互动,多种治理机制互补嵌合,政府在此过程中扮演元治理者的角色,在制度建设、网络搭建、组织协调、共识凝聚等方面扮演市场和社会行动者无法扮演的角色,达成社会治理之境,才能推动医保支付改革砥砺前行。鉴于医保支付的重要性,本书单辟一章加以详论(参见第九章)。

随着全民医保的推进,医保经办机构如何代表参保者的利益,集体购买好的医药服务,成为全民医保高质量发展的关键。在医保经办领域,打破垄断,促进"有管理的竞争",是全球性医保改革的一个大趋势。借鉴国际经验,中国医保经办体系可行的改革策略有三步:推进专业化;促进竞争化;走向法人化。最终,医保经办可以成为一种独立于政府行政部门的公共服务。

社会力量和社群机制以及政府与社会的协作互动在全民医保中的作用,还体现在医疗救助的制度化和多元化。医疗救助本身需要确保贫困人群获得医疗保险,并进一步帮助贫困人群以及低收入人群减轻重特大疾病医疗费用负担,防止其因病致贫返贫。因此,医疗救助的制度化和多元化至关重要。制度化在于公共医疗救助与社会医疗保险的衔接,而多元化在于民间医疗救助慈善组织与公共医疗救助和社会医疗保险的合作伙伴关系。这一领域是行政、市场和社群机制互补嵌合呈现效力的一大空间。

第九章　医保支付改革的社会治理：理论分析与经验总结[①]

随着全民医保体系的建立，医保覆盖面得到拓展，医保支付水平也有所提高，但是，医药费用的快速增长之势没有得到控制。如果这样的情形持续下去，医保基金将会不堪重负，可持续性发展将遭遇严重挑战，最终将损害全民医保所带来的公益性。因此，中国全民医保高质量发展所面临的最为深刻的挑战之一，就是医疗保险机构如何对医疗机构施加有效的约束和控制，促使后者为参保者提供高性价比的医疗服务。医保支付就是最为重要的约束和控制手段。传统的医保支付是按项目付费，这是一种造就供方过度医疗激励结构的支付方式，而经过改革的诸多医保支付方式均通过财务风险的转移促使供方扭转过度医疗的行为模式。

医保支付改革（或称医保付费改革）是全球性医疗保险改革的核心，医保支付改革的快慢是世界各地医疗体制改革是否取得成效的重要标杆之一（Cutler，2002）。医保支付改革的政策目标不仅在于控制费用增长（简称"控费"），更在于重构医疗服务供方的激励结构，从而推动医疗服务机制性和结构性的转型，使之不仅更有效率（并在诊疗质量和服务品质得到同等保障的前提下降低成本），而且更有价值，即以增进民众的健康为中心。鉴于医保支付改革在医疗体制改革中的战略性地位，我们单辟一章加以讨论。

[①] 本章的早期版本，曾经发表于：顾昕、惠文、沈永东，《社会治理与医保支付改革：理论分析与国际经验》，《保险研究》2022年第2期，第99—115页（此文全文转载于中国人民大学复印报刊资料《体制改革》2022年第9期，第3—17页）；顾昕，《中国医保支付改革的探索与反思：以按疾病诊断组（DRGs）支付为案例》，《社会保障评论》2019年第3卷第3期，第78—91页（此文全文转载于中国人民大学复印报刊资料《社会保障制度》2020年第1期，第61—71页）；顾昕、吕兵、赵明、章平，《浙江DRG付费体系建设：国家医保改革战略的"重要窗口"》，《中国医疗保险》2021年第6期，第39—45页。本章对相关内容进行了修订、更新、充实和整合。

要成功推进医保支付改革并实现供方激励结构重构的目标,公共治理的变革至关重要。商业健康保险如何治理其支付体系进而重构其签约医疗机构的激励结构,属于民间治理的范畴,其中市场机制发挥主导性作用。基本医疗保险如何改革支付模式是公共事务,政府相关行政机构必然发挥主导性作用,而且相当多的公共部门组织涉入其中。本章考察的是医保支付改革的公共治理。

中国的基本医疗保险是由政府主办的医疗保险,医保支付金额的绝大部分也流向了公立医疗机构。因此,中国基本医疗保险的支付方和接受方,绝大多数隶属于公共部门。在公共部门中,以"命令与控制"为特征的行政机制在公共治理中常常占据主宰性的地位,呈现出治理行政化的格局。但是,行政化治理不利于医保支付改革的推进。新公共管理运动强调在公共治理中引入市场机制,以取代行政机制一统天下的传统治理格局,缓解行政失灵。在新公共管理的框架中,政府不再大包大揽公共服务,而是采用政府购买或政府外包,运用市场化的激励手段促进其发展。在公共服务中,取代"命令与控制"的"选择与竞争"模式被称为"另一只无形的手"(Le Grand,2007)。在医疗领域,这"另一只无形的手"就是下述的公共契约制度。

当然,将市场机制引入公共部门并非公共治理变革的全部内容,甚至也不是公共治理变革的主导性取向。公共治理变革的另一个取向是引入社群机制,并以此来推动行政机制运作的完善。在医保支付领域,社群治理机制的充分作用,如下文所详述,主要体现在由医学学会、医师协会、医院管理协会等社会组织在医保支付方式的制度设计和系统建设上扮演专业性的积极角色。随着市场机制和社群机制的引入,政府、市场和社会作为三类行动主体,通过协作和互动,达成一种社会治理的新境界。如第一章所述,"社会治理"在国际文献中更多地被称为"协作治理"或"互动治理"。协作治理尤其是互动治理进一步强化了市场机制的积极作用和社群机制的基础作用,而且强调了不同治理机制之间互补嵌合的重要性,并考察了行政力量在多方主体协作互动网络建构与运作中无可取代的元治理的作用。

2019年,社会治理成为中国共产党的治国理念。医保支付改革是重大社会改革事务之一,同样应该践行社会治理的理念,其中,政府、医疗机构、公司、研发组织、医学会、医院管理协会等多方主体只有通过社会治理共同体建设建立协作互动网络,才能有效推动新医保支付方式的制度化。医保支付改革首先意味着医保机构与医疗机构之间关于购买医疗服务的公共契约订立,其中医保机构与医疗机构建立谈判协商制度是核心环节。实际上,无论医保机构和医疗机构是不是公立组织,以及在中国行政化的事业单位体制中,公立医保机构和公立医疗机构有何行政级别区别,医保支付都不应该是一种行政行为,而应该是一种市场购买行为,因此医保支付过程中,市场机制应该是主导性的治理机制。

与此同时,医保支付契约化行为中市场机制的运作,需要社群机制发挥作用予以支撑。医保支付改革中涉及许多技术性环节的制度细节设计,需要基于临床医学的实践对医保支付和医疗服务数据进行统计分析,这需要基于临床实践的专业性分析框架。医保支付系统的研发公司与医疗界社会组织(包括医学学会和医院管理协会)只有开展密切的协作互动,才能让研发成果更符合临床实践的实际,否则很容易在临床医生那里遭到有形和无形的抵制,从而使医保支付改革重构医疗服务激励结构的目标落空。多方利益相关者的协作互动,需要政府发挥元治理职能,引领社会治理共同体建设。

一、走向公共契约模式:医保支付改革中市场激励机制的建立

医保支付改革的关键,在于建立一种医保机构集团购买医疗服务的新市场机制,从而建立一种全新的激励机制,使医疗机构唯有向参保者提供性价比高的医疗服务,才能实现自身的收入最大化。建立这种全新激励机制的核心,在于医保机构改变向医疗机构付账的方式,从而在医疗保险与医疗服务之间建立一种契约化购买机制。如果付费者一方主要是公立医疗保险,那么这种契约化购买机制主导医保和医疗体系的格局,就被称为"公共契约模式"。无论是全民公费医疗还是社会医疗保险,实施医保支付改革,走向公共契约模式,是共同的趋势,中国的新医改自然也不例外(顾昕,2012d)。

公共契约模式体现了一种精致化的市场机制。从 2011 年开始,中国医保改革的重点就开始转向这一新型市场机制的建立。其实,早在 2009 年,《新医改方案》就明确提出,"强化医疗保障对医疗服务的监控作用,完善支付制度,积极探索实行按人头付费、按病种付费、总额预付等方式,建立激励与惩戒并重的有效约束机制"(中共中央、国务院,2009:18),由此确立了医保支付改革在中国医改中的战略地位。自此之后,中央政府有关部门几乎每年都发布文件,指导并敦促地方大力推进

医保支付改革。各地也纷纷采取了试点措施(人力资源和社会保障部社会保险事业管理中心,2012;张朝阳,2016)。

2016年10月,中共中央、国务院颁布的《"健康中国2030"规划纲要》再次明确,"全面推进医保支付方式改革,积极推进按病种付费、按人头付费,积极探索按疾病诊断相关分组付费(DRGs)、按服务绩效付费,形成总额预算管理下的复合式付费方式,健全医保经办机构与医疗机构的谈判协商与风险分担机制"[1]。2017年6月,国务院办公厅发布的《关于进一步深化基本医疗保险支付方式改革的指导意见》,再次敦促全国各地全力推进医保支付改革,并就按病种付费、开展DRGs试点及完善按人头付费、按床日付费等支付方式的具体改革事项给出指导意见。[2] 2018年12月,新设的国家医疗保障局开始组织DRGs的国家级试点。[3] 2019年6月,国家医疗保障局会同财政部、国家卫生健康委员会和国家中医药局确立了30个国家级DRGs试点城市。[4] 2020年10月,国家医疗保障局部署了按病种分值付费(DIP)的国家级试点工作。[5] 2021年9月,国务院办公厅公布的《"十四五"全民医疗保障规划》中提出了"持续深化医保支付方式改革"的具体要求。[6]

然而,主要由于医保支付改革所涉及的知识具有高度专业性,无论是在医疗领域,还是在社会各界,很多人(既包括决策者也包括执行者,既包括医疗界专业人士也包括关注医改的社会人士)对新医改重心的这一转变,并没有清楚、足够的认识,以致建立新机制的进展十分缓慢。

(一)建机制:医保支付改革是核心

建立全新机制的核心,在于医保机构如何给医疗机构付费,这在国际学术界被

---

[1] 《中共中央 国务院印发〈"健康中国2030"规划纲要〉》,中国政府网,2016年10月25日,http://www.gov.cn/zhengce/2016-10/25/content_5124174.htm。

[2] 《国务院办公厅关于进一步深化基本医疗保险支付方式改革的指导意见》(国办发〔2017〕55号),中国政府网,2017年6月28日,http://www.gov.cn/zhengce/content/2017-06/28/content_5206315.htm。

[3] 《国家医疗保障局办公室关于申报按疾病诊断相关分组付费国家试点的通知》(医保办发〔2018〕23号),国家医疗保障局,2018年12月10日,http://www.nhsa.gov.cn/art/2018/12/10/art_37_851.html。

[4] 《国家医保局 财政部 国家卫生健康委 国家中医药局关于印发按疾病诊断相关分组付费国家试点城市名单的通知》(医保发〔2019〕34号),国家医疗保障局,2019年6月5日,http://www.nhsa.gov.cn/art/2019/6/5/art_37_1362.html。

[5] 《国家医疗保障局办公室关于印发区域点数法总额预算和按病种分值付费试点工作方案的通知》(医保办发〔2020〕45号),国家医疗保障局,2020年10月19日,http://www.nhsa.gov.cn/art/2020/10/19/art_37_3752.html。

[6] 《国务院办公厅关于印发"十四五"全民医疗保障规划的通知》(国办发〔2021〕36号),中国政府网,2021年9月23日,http://www.gov.cn/gongbao/content/2021/content_5643264.htm。

称为"供方付费方式"(provider-payment modes)的问题(World Bank,2010a)。

如果没有医保机构,老百姓看病治病的时候只能靠自费,国际文献中称之为"从口袋里掏出来的付账"(out-of-pocket payment),可简称为"自付"。在自愿自付模式下,医疗机构都会给患者出具一份医疗服务的账单,上面详细开列出所有的服务项目以及所使用的药品、耗材等,并且一项一项列出价格,然后患者在确认无误的情况下按账单付费。这种付费方式,在医疗政策领域被称为"按项目付费"(fee-for-service,简写为FFS,有时也被翻译为"按服务付费")。但值得一提的是,在美国的语境中,按项目付费只是按服务付费的一种特定形式。按项目付费的支付单位是单个医疗服务项目(itemized services),因此被称为"未捆绑式收费"(unbundled charge);而美国的按服务付费,尽管也存在一些按单个项目一一付费的情况,但更普遍的情况是为一次治疗中的多个服务项目整体打包付费,被称为"捆绑式收费"(bundled charge or fee)或"打包式收费"(package pricing)(Shi and Singh,2012:227)。

按项目付费是一种基于成本的支付方式,具有后付制的特点,也就是付费者在医疗服务结束之后,依据一个个服务项目,按照成本向服务提供方支付费用,在学术上被视为一种"回溯性成本基准型报销或支付"(retrospective cost-based reimbursement or payment)。但相当一部分按服务收费改用预付制方式,费用商定和支付发生在服务之前,并据此制定出固定收费目录(fixed-fee schedule)(Abbey,2011)。如果医疗保障体系不发达,患者没有医保,自然也就没有购买能力与医疗服务供方讨价还价,只能采取后付制按项目付费。在医疗保障体系发展的早期,医保机构(无论公立还是私立)也普遍采用这种方式向医疗服务供方支付费用。例如,美国面向老年人的公立医疗保险Medicare和面向低收入人群的医疗保险Medicaid(Cohen, et al.,2015),在建立之初的十余年间,都采用后付制按项目付费,后来才慢慢改用各种预付制(Shi and Singh,2010:149)。我国在医疗保障发展的很长一段时期内,即便是在全民医保体系已经形成的初期,按项目付费依然是医保机构与医疗机构结算费用的主要方式。

按项目付费在原理上比较简单,也容易被常人所理解,因为这一付费方式广泛存在于我们的日常生活之中,尤其是广泛存在于各种服务业。按项目付费所产生的激励机制,显然是鼓励服务提供方增加服务量,并且在一定程度上激励医务人员使用最新的技术和产品。换言之,在按项目付费的支付方式下,医疗机构极有可能倾向于过度医疗、过度使用药物,以及偏好使用价格昂贵的新技术、新材料、新药品等。当然,最后一类行为可能会产生双面的效果:一方面可以有效地鼓励医疗技术、器械和药品的创新;另一方面也会引致医药费用的不断攀升。而且,在很多情况下,创新并不一定带来性价比的提升,有些所谓的"创新"(例如药品改换包装)并非真正意义上的创新。总而言之,有很多研究者就此进行了大量经验性研究,最终发现,由于医疗服务市场中存在着严重的信息不对称性,实施按项目付费很容易导致"供方诱导过度消费"(provider-induced over-consumption)或"供方诱导需求"(supplier-induced demand,SID),从而推高医疗费用(Gerdtham and Jönsson,2000)。

"供方诱导过度消费"也好,"供方诱导需求"也罢,这类现象在世界各国普遍存在。实际上,所有来自西方的卫生经济学教科书中都有专门的章节,分析这类现象产生的机理以及探索其治理之道(桑特勒、纽恩,2006:372-375)。

如何解决这个问题呢?最为常见的思路诉诸两种机制:其一是"自律与信任";其二是"命令与控制"。"自律与信任"建立在道德主义的基础之上,即相信只要在服务提供者当中强化道德自律,促使医生时时刻刻为患者的利益着想,那么医生与患者之间就能建立起相互信任的关系。这种机制本质上属于社群机制,这里的社群为医护人员的专业共同体,而通过专业共同体进行治理体现为职业精神或专业主义对专业共同体成员的约束。在医务人员组成的专业共同体中,希波克拉底誓言是其行为的伦理约束。"命令与控制"建立在唯理主义的基础之上,即相信政府对千差万别的医疗服务都能制定出非常合理的标准,并且能够依据这些标准对医务人员的行为加以合理有效的控制。这是行政机制的体现。

这两种思路在中国人当中是非常流行的。但是,在现实中,这两种思路常常是无效的。无论政府如何绞尽脑汁在医疗服务提供者那里实施"治理整顿",以强化医务人员的道德自律,也无论政府如何殚精竭虑对医疗服务行为进行控制,过度医疗的现象(例如滥用抗生素)依然层出不穷。

众所周知,中国的医疗保障体系以社会医疗保险为主导,因此建立公共契约模式是必然的选择。建立这一模式之所以重要,道理很简单。"过度医疗"的存在,说明在医疗服务的买卖关系中购买者的利益受损了,这固然表明供方存在某些问题,但购买方难道不会想一些更好的办法吗?世界银行的一组专家在2005年出版了一部论文集,专门讨论医保机构如何"以聪明的方式花钱",从而让医疗机构能为低收入人群也提供性价比高的医疗服务(Preker and Langenbrunner,2005)。

这些"聪明的方式",俗话讲,就是集团购买,简称团购。国际文献常常使用"战略性购买"(strategic purchasing)这个字眼来表达这个意思(Honda, et al.,2016)。战略性购买,意味着一种新型的市场机制将在医疗服务的资源配置和行动协调上发挥决定性作用。如果未经医保支付改革,即按项目付费在医保支付中占据主导地位,那么这同患者支付主导的情形一样,医疗服务市场中的竞争属于自由竞争,市场失灵在此情况下在所难免。如果以上述各种打包式付费或捆绑式付费(bundled payment)为特征的新医保支付得以有效实施,那么医疗市场中的竞争将由自由竞争转型为标尺竞争(yardstick competition),市场失灵将有可能得到遏制。简言之,医保支付改革是促使医疗服务体系改善绩效的利器(Robinson, et al.,2005)。

标尺竞争,简单说,就是基于同行绩效平均标准的竞争,这种竞争模式特别适合政府购买,而公共医疗保障体系对医疗服务的支付就属于政府购买。早在1985年,哈佛大学著名经济学家安德列·施莱弗(Andrei Shleifer)在其博士研究生在读时期将企业理论中相对绩效考评的思想应用于政府管制和购买的研究领域,提出了标尺竞争理论,即政府基于被管制者或购买对象同行的平均绩效设定标尺,决定管制指标或购买定价(Shleifer,1985)。根据这一理论,某一服务的购买方在面对众多供方时,可以设立一个平均支付标准进行购买,平均支付标准依照行业内同类服务提供的平均价格测算,服务提供的品质也依照同类服务的平均标准加以监控(Sobel,1999)。

标尺竞争的适用面遍及公用事业、电信、医疗服务等诸多公共服务领域。2014年诺贝尔经济学奖获得者、法国经济学家让·梯若尔(Jean Tirole)在其名著《产业组织理论》中写道,"标尺竞争的潜在应用是很多的。美国医疗照顾为同一个疾病诊断组中的所有病人向医院支付固定的费用。这笔费用的大小基于可比较医院同组病人治疗的平均费用"(Tirole,1988:42)。这里,梯若尔所评论的正是由美国联邦政府主管的医疗照顾(Medicare,又称"老年人医疗保险")于1983年开始实施的针对住院服务的按DRGs付费,这一改革彻底改变了美国医疗产业的制度格局,也改变了健康产业的商业形态(Mayes and Berenson,2006)。本质上,DRGs系统是病人分类系统(patient classification systems,PCSs)的一种(Hofdijk,2015),也被视为病例组合(case mix)的一种方法,其功能在于将相似的住院病例分成组,从而为医疗服务付费、监测和管理提供一个具有可比性的基础。毕竟,住院病人千差万别,住院服务也多种多样,无论是医保支付、政府规制还是医院管理,均必须基于同行同业之间的竞争,即标尺竞争。在引入 DRGs 系统之前,基于供方整体的付费、监管和管理实践,具有粗放性、低效性和不公平性,难以在供方形成促进服务成本效益性提高的激励结构,因此,供方诱导需求的现象普遍存在。在引入 DRGs 系统之后,付费方基于标尺测算向医院支付固定费用,俗话讲"一口价",不再"数明细"了,这样供方再有过度医疗的行为显然会得不偿失。不只是付费,标尺竞争还能用于政府对医疗服务的监管,因为监管只有基于可比性才能奏效。

事实上,标尺竞争不仅是住院服务按 DRGs 付费的理论基础,还适用于不同于传统按项目付费的新医保支付方式。前文已述,这些新医保支付方式的共同特征,就是"捆绑式付费"或俗称的"打包付费",而"打包"意味着将医疗服务分成具有可比性的组,从而为付费、监管和管理确立标尺。医保支付改革的要旨就在于以标尺竞争取代自由竞争,然而,这一点的理论和实践意义并不广为人知,乃至当很多有关医改的论述涉及"选择与竞争"时,往往并未澄清是哪一种竞争。这一疏漏即便在格兰德的名著《另一只无形的手》中也不例外。实际上,对于医疗保障和医疗服务的治理变革来说,引入何种市场机制至关重要。通过推进医保支付改革,引入标尺竞争,才是克服医疗服务市场中由于信息不对称而常现市场失灵的最可行途径之一。

2007 年,世界银行的另一组专家发表了另一部论文集,对世界各国所采用的各种新型战略性购买模式进行了深入的研究,认定只要把购买机制的细节设计妥当,完全有望以"私性的手段"达至"公共的目的"(Preker, et al., 2007)。换言之,只要市场机制运用得当,过度医疗行为可以得到遏制,医疗服务的公益性是可以达成的。

团购也好,战略性购买也罢,个体付费者显然无力为之。唯有医保机构才能汇集民众的医疗费用,才能拥有集团性购买力,才能采用新的付费方式,面向一个较大的人群,向各类医疗服务提供者进行战略性购买。倘若一个国家好不容易推动了全民医保,医保支付水平也提高了,但医保机构还是如同个体患者那样,对医疗服务供方采取按项目付费的老办法,那么就会进一步推高医疗费用。用学术术语来说,第三方购买与按项目付费的组合方式,在医疗领域具有"内在通货膨胀效应"(inherently inflationary effect),因为患者和供方都没有控制成本的内在动力,因此都倾向于把成本风险转嫁给医保机构(McPake and Normand, 2008:235)。

在这样的情况下,即便实现了全民医保,医保机构也只能是"被动的埋单者"。如果医保机构能推动医保支付改革,运用专业化的手段,代表参保者的利益,以集团购买的方式为参保者购买合理的医药服务,那么医保机构的角色,就从"被动的埋单者"转型为"主动的团购者"。这也符合医保机构自身的利益,毕竟,无论医保机构是公立的还是民营的,其医保支付的预算约束是硬的。在中国的医保体系中,"以收定支"是医保基金运营的一项基本原则。为了防止医保支出"穿底",即医保支出水平超过医保筹资水平,也为了遏制过度医疗行为侵蚀医保基金,厉行医保支付改革,建立公共契约模式,是不二选择。

(二)医保支付改革成为新医改的重中之重

从"被动的埋单者"转型为"主动的团购者",这一理念的转变,对于医保事业的发展是至关重要的。在某种意义上,医保付费环节比筹资环节更加重要,因为只有付费环节的服务水平有所提高,才能有效地推动筹资工作的开展。对于广大的参保者来说,参加医疗保险的最大期待是看病治病时能享受到合理的诊疗和用药服务,也就是性价比高的服务。如果医保机构能够代表他们的利益,促使医疗机构合理诊疗、合理用药,民众自然就会有极大的意愿参加医疗保险,参保缴费也就不再成为难事。在这样的情况下,基本医疗保险扩大覆盖面就会水到渠成。反之,如果医疗保障体系好不容易建起来了,但是辛辛苦苦筹集上来的医保基金没有以聪明的方式花出去,而是让医疗机构通过过度医疗的方式侵蚀了很大一部分,参保者怎会有信心继续参保呢?简言之,在基本医疗保障的覆盖面已经拓宽到一定程度之后,医保付费模式的改革就成为全民医保改革的核心,也应该成为新医改的重点工作之一(顾昕,2008a:245-255)。

医保机构扮演医药服务团购者的角色,以及医保付费改革的内容,都载入了《新医改方案》。可是,对于这一角色的演出剧本,《新医改方案》没有集中加以阐述,而是分散在有关其他议题的论述之中,显得非常零散,从而导致说服力和指导性不强。

要说明医保机构如何扮演好医药服务购买者的角色,必须依次说明如下三件事情。

第一,购买内容或购买范围。关于这一点,《新医改方案》第六条中写道,"从重点保障大病起步,逐步向门诊小病延伸"(中共中央、国务院,2009:9)。这意味着,在最近的若干年,基本医疗保障体系的支付将从只覆盖住院服务发展到覆盖各类医疗服务。用俗话讲,就是"大小病都管"。实际上,探索门诊统筹,已经在2011年成为城镇基本医疗保险和新农合的重点工作之一(王东进,2011a)。

第二,买卖双方建立谈判机制。关于这一点,《新医改方案》第十一条中写道,"积极探索建立医疗保险经办机构与医疗机构、药品供应商的谈判机制,发挥医疗保障对医疗服务和药品费用的制约作用"(中共中央、国务院,2009:17)。其中,至关重要的是医保机构与医疗机构之间谈判机制的制度化。

第三,医保付费方式的选择。谈判的主要内容,包括付费方式及其支付标准。关于这一点,《医药卫生体制改革近期重点实施方案(2009—2011年)》第五条加以确认,"鼓励地方积极探索建立医保经办机构与医药服务提供方的谈判机制和付费方式改革,合理确定药品、医疗服务和医用材料支付标准,控制成本费用"(中共中央、国务院,2009:28)。

由此可见,关于医保机构购买医药服务的所有重要环节,《新医改方案》都有所论及,但是其支离破碎的论述方式,未能突出医保支付改革对于新医改的重要意义,医保支付改革的逻辑性也没有得到清晰的展示,这无疑损害了《新医改方案》指导意义的充分实现。

事实上,在新医改政策实施的前两年,即2009—2010年,医保工作的重心在于拓宽覆盖面以及提高医保支付水平,而不是医保支付改革。这当然是无可厚非的。医保支付改革推进的前置条件是全民医疗保险覆盖90%以上的人口且医保支付水平大幅度提高,唯有如此,医保机构才能成为医疗服务的首要购买方。到了2011年,医保发展的形势发生了深刻的变化,这一条件开始具备,分别主管城乡医保工作的人力资源和社会保障部与卫生部都发布了专门的文件,全力推进医保付费改革。

2011年5月31日,人力资源社会保障部发布了《关于进一步推进医疗保险付费方式改革的意见》(人社部发〔2011〕63号),明确了推进医保付费改革的具体路线图:(1)加强总额控制,探索总额预付;(2)结合门诊统筹地开展探索按人头付费;(3)结合住院门诊大病的保障探索按病种付费;(4)建立和完善医疗保险经办机构与医疗机构的谈判协商机制与风险分担机制。[①] 同年6月10日,卫生部、财政部

---

① 此政策文本,参见人力资源社会保障部官网:http://www.mohrss.gov.cn/SYrlzyhshbzb/shehuibaozhang/zcwj/yiliao/201105/t20110531_86871.html(可随时浏览)。

发布了《关于进一步加强新型农村合作医疗基金管理的意见》(卫农卫发〔2011〕52号),就新农合的支付改革明确提出原则性指示:(1)将门诊统筹与门诊总额预付制度相结合;(2)将住院统筹与按病种付费、按床日付费等支付方式改革相结合。[①]

2012年4月14日,国务院办公厅《关于印发〈深化医药卫生体制改革2012年主要工作安排〉的通知》(国办发〔2012〕20号),要求人力资源社会保障部与卫生部负责,大力"改革医保支付制度"。具体的要求是:

> 积极推行按人头付费、按病种付费、按床日付费、总额预付等支付方式改革,逐步覆盖统筹区域内医保定点医疗机构。加强付费总额控制,建立医疗保险对统筹区域内医疗费用增长的制约机制,制定医疗保险基金支出总体控制目标并分解到定点医疗机构,与付费标准相挂钩。积极推动建立医保经办机构与医疗机构的谈判机制和购买服务的付费机制,通过谈判确定服务范围、支付方式、支付标准和服务质量要求。结合支付方式改革,探索对个人负担的控制办法。逐步将医疗机构总费用和次均(病种)医疗费用增长控制和个人负担控制情况,以及医疗服务质量列入医保评价体系。[②]

总而言之,医保支付改革在整个新医改中具有战略性的重要地位,绝非很多人以为的仅是一项技术性的改革。然而,毋庸讳言,尽管医保付费已经在全国各地启动了,但是改革进展并不顺利。最为突出的问题在于新付费模式的研发和实施有欠专业性,导致在医保支付改革的新名目下按项目付费依然具有主导性这一格局;与此同时,由于种种原因,医保机构与医疗机构之间谈判机制的建立非常迟缓(陈仰东,2011)。其中的根本原因还在于行政化思维使行政机制在医保支付改革中占据主导地位,以致在改革试点中普遍存在着科学主义、精英主义和神秘主义的施政方式,而市场机制未能得到充分发挥,社群机制受到抑制。社会治理的理念在医保支付改革中从未获得应有的认知和重视,遑论落实。公共契约模式的制度化依然任重道远。

医保支付改革的成功与否,关涉中国新医改的一个战略性议题,即能否形成一种医疗保险购买医药服务的新方向、新格局和新机制。如果在中国医疗服务体系

[①] 此政策文本,参见国家卫生健康委员会官网:http://www.moh.gov.cn/publicfiles/business/htmlfiles/mohncwsgls/s3581/201106/52110.htm(可随时浏览)。

[②] 此政策文本,参见中国政府网:http://www.gov.cn/zwgk/2012-04/18/content_2115928.htm(可随时浏览)。

中无法形成一种全新的契约化服务购买机制,或者说,公共契约模式,新医改就无法取得成功。对于如何推进这一改革,还需要政府有关部门、医疗界和社会各方付出更多、更清晰、更具有建设性的努力。用中国医疗保险研究会前会长王东进的话来说,就是要"完整系统地推进医疗保险支付制度改革"(王东进,2011b)。

总而言之,公共契约模式在医疗领域的出现及成熟,是全球性公共管理变革的一个组成部分。这一变革的大趋势,是在诸多公共服务领域,将原来盛行的"命令与控制"体制转型为"选择与竞争"的体制。这一变革的最终目标,是在公平与效率之间达至平衡。在这一变革中,政府并没有放弃在公共服务领域的筹资和支出责任,但是政府财政支出的方式更多地从直接向供方拨款转型为政府购买服务,而服务提供者则走向多元竞争。简言之,公益性的实现并非只能通过公立机构在"命令与控制"的行政化体制中才能实现,在公共服务中引入"选择与竞争"机制,发挥市场机制所特有的"看不见的手"的作用,同样有可能保障公共服务的公益性。用中国人熟悉的话来说,公益性的实现也可以经由市场机制的正常运行来实现。

实际上,公共服务的这一变革理念,已经在中国的新医改中逐渐得到落实。自2011年起,中央政府有关部门已经将医保付费改革纳入了新医改的政策议程,并且在全国各地大力推展。然而,正如所有的公共服务改革一样,公共契约模式的建立,需要践行社会治理的理念,需要多方主体共建共治共享社会治理共同体,需要行政、市场和社群机制互补嵌合。无论是在改革实践中推进公共契约模式的形成,还是在学术研究中厘清公共契约模式形成的制度条件和制度化过程,都需要相当一段时间的艰苦努力。

二、医保支付方式的多样性及其激励效应

医保支付改革的成功推进必须依赖于公共治理变革,这主要缘于医保支付方式具有多样性,导致医保支付改革具有高度专业性和技术性,需要多方主体协作互动才能顺利达成。针对不同类型的医疗保健服务(预防保健、门诊、急诊、住院、康复、专项检验与检查等)以及不同类型的供方(诊所或家庭医生、日间手术中心、医院、检验中心、疗养院等),医保支付方式具有多样性(Abbey, 2009: 13-48)。由于世界上大多数国家门诊服务和基本卫生保健的提供者主要是全科医生——他们基本上采取个体或合伙执业开设诊所的方式行医,又称家庭医生。因此在有关学术

文献中,医保付费常常分为两部分:对执业医生付费和对医院付费(Figueras, et al., 2005:34-36)。不同支付(paying)方式或资金投入(funding)方式所造就的激励结构大有不同,对供方激励结构也产生不同的微妙影响,从而对整个医疗体系的运行绩效产生深刻的影响。世界银行的专家对此给出了可资参考但不无可商榷性的总结(见表9-1)。

表9-1 支付(投入)方式的激励结构对医疗体系运行的可能影响

支付方式	风险承担方	供方财务保障	医疗质量保障	医疗费用控制	服务效率改善	行政管理简化
按类预算	供方*	+	+	+++	?	++
工资制	买方**	+++++	++	+++	+	+++
按项目付费	买方	?	+?	−	?	?
按日付费	买方	?	+	?	?	+
按病例付费	供方	?	++	+	+++	?
总额预算	供方*	+	++	++	+	+
按人头付费	供方*	+	+	+++	+++	+
按绩效付费	买方	+	++	+	+	+

资料来源:Langenbrunner, et al., 2009:102(表格标题、措辞和内容有小幅调整,其中?和**这两个标识为笔者新增内容)。

注:+为有正面影响;−为有负面影响;?为影响不确定;*为取决于预算规则是否有弹性,即软预算还是硬预算;**为取决于工资水平与市场薪酬水平的比较。

在很多情况下,按类预算和工资制并非医保支付的方式,而是组织内部的资金分配方式。在公共部门这一庞大的组织体系中,政府对公立组织的拨款大多采用这两种方式。无论是针对项目还是向组织拨款,按类预算都是最为常见的一种预算方式,即根据不同的支出类别一项一项列支预算,人员薪酬就是其中的一个预算类别,多采用定额工资制发放。作为医保支付方式,按类预算和工资制常出现在公费医疗的医保体系之中,尤其是出现在社会主义国家的以全民公费医疗为特征的医疗体系之中(Kornai and Eggleston, 2001:157-160)。如果医疗保险以第三方购买者的身份出现,一般不大可能采用按类预算和工资制作为医保支付的手段,但工资制依然有可能成为供方自身内部薪酬管理的一种制度选择。

只要医保体系呈现去行政化的特征,最为常见的医保支付方式就是按项目付费,即买方依据供方为参保者所提供的服务项目,基于成本核算进行付费。按日付费主要见于对某些需要长期住院治疗的服务(如康复医疗和保健等)所进行的付费,一般又可称之为"按床日付费"。

按病例付费(case-based payment)是基于病例进行付费,理论上既可用于门诊病例也可用于住院病例。按病例付费又可分为两小类,即病例不分组和病例有分组。病例不分组的按病例付费,费率对所有病例一刀切,这自然过于粗放,不利影响很多。因此,对病例进行分组自然是按病例付费的精细化操作(Langenbrunner, et al., 2009: 125-262)。由于分组的依据不同,分组方法多种多样,其中按疾病诊断相关分组(DRGs)是最为常见的针对住院病例的分组方式,而按疾病诊断相关分组付费(DRG-based payment,以下简写为按 DRG 付费)现已成为世界各地盛行的一种医保支付方式(Kimberly, et al., 2008)。针对门诊服务,自 20 世纪 90 年代中期以来,则研发出与 DRGs 相类似的门诊病人分组(ambulatory patient groups,APGs),成为门诊预付型医保支付系统(outpatient prospective payment system,OPPS)的基础(Goldfield, et al., 2008)。在世纪之交,门诊病人分组更名为门诊付费分类(ambulatory payment classifications, APCs)(Abbey, 2009: 31-36)。

总额预算的通俗说法就是"费用包干",即在一定时期(一般为预算年度)将支付总额确定下来。在医疗领域,总额预算有两小类:一是针对每一家供方实施,即"单供方总额预算";二是针对一组供方实施,即"多供方总额预算",其中的一个亚类是"全供方总额预算"。在中国,针对统筹地区内所有定点医疗机构所实施的区域总额预算,就属于全供方总额预算。在实施多元付费者医保体系的国家,例如美国,一些规模较大的民营医保机构针对其签约的医疗机构实施总额预算,也属于全供方总额预算。在针对住院服务的新医保付费方式中,单供方总额预算制最容易操作,因此行政管理的成本相对来说是最低的。按照这种付费方式,付费者就一家医疗机构在一定时间内(一般是一年)的费用总额按照一个预先设定的标准来支付(Hoffmeyer and McCarthy, 1994: 10)。一般来说,付费者只要根据医疗机构过去一段时间(例如三年或五年)费用的历史记录,再考虑到合理的费用增长率,就可以确定出一笔固定金额的预付款项。在总额预算制下,医院超支自理,结余归己,因此,这种付费方式很有可能会诱导供方尽量减少服务量以及降低服务质量(Dredge, 2009)。尽管如此,由于其简便性,总额预算制即便是在一些发达的国家和地区,例如加拿大,也依然得到广泛使用(Sutherland,2011)。

在前文引述的中国政府政策文件中,我们已经多次看到"按人头付费"被确定为重要的新医保付费方式之一。可是,对于按人头付费的具体操作方式及其适用面,却缺乏官方指南,乃至在实践中,这一新支付方式要么未得到普遍实施,要么其实施方式存在着很多偏误。按人头付费是付费方根据供方所服务的参保者,按人头计算出一定时期(一般也是预算年度)的费用金额予以支付。人头费并不是整齐划一的,付费者常常根据不同登记参保者的个体特征(年龄、性别、慢性病诊断等)及其相伴的健康风险设定加权系数。这一操作被称为"风险调整"(Langenbrunner, et al., 2009:27-123)。按人头付费最适合基本卫生保健或普通门诊的付费(Cashin, et al., 2014)。按人头付费可被视为总额预算的一种特定方式,即依据事先在供方那里登记的参保者人头计算支付总额,而一般的总额预算是根据供方医疗费用的历史数据测算支付总额,并不考虑其服务对象是谁。按人头付费与按病例付费容易相混,实际上,两者的区别明显:前者的付费单位是参保者人头,其中一部分参保者在特定时期内并未成为患者;后者的付费单位则是患者人次,而人次数不仅永远多于患者人头数,更多于参保者人头数。

依照目标与绩效管理式的行政化治理方式,按绩效拨款以及奖惩应该是一种有效的治理方式。这种思维很容易被移植到医保付费改革之中,即认为医保机构理应按照医疗服务提供者的绩效进行付费。但这一想法在现实中无法落地。按绩效付费实际上并不是一种独立的基础性支付方式,而是附属于其他支付方式,每一种支付方式均可通过加权因子的设定实施一定的绩效管理。无论是采用按类预算还是总额预算,都可附加上绩效预算的成分。在其他几种支付方式中,都可附加上绩效加权系数。此等举措,在质量保证上有一定效果,但如果遭到滥用或者泛化,其效果就会大打折扣。

一般而言,按类预算、工资制和按项目付费被视为传统的医保支付方式,而表9-1中所列的其他支付方式都是医保支付改革的选项。表9-1显示,在传统医保支付方式中,按类预算和工资制在供方那里造就的激励结构,对整个医疗体系的绩效来说,并不具有严重的不利影响;只有按项目付费的不确定或负面后果较多。如果真是这样的话,医保支付改革就没有必要了,只需大力采用按类预算以及工资制或者对按项目付费进行精细化管理即可。在中国医改过程中曾经出现过的"收支两条线"主张及其试点(应亚珍,2007),即医疗机构将所有收入上缴卫生行政部门,其所有支出由卫生行政部门实施自上而下的预算管理,置于国际视野,其实就是按类预算。"收支两条线"曾在不少地方试点,但其效果不彰(应亚珍等,2016),这样的结果在理论上是可以预期的(顾昕,2008b),是行政化治理失灵在医疗领域的集中体现。人工智能监测技术在医保支付中的应用,就属于按项目付费的精细化。

但在现实世界中,无论按类预算或工资制如何完善,无论按项目付费如何精细化或智能化,都不能取消医保支付改革的必要性,否则世界银行专家耗费极大精力撰写相关研究报告就没有意义了。中国医改中均对医疗预算和薪酬制度有所改革,也在医保费用稽核的精细化上大做文章,但这些努力都无法降低医保支付改革的紧迫性。国家医疗保障局甫一成立就加速推进医保支付改革正是这一点的集中体现。

在现实运作中,包括按类预算、工资制和按项目付费在内的传统医保支付方式,均有很多弊端。按类预算的最大弊端在于医保支付方只能按照既有的格局编制预算,无法对医疗服务领域中层出不穷的变化(尤其是结构性变化)做出及时的反应,同时还会产生棘轮效应,导致供方因担心下一个预算年度缩减而完全没有精简预算的激励。棘轮效应广泛存在于计划经济之中,也存在于非计划经济体制下大型组织以及政商关系之中。这一现象自被专研计划经济的学者发现之后,经过非专研计划经济的经济学家(包括诺贝尔经济学奖得主梯若尔)的数理建模分析(Freixas,et al.,1985),现在已经成为市场机制设计需要重点关注的问题。

工资制会带来"吃大锅饭"的负激励现象,不利于医疗服务效率的提升,对质量保障的影响其实也不确定,因为在工资制下,医务人员不仅干多干少薪酬都一样,而且只要不跌出质量底线,无论干得一般好还是干得非常好,薪酬水平也都是一样的。如果薪酬水平低于可参照的劳动力市场价格,那么医生的工作积极性就会受挫,随之而来的反应就是在正式薪酬体系之外努力寻求创收,例如,在苏东社会主义国家中医疗服务领域普遍存在的"小费"现象(Kornai and Eggleston,2001: 164-175),在中国高水平公立医院中普遍存在的"医生走穴"现象(郭科、顾昕,2016a,2016b,2016c),以及在世界各地尤其是发展中国家都存在的医生兼职现象(Conway and Kimmel,1998;Macq and van Lerberghe,2000;Macq,et al.,2001)。对这样的激励效应,所有在事业单位体系有过就职经历的人都会深有体会。按项目付费的最显著弊端就是为供方诱导需求(supply-induced demand)或过度医疗提供了正激励(Cutler and Zeckhauser,2000)。

由此可见,表9-1中所示世界银行专家对工资制激励效应的判断多有不周全之处。例如,表9-1中的第二行显示,工资制对供方的财务保障来说具有颇为夸张的正面效应,但在很多地方尤其是发展中国家和地区,实情并非如此,工资克扣或延期发放的情形并不罕见。对于工资制的负激励效应,所有在公共部门有就职经历的人均能有真切的体会。如表9-1中增添的注释指出,如果工资水平低于劳动力市场所能支付的水平,这将导致医疗质量下滑,服务效率下降,而行政管理的简单性也大打折扣。这正是发展中国家公共医疗机构普遍存在的问题,单纯通过按类预算以及工资制的行政化调整,无法解决这些问题。因此,在公共部门中引入市场机制,成为世界各地公共管理变革的大趋势之一,而在医疗领域,这一点主要体现为表9-1中所列各种新医保支付方式的使用。唯有如此,第三方购买者和供方之间才能建立一种契约化的新型市场关系。

每一种支付方式在规则细节上的差异,都会对供方产生微妙的激励效应差异。因此,对于各种医保支付方式所产生的激励机制进行深入分析,尤为重要。在此,我们首先需要一个分析框架。世界银行专家在一部操作指南中指出,无论支付单位是什么,都可以从三个维度来考察不同医保支付方式的特征:一是支付费率决定的时点,即回溯还是预定,其中回溯法的实施需要买方依据供方实际付出的成本进行支付,而预定法则意味着买方基于预先确定的费率表进行支付,而不再需要监测供方实际付出的成本;二是支付实施的时点,即后付还是预付;三是支付关联因素,即支付方式基于投入还是基于产出(Langenbrunner, et al., 2009:12-14)。可是,世界银行所提供的这一分析框架忽略了第四个重要维度,即价值决定方式。

医保支付的价值决定方式有两种:绝对价值法和相对价值法。这两种价值决定方式均体现在费率确定的方式之上。在绝对价值法中,无论采用回溯法还是预定法,费率都呈现为支付金额,也就是价格;在相对价值法中,费率则呈现为相对值(或点数),而支付金额(即价格)需要以点数乘以点值计算而成。因此,基于相对价值法的医保付费,俗称"点数法"(point system)。在真正的相对价值法中,点值一定是浮动的,由此买方和供方事先只能确知不同支付单位之间的相对权重(relative weights),而不确知其价格。如果由于某种原因,点值固定下来,支付金额(价格)确定下来,那么相对价值法也就转变为绝对价值法了(见图9-1)。

迄今为止,在现实世界中,相对价值法只出现在按项目付费和按病例付费的实践之中。按类预算、工资制、总额预算、按人头付费、按日付费,理论上不无采用相对价值法的可能性,但在操作上颇为累赘,因此在实践中一般均采用绝对价值法。

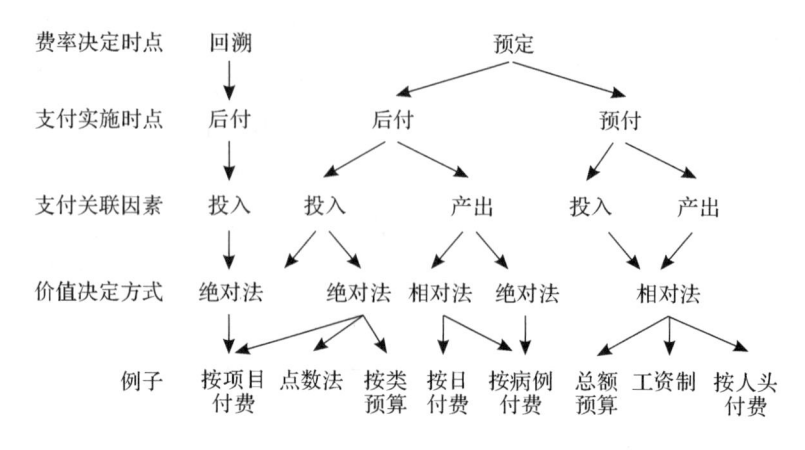

图 9-1　不同医保支付方式的特征

资料来源：Langenbrunner, et al., 2009：13（Figure 1）。本图在参考文献原图的基础上加以修正，增添了"价值决定方式"这一维度，在实例中，增添了"点数法"，并对不同支付方式的定位进行了调整。

前文已述，按项目付费是最容易理解也最常见的一种医保付费方式，是一种针对患者的收费方式。按项目付费看起来简单，但实际上也有两种子类型：一种采用回溯法，另一种采用预定法。回溯法即付费者根据每一项医疗服务的事后成本稽核来进行支付（Langenbrunner, et al., 2009：6），因此这种支付方式一定是基于投入的后付制。预定法是根据事先定好的费率表付费。费率表的编订就是按项目定价的过程，这一过程既有可能是政府价格管制的结果，也有可能是买方与供方谈判协商的结果。费率确定有两种方式：在绝对价值法中，费率直接体现为金额；在相对价值法中，费率显示为点数（即相对权重）。在点数法按项目付费中，不同项目被赋予不同的相对权重，这意味着每一种项目均被赋予一个点数，点数多寡代表相对权重的高低。

按项目付费采用绝对价值法还是相对价值法，看起来是一个技术性问题，对于医疗体系的公共治理来说似乎无关宏旨，其实不然。实际上，按项目付费的这两种亚类型在供方那里造就的激励结构完全不同，其本身的治理机制也不同。绝对价值法采用行政治理机制，医保机构对于医疗机构的付费需要实施持续不断、深入细致的稽核，而五花八门的智能审核日益常态化正是为了应对矫正人工稽核失灵常态化的需要。相对价值法的激励机制则完全不同。如果供方过度医疗，那么就会使点数膨胀，最终会拉低点值，不仅不会给自己带来多大经济上的好处，而且还会使未过度医疗的同行蒙受损失。由此,对医疗行为实施行业内监管的需求就会大增,而行业内监管的主体常常是医界专业性社会组织,如医学学会、医师协会、医院管理协会等,其治理机制为社群机制。

按病例付费的费率确定方式既可采用绝对价值法,亦可采用相对价值法。如果按病例付费没有分组,那么付费者对于所有病例制定一刀切的费率,自然不会采用相对价值法。相对价值法只可能出现在设有分组的按病例付费之中,尤其是组数较多的按 DRG 付费系统之中。

事实上,自按 DRG 付费问世以来,不论具体的分组情况如何,也不论世界各地的 DRGs 版本之间存在何种差异,其定价框架都是一样的,均由三部分组成,即相对权重(基础点数)、基础费率(点值)和调节因子(见图 9-2)。调节因子是基于地区、历史、环境、发展等因素,由付费者为不同的供方设定的,以积极主动的方式发挥 DRGs 系统的资源配置功能。

$$\boxed{\text{某个DRG的价格}} = \boxed{\text{相对权重(基础点数)}} \times \boxed{\text{基础费率(点值)}} \times \boxed{\text{调节因子}}$$

图 9-2　按 DRG 付费系统中的定价框架

资料来源:WHO,2015a:20。

按 DRG 付费系统的定价采用了相对价值法的框架,但这不意味着按 DRG 付费只能采用相对价值法,其中的要害在于基础费率或点值确定的方式。在绝对价值法中,点值基于医保支付的历史数据(上一年或前几年平均数据)加以计算,因此在任何一个医保支付周期内,每一个 DRG 组价格的绝对价值在支付开始之前就已经确立,点数和点值对于医保支付方和医疗服务方来说不仅都是确定的,而且都是事先获知的。在相对价值法中,点数固然事先确定,但点值基于医保支付周期完结之后的当年数据加以计算,也就是在医保支付年度结束之后且支付开始时才为各方所获知。

绝对价值法的显著特征是确定性,即医疗机构和医务人员事先就清楚自己为参保者所提供的医疗服务的价值,但这种支付方式也为过度医疗提供了正激励,即供方有动力在医疗服务或医保申索中向高价值项目或分组倾斜,简称编码上移(up-coding 或 code creep)。绝对价值法并未在供方之间引入利益博弈,即存在过度医疗行为的供方固然自己获得了超额收益,但并未降低未有此等行为的供方获取其应有的收益。因此,绝对价值法不会在医疗界社会组织那里产生强化医疗服务自我监管的内生动力。

相对价值法的一大特点在于可以有效重构医疗服务供给侧的激励结构,使过度医疗行为不能给供方带来好处。如果供方普遍存在过度医疗行为,那么作为分母的年终总点数必然膨胀,由于点值算法中的分子(即统筹地区区域 DRG 住院服务预算/决算总额)是一个定数,点值必然缩水,其最终获得的支付金额并不会增多。如果一部分供方采取了过度医疗行为以图多挣点数,也会使总点数膨胀,最终拉低点值,损害其他供方的利益。因此,相对价值法中利益格局的转变,将医保支付中原本付费方与收费方之间的博弈转变成收费方(即医疗服务提供者甚至医务人员)之间的博弈,在若干期重复博弈之后,必然以内生方式激发医疗服务行业内自我监督和规范的积极性,引入社群治理,为有效遏制过度医疗提供了新的激励机制。在此,医疗界社会组织,尤其是医师协会、医学学会、医院管理协会等,在新医保支付的细节制度设计和自我监管方面,有了新的参与动力和施展空间。当然,医疗界社会组织的有效参与以及社群机制在此过程中发挥积极的作用,需要供方对于新激励结构有清楚的认知(Langenbrunner, et al., 2009:128),这一认知因素只有经过多期重复博弈方可获得。

三、医保支付改革的国际经验:协作互动治理在德国和美国的实践

绝对价值法和相对价值法之间的权衡,在不同国家的医保体系中呈现出不同的历史演变格局。相对价值法医保付费起源于德国,后传入日本,经过很长时间的博弈之后,供方行为固定化,相对价值法部分被绝对价值法所取代。德国模式还在东欧转型国家的医疗改革中产生了很大的影响。美国医保体系与德国医保体系大为不同,但在支付体系上一开始都采用绝对价值法按项目付费,后来均实施医保支付改革,其中形成一些相对价值支付模式,最终与绝对价值法交织在一起,影响了世界很多地方的医保支付。无论世界各地的医保体系在制度的宏观架构上多么不同,但在医保支付改革上却有一个共同点,即医疗界社会组织在其中发挥了不可或缺的作用,而且基于社群机制并达成行政、市场和社群机制互补嵌合性的协作互动网络,其多以委员会的形式出现,成为最重要的治理机构。

(一)德国的经验:医师协会的决定性作用

德国是社会医疗保险的发源地,其医保体系是典型的多元付费者体系,其中民众基于执业身份和地域在几百个社会医疗保险机构(被称为"疾病基金")中参保。这些疾病基金在名义上属于民间非营利组织,但是无论是在参保缴费还是给付结构上,都接受政府的管制,因此疾病基金也被视为法定机构,也就是半官方机构。因此,德国医保机构与医疗机构的契约关系,还是属于公共契约的范畴。

尽管政府在医保体系的制度建设上发挥着决定性作用,但在公共契约的订立和实施上,德国医疗界社会组织发挥着主导作用。德国在州的层级建有17个法定医保医师协会,其历史可追溯到1931年,其会员是为各种疾病基金服务的约16.5万名医生和精神治疗师,这17个区域性医师协会又在联邦层级建立了一个全国性的国家法定医保医师协会。医师协会是医师利益的代表者,除了在医疗卫生健康政策的制定中游说并参与之外,其最重要的职能之一就是负责制定医生收费标准,并在医生与医保基金之间的纠纷中扮演协调中介者的角色。医保基金并不与医师个人签订协议,而是与医师协会签约,然后由医师协会向医师付费。[①]

德国医疗保险对门诊服务实行按项目付费。但是,与一般基于绝对价值的按项目付费不同,德国的按项目付费采用相对价值法。在相对价值法中,每一个服务项目并没有显示绝对价值的定价金额,而只有一个代表相对价值的点数。项目越复杂、消耗资源越高,其点数就越高。医生们定期(季度)向医师协会申报服务点数,而其最终获得的医保支付金额等于点数乘以点值。点值的计算方式为区域医师协会从疾病基金那里收到的医保支付预算总额除以协会所有医生申报的点数,而总额预算的多寡则取决于多种因素对社会医疗保险公共预算过程的影响(Greiner and Schulenburg,1997)。

由此可见,无论对于疾病基金、医师协会还是医生来说,点值并非事先获知也并非固定,而是随着申报点数的增加而下降。德国医师协会实施季度预算,因此点值每季度一定。德国还就不同医疗领域审定点数上限,如果医生在这些领域所申报的点数超过了上限,那么将在点值上打折。总体而言,在这样的制度安排下,过度医疗会拉低点值,而且尽管过度医疗行为貌似会增加医生所获点数,但最终会遭

[①] 参见德国联邦医师协会官网:https://www.kbv.de/html/about_us.php。

遇到点值打折,从而使得增加费用的水平不如预期。这种做法,一方面可以为医生一定数量的服务提供一个稳定的价格预期,另一方面也能有效减弱对过度医疗的激励。但是,点数上限控制措施也遭遇到一些批评,即对于那些为多病症提供了诊疗服务的医师来说,财务风险大大增加。1931年医保体系成熟以来,经过70多年的重复博弈,德国自2009年起将浮动点值法改为固定点值法,当年的点值设定为3.5cent,同时针对不同医疗领域的医师组按季度设定了标准服务量,标准服务量基于病例数和多病症权重(WHO,2014)。

针对住院服务,德国疾病基金长期采用绝对价值法按项目付费。自1993年起,德国在医保住院支付上引入了预算制和预付制,即医保机构基于历史数据对每家医疗机构设定年度总额预付金额,这就是前文提及的"多供方总额预算"。自2004年1月1日起,德国在医保住院支付上实施DRGs。德国DRGs(G-DRGs)系统借鉴于澳大利亚DRGs 4.1版(Australian Refined DRGs,AR-DRGs),从2000年6月开始进行研发(Lungen and Lapsley,2003),而澳大利亚的DRGs系统则直接从美国购买后加以本土化。G-DRGs支付的覆盖范围包括医疗服务相关的日常费用,但不包括资本投入;此外,一些复杂的、高成本的服务项目,由补充费用支付体系进行补偿。

为了推动医保付费方式从按项目付费主导的旧付费模式转型为DRGs付费主导的新付费模式,德国社会医疗保险机构与医疗服务机构经过了十多年的重复博弈,而政府在其中扮演了主要推手的角色。G-DRGs系统游戏规则的制定基于供方与保方的协商,协商双方分别由德国医院联合会和疾病基金与私立保险基金协会担任,这两方与联邦政府代表组成治理委员会,负责治理系统开发与运行的所有事务。治理委员会设立了G-DRGs研究院,负责分组和计算点数(相对权重)。G-DRGs分组方案每年更新一次,每一版的更新都基于前两年的数据。2004年刚开始实施时,G-DRGs只有824组,到2012年增加到1188组,其中,有1148组的点数全国统一,40组的点数由治理委员会与个别医院单独商定后加以确定,因为这些医院的病例样本量不足,而且其成本变异度过大。对于一些医院,尤其是大学医院,治理委员会还专门设立了协商机制,可对创新性的诊断与处置方式设立附加费用。区域性治理委员会定期对分组、编码与医疗服务病例情况进行审查,审查的重点在于是否编码上移,即选择点数高的分组对病例进行编码以争取获得更多的支付。一旦发现有此行为,医院必须偿还增收费用,而且一旦发现此类行为并非偶发,医院必须支付等额于增收费用的罚金。治理委员会设立区域联合仲裁委员会来处理争议(WHO,2014:142-158)。

德国政府设定了从总额预付制向 G-DRGs 系统转型的过渡期,一开始截止到2007年,后来推迟到2009年,即过渡期从三年拓展到五年。在过渡期,G-DRGs系统的基准费率(点值)随医院的不同而不同,基本上是州基准费率乘以病例组合指数(CMI)。医院费率的差异基本上反映的是医保支付的历史差异。例如,在2004年,医院的平均费率是2593欧元,其实际费率区间从不到1000欧元到4000多欧元,大多数医院的费率在2000欧元到3200欧元;在2008年,实际费率区间为1830欧元—4560欧元。这一费率差异在2009年被拉平。这种差异系数实际上是前述调节因子的一种,可称之为"历史性调节因子"。2020年,浙江省在中国境内率先完成了 ZJ-DRGs(1.0版)的省域建设,其实施中就引入了差异系数,只不过未如 G-DRGs 那样设定差异系数的拉平期,就这一点而言,浙江乃至全中国都需要借鉴德国的经验。

G-DRGs 系统还包含了原有的总额预算制,即针对每家医院设立医保支付的年度总额预算额度。如果实际医保支付超过其额度,那么医院必须将超收部分的65%返还医保机构;如若不足,医院将获得亏空部分的25%。与此同时,对于医院超额完成的部分,DRGs 的点值(基准费率)下降25%(WHO,2014:148)。这种制度安排是针对过度医疗设置的负激励。

可以说,医疗和医保领域的社会组织,具体而言主要是医师协会、医院联合会、疾病基金协会等,在德国医保体系中扮演多重角色,它们既是医保制度建设和政策制定的参与者,也是医保支付规则的制定者和执行者。这些角色的扮演均依赖于政府赋予的合法性。同时医疗界社会组织在医保支付规则细节设计上发挥决定性作用,也有赖于政府在医保体系制度建设上发挥引领作用。可以说,行政机制与社群机制在德国的医保体系中形成了互补嵌合的格局,才使得公共契约中的市场机制得以发挥其正确的激励效应。

日本的医保体系基本上照搬自德国,但其政府在制度建设上发挥了更加积极主导的作用(WHO,2015a:63)。同德国一样,日本医保是一种多元付费者体系,其医保机构名义上是民间组织,而且日本的医疗机构大多是民营的,但是,医保机构与医疗机构之间的关系却是一种公法契约关系。有别于契约内容均可由订约双方谈判而定的私法契约关系,公法契约关系中的很多内容由政府设定。在医保定点的契约关系中,医保支付所覆盖的服务范围、所使用的药品与设备目录、对医疗服务的支付及其价格设定等,均为法定,法定职责都由厚生劳动省(即健康、劳动与福利部)行使。厚生劳动省就所有种类的医疗保健项目设定一个全国统一的国家费用表(national fee schedule),病人和医保机构都按照价格表来支付医疗费用(WHO,2018a:63-71)。尽管日本的医保体系建设更具有政府主导性,但医疗界社会组织或社群机制也发挥了专业性支撑作用,例如在医保支付改革中引入质量保障和完善因素时,日本三大医院社会组织,即社团法人日本病院会(The Japan Hospital Association,JHA)、独立行政法人国立病院机构(The National Hospital Organization)和社团法人全日本病院协会(The All Japan Hospital Association),在专业研究和咨询领域发挥着无可替代的作用,质量改进项目委员会设立在社团法人日本病院会(WHO,2015a:71)。

除了日本之外,东欧转型国家在推进其既有的全民公费医疗改革时普遍采纳了德国模式,其中的点数法也得到沿用(Kornai and Eggleston,2001:86,289-291)。

(二)美国公立医保机构对医疗服务的支付:多方主体协作互动

美国的医保体系也是多元付费者体系,其中民营医保机构(既包括商业健康保险公司,也包括非营利医保机构)为工作人群以及富有的参保者提供医疗保险服务,而公立医保机构主要为那些民营医保机构难以或不予覆盖的人群(如老年人、低收入人群)或特殊人群(儿童、现役军人和退伍军人、印第安人等)提供服务。美国两个最大的公立医疗保险为老人医疗保险和穷人医疗救助,前者完全由联邦政府管理,后者筹资责任一半由州政府承担,但支付管理职责则由联邦政府承担,具体负责机构是老年医保和医疗救助服务中心(Center for Medicare & Medicaid Services,CMS)。尽管老年医保和医疗救助覆盖的参保者有限且类别特殊,但从支出总额和占比来看,Medicare是美国最大的单一医保项目,也就成为最大的医疗服务购买者,因此,CMS在医保支付改革上的举措在美国医保体系中往往具有标杆作用。

自1965年设立之后的最初18年间,Medicare针对所有医疗服务采用基于成本的后付制支付,这同世界各地传统的绝对价值法按项目付费是一样的。到1983年,美国国会通过法案引入了预付制,尤其是针对住院服务,开始实施按DRG付费的新模式(Kronenfeld,2011:39-40)。DRGs首先由耶鲁大学的保险学者于

1974 年发明,而后很快被一些民营医保机构作为医保支付方式加以试点。小规模试点影响有限,而 Medicare 在住院支付中引入 DRGs 这一改革,不仅重塑了美国医疗服务业(Mayes and Berenson,2006),而且在全球性医保和医疗改革的历史上,也是一件具有里程碑意义的事件。DRGs 很快从美国传到了澳大利亚(Palmer and Wood,1984)、德国、英国(Kimberly, et al. , 2008)、欧洲其他各国(Casas and Wiley, 1993;Busse, et al. , 2011)、东亚各国和地区(WHO, 2015a),以及一些中低收入发展中国家(Mathauera and Wittenbecher, 2013)。

DRGs 在美国的发展是政府、市场、社会多方主体协作互动的产物。这一新的系统首先由私立大学学者研发,一开始是一种医院预算、绩效和质控管理的工具(Burik and Nackel, 1981),但很快不仅成为医保支付工具,而且成为政府、社会组织、医保机构针对住院服务实施绩效监测和管理的工具(Taroni, 1990)。美国联邦政府的 CMS 在这一发展过程中扮演了引领者的角色,美国医学会在数据分析以及参数(例如调节因子)测算等技术性环节成为研究的主干力量,而 DRGs 系统作为软件产品的研制和开发则由多家公司完成,其中 3M 公司由于参与其中而从一家低价值医用耗材供应商成功转型为高价值医疗管理服务解决方案(包括医保支付方案)提供商。

在推进住院付费改革的同时,CMS 也致力于推动针对门诊服务的支付改革。这一改革分为两个板块:一是针对基本卫生保健的支付,即"向医师付费",医师就是家庭医生;二是针对医院门诊服务的支付。

针对基本卫生保健的支付改革,CMS 委托美国医学会开展研究。在美国医学会的资助下,由哈佛大学公共卫生学院卫生经济学家萧庆伦(William Hsiao)教授领导的一个研究团队经过多年对家庭医生执业成本的调查,开发出基于资源的相对价值标度(RBRVS)(Hsiao, et al. , 1992)。基于 RBRVS,CMS 制定了全国性的 Medicare 医师收费一览表(Medicare Physician Fee Schedule, MPFS),于 1992 年 1 月 1 日开始正式实施(Smith, 2015)。自 Medicare 引入 RBRVS 之后,美国医学会专业分会设立了相对价值标度更新委员会(Relative Value Scale Update Committee, RUC),更新不同医疗服务项目的相对价值(即调整点数),确定年度变现因子(即点值),测算区域调节因子,它在评估医师服务项目与处置方式的价值并修订医保对医师的补偿上,扮演着关键性的角色(Abbey, 2011:4, 35-39, 75-77)。RUC 的评估报告中还包含着对新处置方式和服务内容的编码,从而使创新可以有效及时地纳入医保支付体系之中(Barbieri, et al., 2018)。在这一医保支付改革过程中,美国医学会的基础性作用始终不可或缺。

针对医院门诊服务的支付,在 2000 年以前,Medicare 采用按成本核定的按项目付费方式进行支付(Langenbrunner, et al., 2009:6)。2000 年,Medicare 开始在医院门诊服务中推行门诊预付制(hospital outpatient prospective payment system, HOPPS),以事先确定的价格向医院支付门诊服务费用(Abbey, 2012:83-84)。门诊预付制与住院预付制的逻辑是一样的。其费用计算依然是通过对服务分组(即制定前述的 APGs 或 APCs)、各组分配相对权重(即点数)、根据医院所在地的要素价格(尤其是人力市场情况)和医院特殊资质设置的调节因子(Medicare Payment Advisory Commission, 2016)或额外加成(Medicare Payment Advisory Commission, 2017:68),以及纳入创新成本因素的考量,确定最终支付费率(Abbey, 2013:25, 27, 34, 36, 143-144)。在这个过程中,在 CMS 领导下设立的 Medicare 支付顾问委员会就是由多方利益相关者组成的网络型社群,其在医保支付的专业性、技术性环节的决策和实施中都发挥着举足轻重的作用。

现在,按 DRG 付费已经成为国际上最为流行的医保付费方式,而且已经有了专门的支付软件。在这些软件中,疾病组的设置和编码都标准化了,针对不同疾病组的不同医疗服务路线(即所谓"临床诊疗路径")也标准化了,而且技术因素纳入了支付标准的设定之中(即重病和难病医治的支付标准较高)。这样一来,医疗机构自然就有内在的动力在控制成本的基础上为病人提供成本效益比较高的医疗服务,与此同时,医疗机构也不会对患者挑三拣四,因为医治重病病人可以因技术因子较高而获得较多的支付(Fay, et al., 2007)。

由于医保支付改革具有复杂性、专业性和技术性,其砥砺前行有赖于社会治理理念的践行。公共契约的制度化首先意味着市场机制的引入,针对不同类型的医疗服务,不同类型的医保支付方式呈现为不同的契约,对医疗服务供方的行为有着不同的激励效应。同时,社群机制的加持对于公共契约的订立和实施都至关重要,其中对于在多种新医保支付方式之间如何选择、新规则的技术细节(如上文提及的调节因子、技术因子及临床诊疗路径等)如何制定,包括医学学会、医师协会和医院管理协会等在内的医疗界社会组织,通过协会治理的方式,可以提供专业性建议和技术性支撑,还能成为支付方和提供方之间的桥梁,增进双方的互信,这些对于医保支付改革的成功推进都是不可或缺的。

唯有多方利益相关者各司其职、精诚协作、密切互动，构建运作良好的社会治理共同体，让行政机制、市场机制和社群机制形成互补嵌合的格局，达成社会治理之境，才能推动医保支付改革砥砺前行。多方行动者各自基于其资源动员和运作能力的比较优势发挥作用，既能提高社会治理体系的运转绩效，也能大幅度提升公共治理的能力。在社会治理共同体的建设中，政府机构行使元治理者的角色，即组织、协调多方参与者建立协作互动网络，赋予公司和社会组织在技术和专业服务与咨询上的合法性，才能使医保支付改革顺利展开。

四、中国医保支付改革的治理变革：按 DRG 付费的试点

新医改的方向在于推进医疗事业的公共治理创新，转变行政机制的运作方式，强化市场机制的作用，激活社群机制的活力，从而让政府、市场与社会形成互动协同治理的新格局（顾昕，2018）。公共治理创新需要从医疗需求侧和医疗供给侧两方面同时入手，其中医保支付制度改革作为引入和完善市场机制的一种举措，对医疗供需两侧的改革起着关键性的纽带作用，具有战略意义。自 2009 年到 2023 年，中国政府将此确定为新医改的国家战略已十载有余了。

然而，迄今为止，中国医保支付制度改革的进展总体来说依然缓慢，这一点突出反映在医疗供给侧的激励结构并没有因医保支付改革而得到任何重构，如何遏制过度医疗依然是令人困扰的难题，《新医改方案》提出的"激励与惩戒并重的有效约束机制"依然没有建立起来。究其原因，除了一些供给侧的体制性障碍（如公立医院去行政化改革不力等）之外（顾昕，2017c），医保支付改革的公共治理也出现了一定的偏差，即存在着行政机制主导的倾向，市场机制的作用未能充分发挥，而社群机制的作用尚处在有待激活的状态。

医保支付改革的要旨是以新医保付费方式的多元组合取代既往按项目付费主导的格局。一个理想的支付方式，能够为医疗服务者提供恰到好处的激励，让供方自觉进行成本控制、质量保证，并避免医疗服务要么过量要么不足（Ellis and McGuire, 1986）。但在现实中，信息不完备的存在以及服务提供者效用最大化的内在需求，断绝了单一理想支付方式存在的可能（Duran, et al., 2005）。上述列举的五种预付制度，每种都有着各自的特点和适用范围，但没有哪一种能够解决我

们在医疗付费中的所有问题。因此,在实际的运用中,根据其各自的特点对多种预付制进行组合运用,才是更为恰当的选择(Liu and Mills, 2007)。

上文所述的新医保付费方式,均载入了诸多中国政府政策文件。其中,针对住院服务的按 DRG 付费,是中央政府明确鼓励地方加以积极探索的一种新付费方式,而这种医保付费一方面是世界各地医保机构(无论公立还是民营)针对住院服务的主导性付费方式,另一方面在中国已经有了广泛实施的坚实基础,一些按 DRG 付费的试点也正在开展。与此同时,尽管很多地方的医保机构并未开始系统性地按 DRG 付费,但卫生行政部门早已推动医疗机构基于 DRGs 进行绩效管理,这一措施为按 DRG 付费在供给侧奠定了一定基础。

可是,总体来说,所有局部性的试点都在理念上、技术上和操作上存在着各式各样的问题,尤其是医院一直或明或暗地加以抵制,或者出现不少与改革目标相悖的行为,导致按 DRG 付费改革未能在试点地区产生应有的效果,制约了试点的可持续性和可推广性。因此,总结既有试点的经验和教训,并参照国际经验,重构治理机制,快速推进 DRGs 系统的开发,将成为新时代新医改的新创举。

DRGs 在 20 世纪 70 年代诞生于美国,其研发初心是通过发掘临床诊疗路径相似和资源消耗数量相近的病例组合(case-mix)以利于医院的财务、质量和绩效管理。20 世纪 70 年代,DRGs 被一些民营医保机构用于医保付费。1983 年,由美国联邦政府主管的公立医疗保险 Medicare 针对住院服务开始实施按 DRG 付费(Kronenfeld, 2011: 39-40),这一举措重塑了美国医疗服务业(Mayes and Berenson, 2006),并对全世界医疗体制改革产生了深远的影响(Kimberly, et al., 2008)。随后,按 DRG 付费在美国的覆盖面从老年病患拓展到所有病患。在世界各地,尤其是全民医保体系较为健全的国家和地区,包括欧洲(Casas and Wiley, 1993;Busse, et al., 2011)、亚太地区(Annear and Huntington, 2015),以及一些发展中国家(Mathauera and Wittenbecher, 2013),纷纷借鉴美国经验,在医保对住院服务的支付中,逐渐引入了 DRGs 系统。

(一)中国版按 DRG 支付的起步:从单病种付费到病种广覆盖

在中国,自 20 世纪 90 年代中期城镇职工医保以及 2003 年新农合建立以来,不少地方医保机构发展出各式各样的单病种付费,在政府政策文件和学术文献中亦被称为"按病种付费"(张欹、王禄生,2007)。

单病种付费的地方探索始于城镇职工医保。早在1997年,黑龙江省牡丹江市医保机构就开始在城镇职工医保中实施单病种定额结算(荆辉,1998),实属开先河之举,后拓展到城镇居民医保,病种数多达500余种(潘利,2010)。齐齐哈尔市也从2000年开始在城镇职工医保中实施单病种定额结算(刘忠义,2010)。上海市医保机构自2004年起在二、三级医院对9个病种实行按病种付费(杨炯等,2014),但拓展缓慢,到2010年病种数量仅增多到17种(罗娟等,2012);而且,自2010年起,上海市医保支付改革的施政重点从按病种付费转向了总额预算制,按病种付费裹足不前。总体来说,按病种付费在很长一段时期内并不是城镇医保付费改革的重心。

新农合的情形也类似。早在2006年7月,江苏省常熟市就开始面向新农合住院病人在30家定点医疗机构就30种疾病实施按病种结算(李婷婷等,2010)。据一份由卫生部新型农村合作医疗研究中心的调查显示,截至2014年上半年,开展住院服务付费改革的新农合县域占比仅为47.23%,而其中有71.44%的县实施了按病种付费,其中仅57.76%的县针对县级医疗机构、48.13%的县针对乡级医疗机构实施了按病种付费,无论是从医疗机构、支付金额、补偿人次来看,覆盖率都偏低(程念等,2014)。自2015年以来,随着新农合在很多地区逐渐与城镇居民医保合并,新农合付费改革探索的历史使命也就随之淡化并终结了。

单病种付费其实就是按DRG付费的简化版,其特点是选择常见的、简单的、单一的疾病诊断组(尤其是没有并发症的),针对其住院病例采用事前确定的统一付费和收费标准。世界银行在2010年发表的一份报告中将这些按病种付费的试验归为"以病例为基础的付费"(case-based payment),并基于中国学者就五个市县区和一个省的试点所提供的背景资料,对其成效和缺陷进行了总结,认为这些试点固然产生了局部性或阶段性的控费成效,但存在着一系列问题,即:(1)病种组数过少,一方面导致病种覆盖面太窄,另一方面也导致尽管组内控费效应明显,但总体控费效果不彰;(2)诊断操纵,即会诱导寻求收入最大化的医院设法增加收益较高病种的病例数,并将因个体因素导致成本较高的病例(例如重病病人)移出按病种付费的病种;(3)诱导供方增加重复住院;(4)诱导供方提供非必要性住院;(5)诱导供方降低住院服务品质或不提升品质(World Bank,2010a)。

单病种付费存在上述问题在预料之中。在世界银行报告发表之后,中国学者对各地按病种付费实践的大量研究都以不同方式在不同程度上复述了既有的发现。但是，无论是世界银行还是国内学者的研究，都没有明确指出医保支付改革的一个重要特点，即试点必然引发供方道德损害行为，最终会造成负面试点效应。简言之，医保支付改革必须在较大的地域同时推进，争取做到定点医疗机构全覆盖以及疾病种类广覆盖。否则，如果以打包付费为特征的新医保支付方式仅在部分医疗机构试点，那么试点医疗机构会有强大的激励将成本较高的病例推诿到非试点医疗机构，即俗称的"推诿重病病人"现象，而依然实施按项目付费的非试点医疗机构也有动力接受这类病人。同样，如果病种覆盖不广，那么医疗机构既有动力也有能力将高成本病例移出单病种付费所确定的病种，医保机构对此类行为的稽核并不会在供方那里产生遏制此类现象的内在激励。可以说，医保支付改革往往会出现"试点陷阱效应"，这一点在试点实践中普遍存在，但对这一点，无论是在政策研究界、决策层还是实践者当中，至今尚未有普遍的认知。

可是，尽管制度设计存在着诸多激励扭曲效应，按病种付费的实践依然在各地推行，而且如下文所述，在一些地方（如三明市）为后来更加精细地按 DRG 付费改革提供了基础。据人力资源社会保障部社保中心的调查，截至 2017 年 6 月底，全国已经有 71% 的医保统筹地区开展了按病种付费，但绝大多数地区病种数过少，只有少数地区，即下文将详述的江苏淮安、广东中山和江西南昌，将窄覆盖的按病种付费升级为广覆盖的按病种分值付费，而这种支付方式在 2020 年由国家医疗保障局向全国推荐，并将这种付费方式的英文确定为 Diagnosis-Intervention Packet (DIP)（应亚珍，2021）。在国家层面，按病种付费作为一种付费改革的方式也始终得到鼓励。2018 年 2 月 7 日，人力资源社会保障部办公厅发布《关于发布医疗保险按病种付费病种推荐目录的通知》（人社厅函〔2018〕40 号），向全国推荐了 130 个病种，希望各地在当年年底按病种付费的病种数不应低于 100 个。[①]

（二）国家级 DRGs 系统的建立

在推进全民医保的大背景下，按 DRG 付费作为一种新医保支付方式开始受到各界的关注。作为中国新医改市场主导派的代表，北京师范大学 2007 年在为国

[①] 此文件文本，可参见人力资源社会保障部官网：http://www.mohrss.gov.cn/gkml/zcfg/gfxwj/201802/t20180223_288675.html（可随时浏览）。

务院医药卫生体制改革部际协调小组提供的"第七套新医改方案"中,将通过医保付费改革在医保机构和医疗机构之间建立全新的契约化市场机制定为新医改的核心战略,并具体提出,"付费机制的合理设计是撬动整个医药卫生体制改革的杠杆",而付费机制改革的要点是"普通门诊采取按人头付费","急诊、住院和专科医疗服务采取多元化付费方式……尤其是对住院服务,采取以按病种付费(或DRGs)为主的多元化付费方式"(顾昕,2008a:17-20)。作为当年第七套方案的执笔者,本书作者在向国家提交北师大方案之后就大力呼吁"改革医保付费机制迫在眉睫"(顾昕、高梦滔,2007)。这一主张在2009年国家的《新医改方案》中得到确立,按DRG付费的研发和试验也在此后的一系列政府文件中不断得到重申。

在此背景下,有两个国家级的按DRG付费系统开发出来,分别是CN-DRGs和C-DRGs。

CN-DRGs的前身是北京版DRGs(BJ-DRGs)。实际上,BJ-DRGs的研究从20世纪90年代就已开始启动,2008年,BJ-DRGs的开发完成了从国际经验借鉴到本土化的过程。自2009年开始,BJ-DRGs由北京市卫生局陆续应用于医院绩效评价、临床重点专科评价、城乡医院对口支援评价等工作(邓小虹等,2011;简伟研等,2011)。2011年,北京市人力资源和社会保障局选择了6家三甲综合医院,启动了按DRG付费试点,试点DRGs仅有108组(邓小虹,2015)。北京试点不仅将按DRG付费缩水成单病种付费,而且陷入了医保支付改革的试点陷阱。显然,这一试点过于谨慎,其病种覆盖面、医疗机构覆盖面和支付金额比重都太低,必然导致前述世界银行就单病种付费所指出的那些问题。正是由于试点既没有在控费上产生显著效果,也没有对供方诱导需求的激励结构产生任何动摇,北京市按DRG付费改革试点无法扩散。在经过了有限范围和有限病种的试点之后,北京市医保支付改革的施政重点也从按病种付费转向了总额预算制。

2013年,与按DRG付费试点同步,北京市医院管理研究所与国家卫生和计划生育委员会医政医管局合作,在BJ-DRGs的基础上开发了CN-DRGs。随后,国家卫生和计划生育委员会医政医管局下发了《关于印发疾病诊断相关分组(DRG)协作工作方案的通知》(医政管评价便函〔2013〕112号),在九个省级行政区将CN-DRGs纳入医院的绩效管理。2015年,医政医管局再次发文《关于进一步加强疾病诊断相关分组协作工作的函》(国卫医评价便函〔2015〕80号),全国各地医院推广基于DRGs的绩效管理。由此,CN-DRGs成为第一个国家级的DRGs系统,其

DRGs分组方案(2014版)也于2015年公开出版(北京市医院管理研究所、国家卫生和计划生育委员会医政医管局,2015)。CN-DRGs分组方案的第二版(即2018版)也在2019年发布(国家卫生健康委员会医政医管局、北京市卫生计生委信息中心,2019)。值得注意的是,CN-DRGs从未正式付诸任何一个地方的医保付费实践,只是在医疗供给侧作为行政监管或绩效管理的工具得到使用,但范围和程度都有限。

除CN-DRGs之外,另一个国家级DRGs系统为C-DRGs(即Chinese DRGs)。该系统由原卫生部,原卫计委、现卫健委卫生发展研究中心受原国家卫生部规划财务司委托于2010年开始开发。汇集了近千名研究者历经六年的研究,C-DRGs系统于2016年问世。2016年10月18日,国家医改办和国家卫生计生委决定选择福建省三明市、广东省深圳市和新疆维吾尔自治区克拉玛依市作为首批试点城市应用C-DRG开展收付费改革试点工作,并确定于2017年启动试点工作,2018年底进行试点评估,计划在2019年将试点城市扩大到50个,2020年扩大到100个左右(张振忠等,2017)。

然而,C-DRGs的试点扩大计划并未如愿。事实上,即便在三个试点地的进展,也远不如预期顺利。例如,深圳市在启动C-DRGs医保付费试点时决定有九家医院参与,但试点于2019年1月1日才正式实施,参与医院减为四家,后来当广东全省全面推进DIP之后,深圳市陷入了DIP和DRGs之间的艰难选择。克拉玛依市的试点基本未开展起来。只有三明市在C-DRGs试点之前有了按病种付费的基础,在推进C-DRGs上相对较为顺利,下文将详述。

(三)DRGs付费系统开发的地方性探索

与国家级CN-DRGs和C-DRGs的开发几乎同步,各种地方性探索也在各地开展。在前述国家卫生部卫农卫发(2011)52号文件的推动下,一些地方政府在其主管的新农合中开始了按DRG付费的探索。例如,2013年,云南省禄丰县开始对县级医疗机构实施本地化的按DRG付费(李润萍,2017)。2017年4月24日,在国务院办公厅印发的《关于对2016年落实有关重大政策措施真抓实干成效明显地方予以表扬激励的通报》中,禄丰县公立医院综合改革获国务院表扬,成为云南省唯一获此殊荣的县,其按DRG付费改革也开始在其所属的楚雄彝族自治州推广(李承韩,2018)。

第九章　医保支付改革的社会治理：理论分析与经验总结

福建省三明市是第一个在全域内实行从单病种付费过渡到按 DRG 付费的地级市。2013 年 3 月，三明市筛选出 30 个病种在全市所有县级以上公立医院试行单病种付费。[①] 同年 6 月，三明市正式推行城镇职工医保、城镇居民医保、新农合"三保合一"，成立医疗保障基金管理中心，实行垂直管理，市级统筹，为基本医疗保障体系的去碎片化以及医保支付制度的改革提供了组织保障。2015 年 3 月，三明市在全市 22 家二级及以上公立医院就 39 种疾病开展单病种付费，符合条件的民营医院亦可开展单病种付费，单病种付费定额标准按二级医院定额标准执行。[②] 2016 年 5 月，三明市借助于 C-DRGs，正式在市域内所有县级及以上公立医院中实行按 DRG 付费。[③] 2017 年，三明市成为 C-DRGs 实施的试点城市，将其自行试点的 DRGs 系统升级换代，自 2018 年 1 月 1 日，C-DRGs 付费系统开始运行。

单病种付费的地方探索，无论病种数多寡，都具有一个共同特点，即在每一个病种的支付标准上采用绝对价值法，支付标准金额根据历史/成本数据分析进行测算。与绝对价值法有所不同，一些地方的医保管理部门开展了卓有影响的创新，在支付标准确定上采用了相对价值法（即点数法）。相对价值法事先并不确定每一个病种的支付金额，而是确定一定的点数，点数高低反映不同病种之间医疗服务价值的相对权重，而每一个点的价值（即点值）要待年终结算之时才能获知。点值算法基本上是以当年试点医疗机构相关住院服务预算（决算时有所调整）总额为分子除以试点医疗机构申报的总点数。试点医疗机构最终所获支付金额为点值与其申报点数的乘积。

如上所述，相对价值法的一大优势在于重构了医疗服务供给侧的激励结构，尤其是能有效遏制过度医疗。由于点值算法中的分子（即与 DRG 相关的住院服务预算决算额）基本上是一个定数，如果试点医疗机构普遍存在过度医疗行为，那么最终点数必然膨胀，点值必然缩水，其最终获得的支付金额并不会增多，但医疗机构声誉受损，依然得不偿失；如果一部分供方过度医疗，总点数也会膨胀，最终就会

[①] 《三明市住院患者单病种付费工作实施方案（试行）》，三明市人民政府，2013 年 4 月 1 日，http://www.sm.gov.cn/fw/ggfwpt/ylws/zxxx/201304/t20130401_300581.htm。
[②] 三明市深化医药卫生体制改革领导小组：《关于进一步完善三明市住院患者单病种付费工作的通知》，三明市人民政府，2015 年 3 月 18 日，http://www.sm.gov.cn/zw/ztzl/shyywstzgg/zcwj/201503/t20150318_272206.htm。
[③] 三明市深化医药卫生体制改革领导小组办公室等：《关于开展住院费用全部按病种付费工作的通知》，三明市医疗保障网，2016 年 5 月 17 日，http://www.smygzx.com.cn/detail.do?method=viewPublish&eid=5136。

拉低点值,损害其他供方的利益,这样就会激发供方相互监督的积极性,从而以内生方式引致行业内部的自我监督。在市场机制和社群机制都能得到有序发育的地方,医学学会、医师协会、医院协会等社团组织会组建起来,建立并实施行业规范(例如全力推进标准化的临床诊疗路径),让医疗服务供方回归初心,按照其本身的职业伦理和行业规范提供服务。

在相对价值法的开发上,江苏省淮安市的"按病种分值结算"系统最具首创性,也最有影响力。自2003年10月起,淮安市开始在市直职工医保的付费上探索"按病种分值结算",之后逐渐扩大保险覆盖和医院覆盖范围(王樱,2018)。"按病种分值结算"被定位为中国版DRGs的雏形,由于其建立与操作相对简单并能在短期内实现全病种覆盖,克服了以往单病种付费的弊端,因此在广东中山、江西南昌和新余、安徽芜湖和安庆、宁夏银川、山东东营、江苏宿迁、河北邢台等多个地区被借鉴并推广运用。2014年,淮安市社会医疗保险基金管理中心所实施的"总额控制下的病种分值结算办法",获得了中国管理科学学会颁发的管理科学奖(创新类)。[①]

淮安版的按病种分值法付费,基本上依据出院主诊断分组,组数从2003年的500种增加到2018年的892种。中山市自2010年启动的按病种分值法付费,对淮安版进行了调整,在分组上逐渐加上了手术和非手术处置方式考量,到2018年底,病种数多达4654个。人力资源社会保障部将中山市列为全国医保支付制度改革重点联系城市(隋胜伟,2018)。2017年9月,广东省第28次深改委会议提出,要先行先试,"年底前按病种付费病种范围扩大到1000种"。2017年11月9日,广东省人力资源和社会保障厅与广东省卫生和计划生育委员会联合发布《关于全面开展基本医疗保险按病种分值付费工作的通知》(粤人社函〔2017〕3457号),要求全省各地于2018年1月1日起开始实施按病种分值法付费(李锦汤等,2018)。广东省很多地级市此前并无按病种付费的经验,因此基本上借鉴中山模式,从无到有,以干中学的方式,在一年内实现了按病种分值付费的全覆盖。

浙江省金华市经过地方化调整,将淮安版按病种分值付费改造为"病组点数法",完成了雏形版DRGs向相对价值法DRGs的转型,具有里程碑意义。自2016年7月1日起,金华市在市级七家医疗机构(占市级医保基金支付总量的85%)面

---

① 《第四届管理科学奖获奖名单》,中国社会科学网,2014年7月14日,http://www.cssn.cn/glx/glx_xh/201407/t20140714_1252155.shtml。

向一般性住院服务实施病组点数法付费,病组数为596个,通过医保历史支付数据测算各病组的基准点数,并基于医保绩效考核指标达标情况设立点数奖惩措施(杨燕绥、廖藏宜,2017)。2017年12月28日,金华市在所有医保统筹地区推进病组点数法付费。[①] 2018年,随着县域医共体建设试点的推展,试点县级市东阳市政府自7月1日开始在医共体中实施病组点数法付费(邵宁军、严欣,2018)。金华市的试点,为浙江省全省域推进DRGs系统建设提供了宝贵经验。

金华版DRGs在广东省佛山市得到了复制和拓展。基于实地调查,本书作者获知,在广东省政府2017年底发布即刻全面启动按病种分值付费的要求下,佛山市另辟蹊径,并没有如省内大多数地级市那样复制淮安—中山经验,而是直接借鉴了按病种分值付费的升级版——金华模式。但与金华医保尚未实现地级市统筹因而只能分级进行试点的情况有所不同,佛山市基本医疗保险早已实现了地级市统筹,因此从一开始就将DRGs系统直接覆盖了市域内所有医疗机构(共104家)的一般住院服务,并从2018年1月1日开始实施。实际上,在新支付方式开始实施之际,医保机构和医疗机构均不知道DRGs的分组情况、点数多寡和质控指标的选取,只知道在年底必须按照新办法进行结算。当年1—9月,经过艰难的数据清洗测算和多轮协商谈判,佛山市医保机构最后清理出860个病组,DRGs付费系统的架构终告形成。佛山市医保机构明确承诺,DRGs组数和每一个组的基准点数将实施动态调整,每年公布一次。佛山市创造了以干中学方式一年内从无到有建立按DRG付费系统的奇迹,其成功经验打破了DRGs极为复杂、难以速成的迷思,对于DRGs在全国范围内的推广具有标杆性意义。

(四)DRGs体系开发中国试点中的治理失调

开发一个运作良好的DRGs体系,需要有良好的治理。良好的治理,简称"善治"。善治的实现不仅需要政府和公共部门在公共事务的治理中践行公开性、透明性、参与性和问责性,还需要政府、市场、社会的互动、协同、协作,以打破政府与市场、国家与社会二元对立、零和博弈的旧思维;更重要但却未受到重视的是,善治的实现有赖于行政机制、市场机制和社群机制的互补嵌合,其中政府部门如何发挥自

[①] 《关于印发金华市基本医疗保险住院付费办法的通知》,金华市人力资源和社会保障局,2017年12月28日,http://www.jhlss.gov.cn/zcfg/201712/t20171228_1838418_1.html。

身行政力量的优势,增强市场,激活社会,是公共治理体系实现现代化并最终达至善治境界的关键。

基于这一理论思考,DRGs系统的制度化需要公共治理创新,其要旨是改善行政机制的运作方式,充分发挥市场机制和社群机制的作用。按DRG付费意味着医保机构与医疗机构之间订立购买医疗服务的公共契约。公共契约的订立无疑是市场机制的运作,其中医保机构与医疗机构建立谈判协商制度是核心环节。将医疗服务购买双方谈判协商机制制度化,是医保支付改革的核心内容,也是新医改"建机制"战略的核心体现。

与此同时,医保支付契约化需要社群机制发挥作用予以支撑。就DRGs系统的开发而言,无论是分组方案的形成、各组别支付标准的确立,还是各组别质量保证指标的选择,都需要定点医疗机构临床医务人员所参加的医学学会分会以及医院管理协会的参与。进而,相对价值法按DRG付费系统的运行,也将为社群机制的激活提供内生动力。如前所述,一部分供方或供方全体的机会主义行为,如在绝对价值法按DRG付费系统中常见的诊断上爬(upcoding,即把病例尽量纳入高价疾病诊断组)、诱导住院(induced hospitalization,即尽量将轻症病人纳入以拉低平均资源消耗量)、风险选择(risk selection,即推诿重病病人以尽量减少平均资源消耗量)、分解住院(readmission,即诱导病患多次住院)等,在相对价值法按DRG付费系统中,必将给全体供方或部分供方造成即时的利益受损,无论是声誉还是收入。由此,为了减少其利益受损,医学学会分会以及医院管理协会启动协会治理将成为一种内生发展需求,而政府改变行政机制的运作方式,发挥能促作用,将医保付费改革中一些重要事项的决定权赋权给学会和协会并提升其能力,是推进公共治理创新的要害。实际上,在相对价值法按病种分值付费系统的形成中,淮安市设立了机构互审机制,而医疗机构之间也有动力对过度医疗行为所导致的点数膨胀进行相互监督(王樱,2018)。在佛山市实施相对价值法按DRG付费的一年间,有医疗机构就其他供方的过度医疗行为向医疗保障局举报。由此可见,这种行业内相互监督的积极性已经产生,但如何转化为社群治理的制度建设,依然是有待发展的大业。

事实上,在中国既有的按DRG付费的所有试点中,无一例外地存在着科学主义、精英主义和神秘主义的倾向。这种倾向,从公共治理的角度来看,可归结为行政机制的主宰性。由于存在着行政化的倾向,市场机制未能发挥积极作用,而社群机制还处在未激活的状态。正是由于一定程度上的治理失灵,导致 DRGs 系统的开发从整体上看呈现迟滞状态。少数地区(如佛山)能在极短的时期内初步建立按 DRG 付费体系,亦归功于高度重视谈判协商机制的作用,高度重视供方的参与性,尽管其对市场机制的重视尚在初级阶段,而对社群治理的重视尚在萌芽阶段。

科学主义体现为在公共契约订立中以"科学计算"代替"市场谈判"。一般而言,所有试点地区均依靠或采纳特定研究团队设计的按 DRG 付费系统及其委托公司开发的软件进行分组测算、价格(或点数)确定及绩效考核指标的选取,高度依赖于历史数据计算,然后以近乎于行政命令的方式在其管辖的医保统筹地区面向特定的试点医疗机构加以实施。尽管医保机构与医保定点医疗机构并没有行政隶属关系,但由于在特定医保统筹地区,医保机构是单一付费者,而且是公立机构,在政府部门惯习的行政机制自然会成为医保支付治理的常态。更有甚者,DRGs 的分组动态形成、支付标准的动态确定及质量标准指标的动态更新,均基于医保方技术团队的"科学测算"以及少量医学专家的技术咨询,而"科学测算"的方式及其结果并没有完全向供方公开,更谈不上向全社会公开。尽管在医保机构与医疗机构之间存在着一定程度的谈判协商,但医保机构扮演着规则制定者和解说者的角色,医疗机构则大多处于被动状态,成为规则的接受者。在此过程中,很少看到医学学会和行业协会以集体谈判者的身份出现在协商谈判之中。

至于"科学测算"的算法,据各种有关 DRGs 系统开发的专业文献所称,有成本数据测算法和历史数据测算法两种。前者需要对医疗服务所涉及的非人力资源消耗和人力成本进行实时跟踪和测算,后者则需要对医保支付和诊疗手段的历史数据进行大样本分析。一般认为前者比后者"更科学",而仅仅采用后者的按病种分值付费(即淮安模式)只是雏形版 DRGs。

实际上,依靠成本数据测算法来确定分组和价格,恰恰是计划经济的核心理念,而这样的理念在经济学中早被证明是不成立的(德索托,2010),因为信息不完备问题(其分散性、不确定性和不对称性等)导致根本无法依据成本测算价格制定经济计划(科尔奈,2007:120-123)。在中国的实践中,即便是对远比医疗服务价格简单的粮食价格进行"科学测算"都是不可能完成的任务,勉力为之的结果就是粮食统购统销制度根本无法具有可持续性。就医疗服务而言,对其中所消耗的非人力资源(如药品、耗材等)进行全样本测算完全不可能,基于代表性小样本尚有可能进行成本测算,但这一测算本身的成本将很高,不仅耗费大量人力、时间和金钱,而且极有可能不具有地方性,即测算结果不符合当地实际情况;但对人力成本,根本无法进行"科学测算"。实际上,人力成本的高低在很大程度上取决于供需关系,而供给却取决于不同病种诊治本身的技术难度、执业风险、资源配置(如是否能流动)、发展水平等多种因素。关键是,基于小样本的成本测算,无论是否包含人力成本,实际上只不过是对小样本所代表的局部资源消耗现状的承认,但这种承认是否能对小样本之外的地区产生指导意义,是大可商榷的。

基于历史数据测算,当然能为DRGs系统中分组和各组价格(无论是绝对价值还是相对价值)提供一定的参考,但由于医疗供给侧普遍存在着过度医疗行为(否则也没有必要实施医保支付改革),而过度医疗行为在不同的医疗机构、医生和在不同的时期呈现出多样化,这就导致大样本的历史数据测算根本无法达成广覆盖的疾病诊断组的发现。用技术性语言来说,就是很多疾病诊断组的变异系数较高,显示出其所消耗的资源并不呈现相近性;通俗讲,就是即便是同一种病,诊疗方法五花八门,费用水平参差不齐,无法归为一组。这一难题可以通过缩小样本量得到部分解决,但以小样本为基础的分析结果,在不同的地方如果不进行实时实地的调整,难以完成本地化。这就是C-DRGs除了在拥有本地化单病种付费经验的三明市之外,在其他地方的试点进展未如预期,也未能如期在更多地方开展试点的原因之一。

精英主义与科学主义是如影随形的。在行政化的医保支付系统政策制定过程中,承担系统设计的研究团队会通过资深专家咨询(一般是通过座谈和评审)的方式提升其各项测算的"科学性",但这种科学主义/精英主义式的参与,与善治要求的参与性的深度和广度相比,还有很大的距离。正如前文所述,医保支付体系尤其是按DRG付费体系的设计,绝非由少数资深专家参与所形成的研究团队经过"科学测算"所能决定;恰恰相反,无论是DRGs分组的动态调整、单组支付标准的设定,还是医疗服务品质标尺的设定,均需要通过供需双方深入细致的谈判和协商来解决。

在医保机构和医疗机构之间所建立的谈判制度中,需方的谈判者自然是医保机构及其研究团队,而供方的谈判者则需要各种医学学会、医师协会和医疗行业协会的参与。其中,就每一个特定的疾病诊断组,相关专业性医学学会和医师协会动员起来,就分组可靠性、标准诊疗路径的建立、非人力资源投入量、人力成本的合理范围、风险系数的估算、技术难度的确定、技术创新的可能性评估、供给短缺性、质量保障标尺选择等诸多方面,通过社群机制的运作达成一定的共识,并在此基础上有效参与供需双方的谈判,是非常重要的。

在绝大多数试点地区,当地医疗机构及其社会组织并没有广泛和有效的渠道积极参与 DRGs 系统的开发之中,因此对这一工作的抵触情绪俯拾皆是。但也有少数例外,佛山市在不到一年内从无到有建立了按 DRG 付费系统,其成功的关键在于医保机构与当地医疗机构以科室为单位进行了五轮详尽的协商,就分组和点数建立了阶段性共识。可以说,让社会治理发挥积极作用,是"佛山奇迹"的关键。

神秘主义是科学主义和精英主义的副产品。在几乎所有的 DRGs 试点地区,分组方案都没有向当地的医疗机构公开;更有甚者,在有些试点地区,如笔者实地考察过的深圳市和三明市,分组器甚至没有向当地的医保机构公开。由此,不仅按 DRG 付费系统无法实施实时动态调整,而且也阻碍了本地化的进程。与此同时,分组器神秘主义还造成了各地 DRGs 数据碎片化。实际上,DRGs 系统本应是一个三支柱系统,即付费系统、监管系统和管理系统,其操作者分别是各地医保局、卫健局和医疗机构。但是,就迄今为止的试点而言,三支柱系统并未建立起来,要么是单支柱(即仅有付费系统,尤其是各种单病种付费,或仅有管理系统)、要么两支柱(即仅有"付费系统+监管系统"或"付费系统+管理系统");而且,作为三支柱系统中核心的分组方案并不统一,导致基于 DRGs 的付费、监管和管理无法协调。

归根结底,科学主义是一种受唯理主义思维所支配的理念和行为模式,在现实中构成了计划经济的哲学基础,其特征是将基于科学计算的理想理性强加于基于自身利益最大化的实践理性之上。然而,科学主义的实践常常导致科学计算的反面,这在计划经济体制的崩溃中得到了证明(哈耶克,2012)。但是,计划经济的遗产并不会随着中国伟大的改革与开放实践而自动消失,其深层的科学主义理念依然在不同领域以不同的方式和程度影响着诸多主体的行为。

科学主义呈现的是对"理性"的迷信,并未显示对科学研究成果的尊重。事实上,受到行政化理念和治理惯习的影响,市场机制的积极作用没有充分发挥出来,这在一定程度上也缘于医保支付改革的主导者未能充分体认经济学对市场机制的科学研究成果。除了存在着大量买者和卖者的竞争性市场之外,市场机制经常发生在仅有少量买者和供方之间的契约化行为,而医保支付恰恰就是这种情形。就契约关系的建立而言,激励机制的设计是核心(坎贝尔,2013);有关激励机制设计的经济学研究成果,为多位经济学家赢得了诺贝尔经济学奖,但这些科学研究的成果却极少在中国各行各业的契约化实践中得到广泛应用,医保支付改革这一领域也不例外。医保支付改革的初心其实是达成激励相容性目标,即"把激励搞对"(getting incentive right),从而使医疗机构和医生按照医学技术伦理和社会道德规范行为,与其利益最大化相容。因此,尽管医保支付改革是控费利器,但其目的是改变规范的行为。从技术的角度来看,医保支付改革的中国探索蹒跚而行,在一定程度上缘于激励机制的设计不当。医保支付制度改革在规则的细节上设计不当,就无法形成良好的激励结构,从而引致激励扭曲或错配,无法引导供方的行为符合公益性。

西谚云:魔鬼藏在细节里。细节之一,在按DRG付费系统中,关键性的规则在于总额预算的形成。几乎所有试点地区都采取基于过去三年或上一年结算金额加上增长率的算法确定当年预算,但这一规则会导致经济学中所谓的棘轮效应,即计划者、管理者或付费者将未来的目标基于过去的绩效时,被管理一方就没有积极性去提升现在的绩效。可是,这一显而易见的激励效应在DRGs系统的开发乃至整个医保支付改革上都没有得到重视。医疗机构出于对来年医保支付预算总额核定值下降的担心,都倾向于每年让申请核拨的医保支付总额超支。据笔者2019年初在三明市实地调查时得知,当地医保管理部门认为,在经过多轮、多维的控费管制之后,尤其是在实施了按DRG付费之后,过度医疗(而不是服务不足)依然是当地医疗供给侧的痛点。在区域总额预算制中规则的棘轮效应没有消除之时,这一痛点也不会消失。实际上,消除这一痛点的方法很简单,就是采用零基预算。这意味着医保公共预算制度建设必须引入新的理念,借鉴公共财政中新的科学研究成果。

细节之二,如何处置医保支付的超支和结余,是通过医保支付改革重构供给侧激励结构的关键。只有设立"超支分担、结余留用"的规则,医疗机构才会产生控制非人力成本的积极性和主动性。可是,一些地方的试点,把此项规则设立为合理超支分担、适当结余留用或者结余滚存(人力资源和社会保障部社会保险事业管理中心,2012)。如此一来,医保机构必将就哪些超支合理、哪些结余适当进行精细化稽核,而精细化稽核在一定程度上又让按项目付费回归。

五、浙江全省域 DRGs 系统的建设：医保支付改革的"重要窗口"

尽管医保改革的战略意义已经众所周知，但总体来说，就全国范围而言，无论是整体性的医保支付制度改革还是具体的 DRGs 医保付费系统的建设，既由于技术复杂性而进展缓慢（杨燕绥等，2013），也由于如上所述的治理行政化而有欠制度化。2018 年初夏，国家医疗保障局的正式组建改变了这一格局。国家医疗保障局整合了原来分散在若干政府部门的医保政策制定、医保筹资、价格制定、医保经办（主要是医保支付业务）、医疗费用与质量管控、医疗救助、医疗服务投入品（主要是药品）的集中招标采购等职能，推动这些领域中的体制改革成为国家医疗保障局的主要工作（顾昕，2019a），其中包括推进按 DRG 付费。

国家医疗保障局的组织建设工作完成之后，各地的医疗保障局也陆续建立起来。浙江省医疗保障局成立之后，推进按 DRG 付费医保成为其工作重点之一。2019 年 11 月 12 日，浙江省医疗保障局、浙江省财政厅和浙江省卫生健康委员会联合印发了《浙江省基本医疗保险住院费用 DRGs 点数付费暂行办法》（浙医保联发〔2019〕21 号），宣布自 2020 年 1 月 1 日起，浙江省城镇职工和城乡居民医保针对大多数住院服务病例，实施按疾病诊断相关分组付费。此后，浙江省各地级市医疗保障局陆续制定了各自的实施方案。2020 年 4 月 30 日，浙江省医疗保障局、浙江省财政厅和浙江省卫生健康委员会联合印发了《浙江省省级及杭州市基本医疗保险住院费用 DRGs 点数付费实施细则（试行）》（浙医保联发〔2020〕11 号）。9 月 8 日，《浙江省医疗保障局关于印发浙江省医疗保障疾病诊断相关分组（ZJ-DRG）细分组目录（1.0 版）的通知》（浙医保发〔2020〕19 号）公开发布，共 998 组，后经过小幅调整后增加到 1006 组。由此，浙江省 DRGs（以下简写为 ZJ-DRGs）医保付费系统的建设迈出了坚实的第一步。继中国台湾地区之后（林倩、王冬，2017），浙江成为中国境内第一个全省域实施按 DRG 付费医保系统的省份。

2020 年 3 月 29 日至 4 月 1 日，习近平总书记亲临浙江考察并发表重要讲话，赋予浙江省"努力成为新时代全面展示中国特色社会主义制度优越性的重要窗口"

新定位新使命。① 推进全省域 DRGs 医保付费系统的建设,正是医保支付改革国家战略的一个"重要窗口"。与此相关,浙江省卫生行政部门将基于新的 DRGs 系统,对医疗供给侧的服务行为进行监管,而医保定点医院则将基于新的 DRGs 系统对医院的战略管理、财务管理、薪酬管理、质量管理、绩效管理、后勤管理和物流管理等进行结构性重组。简言之,一个集医保付费、医疗监管和医院管理于一体的三支柱 DRGs 系统,有望在"十四五"期间覆盖浙江省所有提供住院服务的医疗机构,从而使浙江成为全中国率先完成三支柱 DRGs 系统建设的省份。

DRGs 系统建设基本上由四个步骤组成:(1)分组,将普通病例按疾病诊断分组;(2)定价,确立单组支付标准;(3)支付,确立支付模式;(4)管控,选取适当的质量(或绩效、价值)指标,作为标尺,衡量供方服务质量,奖优罚劣,实施按绩效付费,并建议对违规行为惩罚。

分组方案的建立是 DRGs 系统建设的第一步,也是一项奠基性工作。当 DRGs 系统的分组方案确定之后,基于医保支付的历史数据测算,每一个 DRG 组被赋予相对权重或基础点数。每一个点的价值,即点值或基础费率(base rate),其计算公式在世界各地都是一样的,即:点值(基础费率)= 医保支付地区 DRGs 支付预算总额/相对权重总数(总点数)。

具体的定价模式在世界各地存在着两类细节差异:绝对价值法和相对价值法。在绝对价值法中,每一个 DRG 组的价格(点数和点值)在医保支付年度开始之前就已经确立了。在相对价值法中,点值在医保支付年度结束之后方可为各方所获知。如前所述且下文将进一步详述,相对价值法具有一种独一无二的相对优势,即可以激发行业内部自我监督和自我规范的积极性,从而为有效遏制过度医疗提供一种基于社群治理的全新激励机制。

另一个值得注意的是,调节因子的设定非常重要。如前所述,在世界各地,相当一部分对资源消耗有重大影响的因素,如病人年龄(老年和儿童集中均会对成本产生影响)、高值耗材和药品的使用、医疗技术的创新、历史因素、地区因素等(Edmunds, et al., 2012),一般无法或并不需要通过分组方案的调整(尤其是既有 DRGs 的拆分)加以考量,而是通过设定调节因子加以调整。

---

① 《统筹推进疫情防控和经济社会发展工作 奋力实现今年经济社会发展目标任务》,《人民日报》2020年4月2日第4版。

管控体系建立与完善是基于标尺竞争医疗服务质量保证的过程,标尺选择多由行业协会或专业学会基于循证医学分析和研究形成共识,现已成为医院管理的一个专门的技术性领域。

开发一个运作良好的DRGs付费体系并使之制度化,并不仅仅是一项技术性工作,而是需要推进治理创新,其要旨一方面是改变行政机制的运作方式,使之在元治理上发挥更大的作用,另一方面是充分发挥市场机制和社群机制的积极作用。DRGs付费体系意味着医保机构与医疗机构之间关于购买医疗服务的公共契约订立。公共契约的订立无疑是一种市场机制的运作,其中医保机构与医疗机构建立谈判协商制度是核心环节。

与此同时,在医保支付契约化的过程中,市场机制与社群机制需要互补嵌合。在医疗卫生领域,社群治理机制充分作用,既体现在由利益相关者组成的公立与私立非营利医疗机构的法人治理上,也体现在由医学学会、医师协会、医院管理协会等社会组织对医疗卫生健康服务的协会治理上。在引入市场机制和社群机制之后,政府、市场和社会主体,通过协作互动,可以达成一种社会治理的新格局。

无论是在社会治理理念中的"社会治理共同体",还是在协作互动治理理论中的协作互动网络,多方行动者各自根据其资源动员和运作能力的比较优势发挥作用,既能提高公共治理体系的运转绩效,也能大幅度提升公共治理的能力。其中,特别需要加以深入研究的是,政府行政部门如何在元治理(治理的治理)上更好地发挥作用。置于中国的语境,政府角色从具体事务的治理者转型为元治理者,有赖于政府施政理念的转型,有赖于政府职能的转型,而这正是国家治理体系和治理能力现代化的关键。

就医保支付制度改革而言,医疗保障局承担着社会治理体系元治理者的角色,即组织、协调多方参与者建立网络,赋权政府外组织,通过密集的协商互动,完成DRGs系统的制度建设。由于DRGs系统的开发,包括分组方案的编订,涉及很多临床医学的知识和经验,具有高度专业性,因此动员医疗界社会组织的参与,让医学共同体中的社群机制充分发挥积极作用至关重要。

相对价值法DRGs付费系统的运行依赖于社群机制的激活。如前所述,在相对价值法中,由于点值测算基于医保基金当年决算金额和当年定点医疗机构申报的总点数,因此点值金额以及每一个DRG组的定价在很大程度上随着医保定点医院住院服务量的变化而变化。这是相对价值法区别于绝对价值法DRGs付费系统的一个显著特征:在前者,每一个DRG组的定价在年度支付周期内并非固定,且在支付周期开始前不可获知;在后者,每一个DRG组的定价在年度支付周期内是固定的,且在支付周期开始前就可获知。相对价值法与绝对价值法的显著不同,在于两者对医生间、医院间的利益关系会产生不同的影响:在前者,几乎每一个游戏规则细节的变动都会影响到医生间和医院间的利益关系,因此集体谈判协商和行业自我规范的内生动力强劲;而在后者,规则的改变主要影响供方与付费方的利益格局,因此供方集体谈判协商和行业自我规范的内生动力不足。

同时,DRGs医保付费系统采用相对价值法,也要求在分组方案的咨询、调整和动态更新环节,引入社群机制,因为分组方案的变更将影响医师之间的相对利益变化,有必要通过医疗界的集体协商凝聚共识。此外,在相对价值法DRGs系统中,调节因子的设定将影响医师之间的相对利益,因此将这一工作交由医师协会或医学学会来完成,也是最合适的。很显然,只有具有广泛代表性的医疗界社会组织才能真正了解并确立哪些调节因子对于完善医疗服务是不可或缺的。

ZJ-DRGs系统采用相对价值法,俗称点数法,即区域总额预算下按病组相对权重(或点数)付费。按照既定的分工,浙江省医疗保障局将负责系统标准的制定,包括ZJ-DRGs分组方案、疾病分类编码、手术与操作编码等,会同浙江省卫生健康委员会统一发布,并实行动态调整;各地级市医疗保障局负责确定并公开每一个DRG组的基准点数,并实行动态调整;各统筹地区医疗保障局负责确定并公开年度基础费率或称点值。目前,浙江省尚未实现基本医疗保险的地级市统筹,因此,点值测算与发布是各区县级医疗保障局的职责。

浙江省在DRGs系统建设中,初步践行了社会治理的理念。省医疗保障局发挥引领作用,组建了由浙江大学公共管理学院为学术支持方、国新健康公司为技术支持方、浙江省医学会医疗保险分会为咨询组织方的"浙江省疾病诊断相关分组(DRGs)方案研究"课题组,开展ZJ-DRGs分组方案1.0版的编订工作。这是四方合作伙伴网络治理的一个具体实践。在这里,医学专业学会发挥积极作用,是医疗卫生领域社会治理体系建设的关键。浙江省医学会以及各地医学会汇聚了医疗机构一线的临床医生,其分会与DRGs分组方案中的主诊断类(major diagnosis categories,MDCs)相重叠。将医学会的各分会纳入DRGs系统开发的社会治理体系之中,对于完成并实施DRGs系统,可起到事半功倍之效。

具体而言,在研发团队与科技公司完成分组方案的征求意见稿之后,浙江省医疗保障局在医学会医保分会的协助下,就分组方案的征询意见、修正调整和最终确认,与诸多医疗机构展开协商。在这一过程中,协会治理初见成形,其组织要点如下:

1. 就DRGs系统运作基本制度框架,医学会通过其医疗保险分会面向医院的医保管理人员、病案管理人员和临床医生(尤其是科室主任)组织宣讲和普及。这一步骤不可或缺,否则临床医生难免从局部、微观甚至个人的视角参与意见征询,从而导致分组方案修正建议"只见树木不见森林"的碎片化和局部性的情形。

2. 分专业参与:分组方案征询意见环节,以MDCs为单位,交由医学会相关的专业分会进行集体讨论。

3. 结构化参与:征询意见环节,经由研发团队/科技公司与专业分会进行沟通,优先对组内差异性(CV值)相对较高的DRGs进行调整。

4. 有效性参与:临床医生所提供的新细分逻辑,即某些资源消耗相对较大的服务项目,其有效性必须满足如下前置条件:(1)相关项目经过循证医学、卫生技术评价或药物经济学等研究,以确保其临床有效性和患者获得感;(2)相关项目纳入医保支付目录;(3)相关项目纳入病案管理体系,拥有标准化的字段和编码,若尚未拥有编码,则可设立临时编码。这些参与规范的确立,为ZJ-DRGs分组方案从1.0版向2.0、3.0、4.0版等的更新,奠定了基础。

值得注意的是,在DRGs的中国试点中,调节因子的设定尚未以系统性的方式纳入系统建设的视野。浙江省在金华试点的基础上,就医疗机构运行成本的历史差异,设立了"差异系数"进行调整(杨燕绥、廖藏宜,2017)。根据浙医保联发(2019)21号第十三条,差异系数可按医院等级、人头人次比、个人负担水平、历史发生费用、县乡两级疾病诊疗目录落实情况等依据进行设定,具体方法由设区市结合实际确定。差异系数的设定,可以说是调节因子的一种,而调节因子的系统性和制度化有待于医学卫生界社会组织相关能力的激活。如前所述,由四方合作伙伴共同治理的"浙江省疾病诊断相关分组(DRGs)方案研究"课题组于2019年8月开展ZJ-DRGs分组方案1.0版的编订工作。课题组依照国家医疗保障局设立的技术规范,利用浙江省省本级和杭州市、金华市、衢州市、台州市、温州市2018年医保结算数据以及医院病案管理数据进行测算,在2020年5月向省医保局提交了ZJ-DRGs分组方案1.0版征求意见稿。经过与多家医疗机构多轮的意见征求和协商环节,ZJ-DRGs分组方案1.0版最终于8月完成。分组方案最终于2020年9月8日公开发布。

DRGs分组的核心原则为临床诊疗相似性(或同质性)和资源消耗相近性,这一点举世皆然。根据全球经验,DRGs系统分组方案编订的通行操作方式为逐层分类细化法。针对所有纳入DRGs支付范围的住院病例,首先根据出院主诊断分为MDCs,然后根据手术和非手术、主要治疗方式(手术方式或处置方式)分为临近诊断相关组(adjacent diagnosis related groups, ADRGs),最后根据多病症、并发症、特殊手术或处置方式、个体特征、病症严重度和复杂性等因素,确立最后的DRGs。

国家医疗保障局在2019年下半年曾先后发布了两部指导性文件,即《国家医疗保障疾病诊断相关分组(CHS-DRG)分组方案(核心组ADRG)》与《国家医疗保障疾病诊断相关分组(CHS-DRG)分组与付费技术规范》。根据这两部文件,CHS-DRGs共有26个MDCs、376个ADRGs。在MDCs和ADRGs这两个层级上,ZJ-DRGs分组方案的编制完全遵循CHS-DRGs标准,然后根据病例的一些个体特征,主要是多病症、并发症及病症严重性等因素,确定细分的DRGs。ZJ-DRGs逐层分类细化的分组框架如图9-3所示。

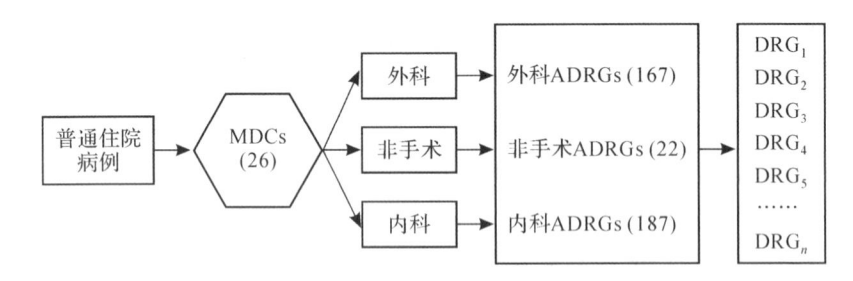

图9-3　ZJ-DRGs分组方案的操作框架

DRGs分组所依赖的数据测算工具就是分组器软件。分组器的功能首先是依据医保和病案数据将病例入组,然后进行统计分析,这两个环节分别体现为对临床诊疗相似性和资源消耗相近性的统计确认。在世界各地的实践中,对于任何一个DRGs系统,衡量分组方案以及分组器软件效能的指标有三个:

1.入组率。入组率可反映DRGs系统对医疗数据的识别能力。假定DRGs系统覆盖范围内病案数据库中有N个病例,最终成功进入各个DRGs的病例为n,则入组率为n/N。通常认为,当入组率达到95%时,表明该DRGs分组方案以及分组器较好地识别了当地医疗数据的编码规则。

2.组内差异性。通过分组器将病例完成分组后,预期进入同一DRG组内的病例在资源消耗上是非常相近的,用统计学术语来说,就是组内差异性较小。国际上通常用"变异系数"(CV)来衡量组内变异度。CV 值等于 DRGs 组内病例费用的标准差除以同组病例的均数。国家医疗保障局将 CV<1 列为 DRG 成组的标准之一。通常认为,当 CV 值小于 1 时,该 DRG 组内差异性较小。在 DRGs 系统开发初期,CV 值偏高一些(即略高于 1)是正常现象。同时,CV 值的高低与组内病例数相关:一般来说,病例数越多,CV 值越低。

3.组间差异性。通过分组器将病例完成分组后,组间差异性越高越好。国际上通常使用"组间方差减小系数"(RIV)来衡量组间差异性。国际上成熟的 DRGs 版本,RIV 值通常在 50%—70%。

值得说明的是,无论是入组率,还是 CV 值和 RIV 值,在系统首次建立(即 1.0 版编订)之时,均会有不尽令人满意之处,这是正常的现象。我们将浙江五地 DRGs 系统分组方案的 RIV 值,与世界其他一些地方 DRGs 系统分组方案进行比较,以透视 ZJ-DRGs 分组方案的效能。国际卫生政策领域的高水平学刊《卫生政策》(*Health Policy*)曾在 2008 年发表一篇论文,对美国全病患 DRGs(All Patient DRGs,APDRGs)、澳大利亚 DRGs(AR-DRGs)以及英国 NUS 体系中 HRGs(DRGs 的英式表述)的两个版本进行了比较,其中给出各 MDCs 的 RIV 值(Reid and Sutch,2008)。这些 DRGs 版本在这些国家是其 DRGs 系统的早期代表,其中 AR-DRGs 是基于美国 APDRGs 并经过本地化的系统,后来又为德国、新加坡和新西兰所借鉴。HRGs 则是基于美国 APDRGs 并经过本地化的英国系统。值得注意的是,中国的 CN-DRGs 系统主要借鉴于澳大利亚的 AR-DRGs,而国家医疗保障局的 CHS-DRGs 和国新健康公司的分组器均在很大程度上基于 CN-DRGs 系统。因此,基于 DRGs 谱系传承关系以及均为早期版本的因素,我们选择这篇文献所报告的三国四个 DRGs 系统,就其具有可比性的 MDCs 的组间差异,与浙江五地 DRGs 系统分组方案进行比较。比较结果显示,ZJ-DRGs 分组方案略好于美、澳、英早期的实践(详见顾昕等,2021)。DRGs 系统必须经过一个动态调整更新完善的过程。具体而言,当 1.0 版完成后,需要基于其后每一年的数据分析和供方参与加以更新。在世界各地,这一完善过程一般均需花费 5—10 年时间。

任何一个现成的分组器,无论是由公司开发还是由个人所拥有,都不可能在各地直接使用,而必须经过本地化过程,即使用分组器对当地医保支付数据和病案管理数据进行测算,以确立当地分组方案的效能。在系统开发初期,数据测算必将遭遇到一系列技术性障碍。其中最为集中的障碍有两个：一是数据不规范性，这既包括医保支付数据和病案数据的不一致性，也包括病案数据本身的不完整性、不准确性、不一致性；二是数据编码的非标准性，这既体现为不同医疗机构所使用的数据编码五花八门，也表现为不同年份的数据编码标准不一致。因此，与各地的情形相类似，ZJ-DRGs 系统的开发经过了数据清洗和编码映射的过程。

ZJ-DRGs 分组方案 1.0 版编订，采用各地城镇职工医保和城乡居民医保参保者 2018 年住院病案数据和医保结算数据进行测算。当时，2019 年的数据尚未清洗完毕。就时间跨度而言，课题组仅提取一年的数据，而不是更长时期的历史数据，有如下考量：(1)由于政策多变，不同年度同类 DRGs 的资源消耗量变异性较高，历史数据所跨年度越多，CV 值越高；(2)多年度历史数据的调取，存在着技术难度，主要原因是医保经办服务的软件服务商在多地多有更迭，计算机系统语言不一；(3)多年度历史数据在编码的规范性上存在着更为复杂的差异，不同年份使用不同规范的编码是常见的情况，因此多年度测算必然使编码映射上的工作量加大；(4)在很多人口规模较大的地级市，即便是单年病例数也已经较高，数据量之大足以为有效编制分组方案奠定基础。

浙江省 DRGs 系统的建设已经迈出了坚实的第一步。在此基础上，启动 ZJ-DRGs 1.0 版向 2.0 版的动态更新，正当其时。启动 ZJ-DRGs 2.0 版研发的必要性有如下三点：第一，这是 DRGs 系统建设与完善的内生需要；第二，国家医疗保障局在 2020 年末引入了新的住院支付体系试点 DIP，并推动 DRG 与 DIP 的融合，ZJ-DRGs 的发展必要与国家医疗保障局在医保支付改革上的大方向保持一致；第三，ZJ-DRGs 的动态更新将进一步拓宽既有的"重要窗口"，为全国深入推进医保支付改革国家战略提供新的借鉴。

在世界各地，DRGs 分组方案的动态更新是系统建设和完善的内生需要。在初期发展阶段（即前 10 年），两年一更新是必要的，例如中国台湾地区 DRGs 1.0 版于 2010 年上线，到 2018 年已经更新为 4.0 版。尽管在许多参数上优于国际上可比的系统，但 ZJ-DRGs 1.0 版分组方案在各地的实践中也呈现出一些明显的缺陷，需要加以研究、分析并更新。

最重要的缺陷有两点：一是组数偏少，存在着一些组内资源消耗差异较大的 DRGs；二是没有充分考虑病例临床复杂性水平，尤其是涉及病例出现并发症和合并症（complication and comorbidity，CC）的情形，致使一些重症或难症病例的医疗服务无法在既有DRGs系统中获得应有的补偿。这两点具有相关性,其表现是ZJ-DRGs 1.0版分组方案的组数偏少,其后果极有可能诱使定点医疗机构减少对重症病例的医疗服务,以避免消耗太多医疗资源。

ZJ-DRGs 2.0版分组方案更细的技术路径,关键之处有两点:一是拓展历史数据测算,年份从2018年单年拓展到2018年、2019年、2020年三年,范围包括更多地级市和更多定点医疗机构;二是引入新的算法,将国家医疗保障局大力推介的按病种分值付费(DIP)融合到ZJ-DRGs系统的建设之中。

第一个关键之处显而易见,在实施中不会有任何障碍。事实上,浙江省各地医疗保障局在DRGs系统本地化的过程中,已经完成了2018—2020年三年数据的汇聚和清洗工作,数据测算的更新工作正当其时。

第二个关键之处值得加以详细分解。事实上,国家医疗保障局继2019年5月在30个试点城市推动DRGs付费系统建设之后,又在2020年10月在71个试点城市推动DIP试点。由于浙江省在全省范围内实施DRGs,因此没有DIP试点城市,这在客观上形成了一种浙江省自外于全国改革试点的格局,这对于浙江省医保支付制度改革与发展的大局是不利的。在这一点上,浙江省医疗保障局需要与国家医疗保障局相向而行。

DIP和DRGs的宗旨是一样的,其开发的技术框架也基本相同,只不过两者在算法和操作上略有不同。DIP只基于医保支付数据,运用大数据分析和人工智能技术,在国际疾病分类的规范下,依照病种将资源消耗相近的病例进行聚类,形成分组方案,一般来说病种组数较多,基本上在4000—14000组。在算法上,DRGs分组方案的编订也需要对医保支付数据进行大数据分析,然后基于病案数据的分析将病组进一步聚类,在此过程中人工智能技术自然也可以引入。与DRGs分组方案相比,DIP分组无需将病案管理数据纳入测算,因此在系统开发过程中,可以在数据清洗工作环节中节省大量时间和人工,简单易行,便于启动和扩散。简单说,DIP采用一步测算法,而DRGs采用两步测算法,其中DRGs的第一步算法与DIP的算法没有也不应该有实质性的差别。

在ZJ-DRGs分组方案2.0版的研发中,引入大数据分析和人工智能深度学习技术,是十分必要的。DIP算法与DRGs算法可以融合,也应该融合。据我们所知,浙江大学公共卫生学院医疗保障大数据和政策研究中心已经基于人工智能算法在融合DRGs和DIP算法的学术研究中取得了可观的成果,将其学术研究成果转化为实际成果正当其时。引入DIP的大数据分析和人工智能算法,一方面将使ZJ-DRGs系统建设与国家医疗保障局推进DRG-DIP融合的努力相向而行,另一方面也将为智慧浙江开辟一个全新的应用领域。

除了分组方案外,DRGs系统良好运作还有赖于定价支付和质量管控体系在细节上的不断完善。关于定价与支付,技术性细节很多,这里不予详述,只提及两点。

其一,浙江省在定价与支付上并不采用针对医疗机构"同组同治同点数"的定价与支付模式,而是设立了差异系数。实际上这一做法也是国际通则,在国际上被称为"调节因子"(参见图9-2)。调节因子的设定非常重要。在世界各地,相当一部分对资源消耗有重大影响的因素,一般无法或并不需要通过分组方案的调整加以考量,而是通过设定调节因子加以调整。

通览国外惯例和国内实践,设立调节因子的考量因素包括:(1)历史因素,在一定程度上尊重医疗机构在成本上的历史差异(如金华),但在一定期限内拉平(如德国);(2)体制因素,基于不同级别医疗机构定价水平差异(如金华、衢州等);(3)个体因素,基于年龄组分析,儿童医院和老年医院设立调节因子(如中国台湾地区);(4)地区因素,对医疗资源不足的地区赋予加权,如德国各州设立调节因子,中国台湾地区设立山区离岛加权;(5)改革因素,基于特定改革政策设立调节因子,如佛山选出200多个常见病、多发病DRGs,对基层医疗机构设立点数加权;(6)发展因素,如果当地卫健系统以及医学学会等确立了有待强化的医疗服务领域,医疗保障局可以就相关DRGs设立旨在"补短板"的加权系数;(7)中医因素,对于某些亟待扶持的中医服务,可以设加权系数。

目前来看,在ZJ-DRGs 1.0版中,仅仅上述前两个考量被纳入差异系数的设定之中,而且在细节上也不尽完善。ZJ-DRGs 2.0版完全可以采用与国际接轨,采用调节因子取代差异系数,并将其他各种考量因素纳入。这一方面有国内外成熟的经验可以借鉴,另一方面需要浙江省医疗保障局鼓励各地级市对其医保支付数据开展大数据分析,积极探索创新。

其二,是质量管控规则的充实和完善。就DRGs系统设立质量管控标尺,并根据标尺按绩效付费,奖优罚劣,在国外已经有了相当成熟的实践经验和研究成果,完全可以也有必要在ZJ-DRGs 2.0版的研发中加以借鉴。如何为之,已经是一个专门的技术领域,此处不予详论,仅举一例。ZJ-DRGs 1.0版针对再入院设定了一个准一刀切的规则,即针对15日内基于同一个DRG在同一家医院再入院的病例,第二次住院支付时点数减半;而在国外,再入院扣点政策并非对所有DRG一刀切,而是根据一定范围内同类病例平均再入院间隔天数设定奖惩标尺。标尺设定需要在一定地域内对相关病例进行大数据分析得出。

与此同时,医保支付契约化成功与否的关键在于市场机制的运作能否通过社群机制发挥作用予以支撑。在DRGs系统的制度化过程中,社群机制运作的体现在于各类医学学会、医师协会和医院管理协会基于行业规范和当地社会经济生活的实际情况,对诸多技术性因素达成广泛的共识。行政机制运作体现在卫生行政部门和医保管理部门运用行政力量助推学会—协会发挥积极的作用,同时在供需双方谈判的制度建设上发挥主导作用。助推是行政治理模式创新的重要内容之一(泰勒、桑斯坦,2015;桑斯坦,2015)。企业所扮演的角色是将政府协调下供需双方谈判的结果系统化、软件化。与此同时,作为第四方的学界,一方面可以通过专业性的技术分析为供需双方提供公共知识,另一方面也能在协调和组织学会—协会的参与上扮演积极的角色。在公共管理理论中,这样的角色被称为"跨界协调者",而以供需双方以及政府之外出现的第四方身份参与治理体系中的学界,本身就是跨越国家与社会边界的跨界者,有可能扮演好跨界协调者的角色。四方合作伙伴网络的建立,以及使行政、市场和社群机制在其中发挥协同作用,是包括DRGs付费系统开发在内的整个医保支付改革治理创新的核心内容。

从全国范围来看,时至今日,医保支付改革的社会治理理念没有普及,社会治理共同体建设也没有提上医保改革的议事日程。医疗界社会组织在DRGs系统开发中基本上是失位的。浙江省在诸多社会建设领域大力推进社会治理体系建设,在国家治理体系和治理能力现代化上走在全国的前列。浙江省有条件也有能力在医保支付的治理变革上先行一步,为"重要窗口"建设增添社会治理的魅力。

六、结语:走向医保支付改革的公共治理创新

医保支付改革的推进具有高度的技术性,这导致中国在这方面的探索跟不上新医改新时代的要求。要推进以按DRG付费系统为代表的医保支付制度改革,不仅需要克服技术难关,更要推进理念更新和治理创新。这必须依赖于地方政府发挥首创性、积极性、创新精神和专业精神,通过治理创新消除医保支付改革的痛

点和难点。医保支付制度改革的核心是让公共契约模式中的市场机制发挥基础性作用,而这一点的关键在于医保机构与医疗机构之间谈判制度的运作。市场机制单独发挥以达至善治的可能性微乎其微,善治的实现必须仰赖于市场机制嵌合到社群机制和行政机制的协同性运作之中。要达成医保支付改革的善治,需要政府、企业、社会(其中既包括医疗机构,也包括学会—协会组织以及学术研究机构)形成多方合作伙伴关系。

然而,时至今日,如上所述的医保机构与医疗机构的价格谈判制度并没有建立起来,这在许多地方按 DRG 付费系统的设计和试点中也有所体现。由于社群机制在价格谈判中没有发挥应有的积极作用,按 DRG 付费系统开发和实施中的市场机制也无法运作良好。与此同时,尽管在相对价值法按 DRG 付费系统的试点中,医疗行业内部已经形成了相互监督、自我规范的内在动力,但基于协会治理的新社群治理机制尚未形成,亟待政府通过行政力量的助推让社会治理运转起来。同时,学界对于市场机制的运作、社群机制的激活、行政机制的改善,也亟待呈现更加成熟的研究成果。

医保支付改革是中国新医改的重中之重。然而,历经十多年努力,新医保支付方式,无论是针对门诊服务还是针对住院服务,既没有在整个医保支付体系中占据主导地位,也没有促成医疗机构改变激励结构。供方过度医疗的激励依然强烈。在绝大多数医保支付改革试点中,都存在着科学主义、精英主义和神秘主义的倾向,导致行政力量无论在制度建设的宏观事务还是在支付方式的细节设计上都发挥主导作用。体现市场治理运作的供需双方谈判机制始终未能制度化,而市场机制所嵌入的社群机制运作,即医学学会—医院管理协会既没有能力也没有空间参与规则的制定和执行之中。

改善行政治理,强化市场治理,激活社会治理,让社会治理的治国理念落地,是中国国家治理体系现代化的核心内容,是推进医保支付改革砥砺前行的必由之路,也是 DRGs 系统制度化日臻完善的不二法门。

第十章 医疗卫生服务的治理体系：行政化、市场化、社会化[①]

一个健全的医疗体系是一种"社会性基础设施"，就像道路、通信、公用事业等"实体性基础设施"一样，对于一个国家经济社会的协调发展是不可或缺的。何种医疗体系是健全的？对这一问题，难以给出简单明了的回答。世界上有多种多样的医疗体系，没有任何一种完美无瑕，因此几乎所有地方的医疗体系都在进行改革。要分析医疗体系的改革，我们必须首先对医疗服务的性质加以简要考察，并分析其对医疗体系的影响；继而对医疗体系进行分类，并从中透视政府、市场和社会及行政、市场和社群机制在其中所发挥的不同作用；最后对医疗机构的所有制结构进行分析，考察不同组织类型之间的竞争对医疗服务价格、数量和质量的影响。公立医院是医疗供给侧重要的组织类型之一，鉴于其在中国医疗服务体系中的主宰性地位，本章将单辟一节讨论公立医院的公共治理。由于基本卫生保健就服务性质和组织结构而言都具有特殊性，因此本书单辟一章加以详述（参见第十一章）。

[①] 本章内容早期版本的一些内容，曾经发表于如下论文：顾昕，《新中国70年医疗政策的大转型：走向行政、市场与社群治理的互补嵌入性》，《学习与探索》2019年第7期，第1—13页（全文转载于中国人民大学复印报刊资料《社会保障制度》2019年第10期，第50—62页）；顾昕，《公立医院的治理模式：一个分析性的概念框架》，《东岳论丛》2017年第10期，第12—21页（此文全文转载于中国人民大学复印报刊资料《公共行政》2018年第1期，第89—98页）；顾昕，《走向协同治理：公立医院治理变革中的国家、市场与社会》，《苏州大学学报（哲学社会科学版）》2017年第5期（第19卷第5期），第31—40页（此文摘要转载于《高等学校文科学术文摘》2018年第1期，第51—52页；全文转载于中国人民大学复印报刊资料《体制改革》2018年第1期，第104—114页）。本章对相关内容进行了修订、更新、充实和整合。

一、医疗服务的物品性质与医疗供给侧组织和制度模式的多样性

医疗服务的物品性质与其公共治理体系中行政、市场和社群机制的关系有很大的关联。要考察医疗服务的公共治理体系,我们首先要对医疗服务作为一种物品的性质和特点加以界定。就性质而言,把医疗服务视为"公共物品""准公共物品"或"公共服务"的看法是十分流行的。然而,这一看法具有含混性和误导性。"公共物品"是经济学的一个基本概念或专业术语,特指那些同时具有消费非竞争性和消费非排除性两个特征的物品。消费非竞争性意味着增加一个人对它的消费并不导致其供给成本的上升,而消费非排除性意味着排除任何人对它的消费则需付出巨大的成本。仅具有其中一个特征的物品属于"准公共物品",而同时具有上述两个特征的物品属于"纯公共物品"。对于公共物品的供给来说,理性的个体希望别人付费自己沾光,即产生"免费搭车者问题",因此如果其治理完全依赖于市场机制,就会导致其供给不足(Stiglitz and Rosengard,2015:105-106)。

依照上述定义来界定,在医疗卫生领域,面向人群的公共卫生服务(population-based public health services)如环境卫生、健康教育、卫生监督、食品与药品安全、职业病和地方病防治等具有这两个特征,因此属于公共物品。疫情防控不具有消费非竞争性,因为疫情发生地区人口越多,防控成本越高,但却具有消费非排除性,即无法排除地区内外任何人从中受益,因此属于准公共物品。由于无法排除任何人成为这类服务的受益者,而且也无法确定具体的受益者及其受益程度,这两类服务的提供者不可能向受益者收费。因此,在任何一本经济学教科书中,公共物品以及一些准公共物品的提供往往成为政府的责任,这意味着行政机制成为公共物品提供的主导型治理机制。可是,只要有适当的激励,公共物品的有效私人提供(Bergstrom, et al., 1986),尤其是社区或社群提供(Markussen, 2011),也是有可能的。在公共物品的私人提供者当中,既有营利性的市场主体,也有各类非营利组织或社群组织,包括自愿组建起来的社区。这意味着,即便行政机制在公共物品提供的治理上具有主导作用,市场机制和社群机制也有发挥各自积极作用的空间;当然,后两种机制发挥积极作用,离不开行政机制作用的支撑。

很多面向个体的公共卫生服务(individual-based public health services)如预

防保健(免疫)、妇幼保健、慢性病管理等,并不具有消费非竞争性和消费非排除性,理论上属于私人物品。医疗服务显然也不具有这两个特征,因此,医疗服务理论上也属于私人物品。人们之所以强调上述两类尤其是医疗服务的公共性,或者认为医疗服务是一种公共服务,最主要的根源在于医疗服务具有很强的正外部性。医疗服务的正外部性体现在很多方面,其中的核心在于其对健康维护的功用,而健康维护对于社会经济各个领域的发展均具有显著影响(王曲、刘明权,2005:3-9)。这类物品的提供不仅会直接影响当事人,还可能给某一群体甚至整个社会带来额外的好处或害处,因此又被称为"集体物品"(Savas,2000:45)。具有强正外部性的私人物品,例如基本医疗服务和基础教育,如果纯靠市场治理,会产生供给不足的情形,政府常常卷入这类物品的提供。因此,这类物品又被斯蒂格利茨参与撰写的教科书称为"公共提供的私人物品"(Stiglitz and Rosengard,2015:111-116)。

然而,哪些私人物品有较高正外部性,需要劳烦公共部门来提供,或者说私人与集体物品如何划分,没有绝对客观的标准。对于很多私人物品(例如美容手术、阳台清洁),人们都不难找出一些理由,来论证其具有一定程度的正外部性,但并非所有具有正外部性的物品,都应该由政府组织提供,都应该属于公共服务。公共服务之所以成为公共服务,除了其正外部性之外,还应有其他特质,致使其对于公众来说是不可或缺的。人们把基本医疗服务视为一种公共服务,把基本医疗服务的提供视为社会公益事业,主要是出于人道主义的原则,即一个人道的社会应该提供一定基本私人物品,诸如基本食品、基本住所、基本医疗和基本收入,以满足所有人的基本需要,尤其是提供给那些真正需要帮助的低收入人群(Savas,2000:56-61)。平等地满足所有人的基本需要,是所谓"横向公平"的一种体现(Barr,1998:90)。诺贝尔经济学奖得主阿玛蒂亚·森(Amartya Sen)的人类发展理论更是把健康视为人类基本自由的一个内在组成部分和人类发展的首要目标之一,从而凸显了"健康权利"的重要性(Sen,1999)。对于健康权利的挖掘,也被视为健康非工具性的内在价值的挖掘(王曲、刘明权,2005:2-3),由此各种医疗卫生服务作为健康权利保障的工具具有了非常重要的非工具性的价值。

至于何为"基本需要",在很大程度上具有社会建构性,即基本需要的认定与社群的价值观和社会规范有关,因此不同的社群(当社群达到一定程度,就是社会)对何为基本需要有不同的认知,而且同一个社群(或社会)在不同的历史阶段也有不同的认知。但是,放眼全人类,不同社群或社会之间的价值观尽管具有多样性,对基本需要的认知或许有诸多不同,但也存在着某些重叠共识,而基本医疗服务的提供属于基本需要的满足就是这种重叠共识之一。同时,基本需要的满足需要满足一定的经济、社会和政治前提条件。确保人人(无论其收入高低)均可获得基本医疗服务,也就是基本医疗服务的可及性具有横向公平性,成为衡量一个国家或社会是否具有公平性的一项重要指标(Barr,1998:90-91),也是衡量医疗服务体系是否健全的一项重要指标。

除了外部性之外,医疗服务还具有另外一个重要的特性,那就是信息不确定和信息不对称问题。早在1963年,诺贝尔经济学奖得主肯尼思·阿罗在经济学顶级学刊《美国经济评论》上发表的一篇经典性论文(Arrow,1963),从信息不确定性和不对称性的角度刻画了医疗服务的一些特征,从而奠定了卫生经济学的理论基础。首先,信息不确定意味着,对于相当一部分医疗服务来说,受制于医学和卫生技术的限制,作为消费者的患者与提供方(医生以及其他专业人员)对其成本和收益皆不掌握确切的知识;信息不对称意味着,除了极少数常见病和多发病之外,在医疗服务市场上,供需双方拥有不对称的专业知识,因此患者基本上处在完全被动的一面。信息不确定的结果就是市场机制内含的契约化过程难以完成,供需双方无法签订完备的契约(Haas-Wilson,2001)。信息不对称的结果之一就是"供方诱导需求"(Rice and Labelle,1989;Jaegher and Jegers,2000;Folland, et al.,2001:205-213;McPake, et al.,2002:49-52),俗称"过度医疗"。如果契约失灵引致的过度医疗现象得不到遏制,医疗服务市场既无法达成效率也有损公平,即不仅无法达成帕累托最优,也会损及基本医疗服务可及性的横向公平(Grytten and Sørensen,2001),还会对医患之间的信任关系造成损害(Dranove,1988)。

由于信息不确定和信息不对称的存在,医疗服务只有建立在供需双方(医患双方)信任的基础之上,其市场机制才能良好运作,而供方(医疗机构和医生)具有强烈的社会责任感对于维持这种信任关系是至关重要的。唯有如此,患者才能向医方让渡一定程度的选择权,让供方成为需方的代理人,选择性价比最高的医疗服务路径。医患信任关系的建构,要求供方至少做到不呈现出追求收入最大化的行为,杜绝与患者的讨价还价行为,远离利润最大化的污名,甚至在医疗服务业根本不能提及"利润"这个字眼。与此同时,医疗保险体系的完善、执业资质与许可制度的建立、品质评级与认证体系的运行,是建立与巩固医患信任关系所不可或缺的社会制度(Arrow,1963:949,965-966)。后来,在信息经济学兴起的智识背景下,美国经济学家菲利普·内尔森(Phillip Nelson)根据品质信息可获取的时间,将所有物品分为两类:(1)搜索品(search goods),即品质信息在消费之前便可获取的物品;(2)体验品(experience goods),即品质信息必须在消费之后加以体验方可获知的物品(Nelson,1970)。之后,有经济学家又在体验品中进一步分离出信任品(credence goods),即品质信息在消费之后的相当一段时间内都无法加以确认的物品,为了确认这一信息,消费者除了付出时间成本之外,还必须付出其他不菲的额外成本(Darby and Karni,1973)。在学术文献中,信任品也常被称为"后体验品"(post-experience goods)(Vining and Weimer,1988)。很多专业性服务,如医疗服务(Dulleck and Kerschbamer,2006)、教育服务(尤其是高等教育)、保险服务、法律服务等,都属于信任品(Dulleck and Kerschbamer,2009)。对物品性质的这一界定思路,对于专业性服务治理的分析,有重要意义。

在现实生活中,人们所消费的大多数物品或服务属于搜索品,一般意义上的市场机制对于搜索品的生产和消费具有良好的治理之效,即在保证市场竞争公平充分的条件下,价格就能为消费者提供有关物品或服务品质的信息(Vining and Weimer,1988:287)。体验品的生产和消费则需要在供需双方之间建立一种长期稳定的关系,因此品牌对于维持这一关系的作用至关重要。信息技术的发展不仅能使体验信息不再昂贵,而且能使之得到广泛传播,这促使很多体验品转化为搜索品。信息搜寻服务市场化的变革,即"互联网+",被学界称为"第二只看不见的手"(Dolgin,2010),为很多产业的变革拓展了空间。然而,信任品的生产和消费则另有不同。由于其品质信息必须经过长期积累才能为消费者所知,因此信任品的生产和提供必定是一个长期的事业,可谓"百年大计"。唯有立足于长期的信任积累而不是满足于短期的交易成功,信任品提供者才具有可持续性,信任品产业才能获得健康发展。

由于信任品的特性,很多适用于搜索品和体验品的市场行动以及市场机制的运作并不适合于信任品。例如,对于性质上属于搜索品或体验品的很多商品和服务来说,广告投放是一种市场竞争策略。可是,这种策略对于信任品来说往往会适得其反。在中国,不少民营医院为了在市场上推广自己,往往展开铺天盖地的宣传攻势,通过众多渠道进行广告投放,某些信息搜索服务公司也在医疗服务领域顺势演化为广告公司,依据被搜索对象付费水平的付费水平安排搜索结果的排列次序。这只能产生反效果。

对于信任品的供方来说,以获得短期收益为目标的运营之举都有可能损害长期信任的积累。相反,那些与短期收益无关的组织行为,例如,对于医疗服务的供方而言,信任积累的一种可行指导是以非营利组织的模式通过社群机制的完善运作提供医疗服务,其中专业共同体(社群)精心维护的专业精神(professionalism)及其实践在构建医患的长期信任上发挥着重要作用。社群机制在医疗服务治理上的重要性由此可见,而专业性社会组织在其中发挥着重要作用。在此基础上,还有一些可行的运行策略有助于强化信任。一种可行的策略是推进纵向一体化以形成整合医疗的服务业态和能力,为民众提供从健康管理、预防保健、门诊诊断、住院治疗到护理康复的一体化服务(Vetter and Karantininis,2002)。另一种可行的策略是促进医疗服务、医学教育和医疗研发的横向一体化,从而在公众那里形成一种服务提供科学有据、服务品质不断改善的预期。梅奥诊所(Mayo Clinic)是全世界医疗服务提供者的标杆,纵向一体化与横向一体化在其组织架构和运行中都有体现。梅奥诊所是一家非营利集团组织,其发明的跨专业团队诊疗(multispecialty group practice)的服务模式为其带来了强大的竞争优势(Fye,2015:22-41)。

前文已述,医疗服务无论如何都是一种私人物品,因此可以由市场来提供。事实上,市场提供自古以来一直是医疗服务递送的主导方式之一。但是,事实的另一面是,信息不对称导致负外部性比比皆是,因此就诸如医疗服务这类信息不对称情形严重的物品而言,"市场失灵普遍存在"(Stiglitz,2002:478)。在现实中,企业提升价格时并不会失去所有的消费者,企业降低价格时也不会因此获取整个市场份额,这样的情形比比皆是(Stiglitz,1989:772-774)。在医疗服务市场上,由于信息不对称容易给予供方以操纵市场的力量,医疗价格无法为作为医疗服务消费者的患者提供适当的信息。医疗服务业由于信息不对称而存在着严重的市场失灵,如果没有非商业性力量的介入,市场化的体制就无法实现医疗服务的效率与公平。为了克服医疗服务中的市场失灵问题,有关的非商业性努力沿着医疗服务的需求侧和供给侧两个方向展开,其中行政机制和社群机制的积极作用显现出来。

如第八章所详述,在需求侧,建立一个保障水平较高且效率、公平俱佳的全民医保体系是关键,其中医保支付改革(provider payment reforms)是需求侧改革的重中之重,也是改善需求侧与供给侧连接的有效途径。第九章已经详述,医保支付改革本身意味着市场机制的引入和完善,是契约化不断改进的体现,而这一完善过程需要引入社会治理理念,需要政府、市场和社会多方主体的协作互动,需要行政、市场和社群机制的互补嵌合。简言之,全民医保体系的高质量发展取决于社会治理体系的完善,即社会治理共同体的有效运作。

在供给侧,医疗服务机构走向非营利性是一种选择(Hansmann,1980),私立非营利机构是医疗服务市场的重要参与者(Pauly,1987),而政府通过建立公立机构直接为民众提供医疗服务是另一种选择。由此出现了医疗服务机构的三种组织形式:私立营利性组织、私立非营利组织和公立组织。

医疗机构的所有制类型及其构成是否会对医疗供给侧的运作产生影响,这个问题在中国"公私之争"热烈的舆论和话语背景下尤为引人关心,尤其体现在强化公立医院主导性的诉求之中,而这一诉求无论是在医疗界内部还是在全社会时常会产生很大的反响。不同组织模式之间的竞争及其后果,是既有卫生经济学和卫生政策文献关注的一个论题。

基于市场失灵的理论对医疗供给侧的组织和制度进行规范性经济学分析,常会得出如下一般性结论:(1)对于那些难以订立契约、正外部性强、不确定性高、质量可监督性低的医疗服务,公立医疗机构在控制费用水平和保证服务质量上具有比较优势;(2)对于那些可以订立契约(尽管不完备)、质量多多少少可监测(多依赖于声誉机制)、多多少少受到竞争的影响、可以通过支付模式中的风险调整减少挑选病人的倾向并能设法设置创新激励机制的医疗服务,私立医疗机构能够有效运转起来,并能产生积极的宏观结果;(3)非营利机构在降低竞争的不利影响方面比营利性机构更具有比较优势(Eggleston and Zeckhauser,2002)。进而,在私立医疗机构中,由于盈余非分配性约束(Hansmann,1980)、特殊的薪酬制度结构(Easley and O'Hara,1983)、利益相关者共同治理机制(Ben-Ner,1986)、社区关怀取向的社会性偏好强烈(Bebbington,et al.,2008)等特点,在同等费用水平的情况下,非营利组织比营利性组织更注重质量保障以及是否对社区做出贡献。

然而,这只是基于对理论世界进行规范分析得出的看法,现实世界的情形远比规范分析的结论复杂。著名卫生经济学家弗兰克·斯隆(Frank Sloan)指出,关于公立医院和私立医院的差别,最为明确的是两者的使命大有不同,至于说医疗服务的效率,用同等价格下的医疗质量来衡量,的确有些公立医院处于下风;而造成部分公立医院服务品质较低的原因,在于公立医院大多缺乏管理自主性,因此无法吸引高水平医师和管理者来就职,同时公立医院不能拒绝任何患者就医,而相对来说私立医院在患者选择上存在着"摘樱桃"的现象(Sloan,2000),即挑选那些比较容易医治的病患,因而其宏观度量指标上的表现稍好一些并不稀奇。就使命差异而言,不少学者指出,在美国,公立医院扮演着医疗安全网的角色,即为更多的无保险患者以及其他弱势人群提供医疗服务,而私立医院并非如此,因此公立医院私有化的最直接后果就是无保险补偿医疗服务的大幅度减少(Needleman, et al., 1999)。

实际上,公立医疗机构与民营医疗机构不可比因素太多,因此对其费用和质量绩效差异的实证研究往往无法得出稳健性的结论。因此,大多数学者转而致力于分析非营利医院和营利性医院的差别。在基于美国的实证研究中,的确有零星的证据表明,营利性医院的公益性较差,其表现在不大愿意接受没有保险的病人,甚至也不大愿意接受有资格享受医疗救助的患者;与此同时,在同公立医疗保险打交道的时候,营利性医院倾向于将自己提供的医疗服务更多地纳入费用较高的类别之中,以便从保险方获得更高的支付(Silverman and Skinner, 2004)。就公立医院私有化的后果而言,有研究显示,如果向民办营利性医院转型,就不存在无保险补偿医疗服务大幅度减少的现象,但向民办非营利医院的转型,情形正相反(Desai, et al., 2000)。这似乎表明,医院是否注重对社区的公益性贡献,关键不在公立与民营二分法,而在于营利性与非营利性之间的差别。

然而,非营利与营利性医院之间同样存在着很多不可比因素,有不少研究表明,在控制了一些影响因素(例如地理和医疗服务领域)之后,非营利医院和营利性医院在成本、效率、质量或慈善性服务与公共物品的提供上,没有稳健性的差别(Pauly, 1987; Sloan, et al., 2001; Ettner and Hermann, 2001)。另有研究表明,就医疗费用(或成本)而言,重要的不是医疗机构非营利性与营利性的组织类别之差别,而是采用何种医保付费模式以及竞争强度,在竞争性强的情形下,只要采用预付制医保支付制度,非营利和营利性医疗机构的费用就有趋同之势(Xirasagar and Lin, 2004)。

在医疗卫生领域,民营营利性和非营利性扮演服务提供者的角色,已经在世界各地成为一种常见的实践模式(World Bank, 1993a; Berman, 1996)。为了应对政府投入不足所带来的问题,有一些公立医院索性民营化了。这样,公立医院就能引入所谓"社会资本"发展壮大。例如,一家在瑞士苏黎世发展起来的私立医院连锁集团Ameos,21世纪之初在瑞士、德国、奥地利等德语地区参与了不少公立医院的民营化,致使德国营利性医院产业有所发展(Klenk, 2011)。面对这种情况,德国政府自然乐观其成。政府的首要职责是以一视同仁的方式强化对医疗服务的监管,确保其品质,至于谁来投资兴办医院,倒是不会特别在意。当然,政府如何通过行政机制的作用以确保医疗卫生服务的私人提供既有公平性又有高效率,是国际医疗卫生政策领域中的一个热门研究课题(Musgrove,1996)。医疗服务由营利组织(即公司)提供,往往会引发其利润最大化的运营取向有可能推高医疗费用的疑虑。但是,营利性医疗机构的存在亦有可能通过市场竞争的强化而拉低评价医疗费用。营利性机构注重成本控制和效率提升,有可能在保证质量的前提下降低自身医疗服务的费用水平,并以此提升其在医疗服务市场上的竞争力,即产生"竞争效应"(Dalmau-Atarrodona and Puig-Junoy,1998);不只如此,营利性医院竞争力的提升还存在着"激励性溢出效应",也就是中文世界中常说的"鲶鱼效应",能够对不刻意重视成本控制的非营利和公立机构形成刺激,进而降低某个特定地区整体医疗费用水平(Hadley,et al.,1996;Kessler and Mcclellan,2002;Grabowski and Hirth,2003)。就中国的情形而言,刘国恩等发表的中英文实证研究论文发现营利性医院能产生降低医疗费用之效(李林、刘国恩,2008;Liu, et al.,2009)。王文娟、曹向阳(2016)通过对2002—2012年省级面板数据的计量分析表明,供方竞争强度提高,尤其是民营医院的发展,会推动医疗费用上涨趋势的减缓。笔者参与的一项研究将计量分析年份延伸到2016年,发现营利性医院的兴起依然有一定的降低医疗费用之效,但民营医院的兴起总体来说对医疗费用的影响并不显著(宁晶、顾昕,2018)。无论医疗服务提供者的组织形式如何,医疗专业人士组成的学会、协会以及医疗机构管理协会等社会组织,依赖社群机制的运作,在医疗服务的行业规范设定、服务品质保证、违规行为惩罚等方面仍发挥积极的作用。行政、市场和社群机制的互补嵌合,对于医疗供给侧治理体系和能力的现代化来说,是至关重要的。

前文已述,大多数医疗服务理论上都可以通过市场竞争由民间营利性或非营利组织来提供。但是,纯市场化的制度安排难以消除供方诱导消费的问题。值得注意的是,即便这一问题无所不在,但由此得出怀疑甚至否定市场机制在这一领域内运作的功效,是非常简单化的思维方式。市场制度精致化的安排,例如执照、证书、评级、持续性医患关系的建立等制度安排可以有效地缓解这些问题(Folland, et al.,2012:201)。值得注意的是,这些精致化市场制度安排的形成及其运作,往往需要以协会治理加持,这一点在既有卫生经济学文献中普遍未受到重视;简言之,卫生经济学家几乎完全遗忘了奥斯特罗姆。例如,在美国,医疗服务在很大程度上是由医学专业社群的社会组织实施自我管制,尤其是医学学会掌控着美国各州医师执照的核准与颁发,而卫生经济学对此研究的重点在这种自我管制对医疗服务市场竞争和垄断的影响及其后果(Leffler,1978;Paul,1982)。卫生经济学领域的一个盲点是普遍忽视对社群机制的研究,而专注于对信息不对称问题的行政化和市场化解决方案。不对称信息问题困扰消费者的服务领域,部分拥有相对充分信息的消费者发挥积极作用,可以有助于问题的缓解。在医患之外引入第三方作为医疗服务的购买者,便是缘于这一思路。无论第三方是公立机构还是民间机构,都比单个病人更有实力聘请专业人员或运用技术手段(如智能审核等),要么直接监督医生滥用信息优势的行为,要么通过推进支付改革设计一些激励机制来制约这些行为。

但是,无论市场制度多么精致完善,在医疗服务领域,市场失灵的问题毕竟普遍存在。值得注意的是,当人们认识到市场失灵的存在时,往往会不自觉地认定唯有公立组织才是民间营利性组织的唯一替代品。这一认定没有考虑到"政府失灵"的问题。实际上,集体物品的提供者既可以是公立组织,也可以是民间的非营利组织(Savas,2000:53)。在信息不对称的情况下,信息不足一方(消费者)对于信息充足一方(提供方)的信任至关重要,非营利组织由于其慈善性的特色往往能给消费者带来较高程度的信任感,而非营利组织之间的竞争也能使信任增强,因此非营利组织有可能成为唯利是图的营利性组织的一种替代性组织形式(Hansmann,1980)。

综上所述,医疗服务供方的组织形式必定是多元的。传统社会中医疗服务市场主要由个体行医者及其所开的小诊所主宰是一个极端,而在计划经济体制下国家几乎垄断了所有医疗服务的提供则属于另一个极端。现代市场经济中医疗供给侧的制度安排介于两个极端之间,公立组织、民间的非营利组织和营利性组织作为医疗服务供方的组织形式常常是并存的(顾昕,2005c)。即便在全民公费医疗国家也是如此(Brekke and Sørgard,2007)。医疗服务体系能否发挥社会公益性,主要并不取决于哪一种组织模式在医疗供给侧占据主导地位,而是取决于整个医疗体系能否走上信任积累型市场化之路。信任积累型市场化之路单靠市场主体一方是难以铺就的,还必须依赖于政府、市场和社会三方主体的协作互动,其中,一个在社会治理理念引领下高质量发展的全民医保体系,是市场机制得以良好运转的制度保障。换言之,医疗服务业的健康发展,其中包括社会办医格局的形成,有赖于公共治理体系的现代化,其中的关键是行政、市场和社群机制的互补嵌合、相得益彰。

二、走向有管理的市场化:全球性医疗供给侧结构性改革

如果说发达国家(美国除外)医疗需求侧较少受到全球性改革浪潮冲击的话,那么供给侧结构性改革则是真正全球性的。无论是发达国家还是发展中国家,所有的医疗服务提供者都面临改革的压力,而改革的重点在转换竞争模式、完善市场机制(McPake, et al., 2002:238-244)。一句话,走向有管理的市场化(managed marketization),是全球性医疗服务体制改革的大趋势(顾昕,2005b,2005c)。当然,由于不同国家医疗服务供给侧原有的组织和制度模式不同,这一改革浪潮对各国冲击的程度和性质也大不相同。对这一现象,研究制度变革的文献一般归结为所谓的"起点约束"或者"路径依赖"(Prado and Trebilcock,2009)。为深入了解改革的多样性,我们必须对医疗服务组织和体系的多样性进行分析。

首先,如前文所述,医疗服务提供者的组织类型可以分为三种,即公立组织、民营非营利组织和民营营利性组织(即公司)。绝大多数国家都同时存在公立和民营的医疗服务提供者。在医疗政策的国际文献中,医疗服务常常被分为三类,即基本医疗服务、二级医疗服务和三级医疗服务。基本医疗服务主要是针对一些非急性的疾病提供一般的门诊,在许多国家通过"全科医生"(general practitioners)私人执业加以提供,而这些医生常被称为"家庭医生";二级医疗服务则由医院提供,主要针对急诊、需要专科医生治疗的疾病及需要短期住院治疗的疾病;三级医疗服务则是针对一些特殊的疾病,提供非常专业化的、长期的、特殊的护理,例如精神病人、康复服务、长期护理服务等(Shi and Singh, 2012:251,588,590,592)。这同教育领域中有基础教育、二级教育和三级教育的区分有某些相似之处。

基本医疗服务同很多面向个人的公共卫生服务结合起来,形成基本卫生保健(primary care),在许多国家由家庭医生担任提供者,市场机制在其中依然发挥着主导作用。对此,本书将在第十一章详述。家庭医生还扮演"健康守门人"的角色,即享有公共医疗保障的病人在非急诊的情况下必须首先在家庭医生那里寻求普通门诊服务,这就是"基本卫生保健首诊制"。在面对无法诊断或医治的疾病时,家庭

医生最为重要的工作就是提供转诊服务,将病人介绍给医院或其他专科医疗机构来诊断并医治,从而有助于民众找到最为合适的医疗专家(Gérvas, et al. , 1994)。在这个意义上,家庭医生既是民众的基本保健师,也是健康咨询师。

守门人制度意味着全科医生是病人接触医疗体系的第一站,即如果不经过家庭医生的转诊,非急诊病人一般无法接触二级和三级医疗服务(Gérvas, et al. , 1994)。在发达国家中,这一点仅在管理型医疗(managed care)兴起之前的美国是例外。管理型医疗是一种将医疗保险和医疗服务整合起来的组织模式(Kongstvedt, 2019)。非急诊病人是否可以直接接触医院去寻求专科医疗服务,取决于其投保的医疗保险的契约条款,某些保险公司在其保单中设立了全科医生充当守门人的条件(Scott, 2001:73-74),也有保险公司并不设立守门人条款,但其保费一般较为昂贵。管理型医疗是将医疗保险和医疗服务整合在一起的集团组织,有些是营利性的,即形成集团公司,有些则是非营利性的,形成集团组织,其共同的特色是直接雇佣全科医生,在其集团内部充当守门人的角色(Shi and Singh, 2012:94, 344)。守门人制度的设立意味着对患者自由选择供方的权利施加了某种限制,有可能在一定程度上不利于患者福利的维护或提升,但如果不加任何限制,同样不利于患者福利,而且更不利于整个医疗体系的正常运作,进而会损害整个社会的福祉。如何在维护患者供方选择自由与提升医疗体系效率之间寻找一个平衡,是对守门人制度细节设计和运作的一种考验。一项研究显示,在那些传统上对所有参保者严格实施守门人制度的全民医保国家,增加患者的供方选择自由以使守门人制度具有一定的灵活性是医疗改革的一个方向,而在守门人制度并非传统的国家(如美国),在管理型医疗的组织框架中实施灵活的守门人制度,是其医疗改革的一种选项(Reibling and Wendt, 2012)。管理型医疗的兴起,在卫生经济学文献中被视为市场机制运行由行医者个体之间的自由竞争转换为保险者—行医者组织间的有管理的竞争,属于市场机制精致化的一种体现,但其中社群机制的作用被研究者所忽视。实际上,在管理型医疗模式中,社群机制的作用主要体现在企业集团或非营利组织的法人治理和网络治理。从这一视角出发的相关研究还有待开展。

几乎在所有市场经济体制中,全科医生或家庭医生都是自雇人士,要么独立开业,要么以合伙制的组织形式行医,即使在公立部门占主导地位的英国也不例外;美国人对此也常有误解,常常把英国的全科医生视为国家雇员,一部享有盛誉的卫生经济学教科书专门就此加以澄清（Folland, et al., 2013：470）。有这种误解的中国医疗政策研究者也大有人在，因为英国家庭医生的主要收入来源是全民公费医疗（NHS）的支付，乍看起来与国家雇员甚至公务员没有多大差别。实际上，在实施内部市场改革之前，英国的全科医生们是 NHS 体系的独立承包商，他们领取底薪，然后 NHS 管理部门再根据其服务量，以按项目付费的方式支付额外的医疗服务费用；而在实施内部市场改革之后，底薪在家庭医生收入中的占比大幅度降低，按人头付费成为家庭医生的主要收入来源（Scott, 2001：108）。此外，在英国，全科医生还承担了不少基本卫生保健服务，不少属于公共卫生的范畴，其费用也与 NHS 对普通门诊的支付一并纳入按人头付费。由此可见，在发达国家中，基本医疗服务是高度市场化的，即使在英国模式下的全民公费医疗体制也不例外（顾昕，2011b）。这一点对于北欧、南欧的全民公费医疗国家来说同样适用。

至于在医疗服务体系中举足轻重的二级医疗服务提供者，即普通医院，其所有制模式在世界各国颇为不同（见表 10-1）。值得注意的是，私立医院为主的医疗服务体系，不仅同民间自愿保险主导的美国模式相容，而且还同全民健康保险（加拿大）和社会医疗保险（荷兰、瑞士等）相容。即使是全民公费医疗主导医疗需求侧制度结构的地方，例如英国以及印度等，私立医院也同样存在。

表 10-1　经济合作与发展组织部分成员国二级医疗服务提供者的所有制形式

国家	主要提供者的所有制形式
英国、爱尔兰 瑞典、挪威、丹麦、芬兰、冰岛 意大利、西班牙、葡萄牙、希腊	公共
法国、德国、比利时、奥地利、卢森堡 土耳其 日本、澳大利亚、新西兰	公共与民间
美国、加拿大 荷兰、瑞士	民间

资料来源：OECD, 1994：11。

值得注意的是，走向管理型市场化的全球性改革，在美国和其他一些国家呈现出略微不同的态势。在美国，这一改革浪潮的表现是管理型医疗的兴起，其核心是在原本已经高度竞争性、高度市场化的体制中将医疗保险和医疗服务以集团公司的形式整合起来，这样，更多管理和计划的因素通过集团化组织的模式注入医疗供给侧。管理型医疗的兴起是私立医疗保险机构出于利润最大化和加强竞争力而自发推进的一种组织和制度创新。虽然其组织和制度模式多种多样,但其共同点在于医疗保险公司与医疗服务提供者要么结盟,要么合并提升效率,从而有可能以较为低廉的价格为参保者提供全方位的基本医疗服务。有关研究表明,这种创新的出现可以追溯到20世纪30年代,但长期以来没有受到重视。管理型医疗的组织模式具有一定的多样性,但健康维护组织(health maintenance organizations, HMOs)成为最主要的组织形式(Hacker,1997:5)。1973年,美国国会通过了HMO法案,不仅提供启动资金以推动健康维护组织的发展,而且还要求大公司都必须为其员工提供HMO式的选择。自此之后,管理型医疗得到迅速发展,到20世纪90年代初,已经有70%的医疗保险投保者选择了管理型医疗组织(Glied, 2000)。管理型医疗模式的最大特色就是医疗保险机构开始将其主要精力放在基本服务包的设计之上,并且高度重视在保证服务质量和降低服务价格两者之间保持平衡,以吸引更多的参保者投保(Kongstvedt,2001,2019)。

需要强调的是,美国医疗供给侧走向管理型医疗的趋势并未否定原有市场化模式,而是众多民营医疗保险商顺应市场竞争的结果,即通过将各种类型的医疗服务提供者整合到集团内部,节省医疗保险与医疗服务之间的交易成本。管理型医疗在学术文献中被概括为"自愿集成模式",而其兴起前则是"自愿契约模式",也就是医疗保险机构同医疗服务提供者自愿性订立契约为投保者服务。在这一过程中,市场机制的主导性并未被行政机制所取代,政府是在顺应市场竞争的各种制度创新中扮演帮助者(facilitator)的角色,包括通过法案推动这类新型医疗服务组织的兴起(OECD,1992,19-27)。

在其他国家,原有体制中管理和计划的因素本来比较强,因此改革的重点放在推动市场竞争上,其重点在于推动全民公费医疗或社会医疗保险体系中的公共契约模式,即医疗保险购买者与医疗服务提供者之间形成"有计划的市场"(planned market)(Saltman and von Otter,1992,1995)或"公共竞争"(public competition) (Saltman and von Otter,1992)。在此过程中,在二级医疗服务中扮演举足轻重角色的公立医院纷纷引入商业组织的管理机制,甚至走向法人化和民营化,以提高效率。

三、医疗服务公共治理中的政府、市场与社会

从大的背景来看,医疗服务递送体制日益走向有管理的市场化,是全球性公共部门治理改革(或新公共管理运动)的一个组成部分。如第一章所述,新公共管理运动的兴起是传统的行政机制主导的公共行政向公共管理转型的标志,是公共治理转型的第一次浪潮,其核心就是采用商业管理的理论、方法和技术,引入市场竞争机制,提高公共管理水平和公共服务质量(OECD,1995)。在医保体系较为发达的国家,由于医疗机构的主要收入来源是医保支付,因此,有管理的市场化重点在于通过医保支付改革重构医保机构与医疗机构之间的关系。

由于医疗保险与医疗服务之间传统的关联模式不同,有管理的市场化在不同国家呈现的路径也有所不同。在美国,医保机构与医疗机构之间的传统关系是"自愿契约模式",管理型医疗兴起意味着自愿契约模式向自愿集成模式的转型。在许多欧洲国家,尤其是在荷兰、英国、德国和北欧国家,"有管理的竞争"成为医疗供给侧结构性改革的指导原则(Ranade,1998;Flood,2000;van Ginneken, et al., 2011),以推进所谓的"计划型市场"或"有计划的市场"(Saltman and von Otter, 1992;1995)。其改革焦点同样放在医疗服务购买者与提供者的关系之上,只不过改革起点与改革方向与美国不一样。在改革之前,欧洲医疗服务购买者与提供者的关系主要为两种模式所主导:(1)公共契约模式,即社会医疗保险机构同医疗服务提供者订立契约为投保者服务;(2)公共集成模式,即政府建立公立组织同时负责医疗服务的购买和提供。前者主要在社会医疗保险制国家(例如德国、荷兰、法国等)实行,而后者则是在全民公费医疗制国家(例如英国、瑞典、意大利等)实行(OECD,1992:19-27)。

在公共契约模式下,医疗服务的购买者与提供者原本已然分开,因此改革重点在于契约化过程中竞争性的提高。例如在其代表性国家荷兰,医疗保险基金管理者,也就是所谓"疾病基金",原来对医疗服务提供者的服务价格、质量并不热心监管,但现在情况发生了变化。一方面,一些疾病基金依然沿用公共契约模式,但通过推进医保支付改革,力图在医疗服务供方那里建构新的激励机制,使之有动力为参保者提供高性价比的医疗服务;另一方面,这些国家开始向美国的管理型医疗借镜,探索疾病基金同医疗服务提供者的整合模式,从而以一种不同于全民公费医疗

的模式走向公共集成模式(Harrison,2004)。

在公共集成模式下,医疗服务购买者与提供者并没有分开,全民公费医疗体系本身就是一个庞大的等级化体系,隶属于公共部门。在这样的体系中,交易成本固然比较低,但产生了大量科层成本(或官僚成本)。所以,对公费医疗主导的国家来说,推进有管理的市场化(或"计划型市场""有计划的市场")改革的核心,恰恰就是将医疗服务购买者与提供者分开,并在两者中引入契约化的安排(Harrison,2004),让市场机制发挥作用。由于在这些国家中,医疗服务购买者依然是公立组织,故其改革被归结为从公共集成模式走向公共契约模式的过程。换言之,在公费医疗盛行的国家中,共同的改革举措是创建"内部市场"(Le Grand and Bartlett,1993):在不改变公有制的前提下,打破医疗服务提供者等级化的组织模式,赋予病人选择权,引入竞争(Glenngard, et al., 2005)。这类国家医疗供给侧的改革要旨在于减少行政机制的主导性,政府从公立医疗机构的主办者和管理者转型为掌舵者和监管者(Saltman and Durán, 2016),并运用一些市场化的激励结构,强化民众对供方的选择权,增进供方绩效管理的有效性(Gingrich, 2011)。

英国的内部市场改革最具有典型性。英国的全民公费医疗或国民健康服务(NHS)原本是一个独立的科层化组织体系,自上而下的行政治理机制主导一切:其资金来源于国家预算,医疗机构依照地区建制来设置,有关资金配置的决策高度集中化,具体医疗机构的管理者没有什么权力,其工作在于执行。自20世纪80年代后期,在撒切尔主义的指导下,NHS开启了内部市场的改革(Dawson and Dargie,2002)。后来,英国执政党多次更迭,内部市场改革的具体方式有所变化,但其方向没有改变。基本上,内部市场化的一个基本原则是将医疗服务的筹资者、购买者与提供者分开。筹资者自然还是国家,但从原来单一的NHS体系变成了地方化、分权化的卫生署,筹资者将购买医疗服务的合同外包给多元的医疗服务购买者,而医疗服务提供者必须向购买者竞争服务合同。在这一体制下,全科医生的竞争压力加大,而医院等医疗机构也不再是行政体系的一个预算单位,而变成了拥有高度自主性的实体,走上了法人化的道路,并开始以各种方式提高自身的竞争力(Bloor and Maynard, 2002:261-286)。英国公立医院法人化的具体实现方式是将原来隶属于NHS体系的医院改建为NHS信托(NHS Trusts),这项改革在1991年启动。NHS信托是自我治理的法人实体,由理事会(亦可译成"董事会")负责治理,理事会一般由理事长以及同等数量的执行理事和非执行理事组成,非执行理事一般由政府任命，执行理事一般包括首席执行官、财务总监、医疗总监和护理总监等。理事长个人和理事会集体通过NHS地区总部向内阁卫生大臣负责（Ham，1999：158）。

无论何种类型的医疗机构，其运营涉及方方面面，但都可简化为人、财、物三个核心领域。无论在基本、二级还是三级医疗服务领域，医疗机构的运营都处在由政府、市场与社会组成的环境之中，受制于行政、市场和社群机制的协同治理。这里，我们依据第一章中给出的概念建立了分析框架，来刻画政府、市场和社会多方主体及行政、市场和社群多种治理机制对医疗服务运营的影响（见图10-1）。

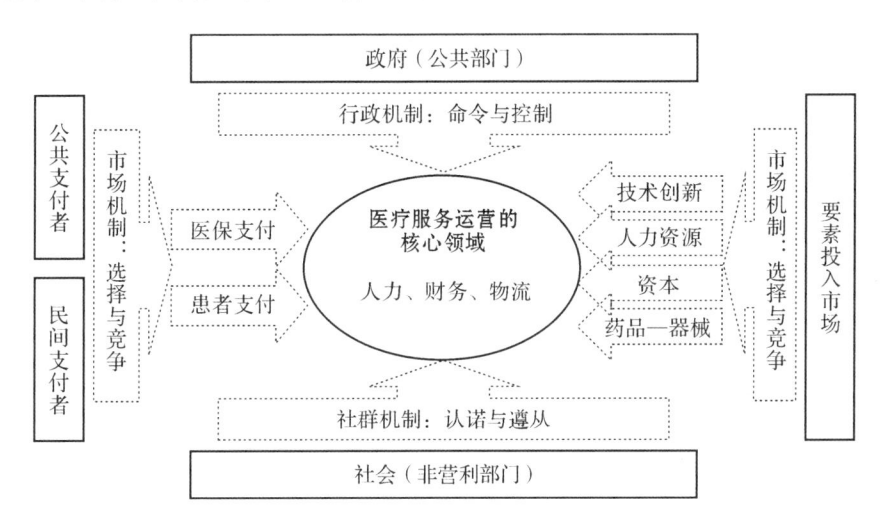

图10-1　医疗服务运营的环境：政府、市场与社会

这一分析框架，借鉴于世界银行在一部论文集中就公立医院治理转型给出的分析框架（Preker and Harding，2003：44），但这一框架基本上也适用于其他类型的医疗服务提供者，例如基本卫生保健提供者，即家庭医生诊所。然而，值得注意的是，与世界银行的分析框架相比，本章给出的分析框架，在政府与市场之外，加上了世行专家较为忽视的社会要素；同时，这里的分析框架，纳入了对行政机制、市场机制和社群机制的分析。此外，这一分析框架对市场所涉及的内容，都有所调整或拓展。鉴于第三方购买或医疗保障体系在医疗领域中的极端重要性，本章把医疗机构所处的市场环境分为两大类：一是医保支付市场，其中医疗机构日常运营收入的相当一部分来自医保机构的支付，医保机构既包括公共医保机构，也包括民办医保组织（如商业健康保险公司和非营利医疗保险组织）；二是消费市场（所谓"下游")和要素市场(所谓"上游"),其中消费市场主要体现为患者自付医疗,要素市场既包括劳动力市场,也包括资本市场和物流市场。

行政治理在医疗机构运行的各个方面可谓无所不在,既可以体现为政府以所有者的身份在任何一个运营领域对公立医疗机构施加各种命令与控制型的干预,也可以体现为政府以管制者的身份对医疗机构所处的市场与社会环境加以管控,而政府在与支付者(即医保机构)的关系上常常是兼有以上两种身份。由于政府作为管制者对社会经济生活实施管制是普遍现象,对于政府管制利弊的研究成为管制经济学的研究对象以及公共选择学派的重要论题之一。相应地,政府的不当干预诱发寻租活动,尤其是大量不当管制为被管制者的寻租行为开辟了空间,这是公共选择理论的一个基本观点(Buchanan, et al., 1984)。

市场治理同样无所不在,其中医保支付对于医疗机构财务运作是最为重要的。在医疗需求侧,如果一个国家或地区的制度结构以全民公费医疗或全民健康保险为主干,那么就构成了"单一付费者体系",医保机构对医疗服务提供者形成了某种程度的买方垄断(Goodman, et al., 2004)。如果医疗需求侧以商业或民营健康保险为主干,则形成"多元付费者体系",医疗付费者处于相对较为充分的竞争状态(Hussey and Anderson, 2003)。社会医疗保险为主干的情形介于以上两种情形之间,其医保机构在名义上是民办非营利组织,但在政府管制下的服务结构大同小异,竞争性其实不足(Saltman, et al., 2004)。无论医疗保险的制度类型为何,其共同的改革在于推进医保支付改革,而医保支付改革的成功推进需要市场机制和社群机制的互补嵌合,因为在公共契约的订立和执行中需要医疗界社会组织的积极参与(参见本书第九章)。

如果公立医疗机构(尤其是公立医院)走向法人化,那么法人本质上就是一个社群,社群治理就体现在公立医疗机构的法人治理结构之中。社群治理发挥作用的另一个显著领域在于医疗机构之间的关系,尤其是在整合医疗方兴未艾的情况下,各种医疗机构(包括公立医院和公立初级卫生保健机构)常常形成多样化的联盟关系,为民众提供从健康管理、预防、诊断、治疗到康复的全链条服务(郭凤林、顾昕,2015)。同时,社群治理还体现为医疗领域中各种专业性学会、协会,如医学学会、医师协会、医院管理协会以及社会中介组织(如认证机构)等,对医疗机构的运营施加影响,这一点无论对于何种所有制都是适用的。

医疗领域人力资源的治理值得特别关注,因为作为一个人力密集型行业,人力资源是医疗服务数量和质量的重要影响因素。医疗领域的人力资源主要由医疗专业人士组成,而医疗服务机构则是专业服务组织。显而易见的是,即便是一般性的劳动力市场都不具有充分竞争性和信息完备性,遑论卫生医疗健康专业人士的劳动力市场。无论是政府还是专业人士的社会组织(包括专业协会和工会),都对卫生医疗健康劳动力市场的运作有着深刻的影响,其中市场机制、行政机制和社群机制发挥作用的程度和方式随宏观层次的国家治理体系的不同而大有不同。大体来说,有三种主流的国家治理体系:一是国家主义,即政府主导职业教育(公立大学)、市场准入(执业许可)、质量保证(认证),社会组织仅在执业培训和再教育、临床规范确立、公共关系建立、学术共同体维护等方面在政府的支持下发挥积极的作用;二是法团主义,即政府与专业人士的社会组织形成所谓"社会伙伴关系"(social partnership),对涉及劳动力市场运作的诸多事务,通过集体协商加以解决;三是自由专业主义(liberal professionalism),即劳动力市场的运作基本上依赖于劳动合同制,而政府则致力于对契约订立和执行的制度性事务加以规制。缘于历史传统,法国和俄罗斯医疗卫生健康劳动力市场的公共治理基本上属于国家主义模式,但近年来大有向法团主义模式转型的趋势。西欧、北欧和南欧属于典型的法团主义,但其社会组织的集中化程度有别,而德国一般被视为法团主义的样板。英国一向处在国家主义和法团主义中间。美国则是所谓自由专业主义的典型(Moran,1999:99-135)。

四、公立医院的组织和治理模式转型

在前文论述中,我们已经涉及公立医院法人化。实际上,在世界各地,公立医院组织与治理模式的变革都成为医疗改革的一项重要内容(Saltman, et al., 2011)。鉴于其在医疗供给侧的重要地位,有必要就公立医院改革单独加以论述。前述世界银行在2003年出版的一部论述公立医院改革的论文集,将全球各地多样化的公立医院治理和改革模式归结为四种,即预算化、自主化、法人化和民营化,运用于基于诸多国家改革经验的案例研究,并将"公立医院法人化"作为改革的主流趋势以论文集副标题的方式呈现出来(Preker and Harding, 2003)。

公立医院的治理模式,无论从预算化走向自主化、法人化还是民营化,均涉及政府、市场与社会的关系,也涉及行政、市场和社群的互补嵌合。可是,在有关公立医院治理的既有文献(包括上述世界银行的报告)中,政府与市场的关系都是浓墨重彩的所在,但对于社会的分析一般均有不足。与此同时,国家行动者、市场参与者与社会行动者之间的博弈关系受到重视,而对于行政机制、市场机制和社群机制如何相互赋权并相得益彰,则相对有所忽视。

究其根本,公共政策既有文献关注的争论点在于政府职能和市场作用的边界(张维迎、林毅夫等,2017),这一点在医疗政策领域也不例外。但更重要的是,政府、市场和社会关系的另一层重要含义在于,其主导性运行机制即行政、市场和社群机制的特点及其相互作用。这三种机制在人类经济社会和政治生活的所有事务的治理中都各自发挥一定的作用,但其组合方式大有不同,也导致治理的绩效出现差异性。公共治理的分析,既可以以治理主体为中心,也可以以治理机制为中心来展开。对这两个不同的视角未能加以区分,是既有关于国家与市场、国家与社会关系的绝大多数论著的一个盲点,这一点在有关公立医院改革的论述中也不例外。

本节将公立医院治理变革研究的焦点,从政府、市场和社会之间的边界转移转变为三种机制之间的相互作用,以超越既有的"职能边界论",发展全新的"治理机制论"。本节基于行政、市场和社群机制互补嵌合性的视角,首先对公立医院运行所处的政府、市场和社会环境进行了分析,继而给出一个分析公立医院治理模式的概念框架,并对四种治理模式,即行政化、自主化、法人化与民营化,给予概述,最后对公立医院治理模式变革的条件和路径加以总结。

(一)分析框架:公立医院治理模式的多样性

本节以人、财、物的管理为核心,建立一个专门考察公立医院治理模式变革的分析框架(见图 10-2)。这一分析框架的构建,借鉴了世界银行在一部论述公立医院法人化的论文集(Harding and Preker,2003)中给出的分析框架,但进行了实质性的调整和拓展。调整之处在于,在世界银行的分析框架(以下简称世行框架)中,公立医院组织和治理变革的初始状态,被称为"预算制",这里改称为"行政化"。"预算制"这一术语的使用固然凸显出预算管理在行政治理模式中的重要性,但显然过于狭窄,不足以刻画行政治理中等级化治理机制在公立医院的人财物资源配置、决策与控制、营收与剩余索取、监督与问责等诸多非预算与财务事务上的支配力和主导性。因此,本节使用本书给出的新术语,以"行政化"取代"预算化"。

拓展之处有二。一是世行框架仅列出了公立医院运营中五个重要事项,而本

		行政化	自主化	法人化	民营化
治理的七个事项	决策权与控制权配置	纵向科层等级体系：命令与控制	管理自主权从有限到增强 政府管控从无限到有限		管理自主权充分+管制程度不一的市场
	收入来源	政府预算拨款	政府补贴+政府合同+市场收入		政府合同+市场收入
	人事薪酬管理权配置	政府任命管理层+政府管制专业人员聘用+政府管制薪酬	受管制的劳动合同制		管理自主权充分+受管制的劳动力市场
	运营管理权与剩余索取权配置	主管政府部门对日常运营进行决策并处置剩余	医院有日常运营部分决策权和剩余处置权		医院对日常运营（包括资本支出、质量控制等）有完整的管理权，对剩余有充分的支配权
	药品、器械、耗材采购权	政府制订采购计划并执行	政府管制价格、组织招标		价格管制解除+采购自主+集中采购模式多样化
	社会功能的行使	政府行政命令+经费支持不明确	政府行政命令+部分经费支持		政府问责：政府购买公益性服务 社会责任：法人社会责任战略
	问责性的制度安排	政府问责：自上而下的监督与考评 社会问责：行政化审计、认证 管理问责：组织内部规章制度		政府责任：通过管制与合同约束 "社会+市场"问责：协会、审计、认证 管理问责：组织内部规章制度
		行政治理	社群治理		市场治理

图 10-2 治理机制与公立医院的组织变革模式

章在此基础上增添了人事薪酬管理和物流管理（药品、器械、耗材采购），并对原五个事项在不同治理模式中的特征给予了必要的修正性描绘；二是明确标识出三种治理机制在治理模式变革过程中各自发挥主导作用的阶段。世界银行的论文集对市场机制和行政机制的作用多有着墨，但对于社群机制和社群治理几乎未置一词。这部论文集引证了新制度经济学的论著作为分析的思想来源，但对于新制度主义的重镇——奥斯特罗姆及其领衔的布鲁明顿学派却未加关注。由此可见，本书前言所述学者对社会以及社群机制的忽视，并非中国学者的通病，而是一个世界性的学术通病，世界银行学者也不例外，这些均受过经济学训练的学者大多会忘记奥斯特罗姆也是诺贝尔经济学奖得主。本节给出的这一扩展性分析框架，将世行框架相对忽视的政府对公立医院人力资源和物资采购（例如药品、耗材等）的管制、法人社会责任和公共伦理问责制度建设等重要议题纳入研究范围，并在行政机制和市场机制之外凸显了社群机制对于公立医院治理变革的重要性，因而在学术上有所第二,收入来源或资金来源这一领域,主要涉及医院的收入来源于政府预算拨款,还是政府合同(即公立医保支付),还是市场支付(即患者自付)。当医保支付而不是政府财政拨款成为公立医院收入的主要来源之后,如何推动医保支付制度改革,重构公立医院的激励结构,让市场机制或契约机制更有效地发挥积极作用,便成为医疗体制改革的重中之重。

在世行框架中,这一领域被称为"市场曝露"(market exposure),意指受到市场力量的制约,但这一说法实际上具有误导性,因为不仅在收入来源上存在着"市场曝露",而且在其他事项上,如药品、器械、耗材采购,也涉及"市场曝露"还是"行政依赖"的问题。使用涉及面过广的"市场曝露"概念分散了对医院收入来源的具体关注,而收入来源的不同对公立医院运营和治理的影响是极为重要的。有鉴于此,本节认为,在此处应该用世行论文集中经常出现的"收入来源"一词来替代"市场曝露"一词。

收入来源这一领域单独列出而非与第四个领域中主要涉及的财务管理合并在一起,原因在于收入来源实际上涉及公立医院的治理如何嵌入国家医疗保险体系的宏观问题。在单一付费者体系下,公立医院的收入主要来自公共医保体系的支付,患者自付以及其他市场性支付(例如民营健康保险的支付)在医院收入构成中的占比微不足道;在多元付费者体系中,市场性支付的占比则有所提高。

作为公立医院治理的一项内容,公立医院与医保体系的关系受制于医保体系本身的治理格局。一般而言,单一付费者体系原本具有较强的行政化特征,而多元付费者体系的社会医疗保险和民营健康保险组织本身都是社群组织,它们的运行在很大程度上受制于市场机制。无论收入来源于行政机构还是社群组织,也无论社群组织是非营利组织还是公司,随着医保支付制度改革的推进,公立医院与其付费者的关系要么由公共契约模式所主宰,要么由私人契约模式所主宰。私人契约模式只是美国特例,而公共契约模式则在大多数发达国家占据主导地位。这表明市场机制开始在单一付费者体系中发挥越来越大的积极作用,这一点在英国全民公费医疗(在中国常被称为"全民免费医疗")的改革中体现得尤为明显(顾昕,2011b),在澳大利亚等国的全民健康保险的改革中也得到充分的体现。

第三,人事薪酬管理是公立医院治理的一个重要领域,这一点不言而喻,但未在世行框架中单列出来,难以凸显其重要性。在笔者看来,这是世行框架的一个重大缺陷。人力资源无疑是公立医院中最重要的资源,而人力资源的治理则是公立医院治理的重要事项,甚至是最重要的事项。本章将这一事项突出出来,使之成为一个重要的分析维度,是对世行框架的重大改进。在前述卫生体制与政策欧洲观察室2011年的论文集中,人事薪酬制度以及更加广泛的劳动关系作为公立医院的日常运营活动之一被纳入微观治理的范畴,其核心在于公立医院所有者(即政府)、管理层与医师工会的关系,而工会被视为参与公立医院治理过程中的一个重要利益相关者(Saltman, et al., 2011: 57, 62, 68-70, 81)。可是,按照这部论文集自己的界定,这些内容实际上应该被纳入中观治理的范畴。

就人事薪酬制度而言,行政、市场和社群机制在不同的治理模式中所发挥的作用及其组合方式大有不同。在行政化的治理模式中,公立医院管理层的任命和专业人员的聘用均由政府行政机关直接操办,薪酬自然也由政府行政机关决定,工会和市场的作用微不足道。在自主化模式中,管理层的任命和薪酬依然由行政机制所主宰,但工会和市场在非管理层人事和薪酬上的作用增大。在法人化模式中,行政机制的作用主要体现在政府对公立医院人事和薪酬的某些特殊管制之上,社群和市场机制在中观和微观层次上对公立医院的人事和薪酬发挥着决定性的作用,其中社群机制的作用受制于公共部门工会与国家、公立组织之间的三角关系(Terry, 2001),而市场机制的作用主要体现在民营部门人力资源管理的技术或手段逐渐被引入公立医院之中(Sambrook and Stewart, 2007)。在民营化模式中,医院中的劳动关系主要受到劳动力市场的制约,而各国劳动力市场受到政府管制的程度,要高于其他要素市场,且劳动力市场管制的性质和程度具有多样性。

无论是在私人部门还是公共部门,劳动关系中的最核心环节无疑都是薪酬管理。在新公共管理浪潮的冲击下,公共部门普遍开始采纳"新报酬理论"(又称"战略性报酬理论")推荐的种种做法(Lawler, 1990; Schuster and Zingheim, 1996)。在新报酬理论家看来,传统的报酬理论和实践将报酬同职位相联系,强调年资,设立报酬级别制度,乃是泰勒主义的产物,可以同制造业大规模生产活动密切配合,但是却无法适应新经济的快速发展。在新经济条件下,组织必须高度灵活、具有适应性、快速流动、一切以绩效为基础,新报酬理论的提出就是为了探寻适应这种新组织结构的薪酬管理新路向。新报酬理论的核心首先强调分散化,强调工作单位对雇员报酬与福利水平的控制,使之同组织的战略和运营状况挂钩,而不是受制于更高层次的劳资集体谈判。这样一来,传统的以职位为本的薪酬管理让位于以人为本的薪酬管理,具体而言,薪酬同个人的技能、资历、胜任度、绩效相关。与此同时,雇员福利更加灵活多样,出现了所谓"咖啡屋式雇员福利"的新安排,也就是雇主提供多种多样的福利,雇员可以根据自身的需要和偏好进行挑选(Lawler,2000)。

公共医疗部门由政府进行财政支持和运作管理,医生薪酬源头是政府的财政拨款或公共医疗保障体系的支付。要么政府的财政支持不足,要么公共医疗保障体系的支付水平低下,要么公共部门薪酬受到政府严格管制。公立医疗机构薪酬水平较低是全球性的普遍现象,因此双点执业、多点执业或兼差也成为全球性的普遍现象(Macq and van Lerberghe,2000;García-Prado and González,2011),这在发展中国家尤甚(Berman and Cuizon,2004;Hipgrave and Hort,2014),在医疗资源紧张的地区(无论是在发达国家还是在发展中国家)尤甚(Jan,et al.,2005),其激励机制自然很早就成为经济学的研究课题(Shishko and Rostker,1976)。在此种背景下,允许双点执业成为公立医院医生的一种隐性经济福利(Humphrey and Russell,2004:1248),其存在反映了政府对医疗系统的支持能力不足,致使公立医院无法为医生提供理想的薪酬水平(Ferrinho,et al.,2004)。有研究发现,如果政府提高工资水平,双点执业医生表示愿意减少兼职工作时间,甚至完全不进行双点执业(Gruen,et al.,2002:272;Humphrey and Russell,2004:1245)。在美国,医生双点执业行为较少,有文献认为这主要缘于公共部门和私人部门对其雇员的绩效管理都比较严格,令他们无暇也无力双点执业(García-Prado and González,2007:149),但更显而易见且众所周知的因素是,美国医生(即使是在公立医院)单点执业的收入已经普遍很高了,因此他们没有必要出于经济因素的考量进行双点执业,更谈不上多点执业。对于双点执业或多点执业的治理,既可以依赖于政府运用行政机制的监管,也可以依赖于医师与执业机构之间基于市场机制所订立的契约,其中行政机制与市场机制的互补嵌合是达成最优治理的关键(郭科、顾昕,2016a,2016b,2016c)。

第四,运营管理权与剩余索取权的配置属于公立医院微观管理的范畴,在学术界一直是医疗行政管理领域的研究内容(Wolper,2011),现在也成为治理领域的研究内容。公立医院日常运营包括很多方面,除了涉及利益相关者较多而具有特殊性的人事薪酬制度之外,主要包括财务、医疗质量与患者安全、营销、职场安全与卫生、公共关系和法律事务等诸多子领域,每一个子领域都具有专业性和技术性。

公立组织尽管不追求盈利,但其日常运营极有可能蒙受亏损,亦有可能留有剩余。剩余索取权的配置对于公立组织是否有厉行节约或控制成本的激励结构是至关重要的。如果公立组织的剩余要由政府收回，如同在下文中可以看到的中国新医改中"收支两条线"之论所主张的，那么促使公立组织厉行节约的物质激励荡然无存。著名公共行政学者威尔逊（James Wilson）就此诘问："如果不能保留自己的勤俭所得，又何必精打细算呢？"（威尔逊，2006:154）。经济学中的产权理论和企业理论对此做出了更为严谨的分析，确认经济组织内部成员拥有剩余索取权是其效率提升的基础性条件之一（Alchain and Demesetz, 1972）。诺贝尔经济学奖得主米尔格罗姆在其参与撰写的组织经济学经典教科书中论述了剩余索取权和控制权的配置对于经济组织有效治理的重要性（Milgrom and Roberts, 1992: 191-193）。这一点对其他类型的组织，包括公立组织，实际上也是适用的。

第五，药品、器械、耗材采购及其定价属于物流管理的重要内容，而物流管理是日常运营的组成部分之一。本章之所以将物资定价权和采购权拿出来，使之成为一个单独的维度，原因在于这一维度涉及公立医院之外的利益相关者，主要是政府和供应商。在行政化和自主化的模式中，政府不仅可能进行价格管制，而且还有可能直接参与招标采购，而在法人化和民营化的模式中，价格管制一般会解除，采购权成为医院管理自主权的一部分，各种市场化的集中采购成为医院日常运营的工作之一。

第六，社会功能的行使也是公立医院（以及民营非营利医院）日常运营的重要内容之一。在世界各国，与国有企业相类似，公立医院设立的初衷之一就是为了达成一些社会目标，这在中国的语境中常常被称为"公益性"，但其所指却时常是含混不清的。从经济学的视角来看，公立医院所履行的社会功能包括公共物品和正外部性物品的提供，但这类物品的边界并不确定，常常会随着技术、制度和结构的变迁而变化。世界银行2003年的论文集列举了如下若干公共物品（如医学教育和科研、流行病监测的实验室支持、面向患者和社区的健康教育）和若干具有正外部性效应的物品（如计划免疫、计划生育和传染病防治）。为低收入民众提供免费或高补贴的医疗服务，也是公立医院额外的一项社会功能（Over and Watanabe, 2003: 109-111, 121-122）。

在行政化和自主化模式中，社会功能的行使往往通过自上而下的行政机制来推进，而公立医院的管理层在这方面缺乏管理自主权。在这两个模式中，公立医院社会功能行使的差别在于政府是否为社会功能单列预算并单独设置绩效考核办法，这一点在行政化模式中常常并不明确；换言之，对于社会功能，命令不明确，控制难到位。进入法人化模式之后,公立医院的部分社会功能,尤其是为低收入者提供的医疗社会安全网功能,转移给了政府设立的医疗救助体系,而其他社会功能的行使转变为公立医院法人社会责任的行为。公立医院民营化之后,法人社会责任行为成为组织战略管理的一项重要内容。

第七,问责制度的运作是公立医院治理的重要内容之一,对于医院内部人员的激励至关重要。问责制度可大致分为三类:(1)政府问责,通过自上而下的绩效考核体系来完成,而在绩效考核体系中,非经济性奖惩的重要性在很多情况下不亚于经济性奖惩,甚至对被考核者的行为影响更甚;(2)"社会+市场"问责,通过专业协会、审计机构和评级认证机构来协调、约束公立医院的运作,而这些认证与评级是重要的市场信号,构成医疗服务声誉机制的组成部分;(3)管理问责是医院内部制度,主要通过各种规章制度的建立和完善来影响其人员的行为。对医疗服务的治理来说,声誉机制常常比基于收入的经济激励机制更重要,而政府或公共部门以及医界社会组织都可在医疗声誉机制的维系和运作上扮演重要角色(王文娟,2017:87-91)。

在行政化模式中,政府问责发挥主导作用,而专业协会、审计机构和评级认证机构要么是政府主办的,要么是政府把控的,公立医院内部规章制度的建立和修订往往也需要政府审批。在自主化模式中,管理问责制度的建立和完善日益成为公立医院管理自主权扩大的工作内容,而专业协会、审计机构和评级认证机构也从行政化组织转变为独立法人,社群机制开始发挥实质性的作用,但政府问责的行政化倾向并未减弱。

政府通过自上而下的绩效考核体系实施问责,并伴之以物质性和非物质性奖惩措施,常被视为医疗服务公共治理的有效方式之一(Le Grand,2007:15)。然而,政府通过行政机制的作用所实施的公共部门绩效管理经常出现失灵。首先,绩效目标多寡是一个问题,太少会导致服务提供者行为扭曲,将过多资源和注意力集中于特定目标的达成,致使其他方面有所疏忽,太多则会导致注意力分散与敷衍;其次,考核指标的确定并不容易,这缘于很多医疗服务具有信任品的性质,其效果很难用短期、清晰、可见的度量指标来衡量;最后,即便考核指标是完美的,考核的环节也会出问题,"上有政策下有对策"是常态。考核指标越复杂,参与者越多,过程越复杂,掌握权力(无论大小)者加以调适的可能性越高,最后的结局是多数人都能娴熟地掌握各种调适技能,较真的人反而成为异类,坚持原则的考核者处处碰壁。这样的情形,从古到今,无处不在,无时不有,"古怪的模范官僚"海瑞(黄仁宇,2006：115-140)就是最著名的例子,在当今的基层治理也不乏其例。

不限于医疗领域,各类公立机构几乎年复一年,甚至月复一月地应付各种考核,而政府主管部门年复一年,甚至月复一月地绞尽脑汁设计各类考核指标,学者们关于绩效考核和绩效管理的论著也汗牛充栋,但是在自上而下式绩效考核下行政治理失灵的情形在中国俯拾皆是(徐阳,2017)。其实,在国外情况也是如此,例如英国全民公费医疗管理部门为了控制医疗费用的上涨,曾经热衷于实施目标绩效管理,其中设定了降低单位成本(如次均费用)的目标,但由于影响单位成本的因素太多从而很容易遭到操控,控费的目标没有达成(Dawson, et al., 2001)。卫生部门如此,教育部门、文化部门、社会福利部门等何尝不是如此。在此类上下级的行政博弈中,哪怕权钱交易的现象不多,很多考核也最终会变成走过场。把改革的希望寄托在强化政府部门对服务提供者的日常考核上,最终如果是"认认真真走过场""踏踏实实搞形式",已经就算最好的结果了,这本身就是行政化治理失灵内在机制的外在呈现。如果绩效管理总能显灵,行政化就是最好的治理模式,其改革的必要性就会大大减弱;正是行政治理失灵无法避免且俯拾皆是,公立医院乃至更广范围的公立机构的法人化乃至民营化才有必要。

进入法人化和民营化模式,政府问责依然发挥作用,只不过其作用方式从行政机制占主导转型为行政化管制与市场化合同约束的并行不悖;管理问责成为医院管理自主权行使的完整领域;"社会+市场"问责则成为多元法人主体之间的制度化关联性活动,日益呈现出网络化的特征。这一转变并不限于公立医院,而是遍及整个公共部门。由此,公共部门的网络治理成为公共管理研究领域的前沿课题之一(Goldsmith and Eggers, 2004)。

(二)公立医院自主化的两种模式：从绩效预算制到内部市场制

从行政化向自主化转型,是公立医院改革的重要一环。自主化意味着把公立医院大部分日常决策权从政府行政部门转移到医院管理者,其核心理念是"让管理者来管理"(Preker and Harding, 2003：53)。这是新公共管理运动中"管理主义"(managerialism)浪潮在医疗领域中的一种具体体现(Pollitt, 1993)。在自主化的治理模式中,行政机制依然发挥着关键性的作用,但与行政化模式相比,行政机制已经不再具有主宰性,而市场机制开始发挥重要作用;相对来说,社群机制在自主化模式中的作用依然是微不足道的。

同属于自主化的治理模式,引入市场机制的领域和程度、赋予管理者以自主权的程度与方式,以及新引入的市场机制与行政机制的互动关系,在图10-2显示的七个领域中,有可能出现很大的差异性。由此,尽管同属于自主化改革,但改革的方略、实施和效果,在世界各国各地均大有不同。大体而言,自主化模式有两种亚类型。

一种是程度较浅、速度较缓的渐进主义式自主化改革,即"绩效预算法"(performance budgeting)。在此类自主化的治理模式中,公立医院的日常运营依然在很大程度上依赖于来自政府的预算拨款,但政府行政部门根据事先确立的标杆对公立医院的运营绩效进行定期考核,然后根据绩效对拨款金额进行调整(Robinson,2007)。

这是一种介于行政化与自主化之间的过渡性治理模式,公立医院所在的整个组织和制度架构并未发生重大改变。公立医院依然是政府行政部门的一个预算单位,但其管理者在绩效预算所内含的行政问责制度约束下拥有一定的管理自主权,而且医院在政府预算拨款之外还可另辟收费服务项目,以获取一定的市场收入。总体来说,这种改革非常不彻底,而行政化的绩效预算管理也常常流于效力不强、效果不佳的境地。

另外一种是创建"内部市场":在不改变公有制的前提下,政府在公共部门内部实行购买与提供分开(purchase-provision split),人为创立出医疗服务的购买者。购买者其实相当于中文世界中常说的医保机构,但在实施内部市场制的国家,其具体的名称五花八门,令人眼花缭乱。无论是医疗服务购买者还是提供者,都拥有了管理自主权,而两者之间建立服务购买的契约关系(Jérôme-Forget, et al., 1995)。由于订约双方都是公立组织,因此它们之间订立的契约,被称为"公共契约",从而有别于私人与私人、私人与私人机构或私人机构之间订立的"私人契约"。在内部市场制下,购买者与提供者通过订立公共契约,使市场机制在医疗服务的治理上发挥重要作用,被视为公共契约模式的一种具体体现(OECD,1992:19-27)。

与绩效预算制相比,内部市场制最主要的特征,不仅是在供需双方之间引入了市场机制,而且还在供方(即公立医院)之间引入了更强的竞争,也使得供方面临更大的风险。这种改革,又被称为"有计划的竞争"(planned competition),或"公共竞争"(public competition),以凸显公共部门内部的市场竞争与私人市场竞争之间的差别(Saltman and von Otter,1992)。早在20世纪80—90年代,在英国、北欧及西欧的福利国家中,在公共部门中引入竞争就成为国家治理体系创新的重要内容之一。内部市场制的形成就是这一创新的一种具体体现。

在医疗领域引入公共竞争的结果是:一旦所获收入不足以偿付其成本,无论是既定成本还是新增成本,公立医院必须改善管理以提升效率。当然,在此背景下,供方也可以采取"撇奶油"的运营策略,即挑选轻病病人、推诿重病病人,以应对风险。因此,内部市场制对政府构成的挑战之一是如何防范公立医院的风险选择行为。内部市场制在公立医院主导的英国和北欧地区取得了很大的进展,目前已经成为新公共管理运动的典范(Harrison,2004)。

(三)自主化公立医院运营中的治理机制

总体来说,在公立医院自主化的治理模式中,社群机制并未发挥实质性的作用。因此,本节仅就行政机制与市场机制在公立医院的六大运营领域中呈现出不同的组合方式,分述如下:

第一,公立医院决策权与控制权的配置,尤其是战略决策权以及对战略实施的控制权,依然掌握在政府行政部门手中,只不过行政部门命令与控制的范围有所缩小,日常运营权已经转移给了公立医院的管理层,但权力下放的程度和速度,以及涉及权力收回时再次放权的频度,都由行政部门把控,而且自主权的落实深受其他社会经济政治因素的影响。在这一点上,自主化治理模式具有不规范性和不确定性,这与下文详述的法人化有重大区别。

第二,与行政化公立医院相比,自主化公立医院拥有了较宽的收入来源,这意味着其日常运营收入不再完全依赖于政府的预算拨款。市场创造的收入,既包括民众寻求医疗服务时的自付,也包括来自医疗保险机构的支付,其中既包括民营医疗保险机构的支付,也包括公立医疗保险机构的支付。在公共医疗保障体系健全的国家,医疗服务的市场主要由政府建立的医保体系所主宰。

在不同的自主化变革类型中,行政机制和市场机制的互动在公立医院收入来源领域,是有所不同的。绩效预算法下的自主化尽管赋予公立医院市场创收的权利,但来自政府的预算拨款依然是医院运营的主要资金来源。可是,在内部市场制下,情形发生了很大变化。尽管医院的收入来源归根结底依然是政府预算,亦即来自公共医保体系的支付,但是政府购买中所蕴含的市场机制取代了财政拨款中所蕴含的行政机制，这使得市场机制而不是行政机制对医院创收行为发挥着决定性的作用。

在这里，即便是政府主办的医保机构，或全民公费医疗体系，也全面采用由私立医保机构发明的各种新医保支付方式，对公立医院进行支付。换言之，公立医保机构与公立医院之间，已经变成了契约化的市场关系，即公共契约关系，这一点是全民公费医疗国家已经走上市场化之路的关键（顾昕，2011b）。

第三，政府推动自主化改革一般会赋予公立医院以完整的剩余索取权和配置权，但是并未将财务管理的全部权力转移给医院管理层。这主要体现为两个方面：一是资本投入，即公立医院在新科室建设和新部门设立（尤其是分院建设）时的融资和支出行为；二是价格设定，即设定所有服务项目的收费标准。

在自主化治理模式中，资本投入决策权一般依然归属于政府行政部门。无论是既有闲置资产的处置，新增资产（尤其是大型设备）的购入，还是资产的保值甚至增值，公立医院既没有自主权也没有处置手段，相应的管理行为都必须经过政府的审批。在某些国家（如克罗地亚），资本投入与支出的决策权划归给了政府主办的医保机构（Jakab, et al., 2003）。

价格设定权是重要管理事项。政府对收费标准进行管制，甚至由行政部门定价，是公立医院行政化治理模式的重要特征之一。在自主化模式中，公立医院的管理层开始拥有一定的定价自主权，但政府对医疗服务（包括药品、耗材等）收费标准进行管制的情形依然普遍。

第四，与价格设定权相关的是药品、器械、耗材的采购权。这本来属于公立医院物流管理的范畴，属于日常运营的一个组成部分，理应在自主化的改革过程中成为政府下放管理权限的重要内容之一。但从政府行政部门掌控公立医院的物流，到政府完全下放物流管理权，实际情况在不同的国家以及在不同的改革阶段，都千差万别。

第五，人事薪酬管理权的配置在不同的自主化类型中有所不同。在绩效预算制下，公立医院人事聘用权和薪酬决定权依然掌握在行政部门手中，而其管理人员和医务人员依然属于公务员队列。但在内部市场制中，除了管理层或部分高层管理人员之外，医院中其他雇员均从劳动力市场上聘用。由此，医务人员的劳动力市场开始形成，市场机制在卫生技术人力资源的配置上开始发挥实质性的作用。

然而，劳动力市场的运行总体来说深受政府管制的制约，从而呈现出很大尺度

第十章　医疗卫生服务的治理体系：行政化、市场化、社会化

的僵硬性，这一点在医疗领域的体现尤为突出。在英国，全民健康服务下属的公立医院在自主化和法人化治理模式中，雇佣和薪酬管理明显有别（Ham，2003：275）。更有甚者，不少国家，例如转型国家中的波兰和匈牙利，在公立医院自主化改革时期明确将公立医院的薪酬管理纳入公务员薪酬制度之中；在罗马尼亚，即便公立医院的人员雇用并未纳入公务员法，而是由普通就业法来规范，但仍由当地卫生行政部门负责公开选录、招聘和任命，尤其是管理层，其薪酬水平也由政府来确定（Jakab, et al., 2003：215-217）。

第六，在行政化和自主化治理模式中，社会功能的行使可谓大同小异，而这一点只有到了法人化的改革阶段才有实质性的变化。在行政化模式中，实际上并没有明确的"社会功能"。政府对公立医院所下达的命令，其目标都是"公益性"的，都具有"社会功能"。在自主化模式中，政府一方面赋予公立医院管理层一部分自主管理权，另一方面将很小一部分"社会功能"从笼而统之的施政目标中分裂出来，对公立医院进行专项补贴，或进行专项管制。

在许多国家和地区，例如印度尼西亚、新加坡等，公立医院市场创收的一个共同办法是设立不同等级的病房，其提供的临床医疗服务标准一致，但与医学无关的服务则大有差别。公立医院为不同等级的病房设定不同的价格，高等级病房（VIP病房）的收费标准高于实际成本，中等级病房等于实际成本，而低等级病房低于实际成本。这就形成了一种内部交叉补贴，即医疗费用风险从低收入人群转移到高收入人群。在没有全民公费医疗、全民健康保险或高度发达的社会医疗保险的国家和地区，政府往往对低等级病房的占比实施管制，以确保公立医院保持"公益性"，即履行"社会功能"，为低收入人群提供低廉的、带有补贴性质的医疗服务（Lieberman and Alkatiri, 2003：515-516）。

值得注意的是，对于提升低收入人群的医疗服务可及性，更可行、更有效也更加公平的做法是完善医疗保障体系，无论何等水平收入的国民或居民都享有同等的医疗保险。至于说在公立医院体系内部通过压低价格的措施来惠民，诸如平价医院、平价病房、平价服务等，以此方式追求"公益性"，行使"社会功能"，最终会导致其日常运营行为的扭曲。

第七，问责性的制度安排。总体来说，从行政化到自主化，问责制度的行政化倾向有所减弱，但减弱的幅度相当有限。公立医院法人化的实现，才真正使行政化治理模式中具主导性的政府问责让位于社会—市场问责与管理问责，而在后两类

问责制度中,社群机制发挥主导作用,并通过市场竞争对公立医院的治理产生实质性影响。

(四)公立医院法人化的两种模式:法定型法人化与契约型法人化

法人化是公立医院治理变革的第二种模式。不仅仅针对公立医院,作为改革各种公立机构(包括公立教育机构、公立文化机构、公立社会服务机构等)的一个模式,法人化曾经在20世纪的最后30年席卷了发达的市场经济体。一般而言,法人化常常是民营化过程的一个过渡阶段,但对于那些不适合实行民营化的机构来说,这也是一种可取的制度安排,可以增加组织运营的灵活性但保持一定程度的政治问责与控制(Thynne,1995:3)。公立医院的法人化在新西兰、新加坡、马来西亚等国家,以及中国香港地区盛行,并且取得了一定的成功。在中国香港,政府设立的医院管理局是一个法定的公立法人,负责对旗下几十家公立或(原本)民办非营利医院进行管理(Gauld,1998)。

在法人化模式下,公立医院以独立的法人形式存在,但是政府作为其出资人或股东依然在医院的法人治理结构中发挥着重要的实质性作用。一般而言,政府委派政府理事(或董事)加入医院的理事会或董事会,参与医院的战略决策,包括确立与医院战略发展方向相匹配的资源配置计划、制定年度预算、选聘管理层中的重要人员、确定衡量或监测医院运营绩效的一些重要指标(包括资产回报率、分红和再投资政策)等等。如果法人化的医院以非营利组织的模式运作,那么就不存在分红的问题。

在法人化模式下,医院的管理自主性远比自主化模式要广。在法人化的公立医院中,管理者拥有完全的决策权和控制权。同自主化模式相比,法人化医院是一个真正意义上的剩余索取者,它可以获取全部剩余,但也必须承担任何损失。在硬预算约束下,法人化医院必须面对市场的压力,与同类医院以及私立医院展开竞争。理事会对医院的管理承担全部的责任;由于政府是医院的大股东或大投资者,因此理事会也会对相关的政府机构负责,并对政府政策做出适当的、及时的、有效的回应。

法人化的具体实施路径有两种,即"法定型法人化"(statutory corporatization)和"契约型法人化"(contract corporatization)。

法定型法人化,即政府通过立法手段确立原有的公共组织转变成为一个独立的实体,有关法律中会明确规定法人化之后组织的活动,而且这些活动要受制于司法复议。法定型法人化要求立法机构一事一议,为特定机构特殊立法,而如此法人化后的公立机构具有特殊法人的身份,因此这种改制路径只适用于一些具有战略意义的公立组织。在很多国家和地区,国立大学、州立大学及大型公立综合医院采用这种方式实现了法人化。

契约型法人化,即原来的公共组织依照公司法重新注册成为一家公司,而其股东(包括国家股持有人和非国家股持有人)之间的契约关系通过注册文件得到法律上的确认。契约型法人化不必经过立法机构的审核,法人的运作也不受制于司法复议(Thynne,1995:6-8)。

如果力图在给予公立组织运营自主性和维持政治控制之间保持平衡,那么法定型法人化是常用的改革手段。如果国家决定让已经市场化的公立组织像民间组织那样行事,或者同民营组织在同样的制度和组织框架中展开公平竞争,那么契约型法人化的改革路径更为可取。

公立医院法人化有两种亚类型:一是个体式法人化;二是集团式法人化。个体式法人化只针对单个的公立医院,无论采用法定型法人化还是契约型法人化,改革之后的公立医院作为独立的公立法人出现在医疗服务领域。在后一种类型中,政府组建区域性健康理事会或医院管理局,拥有并管理包括公立医院在内的医疗机构,集团内部的医疗机构有时既包括法人化的公立医院,也包括民办非营利医院。此时,在非营利领域中,公立组织和民办组织之间的界限变得模糊起来。例如,香港医院管理局下属的医院,既有政府办的医院,也有原来由教会兴办的慈善医院(Yip and Hsiao,2003:392-393)。

美国绝大多数为普通民众服务的公立医院由地方政府所办,相当一部分这类公立医院以集团化的形式运营,被称为公共福利法人机构(public benefit corporation)。地方立法机构通过特定的法例,对其治理结构和运行机制加以明确。对所有公立医院组建的法律文件,公众均可在各地立法机构的官方网站、公共图书馆或档案馆中进行查阅(Opdycke,2000)。

实际上,个体式法人化在英美法律体系国家中有着悠久的历史传统。换言之,即便经过国有化的洗礼,在英国、美国、加拿大、澳大利亚和新西兰等国家,很多公立医院并未经受过行政化治理,而是长期保持着独立公立法人的法律地位。在这些国家中,很多公立医院并没有经历从行政化到自主化再到法人化的治理变革,而从个体式法人化向集团式法人化转型,才是其自20世纪后期以来公立医院治理变革的主要内容。例如,在澳大利亚的维多利亚州,1995年,政府将墨尔本市原本32家独立运作的公立医院重新组合为七个集团,将网络型联盟治理的商业运营之道引入医疗服务领域,彻底改变了澳大利亚第二大城市的卫生保健服务。每一个集团都设有独立的"董事会",实施战略管理,并负责同政府以及全民健康保险体系就资本投入和医保支付展开谈判(Corden,2003)。

(五)法人化公立医院运营中的国家、市场与社会的关系

总体来说,在法人化的治理模式中,市场机制和社群机制都发挥着实质性的作用,对医院运营的诸多领域产生了实质性的影响。延续既有的分析路径,本节依然就行政、市场和社群机制在法人化公立医院七大运营领域中所呈现的组合方式,分述如下:

第一,在法人化的治理模式中,公立医院决策权和控制权基本上掌握在理事会和管理层的手中,权力的配置经由法律确定下来,具有较强的规范性和确定性。决策权和控制权的行使呈现出不同类型的法人治理结构,而在法人治理中,既有市场机制的作用,也有社群机制的作用。从市场机制的视角来看,法人治理基本上体现为理事会(或董事会)与管理层的契约关系,尤其是在不完全契约条件下的委托代理关系,对此做出杰出研究的奥利弗·哈特于2016年获得了诺贝尔经济学奖(Hart,1995);而从社群机制的视角来看,法人本身就是一个社群,而社群成员之间就信任、监督与权威,形成了不同的制度安排(Heckscher and Adler,2007)。

值得注意的是,尽管市场机制和社群机制开始发挥实质性的作用,但这绝不意味着行政力量在法人化公立医院的法人治理结构中无关宏旨。首先,在政府理事和独立理事的提名和委派中,政府行政部门都发挥着积极甚至是主导性的作用,从而使行政机制继续在公立医院的战略管理上发挥着至关重要的影响力;其次,行政力量对法人治理结构的制度框架,有着很强的塑造力,从而间接影响法人治理的运作;最后,政府还可以通过规制,对公立医院的法人治理及其战略决策施加约束。

第二,对于法人化公立医院来说,来自政府财政预算的拨款在其收入来源中的占比已经微不足道,而这种拨款往往同下述的社会功能的行使有关,即政府对公立医院开展的一些不能从市场途径获得补偿的"公益性"服务提供专项补助。法人化公立医院的绝大部分收入源自市场创收,而市场既包括公共医保体系的支付,也包

括私立医保的支付或个人自付(顾昕、潘捷,2012)。

第三,法人化公立医院拥有完全剩余索取权与财务管理权,既可以对日常运营中的收入与开支进行自主安排,也可以对资本投入和资产处置进行自主操作。物流管理也成为公立医院日常运营的一项重要内容,公立医院的管理层拥有管理自主权。在一些实行单一付费者体系的国家,例如实行全民公费医疗的英国和实行全民健康保险的澳大利亚、韩国等,其医院大宗药品的集中采购由这些国家的医保体系来掌控。这一点并不难理解,毕竟这些药品费用的最终支付者是其医保体系。

同上述的自主化模式不同,政府大大减少行政机制的运作,尤其是不强制实施价格管制,而是让法人化的医院自行根据市场状况决定各类服务的价格。在这里,医保机构是重要的市场力量,因此价格是由医院与医保机构协商订立的(Saltman,et al.,2011:174-175,222-249)。当然,在人类历史上,为"公众利益"而实施价格管制的冲动在世界各国的政府那里都不鲜见,即便是在一向被视为奉行"自由放任"原则的美国,亦有地方政府对医疗服务实施价格管制的实践,对当地公立医院的运作有着一定的影响。但这类价格管制一般都无疾而终,最终被公共医保体系和私立医保机构的供方支付改革所取代(顾昕、袁国栋,2014)。

第四,在法人化的模式中,随着价格管制的解除,物流管理完全由公立医院自主支配。事实上,在法人化公立医院占据主导位置的发达国家,医院物流管理固然是医院管理学研究的一个课题,但公立医院的物流管理并非公共管理的研究课题。

第五,在法人化的治理模式中,人事薪酬管理权理论上配置给了公立医院的理事会和管理层,但在实践中,权力下放的程度千差万别。

例如,在马来西亚,政府于1992年对国家心脏病治疗中心即国家心脏研究院进行了法人化改革,赋予其董事会广泛的管理自主权,但不包括人力资源的聘用、解聘及薪酬标准的制定权(Halina, et al., 2003)。在突尼斯,政府在20世纪末对23家教学医院实施了法人化改革,但是法人化后的公立医院在人事管理上没有任何自主权,而其医务人员的聘用、招聘、薪酬和晋升,均纳入公务员体制(Acbouri and Jarawan, 2003:490, 499-500)。而在我国香港地区,情况有所不同,医务人员的雇用从原来的公务员体系之中分离出来,作为一个单一的、法定的、非营利性公立法人,医院管理局掌控着下属医院的雇用权、雇用条件的设定,而医院管理局行政主管的提名和任命由香港特区政府卫生福利署负责,最终由香港特区特首批准(Yip and Hsiao, 2003:399-403, 408-410)。

第六，社会功能的行使从政府的施政纲领转变为公立医院的战略选择。很多法人化的公立医院开展各种类型的"公益活动"，以提升自己的公众形象。当然，为了某些社会目标，例如保障基本的医疗服务对低收入者的可及性，政府一般可以通过补贴（要么针对消费者要么针对医院）或者服务购买的机制，以提供经济激励的方式让医院履行某些非商业性职能（Harding and Preker，2003：54-57）。

值得注意的是，在公立医院法人化的改革过程中，即使作为大股东，政府也必须以恰当的方式促使医院承担社会功能，而不是简单地让医院为低收入者提供低价或免费服务，从而让管理层找到借口来为糟糕的绩效推搪责任。换言之，要确保所有低收入者不因经济困难而无力看病，政府必须另想办法，而不是简单地从法人化改革的道路上后退，回到公立医院的旧模式。这一点对于公立医院法人化是否成功，是至关重要的。

第七，在法人化公立医院问责性的制度安排中，"社会＋市场"问责和管理问责的作用愈发显著，而相对来说，政府问责不仅重要性降低，而且其运作方式也由命令与控制型的直接问责转型为通过规制和合同的间接问责。

首先，法人化公立医院同其他各种组织类型的医疗机构都处在同样的市场环境之中，其绩效好坏本身就受到市场力量的制约，当然有必要再次重申，医疗服务的市场在很大程度上是由公共医保体系所左右的。其次，在公立医院法人化改革的大背景下，专业协会和认证组织的去行政化也相伴而行，由此导致专业协会通过社群规范、认证组织来通过市场竞争对法人化公立医院的医疗服务质量保障发挥举足轻重的作用；法人化公立医院内部的管理问责是法人内部社群治理的具体体现之一，而其运作对医院员工行为的影响也远甚于行政化的治理模式。最后，社群机制在问责制安排中的作用，集中体现在公立医院的法人治理结构之中，即行政主管向理事会/董事会和监事会负责。

问责制的制度安排本身具有多样性，这不仅涉及医院的管理层向谁负责的问题，而且也涉及公开性、透明性的制度建设与实施的问题，以及如何让医疗服务的诸多利益相关者实现有效参与的问题。在此过程中，行政力量显然在制度建设和实施上继续发挥着重要角色，但在问责的具体操作上走向去行政化。问责制的去行政化程度与问责制的有效性之间存在着相关关系（Durán, et al., 2011）。

(六)公立医院的民营化

公立医院治理变革的最后一种方式就是民营化。对于民营化及其后果,普遍存在各种误解。人们普遍认为,医疗服务的民营化是医疗费用高涨的罪魁祸首。这一观念在中国尤其根深蒂固。在现实世界中,许多民营化的操作也异常粗糙,从而造成了严重的后果,这反过来又强化了人们对于民营化的种种偏见。在中国,无论是新建的民营医院还是从原来公立医院转型过来的民营医院,大多有追逐短期效益的行为,为本来就失控的医药费用上涨问题推波助澜。当涉及与公正问题有关的社会改革,包括医疗改革之时,有关民营化的误解和偏见尤其具有煽情性和误导性。因此在进入公立医院民营化的细节阐述之前,我们有必要简要讨论一下民营化的一般理论和实践。

在席卷全球的治理变革浪潮中,民营化是最为显著的大趋势。广义而言,民营化意味着更多地依赖民办机构,更少地依赖政府,来满足公众的需要(Savas,2000:3)。民营化一般经历三次浪潮。在第一次浪潮中,政府从各种竞争性的经济活动中退出。第二次浪潮涉及国家在公用事业服务领域中转变角色,从垄断性的服务提供者转变为监管者。民营化的第三次浪潮则把市场机制引入社会服务领域,而医疗服务的民营化,或者说公立医院的民营化,正是民营化第三次浪潮冲击的最显著领域之一。

许多人把民营化简单地理解为"政府退出",即简单地把产品生产者或者服务的提供者推向市场了事,也即"一卖了之"。这样一来,供方和需方,亦即医院和病人,都被推入一个社会达尔文主义的境地:生存竞争、适者生存。这种对于民营化的简单理解,在公众中造就了一种恐惧的心理。需要强调的是,众多鼓吹民营化的思想先驱,尤其是自由至上主义者或者是保守的自由主义者,或者笼统地说"新自由主义"的拥护者们,要为这种恐惧心理的形成承担一定的责任,正是他们以滔滔雄辩把政府在民营化过程中的作用挤压到无可再小的空间。许多对民营化的抨击,其实只是针对这种肤浅的民营化理念,但是具有讽刺意义的是,抨击者同提倡者犯有同样的毛病,就是把国家与民营化对立起来,仿佛两者是有你没我的关系。

实际上,民营化有多种形式,绝非一卖了之这样简单。出售国有资产或非国有化,仅仅是民营化的一种特殊的、激进的形式,而合同外包、特许经营、现金券发放等等,都是民营化的可行措施(Savas,2000:14-17)。换言之,民营化并不一味地要求放弃国有,只是主张政府从生产经营或者服务递送的环节选择性地退出而已。事实上,在很多领域,尤其是社会服务领域,政府与民间组织在民营化的大潮中发展出了各种各样的制度安排,而不同领域的研究者们对这些制度安排又冠以不同的名称,包括公私伙伴关系(public-private partnerships)(萨瓦斯,2002)、混合福利经济(mix economy of welfare)(鲍威尔,2011)等等。

民营化是一个动态的过程,最广义地说,民营化一词意指任何民间部门成长的进程;而狭义地说,民营化涉及如何从较为依赖政府的制度安排转变到更加依赖民间部门的制度安排,其具体形式呈现多样性(见表10-2)。

表10-2 民营化的多种形式

民营化的具体形式	具体内容
间接民营化(政府淡出) 　放松管制 　民间补缺 　政府萎缩	在政府垄断性的服务领域放松甚至解除进入管制 民间机构填补政府服务机构缺乏反应性而遗留的空缺 政府采取主动措施限制公立机构的成长
部分民营化(委托授权) 　合同外包 　特许经营 　补助 　代金券 　法定委托	政府把某类服务的部分或全部向民间组织发包 政府把特许经营权颁予某一个或若干民间机构 政府对以低于市场价格提供某类服务的民间机构发放补贴 政府就某类服务向合格的消费者发放代金券 政府通过法令强制民间机构提供某类服务
彻底民营化(政府撤资) 　出售政府资产 　无偿赠与	政府向内部人和外部人出售国有资产 政府向内部人和外部人无偿赠送国有资产

资料来源:Savas,2000:125-138。

如果从广义的角度来理解民营化,那么就政府而言,推进医疗服务递送民营化的策略有三:(1)在实施良好监管的前提下充分利用已有的民营医疗服务提供者;(2)推动已有的民营医疗服务提供者成长;(3)将医疗服务从官办向民营转变(Harding,2003:19)。前两种策略的实施涉及大量公私伙伴关系的制度安排,其重要性不言而喻,但是由于目前我国已有的民营医疗服务提供者仅处在边缘位置,因此这两项策略与我国医疗体制改革的相干性不大。但是,随着我国民营医疗机构的逐渐增多,这两种策略的重要性会增加,因此有关研究必须从现在开始就有所加强。

相对来说,第三种策略的相干性更为直接,即国际文献中所谓的"转变"(conversion),与中文中的"转制"十分接近。转制策略的实施首先涉及多种交易类型,分别涉及医疗服务的运营、设备和人员,其分类和定义的详细内容可以参见表10-3。在实施转变或转制策略的过程中,政府必须在两件事情上做出明确安排:一是设立准入标准,明确何种民间组织(营利性还是非营利性、国内还是国际)有资格参与民营化;二是剥离非出售性服务,将公立组织依然保留下来的服务严格同民营化的服务分开。

表10-3 医疗服务从公立向民营转变的交易类型

交易涉及对象	交易类型	定义
将已有设施、人员和运营转变	出售 租赁 管理外包 辅助性服务外包 受薪者变成自雇者 专项医疗服务合同化	民营组织购买设施后按照服务合同来运营 民营组织租赁设施后按照服务合同来运营 民营组织依照合同提供管理服务 民营组织依照合同提供辅助性服务 初级医疗服务提供者从受薪者转变成自雇者(自行开业) 某些特殊的医疗服务(例如X-透视等)外包给民营组织
旨在扩展或提升已有设施、人员和运营的新投资	租赁—建设—运营 增量持有—全包型运营	民营组织从公立医院租赁设备,并且不断扩展或修复 民营组织扩展公立组织的设施并且拥有新增设施,但负责全部设施的运营
全新的建设	BTO(建设—转移—运营) BOT(建设—运营—转移) 共处	民营组织筹资并建造新设施后转移为公有,但拥有运营权(如20—40年) 民营组织筹资并建造新设施后运营一段时间(20—40年),然后再转移为公有 民营组织在公立组织附近或内部开发一处新的单位,而且拥有并运营之
全新的运营	全新领域服务外包	政府在那些原本公立组织未加涉足的领域将医疗服务发包给民间组织
向非营利组织转型	转型为新的非营利组织 出售或转移	组建新的非营利组织,并且将原公立组织的设施转移给新建的组织 将原公立组织的设施出售或者转移给已有民间非营利组织
终止公立组织的运营	转型为非医疗用途	将设施出售以用于非医疗服务用途

资料来源:Harding,2003:59-60。对原表格的内容有所微调。

五、中国医疗供给侧结构性改革的大转型:走向社会治理新范式

新中国70多年医疗政策大转型的曲折路径,尤其是2009年以来新医改的政策决策与实施,为医疗服务的社会治理分析提供了很好的一个案例。正如第一章所论,社会治理不仅是国家的施政理念,也是我们分析公共治理创新的新视野,从这一新视野透视中国医疗供给侧的组织和制度变革,有利于超越狭隘的政府与市场之争,以利探究更具包容性、适应性和灵活性的医疗服务治理之道。

(一)新中国前30年:嵌入事业单位体系的高度行政化的医疗供给侧

在新中国成立之后的前30年,医疗服务嵌合在高度行政化的政治经济体制之中,是计划经济体制的一个组成部分。正如所有未经改革洗礼的社会主义国家一样(Kornai,1992:97-100),行政协调在当时的中国主宰了所有社会经济活动,甚至成为一种排他性的治理机制,医疗领域也不例外(Huang,2013:24-52)。各种各样的医疗服务在一个高度行政化的等级体系中组织起来,医疗服务体系是事业单位体系的一个组成部分。市场机制积极作用的运作空间遭到极大挤压,社群机制基本上无法正常发挥积极的作用。

事业单位是计划经济体制时期所形成的单位体制的重要组成部分。在计划经济时代,无论其社会分工和专业功能为何,中国所有公立组织(包括行政机构、国有企业和事业单位)通称"单位",所有单位都隶属于一个庞大的行政系统,拥有自己的行政级别(路风,1989)。在行政化的单位体制中,政府行政机构与企业不分,与事业单位也不分,这些现象分别被简称为"政企不分"和"政事不分"。

单位体制的核心特征在于治理行政化。用研究社会主义政治经济学的世界级学者、匈牙利经济学家科尔奈的话来说,科层协调机制(bureaucratic coordination)在这一体制中占据绝对主导地位(Kornai,1992:97-100)。所谓"科层协调机制",用中国话来说,就是"行政协调机制"或"行政治理机制",其特征就是行政力量以自上而下、命令与控制的方式对各种事务进行协调和治理。

在庞大的行政等级体系之中,每一个单位并不拥有实质性的管理自主性,自然也没有决策权。任何一个单位的党政领导其实不是真正意义上的管理者,只不过

是行政主管,负责执行党和政府制订的计划,即"完成任务"。有关任务的命令由党和政府以文件的形式一级级下达,不同的文件均有特定的下达行政层级,形成"文件治国"的行政管理模式(王泸生,2001)。即便在内部机构和岗位的设置上,各级单位也都要同上级主管行政机构保持一致,即编制设置要"对口",这就是组织社会学中所谓的"科层同构"现象(周翼虎、杨晓民,1999:60)。

人事管理是行政化治理模式的典型。"人事管理的对象,简单地说就是干部","干部范围包括:在国家权力机关、行政机关、司法机关、军事机关、党的工作机关、群众团体以及国家企业、事业单位中任职,并从事公务的人员";所有干部,分为"国家行政干部、党务工作干部、军队干部、人民团体干部、专业技术干部、企事业管理干部等六类"(张志坚,1994a:4)。例如,单位中非管理层专业人员,大多属于"专业技术干部",而管理层,则属于"企事业管理干部"。所有职工,包括专业人员,其招聘录用纳入政府人事部门实施的编制管理;其中,主要管理干部的任命由单位所在行政系统中党的组织部门负责,这是作为人事管理"基本原则"的"党管干部"的一种具体体现。在计划经济时代,政府对国家机关、事业单位和国有企业实行统一的行政化工资制度。这一制度是在1956年形成的。首先,所有人均有一定的行政级别,不同级别的工资水平不同;其次,在同一行政级别中,又有不同的工资标准。在此之后,尽管工资标准随着经济发展水平的提高而在各地都经常进行不同程度的调整,但行政化统一工资制度的基本架构没有发生变化。

依照马克思主义政治经济学的分析,所有组织可根据其所从事活动的性质分为两类:一类是从事物质生产活动的组织,即"企业";而另一类是从事非物质生产活动的组织,在中国通称为"事业单位"。很多国际文献从财务视角,把苏联和东欧前社会主义国家中诸如大学、医院、博物馆之类的公立机构称为"预算单位"(Kornai,1992:76;Kornai and Eggleston,2001)。前述的世界银行关于公立医院法人化的报告亦是如此,用"预算单位"来刻画治理转型前的公立医院,用"预算化"来刻画治理转型前公立医院与政府部门的关系(Preker and Harding,2003)。但是,无论是"预算单位"还是"预算化",这些术语均不足以刻画行政治理中等级化、官僚化协调机制对公立组织的资源配置、决策与控制、营收与剩余索取、监督与问责等诸多非财务事务的支配力,因此,本书以"行政化"取代"预算化",来刻画事业单位体系内治理的特征。

事业单位的中国特色并不在于其公立性质及其提供的公共服务,而在于这些公立机构所处的"单位体系"具有高度行政化的独特性。实际上，就功能而言，中国的事业单位与世界各国的公立组织别无二致。但中国的"单位体制"之所以举世无双，就在于其高度行政化的组织和制度模式，乃至"单位"这个词没有适当的英译，于是在某些国际文献只能用其拼音(danwei)权作英译(Lü and Perry, 1997)。

在改革开放之前，单位体系中数量最多、功能最为重要的组织，既有企业单位，也有事业单位。在改革开放之后，国有企业逐渐转型为独立法人，开始摆脱行政化的单位体系，但事业单位的法人化却始终裹足不前。经过长时期的探索，尤其是自20世纪90年代中期以来，国有企业走上了法人化的道路，现代企业制度在经济领域逐渐得以确立，国企改革进入了一个全新的天地(周丽莎，2019)。

然而，与此相对照，事业单位改革与国有企业改革有着云泥之别。事业单位始终在行政化的泥沼中挣扎，只不过行政治理的细节有所变化。其中一个微妙的变化是，在计划经济时代依据国民经济社会发展计划而设立的事业单位，开始同国有企业一样在形式上有了法人地位，而且也需要注册登记了。1998年10月25日，国务院发布了《事业单位登记管理暂行条例》，并在县级以上政府编制管理机构下设专门的事业单位登记管理机构，对事业单位设立进行分级管理；2004年6月27日，国务院发布了经过修订后的《事业单位登记管理暂行条例》；2005年4月5日，经中央机构编制委员会办公室(简称中编办)批转，国家事业单位登记管理局颁布了《事业单位登记管理暂行条例实施细则》(中央编办发〔2005〕15号)；2014年1月24日，再经中编办批转，国家事业单位登记管理局颁布了经过修订后的《事业单位登记管理暂行条例实施细则》(中央编办发〔2014〕4号)。

事业单位登记管理的法律条例经过20多年的实践依然没有从暂行条例变成正式条例，这在一定程度上表明事业单位法人化还处在"摸着石头过河"的阶段。在登记制度确立之后，事业单位在形式上成为法人，也有法人代表，但"事业单位法人"与"企业法人"在实际运作上有很大的区别。与企业法人不同，任何事业单位从其诞生开始，就生活在高度行政化的组织架构之中；即便很多事业单位经历了自主化改革，但其自主权的行使依然在很大程度上受到行政力量的左右和行政机制的制约。这正如世界银行的一份报告所描绘的：

> 某一层次的政府在建立事业单位时，先由政府的某一部门(也就是"批准机构")负责批准成立某家事业单位，然后这家事业单位再到本级政府的编制办公室进行登记，而负责批准的政府部门将成为这家事业单位的"主管部门"。

事业单位的主管部门常常掌握着任命事业单位管理层,审核批准事业单位预算、财务、人事计划,以及评估事业单位业绩等各项权力。(世界银行,2005:3)

值得说明的是,世界银行的这份报告对于中国事业单位体系权力分散型的制度和组织架构以及引致的公共事务"九龙治水"的格局并未给出准确的刻画,而是对事业单位主管行政部门的行政权力给予了相对集权化的描绘。这种描绘更适合于其他计划经济国家尤其是苏联和东欧前社会主义国家中的非企业组织,而与中国的实际情形相比是有所出入的。实际上,同企业单位类似,中国的很多事业单位在改革开放时代就开始拥有了某种自主性,尤其是在有关"人、财、物"的治理之中,大多数事业单位在编制外拥有一定程度的人事自主权,也拥有了一定的财务自主权以及与之有关的物品采购权和处置权。编制外人事自主权固然体现了劳动力市场机制在事业单位中的引入,但编制制度的持续存在及其制度性主导致使公共部门的劳动力市场机制始终无法正常运作。事业单位财务自主性的扩大,既是政府行政放权的结果,也是政府弱化财务责任的后果。政府在不增加公共服务筹资责任的前提下,允许事业单位通过公共服务的提供来换取服务受益者的收费,由此很多事业单位纷纷开启了五花八门的自主创收之路,走上了某种"商业化"或称"市场化"的道路。在此道路上,"物"的治理往往为事业单位创收开辟了空间。

实际上,事业单位法人化的改革方向,在相关公共政策的话语中是有所确立的。依照正式的说法,事业单位改革的一个目标是"政事分开",也就是将事业单位与行政部门脱钩,"推进事业单位的社会化",即强化其独立法人地位。推动事业单位社会化的关键,就是逐步弱化事业单位的部门所有制,扩大事业单位的独立自主权,而实现这一目标的路径:

> 一是主管部门充分地简政放权,给所属事业单位足够的自主权,使之在服务对象和活动范围上有很高的自由度;二是提倡多种形式的联合举办事业单位,使主管部门多重化,相对扩大事业单位的服务范围;三是加强事业单位的横向联系,通过自愿结合的方式,形成事业单位集团,由某个行政部门实行宏观管理,集团中的各事业单位与原来的主管部门脱离行政隶属关系;四是在条件成熟时,使相当部分的事业单位与主管部门脱离,成为相对独立的社会法人,必要的少量宏观管理事务统一交由各级政府的某个机构(或新成立机构)管理。(张志坚,1994b:481-482)

正如所有事业单位一样,公立医疗机构是各自所属的政府行政部门的组成部分,造就了"政事不分"的现象。公立医疗机构等级体系,依照行政化的原则建立。所有公立医疗机构都有行政级别,即部级、省级、地市级、市级和区县级。在城镇地区,县级以下的医疗机构包括各种集体所有制的门诊部、医务室(诊所)、护理站,在行政上大多隶属于各种单位或街道委员会;在农村地区,县级以下有乡、村两级医疗机构,分别属于人民公社和大队(村)集体所有。公有制自然是这些医疗机构的共同特征。在当时,民营医疗机构基本上不存在。

医疗服务体系嵌套在更大的计划经济体系之中,其运行的方方面面都纳入国民社会经济发展计划体制之中。在庞大的行政等级体系之中,医疗机构管理者没有管理自主权,也没有决策权,只负责执行计划,完成任务。在医疗供给侧的治理化结构中,行政机制具有主宰性,具体体现在(至少)如下五个方面:

1. 在组织上,大多数公立医疗机构是卫生行政部门的下属机构,少数在行政上隶属于其他政府部门(如教育部门、军队、交通部门等)或大型国有企业。

2. 在财务上,公立医疗机构的资本投入必须由卫生行政、财政和国民社会经济发展综合协调部门(如前期的国家计划委员会和后来的国家发展和改革委员会)等多部门审批。

3. 在人事上,普通医务人员的编制设置需要卫生、人事、编办等多部门审批,其录用的某些环节(如考试)由人事管理部门组织实施,而管理层任命则由所属行政部门的党委组织部门掌控,薪酬制度则由政府人事管理部门统一制订。

4. 在价格上,上万种医疗服务项目、上万种品规的药品以及上千种医疗耗材和器械的价格,由国家计委或国家发展改革委的物价部门决定。

5. 在物流上,药品、耗材和器械的采购纳入国家计划管理,后来演变成政府组织实施的集中招标采购,其中蕴含着对药品准入和价格的行政管制。

其中,事业单位的人事管理是行政化治理的集中体现,这也体现了政府与专业人士关系的国家主义模式。在事业单位体系中,政府对公立医疗机构的人事工资经由一套行政化的编制制度实施自上而下的管理(陈少平,1992)。公立医院中所有正式职工,包括医务人员,其招聘录用纳入政府人事部门实施的编制管理,其中,主要管理者的选聘纳入干部选拔体系,其任命由医院所在行政系统中党的组织部门负责,医院缺乏人事管理自主权(刘晓苏,2011:94),在薪酬上也执行统一的事业单位工资制度。人事管理的行政化为事业单位的去行政化改革构成了深层的约束和障碍,致使事业单位的改革长期滞后于社会经济各领域高质量发展以及国家治理体系现代化的要求。人事编制制度是计划经济体制的遗产,计划永远赶不上变化的情形比比皆是。例如,在人口流入程度较高的地方,医疗服务需求大增,当地公立医院编制呈现不足,而增加编制的速度十分缓慢,而在人口外流程度较高的地方,情况恰恰相反,公立医院超编(陈虹等,1999)。

在新中国成立之后的40余年间,改革开放极大地激发了市场机制的活力,市场力量的蓬勃极大地改变了经济生活和社会生活的方方面面。在市场转型的大背景下,医疗服务的公共治理发生了一些变化。市场力量有所增长,市场机制开始发挥作用,私立或民营医疗机构出现;医学界或医疗行业的社会组织有些早就存在并得到发展,有些是新建的,但总体来说,社群机制依然孱弱,不仅在公共治理中作用微弱,而且在卫生经济学和医疗政策研究中也未受到重视;公立医疗机构依然在医疗供给侧占据主导地位,且自身依然处在行政化的事业单位体系之中;行政治理与市场治理的关系正经历着从二元对立到互补嵌合的艰难转型,社会组织和社群机制的积极作用还处在萌芽和起步阶段,社群机制与行政机制和市场机制的互补嵌合还处在蒙昧的状态之中。

中国在1979年启动的市场转型,将此前30年来形成的高度行政化医疗体制引上了去行政化的治理变革之路。行政治理的主导性逐渐消退,行政治理方式也逐渐发生着一些改变,市场机制逐步开始在资源配置上发挥一定的作用。然而,在新医改酝酿和实施的过程中,医改政策的制定和实施始终陷入政府主导与市场主导之争的窠臼之中,行政治理与市场治理的互补嵌合的理念尚未形成,社群治理远未以常规性的方式嵌合到整个公共治理体系之中,更谈不上制度化。奥斯特罗姆一般被视为公共管理学者,尤其是环境治理的杰出研究者,但她几乎从未在卫生经济学的学术研究以及医疗卫生政策的公共话语中占有一席之地,这间接表明社群机制和社群治理的重要性尚未在医疗卫生政策的认知中得到体认,更谈不上明确。在社群治理尚处在萌芽状态的情况下,中国医疗政策的大转型在行政与市场治理之间的再平衡,始终处在极为艰难的"摸着石头过河"的过程之中,难以摸到一个稳定的平台。

（二）改革开放时代初期医疗服务机构的财务自主化：1979—2002 年

行政与市场治理再平衡的过程，可以分为三个阶段：第一阶段的大转型是从 1979 年到 2002 年。在此期间，医疗供给侧所处的社会经济环境发生了巨大的变化，市场力量进入了经济社会生活的诸多领域，行政机制在很多社会经济治理中的主导性开始弱化。随着国有企业的改革和人民公社的解体，原有以城市单位和农村公社为组织载体并依赖于行政治理运作的医疗保险，即劳保医疗和合作医疗，要么转型，要么消亡（Gu，2001；顾昕、方黎明，2004）。然而，行政治理的弱化并不意味着市场机制能够自然运转正常，也不意味着社群机制能够自发孕育并发挥重要作用，而且在医疗保险领域，行政机制的弱化和行政力量的退出，并不利于医疗体系的良好运作（Duckett，2011）。其中关键性的因素在于全民医保的缺失，这意味着医疗服务第三方购买的格局无法形成，也就自然谈不上医疗保险通过支付方式的改革在医疗服务付费者和提供者之间建立市场机制主导的公共契约关系，更谈不上在医保支付改革中践行社会治理的理念（参见本书第九章）。如果没有市场机制和社群机制加持的医保支付改革，医疗供给侧的激励结构难以重构，医疗服务治理变革也就难以走上正轨。

在改革开放的初期阶段，随着市场力量的引入和市场机制的作用，医疗供给侧在组织制度的结构上开始发生变化。首先，民营医疗机构开始出现，但无论就其服务能力还是市场份额，民营医疗机构都从未对公立医疗机构的主导性地位有所撼动；继而，公立医疗机构与政府关系的行政化模式不再，自主化模式启动，市场机制开始渗入公立医疗机构的日常运营，但行政治理依然左右着自主化进程。民营医疗机构的出现意味着中国医疗服务组织的所有制结构发生了变化，但民营医院遭遇到既有体制所营造的"玻璃门"而发展不利（顾昕，2022b：第八章）。

更为重要的是公立医院组织和治理模式的转变。如前所述，在世界各国，公立医院与政府的关系至少有三种模式，即行政化、自主化和法人化。自 20 世纪 80 年代以来，随着新公共管理运动的兴起，世界各地的公立医院都走上了改革之途，其中自主化和法人化是主流变革之道。当然，还有第四种模式，即一些公立医院民营化，形成各种各样的公私合作伙伴关系（Harding and Preker，2003）。在中国，改革开放时代初期，公立医疗机构自主化、法人化和民营化的实践均有出现，但自主化是主导模式。

中国医疗供给侧的组织和制度发生了渐进性的、零碎性的、路径依赖式的变化,呈现了某种市场化的变革之势。医疗服务的市场化,同其他经济部门尤其是其他服务业领域的结构转型,有相似之处,但也有实质性差别。相似之处在于,同几乎所有的经济领域一样,医疗服务业是在存量保持不变的情况下首先放开增量的部分,即允许私立医疗服务出现并发展,但其存量部分最终是否会走上民营化之路尚未可知;差别之处在于,由于医疗服务的正外部性(即社会公益性)非常重要,因此其市场化必须是有管理的市场化,但问题在于政府如何在推进市场化与加强管理之间保持平衡,或者说政府如何推动行政机制与市场机制形成互补嵌合的格局,需要很长时间的探索,因此在短期内就会出现"无管理的市场化"这一局面。

1985年4月25日,国务院转发了卫生部《关于卫生工作改革若干政策问题的报告》(国发〔1985〕62号),揭开了中国医疗供给侧转型的序幕。此报告提出如下几点医疗服务改革的原则:(1)全民所有制医疗卫生机构要由中央政府、地方政府和各部门多方举办;(2)扩大公立医疗卫生机构自主权,干部实行聘任制,工人实行合同制,在财政上实行预算包干制;(3)积极发展集体医疗卫生机构;(4)支持个体开业行医,并允许享受劳保医疗、公费医疗待遇的职工到经卫生行政部门批准成立的个体诊所或私立医院就医且获得报销;(5)鼓励在职人员应聘兼职;(6)开辟农村多渠道、多层次、多形式兴办医疗机构的途径,鼓励城市医院、医药院校到农村去设点,办"联合体";(7)扩大医疗服务收费项目的范围,调整(提高)定价水平(卫生部,1985)。

这一新政策给区县级以下医疗机构带来了一定的变化。在城镇地区,经过十多年的演变,门诊部、医务室(诊所)、护理站等转型为社区卫生服务中心(站),与此同时,私人开业行医合法了,私立诊所涌现出来。在农村地区,随着人民公社的解体,部分乡镇卫生院变成了乡政府所属的事业单位,部分村级卫生室(站)由村集体所有,但也有相当一部分乡镇卫生院和村卫生室变成了私立医院和诊所。这些区县级以下的医疗机构,尤其是公立医疗机构,在20世纪90年代末期被整合为"社区卫生服务体系",被赋予基本卫生保健服务提供者的职责(参见本书第十一章)。

政府允许"社会力量"进入医疗事业,于是在城镇地区也逐渐出现了私立医院,而且其数量始终处在增长的态势。然而,尽管私立医院数量不少,但其规模小、人才弱、收入低,在医疗服务市场中的地位依然无足轻重(Gu and Zhang,2006)。这一情形一直延续到今日,尽管私立医院不断涌现,但公立医院在规模、资源和服务量上的统治性地位,没有发生根本性的改变,多元办医格局的形成还有待时日(参见顾昕,2022b:第八章)。

与此同时,公立医疗机构的改革基本上停留在自主化的酝酿阶段,即大多数公立医疗机构维持其作为政府行政部门预算单位的地位,只是在预算的编订和执行方面进行小修小补,但同时有少量公立医疗机构进行了承包制试验,拥有了较多运营自主权。真正具有转折意义的新政策出现在1989年。当年1月15日,国务院批转《国家教委等部门关于深化改革鼓励教育科研卫生单位增加社会服务意见的通知》(国发〔1989〕10号),其中转发了卫生部、财政部、人事部、国家物价局、国家税务局于1988年11月联合制定的《关于扩大医疗卫生服务有关问题的意见》,提出一系列改革医疗服务机构的新政策,主要包括:

1. 积极推行各种形式的承包制。医疗机构同卫生主管部门签订承包合同,确定人员编制、服务质量标准和包干拨款金额,在完成合同目标的前提下,医疗机构实行自行管理、自主经营、自主支配财物。

2. 允许有条件的单位和医疗卫生人员在保质保量完成承包任务,确保医疗卫生服务质量,坚持把社会效益放在首位的前提下,从事有偿业余服务,有条件的项目也可进行有偿超额劳动。

3. 允许提高医疗服务收费。专家挂牌门诊,以及根据病人的特殊医疗服务要求开展的各种优质服务项目,允许在收费上适当高一些。允许医疗机构开展特殊、高质量的服务(即所谓"特诊服务")提高收费,但公费医疗、劳保医疗不予报销。

4. 医疗卫生事业单位实行"以副补主",组织多余人员举办直接为医疗卫生工作服务的第三产业或小型工副业,应按国家规定办理工商登记手续,内部应实行独立核算、自负盈亏(《中国卫生年鉴》编辑委员会,1990:51-52)。

这些措施的核心内容有两条:一是政府财政拨款实行包干制;二是鼓励医疗机构进行创收。从国发(1989)10号文可以看出,这些措施的适用范围遍及几乎所有事业单位,除了医疗卫生领域之外,文件还专门批转了国家教委、财政部、人事部、国家税务局《关于高等学校开展社会服务有关问题的意见》和国家科委、财政部、人事部、国家税务局《关于深化改革科研单位事业费拨款和收益分配制度的意见》。在财政拨款包干的情况下,走向程度不同的财务自主化是事业单位改革的共同之路,而创收所带来的剩余自然由自主化的事业单位掌握其支配权。

第十章　医疗卫生服务的治理体系:行政化、市场化、社会化

就医疗卫生领域而言,国发(1989)10号文的下发标志着公立医疗机构的改革从1989年起正式进入了"自主化"阶段。尽管在组织上依然是公立机构,也就是我们通常所称的"事业单位",但从运营性质来说,公立医疗机构开始转变为以提供服务换取收入(service-for-fee)的组织。尽管相当一部分医疗机构依然可以获得财政拨款或补贴,因此被归类为"差额拨款的事业单位",但其主要收入来源越来越倚重其运营的业务收入,其业务收入来源有二:医疗收费和药品出售。实际上,药品使用和出售是医疗服务的内在组成部分,但由于种种原因,在卫生统计上,药品费用被单分出来加以核计,控制药费也被视为医疗政策的一个单独目标。

中国卫生行政部门自2003年起编撰出版官方卫生统计年鉴。统计指标中医疗机构"总收入"中的"政府投入"有两项,即"财政补助收入"和"上级补助收入",后者的占比极低,且有些年份数据缺失;医疗机构通过提供医疗服务获取的收入被称为"业务收入/事业收入"(中华人民共和国卫生部,2003:72;2012:94-96)。经过20世纪90年代的自主化改革,医院在人力资源构成上呈现出专业化的发展,在日常运营上呈现出市场化,即卫生技术人员在医院职工总数中的占比维持在较高的水平,业务收入成为医院的主要收入来源。自主化改革极大地改变了医疗供给侧的激励结构及其行为。医疗机构从原来在计划体制下照章办事的被动机构转变成为医疗服务市场的积极参与者,而追求收入最大化自然也成为其运营的主要目标。在2003年之前,由于自费病人在医疗服务市场中占有相当大的份额,再加上医疗保险采用患者报销的给付模式,并未形成医保供方支付的格局,对于医疗服务提供者缺乏有效的手段以控制医疗费用的增长。在缺乏医疗保险供方支付约束以及医保支付改革未及开展以重构供方激励结构的情况下,追求收入最大化的医疗机构难免会产生"供方诱导需求"的问题(Christiansen and Conrad,2011)。医疗机构过度医疗、乱收费,以及医生开大处方、收取"红包"的行为层出不穷,被称为"医殇"(杨超,2003)。

供方诱导需求问题的大量涌现必然导致医疗费用的快速增长。医疗费用快速增长的问题引起了全社会的关注,政府也努力试图遏制这一现象,但是却缺少有效的政策工具。行政整顿是政策工具之一。卫生部经常对"医疗行业的不正之风"进行专项整顿,整顿目标锁定为医生接受药企回扣、收受红包及医疗机构乱收费等行为。行政性治理整顿一般能产生一时之效,但往往难以呈现可持续性,因为一方面这类措施并没有改变医疗服务提供者的激励结构,而另一方面行政机关也难以保

持持久的动力对医疗机构的不规范行为始终睁大眼睛。社会学和公共管理学领域的不少研究（例如：程熙，2013；倪星、原超，2014）显示，治理整顿是运动式治理的一项操作，正是由于其可持续性弱，治理整顿便成为政府的经常性行为，呈现出运动式治理的常态化或日常化。

由于"医疗行业的不正之风"往往呈现在药品的采购、使用和销售环节之中，于是一些地方政府开始实施政府主导的药品集中采购制度。据学者记载，这一做法于1993年最早出现在河南省，后在很多地方出现，并多次得到卫生部领导的关注和支持（李宪法，2005：3-6）。例如，1999年8月，时任卫生部副部长王陇德在全国纠正医药购销中不正之风工作电视电话会议上的讲话中，要求各地积极探索药品公开招标采购、定点采购或政府指导下的集中采购等措施，治理医药腐败（国务院纠正行业不正之风办公室，2003：21-24）。在2000年2月21日，国务院办公厅转发的国务院体改办等部门《关于城镇医药卫生体制改革的指导意见》（国办发〔2000〕16号）中提出了药品集中招标采购制度的基本框架，并在3月10日转发的《关于整顿和规范药品市场的意见》（国办发〔2000〕17号）中给出了细节（李宪法，2005：13-14）。

需要说明的是，存在着市场性创收行为并不意味着市场化。市场化的制度安排由一系列市场组织和政府规制所组成，构成市场经济体制，而其中的市场组织在数量和所有制类别上都具有多元性，市场机制在资源配置和行动协调上发挥着决定性作用。在市场经济体制尚未形成的情况下，同样存在着市场，例如小农经济中无时不有的交换、计划经济体制中零敲碎打的市场、政治社会领域中层出不穷的交易；在市场经济体制尚未建立或成熟的情况下，无论是个体还是各类组织也都同样有市场行为，即从事各种各样创收活动。

尽管存在诸如技术进步、疾病谱系转变、社会人口老年化等推动医疗费用上涨的因素，过度医疗问题的大量涌现仍成为医疗费用快速增长的一大因素。自1989年医疗服务机构开始"自主化改革"以来，各类公立医疗机构门诊和住院费用的增长势头远远超过城乡人均收入的增长。尤其值得注意的是，人们平时不太注意的门诊费用，其增长幅度更大，尤其是远远超过农民收入增长的平均水平。

把医疗费用上涨及其主要成因——过度医疗一股脑都归因于市场化的论者简直不计其数。毫无疑问，医疗服务以信息不对称为重要特征的市场特性为供方诱导需求提供了激励，也开辟了空间（Carlsen and Grytten，2000）。然而，值得注意的是,在医保支付改革推进得力的地方,过度医疗行为得到了有效的遏制。世界各国的医疗机构,无论是营利性的还是非营利性的,都以服务换取收入,市场化改革依然是全球性医疗体制的大趋势。在发达的市场经济国家,尽管医疗费用的上涨也是全球性趋势,但是其主要成因并非医疗机构的市场化以及过度医疗,而是其他客观因素,包括医疗技术的进步、疾病类型的转变、人口老龄化的加快等等。换言之,在一个健全的市场化机制中,医疗费用的上涨可以得到控制。市场机制的运行有好有坏,自付主导或者未经医保支付改革的第三方购买,只能在医疗服务中形成有欠成熟的市场机制,而经过医保支付改革形成的新医保支付模式,蕴含着行政机制、市场机制和社群机制的互补嵌合性,其中的市场机制包含了更为精致的制度设计(顾昕等,2022),可以产生重构供方激励结构、促进医疗服务性价比提升之效。但是,这样的格局,直到2020年也尚未形成,在21世纪之初,这种意识更未在医疗政策研究者以及实践者的认知中普及。

(三)公立医疗机构的"行政性市场":2003—2012 年

第二阶段的大转型启动于2003年。实际上,医疗政策大转型的第一阶段和第二阶段有很强的延续性或连续性,两者之间的实质性差别并不在于医疗供给侧在组织和制度上有何实质性改变,而在于医疗需求侧的重大变化,即由于国家再介入,基本医疗保障体系的第二阶段以2003年新农合新设为标志逐渐建立起来,并在2012年实现了全民医保,而且医保支付水平有了一定的提高。以国家的再介入为特征(WHO,2008:84),即政府开始选择性地强化自身责任,在某些公共卫生领域和医疗保障体系中恢复了行政机制的主导性,医疗需求侧确立了走向全民医保并推进医保支付改革的大方向,而医疗服务体系却始终处在政府与市场之间的十字路口(Yip and Hsiao,2008)。中国医疗领域出现了政府与市场双失灵(顾昕,2006a)和效率与公平双输家(Tang, et al.,2008)的局面,究其根源,在于行政治理与市场治理的不协调,以及社群治理的缺位。

这一阶段的大转型以2009年《新医改方案》的发布为高潮。《新医改方案》提出了"四分开原则",即政事分开、管办分开、营利性与非营利性分开、医药分开,作为医药卫生体制改革的总原则,并推出了庞大而又复杂的改革配套,其核心内容可以概括为三大战略性举措,即(1)建立全民覆盖的基本医疗保险制度;(2)推动医保支付制度改革;(3)落实公立医院独立法人地位,并形成多元办医的格局(中共中央、国务院,2009)。第一项举措属于需求侧改革,第三项举措属于供给侧结构性改革,而第二项举措则将需求侧和供给侧结构性改革连接起来。

在涉及全民医保推进和公共财政转型的需求侧,新医改很快取得了实质性的进展,政府财政预算支出通过"补需方"的强化及其制度化(顾昕,2010b),不仅使基本医疗保险体系在2012年就实现了全民覆盖(Yu,2015),还为推进医保支付制度改革,进而重构医疗供给侧的激励机制奠定了基础。由此,绝大多数公立医疗机构和相当一部分民营医疗机构在其收入或资金这一治理事项上出现了重大变化,即医保支付成为其日常运营收入的主要来源;换言之,患者自付的比重大幅度降低了。这一趋势一直延续到医疗政策大转型的第三阶段,随着全民医保体系的巩固和发展,医保支付水平进一步提高,患者自付的水平进一步下降。仅当医保支付愈来愈成为医疗机构的主要收入来源,才能在医疗供给侧的治理中为引入精致的市场机制和激活蓬勃的社群机制开辟空间。

与此同时,尽管市场力量已经引入医疗供给侧,但作为计划经济遗产的行政化组织和制度结构依然左右着医疗机构的运行,公立医院呈现出"行政型市场化"的扭曲性运营境况。市场支付,无论是通过第三方医保机构还是患者个人支付,成为公立医疗机构的主要收入来源。在这个意义上,当然可以说公立医疗机构或者说整个医疗服务业走向了市场化。然而,这种"市场化"是"行政型市场化"或"行政性商业化"。说其具有"市场化"或"商业化"的特征,是因为公立医疗机构日常运营的主要收入来源是收费而不是来自政府公共预算的行政拨款。就此,世界银行的专家们评论说,"由于医院和医生收入的一大部分来自按项目收取的服务费用和药品加成出售后的利润,中国大多数公立医院在实际操作中更像是私立医院,公立医院的医生更像是独立的私人从业者"(World Bank,2010a:xiii)。然而,如果因此而认为中国公立医院乃至公立医疗机构已经走上了真正市场化的道路,那就大错而特错了。中国公立医疗机构的"市场化"是受到行政化体制严重制约的市场化,这是一种行政型的市场化,在很多情况下呈现为市场机制为行政机制所扭曲的市场化。

关键在于,尽管引入了市场力量,但公立医疗机构的组织和制度架构经过30多年的变革,依然保留着行政化的基本特征。在组织上,公立医疗机构均隶属于一个个庞大的行政型等级化系统,而且绝大多数公立医疗机构(尤其是公立医院)在行政上隶属于卫生部门。即便都隶属于卫生行政部门,不同类型的机构还分属不

第十章　医疗卫生服务的治理体系:行政化、市场化、社会化

同的子系统,如中医院所属的中医系统、妇幼保健院(所)所属的妇幼系统和基层医疗卫生机构所属的基卫系统等。即便在卫生行政部门内部,不同类型公立医疗机构相互之间都保持纵向平行性,但在资源配置、战略决策、人事管理、价格制定等方方面面仍受到不同政府卫生亚系统的影响甚至支配。

简言之,无论隶属于哪一个行政系统,所有公立医疗机构的运营固然受到市场力量的影响,但在更大程度上受到行政协调机制的左右。

行政型市场化的核心表现,在于业务收入成为公立医疗机构的最重要收入来源,而政府投入已经微不足道,这表明市场机制在医疗供给侧收入来源这一治理事项上发挥着主导作用。政府投入的重要性始终都很低,在医院总收入中的比重基本上在一成上下波动。这一格局自世纪之交形成之后就没有发生实质性的变化。

公立医疗机构的行政型市场化不只体现在公立医疗机构与卫生行政部门的组织隶属关系上,还体现在前述公立组织治理第四维度或事项,即剩余索取权的配置。在医疗服务领域,出现了一种以"收支两条线"为突破口的所谓"改革"路径,其实质是卫生行政部门试图取消公立医疗机构剩余索取权,将其创收行动产生剩余的控制权从公立医疗机构转移到卫生行政部门。然而,由于回归计划经济时代高度行政化的治理模式在公立医院层级遭到抵制,"收支两条线"只是在基层医疗卫生机构中得以零散地试点,而这些试点及其扩散的努力最终都不了了之(参见本书第十一章)。

在人事制度上,行政化治理的基本格局有所松动,但却没有发生实质性的转变。庞大的公立医院体系中出现了二元劳动力市场,即编制内和编制外人员。这意味着劳动力市场机制在行政机制主导的人事制度中打开了一个缺口。对于编制内人员,计划体制的遗产依然发挥着主导作用;对于编制外人员(即所谓"合同制员工")的招聘,公立医院拥有了完全的自主权,劳动力市场机制发挥着作用。然而,人力资源的行政治理机制和市场治理机制并未形成互补嵌合的关系,而是相互扭曲,并对进一步的制度变革形成掣肘。编制内和编制外的区隔在医护人员当中造成了身份差异,这不仅给公立医院自身的人力资源管理带来诸多难题(如同工不同酬之类)(刘晶霞,2014),而且还严重阻碍编制内人员或入编人员(即有望从编制外转为编制内者)向民营医院的流动,间接地影响了民营医院的发展。医疗体系人力资源公共治理变革的要旨在于去编制化,这是医疗服务体系公共治理去行政化的一个具体维度,唯有如此才能解放医生(蔡江南,2015),医疗机构的薪酬制度才能

走向正常，医务人员的薪酬才能由专业人士的劳动力市场所决定。然而，由于在编人员普遍反对，且编制制度又同财政投入、社会保障、职称评定、薪酬待遇等多种体制因素纠缠在一起，去编制化改革阻碍重重（张雪、黄海，2017）。在新医改进程中，去编制化不仅始终没有摆脱"千呼万唤终未来"的局面，而且也是公立医院去行政化改革中最为滞后且最具摇摆性的一项改革举措。在高度行政化的编制制度笼罩下，尽管公立医院的人力资源管理（尤其是作为其核心的薪酬管理）不乏自发的、微观层级的实践创新及其经验总结（陈亚光，2006；复萱，2015；丁强等，2017），但总体来说，由于公立医院并不拥有完整的人力资源管理权，前文所论及的传统的以职位为本的薪酬管理让位于以人为本的薪酬管理，以及具有灵活性和个性化的"咖啡屋式雇员福利"依然没有出现。前文所提及的公共部门新报酬理论，也从来没有在医院人力资源管理的中国论述中得到印证，更谈不上得到应有的重视。

除了在财务管理上再行政化的"收支两条线"的实施之外，中国医疗政策大转型第二阶段的另一个再行政化之举是实行集中化的药品集中招标采购。实际上，这一制度本来由地方政府自发建立，在2000年才由中央政府在全国推广。2001年7月，国家卫生部等六部委印发《关于进一步做好医疗机构药品集中招标采购工作的通知》（卫规财发〔2001〕208号），明确到2001年底，争取在地级以上城市普遍开展药品集中招标采购工作（国务院纠正行业不正之风办公室，2003：89-92）。同年11月12日，国家卫生部等六部委印发《医疗机构药品集中招标采购工作规范（试行）》（卫规财发〔2001〕308号），这是我国第一部关于药品集中招标采购的运作模式和法律责任的部门规章；同日，国务院纠风办等七部门联合印发《医疗机构药品集中招标采购监督管理暂行办法》（国纠办发〔2001〕17号），将卫生行政部门制定的部门管理办法升格为国务院的法规。

自此，在医疗机构物流管理上，尤其是在药品购销环节，政府施加了细致、严格的管制。可是，这一管制制度不但没有抑制原本试图解决的存在于医疗机构的"不正之风"问题，也没有缓解以多开药、开贵药为特征的"过度医疗"问题，更没有有效降低百姓的医疗费用负担，而且还引发了许多新问题，诸如招标采购过程"不规范"，背离"公开、公平和公正原则"，手续烦琐，医药企业不堪重负，药价虚高依然普遍存在，集中采购合同执行乱象频发，很多低价药品"中标死"，等等。这些新问题激起了医药企业和医药行业协会的强烈反应，其要求暂缓和停止药品集中招标采购的呼声不断，且赢得了许多有影响力的媒体的关注和报道。但由于医药行业的社会组织普遍缺乏公共政策研究的能力,更缺乏从整个医药卫生体制改革大局看问题的认知和视野,以致其"上书"仅仅停留在现象描述和牢骚吐槽的层次,既抓不住问题的实质和根源,也提不出合理可行的替代政策,因此自然不会被政府所采纳(李宪法,2005:17-29)。在2004年国庆节前夕,国家卫生部等六部门发布《关于进一步规范医疗机构药品集中招标采购的若干规定》(卫规财发〔2004〕320号),将药品集中招标采购制度深化、细化、系统化,当然也不可避免地复杂化。

在21世纪之初形成的药品集中招标采购是一个分散型行政治理制度,其分散性不仅体现在卫生行政部门主导但多部门、多机构参与,而且还体现于在地级市层级实施。由此,医药企业需要"公关"的对象不仅包括原来的医疗机构和医务人员,还包括实行该制度后主管部门的行政人员,而且很多地市同时开展集采,企业疲于应付。为了降低交易成本,四川省率先于2005年试行全省统一药品集采。2006年,国务院办公厅曾发文,要求各地探索以政府为主导、以省为单位的网上药品集中招采工作。2010年7月7日,作为新医改的配套实施文件,国家卫生部等七部门发出《关于印发医疗机构药品集中采购工作规范的通知》(卫规财发〔2010〕64号),在全国范围内规定"实行以政府主导、以省(区、市)为单位的医疗机构网上药品集中采购工作"(《中国卫生年鉴》编辑部,2011:360)。自此,省级药品集中招标采购制度确立(傅鸿鹏,2020)。

在中国医疗政策大转型的第二阶段,在实践层面发生的种种现象,尤其再行政化和去行政化的政策措施出现摇摆,归根结底是与政策取向的不同有关。在这一阶段,最为突出的事件是"新医改争论"的出现,这对新医改政策决策产生了深远的影响。这一争论的基本主题就是政府与市场之争(顾昕,2007)。"政府主导派"主张政府对医疗服务实施全方位、全天候、全环节的管理,通过确立公立医院在医疗供给侧的主导性,加大政府财政对公立医疗机构的投入,以期实现公益性,即为民众提供质优价廉的基本医疗服务(葛延风、贡森等,2007;李玲,2010)。"市场主导派"主张在医疗服务领域引入市场力量和市场机制,实现真正意义的"市场化"而不是"伪市场化"(周其仁,2008),而政府应该在市场不足和市场失灵的地方发挥主导作用,即推动全民医疗保险、推动医保支付改革、推动多元办医格局的形成(顾昕,2005b,2008a;顾昕等,2006;詹初航、刘国恩,2006)。尽管学界普遍排斥标签化,但毋须讳言,新医改中存在着两种学术范式,而新医改政策在咨询和决策过程中也受到这两种学术范式的深刻影响(Kornreich, et al., 2012; Huang, 2013:68-78),

这是一个客观事实,也是一个正常现象。尽管这一争论在第二阶段结束之际在媒体上不再热火朝天,但政府与市场二元对立之争依然深刻影响着新医改政策的变化。当然,这一现象不止于医疗领域,而是遍及很多经济和公共政策领域,如产业政策(参见张维迎、林毅夫等,2017)。

(四)走向去行政化的探索之路:2013—2020年

第三阶段的大转型始于2013年末,中国医疗政策进入了后全民医保的新时代,无论医疗保险还是医疗服务的高质量发展,都由国家治理体系的现代化来引领。换言之,新医改进入了治理变革的新时代。2013年11月颁布的党的十八届三中全会决定,即《中共中央关于全面深化改革若干重大问题的决定》,勾画了"国家治理体系和治理能力现代化"的伟业,并首次明确提出了事业单位改革"去行政化"的目标。这不仅为各项社会事业的公共治理变革确立了原则,也关涉到医疗卫生事业改革与发展的方向。同党的十一届三中全会一样,党的十八届三中全会注定将成为中国改革史上的另一座里程碑。

正如第一章所详述,"去行政化"并不意味着取消行政治理的作用,而是着眼于各级政府如何推动治理范式和制度模式的创新,改变既有的行政力量大包大揽、行政机制主导一切的旧格局,让市场机制和社群机制在资源配置和组织协调方面发挥更积极的,甚至是基础性的作用,从而开辟一个政府增强市场、国家激活社会的新格局。但在现实中,公立医疗机构去行政化,正如整个事业单位体系的去行政化一样,均步履蹒跚,其原因归根结底在于在推动去行政化过程中扮演重要角色的行政力量对于行政机制的完善和政府职能的转型并未呈现出清晰、连贯、合理的认知。

全民医保是第二阶段中国医疗政策大转型提出的医疗需求侧改革的最重要目标。这一目标在2012年达成,中国以基本医疗保险制度覆盖全民的实现进入了全民医保国家的行列(Yu, 2015),这一社会事业的伟大成就赢得举世瞩目和赞扬。全民医保的实现为医保支付制度改革的推进奠定了基础,而医保支付改革才是撬动整个医疗体制改革的杠杆,是重构医疗供给侧激励结构的关键,是推动医疗事业回归公益性的重中之重(顾昕,2008a:17-21;顾昕,2013:40-48)。这一主张得到了《新医改方案》的认可。2009年颁布的《新医改方案》明确确认,"强化医疗保障对医疗服务的监控作用,完善支付制度,积极探索按人头付费、按病种付费、总额预付等方式,建立激励与惩戒并重的有效约束机制"(中共中央、国务院,2009:18)。

在推进基本医疗保险全民覆盖的同时,中国医保改革的重点从2011年开始转向新型市场机制的建立。自此之后,中央政府有关部门几乎每年都发布文件,指导并敦促地方大力推进医保支付改革。各地也纷纷采取了一些试点措施(人力资源和社会保障部社会保险事业管理中心,2012;张朝阳,2016)。2016年10月25日,中国政府颁布的《"健康中国2030"规划纲要》再次明确,"全面推进医保支付方式改革,积极推进按病种付费、按人头付费,积极探索按疾病诊断相关分组付费(DRGs)、按服务绩效付费,形成总额预算管理下的复合式付费方式,健全医保经办机构与医疗机构的谈判协商与风险分担机制"。2017年6月28日,国务院办公厅发布《关于进一步深化基本医疗保险支付方式改革的指导意见》(国办发〔2017〕55号),再次敦促全国各地全力推进医保支付改革,并就按病种付费、开展DRGs试点,以及完善按人头付费、按床日付费等支付方式的具体改革事项给出指导意见。但是,总体来说,以DRGs系统建设为代表的医保支付改革进展相当缓慢。值得注意的是,尽管按DRG医保付费尚未落地,但依照标尺竞争原理基于DRGs对医院住院服务进行监管和评比,自2015年开始成为卫生行政部门一项新的政府行动,为此CN-DRGs(2014版)分组方案在国家卫生和计划生育委员会中新设医政医管局的主持下得以公开发布(北京市医院管理研究所、国家卫生和计划生育委员会医政医管局,2015)。实际上,DRGs也是医院管理的一种工具,其理由很简单,医院管理层对其组织内服务数量和质量的管理必须基于具有可比性的标尺来进行,而DRGs则提供了标尺设定的可比性基础(Burik and Nackel,1981)。可是,基于DRGs的政府监管和医院管理,唯有在基于DRGs的医保付费制度化之后才真正具有相关性,毕竟医生行为受到财务激励的影响,也唯有医保付费改革才能实质性地改变供方财务激励的结构。

国家医疗保障局的建立改变了医保支付改革裹足不前的局面。2018年12月10日,国家医疗保障局在刚刚完成组建之后不久就发布文件,部署启动DRGs国家级试点的工作。[①] 医保支付改革,这个在笔者看来是撬动新医改的杠杆,终于有了一个全新的组织支点,为这项需要行政机制发挥元治理作用的改革建立了组织

[①] 《国家医疗保障局办公室关于申报按疾病诊断相关分组付费国家试点的通知》(医保办发〔2018〕23号),国家医疗保障局,2018年12月10日,http://www.nhsa.gov.cn/art/2018/12/10/art_37_851.html。

保障。2019年6月5日,国家医疗保障局会同财政部、国家卫生健康委和国家中医药局发布通知,确立了30个国家级DRG试点城市①,按DRG医保付费作为国家战略在正式提出近10年之后开始落地。2020年10月19日,国家医疗保障局部署了按病种分值付费(DIP)的国家级试点工作。② 2021年9月23日,国务院办公厅公布的《"十四五"全民医疗保障规划》中提出了"持续深化医保支付方式改革"的具体要求。③ 中国新医改的杠杆开始有了支点,医保支付改革从战略地位的确定转向了在全国各地落地的实践(顾昕,2019b)。2020年9月,浙江省建成了全省域DRGs医保付费系统,成为全国落实医保支付改革战略的"重要窗口"(顾昕等,2021a)。

中国医疗政策大转型第三阶段在医疗供给侧的政府行动目标,是推动公立医疗机构去行政化,破除公立医疗机构所处的行政化等级体制,赋予公立医疗机构真正的独立法人地位。因此,去行政化的另一种说法就是法人化。然而,由于各级政府在医疗供给侧结构性改革思路选择上的不明确,导致推进公立医疗机构去行政化改革的努力支离破碎,而且在很多情形下出现改革不配套的情况,即再行政化和去行政化举措往往并举,导致供给侧不同子领域的改革措施相互掣肘的现象层出不穷(顾昕,2017d;Gu,2019)。在这种情况下,公立医疗机构法人化进展缓慢,而公共契约模式,即政府通过公共医疗保障体系购买基本医疗服务以及通过公共卫生体系购买公共卫生服务的新市场机制,始终没有成形;尤其是地方性公立医院改革,始终在再行政化和去行政化之间摇摆(顾昕,2022b:第七章)。

在新医改新时代,中国医疗政策大转型第三阶段的第三大重要里程碑,是国家医疗保障局的设立。国家医疗保障局组建之后,原本属于国家发展改革委的价格管理职能以及属于卫生行政部门的药品集中招标职能也转移给了国家医疗保障局。如何在价格体制改革以及在集中招标采购制度的重建上提出新的思路、开辟新的路径并且与医保支付改革相容、相融、相向而行,必将成为国家医疗保障局在

---

① 试点城市名单参见国家医疗保障局官网:http://www.nhsa.gov.cn/art/2019/6/5/art_37_1362.html。

② 《国家医疗保障局办公室关于印发区域点数法总额预算和按病种分值付费试点工作方案的通知》(医保办发〔2020〕45号),国家医疗保障局,2020年10月19日,http://www.nhsa.gov.cn/art/2020/10/19/art_37_3752.html。

③ 《国务院办公厅关于印发"十四五"全民医疗保障规划的通知》(国办发〔2021〕36号),中国政府网,2021年9月23日,http://www.gov.cn/zhengce/content/2021-09-29/content_5639967.htm。

未来面临的新挑战。国家医疗保障局的设立,不仅必将在医疗需求侧的去碎片化上有所作为,而且还有可能为医疗供给侧去行政化提供新的助力(顾昕,2019a)。

2017年10月,党的十九大的召开标志着中国的改革开放大业走上了新征程。党的十九届四中全会提出的社会治理理念,更是指明了公共治理变革的方向(参见本书第一章),自然也应成为医疗供给侧公共治理变革的方向。在此背景下,国家医疗保障局的建立则为新时代的新医改提供了新的组织保障。随着公共治理体系组织和制度模式的不断创新,中国医疗领域的需求侧改革走向去碎片化,供给侧结构性改革走向去行政化,有了新的契机和推动力。政府、市场和社会的协作互动,行政、市场和社群机制的互补嵌合,成为医疗需求侧去碎片化和医疗供给侧去行政化治理变革的方向(顾昕,2022a:第九章)。换言之,中国新医改将走上社会治理理念引领的新时代新征程,但是社会治理理念的践行在新医改的实践中怎样展开,依然值得观察。

值得注意的是,尽管已经迈上了新征程,但是中国医疗服务公共治理体系中依然存在着一些根深蒂固的治理模式,有待加以变革。其中最为显著的就是政府对医疗服务的行政定价以及与此相关的对药品定价和使用的行政管制。由于行政管制本身固有的缺陷,加之管制措施选择的不当,价格管制导致了积重难返的管制失灵,在医疗服务利用上引致了严重的行为扭曲。

由于医疗服务的市场本身存在着垄断、负外部性、信息不对称等问题,市场失灵无疑是普遍存在的,而且在很多情况下还比较严重,其集中体现在于供方诱导需求(Carlsen and Grytten,2000)而带来的过度医疗问题,过度医疗自然会带来医疗费用的超长上涨,给病患、社会和国家(亦即社会福利整体)带来损害(Newhouse,1984)。因此,面对医疗服务市场结构固有的问题,如何抑制医疗费用上涨自然成为世界各地医疗政策的核心关注之一(Carrin and Hanvoravongchai,2002)。对此,主要的思路之一是在医疗供给侧打破垄断(French,1996),尤其是在医院之间引入竞争(Joskow,1980;Morrisey,2001;Gaynor and Vogt,2003;Barros, et al.,2016),尤其是关注医疗机构并购或整合对医疗费用以及相关的医疗质量的影响(Connor, et al.,1998),也有不少国家将竞争政策的实施作为医疗政策的组成部分(Barros,2017;Brekke and Straume,2017;Choné,2017;Krabbe-Alkemade,2017;Schut and Varkevisser,2017),但是竞争政策的效果却因市场结构和制度(医疗资源密集度、医疗机构组织类型、医疗服务细分领域自身特质及医疗保险支付模式等)因素而大有差别(Colla, et al., 2010),在很多情况下难以产生抑制医疗费用不合理(即有损社会福利)增长的作用(Feldman and Sloan, 1988; Dranove, et al., 1992)。有鉴于此,被广泛地用于解决垄断、负外部性、信息不对称等问题的价格管制(萨拉尼耶,2004)成为另一种流行的选择,而中国也实施了广泛的价格管制策略以试图控制医疗费用的快速上涨,这一点无论中国医疗政策大转型经历了几个阶段都未有实质性改变。这自然是治理行政化在医疗服务领域根深蒂固的一个体现。

国际上存在三种最具有典型意义的价格管制模式,分别为固定价格管制(fixed price regulation)、回报率管制(rate-of-return regulation)和价格帽管制(price-cap regulation)(王俊豪,2014:90-118)。不同的管制模式对被管制者的激励有所不同(Sibley, 1989; Sappington and Sibley, 1992; Liston, 1993; Braeutigam and Panzar, 1993; Amstrong, et al., 1995)。任何一种管制模式的有效性,都依赖于管制者对市场信息的全面掌握,以及管制者和被管制者之间的信息对称性。管制者如果能够全面了解消费者需求变化、企业供给变化、企业成本构成等多种信息,双方再在此基础上进行信息对称的博弈,管制者自然就能对价格水平、利润水平进行有效约束,使企业的行为符合社会最优。但在现实中,信息、激励、个人利益三因素的存在,使得有效管制难以实现(杜传忠,2003)。就信息因素而言,管制者几乎无法全盘掌握成千上万种物品和服务的需求和供给信息,以便制定出"正确的"价格;同时,管制者不可能获得企业生产成本、质量、技术、工作量等方面的完全信息。就激励因素而言,管制者缺乏足够的激励来尽心尽力地实时跟踪涉及价格的海量信息的变化(Sibley, 1989; Amstrong, et al., 1995)。就个人利益因素而言,管制者也有可能将自己的偏好或利益考量带入管制决策之中,从而激励被管制者开展"寻租",最终形成管制者被俘获的局面(Stigler, 1971)。寻租活动基本上源于政府的不当干预,其中大量不当管制为寻租腐败行为开辟了空间,这是公共选择理论的一个基本点(Buchanan, et al., 1984)。

中国政府对几万种医疗服务项目实施固定价格管制,项目目录由卫生行政部门发布,而未列入目录的服务项目甚至是不少对医疗服务品质至关重要的服务项目(例如药事服务)则不属于可收费项目,可以理解为定价为零。医疗服务行政定价的具体执行者原为省发展和改革委物价局,而在2018年后,这一职能转移给了医疗保障局。由于多方面因素,特别是无法消除的信息不充分和信息不对称,身为

第十章　医疗卫生服务的治理体系:行政化、市场化、社会化

管制者的政府制定的固定价格、价格帽或是收益率(加价率)无法达到"恰当"或者"最优"的水平,政府管制常常从"命令与控制"变成"命令与失控",即导致管制失灵。传统管制思路中秉承的"社会最优"的概念,也使得管制措施忽略了被管制者的利益诉求,对被管制者的激励相容问题考虑欠缺,被管制者的各类逆向选择和道德损害行为得不到有效规避,从而常常导致管制适得其反。因此,传统管制的失效几乎是必然的,这一点也可由古今中外各国政府价格管制的失败教训所证明(许廷格、巴特勒,2013:17-206)。中国医疗服务领域自然无法例外,价格管制与过度医疗形成一种内生的关系(朱恒鹏,2007,2010,2011;刘小鲁,2012;杜创,2013)。由于行政机制自身固有的特性,政府定价行为往往很难充分体现特定服务或物品的市场价值,而是受到行政力量的制约。作为行政部门的主管,甚至一个地区或国家领导人,自然都希望众多关涉民生的服务或物品保持低价,以便维持公共服务的公益性。在这种行政力量的关照下,众多久已存在的大宗医疗服务项目,尤其是劳动密集型的项目,价格水平必定始终保持偏低;而那些新出现的服务、药品、器械等,必定超出定价者的认知范围,在参考相关专家建议的情况下,则有望获得较高的定价。因此,在中国的医疗医药定价体系中,总会出现价格畸高与价格畸低并存的现象,继而在医疗供给侧引发一系列应对行为,例如以药养医,造成社会福利的损失,被经济学家称为"价格管制的重负"(周其仁,2008:38-41)。

政府行政定价的结果是大众医疗服务定价偏低,对此,政府自然也是心知肚明的。早在2000年7月20日,国家计委和卫生部发布《关于改革医疗服务价格管理的意见》(计价格〔2000〕962号),其中意见之一就是"调整不合理的医疗服务价格,体现医务人员的技术劳务价值"(国务院法制办公室,2002:1276)。由此可见,很久以前政府就意识到了这个问题,但是二十多年过去了,这一问题依然没有得到解决。尽管医疗服务价格改革很早就提上了新医改的议事日程,但价格改革始终跳不出价格调整的框框,而价格调整本质上是行政再定价。事实上,除了以往定价者没有见过的新检查、新耗材、新技术,就常用的大宗医疗服务项目而言,行政定价始终偏低甚至畸低。行政性调整价格,说白了,就是行政再定价;无论如何再定价,始终难以涨到位,到头来依然是定不准,总会摁了葫芦起了瓢(顾昕,2015a)。行政调价,无论是针对药品,还是针对医疗服务,都不是关键,也不是解决问题之策,更谈不上良策,在实践中会导致令人啼笑皆非的后果(顾昕,2015c)。

实际上,以行政化思维为医疗服务价格改革殚精竭虑,是完全没有必要的,恢

复计划经济体制时代的实践更是匪夷所思、无济于事的。只要医保支付改革覆盖了绝大多数医疗服务,那么按项目行政定价就彻底丧失了必要性,毕竟新医保支付方式的共同特点是打包付费,而医保机构与医疗机构通过社会治理理念的践行共同确立的新医保支付体系,将使"打包价"占据医保购买医药服务的主导地位(顾昕等,2022)。

为了遏制药品费用的快速上涨,政府曾对药品价格实施了多重管制,包括最高零售限价管制、进货价管制和加价率管制。国家发展改革委物价局对所有药品实施最高零售限价管制,这一管制在2014年被废除。所有公立医院销售或使用药品的范围以及进货价,由省级政府主导的药品集中招标采购所确定。这一制度自20世纪末开始实施,经过了多轮调整(何芬华、力晓蓉,2011),最终演变成为药品的"二次市场准入"管制以及进货价管制,公立医院(以及民办非营利医院)只能销售或使用中标药品,并且必须执行中标价,即进货价等于中标价。在这双层价格帽管制之外,政府还实施了一种极为特殊的收益率管制,即药品加成制度,为每一种药品设定加价率,原大多为15%,即西药、中成药和中草药的最高批零差率分别为15%、16%和20%(国家发改委经济研究所课题组,2014:10),后实施药品零差率政策,加价率变为0%。药品加成制度抑制了药价虚高的扭曲格局,即原先对于受到管制的医疗机构来说,药品进货价越高,其收益率越高,因此公立医院很多药品的进货价高于市场批发价(顾昕,2015b)。

理论和实践均表明,价格管制不仅无法有效控制过度医疗,而且一般而言还会加剧该现象,尤其是管制措施不当反而会使过度医疗更不利于整个社会。多重管制既没有遏制药价虚高,也没有压低药品费用(朱恒鹏,2011)。药品集中招标制度非但没有形成集团购买型市场化机制,反而由于行政化的管控引发了广泛的设租和寻租行为(康赞亮等,2006),而且也未达成制度设计本身设定的目标,即降低药价、控制药费(刘桂林,2012)。药品零差率政策并没有改变价格管制的实质,从而未能引致抑制药价虚高、药费实高的效果(岳经纶、王春晓,2016)。对于药品的价格管制,无论政府如何调整,都不仅未能抑制医疗机构多开药、开贵药的情形,而且还引致了药价虚高等市场扭曲现象(朱恒鹏,2007;杨中旭,2010;郭科、顾昕,2017)。于是,政府又针对医疗机构药品使用环节推出药占比管制,即就药费在医疗费用中的占比设定最高限额,但同样,这一管制措施依然无法抑制医疗费用的不合理增长(杨学文、邱波,2010;严忠文,2012;徐敢、王冲,2015;吴珠明等,2017;;宁晶、顾昕,2019)。如何从价格体制改革转向医保支付改革,尤其是从行政机制主导的行政管制思维转变为有管理的市场激励措施,是中国医疗服务价格困境破局的关键(顾昕、袁国栋,2014;郭科、顾昕,2017)。

六、结语:医疗服务体系治理变革之道

总之,医疗服务体系的治理变革是一个全球性的议题。对此议题加以考察,需要分析政府、市场和社会作为治理主体所产生的职能边界划分问题和作为治理机制所产生的协同治理问题,唯此才能将既有文献中相关分析框架加以拓展并精细化,为更有效地对包括中国在内的全球性公立医院治理变革进行比较研究打下坚实的理论基础。

医疗服务体系治理变革之道在于去行政化,即打破行政治理机制主导其公共治理的传统格局,充分发挥市场机制和社群机制的积极作用。但是,去行政化并不意味着行政机制的消除,而是意味着政府职能转型和行政治理改善。在任何治理体系中以及在针对所有复杂事务的治理上,行政机制的运作是不可或缺的,政府的积极作用是难以替代的。在此过程中,政府发挥元治理作用,增进市场、激活社会,对于治理体系和治理能力的现代化都是至关重要的。这一点对于医疗服务体系的治理现代化来说,也是完全适用的。探寻政府、市场和社会协作互动之道,探索行政机制、市场机制和社群机制相得益彰的互补嵌合之道,才是医疗服务治理变革实践的核心,也应成为医疗服务治理和管理学术研究的新兴内容。在如何推进供给侧结构性改革,即重构治理机制、调整政府管制、建构激励机制以使供方有动力提供性价比高的服务方面,新医改面临着严峻的挑战。

在医疗服务体系中,公立医院举足轻重,这一点在中国尤为突出,因此公立医院改革,或者说公立医院治理体系的创新对于整个医疗供给侧的改革与发展来说,的确是重中之重。尽管市场和社会在公立医院治理的诸多领域发挥主导作用的空间越来越大,但对于公立医院的治理变革来说,真正的问题并不是减少甚至消除政府干预,而是政府干预能否以顺应甚至强化市场机制—社群机制,而不是以破坏、扭曲甚至取代市场机制—社群机制的方式来进行。

中国新医改从酝酿到实施再到发展,始终在政府主导与市场主导之争中展开,即把政府作用和市场视为两种可以相互替代的选择,忽视社会或社群机制的作用,

未能注意到三种治理机制互补嵌合的重要性,缺乏一种社会治理的视野。在有关新医改的学术和政策论说中,我们可以辨识出高度强调行政机制作用的新国家主义和高度强调市场机制作用的"新自由主义",但却几乎看不见高度强调社群机制的新社群主义。无论这些论说出自公共卫生、经济学还是公共管理学学科背景,我们都极少看到对奥斯特罗姆——社群治理学术的奠基者——学问的汲取,这在卫生经济学家那里尤为异乎寻常,他们将一位诺贝尔经济学奖得主的学术思想和研究成果置之一边。同时,在公共管理学前沿学术影响力渐趋增长的协作互动治理理论,在医疗政策的学术研究中影响力甚微,对于新医改的实践也是如此。

中国新医改已经进入了新的发展时期。在社会治理的视野中对历史经验重新加以分析总结,对于新医改的高质量发展是至关重要的。

第十一章 基本卫生保健的治理:中国"强基层"实践的理论反思[①]

在医疗体系中,基本卫生保健占据独特而重要的位置。2009年中国新医改启动后,"保基本""强基层""建机制"一度被概括为新医改的三大战略。后来国家制定的"健康中国"规划,突出了基层医疗卫生服务供给侧结构性改革的战略地位。中国政府2016年10月25日颁布的《"健康中国2030"规划纲要》强调,要"以人民健康为中心,坚持以基层为重点,以改革创新为动力",并进一步明确了"强基层"战略的要点,即"建立不同层级、不同类别、不同举办主体医疗卫生机构间目标明确、权责清晰的分工协作机制,不断完善服务网络、运行机制和激励机制,基层普遍具备居民健康守门人的能力。完善家庭医生签约服务,全面建立成熟完善的分级诊疗制度,形成基层首诊、双向转诊、上下联动、急慢分治的合理就医秩序,健全治疗—康复—长期护理服务链"[②]。鉴于其在医疗卫生健康领域中的战略地位,本书有必要单辟一章从社会治理的视角专门讨论基本卫生保健的发展战略。

置于国际视野,"强基层"所涉及的实际上是如何强化基本卫生保健的问题。从理论上看,推进基层医疗卫生服务治理体系创新的研究,归根结底是考察基本卫生保健筹资、提供和监管中的政府、市场和社会的关系。既有文献基本上是把政

[①] 本章内容早期版本的一些内容,曾经发表于如下论文:顾昕,《"收支两条线":公立医疗机构的行政化之路》,《中国卫生经济》2008年第1期,第14—16页(全文转载于中国人民大学复印报刊资料《体制改革》2008年第3期,第139—143页);顾昕、余晖、冯立果,《基本药物供给保障的制度建设——国际经验的启示》,《国家行政学院学报》2008年第6期,第20—24页;顾昕,《中国基本药物制度的治理变革》,《中国行政管理》2009年第11期,第48—52页;顾昕,《"健康中国"战略中基本卫生保健的治理创新》,《中国社会科学》2019年第12期,第121—138页;顾昕、惠文,《遏制"看病难":医疗人力资源开发的治理变革》,《学习与探索》2023年第2期,第130—141页。

[②] 《中共中央 国务院印发〈"健康中国2030"规划纲要〉》,中国政府网,2016年10月25日,http://www.gov.cn/zhengce/2016-10/25/content_5124174.htm。

府、市场和社会视为三种不同类型的独立行动者，着重考察三者的互动关系。然而，正如第一章所阐述的，更重要的是考察行政、市场和社群机制之间的互补嵌合型关系。治理创新研究的范式转型，关键在于从以行动者为中心的研究路径转变为以治理机制为中心的研究路径。

如果我们仅仅基于行动者的框架来分析基本卫生保健的治理，仅仅关注政府、市场和社会的关系，而不探究行政、市场和社群机制之间的关系，会有不少盲点。基本卫生保健有一个基本特点，即多主体性：其服务提供者不仅数量多，而且接受的职业训练和身份也大有不同，既包括全科医生，也包括护士，还有社会工作者等；其服务对象数量亦多，既包括患者，也包括并未患病的民众，还包括政府、社区、社会组织等，其具体需求也大不一样。因此，多主体之间的互动成为基本卫生保健领域大量文献的主要探讨内容，是自然而然的。

可是，基于行动者的分析固然经常触及治理机制的运作，但却没有发展出一个完整的、系统性的基于治理机制的分析框架。2006年，两位欧洲学者在一部颇具影响力的论文集中刊发的一篇论文，是少有的例外。此文引入了新制度经济学开创者威廉姆森的分析框架，将基本卫生保健体系的治理机制概括为三类，即市场、等级和网络。依照此文的概括，市场治理运作的核心在于价格机制和经济激励的作用；等级治理通过高层管理者制定的计划和程序实现行动的协调，而权威、服从和惩戒是最主要的治理方式；网络治理依赖于相互独立的成员之间共同遵守社会规范，保持信任互惠，发挥非正式社会制约的作用，维系长期的协商、互动和合作。市场治理在很多情况下固然有效，但市场失灵也经常存在。等级治理对于实现某些特定的目标非常有效，但也常常受困于等级体系内部纵向信息沟通不畅和跨部门横向协调不力。网络治理将多层级、多方面的行动者联系起来，尤其是服务提供者、行业协会、当地政府、保险机构、社区管理与发展组织等，但也会局限于权责有欠明晰以及制度安排的非正式性。因此，市场、等级和网络单独发挥作用的极端化治理模式，正是基本卫生保健治理变革的对象，而变革方向正是多种治理机制的混合（Boerma and Rico, 2006）；用本书所建构的概念来说，治理机制的互补嵌合是基本卫生保健治理体系完善的要害所在。

实际上，此文所讨论的等级治理，正是本书所论述的行政治理，而其讨论的网络治理正是本书所论述的社群治理的一种形式，而且此文也论及社群治理的另一个具体方式，即协会治理。此文所提出的"混合治理"的变革方向，主要基于对欧洲现实实践的经验总结,但缺乏理论提升,也没有同公共治理学界方兴未艾的协作互动治理理论范式进行对话,更没有发展出有关治理机制互补嵌合性的理论意识。尤为可惜的是,此文分析框架的建构在学术上仅仅基于威廉姆森的研究成果,没有建立在(如本书第一章所述)更加广泛的文献基础之上,尤其忽略了布鲁明顿学派的学术贡献,因此其学术根基并不雄厚。此外,值得注意的是,尽管此文所引入的基于治理机制的分析框架尚属初步,但即便是这一具有起步性意义的工作,在基本卫生保健研究领域,也依然未引起应有的足够重视,具体体现在这一学术领域采用治理视角的文献非常稀缺。更有甚者,其作者本人似乎也未意识到其分析思路在学术上的开拓性意义,例如,2015年世界卫生组织欧洲分区办公室组织编写的一部欧洲31国基本卫生保健案例分析中,不但没有一篇采用治理视角,而且没有一篇对这篇论文加以引证,而此论文第一作者正是此案例集的第二编者(Kringos and Boerma,2015)。

基本卫生保健体系的治理需要多种治理机制形成互补嵌合的关系,这不仅缘于该体系的多主体性特征,而且还缘于此类服务的另外三大基本特征:其一,基本卫生保健本身具有多样性,涵盖疾病预防、门诊医疗、日常保健(尤其是妇幼保健)、护理康复、健康教育、计划生育等多种服务,无论是资源配置还是行动协调,都具有跨专业性和跨组织性(Greenhalgh,2007:254-258),行政机制、市场机制和社群机制单独运作均无法达成最优资源配置和最佳行动协调;其二,不同类型的基本卫生保健在公众需求同质性、正负外部性、规模经济效应、交易成本(尤其是由信息不确定性和信息不对称性所引致的交易成本)、数量与质量的可度量性等特质上均有所不同,从而导致这一领域中不同治理机制的嵌合性也呈现多样性,即行政、市场和社群机制的涉入程度和运作方式大为不同;其三,基本卫生保健必须具有综合性、整体性和连续性(WHO,2008:41-62)。由此,针对多主体提供的多样化服务,如何实现行动协调(或克服协调失灵),如何激励正确行动,如何控制不良行动,都对公共治理提出了更高更多的要求。

在基本卫生保健的治理中,行政机制的运作即便不具有主导性,也一直占据重要地位,这一点举世皆然。但由于此类服务具有较大异质性,在生产、提供和分配不同类型服务的过程中,多主体、多样化行动的协调以及相应的资源配置受制于不同的治理机制。一般而言,如果服务的公众需求同质性低、交易成本低、数量/质量的可度量性强,市场机制可在其资源配置和行动协调上发挥基础性作用,否则就会出现程度不等的契约失灵,导致市场不足和市场失灵。行政机制和社群机制是弥补市场不足、矫正市场失灵的两种补充性治理机制,但并不是替代性的治理机制。然而,行政机制挤压市场机制或取代社群机制的现象,并不罕见。

事实上,在基本卫生保健领域引入市场机制和社群机制,以打破原有行政机制或等级治理主宰的格局,早已成为很多国家医疗卫生领域改革的一项重点内容,而且这一改革取向在基本卫生保健和二级医疗服务领域是别无二致的。一般来说,在医疗卫生服务资源丰富的地区,竞争性的市场机制会促进家庭医生服务能力、效率与品质的提升(Held and Pauly,1983;Pauly,1986;Feldman and Sloan,1988)。但即便如此,市场失灵在基本卫生保健领域无疑是普遍存在的。两位知名的卫生经济学家对基本卫生保健的市场机制进行了分析,发现充分竞争的条件,包括信息获取的零成本、产品的可替代性、消费者在市场中的自由流通性等,在基本卫生保健市场上毫无疑问是不存在的;由于患者的情况千差万别,医生给不同患者提供的医疗服务不尽相同,患者提前获得的信息(无论是针对基本卫生保健或更广泛的医疗服务本身还是针对家庭医生)难以具有可比性和参考价值,因此,基本卫生保健市场具有明显的垄断竞争特点,对恪守专业社群规范持机会主义态度的低质医生大有机会从信息缺乏或信息有偏的患者那里赚取信息租金(Pauly and Satterthwaite,1981)。尤其是在市场竞争不足的地区,服务能力、效率与品质的提升无法单靠市场机制的运作来实现,而是有赖于行政机制和社群机制的协同作用,即一方面政府可以运用其监管力量和财政资源构建正向的激励机制,另一方面专业协会可以运用医界社会组织(如认证机构)中的声誉机制,运用监测、评估、分项等手段强化基本卫生保健服务机构对所服务社区的可问责性(Dranove,2012)。

走向去行政化的改革取向在实行全民公费医疗的国家(如英国)或全民健康保险制度的国家(如加拿大)更为显著。与实施社会医疗保险的国家相比,这类国家改革前在医疗需求侧主要通过税收手段进行医疗筹资,在医疗供给侧主要依赖"命令与控制"式的行政机制加以治理。其医疗供给侧的改革要旨在于减少行政机制的主导性,政府从公立医疗机构的主办者和管理者转型为掌舵者和监管者(Saltman and Durán,2016),并运用一些市场化的激励结构,强化民众对供方的选择权,增进供方绩效管理的有效性(Gingrich,2011)。无论在哪一种医疗保障制度主导的国家,推动行政、市场和社群机制互补嵌合的实践经验,无论在基本卫生保健还是在更为广泛的医疗卫生领域,都是丰富的,但却没有在公共治理的新理论范

第十一章 基本卫生保健的治理：中国"强基层"实践的理论反思

式中得到很好的总结。

一、基本卫生保健在医疗卫生健康领域中的战略地位

自20世纪后叶以来，促进基本卫生保健的发展成为一个全球性卫生政策和社会政策的重要课题。由于绝大多数国家没有行政化事业单位体制，因此"基层医疗卫生服务"在国际上并非一个专业术语，与之相对应的国际概念是"基本卫生保健"(primary care)。英文概念"primary care"有两个中译名，一是"基本卫生保健"，另一个是"初级卫生保健"。这两个译名无论是在学术文献中还是在政策实践中，含义是等同的，是可以互换使用的。"基本卫生保健"这一译法并不常见，而"初级卫生保健"这种译法则始于20世纪后期，现在依然流行。期刊《中国初级卫生保健》于1987年创刊，中国农工民主党在1996年12月发起成立了中国初级卫生保健基金会，而这一译法在政府文件中也多次得到使用。但是，令人遗憾的是，这个译法具有很大的误导性，因为"初级"这个形容词是与"中级"和"高级"相对的，在中文语境中具有明显的贬低之意。事实上，"初级卫生保健"这个词在基层、媒体和民众当中也不流行，基层医疗卫生机构，无论是城镇地区的社区卫生服务机构，还是农村地区的乡镇卫生院，也极少自称为"初级卫生保健提供者"，而相应的英文称谓"primary care providers"在国际上却非常流行。在英文中，"primary"这个词既意味着"基本的"，也意味着"首要的"，其重要性不言而喻。随着时间的推移，更为贴切的"基本卫生保健"或"基本保健"的译法，开始在一些学术场景中采用，例如，由原国家卫生部干部陈宁姗主译的《欧洲基本保健体制改革——基本保健能否驾驭卫生系统？》一书就采用了这一新的译法(Saltman等，2010)。但是"初级卫生保健"或"初级保健"的译法依然流行，例如，世界卫生组织就欧洲各国基本卫生保健发展的一份监测报告，其2018年的中译本依然题为《欧洲初级保健——各国案例研究》(Kringos and Boerma, 2018)。本书基本上使用"基本卫生保健"这一术语，只是在与既有文献或政策相关联的特定上下文中沿用"初级卫生保健"这一概念。

在国际上，基本卫生保健的重要性始终被排在医疗卫生健康政策的首要位置，可谓名正言顺。1978年，世界卫生组织与联合国儿童基金会(UNICEF)在阿拉木图(Alma-Ata)联合召开国际基本卫生保健会议，并发表《阿拉木图宣言》，提出基本卫生保健的全民覆盖是实现人人健康目标的关键(*Lancet*'s Editorial, 2008)。

2008年,世界卫生组织为了纪念《阿拉木图宣言》发表30周年,将当年年度《世界卫生报告》标题定为《基本卫生保健:现在比以往更重要》(WHO,2008)。在欧洲,卫生政策学者探讨的议题是如何将基本卫生保健置于整个医疗卫生系统的驾驭者的位置(Saltman, et al., 2006);尤其是在英国,全民公费医疗(NHS)很早就由家庭医生来驾驭(Geoff,1996)。具体而言,英国NHS中大约一半支出用于基本卫生保健,其中包含普通门诊,另外一半中的一半最终会由家庭医生们以转诊费的形式流向医院和其他专科医疗服务机构;换言之,大约75%的NHS支出由基本卫生保健信托(primary care trusts)来支配,采用按人头付费的形式交付给家庭医生诊所,最后25%的支出由NHS通过按HRGs(DRGs英国版)付费的方式支付给医院提供的住院服务(Mays, et al., 2001)。基本卫生保健信托是独立的公法人,但其理事会主席以及理事们大多由政府任命(Ham,1999:159)。由此可见,欧洲基本卫生保健的发展,同中国的"强基层"战略在格局和层次上是不可同日而语的,在组织和制度上则是完全不同的。在中国,无论这一战略目标是否能达成,着眼点仅仅是在既有的组织和制度框架中设法提升基层医疗卫生机构的能力,使之在医疗供给侧的地位有所提高,无论如何也从未设想使之驾驭统领整个医疗卫生体系,与此同时,医疗卫生体系的去行政化在基本卫生保健层次上根本没有任何体现。

与二级医疗保健或医院服务相比,基本卫生保健在很大程度上并不仅仅是一种医学实践,它所需要的知识支撑既包括生理医学,也包括流行病学、心理学、社会学、人类学、哲学伦理学、教育方法学甚至文学理论等(Greenhalgh, 2007:23-56)。基本卫生保健完全面向社区居民,因此常常同面向社区的医疗卫生健康服务等同起来(Nutting,1990),或者说同社区卫生服务结合在一起(Guzys, et al., 2017)。世界家庭医生组织(World Organization of Family Doctors,WONCA)曾于1988年出版了《国际基本卫生保健分类》(Lamberts and Wood,1988),产生了广泛的影响,被简称为ICPC-1。经过修订,这个分类的第二版于1998年发布,简称为ICPC-2(WONCA International Classification Committee,1998)。这一版经过再次修订,于2003年被世界卫生组织所采纳,简称ICPC-2-R,其纸质版于2005年正式出版(WONCA International Classification Committee,2005)。这一分类包括很多面向社区群体的公共卫生服务。近年来,基本卫生保健在服务范围上有所拓展,从既有的医疗保健服务开始拓展到健康养老服务;相应地,原本属于医疗卫生界别的社区医疗卫生机构,也同其他类型的社区社会服务组织(如养老服务机构),

第十一章 基本卫生保健的治理:中国"强基层"实践的理论反思

要么结成跨专业合作联盟,要么实现一体化,从而使基本卫生保健(尤其是其中的康复服务)、社区社会照顾(community social care)和家庭养老服务(family elderly care)等跨功能的服务有机整合起来(Glendinning and Rummery,2003)。我国医养结合的社区服务业,实际上正是沿着这一方向发展,但有关的学术研究非常薄弱,尤其是从未与基本卫生保健的学术研究相融合。由于其产品的多样性、人员参与的跨专业性和行动开展的多机构性,基本卫生保健的公共治理体系是相对复杂的,需要多部门行动主体的协同合作,以及多种治理机制的互补嵌合。

在很多发达国家,医院主要提供二级医疗服务或二级医疗保健,其服务人群广泛,并不一定限于医院周边社区居民。二级医疗保健与基本卫生保健之间存在着一个组织上的边界,即很多医院并不提供普通门诊服务,只在一定程度上和范围内兼及某些基本卫生保健服务,只有教学医院才有普通门诊服务,其主要目的是培训学生,而不是使之成为医疗服务的主业。有些基本卫生保健提供者或家庭医生会把服务地点设置在医院里,但他们并非医院的雇员,只是租用医院的场所以及利用医院的检查设备,或者在必要的情况下借用医院的专业技术力量。基本卫生保健与二级医疗保健之间的边界及其关系并不是固定不变的,如何在不断的变动中保持两者之间的平衡是一个重要的课题(Coulter,1995)。基本卫生保健与三级医疗服务(或三级医疗保健)相隔更远,而后者多为特别专业化的医疗保健服务,其服务基本上呈现机构化,即与社区保持一定距离。

上述三类医疗保健服务在医疗卫生供给侧的比重,因不同国家的国情而有所不同,但基本卫生保健和二级医疗保健的关系正发生着一定的变化,从而对医疗卫生健康供给侧的结构和生态产生深刻和长远的影响。总体来看,全球医疗卫生健康供给侧的服务模式变革有下述三个共同趋势。

其一,相当一部分二级医疗保健向日间手术转型,大量日间手术中心涌现,从而使以住院服务为主导的医院呈收缩之势(van Dijk, et al.,2014),大医院的优势地位弱化,能不住院就不住院,由此,所谓"可避免的住院"成为一个热门的研究课题(Pappas, et al.,1997;Parchman and Culler,1999)。将一部分这样的二级医疗保健服务转为普通门诊服务的延伸,而普通门诊服务属于基本卫生保健,从20世纪90年代起就成为一个改革趋势(Saha, et al.,2007;Rizza, et al.,2007)。

其二,基本卫生保健服务的重要性日渐突出,人人享有基本卫生保健成为世界卫生组织强力推进、世界各国高度重视的医疗卫生改革与发展的共同目标

(WHO,2008),家庭医生在整个医疗卫生健康供给侧的地位得到前所未有的提高。

其三,整合医疗兴起,形成健康医疗服务链的纵向一体化,为民众提供从健康管理、疾病预防与诊治到康复的全环节、一揽子服务(Leatt, et al., 1996; Shortell, et al., 2000;Burns and Pauly, 2002),不同类型的医疗卫生健康服务不再处于平行、分立的状态(Boon, et al., 2004),这使得三类医疗卫生保健服务的区分愈来愈限于学术分析范畴,而在实践和组织层面的区分则越来越模糊(Wolper, 2010),其中基本卫生保健与二级医疗保健的整合尤为受到重视(Hyatt, 2012)。

"健康中国"战略语境中的"强基层",从国际视野来看,实际上就是如何改革并强化基本卫生保健体系的全球性课题。"强基层"战略的实施要点,包括提升健康守门人能力、推行分级诊疗、建设医联体—医共体、完善家庭医生服务、健全治疗—康复—长期护理服务链等,均与基本卫生保健变革的国际趋势高度吻合,其核心在于治理体系的创新,其关键在于变革既有的行政化组织和制度架构,让基本卫生保健服务的提供者不再仅仅被视为一个高度等级化体系中处于初等地位的基层,让基本卫生保健不再是"初级的"卫生保健。用一个似非而是的表述,"强基层"的战略目标唯有通过"非基层化"才能实现,其实施的关键就在于去行政化。

然而,"强基层"战略举措在全球视野中的深刻内涵,基本卫生保健治理创新在中国改革与发展宏观层次上的深远意义,尤其是去行政化在"强基层"战略目标和实施中的重要性,并没有在学术界得到充分的认识。关于各种"强基层"举措的解读,大多只局限在卫生政策领域,大多只出于技术专业性视野,并没有纳入国家治理体系现代化的总体框架之中;同时,这些举措也常被狭隘地总结为经验之策,缺乏社会政策理论层面上的提升。实际上,"强基层"战略中所体现出来的治理创新意涵,尤其是政府职能的转变以及行政机制、市场机制和社群机制的互补嵌合,哪怕在现实中仅有边际性、局部性、渐进性的实践,均是国家社会政策转型的重要内容,值得加以深入地探究。本章探索的目的,正在于超越就事论事式的经验总结,拓宽分析研究的视野,将"健康中国"战略中的"强基层"之策纳入全球基本卫生保健体系改革的框架之中和中国国家治理体系现代化的轨道之上。

第十一章 基本卫生保健的治理：中国"强基层"实践的理论反思

二、高度行政化：中国基本卫生保健体系所面临的挑战

中国基本卫生保健的治理变革，起始于一个高度行政化的制度和组织体系。早在中华人民共和国成立之初，我们就建立了一个完整的基本卫生保健体系。嵌入政治动员体制和计划经济体制，该体系的治理具有高度行政化的特征。在改革开放时代，这一体系的基本组织架构、运行机制和治理模式都延续下来。尽管有一些零星的治理变革，但行政机制的主宰性（即便不是排他性）依然是中国基本卫生保健治理的核心特征。如何改变行政治理主宰的格局，引入新的治理机制，并让行政机制更好地发挥作用，是中国基本卫生保健治理变革所面临的挑战。事实上，这一挑战具有全球性。即便是在基本卫生保健高度发达的欧洲，组织和治理变革依然是学界研讨的重要论题，其要旨是如何更好地发挥行政机制的作用，使之与市场机制和社群机制相得益彰（Saltman, et al., 2006）。

与国际上基本卫生保健相对应的社区卫生服务，自20世纪90年代中期以来，在中国已经有了近30年的发展历史，而其基础就是此前政府全力构建的公共卫生服务体系。模仿苏联模式，中国政府按照行政区划，在各地建立了卫生防疫站（所），组成疾病防治网。卫生防疫站（所）的行政级别分为省、市和县三级，分别受同级卫生行政部门领导。城市医院中都设预防保健科，负责所在地段的卫生保健工作。农村地区普遍设立乡镇卫生院，其中设卫生保健组；在行政村设立卫生室。同时，政府在产业系统中也组建了各自独立的卫生防疫站（所）。此外，政府还就一些常见的传染病和地方病，设立了专门的机构，例如结核病防治所、血吸虫病防治所、疟疾防治所、鼠疫防治所等等。这些机构构成了中国公共卫生服务体系的组织基础（钱信忠，1992:122-124）。

在新中国成立初期，作为各地防疫工作的总协调者，中央爱国卫生运动委员会通过政治动员，在全国开展各种以大规模人群和环境为基础的公共卫生活动。自上而下的政治动员是行政机制的极致化运用，对于达成某一特定的行动目标会很高效，例如消灭特定的大规模群体性传染病（如血吸虫病）。可是一旦目标确定有误，政治动员也会高效地造成某种危害，例如，在20世纪50年代末轰轰烈烈的"除四害运动"中，麻雀曾被列为四害之一，引发各地民众扑杀麻雀的浪潮（黄树则、林士笑，1986:62-63），其后果是某种程度的生态破坏。

在改革开放时代,政治动员机制运作的力度和效力均发生递减,但中国公共卫生的制度和组织模式架构没有发生多大变化,依然呈现高度行政化的特征,只不过走上了制度化、专业化和国际化的道路。自20世纪90年代中期以来,中国政府就把城乡社区卫生服务体系的建设,纳入各级卫生行政部门的重要议程。为响应《阿拉木图宣言》,中国政府根据国情做出了"2000年人人享有初级卫生保健"的庄严承诺,并写入1997年1月15日颁发的《中共中央、国务院关于卫生改革与发展的决定》(中发〔1997〕3号)(《中国卫生年鉴》编辑委员会,1997:5-9)。1999年7月16日,卫生部、国务院体制改革办公室、国家发展计划委员会、财政部等10部委联合发布了《关于发展城市社区卫生服务的若干意见》(卫基妇发〔1999〕第326号),提出到2005年,各地建成社区卫生服务体系的基本框架,到2010年,在全国范围内建成较为完善的社区卫生服务体系,能够为城市居民提供医疗、预防、保健等综合性的初级卫生保健服务(《中国卫生年鉴》编辑委员会,2000:127)。自此之后,各种社区卫生中心(站)开始建立起来,有些是由原来的街道卫生院、单位所属的小医院及区属小医院转型而成,有些则是各类医院分设的下属机构。全科医生的培养也开展起来了。2006年2月23日,国务院颁发《关于发展城市社区卫生服务的指导意见》(国发〔2006〕10号),将社区服务机构的发展确定为"实现人人享有初级卫生保健目标的基础环节"[①]。同年,原国家卫生部基层卫生与妇幼保健司更名为妇幼保健与社区卫生司。

从制度设计的角度来看,中国把社区卫生服务机构确定为基本卫生保健的骨干提供者和全科医生的主要工作场所,其功能是提供所谓"六位一体"的服务,即融预防、医疗、保健、康复、健康教育、计划生育为一体的服务,其特征是提供有效的、经济的、方便的、综合的、连续的基层卫生服务,其宗旨是解决社区面临的主要卫生问题,满足社区居民的基本卫生服务需求(梁万年,2003:313-314)。可以说,这种制度设计考虑到了我国的国情。从社会学新制度主义的视角来看,无论是新制度的创立还是旧制度的变革,都必须考虑到所谓"制度嵌合性"的问题,也就是说任何制度安排的良好运作必须同其所嵌入的更大的制度、结构、生活习俗和文化环境相适应(Hollingsworth and Boyer,1997)。国外基本卫生保健的服务模式,尤其是全科医生或家庭医生的执业模式,对于我国民众来说相当陌生,如果盲目照搬外国

---

① 此文件文本,参见中国政府网:http://www.gov.cn/zwgk/2006-02/23/content_208882.htm。

第十一章 基本卫生保健的治理:中国"强基层"实践的理论反思

的模式,很有可能会与既有的制度结构和生活习俗产生扞格,导致新制度适应不良。在既有的环境中,如何以全科医生的发展为核心建立起一整套全新的社区卫生服务体系,并以此为基础对原来体制中基本卫生保健的资源进行重新配置,成为中国当年医疗卫生体制改革的重大战略选择之一。以行政化的社区卫生服务为主建立以全科医生为主的组织体系,未尝不是适合中国国情的一种选择。

然而,计划经济时代高度行政化的组织和制度遗产制约了基本卫生保健公共治理创新的选择和路径。正如各种新制度主义理论的"路径依赖"命题所刻画的,一定时期的路径选择往往对后续时期的制度变革构成了限制(Schreyögg and Sydow,2010)。高度行政化的制度和组织架构一旦形成,对其他治理之道的实现就构成了制约甚至阻碍,行政力量被赋予重要职责,于是行政机制的主导性自然形成,挤压了市场机制和社群机制的运作空间。同时,行政机制的主导性还以权力分散型行政化治理的方式呈现出来。这一点在前述国发(2006)10号文件中有集中体现,其中规定了12个部委在社区卫生服务发展的如下职责:

1. 卫生部门负责制订社区卫生服务发展规划、准入标准和管理规范,制订社区公共卫生服务项目名录,加强行业监督管理。按照国家有关规定,组织开展社区卫生服务从业人员岗位培训和继续教育。

2. 机构编制部门牵头研究制订政府举办的社区卫生服务机构人员编制标准的意见。

3. 发展改革部门负责将社区卫生服务发展纳入国民经济和社会发展规划,根据需要安排社区卫生服务机构基础设施建设投资。价格部门研究制订社区卫生服务收费标准和药品价格管理办法。

4. 教育部门负责全科医学和社区护理学科教育,将社区卫生服务技能作为医学教育的重要内容。

5. 民政部门负责将社区卫生服务纳入社区建设规划,探索建立以社区卫生服务为基础的城市医疗救助制度,做好社区卫生服务的民主监督工作。

6. 财政部门负责制订社区卫生服务的财政补助政策及财务收支管理办法。

7. 人事部门负责完善全科医师、护士等卫生技术人员的任职资格制度,制订社区全科医师、护士等卫生技术人员的聘用办法和吸引优秀卫生人才进社区的有关政策。

8. 劳动保障部门负责制订促进城镇职工基本医疗保险参保人员到社区卫生

服务机构就诊的有关政策措施。

9. 建设（规划）部门负责按照国家有关标准，将社区卫生服务设施纳入城市建设规划，并依法加强监督。

10. 人口和计划生育部门负责社区计划生育技术服务的指导和管理。

11. 食品药品监管部门负责社区卫生服务所需药品和医疗器械的质量监督管理。

12. 中医药部门负责制订推动中医药和民族医药为社区居民服务的有关政策措施。

中国基本卫生保健有待探索的另一种改革之道，简言之，就是走向去行政化，即改变既有高度行政化的治理模式，引入市场机制和社群机制，形成行政、市场和社群机制互补嵌合、相得益彰的新治理格局。可是，这一点，无论是在学术界还是实践层面，均未得到充分的认识和认可；尤其是学术界，无论是公共管理还是公共卫生学术领域，极少有从协作互动治理或社会治理视角考察基本卫生保健或社区卫生服务治理转型与高质量发展的文献问世。与学术研究的进展不力有一定关系，进入21世纪，城乡基层社区医疗卫生服务组织和治理变革的实践依然在去行政化和再行政化之间摇摆，而后一种力量一直占据上风。

由此，中国基本卫生保健体系始终是在高度行政化的治理框架中独立运转，其改革一来缺乏方向感，二来举步维艰，这同公立医院去行政化改革相当迟滞具有一定的平行性（参见本书第十章）。去行政化和再行政化之间的摇摆在不同地区的不同基层医疗卫生机构表现不一样，变革的进度和程度呈现出很大的差异性。多数公立基层医疗卫生机构走上了自主化之路，但行政机制依然发挥重要作用，而法人化变革依然任重道远。在相当特殊的条件下，有一些公立社区卫生机构实现了民营化转制，也有一些民营社区卫生服务机构自发出现。在2003—2005年，个人办社区卫生服务中心数量很多，占比也很高，企业办微不足道，而政府办社区卫生服务中心在机构数量上仅占半壁江山。此后政府办和社会办社区卫生服务中心的数量和占比有了大幅度提高，个人办则急剧下降，这一方面表明，政府在社区卫生服务中心的建设上出了大力，另一方面也显示，相当一部分原私人机构选择改变组织性质的身份，转变为某种意义上的公立机构。这在实践中被称为"戴红帽"。

在"新医改"实施的第二年（2010年），政府办社区卫生服务中心占比达到85.5%的峰值。此后，非政府办社区卫生服务中心数量有所增加，占比也有所提高。政府办社区卫生服务中心数量逐年增多,但其占比却有所下降。自2013年以来,政府办社区卫生服务中心的占比,基本上在70%。事实上,随着国家鼓励社会办医的政策在《新医改方案》中得到确立并自2010年以来快速、大力度地得到拓展和细化,医生从三级医院辞职兴办私立诊所或医生集团的现象开始在东部发达地区出现,尤其是在深圳,并且开始吸引资本市场的关注(张东旭、冯文,2019)。私立诊所或民营社区保健服务连锁化的业态也出现了(霍添琪等,2016)。有些私立诊所通过加盟或并购的方式成为大型私立医疗集团的一部分。这些新兴的私立诊所,与以往的个体诊所,无论是在专业声望还是服务品质上,都拉开了一定的距离。尽管如此,新兴服务组织和业态并未撼动政府办社区卫生服务中心在城市基本卫生保健体系中既有的统治地位。总体来说,在城市基本卫生保健领域,政府办公立机构从数量上看,占据主导地位(见表11-1)。

表11-1 城市社区卫生服务中心的所有制构成(2002—2020年)

年份	机构总数/家	政府办 数量/家	政府办 占比/%	企业办(社会办) 数量/家	企业办(社会办) 占比/%	个人办 数量/家	个人办 占比/%
2003	753	392	52.1	39	5.2	322	42.8
2005	1382	691	50.0	101	7.3	590	42.7
2009	5216	3126	59.9	1848	35.4	242	4.6
2010	6903	5900	85.5	700	10.1	303	4.4
2012	8182	6500	79.4	1356	16.6	326	4.0
2013	8488	6051	71.3	2104	24.8	333	3.9
2015	8806	6164	70.0	2250	25.6	392	4.5
2016	8918	6229	69.8	2274	25.5	415	4.7
2017	9147	6400	70.0	2296	25.1	451	4.9
2018	9352	6544	70.0	2305	24.6	503	5.4
2019	9561	6656	69.6	2348	24.6	557	5.8
2020	9826	6848	69.7	2393	24.4	585	6.0

资料来源:中华人民共和国卫生部,2004:6;2006:6-7;2010:6-7;2011:6-7;2012:6-7;国家卫生和计划生育委员会,2013:6-7;2014:6-7;2015:6-7;2016:6-7;2017:6-7;国家卫生健康委员会,2018:6-7;2019:6-7;2020:6-7;2021:6-7。

尽管在数量上占据主导地位，在服务能力上也是如此，但政府办社区卫生服务中心的服务效率多年来并未得到提升。从图 11-1 可以看出，政府办社区卫生服务中心的医师人均日诊疗人次多年保持基本不变，基本上在 10 人次水平上下，而 2020 年由于新冠疫情因素有所下滑；与此形成对照，民营社区卫生服务中心的医师人均日诊疗人次在 2013 年前较政府办社区卫生服务中心要低，但自 2013 年始就超过了政府办社区卫生服务中心。一般而言，就社区卫生服务机构而言，无论是公立的还是民营的，其医疗服务的品质在百姓眼中都不高，民营社区卫生服务机构在能力建设上也普遍不如公立机构，但在普通门诊服务的市场竞争中，公立社区卫生服务中心与民营社区卫生服务中心相比没有显示出应有的更强吸引力，这一点颇为耐人寻味。如下文所述，由于在财务管理上实施收支两条线，在（药品）物流管理上实行基本药物制度，公立社区卫生服务机构的激励结构有吃大锅饭之虞，其医务人员的工作积极性不高，至少与同类民营机构的医务人员相比是这样。

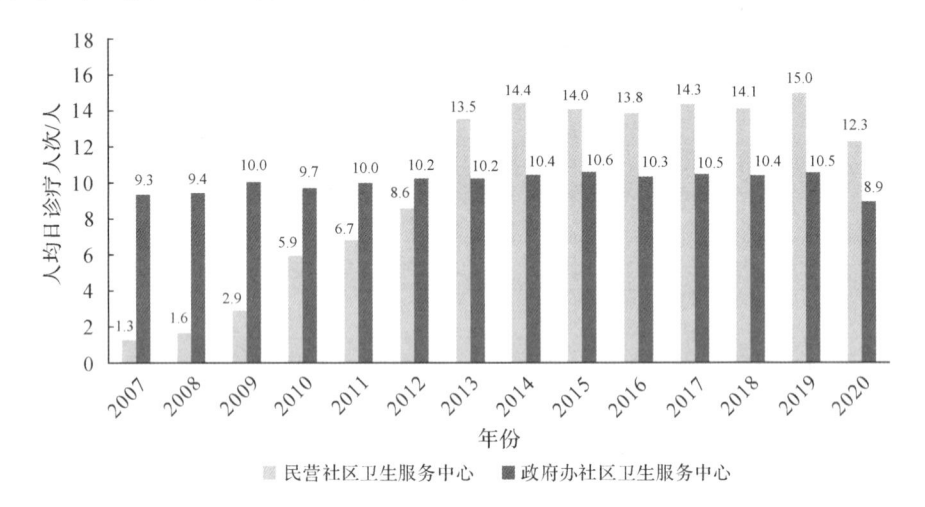

图 11-1 城市社区卫生服务中心医师人均日诊疗人次（2007—2020 年）

注：此图中的医师含执业医师和执业助理医师。

资料来源：中华人民共和国卫生部，2008：35，105，109，117，121；2009：35，105，109，117，121；2010：35，105，109，117，121；2012：26，179；国家卫生和计划生育委员会，2013：26；2014：26，177；2015：26；2016：26；2017：26，177；国家卫生健康委员会，2018：26；2019：26，179；2020：26；2021：26，179。

从住院服务来看，情况也类似。图 11-2 显示，政府办社区卫生服务中心的医师人均月住院服务人数常年基本上保持不变，基本上在 1.7 人上下，只是在 2020

年由于新冠疫情因素而下滑。在 2010 年前,政府办社区卫生服务中心医师人均月住院服务人数高于民营社区卫生服务中心,但此后情形逆转,而且在 2012—2018 年,政府办社区卫生服务中心医师的住院服务量比民营社区卫生服务中心低不少。总体来说,无论是政府办还是民办社区卫生服务中心,住院服务量都不高。社区卫生服务中心床位利用率基本上常年保持在 54%—57%(国家卫生和计划生育委员会,2015:181;国家卫生健康委员会,2020:183)。

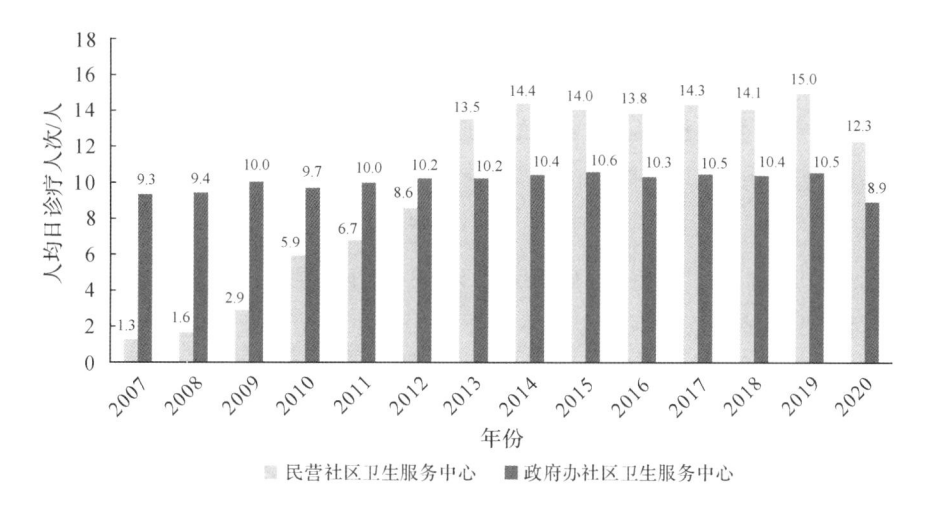

图 11-2 城市社区卫生服务中心医师人均月住院服务人数(2007—2020 年)

注:此图中的医师含执业医师和执业助理医师。

资料来源:同表 11-1。

社区卫生服务体系的行政化发展思路,并未使基本卫生保健在城市获得大的发展。在农村,情况也类似。基本卫生保健在农村地区发展缓慢,并不能归因于政府不重视和不作为。事实上,农村基本卫生保健的完善早在 20 世纪 80 年代就受到中国政府的高度重视。中国政府与世界卫生组织、联合国儿童基金会等国际组织合作,在一些农村地区设立了初级卫生保健合作中心,并推动农村卫生工作示范县建设。1989 年 8 月,国家卫生部在天津市蓟县主持第一次全国性初级卫生保健试点工作会议,总结了 1949 年以来农村卫生和 20 世纪 80 年代初级卫生保健合作中心、农村卫生示范县工作的经验。会议提出了三个文件,即《关于我国农村实现"2000 年人人享有卫生保健"的规划目标》《初级卫生保健工作管理程序》《初级卫生保健工作评价指标》。这些文件的制定和实施,使农村初级卫生保健工作有了一套可遵循的规范与评价标准。1990 年 3 月 15 日,卫生部、国家计划委员会、农业部、国家环境保护局、全国爱国卫生运动委员会联合颁发了《我国农村实现"2000年人人享有卫生保健"的规划目标(试行)》并附有英文版。

进入21世纪之后,如何促进农村基层医疗卫生机构的发展始终是政府关注的大事之一。2002年4月,根据中华人民共和国国民经济和社会发展第十个五年计划,卫生部、国家计委、财政部、农业部、国家环保总局、全国爱卫会、国家中医药局联合颁发了《中国农村初级卫生保健发展纲要(2001—2010年)》(陈郁德等,2008)。

可以说,中国政府在农村投入了大量资源,以推动基本卫生保健的发展。其中,确保基本卫生保健提供者的公有制性质,成为最具有"中国特色"的一项政策措施,也是政府行动的重中之重。因此,尽管在20世纪后期,农村地区出现了一些民营医疗机构,尤其是私人诊所,也有一些集体所有制的乡镇卫生院在经营困难的情况下变相改由私人经营。但是,在世纪之交,这种情况发生了实质性的改变,政府主办乡镇卫生院成为农村医疗服务体系建设中最重要的施政措施。由此,作为农村地区基本卫生保健服务提供的主力军,乡镇卫生院与前述城市社区卫生服务机构呈现出非常不同的组织格局。表11-2的统计数据显示,2002年,非政府办乡镇卫生院的机构数占比仅为5.6%,而政府办乡镇卫生院在绝对和相对数量上呈现出统治地位。自2003年开始,政府办乡镇卫生院机构数的占比提升到97%以上,并且自2010年开始一直稳定在98%之上。民办乡镇卫生院可谓微不足道。

表11-2 乡镇卫生院的所有制构成(2002—2020年)

年份	机构数/家	政府办(公办)		民办	
		数量/家	占比/%	数量/家	占比/%
2002	44992	42489	94.4	2503	5.6
2003	44279	43115	97.4	1164	2.6
2005	40907	40003	97.8	904	2.2
2009	38475	37333	97.0	1142	3.0
2010	37836	37217	98.4	619	1.6
2012	37097	36667	98.8	430	1.2
2013	37015	36593	98.9	422	1.1
2015	36817	36344	98.7	473	1.3

续　表

年份	机构数/家	政府办(公办)		民办	
		数量/家	占比/%	数量/家	占比/%
2016	36795	36348	98.8	447	1.2
2017	36551	36083	98.7	468	1.3
2018	36461	35973	98.7	488	1.3
2019	36112	35655	98.7	457	1.3
2020	35762	35259	98.6	503	1.4

资料来源:中华人民共和国卫生部,2003:6;2006:6;2012:184;国家卫生和计划生育委员会,2016:183;国家卫生健康委员会,2021:185。

乡镇卫生院的医疗服务量,无论是诊疗服务还是住院服务,在20世纪后期曾经呈现严重下降之势。乡镇卫生院的病床利用率在2000年下降到33.2%的最低点。医疗服务量的下降又导致这些机构服务能力的下降,从而形成了服务能力不足—吸引力不够—服务量下降—服务能力无法提升的恶性循环。由此,相当一部分农民倾向于到县医院或级别更高的医院寻求医疗服务,乡镇卫生院的医疗服务利用情况在1985—2000年间每况愈下,从2005年开始情况才有所好转,其中新农合的建立以及乡镇卫生院普遍成为新农合的定点医疗机构,对于乡镇卫生院医疗服务量的提升有着重要的贡献。图11-3显示,从2008年开始,乡镇卫生院普通门诊服务量有所上升,到2019年达到2000年两倍的水平,而住院服务量自2008年始一直是2000年两倍多的水平,并多年保持基本稳定。

以上刻画的是城乡基层医疗卫生机构医疗服务提供的情况,但如前所述,医疗服务仅仅是基本卫生保健的一项内容。按照基本卫生保健本身的宗旨,也按照中国卫生行政部门确定的服务规范,社区卫生服务原本应"六位一体",即集社区预防、保健、医疗、康复、健康教育及计划生育技术指导为一体,但除医疗收入可变之外,其他各项服务的收入完全仰赖于定额财政补贴,而且这些服务绩效的可度量性很低,因此提供这些服务的积极性很难保持在较高水平。笔者在很多次调研中获知,有基层医疗卫生机构管理者把"六位一体"戏称为"1.5位",即医疗服务占据了1个位置,而其他五项服务加起来仅仅占据了0.5个位置。在所有制构成上,政府办机构的主导地位得到确保,但这并不能为基本卫生保健的健康平衡发展提供保障;或者说,组织的所有制性质并不对组织行为造成显著的差异。即便是公立的基

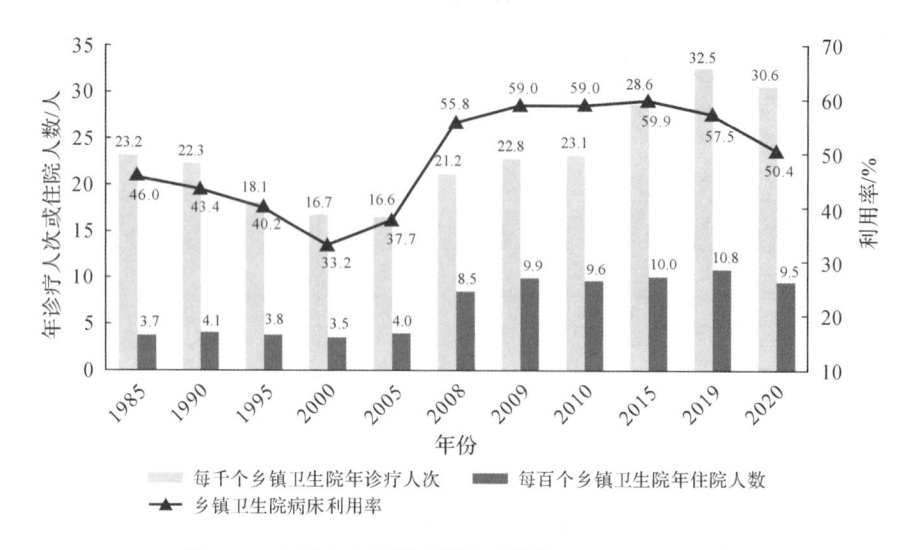

图 11-3 乡镇卫生院医疗服务利用情况（1985—2020 年）

资料来源：国家卫生健康委员会，2021：3,119,129。

层医疗卫生机构，在基本卫生保健服务提供的构成上也存在着一定的偏差，即重医疗轻公卫。由此可见，行政化的基层医疗卫生服务体系无法确保基本卫生保健服务的全方位提供，更谈不上每一类服务（尤其是非医疗服务）的品质保障。

总体来说，尽管政府对基层医疗卫生机构的优惠和扶持不断且力度持续提高，但迄今为止，以社区为导向的基本卫生保健体系依然孱弱。这主要表现在基层医疗卫生机构面临着服务能力不足、服务功能弱化、优质资源配置不足、专业人员积极性不高、人才引进乏力尤其是乡村医生短缺、民众参与不足等突出问题，严重制约了基本卫生保健乃至整个健康服务业的健康发展。这些问题在"初级卫生保健"这一概念引入中国之初就存在，而且非常突出。例如，早在 1990 年，《中国初级卫生保健》刊文指出，公立组织保障、人才队伍建设、收入来源稳定和群众支持参与等方面的不足是农村初级卫生保健中存在的具有"中国特色"的问题（朱敖荣，1990）。对于中国基本卫生保健体系所呈现的这些问题，大量中英文文献给予了详尽程度有别、论述方式各异的描述（陶意传，1993；秦侠等，2001；张洁欣等，2008），而且这些问题历经 20 多年没有发生任何程度上的改变，更谈不上实质性的变化，早已变成了老生常谈，所提出的解决问题的策略也大同小异。2017 年，由 13 位中外学者在国际知名医学与公共卫生学刊《柳叶刀》上合撰发表的一篇综述文章，再次将中国基本卫生保健体系的问题概述为人力资源的教育与资质不足、乡村医生的老龄化和流失、卫生信息和技术系统的碎片化、日常诊疗电子化数据的缺乏、旨在鼓励节省成本和提升绩效的财务补贴和激励缺失、医疗保险支付政策有损服务提供的效率、质量度量和完善系统不充分、风险因素控制的绩效低劣等（Li, et al., 2017）。

然而，不断罗列既有的问题并且采用各种严谨的分析技术对问题的存在不断加以确认，并不能揭示这些问题产生的根源。与此同时，对这些问题给出各种技术性解决方案往往是无济于事的，这一点早已由这些问题的常年存在以及对解决问题方略的老生常谈而得到证明。实际上，这些问题的根源在于治理体系的高度行政化。在治理体系创新乏力的情形下，中国基本卫生保健体系中的这些老大难问题是难以撼动的。治理创新乏力的问题在新医改启动之后并非很快得到逆转，相反，行政机制的强化和泛化依然占据主导作用。

本书第十章的图10-2曾给出了公立医院的七个治理领域，考察了政府、市场和社会在这七个领域中的关系，分析了行政、市场和社群机制在这七个领域中的嵌合性。这七个治理领域对于基本卫生保健机构来说也同样重要。由于第十章中有关公立医院社会功能和问责制的论述同样适用于基本卫生保健机构，而且就后者而言并没有多少特殊的内容，因此这里不再赘述。这里考察其他五个领域引发基本卫生保健治理变革的可能性。为了简化论述，本章首先单辟一节将决策权、控制权、运营权与剩余索取权配置合并，分析基本卫生保健的组织模式及其治理机制，尤其是考察分级诊疗和整合医疗制度建设过程中的行政化倾向；继而，本章单辟一节分析基本卫生保健机构财务运营和人力资源的治理模式和机制；最后，本章单辟一节通过考察基本药物制度的兴衰来透视基本卫生保健投入品（如药品、耗材和医疗器械）的采购管理、物流管理和后勤管理等。

三、基本卫生保健治理的再行政化：从分级诊疗制度化到整合医疗的行政推动

决策权、控制权、运营权与剩余索取权的配置，体现为基本卫生保健提供者的组织制度模式和组织治理结构。首先，这体现在基本卫生保健机构的所有制类型上。在前文就中国基层城乡社区卫生服务机构的所有制分析之中，我们可以辨识出公立化的趋势，而这一点在乡镇卫生院中体现得更为明显（见表11-2）。在中

国,无论在思想意识上还是在施政实践中,都存在着一种倾向,那就是将强化公立医疗机构在医疗供给侧中的主导性视为强化医疗事业社会公益性的重要手段,将政府主导等同于政府兴办公立医疗机构并对公立医疗机构实施自上而下全方位、全环节、全天候的行政管理,亦即将行政治理机制视为主导性甚至是排他性的治理机制。尤其是,一些地方的卫生行政部门将医疗卫生的社会公益性等同于政府包办包管公立医疗卫生机构,并且进一步强化其已经拥有的主宰地位。这一再行政化倾向在公立医院的治理变革中固然有所体现,却不无障碍,但在基本卫生保健领域基本上是畅行无阻的。

实际上,在绝大多数发达国家和许多发展中国家,基本卫生保健服务由全科医生(或"家庭医生")来承担。全科医生基本上都是自由执业者,并不是公务员,其身份可以在受雇者与自雇者之间切换。这些全科医生要么独立开业兴办诊所(成为个体户),要么合伙开办诊所,面向社区居民,成为社区医疗服务(或卫生保健)机构。值得注意的是,进入21世纪,基本卫生保健组织模式在规模和结构上都有所拓展,个体或群体开办诊所不再成为主流,整合医疗兴起,综合诊所、管理型保健企业、连锁型保健集团等新型法人组织发展起来,法人治理结构也变得日趋复杂(Meads,2006),这其中涉及多方主体的协作互动,尤其是以网络联盟形式出现的协作互动。

尽管绝大多数基本卫生保健机构是民营的,但在大多数国家,包括在市场机制较为完善的发达国家,政府也会在适当的地方和时期兴办一些公立社区卫生服务机构,或者高额补贴民办非营利机构,以弥补市场和社会的不足,促进基本卫生保健服务提供的地区均等化。在经济发达且人口稠密的地区,政府往往选择让市场力量和社会力量在基本卫生保健服务的提供上发挥主导作用,鼓励和促进公立与私立的基本卫生保健提供者共同发展和适当竞争。公立组织、非营利组织和营利性组织不仅并存,而且还经常处在互相影响和转换之中,因而构成一个不断变化中的公私混合的格局(Sheaff, et al., 2006)。值得注意的是,无论是公立还是民营,抑或混合所有制的组织,归根结底都是由利益相关者所组成,社群机制实际上在组织的法人治理中发挥着重要作用。但是,在学术上,组织社会学发展出精深的科层理论,政治经济学(尤其是新制度经济学)发展出精深的契约理论,分别揭示了行政机制和市场机制在组织中的运作方式,但是却缺乏一个组织的社群理论。如前所述,关于基本卫生保健机构中社群机制的运作,相关学术研究还有待开拓。

第十一章 基本卫生保健的治理:中国"强基层"实践的理论反思

更为重要的是,尽管公立医疗卫生机构在世界各地普遍存在,但这些机构却极少以高度行政化的方式组织起来,因而基本卫生保健的公立提供者也并非处在整个医疗卫生保健服务体系的底层。基本卫生保健专业人员的社会经济地位在不同的地方自然有所不同,但极少会因为其执业机构面向社区而低人一等,基本卫生保健也绝不会因其服务具有面向社区的基层性而缺乏吸引力。实际上,在基本卫生保健发展的国际论述中,并不存在"强基层"的话语;在其他国家,无论是发达国家还是发展中国家,也不存在"强基层"的发展战略。与此相对照,中国的基本卫生保健嵌入在更大的医疗卫生服务体系之中,而医疗卫生服务是以高度行政化的等级体系组织起来的,无论在城镇还是在农村地区,基本卫生保健提供者都处在行政化等级体系的底层。值得提及的是,尽管中国幅员广大,各地差距几乎就是世界穷国与富国的差距,但是各地基本卫生保健体系的高度行政化却是别无二致的。由于基层在行政化的组织和治理体系中总是处于弱势地位,因此"强基层"才能成为看起来具有针对性的卫生政策主张和政府行动取向,但实际效果则是另外一回事。

既然在高度行政化的公共治理模式这一点上,中国与世界其他地方构成了显著的差别,那么去行政化改革理应成为中国基本卫生保健公共治理变革的特色。换言之,"强基层"的成功之道就在于去基层化,即弱化行政机制在基本卫生保健领域的主导性。去行政化改革不仅是漫长的,而且还需要行政力量的推动,其推动需要新的理念、动力和契机,而这一艰难的探索在很多情况下呈现为一个从地方创新到全国推广的过程。这一艰难过程在守门人制度探索、分级诊疗制度化试点和某些地方出现的整合医疗创新中集中体现出来。

守门人制度意味着民众在非紧急情况下的首诊必须由以社区为取向的基本卫生保健提供者来完成,基本卫生保健提供者无法医治的疾病则通过转诊体系交由医院或其他专门的医疗机构来医治。笔者在2005年首次就医改问题接受媒体采访之时,曾将建立守门人制度视为三大新医改的紧要措施之一(戴廉、段磊萍,2005:57),但当时笔者并未意识到治理行政化的惯习给守门人制度化造成的种种无形障碍。从国际视野来看,守门人制度在所有发达国家以及很多发展中国家都早已建立,家庭医生在这些国家的医疗卫生健康服务体系中发挥着举足轻重的作用也早已是制度化的常态。从国际经验来看,守门人制度基本上是市场机制运作的结果,这一方面缘于家庭医生为民众所提供的服务本身就是市场化的,另一方面缘于医疗保险体系在基本卫生保健支付制度上的变革推动了守门人制度的成熟与发展。

当然,在中国,也有很多人意识到,大部分门诊医疗服务(也就是俗称的"小病")完全可以在社区层级或中小医院完成,而这些门诊服务在本来应该着重于专科医疗服务的大医院中完成,实在是对医疗资源的一大浪费。因此,"小病进社区"成为卫生行政部门为了推进分级诊疗而力倡的一个政策导向。然而,"小病进社区"这一口号本身只能产生适得其反的作用,因为这一口号越深入人心,就越会对社区卫生服务机构造成矮化效应,再加上"基层"这一等级化色彩强烈的字眼,更会强化民众对社区卫生服务低端化的固有认知,使得百姓对于社区医疗卫生机构的专业水准更加难有信任。一旦百姓对于蒙患何病有所狐疑,即便到"基层"或"社区"医疗卫生机构去问诊,最终也极有可能到较大的医院去确诊。"小病进社区"的政策导向难以落地,或者说分级诊疗长期难以制度化,还常被归因为百姓的就医理念不正确(国务院发展研究中心社会部课题组,2017:20-21),乃至这种归因成为套话,但分析者只要反躬自省,就能明白这种归因的分析思路并不正确,反而具有误导性。

基于社区卫生服务的发展建立"健康守门人",进而推进"社区首诊"以实现分级诊疗的制度化,一直是卫生行政部门的主要工作思路。这一思路在 2009 年《新医改方案》中得到详细的阐述:

> 完善以社区卫生服务为基础的新型城市医疗卫生服务体系……转变社区卫生服务模式,不断提高服务水平,坚持主动服务、上门服务,逐步承担起居民健康"守门人"的职责……建立城市医院与社区卫生服务机构的分工协作机制。城市医院通过技术支持、人员培训等方式,带动社区卫生服务持续发展。同时,采取增强服务能力、降低收费标准、提高报销比例等综合措施,引导一般诊疗下沉到基层,逐步实现社区首诊、分级医疗和双向转诊。(中共中央、国务院,2009:7-8)

基本上,从 21 世纪之初到 2015 年,卫生行政部门一直致力于以行政化的手段推进分级诊疗制度,其中重点在于推进家庭医生签约服务。2015 年之后,分级诊疗成为深化医改的重要抓手,政府的推进力度开始加大(国务院发展研究中心社会部课题组,2017:23-42);"完善家庭医生签约服务"还载入了 2016 年 10 月 25 日颁布的《"健康中国 2030"规划纲要》,家庭医生服务签约率和集体健康档案建档率都纳入卫生行政部门对社区卫生机构的绩效考核之中。尽管在许多医界专业人士的

第十一章　基本卫生保健的治理：中国"强基层"实践的理论反思

努力下,出现了不少家庭医生服务的探索性实践(如陈先辉、孙国平,2017),分级诊疗的试点也在不少地方开展(廖晓诚,2019),但总体上,中国家庭医生与国外(包括不少发展中国家)家庭医生在医疗供给侧的地位可谓云泥之别,而以社区卫生服务机构为基础的分级诊疗试点也始终停留在试点的层次,无法在较大的地区(遑论全国)形成普遍的制度。在资讯传播高度发达的今天,家庭医生在国外大多数国家(尤其是发达国家)的地位和作用,早已为很多国人所熟知。即便如此,以家庭医生服务为核心的基本卫生保健在欧洲成为整个医疗卫生健康服务体系的驾驭者(Saltman, et al., 2006),这一理念和实践哪怕对医疗卫生健康界的中国专业人士来说,都是闻所未闻、匪夷所思的。

通过行政化手段推进家庭医生制度建设的不利是不难预期的,因为作为社区卫生服务医务人员的"家庭医生"在民众中的信任度总体不高,而"家庭医生签约服务"中的主要内容是公共卫生服务,普通百姓对其必要性也缺乏认知。总体上,分级诊疗制度化的进展既不顺利也不显著。据国家卫生健康委组织的《全国第六次卫生服务统计调查专题报告(第一辑)》中"分级诊疗制度下基层服务体系评估"的发现,在《新医改方案》提出分级诊疗概念之后,2009—2017 年,医院机构数、床位数及卫生技术人员数量增长速度均快于基层,尽管在政府财政补贴方面,基层增长速度快于医院;与此同时,医院诊疗人次、门急诊人次及出院人次增长速度均快于基层,但在基层医疗卫生机构中,只有城市社区卫生服务中心在诊疗人次和门急诊人次的增速上略高于医院(国家卫生健康委统计信息中心,2021b: 337-338)。

在家庭医生服务制度化上难有实质性进展的背景下,卫生行政部门在 2015 年前后开始以推动医联体—医共体建设作为分级诊疗制度化的抓手。事实上,早在 2010—2011 年,国家卫生部政策法规司就设立了题为"加强卫生服务协调性与连续性发展的政策研究"的课题(编号为 0214516108),探讨医院与社区卫生服务机构的分工协作机制(李睿、张亮,2011)。2012 年,"政府主导派"医改专家李玲领衔发表论文,提出将整合医疗作为中国医改的战略选择,建立公立医院之间、公立医院与城乡基层医疗卫生机构的分工协作机制,恢复三级医疗卫生网络,实行分级医疗、双向转诊的医疗服务模式(李玲等,2012)。

整合医疗的地方探索一开始呈现为不同层级的医院与城乡社区医疗卫生机构之间零星的结盟行为,随后一些地方政府加以推动,形成了松散型医联体和紧密型医共体两种整合医疗模式(史明丽,2013)。其中,县域医疗卫生服务共同体(简称医共体)的实践尤为红火,其2015年起源于安徽省(尹红燕等,2017),其中天长县脱颖而出,形成"天长模式",从而成为安徽医改在终结收支两条线之后收获的一个新全国性关注点。随后县域医共体模式在山西得到拓展,在浙江经财政制度转型的加持后在所有地级市展开普遍的试点(顾昕,2019b),最后在浙江升级为全省域的医疗供给侧结构性改革实践(郁建兴等,2020)。2019年5月15日,国家卫生健康委和国家中医药管理局发布《关于推进紧密型县域医疗卫生共同体建设的通知》(国卫基层函〔2019〕121号),要求到2020年底在500个县(含县级市、市辖区)初步建成服务、责任、利益、管理一体化的县域共同体。各地积极响应,在随后发布的县域医共体试点名单中,除567个县域试点外,山西、浙江被列为试点省份(郁建兴等,2020:6)。

从治理的视角来看,整合医疗本身是联盟治理的一种实践,其在西方发达国家的兴起是联盟治理与市场治理互补嵌合的产物。本来,整合医疗是在医疗卫生健康服务专业共同体中形成的一种理念。早在1992年,美国加利福尼亚大学伯克利校区公共卫生学院院长索太尔(Stephen M. Shortell)教授领导的一个研究团队,发表了一篇后来引证率很高的论文,提出了"组织化递送体系"(organized delivery system)的概念,论证了从健康管理、疾病治疗到疗养康复一站式、连续性医疗卫生健康服务在管理上和市场竞争中的优越性(Shortell, et al., 1992)。这种组织模式和服务业态在医保支付改革尚未推开时处于一种零星探索的状态(Leatt, et al., 1996;Shortell, et al., 1996)。以捆绑式付费为核心特征的医保支付改革全面推开后,医疗卫生健康服务机构的激励结构得到重构,其唯有控制成本,为参保患者提供性价比高的服务,才能增进其自身的利益。在各种直观、简单或借鉴工商管理知识即可开展的成本控制措施已经无法产生边际效益之后,既有专业学理支撑又有控制成本之效的整合医疗受到重视,从曾经的前沿性理念和探索性实践演变成为一种新型服务业态(Burns and Pauly, 2002;Shortell, et al., 2000;Boon, et al., 2004),对医疗卫生健康产业供给侧的组织和制度模式变革产生了深刻的影响,并从美国扩散到英国、瑞典、荷兰等欧洲国家(Harrison, 2004:63-80, 107-129, 143-144, 184-200)。正是基于这一点,笔者在医联体建设初兴于中国之时参与写作的一篇论文,将医保支付改革视为推动整合医疗发展的第一驱动力,明确指出,"在支付方式改革的基础上,通过经济利益的调配,为医疗机构之间的合作提供持续的、有力的经济激励,是推动整合医疗(或医联体)持续进行的基础性条件"(郭凤林、顾昕,2015:17)。

　　作为新型医疗卫生保健组织形态全球性普及的一种体现,整合医疗的中国探索本质上是在既有基本卫生保健体系高度行政化的框架中注入联盟治理的制度安排,或简言之,通过行政化方式推动的联盟治理;与此同时,通过医保支付改革推动医联体—医共体形成利益共同体,尤其是医保向医联体或医共体捆绑式付费或打包付费的重要性,无论是在基于国际经验和国际文献的学理探讨性论文(郭凤林、顾昕,2015;朱晓丽等,2017;邓明、张柠,2019)中,还是在对中国现实实践经验的总结性文章(胡善联,2017;郁建兴等,2020;徐烨云、郁建兴,2020)中,都获得了一定的重视。

　　在财政投入和医保支付中弱化行政机制的主宰性并引入市场治理机制,借此重构供方的激励结构,这一改革思路在各地县域医共体试点中得到了不同程度的探索,这同以往在既有行政化体制框架中推进医联体或医共体的实践有着一定的区别(王文婷等,2016)。在深圳罗湖区,区政府将原区级医院和基层的社康中心整合为罗湖医院集团,实施一体化管理,而将原有对各类医疗卫生机构的财政补贴与医保支付整合起来,基于总额预算制支付给集团,从而改变了医疗卫生健康服务供方的激励结构(刘海兰等,2018)。江苏启东市、安徽天长县、福建尤溪县和青海省互助土族自治县均名列国家级公立医院改革试点县(市),其在医疗集团、医共体和三医联动(即医疗、医保、医药改革联动)的整合实践中,均普遍注重财政补偿和医保支付改革,采用行政规制和经济激励相结合的方式,推进分级诊疗即健康守门人的制度化(陈珂宇、孟群,2019)。在浙江省,县域医共体建设从试点到推开的过程中,政府启动了基层医疗卫生机构的财政改革,力推从按编制行政拨款到按绩效购买服务的转型(顾昕,2019b),医保经办机构也正在改变付费方式(郁建兴等,2020:14;徐烨云、郁建兴,2020),基层医疗卫生健康服务提供者激励结构的重构正在进行之中。

　　可以说,医联体—医共体建设属于行政机制、市场机制与社群机制互补嵌合的一种探索,有可能在一定程度上为基本卫生保健乃至整个医疗供给侧的去行政化改革提供新的理念、动力和契机。然而,医联体—医共体建设在推进治理变革上可能具有的战略意义从未得到普遍的体认。在医疗卫生政策学界,从治理变革视角(或者更具体地,从社群治理视角)来考察医联体—医共体建设的学术探索寥寥无几。联盟的形成和运行本身属于联盟治理的一种实践,而联盟治理是社群治理的一个子集（Reuer，et al.，2010）。作为联盟，医联体—医共体中诸多利益相关者如何能达成协调共赢的格局，正是适合从联盟治理视角加以研究的课题。尽管去行政化在目前的阶段仅具有边际性、局部性和渐进性，但医联体—医共体的中国实践为学界探索社群治理在基本卫生保健领域的实践提供了丰富的素材和案例，但从联盟治理或更广的社群治理视角对医联体—医共体实践的分析，在学术界尚未出现。

在卫生行政部门的实际操作中，医联体—医共体建设对于新医改的意义只不过就是"强基层"以推动分级诊疗制度化的一个抓手。整合医疗在中国被赋予了在国外从未有过的功能，即"强基层"。无论这一有中国特色的功能是否能得到某种程度上的实现，也无论"强基层"的新医改目标可否借助这一抓手而得到某种程度上的达成，整合医疗在推进分级诊疗制度化上的作用依然是有限的，因为其对健康守门人制度的建立并未提供太大的助力。以行政化方式推进整合医疗，终将由于"拉郎配"无法促进利益共同体的形成而沦为形式主义。

要建立健康守门人制度，固然需要政府各部门的努力，尤其是医保管理部门和卫生行政部门协同发力，但归根结底，医保才是推进这一制度建设的第一驱动力。放眼全球，守门人制度的建立和健全始终与医保体系的高质量发展密切关联，依次迈出如下五步是至关重要的：第一步，医保推进门诊统筹，这是守门人制度建立的最重要前置条件，而在这一条件尚不具备的情况下，单靠卫生行政部门推进"小病进社区"以及建立"家庭医生"制度，是绝对不可行的；第二步，医保就普通门诊设立首诊制，首诊机构可以超越既有的社区卫生服务机构，将既有医疗服务量不高且处在医疗服务体系中不高不低夹心层的一级和二级医院也纳入，甚至三级医院的门诊部也可纳入，这就是笔者在第七套新医改方案中提出的"开放式或竞争性守门人制度"（顾昕，2008a：32-33）；第三步，医保机构对普通门诊服务按人头付费，由财政部拨付、卫生行政部门主管分配的公共卫生经费，与门诊支付统筹，一并以按人头付费的方式向首诊机构支付；第四步，首诊机构（也就是守门人）的主要收入来源于门诊服务的医保支付和公共卫生服务的财政购买，而不是政府对于供方的直接补贴，由此守门人的绩效及其收入取决于其对医保和政府购买的竞争力；第五步，政府大力推进医疗机构法人化，鼓励高等级医疗机构与社区卫生服务机构合并，通过医共体的法人治理实现整合医疗，或者与社区卫生服务机构建立医联体，通过联盟治理的方式实现整合医疗。

第十一章 基本卫生保健的治理：中国"强基层"实践的理论反思

分级诊疗制度化的首要驱动力在于医保部门而不是卫生行政部门，这一观点乍听起来匪夷所思，但实际上早在笔者所主笔的第七套新医改方案中就已经给出了。当然，由于过于另类，这一观点从未在新医改政策决策层以及医疗政策学界探讨中得到重视。在此，笔者从自撰的第七套方案扩展版文本中将有关内容摘录如下，以留下市场主导型分级诊疗制度化思想的历史脉络：

> 以综合医疗服务包取代大病统筹：医疗保险服务包既包括大病医疗，也覆盖普通门诊服务。事实上，在国际上，普通门诊都属于所谓"基本卫生保健"（或"初级卫生保健"，英文为 primary health care）的范畴，将基本卫生保健纳入医疗保障体系是国际通例。确保基本卫生保健可及性的公平，对于保障人民群众的健康具有重要的意义。实际上，目前在我国的很多地方，三大公立医疗保险已经将普通门诊服务纳入保险范围，而人力资源和社会保障部也正在组织专家研究门诊统筹的制度安排。（顾昕，2008a:18）

普通门诊采取开放式或竞争性定点首诊制。对具体的游戏规则，笔者建议如下：

> 所有参保者在申请参保时直接填写普通门诊的定点首诊机构，医疗机构无权对参保者进行挑选。
>
> 所有拥有门诊服务资格的医疗机构都可以成为定点首诊机构。
>
> 参保者有权在一定的期限内更换定点首诊机构。
>
> 参保者只有在定点机构接受普通门诊服务并接受转诊，方能享有高比例的医疗保障。（顾昕，2008a:19）

普通门诊采取按人头付费制。具体的游戏规则建议如下：

> 医保机构与定点首诊医疗机构签订合同，根据后者在一定时间内所吸引的定点参保者人数，定期预先支付一笔定额费用，让后者照顾定点者的健康。
>
> 人头费可以根据上一年特定地区内的门诊费用总额和参保者人数进行测算，同时根据定点参保者的年龄结构、性别和慢性病类型进行加权。
>
> 人头费中包含一笔转诊费，守门人每转诊一次，接收转诊病人的医疗机构就获得一笔定额转诊费，不论转诊病人的病情如何。
>
> 按人头付费的总金额必须在这些医疗机构收入总量中占较高比重，例如

至少在60%。(顾昕,2008a:19)

在提出这些相当具体的政策建议之后,笔者还专就"开放式或竞争性定点首诊制"与"社区首诊制"的差别以及前者在基本卫生保健提供者那里所造就的激励结构给予了极为详尽的阐释,兹原文照录如下:

> 竞争性定点首诊制就是开放式的守门人制度,同目前在我国很多地方实行的"社区首诊制"貌似一样,但其实大不相同。社区首诊制具有垄断性。可以想象,如果守门人处于垄断地位,那么它们在按项目付费为主的体系中有可能千方百计地留住病人,不提供合理的转诊服务;在按人头付费或定额预付制为主的体系中,它们有可能倾向于尽量减少服务提供,以节省数额固定的人头费。实际上,前一种情形正在目前中国的很多地方发生,而后一种情形曾经在我国的公费医疗体制中发生。在很长一段时间内,公费医疗公立机构对定点合同医院采取定额包干制。但由于缺乏竞争机制,病人没有更换定点合同医院的权利,定点合同医院如果减少服务量或者降低服务质量,患者也无可奈何。
>
> 促进竞争正是打破这种局面的不二法门。为了促进普通门诊医疗机构的竞争,世界各国政府或者医疗保险机构都允许民众(或参保者)更换首诊定点注册,对守门人进行自由选择。这样一来,医疗费用就可以"随着病人走",守门人自然要为民众好好服务,以吸引更多的民众(或参保者)来注册定点首诊。
>
> 在这样的游戏规则下,守门人自然不希望定点首诊参保者们生病,最好是他们都不来看病,这样可以把人头费都省下来。为了让这些参保者不常生病,首诊医疗机构自然会想方设法承担并且提供各种预防性服务,例如建立家庭档案、开展健康教育、注重免疫、妇幼保健等等。实际上,对于众多面向个体的公共卫生服务,国家可以出资"埋单",但是可以让首诊医疗机构(亦即守门人)来提供服务。因此,实行开放性守门人制度和按人头付费制度,恰恰是医疗保险制度走向健康保险制度的关键一步。
>
> 如果病人真的来了,守门人自然会根据情况决定治疗用药方案。对病情严重者多检查、用好药,想方设法尽快治好病,以免病人再来;对轻微者反其道而行之。换言之,开放性守门人制度和按人头付费制度,能够促使医疗机构高度重视诊疗和用药方案的性价比,由此可以轻易化解种种具有中国特色的问

题,例如不重视预防、开贵药、重复检查等等。如果中国的医保机构采纳这些游戏规则,价廉物美的中医也自然会受到青睐。

有了合理的制度,"以人为本""以健康为本""立足于社区""预防为主""弘扬发展中医"等等听起来永远正确的话,才不是空话。

在上述"开放式守门人机制"的前提下,大医院或专科医院必须要竞争"守门人"的转诊服务。每竞争到一个病人,大医院或专科医院就会赢得一笔转诊费(或称"专家门诊费")。除了这笔费用,它们提供的具体医疗服务(例如检查、手术、住院等等)将获得另外的付费。这种付费将主要以按病种付费(或按疾病诊断组付费,即 DRGs)的方式来进行。(顾昕,2008a:20-21)

时光荏苒,物是人非,这些在 2007—2008 年间写下的文字不需要加以任何改动即可在十余年后照录于此而不失其意义,这对于写下这些文字的人不能不说是一件幸事,但对于希望通过写下这些文字以推动相关事业前行的人来说,却不胜唏嘘。十多年过去了,尽管中国在全民医保体系建设上成就斐然,但门诊统筹依然是全民医保体系未来高质量发展的重点工作内容之一,何时能成为现实还远未可知。按人头付费作为一种新的医保支付方式无论就理论还是操作而言都未被医保和医疗行政管理者所熟悉,而通过医保门诊统筹以及按人头付费的实现来推进健康守门人制度的建立以及分级诊疗的制度化,依然是中国新医改新时代所面临的重大挑战之一。

四、基本卫生保健的财务治理:收支两条线的兴衰

对于任何组织及其人员来说,财务治理对激励结构的影响既立竿见影也源远流长。在新医改的推进过程中,基本卫生保健领域在财务治理上出现了非常显著的再行政化之举,即实施收支两条线管理,类似于第九章所论及的自上而下"按类预算"式财务管理,从而产生了不利于"强基层"的负激励效应。前文已经提及过这一管理模式在实际推行中给"强基层"造成的不利影响,在此有必要单辟一节加以详论。

第十章已经详述,收入来源与补偿机制尤其是剩余索取权的配置不仅决定着医疗机构经济利益的高低,也塑造着其激励结构,治理机制的互补嵌合性对于正确激励结构的塑造至关重要。政府财政投入和医保基金支付是医疗服务体系的最主

要财源,这一点对基本卫生保健服务体系也不例外。如果财政投入直接向供方拨款或给予补贴,这就是一种行政化的投入方式;如果财政投入以代金券的方式向需方进行补贴,或者采用政府购买的方式最终成为医疗服务供方的收入,这意味着市场机制嵌入行政治理之中。与此同时,医保支付制度改革体现了市场机制运作的精细化,即通过医保支付的契约化重构供方的激励结构,促使其行为符合公众利益。第九章已经详述,医保支付改革的成功,有赖于行政、市场和社群机制的互补嵌合。

可是,在医疗服务领域,曾出现过一种以收支两条线为突破口的"新医改"路径,其实质是卫生行政部门试图取消公立医疗机构剩余索取权,将后者创收行动产生剩余的控制权从公立医疗机构转移到卫生行政部门。此举曾在社区卫生服务领域得到广泛实施,但在公立医院中的推广经局部地区的短暂试点之后不了了之。

收支两条线之举源于自20世纪末期以来政府针对行政事业单位在提供公共服务过程中"乱收费"现象制定的一系列财务政策。对于"乱收费"的治理整顿,总是陷入整顿—抑制—放松—反弹—再整顿的循环。经过1987年和1990年两次大整顿,"乱收费"现象一度受到抑制,但很快就出现反弹,于是1993年再次实施整顿。到20世纪末,行政事业单位收费收入为"非税收入"的概念形成,对非税收入实施预算化管理的行政治理思路随之形成,收支两条线管理成为非税收入行政治理的核心(白宇飞,2008:14-18)。1999年6月14日,财政部、监察部、国家计委、审计署、中国人民银行印发《行政事业性收费和罚没收入实行"收支两条线"管理的若干规定》(财综字〔1999〕87号),指出:"具有执收执罚职能的单位根据国家法律、法规和规章收取的行政事业性收费和罚没收入,属于财政性资金,均应实行财政'收支两条线'管理。上述行政事业性收费和罚没收入按财政部门规定全额上缴国库或预算外资金财政专户,支出按财政部门批准的计划统筹安排,从国库或预算外资金财政专户中核拨给执收执罚单位使用。"[1]

2001年12月10日,国务院办公厅转发财政部《关于深化收支两条线改革进一步加强财政管理意见的通知》(国办发〔2001〕93号),正式确立了预算外资金"收支脱钩"的管理原则(孙忠欣,2011:292)。2003年5月9日,财政部、国家发展和

---

[1] 此文件在很多财税、会计、监察等专业杂志以及地方政府政报上得到转载,例如《中国监察》1999年第8期,第38—39页。

改革委员会、监察部、审计署联合发布《关于加强中央部门和单位行政事业性收费收入"收支两条线"管理的通知》(财综〔2003〕29号),再次明确"行政事业性收费等政府非税收入必须按照规定实行'收支两条线'管理"。2004年,财政部发布《关于加强政府非税收入管理的通知》(财综〔2004〕53号),正式界定了非税收入,并提出了非税收入管理制度建设的完整构想(白宇飞,2008:45)。

实际上,卫生行政部门在贯彻落实公立医疗机构收费收支两条线管理上不落人后,只不过早期将重点放在药费整治上。2000年2月21日,国务院办公厅转发国务院体改办、国家计委、国家经贸委、财政部、劳动保障部、卫生部、药品监管局和中医药局八部门发布的《关于城镇医药卫生体制改革的指导意见》(国办发〔2000〕16号),其中提出"可先对医院药品收入实行收支两条线管理,药品收支结余全部上缴卫生行政部门,纳入财政专户管理,合理退还,主要用于弥补医疗成本以及社区卫生服务、预防保健等其他卫生事业,各级财政、卫生行政部门不得扣留或挪作他用"。7月1日,卫生部颁发《医院药品收支两条线管理暂行办法》(卫规财发〔2000〕229号),其中第三条规定"医院药品收入扣除药品支出后的纯收入即药品收支结余,实行收支两条线管理。医院药品收支结余上交卫生行政部门,统一缴存财政社会保障基金专户,经考核后,统筹安排,合理返还"(《中国卫生年鉴》编辑委员会,2001:48-50)。但是,药品收支两条线管理在公立医院中引发了诸多问题,如:药费结余资金长期在体外循环,影响医院资金周转;结余资金按医疗服务亏损率返还,医院亏损越多返还越多,引致"鞭打快牛"等问题,即经济学中所谓"棘轮效应"(Freixas,et al.,1985)。这一管理办法颁布后,因违背医院内部运行和发展规律,引发激励扭曲,在绝大多数地区都没有执行,连卫生部部级医院也只运行半年就"关闸"了,各地区医院实行的药品收支两条线管理实践也处在自消自灭的状态(陈玉梅、黄志强,2007:47)。

在国务院正式确立政府非税收入实行"收支两条线"管理的大背景下,为了强化公立医疗机构的公益性质,2005年国家卫生部政策法规司又提出了公立医疗机构实行收支两条线管理的具体构想,即由政府对公立医疗机构实行"核定收支、以收抵支、超收上缴、差额补助"的管理方法。在2006年,国家卫生部政策法规司委托资助了国家卫生部卫生经济研究所专门就公立医疗机构的收支两条线管理进行研究(党勇等,2007)。有些地方政府也资助大学展开类似的研究,如上海市发展改革委员会资助上海交通大学公共卫生学院就社区卫生服务中心实施收支两条线管理进行研究(鲍勇,2007)。在政策法规司的指引下,一些地方的卫生局和财政局联合开始对收支较为平衡的社区卫生服务机构试行收支两条线管理(党勇等,2007：1-2),如浙江省杭州市下城区(傅家康,2007)、上海市徐汇区(刘诗强等,2008)和闸北区(庞连智等,2008)。

  收支两条线有两种：一是全额的,二是差额的。全额收支两条线,是指公立医疗机构的收入全部上缴政府,其支出全部由政府下拨；差额收支两条线,是指政府对公立医疗机构实行核定收支、以收定支、超收上缴、差额补助的财务管理方式。当然,差额收支两条线还有完整版和部分版两种,完整版针对所有收支,而部分版(如前所述)仅针对药品收支来实施。由于不同类型的医疗机构收入和支出规模相差很大,当时,一般主张在城镇社区卫生服务体系和乡镇卫生院中可实行全额收支两条线,而在公立医院中实行差额收支两条线。收支两条线被视为推进公立医疗机构回归公益性的现实途径,其核心在于切断医疗机构业务收入与其人员个人收入的关联,从而终结"过度医疗"和"以药养医"等行为(鲍勇,2007；应亚珍,2007)。同时,政府实施预算管理并给予大量补贴,体现政府对公立医疗机构支出保障责任的承担,公立医疗机构由此可维持低价运行,以保持公益性(应亚珍,2007：42)。当然,为了提高医护人员的工作积极性和效率,使低价运行持续下去,政府部门还必须不断地对公立医疗机构合理核定收支,合理确定编制,合理制定各类专业技术人员的工资,合理实行有效的动态"绩效评估",以实现奖勤罚懒,甚至在公立医疗机构中实行淘汰制,"对绩效考评不合格、群众反映不好的医院,可以实行产权改革,不再由政府举办"(应亚珍,2007：43)。

  在很大程度上,全额收支两条线意味着公立医疗机构的收支完全由政府掌控。这不仅仅是财权的问题,也不止于剩余配置权的重置,这些公立医疗机构采购医疗设备和药品的权力,也都回收到卫生行政部门。加上一直掌控在政府手中的人事权,公立医疗机构的人、财、物三项大权全部由政府掌控。公立医疗机构的自主化将终止,行政化将复归。各地卫生局成为公立医疗机构的"总院长",这些机构成为卫生局的科室。作为卫生局下属的"科室",这些医疗机构固然没有任何动力诱导患者过度消费,但它们是否有足够的动力为民众提供良好的服务,是否有积极性来改善服务,是否有可能发展壮大,都成问题了。既然辛辛苦苦收来的钱都要上缴,能分下来多少钱取决于政府的好恶,那么最保险的策略就是不好不坏,甘居中游。第一章曾经提到著名美国公共行政学者威尔逊曾担心一旦剩余配置权被政府收走,那么公立组织就会丧失成本控制的积极性,但收支两条线在公立组织那里所造就的负激励,远不止成本控制问题。

为了应对这种情况,政府必须想其他办法来激励公立组织,设定很多评价指标,请很多人(包括政府官员)进行评估。这样的体制如果要运转良好,必须满足以下四点要求:(1)评价体系高度完善;(2)政府高度灵活应变,洞悉民众千变万化的需要,并据此设定绩效评价指标;(3)政府监管动力十足,评审者始终保持足够的动力来公正评审下属机构;(4)政府监管手段完备。这四条中能满足一条都不容易,全部满足几乎是不可能的。况且,我们这里依然假定政府行政管理者及其选定的评审者全部自始至终是廉洁公正之士。但是,要知道,这样的游戏规则无疑赋予了政府官员及其选定的评审者极大的权力,也就无疑给他们带来了极多危险的诱惑。这样的理念,这样的措施,这样的手段,恰恰就是计划经济时代的特征。因此,收支两条线实施最有可能的后果就是"体制复归"(陈玉梅、黄志强,2007:47;刘军民、张维,2007:12)。

如前所述,收支两条线在某些地区的城乡社区卫生服务体系那里试点,有些试点效果似乎还不错。试点一般会产生"试点效应",其原因很简单。由于试点是局部性的,参与试点的机构少,有关主管部门出于政绩显示的考虑,绝不希望试点失败,因此会思量试点对象对试验措施的适用性,会千方百计动员资源,会想方设法设计好考核指标,也会尽心尽力地进行考核。换言之,前述的四项要求相对来说在试点中比较容易满足。因此,试点大多都会取得一定程度的成功。尽管如此,试点中绩效考核有欠合理、有待完善、亟待科学改善,即便是充分肯定试点成效的调研总结类文章,也都难以例外地加以指出。由于这类文章数量众多,而且极易搜索,这里没有必要一一引证。

但是,一旦试点推广,试点效应就会消失。首先,参与机构多了,差异性就大了,上述的四项要求就难以满足了。无论考核指标如何设计,总会难免出现"一刀切"的问题,否则就难免出现不公平的问题,但是"一刀切"本身也会引发各种各样"不切实际"的问题。这也是中国有关"一刀切"的抱怨特别多,但"一刀切"又无法消除的根源所在。

其次,退一步说,即便考核指标是完美的,考核的环节也会出问题。"上有政策下有对策"是生活中的常态。一旦考核指标确定下来,被考核者一定会想方设法迎合或应付,猫腻(也就是委托代理理论中所谓的"道德损害")会层出不穷。这就需要考核者既廉洁公正,又心明眼亮;用学术术语讲,这意味着作为委托人的考核者有能力消弭其与被考核者(代理人)之间的信息不对称,从而消弭委托代理问题。在试点时,被考核者和考核者都有限,政府部门睁大眼睛监管,消弭委托代理问题固然不可能,但一般也不会出什么大纰漏。但是,一旦参与游戏的人多了,而政府部门的眼力有限,暗箱操作出现的空间就大了。如果监管者也参与其中,问题就更严重了。总之,考核指标越复杂,参与者越多,游戏过程越复杂,掌握权力(无论大小)者加以调适的可能性越高。最后的结局是多数人都能娴熟地掌握各种调适技能,较真的人反而成为异类,坚持原则但却处处碰壁。这样的情形,从古到今,无处不在,无时不有,"古怪的模范官僚"海瑞(黄仁宇,2006:115-140)就是最著名的例子,在当今的基层治理中也不乏其例。

实际上,这样的例子几乎天天发生在我们的身边。不限于医疗领域,各类公立机构几乎年复一年,甚至月复一月地应付各种考核,而政府主管部门年复一年,甚至月复一月地绞尽脑汁设计各类考核指标,学者们关于绩效考核和绩效管理的论著也汗牛充栋,但是自上而下式绩效考核下行政治理失灵的情形在中国俯拾皆是(徐阳,2017)。其实,在外国情况也是如此,例如英国全民公费医疗管理部门为了控制医疗费用的上涨,曾经热衷于实施目标绩效管理,其中设定了降低单位成本(如次均费用)的目标,但由于影响单位成本的因素太多而很容易遭到操控,控费的目标没有达成(Dawson, et al., 2001)。卫生部门如此,教育部门、文化部门、社会福利部门等何尝不是如此。在此类上下行政博弈中,哪怕权钱交易的现象不多,很多考核也最终会走过场。把改革的希望寄托在强化政府部门对服务提供者的日常考核上,最终如果是"认认真真走过场""踏踏实实搞形式",已经算是最好的结果了。事实上,在公共管理中,反对形式主义的呼声不绝如缕,克服形式主义的要求屡屡得到重申,甚至成为行政命令,但形式主义的作为不仅如影随形而且花样百出,这本身就是行政化治理失灵内在机制的外在呈现。这一现象在医疗领域,包括基本卫生保健领域,自然也层出不穷。

与此同时,当试点扩大之后,财政负担问题必然凸显,原本针对少数试点对象的财政帮扶措施,一旦全面铺开,就变得不可承受和不可持续,而激励不足问题的存在更使财政不堪重负(刘军民,2007;刘军民、张维,2007:12;陈玉梅、黄志强,2007:48)。承接国家卫生部政策法规司委托课题的国家卫生部卫生经济研究所在其研究报告中也基于"各级政府财政对公立医院承担保障责任的能力问题"以及

第十一章　基本卫生保健的治理：中国"强基层"实践的理论反思

如何处理"公立医院在规模快速扩张中累积下的债务问题"，提出了负激励和有效绩效管理是否可能的问题，建议"慎重对待公立医院的'收支两条线'管理"（党勇等，2007：2-3）。即便在那些充分肯定收支两条线试点成效的调研文章中，也多有对加大政府投入的强调（例如：刘诗强等，2008：81），或指出存在着基本运行经费保障不到位的问题（例如：应亚珍等，2016），或不难看到增加政府财政补偿力度的建议（例如：贾继荣等，2015）。这些言辞在相关文章中不断被复写，在经验总结中也不断被复读，实际上凸显出负激励情况下财政负担问题的无解。

因此，即使在最好的情形下，收支两条线，无论是全额还是差额，也只能适用于城乡社区卫生服务机构，在公立医院中根本不适用，因为即便简单来看，医院收支规模巨大，其财务管理一旦上交给上级行政部门，那么卫生行政部门就变成了医院的财务主管，这根本就是不可能的事情。即便是在医疗服务市场上不占主导地位的县医院，其总收入和总支出上亿者也不计其数，更不要说级别更高的医院。对于收支两条线管理在公立医院中的适用性问题，在这项"改革"措施酝酿之际就已存在质疑之声（刘军民、张维，2007；陈玉梅、黄志强，2007）。笔者也从激励理论的视角对公立医疗机构实行收支两条线行政化治理的思路加以质疑（顾昕，2008b），并主张即便在社区卫生服务领域也应避免走行政化之路（顾昕，2008c），并专门针对社区卫生服务（顾昕，2012a）和县医院（顾昕，2012b）论证了以政府购买服务、医保支付改革为核心的去行政化改革思路。在现实中，收支两条线在公立医院中从未普遍推开，仅有陕西省子长县在2010年启动了县医院的收支两条线管理，并受到卫生行政部门的青睐，一度形成了医改的"子长模式"（李秀江，2010），但这一模式在3—4年后就归于沉寂，其过程完美地印证了质疑者的预见。无论是一度力推的卫生行政部门还是曾经加以力挺的"政府主导派"专家，对在全县域公立医院中实施收支两条线管理的"子长模式"的命运，自2015年以来就都不再发声了。

相对于其在公立医院中的不可行性，收支两条线在城乡社区卫生机构中似乎勉强可以一试，原因有几点：(1)社区卫生服务机构的类型比较单一，服务内容相对来说简单，用来评估其绩效、指导其运营的指挥棒相对来说比较容易设计；(2)机构数量较少，政府合理有效考核的可能性还是存在的；(3)参与试点的社区卫生服务机构大多运营困难，政府补贴是其维持运营所依赖的主要财源，因此其对收支两条线并不抵触，而且对于能够"旱涝保收"更是暗中欣喜；(4)试点在原本收支基本平衡的医疗机构那里既能够顺利前行，也能取得"成功"，因为对这些机构来说，一方面运营结余本来就不多,因此其掌握剩余配置权的积极性不高,另一方面将财务管理权上移上级主管,也能减轻其自身的管理负担和责任。这样,社区卫生服务机构与各地卫生局上下配合,试点效果不错是正常的,尤其是在农村地区。

然而,除了在那些社会资本不愿进入的地方,例如农村、山区、边远地区等,如此"改革"的代价是阻碍了社会资本进入社区卫生服务领域,也阻碍了企业医院和基层医院向社区下沉的步伐。很显然,当各地卫生局在收支两条线名义下为公立社区卫生服务机构提供大量财政补贴之时,其他类型的医疗卫生机构即使有意进入社区,也会望而却步,因为在社区已经没有了公平竞争的活动场地。与此同时,尽管社区卫生服务体系在政府的补贴下有可能获得一定的发展,但是长此以往,在没有竞争的情况下,公立社区卫生服务机构终将会形成不好不坏的格局。

实际上,如果这些地方政府财政能力强,在城镇地区,与其直接补贴给供方,不如补贴需方,大力健全基本医疗保险,提高医疗保险的保障水平,尤其是通过强化医疗救助提高贫困人群的保障水平(顾昕,2010b)。让基于医保支付的市场机制发挥主导作用,才能促使公立医疗机构改变行为,提升效率,增进公益性。基于医保的改革路径,远比收支两条线更有效、更合理、更具有可持续性,而且这也是世界各地,无论是发达国家还是发展中地区,经过几十年普遍实践得出的结论(顾昕,2014a:106-133)。不止如此,由于医保支付改革中内含的医保预付制与医疗机构拥有财务自主权尤其是剩余配置权具有制度上的互补嵌合性,而收支两条线的实施破除了医疗机构的财务自主权尤其是剥夺了剩余配置权,因此与医保支付改革相冲突,变相堵死了另一条改革之路。一旦收支两条线在公立医院中全面实施,通过医保支付改革撬动整个医疗供给侧结构性改革的必要性和可行性就会荡然无存。在2007年前后对收支两条线适用性(尤其是在医院的适用性)加以质疑和商榷的文章都指出这一措施将使医保支付改革劳而无功(陈玉梅、黄志强,2007:48-49;刘军民、张维,2007:12),即便是对这一措施总体肯定但实事求是的调研文章也明确指出了这一点(庞连智等,2008:1209)。

作为治理行政化的一种典型,收支两条线之举必然引致层出不穷、五花八门的治理失灵在理论上是可以预见的,而收支两条线的实践也多是不切实际的。事实上,即便仅仅收缩在社区卫生服务的范围,收支两条线只是在各地呈现一些散点开花的格局,未在全国各地以全省域的方式推开,只有安徽是一个例外。2009年9月开始酝酿,11月启动,安徽省在32个县(市、区)的基层医疗卫生服务机构中进

第十一章 基本卫生保健的治理:中国"强基层"实践的理论反思

行收支两条线试点,同时实施基本药物制度,即基层医疗卫生机构优先使用593种基本药物并执行药品零差率销售政策,对基本药物由政府实施集中招标采购,非基本药物的使用在药品品种数和销售金额中的占比不得超过20%。这一举措当时被赞为前所未有的"最彻底"的医改样板,并被预言为能像安徽凤阳农村土地承包制改革一样走向全国,开启医改的新篇章(李光明,2009)。2010年7月,安徽省卫生厅将此举在全省推开并在2011年1月16日召开的省卫生工作会议上宣布,安徽省率先开展的"基层医药卫生体制综合改革任务已经基本完成","改革转变了基层医疗卫生机构以药养医的机制,回归了公益性,初步实现了人民群众得实惠、医务人员待遇有保障、机构管理更规范的目标"(冯立中、陈旭,2011)。不出意外,"安徽模式"影响巨大,乃至国务院医改办的人事安排也因此发生变动。2013年2月10日,国务院办公厅发布的《关于巩固完善基本药物制度和基层运行新机制的意见》(国办发〔2013〕14号)提出,"有条件的地区可以实行收支两条线,基层医疗卫生机构的收入全额上缴,开展基本医疗和公共卫生服务所需经常性支出由政府核定并全额安排"。尽管有政府强力推动,但客观上,"安徽模式"在安徽引发的各种争议不断,而且也未能在全国范围内得到普遍推广。截至2014年底,"按全国卫生财务年报统计,全国42149个基层医疗卫生机构中,有11843个实行了收支两条线的补偿模式,占28%"(应亚珍等,2016:8)。

总而言之,改革开放前计划经济时代高度行政化体制所带来的磨难已经证明,在政府预算化(即收支两条线)管理下低价运行的所有公立机构(事业单位),包括公立医疗机构,给我们带来的是产品和服务的短缺。在市场经济时代,指望通过回归计划经济体制来实现基本医疗服务的社会公益性,不仅是一厢情愿、缘木求鱼,而且还会极大地阻碍本来可以顺畅前行的治理变革之路。在2007年初,国务院医药卫生体制改革部际协调小组邀请的七家机构提交了新医改方案,后来中国人民大学也提交了一套方案。其中北京大学和国务院发展研究中心的方案强烈主张在卫生行政部门中成立专门机构,对公立医疗机构尤其是公立医院的人、财、物实施严格的管理,包括在财务上实行收支两条线;复旦大学和中国人民大学的方案则将政府行政化预算管理局限在社区卫生服务体系,由笔者主笔的北京师范大学方案(即"第七套方案")则明确反对收支两条线,主张在推进全民医保的前提下由医保机构对医疗机构实行预付制,通过市场机制的运作抑制供方过度医疗。世界银行、世界卫生组织和麦肯锡公司的方案没有意识到这一问题的重要性,对此未加论述

(余晖,2014:11)。实际上,即便在力主推行收支两条线的国家卫生部内部,也并非只有一种声音。早在2009年的两会期间,国家卫生部副部长黄洁夫就明确反对收支两条线政策,认为此举是计划经济时代的"大锅饭"做法,实行它就等同于在走回头路(王朝君,2015:50),但这种观点后来在卫生行政系统中隐身了。

收支两条线的实施在城乡基层医疗卫生服务机构中造成了激励不足的局面。实际上,自2015年开始,高度行政化的收支两条线措施陆续被取消(王慧慧,2016)。2015年1月,安徽省官方宣布在基层医疗卫生机构取消收支两条线政策的实施,此举自然引发舆论热议,关注这是否意味着原有改革失败(韦星,2015),或者是不是意味着医改要走回头路(孔令敏、冯立中,2015;王慧慧,2016),国家卫生部主办的《中国卫生》甚至以"'收支两条线'生与死"为题在当年第10期设置专辑,对此加以讨论(王朝君,2015)。安徽省卫生行政部门新任领导也在《卫生经济研究》上撰文详细说明在"明确取消基层医疗卫生机构收支两条线管理"之后在医疗供给侧的新改革措施(于德志,2015)。尽管原本一向支持收支两条线的政府部门、媒体和学者在此时都认定收支两条线本身不一定错误甚至依然正确的表态是可以预期的,但无论如何,这项在医疗供给侧试图逆转公立医疗机构自主化的再行政化之举,毕竟被"取消"了。而且在此后,收支两条线管理再未出现在医疗供给侧结构性改革的政策之中,以此而声名鹊起的"子长模式""安徽模式",也被"三明模式"(王春晓,2018)所取代,而在三明的医改实践中并不存在收支两条线的内容。

基本卫生保健治理实践中的行政化路径是根本走不通的,行政化治理在基层医疗卫生机构中所引致的激励扭曲亟待矫正。有关经济激励机制的研究是经济学中契约(合同、合约)理论的核心内容,现已同价格理论、产权理论、市场组织理论等一样,成为有关市场机制的重要理论支柱之一。在国际上,契约理论在基本卫生保健领域的应用方兴未艾,其重点在于对医保支付制度改革的研究(Rudoler, et al., 2015),尤其是按人头付费的实践。值得注意的是,这一领域的研究成果其实也适用于政府对公共卫生服务的财政补偿,而这一点在既有的文献中没有得到应有的重视。在实践中,英国全民公费医疗体系将基本卫生保健支出通过按人头付费的方式支付给家庭医生,其中就基本卫生保健中所含的公共卫生服务,政府补偿方式不再是行政拨款,而是市场购买(Cashin, et al., 2009)。换言之,公共卫生财政与医疗保险支付可以有效结合起来,共同改变基本卫生保健供方的激励结构,这是内部市场制的重要内容,是新公共管理运动的重要实践。这正是市场机制与行政机制互补嵌合性的一种体现。

鉴于基本卫生保健服务本身具有多样性,很多服务的最佳数量和最低质量都具有较高的不可度量性,因此体现在医保支付和财政补偿中的公共契约在执行上很难完全依赖于行政机制和市场机制的单独运作。如果公共契约的执行能基于社会第三方评估或者专业协会治理,这意味着行政机制、市场机制和社群机制以相互补充、相互增强的方式嵌合在一起,由此,一个善治的格局是可以预期的。

五、人力资源管理的治理变革:去编制化

人力资源管理与开发是基本卫生保健体系能否运转良好的关键。基本卫生保健人力资源管理与开发是卫生人力资源管理与开发的一个组成部分。中国的基本卫生保健在人事治理上则固守行政化治理的传统,在去行政化改革上裹足不前,最终使得基本卫生保健领域的人力资源开发长期处于羸弱且边缘化的境地。

在世界上大多数地方,无论发达国家还是发展中国家,劳动力市场机制在保障全科医生人力资源配置和全科医学服务供给治理上发挥着决定性的作用,从而为基本卫生保健奠定了雄厚的人力资源基础。同整个卫生领域的情形一样,在基本卫生保健人力资源的治理中,市场机制、行政机制和社群机制嵌合在一起,其互补嵌合的程度和方式随公共治理体系的不同而大有不同。在中国行政化公共治理体系中,政府主导基本卫生保健的方方面面,其中人力资源管理体制嵌入医疗供给侧高度行政化的制度结构之中,以事业单位编制制度为核心的人事薪酬管理一方面造成基本卫生保健领域内优质人力资源的短缺,另一方面也阻碍了既有人力资源跨地域、跨专业、跨层级、跨机构的流动。更有甚者,2012年启动的事业单位分类改革,不仅固化了编制制度,而且使得同在基层的县级医疗卫生机构和城乡社区卫生服务机构有了不同的编制身份,而不同的编制身份又与不同的财政补偿渠道挂钩,从而在不同类型的基本卫生保健提供者当中形成了新的行政性区隔。

首先,在中国,社区卫生服务体系的人力资源管理体制嵌入医疗卫生健康供给侧高度行政化的整体制度结构之中。在高度行政化的组织和制度模式当中,长期被界定为差额拨款事业单位的城乡社区卫生服务机构,并没有自主的人事聘用权和薪酬决定权,其管理人员和医务人员均纳入事业单位编制管理。在2012年启动

的事业单位分类改革的指引下,城镇社区卫生服务中心和乡镇卫生院都被划归为"公益一类事业单位",而县级及以上医疗机构(主要是医院)则被归为"公益二类事业单位",政府对两类机构的编制身份认定以及相应的管理办法有所不同。此种行政化的人事编制制度造成了两个显而易见的后果:其一,卫生技术人员由于编制所限,流动空间有限,在公益二类事业单位拥有编制的卫生技术人员很难流动到公益一类事业单位;其二,基层医疗卫生机构由于行政级别最低,成为卫生技术人员向上流动的极大掣肘,使这类机构永远缺乏吸引力,自然也不可能吸引高水平卫生技术人员任职。处在经济不发达地区的乡镇卫生院自不待言,即便是福利待遇(尤其是住房)条件不错的部级高校(例如,笔者任教的大学)所属校医院(亦属于社区卫生服务中心之列),据笔者调查,也会遭遇到专业技术人力资源不足之困。

从表11-3可以看出,随着"强基层"政策的实施,在政府的大力支持下,在城镇地区,社区卫生服务机构的数量逐年增多,人力资源自然也得到一定的扩充。尤其是规模较大且服务品质相对较好的社区卫生服务中心,其机构平均卫生技术人员从2002年的29.2人增加到2020年的45.2人,其在城镇居民(以万人为基数)中的密度也从0.4人提高到4.9人。尽管从密度上来看依然有所不足,距离有效承担家庭医生亦即基本卫生保健提供者的职责明显相去甚远,但无论如何,社区卫生服务中心在人力资源上还勉强可算是"强基层"政策的受益者。与之相比,社区卫生服务站在人力资源上的提升,在近20年的时间内,是非常有限的。

乡镇卫生院人力资源状况不容乐观。在20世纪后期的20年间,乡镇卫生院的机构数量和卫生技术人员数量都经历了先下降后回升的变化。进入21世纪,乡镇卫生院的机构数量呈现下降之势,但其卫生技术人员数呈现先下降后回升的变化;尤其是在新医改实施之后,政府加大了对乡镇卫生院的扶持力度,而且乡镇卫生院在归为公益一类事业单位之后,正式职工都纳入了国家行政和事业单位编制体系。众所周知的是,在农村地区,事业单位基本是最受欢迎的工作单位,但是,作为医疗卫生机构,乡镇卫生院在人员招聘上毕竟需要在执业资质上有所要求。由于中国医疗卫生人力资源总体上处于短缺状态,乡镇卫生院的相当一部分招聘必须与非基层医疗机构在医卫专业人士的劳动力市场展开激烈的竞争。因此,如表11-4中数据所显示,尽管乡镇卫生院卫生技术人员总数、均数和密度均有所上升,但是上升幅度并不高;而且,特别需要提及的是,农村居民人数实际上逐年下降,在此情况下,乡镇卫生院卫生技术人员密度上升的幅度依然相对较慢,距离较好承担起基本卫生保健的职责依然有很大的距离,这显示出,"强基层"战略的实施在农村基层基本卫生保健人力资源配置上遇到实实在在难以逾越的障碍。实际上,无论在什么领域,人力资源配置归根结底会受到劳动力市场机制运行的左右,这是不以人的意志为转移的基本现实逻辑,而基本卫生保健人力资源管理在农村遭遇的障碍,归根结底是行政机制压制并扭曲市场机制的必然结果。

表11-3 城市社区卫生服务机构人力资源状况(2002—2020年)

机构类别	年份	机构数/家	卫生技术人员数/人	每一个机构平均卫生技术人员数/人	每万名城镇居民社区卫生技术人员数/人
社区卫生服务中心	2002	692	20217	29.2	0.4
	2005	1382	36730	26.6	0.7
	2010	6903	236966	34.3	3.5
	2015	8806	335979	38.2	4.4
	2020	9826	444035	45.2	4.9
	2002	7519	25359	3.4	0.5
	2005	15746	59138	3.8	1.1
	2010	25836	94356	3.7	1.4
	2015	25515	95179	3.7	1.2
	2020	25539	114369	4.5	1.3

资料来源:中华人民共和国卫生部,2003:6,20;2006:6,20;2011:6,20;国家卫生和计划生育委员会,2016:4,26;国家卫生健康委员会,2021:4,26。

表11-4 乡镇卫生院人力资源状况(1980—2020年)

年份	机构数/家	卫生技术人员数/万人	每个乡镇卫生院卫生技术人员/人	每万名农民乡镇卫生院卫生技术人员数/人
1980	55413	90.0	16.2	11.3
1985	47387	78.4	16.5	9.7
1990	47749	77.7	16.3	9.2
1995	51797	91.9	17.7	10.7
2000	49229	102.6	20.8	12.7

续　表

年份	机构数/家	卫生技术人员数/万人	每个乡镇卫生院卫生技术人员/人	每万名农民乡镇卫生院卫生技术人员数/人
2005	40907	87.1	21.3	11.7
2010	37836	97.3	25.7	14.5
2015	36817	107.9	29.3	17.9
2020	35762	126.7	35.4	24.9

资料来源：《中国卫生年鉴》编辑委员会，1991：450；2001：491；中华人民共和国卫生部，2006：40；国家卫生和计划生育委员会，2013：189，353；国家卫生健康委员会，2021：185，337。

其次，高度行政化的组织、制度和治理体系必然会削弱级别不高的基层机构对优质人力资源的吸引力。一旦在职业生涯之初进入了基层医疗卫生机构，那么医务人员职业流动向上的机会，即便不是微乎其微，也是大大减少了。即便卫生保健服务的劳动力市场正在形成，但是行政机制对于人力资源配置的主宰，依然妨碍着市场机制的正常运转。在人力资源配置上试图让行政机制主宰复归，不仅会扭曲市场机制的运作，而且终将会成为行政失灵的又一鲜活案例。

最后，在能力建设、职业吸引力和社会声誉上，中国的基本卫生保健与发达国家甚至不少发展中国家相比，不在同一个水平上，而且中国二级医疗保健与基本卫生保健在能力建设上的差距远大于世界上多数国家。长期以来，政府试图通过强化全科医生培训体系这一技术性措施来缓解这一困境，并给予大量财政投入。尽管如此，全科医生的职业吸引力孱弱的格局始终没有改观（武宁等，2018）。实际上，仅靠在既有高度行政化体系中强化培训，试图在技术层面上解决问题，永远无法产生功效。唯有在事业单位去行政化改革的大框架中推动卫生人力资源管理体制的去编制化改革和转型，打破卫生人力资源劳动力市场中的各种行政性间隔，通过人力资源要素流动，才能缓解基层卫生人力资源的替代、适配和能力提升问题。

六、基本药物行政化治理的失灵

中国基本卫生保健治理体系在物的管理上，主要体现为基本药物的使用。基本药物制度的推崇者原本并未将其使用范围限制在基层的社区卫生服务机构之中,而是认为必须在所有医疗机构尤其是公立医院中铺开,但是其制度设计根本无法切合公立医院运营的实际,这一设想根本无法落地。于是,基本药物制度只在基层实施,并导致基层社区卫生机构的用药选择范围大大受限,很多患者(尤其是慢性病患者)无法在基层社区卫生服务机构配药,这一方面使得基本卫生保健体系的运转不良雪上加霜,另一方面进一步损害了百姓对社区医疗的信任度。基本药物制度的实施是基本卫生保健行政化治理的另一个典例,其对基本卫生保健体系的伤害则是行政治理失灵的另一个典例。

在有关新医改"政府主导"还是"市场主导"的争论中,实施基本药物制度被"政府主导派"视为拯救"基本不成功"的旧医改的良策之一。在前述八个新医改方案中,世界银行方案没有提及基本药物制度,而国务院发展研究中心、北京大学、复旦大学、中国人民大学、世界卫生组织的方案都提出了建立国家基本药物制度。对于这一制度的基本运行模式,北京大学、国务院发展研究中心和复旦大学的方案持强硬的行政化立场,主张实行统购统销,即定点生产、统一购买、统一配送;中国人民大学的方案比较温和,主张政府指导和督促厂家生产短缺药品;而世界卫生组织只是强调政府应该整合基本医疗保险制度中的各种药品报销目录,制定差别报销政策引导参保者多使用基本药物,制定标准诊疗和用药指南引导医疗机构提供基本药物(余晖,2014:14)。由此可见,即便在"国家基本药物制度"的旗号下,也有着两条不同的道路可走。国务院发展研究中心、北京大学、复旦大学和中国人民大学明确主张回归计划体制下的统购统销模式,而世界卫生组织基本上是将基本药物纳入基本医疗保险的覆盖范围,绝不包含统购统销的内容。由于基本医疗保险实行政府购买制度,其基本游戏规则(包括药品目录、差别报销制度及医保支付改革等)是公共契约的具体体现,因此可以说,世界卫生组织的基本药物制度采用一种市场化的实施路径,而上述其他方案给出的是行政化的实施路径。

在八个方案中,北京师范大学的方案独树一帜,不仅倾向于市场化的药品购销制度,而且把药品制度改革置于医药卫生制度改革的整体框架中加以考虑。在北京师范大学方案看来,只要医疗保障体系走向全民覆盖并且真正行使好医药卫生购买者的角色,只要医疗卫生服务体系走向有管理的市场化,只要医药卫生监管体系有效地运行,那么药品生产和销售的市场化就能走向正常有序的发展,医疗卫生事业和药品生产流通产业就能实现同步协调地发展,药品生产、流通和使用环节中出现的种种问题自然会逐步缓解并且不治自愈。在满足了上述条件的制度环境中,医疗机构自然会高度重视用药方案的性价比,也自然会更多使用基本药物(余晖,2014:14-15)。

在国务院深化医药卫生体制改革部际协调工作小组办公室在2008年10月中旬发布《新医改方案征求意见稿》后,清华大学公共管理学院学者就基本药物制度的实施开展研究,并于次年5月在《公共管理评论》上发表了由该院时任院长薛澜为通讯作者的学术论文,分析了基本药物制度生产、采购、销售和付费等各环节的制度安排,发现基本药物使用不足的肇因固然有供给方(药企)或供应链的问题,但更重要的是在终端(医疗机构)缺乏使用这些药物的积极性,而需求不足是由多种制度因素所塑造的,包括笔者当时指出的医疗服务价格政府管制和医疗保险支付不足;在此基础上,这篇论文明确指出推行以"定点生产、集中采购、直接配送"为核心的基本药物制度并不符合实际需要,摒弃带有"统购统销"色彩的基本药物制度设想并正确认识市场机制的作用是重要的,应在有效促进市场竞争的基础上对包括基本药物在内的药品制度进行再设计(胡颖廉等,2009)。

换言之,基本药物也好,非基本药物也罢,根本的治理之道在于通过提高医保支付水平和改革医保支付方式,改变药品使用方法也就是医疗机构的用药行为。无论如何,药品费用是医疗费用的组成部分,而医疗费用的大部分在一个运转良好的全民医保体系中自然是由医保来支付。正如第八章所详述,医保支付方式的精心设计深刻影响着医疗机构的服务行为,其中自然包括用药行为。如果医保支付方式选择不当,例如以按项目付费为主导,再加上政府对医疗服务项目实施按项目定价,且大宗常见医疗服务项目的行政定价长期低于成本,那么医疗机构自然会设法以药养医,导致用药行为的扭曲。如果医疗服务终端用药行为扭曲的问题不解决,从医药产业上游寻找问题的解决方案,难免是不得要领的。在药品流通和使用环节,尤其是在公立医疗机构,无论基层与否,药品使用和购销环节出现的很多问题,根源在于政府对医疗服务和药品定价的行政性管制以及医保支付改革的裹足不前。只有提高医保水平以确立其经济可及性并运用医保支付改革中所引入的市场机制和社群机制来改变供方用药行为,包括基本药物在内的药品不合理使用、不合理购销的很多难题才能获得解决。显而易见,在全民医保的制度环境中,参保者使用基本药物的绝大部分费用无论如何应该由基本医疗保险来支付,因此巩固和完善基本医疗保险才是基本药物制度顺理成章的治理之道。在此之外单独设立一个以行政化方式实施遴选、供应、使用和补偿的基本药物制度,在基本医疗保险制

第十一章　基本卫生保健的治理:中国"强基层"实践的理论反思

度尚不完善的短期背景下或许具有某种过渡性作用,但从中长期来看,是一种叠床架屋式的制度安排。

可是,在《新医改方案》颁布之前,一个非常流行的思路是建立基本药物的行政化供应体系,即"定点生产、集中采购、统一配送、微利定价、合理使用"。尽管有些细节(尤其是如何进行所谓的"定点生产")从未被阐释清楚,但在当时批判医改市场化激情澎湃的大背景下,这样的政策建议很容易让人联想到过去计划经济时代的统购统销体系。笔者曾发表一系列媒体文章和学术论文,首先厘清世界卫生组织所推荐的基本药物制度(顾昕等,2008),继而质疑基本药物供应的统购统销模式(顾昕,2008d),再而论述基本药物制度与基本医疗保险的关系(顾昕,2009a),主张将基本药物制度纳入全民医保体系,通过医保支付改革激励医疗机构更多地使用基本药物,通过市场化的药品购销体系建设实现基本药物的供应保障,并且在基本药物制度建设上提升多方利益相关者的广泛参与,走向"善治"(顾昕,2009b)。

《新医改方案》将"建立国家基本药物制度"确立为"建立健全药品供应保障体系"的重要工作,明确"基本药物实行公开招标采购,统一配送,减少中间环节,保障群众基本用药","基本药物全部纳入基本医疗保障药物报销目录,报销比例明显高于非基本药物"(中共中央、国务院,2009:10-11),没有纳入"定点生产"的措施。2009年8月18日,卫生部、国家发展改革委等九部门下发《关于建立国家基本药物制度的实施意见》(卫药政发〔2009〕78号)①,正式启动国家基本药物制度建设工作。

基本药物是 WHO 在 1977 年提出的一个概念,按照其定义,基本药物是那些满足人群卫生保健优先需要的药品。遴选基本药物的主要依据包括:与公共卫生的相关性、有效性与安全的保证、相对优越的成本—效益性。在一个正常运转的医疗卫生体系中,基本药物在任何时候都应有足够数量具可获得性,其质量是有保障的,其信息是充分的,其价格是个人和社会能够承受的(WHO,2002:1)。通俗地说,基本药物就是相对来说物美价廉的常用药,针对的是"常见病和多发病"。根据 WHO 在 1999 年的统计,全世界有 156 个国家制定了基本药物目录,其中 29 个国家建立这样的制度已经长达五年以上,中国也名列其中(WHO,2002:2)。基本药

---

① 此文件文本,参见中国政府网:http://www.gov.cn/ztzl/ygzt/content_1661112.htm。此文件迟至 2010 年 7 月 22 日才上网公布。

物制度对发达国家来说没有意义,因为其医保体系对药品采取"负面清单"制度,即除非单独列出,准许上市的药品都在医保覆盖范围。基本药物概念的提出,仅对于发展中国家,尤其是那些药品几乎完全依赖进口的发展中国家,有其特殊的意义,因为这一制度的建立可确立其政府在医疗卫生领域公共支出中有限的药费开支用在保障民众基本医疗服务所需的药品之上,确保基本药物的政府采购能够顺利运作。就基本药物的供应保障,WHO在一份政策指南中指出,公共—私人—NGO混合的思路(public-private-NGO mix approach)为越来越多的国家所采纳,并给出了五种供应模式,除所谓的"中央药库模式"(central medical stores,CMS)之外,其余四种均强调公私伙伴关系的重要性(WHO,2004)。这显示出,世界卫生组织所推荐的基本药物制度高度重视政府、市场和社会多方主体的协作互动,尽管在那时,协作互动治理的理论范式在公共管理学界尚未发展成熟;与此同时,WHO的相关研究,也未注意到基本药物制度建设中行政、市场和社群机制互补嵌合的重要性。

事实上,我国早在1982年就建立了基本药物制度,到2009年前共颁布了六版《国家基本药物目录》。一种非常流行的观点是,中国的基本药物种类太多了,表面上可以覆盖更多种疾病治疗的需要,也能迎合更多的细分差异化选择,但部分基本药物由于国家保障力度不足而导致可及性不够,或者由于成本差异过大而导致费用较高,由此引致相当一部分"真正的"基本药物使用不足,或者供应无法得到保障。在此观点基础上形成的政策建议,就是缩小基本药物的范围,以期既能满足大多数人群的大多数疾病诊治需求,又能以可承受的费用负担保障其实际可及性(卫生部统计信息中心,2009:425-426)。因此2009版《国家基本药物目录》的主要工作就是减少药品的种类。在卫药政发(2009)78号文件下发当天,《国家基本药物目录(基层医疗卫生机构配备使用部分)》(2009版)随文件下发,该目录包括化学药品、中成药仅307种。

按照《新医改方案》,"城乡基层医疗卫生机构应全部配备、使用基本药物,其他各类医疗机构也要将基本药物作为首选药物并确定使用比例"(中共中央、国务院,2009:11)。根据卫药政发(2009)78号文件,"实行基本药物制度的县(市、区),政府举办的基层医疗卫生机构配备使用的基本药物实行零差率销售","政府举办的基层医疗卫生机构全部配备和使用国家基本药物","在建立国家基本药物制度的初期,政府举办的基层医疗卫生机构确需配备、使用非目录药品,暂由省级人民政府统一确定,并报国家基本药物工作委员会备案"。

2010年,"安徽模式"启动,安徽全省域基层医疗卫生机构均实施基本药物制度,其中"全部配备"改为"只能使用",而基本药物以"一品一规一厂"的方式通过省集中招标采购平台完成集中招标和统一配送的安排。在其他省份,基本药物制度只是在局部地方进行试点。在大多数地方,基本药物制度实施碰到的最基本问题是目录内的品种数太少,其中若干抗肿瘤的药品基本上难以在基层医疗卫生机构使用,因此影响面较窄,百姓未有实感,而非目录的药品亦在使用(武宁、杨洪伟,2012)。在安徽,基层医疗卫生机构只能使用基本药物以及"一品一规一厂"的集中招标制度所拉升的中标基本药物的断供风险,导致这些机构可用药范围窄于全国其他地方,其结果就是需要目录以外药品的患者不得不到县医院去开药,导致县医院的诊疗服务量"意外"上升。于是,无论是在安徽还是在全国其他地方,基层社区卫生服务机构的用药范围逐渐超出了基本药物目录,这一行为要么得到政府的默许,要么获得地方性文件的明确支持。为了应对总品种数太少而产生的问题,《国家基本药物目录》也多次更新,2018年版的《国家基本药物目录》总品种数增至685种,2019年2月又增补了12种抗肿瘤新药。

为了推进基本药物制度,国家付出的努力不可谓不大,卫生行政部门因此还在国家机构数缩减的大形势下反而新增了一个司——药物政策与基本药物制度司。基本药物制度的建设经过十余年依然在进行之中。2021年11月15日,国家卫生健康委药政司发文就《国家基本药物目录管理办法(修订草案)》公开征求意见,意见反馈截止时间为2021年12月14日。然而,与国家付出的巨大努力不相称的是,该制度建设并未对公立医疗机构药品使用行为产生实质性的影响。相关的调研结果显示,与收支两条线相伴随的基本药物制度的实施,极大收窄了基层社区医疗卫生服务机构的用药范围,反而有损于其能力提升,也未让百姓感受到多大实惠(罗庆等,2016)。

七、结语:基本卫生保健中行政、市场和社群机制的互补嵌合性

基本卫生保健在中国处于羸弱的状况,这成为"健康中国"战略实施的重大障碍之一。"健康中国"战略中"强基层"措施的提出,背景就是基层医疗卫生机构积

弱不振的严酷现实。长期以来,中国医疗供给侧形成了以医院尤其是大医院为中心的服务供给体系。医院无论规模大小,都是普通门诊服务的主要提供者,这同世界上很多国家家庭医生开设的诊所是普通门诊服务主要提供者形成了鲜明的对比。无论是资源汲取还是市场份额,规模较大的三级医院(尤其是三甲医院)均占举足轻重的地位(Yip and Hsiao, 2008)。中国医疗卫生健康供给侧的这一格局被学界描绘为医院强、基层弱的"倒三角"或"倒金字塔"(杜创、朱恒鹏,2016)。这与世界上很多国家基本卫生保健体系强大的格局形成了鲜明的对照。如何从"倒三角"转变为"正三角",即如何提升基层医疗卫生服务的能力,扩大并夯实中国医疗保健服务体系的基础,实现中国政府早已向 WHO 承诺的"人人享有基本卫生保健"的目标,无疑是"健康中国"战略的实施所必须面对的严峻挑战(Yip, et al., 2012)。基本卫生保健的治理失灵将如何得到治理,这本身成为中国医疗卫生事业国家治理体系现代化所面临的最大挑战之一。

中国基本卫生保健服务供给侧行政机制主导的治理格局已不合时宜,推动基层医疗卫生服务体系组织与制度模式的变革之道就是去行政化。党的十八届三中全会将去行政化确定为中国事业单位治理创新的指导方向。公立基层医疗卫生机构也属于事业单位,自然不能例外,也没有理由例外。

去行政化包含三方面的内容:一是在公共部门引入市场机制,通过市场治理实现诸多事务的协调;二是在公共部门中引入社群机制,通过社群治理实现公共事务的协调;三是完善行政机制的作用,助推、助长、规制市场机制和社群机制的运作。在包括基本卫生保健的整个医疗卫生领域,市场机制的重要体现在公立医保机构和政府财政对医疗卫生保健服务的购买以及劳动力市场机制对于医疗人力资源配置的决定性作用,而社群机制既体现在由利益相关者组成的公立与私立非营利医疗机构的法人治理上,也体现在由医学学会、医师协会、医院管理协会等社会组织对医疗卫生健康服务的协会治理上。随着市场机制和社群机制的引入,政府、市场和社会作为三类行动主体,通过协作和互动,达成协作治理或互动治理的新境界。

"健康中国"战略中给出的中国医改措施,同发生在世界各国的改革,在大的方向上具有平行性,尽管其具体举措和名称多有差异。在中国的语境中,这一改革方向被称为"去行政化"。值得注意的是,去行政化并不意味着取消行政力量的作用,否则便会沦为无政府主义,以望文生义的方式理解去行政化这一理念的内涵无助于沟通和理解。进而,去行政化也不意味着完全取消行政机制的作用,而且完全取消行政机制的作用无论在任何组织层级和内部都既不可能也没有必要,而是要看行政力量以何种方式在市场化和社会化的过程中发挥积极有为的作用。更进一步,去行政化本身也要依靠行政力量的推进,这有赖于政府是否厉行政府改革,能发挥因势利导和能力促进作用,增进市场,激活社会,而不是简单地依赖于命令与控制型行政管控。基本卫生保健的治理需要政府、市场和社会行动者的协作与互动,但更重要的是,行政机制、市场机制和社群机制必须形成一种互补嵌合性的制度格局。行政化的力量越强,行政机制越具有统揽性,元治理的作用越不充分,市场机制和社群机制的运作空间就越会受到挤压,治理机制的互补嵌合性就愈加难以形成。

第十二章　协作互动式政府创新：一个分析性概念框架[①]

在公共行政的学术传统中，政府以及更广范围的公共部门一向被认为汇聚了层级制或官僚组织体系[②]的特点，即循规蹈矩、繁文缛节和僵化惰性，缺乏强烈的创新精神。可是，早在1962年，美国俄亥俄州立大学乡村社会学助理教授罗杰斯（Everett M. Rogers）出版了《创新的扩散》一书（至今已再版五次），从社会交流和信息传递的角度细致而系统地分析了创新在不同政策领域扩散的过程，其中也论及政府或公共部门内发生的创新（Rogers，1962）。1969年，美国密歇根大学政治科学学部主席、政治学系教授沃克尔（Jack L. Walker）在政治学顶级学刊《美国政治科学评论》上刊发的《创新在美国州与州之间的扩散》一文，开启了政府创新研究的先河（Walker，1969）。两位先驱者都是在政策过程的研究框架中探讨政府创新，视之为政府间的政策学习、借鉴与扩散（Sabatier and Weible，2014）。他们所论及的政府创新基本上都属于渐进型创新，没有论及那些能给政府或公共治理带来结构性或制度性变革的创新。有鉴于此，2000年，美国人文与科学院院士、哈佛大学教授詹姆斯·威尔逊（James Q. Wilson）在政治学和公共行政学的经典论著《官僚机构》一书中用一章的篇幅论证，尽管也会出现边缘性、边际性和渐进式的改善，但在私人部门或经济领域中层出不穷的真正的创新，即重新界定核心任务和带

[①] 本章的早期版本，曾发表如下：顾昕、赵琦，《协作互动式政府创新：一个分析性概念框架》，《公共管理评论》2023年第2期，第5—24页。本章对相关内容进行了修订、更新、充实。

[②] 国际文献中常见的 bureaucracy 一词，在中文中有多种译法，如"官僚制""层级制"或"科层制"。"官僚制"带有强烈的贬义，而在国际文献中，bureaucracy 一词，尽管在某些上下文中也带有贬义，但基本上是中性的，或者说大多数学者追求使之成为中性词。"层级制"是中国社会学界所采用的新译法，也在其他学科领域与"官僚制"一词混用，而"层级制"这种译法在政治学和公共管理学界日益多见。鉴于其简单明了且中性，本章采用"层级制"这一术语。

来结构性改变的变革,在公共部门中难以出现(威尔逊,2006:264-281)。威尔逊在其书中甚至都未引证罗杰斯和沃克尔的研究成果,而沃克尔在美国政策科学学界其实早已是颇具声望的学者。

但在现实中,政府或公共部门中的确涌现了不少服务创新、流程创新、技术创新、政策创新、组织创新、制度创新和治理创新,被统称为"政府创新""公共创新"或"公共部门创新"(Borins,2008;Karakas,2020),以区别于主要发生于经济领域的"私人创新"。这表明,威尔逊的论断并非基于对事实的判断而是源自思想的窠臼。相当一部分政府创新不止于对既有政府行动进行边缘性、边际性和渐进式改善,而且也不止于政府行动核心任务的改变,而是涉及整个公共治理体系的变革。即便在层级组织体系内部,其实也不乏公共创新的驱动因素,例如富于使命感和追求成就感的企业家型官员、热衷获取最新知识和信息的技术精英、对环境变化敏于适应的个体和组织、对社会需求具有较强反应性的机构等(Hartley,et al.,2014;Torfing,et al.,2019)。政府创新不仅打破了层级制固有的惰性,为公共部门变革提供了动力,也有助于政府与社会克服治理困境甚至度过治理危机(OECD,2017a)。

在治理理论兴起之后,有关政府创新的研究逐渐超越了关注政策过程的学术传统,学者开始从公共治理变革的视角来检视、分析或推动政府创新;换言之,政府创新的治理理论开始出现,这一理论注重考查政府创新过程中多方主体的协作互动以及多种治理机制的互补嵌合。在这一学术脉络中,早期的研究路径,无论是在新公共管理(the new public management,NPM)的框架中强调政府通过引入竞争机制、企业家行动、服务外包等市场机制或市场化手段来改造公共部门或转变政府治理方式(Hood,1991;Osborne and Gaebler,1992),还是在新韦伯式国家(the neo-Weberian state,NWS)框架中强调政府中变革式领导的作用以及强化层级组织对民众需求的反应性(Bass and Riggio,2006),都将国家行动者置于中心。这种研究思路相对忽视了政府外行动者的作用及其带来的跨组织、跨界别的开放行动(Hartley et al.,2013)。更新的研究致力于超越国家中心论,以揭示政府创新不仅意味着在政策过程中由国家行动者主导推出一些新的举措、发明和创造,以及国家行动者在既有的治理框架和范式中对既有政策的渐进式改进和扩散,还更多地意味着公共部门内的创新主体与外部参与者协作互动,建构创新网络,通过公共治理转型来推动政府创新(Torfing and Triantafillou,2016)。反过来,政府创新也推动了公共治理转型（Hartley，2005；Osborne and Brown，2011），助力国家治理体系和能力现代化的实现（Newman, et al.，2001）。政府创新与公共治理变革相辅相成。

　　超越国家中心论的政府创新研究，为新公共治理（Osborne，2009）、协作治理（Ansell and Gash，2008；Ansell et al.，2017；Donahue and Zeckhauser，2011）和互动治理（Edelenbos and van Meerkerk，2016；Torfing，2012）理论的蓬勃发展，提供了一定的经验基础。这些理论（尤其是协作治理理论）的发展，反过来也为政府创新的经验研究开拓了视野并提供分析框架，形成了以开放式创新（open innovation）与协作式创新（collaborative innovation）为旗号的研究路径。这两个研究路径具有很多共同点，经常交织在一起，即关注来自国家、市场和社会不同界别的行动者如何通过网络化的协同协作与密切互动以及多种治理机制的互补嵌合，推动政府创新以解决共同面临的政策问题或达成共同的政策目标（Bekkers and Tummers，2018；Torfing，2019）。从本书第一章所提供的理论视角来看，政府创新的成功是践行社会治理治国理念的结果，其实践仰赖于社会治理共同体的建构与运行。

　　不管是开放式创新还是协作式创新，都对公共部门循规蹈矩式运作的传统认知形成了挑战（Brandsen and Honingh，2016；Voorberg, et al.，2015）。政府创新在表层表现为新公共服务计划（Damanpour and Schneider，2009；Moore and Hartley，2008）的推出，但深层是新治理理念的践行（Bekkers, et al.，2008）以及与之伴随的政府职能、组织或制度的转型（Walker et al.，2002）。尤其是日渐趋同的协作治理和互动治理理论，在公共管理领域正成为主流的新学术范式。这两种理论新范式突破了将国家—市场—社会三类行动主体的职能与边界截然分开的传统思路，扬弃了单独探寻三者积极功用的国家中心主义、市场自由主义及社会中心主义的有偏视角，试图探究跨界别多主体的协作互动对于治理变革的重要性。

　　协作治理和互动治理理论范式的开放性，为理解政府创新本身及其对公共治理变革的意涵开辟了广泛的空间，也为构造一种具有开放性和包容性的政府创新治理理论提供了透彻的视角。为此，下文将首先梳理政府创新的相关类型，并阐述将既有文献中的"协作式创新"概念更新为"协作互动创新"的必要性及相关概念内涵；其后，本章将在互动治理理论范式的基础上，建构一套协作互动式政府创新的治理理论，以期为政府创新的研究和实践提供一个新的分析框架;最后,下文会列举一些中国政府创新的实践及相关研究文献,以凸显本章建构的概念框架对未来经验研究的适用性。值得说明的是,本章以理论探讨为取向,旨在梳理学理,厘清概念,建构框架,而不是就中国具体的政府创新实践展开经验研究。

一、政府创新中政府、市场和社会的协作互动

(一)政府创新的三种类型

在政策企业家研究领域活跃的学者南希·罗伯茨(Nancy C. Roberts)曾在一篇论文中将政府应对棘手问题的策略划分为竞争性、威权性和协作性三种(Roberts,2000)。在政府创新领域成果斐然的学者雅各布·托芬(Jacob Torfing)借用这一划分,并对术语用词进行了修订,将政府创新的策略或模式界定为竞争式创新(competitive innovation)、层级式(或等级性)创新(hierarchical innovation)和协作式创新(Torfing,2019)。

竞争式创新由市场机制主导,通过契约化让公共部门之外的利益相关者参与公共创新之中(Walsh,1995),尤其是将创新研发的核心工作外包给企业或社会创新组织,或者在公共部门内部引入竞争以形成内部市场制(Ferlie,et al.,1996),以弥补行政机制主导下创新视野、知识和资源的局限。竞争式创新是新公共管理(Osborne and Gaebler,1992)或管理主义(Pollitt,1993)的产物。这种模式在数字技术所推动的公共创新中尤为显著,在其中,那些在市场竞争中发展出卓越技术能力的企业在公共创新过程(尤其是其技术过程)中发挥着举足轻重的作用(Bekkers,et al.,2006:7-8,26-27,179-180)。竞争式创新的优势在于,多主体的竞争性参与为开放创新增添了活力,潜在创新者之间的挑战为更多解决方案的涌现提供了强激励。但是,竞争式创新是一种赢者通吃的零和博弈,胜者能够最终获得界定问题和选择方案的主导权,而败者会浪费其用于开发和测试新方案的努力。如果将公共服务创新视为一种市场,那么私人创新者之间的激烈竞争往往会阻碍彼此间的思想交流(Roberts and King,1996),私人创新者也很难和公共组织进行知识分享,这反而阻碍了政府创新的蓬勃发展(Hood and Dixon,2015)。同时,由于公共服务需要兼顾效率、公平、安全和稳定,其数量和质量的低度量性会导致契

约化难以有效运作。在新公共管理框架中,即便是非创新性公共服务的公私合作伙伴关系,都在契约订立和执行环节存在着交易成本过高的问题(Osborne,2009:155,192,313),而创新性公共服务的开发则由于成本和收益的不确定性和低度量性以及委托人和代理人之间的高度信息不对称更容易导致契约失灵。

层级式创新由行政机制主导,由公共部门内部高层决策者扮演政策企业家角色,界定新问题并寻找相应的解决方案。在新韦伯式国家理论范式下的公共行政改革研究,为这类政府创新提供了很多鲜活的案例。这一理论范式在批评新公共管理运动的不足中应运而生,强调政府官员以更加专业化、更有效率、对民众呼求更具有反应性的行动来推动对传统韦伯式公共行政的变革(Dunn and Miller, 2007;Kattel,2015;Pollitt, et al., 2008;Ramos and Milanesi,2020)。层级式创新的优势在于公共部门领导者有能力动员足够的组织资源,以确保创新解决方案的提出和实施。然而,其问题在于,领导者及其专家顾问可能会过于依赖自己的想法和内部资源,这不仅可能会使问题界定和方案选择偏离大众需要,也将其所能调动的资源局限在组织内部,同时减少了体系内行动者与体系外行动者共享知识信息和相互学习借鉴的机会(Torfing,2019)。行政机制本身具有局限性,由行政机制的运作主导的公共创新也就具有相应的局限性。

与前两种机制相反,协作式创新由社群机制主导,重点在于多方行动者通过建构创新网络来促进利益相关者之间知识、信息和理念的交流,从而推动政府创新。协作式创新意味着,基于共识性的问题界定和方案决策,多方参与者将共担成本、分散风险和共享收益。这一取向与治理理念出现之初强调以跨界别多方主体组成的网络取代自上而下行政管理的理论取向(Rhodes,1996;O'toole,1997)是高度合拍的。在此过程中,多方参与者不仅能够参与公共服务的递送和评估环节,也能参与公共服务的问题界定和方案选择以及公共服务的委托与设计等环节。参与者的共同承诺建立在对差异和矛盾的建设性管理,从而减少了理性化决策过程中主导性群体(尤其是行政力量)对异议的忽略或压制(Hartley,et al., 2013;Sørensen and Torfing,2011),这也在客观上增进了不同利益相关者(也就是不同社群)间的良性互动,有助于促进创新理念的传播和实践(Torfing,et al.,2021)。

此外,公共管理学者们还从经济或工商创新以及经济领域创新政策研究中借鉴了开放式创新的概念,融入政府创新的研究之中(参见第二章)。开放式创新原本是指经济或工商领域的一种创新新范式,强调经济创新并非创新型企业的独角戏,而需要多方主体的协作式参与,其中政府通过财政和金融支持以及构建公共知识库等方式助力创新(戴亦欣、胡赛全,2014)。就政府创新而言,开放式创新意指政府利用不同政府部门、市场组织和社会组织的资源和知识来解决公共问题,以提高公共服务质量和创造公共价值的创新性行为(Bekkers and Tummers,2018;Kankanhalli,2017;Mergel and Desouza,2013;Mu and Wang,2020)。

一般认为,"协作式创新"这一概念在学术的分析性上具有比较优势(Roberts,2000),在政府创新文献中也得到更多的采纳。这一概念的出现同公共管理新理论范式的演进趋势保持一致,即新公共管理理论首先兴起,很快为新韦伯国家理论所反思,继而被新公共治理、协作治理和互动治理等理论所取代。对于最新一波多种治理理论有何异同及其趋同趋势,笔者将另文撰述。限于篇幅,本章仅指出两点:第一,新公共治理、协作治理和互动治理的共同点都强调公共服务提供主体多元化,而且多方行动者通过建构治理网络来调配资源和协调行动,这也是治理理念兴起的初衷;第二,新公共治理和协作治理理论均在很大程度上具有社会中心论的色彩,而互动治理理论则致力于超越国家中心论和社会中心论的分野,探究不同界别的行动者在治理网络中各具特色但又相互协同的职能。

社会中心论色彩的表现在于突出了社群治理的作用,尽管在相关文献中,"社群治理"并没有作为一个众所接受的术语得到广泛使用,"自我治理""自组织网络""网络治理"等多种术语混用。很多治理的早期文献,以及下文中所讨论的协作式创新文献,往往以"网络治理"代替"社群治理",但网络治理仅仅是社群治理的一种子类型,或者是其代表之一。社群治理的基本特征是相互密切关联的个体形成一定形式的社群,基于对共同价值与社群规范的认诺与遵守,协调其活动并开展集体行动(Bowles,2004)。自诺贝尔经济学奖获得者埃莉诺·奥斯特罗姆在其经典性著作《公共事物的治理》(Ostrom,1990)中论证了社区自我治理是公共资源使用和保护的有效治理机制并领衔布鲁明顿学派揭示了社群机制在诸多公共事务尤其是公共资源的可持续性利用上的运作(Cole and McGinnis,2015)之后,社群治理就成为与行政治理和市场治理并列的第三大治理机制。社群治理有很多具体的组织形式,其中包括群体治理、协会治理、联盟治理、法人治理和网络治理等。

以超越国家与市场为取向,布鲁明顿学派是治理研究领域中社会中心论的典范,这集中体现在其核心概念"多中心性"或"多中心治理"之中(Cole and McGinnis,2015)。作为多中心治理的探索者和倡导者,奥斯特罗姆以及布鲁明顿学派的社会中心论取向在治理理论的演变和发展中一直有着广泛的影响,这也在协作治理理论和协作式创新的研究中得到充分体现。因此,毫不奇怪的是,基于协作治理理论的协作式创新论述往往具有社会中心论的色彩,即强调政策创新的主动力既不来自政府内某个非凡领袖或政策企业家的意愿或灵感,也不源自公共部门内部绩效管理所施加的强大激励,而是来自社会力量参与的推动(Bommert,2010;Crosby,et al.,2017;Sørensen and Torfing,2017)。在协作式创新的研究思路中,社会行动者被置于公共创新的中心地位,社群机制被视为推动公共创新的核心治理机制,网络建构作为社群治理发挥功用的一种形式主宰了协作式创新。这同秉持国家中心论的、政府主导的竞争式创新和层级式创新是大异其趣的。

(二)从协作式创新到协作互动式创新

在协作式创新研究思路形成的时代,作为其理论背景的公共管理学界出现了从新公共管理运动到协作治理再到互动治理的学术拓展。具体而言,由于新公共管理运动的发展不仅没能完全利用好来自公共服务者和公共服务合同商的知识、能力和资源,以全面提升公共服务的效率和效益(Bovaird,2006;Alford,2008),更可能因过度的竞争性或市场化而损害传统的社会与公共价值(Lowery,1998;Bozeman,2002)。由此,协作治理理论应运而生(Emerson and Nabatchi,2015)。如果说新公共管理运动着重解决财政紧张背景下公共服务的效率与效益问题,那么协作治理理论则兼顾公共治理中效率、公平、民主等多元价值的平衡(Ansell and Torfing,2021)。协作治理意味着多方主体为了共同目标参与特定问题的解决之中(Agranoff and McGiure,2003),但这一理论还特别强调多方主体共享裁量权(Donahue and Zeckhauser,2011)。在公共管理中,多方主体能够共享裁量权,真正实现参与者既能"合作"又能实现"治理",这意味着两点:第一,多方主体不仅参与公共服务执行,还参与决策,即多元主体之间地位是平等的,在集体决策中有平等的机会来反映其偏好,这与传统的行政力量主导的咨询和听证等参与方式并不相同(Callahan,2007;Ansell and Gash,2008);第二,多方主体形成一种组织化的互嵌关系结构而非松散的原子化、个体化协作关系,这种互嵌关系结构可以是正式的组织关系也可以是非正式的网络关系,而后者常常在治理中发挥着关键性作用(Berardo,2014;Cristofoli,et al.,2014)。

协作治理不仅需要多元行动者具有联合行动的意愿和能力(Edelenbos and

van Meerkerk,2016),而且还是一种制度设计精良的治理模式,其中,正式与非正式的协议订立和规章制度的设计对于治理绩效的取得是至关重要的。同时,容易衡量的绩效目标、流程清晰的管理过程、扁平流动的互动结构等都将有助于协作治理的成功(Goldsmith and Eggers,2005;Hartley,2015;Assens and Lemeur,2016)。领导力、组织能力、制度设计欠缺的协作治理将无法创造共同价值,反而会造成价值共毁(Engen,et al.,2021)。一项基于220个欧洲公共部门创新奖案例的研究显示,成功并可持续的公共创新必定在有效的反馈循环、问责机制和学习过程上表现出显著优异(van Acker and Boukaert,2017)。但总体来说,当前协作治理的研究主要关注治理过程中的"上游问题",即多方行动者的纳入、协作的促成和共识的形成,但对"下游问题"即在决策形成之后如何协同实施、如何评估结果以及如何对各方行动者加以问责等关注不足(Sørensen and Torfing,2021)。可见,如何发挥公共领导力,构建起完善的互动平台,以促使协作治理中政府、市场和社会三大类主体之间良性互动的制度化,成为推动协作治理理论发展的重要方向。协作治理中公共价值的创造不仅需要公共服务的参与者、生产者与使用者等相关利益主体的共同经历、共同生产和共同治理(Strokosch and Osborne,2020),更呼唤多元机制的互补嵌合,形成公共治理体系的创新生态。

　　由此,互动治理理论逐渐走到了前台。互动治理是指利益多元的多方行动者通过互动以形成、促进并达成共同目标的复杂过程,在此过程中,他们动员、交流和利用多方资源,通过制度化互动的建构,实现共同治理(Torfing,et al.,2012)。作为一种超越层级和市场治理以应对社会复杂性的新取向,互动治理的概念起源于欧洲(Amin and Hausner,1997),后来在环境保护、高等教育(Denters,et al.,2003)、渔业管理(Kooman,et al.,2005;Jentoft and Chuenpagdee,2015)等领域得到应用。然而,即便一些欧洲学者在享有盛誉的美国公共行政学者彼得斯(B. Guy Peters)加持后加以理论综合(Torfing,et al.,2012),互动治理也未如其倡导者所愿成为治理理论的一种新范式。互动治理和协作治理作为治理理论范式并无实质性不同,其阐发者也有交叉(Ansell and Gash,2008;Torfing and Ansell,2017)。因此,有文献甚至认为互动治理与协作治理、网络治理、参与式治理等概念所指的治理实践别无二致,基本上均为多方主体协作,而且通常都由一个旨在凝聚共识的政府行动者引领各方利益相关者设计一系列政策并加以实施,以实现公共价值(Bianchi,et al.,2021:1582)。

互动治理对原有理论和实践的边际性超越,体现在开始重视多种治理机制互补嵌合的思路和强化元治理概念这两个方面,即其不仅仅关注不同主体的互动合作、相得益彰,更关心如何使不同的治理机制的互补嵌合进入良性循环的轨道,实现协作互动的可持续化。简言之,协作治理和互动治理是公共治理体系构建的共同需要,前者意味着公共服务治理体系中多元主体的互动和参与,旨在提升公共服务的供给效率、资源、信息和合法性;而后者则强调多元主体互动机制的构建,旨在保证多元互动的可持续性。

将互动治理引入政府创新中,将补充基于社群机制协作式创新理论取向中相对忽视的市场行动者和国家行动者的作用,尤其强调国家行动者在公共创新中以召集人和领导者身份所扮演的元治理角色。元治理一般被界定为"治理的治理"(governance of governance)(Torfing, et al., 2012;Gjaltema,et al., 2020),其具体职能体现为目标愿景确立、网络制度建设、行动框架拟定、互动协商管理、跨界联络沟通等诸多方面(Li,2021),以促进多方主体协作互动的协调性(Klijn and Koppenjan, 2016;Sørensen and Torfing, 2009)和多种机制运作的平衡性(Albury, 2005;Gjaltema,et al., 2020)。同时,在公共创新启动初期,其他类型成员有可能不愿承担财务风险,此时元治理者还需要提供资金支持,以孵化创造性思想(Albury, 2005)。不少国家由政府出资建立了公共部门创新实验室,并提供人力支持,在推动政府创新上颇具效果(McGann et al., 2018)。值得注意的是,很多国际文献固然探讨了多类主体(例如,工商界精英或社会组织领导人)扮演元治理者角色的可能性,但多数文献关注的是"公共元治理者"(public meta-governor)(Gjaltema, et al., 2020),认为国家行动者具有市场主体或社会主体所不具有的一些优势,可以更好地扮演元治理者角色。元治理是协作互动式创新的一个重要组成部分。关注元治理对于政府创新的重要性,是保证协作式政府创新有效且可持续的重要思考路径。

因此,有必要对"协作式创新"的概念在互动治理理论的框架中加以一定的重构,转变为更具有平衡性和包容性的概念——"协作互动式创新",以淡化既有研究思路中的社会中心论色彩。以"协作互动式创新"这一新概念取代既有的"协作式创新"概念,能更好地把握原概念框架所承载的公共创新的实质特征,即多方治理主体协作互动和多种治理机制互补嵌合,而不是不恰当地突出社会力量的作用。值得说明的是,从"协作式创新"到"协作互动式创新"的概念更新,是一种边际性改善。事实上,协作式创新文献的一些主要作者,例如伊娃·索伦森和雅各布·托芬,都共同参与了互动治理理论范式的建构(Torfing, et al., 2012),在其协作式创新的文献中也对互动性因素多有刻画,例如非常强调创新网络的参与者必须具有互动性能力(interactive ability)(Sørensen and Torfing, 2016)。在某种意义上,从"协作式创新"到"协作互动式创新"的概念更新只不过是弥补了既有文献在政府创新理论建构中的某种思维疏漏。

同时,将目前流行的概念从"协作式创新"更新为"协作互动式创新",也有利于汲取跨学术领域的思想资源以充实既有理论的内涵。事实上,在政府创新研究者经常从中借鉴概念和思想的经济创新和创新政策研究领域,创新很早就被视为一种多主体互动的过程(Lundvall, 1988),"互动性创新"的概念也早已出现(Barras, 1990)。因此,采用"协作互动式创新"这一新概念,在学术思想史上,无论是从溯源还是从发展角度来看,都是顺理成章的。在这一新的概念以及更具有理论性的协作互动治理范式中,公共创新中不同界别的行动者——公共的或私人的参与者——互相交流经验、想法和意见的互动实践,也可以纳入创新政策研究者所重视的"互动性学习"(interactive learning)(Lundvall, 1988)的概念之中。

在协作互动式创新中,不同界别行动者在地位上是平等的,但其在网络中的身份和职能有一定的差别(Tomkins, et al., 2020; Torfing, 2019),这一点在国家行动者身上体现得尤为明显。在层级制模式下,公共部门领导者习惯于视自己为所有权力和责任的拥有者,即便将市场和社会行动者纳入公共创新,制度化的互动是很难存在的。层级制政府创新有可能出现"有协作无互动"的局面,这种局面在所有成员听从上级指令开展分工协作的层级制组织中是非常常见的。但在协作互动式创新中,领导者将协调多方参与者进行协作并在协作中加强互动视为自己的重要责任,履行这一责任将成为他们增强自身政治领导力的重要手段之一(Torfing and Ansell, 2017)。在层级制创新中,基层官员因对规则和命令的遵循,一般而言对积极参与创新兴致不高;但在协作互动式创新模式下,基层官员有可能更具创业精神,将以更积极的促进者、推动者和协调者的角色参与公共创新(Bovaird, 2007)。

协作互动式创新也重塑了政府、市场主体和社会主体的关系。在层级制主导的行政化治理体系中,公民、社会群体或社会组织往往会自视为治理的被动接受者,在既没有渠道也没有能力的情形下会消退甚至丧失参与政府创新的意愿,只是被动地接受政府的安排;而在协作互动治理体系中,那些认为自己有能力的积极公民及其所属的社会群体或社会组织将渴望参与协作互动式创新(Torfing,et al.,2019)。竞争式创新中的私营企业或其他私益组织将自己视为游说者,利益不一致的游说者难以开展协作互动,于是常常出现强游说者挤压弱游说者的局面,但在协作互动式创新中,利益不尽相同且游说能力各异的企业和私人组织将被整合到一个具有包容性的互动网络中,贡献各自所长,为公共价值的持续性创造提供了新的可能性(Torfing,et al.,2021)。

二、政府创新中行政、市场和社群治理机制的互补嵌合性

基于协作治理理论,协作式创新的概念强调跨界别主体协作对于政府创新的重要性。然而,跨界别主体间的协作并不一定会自然而然地发生,即便发生也并不一定具有可持续性;换言之,协作式创新失灵不乏其例。许多学者总结了协作式创新的障碍,包括了公共部门内部组织间协同障碍、公共部门外部行动者协同障碍、跨界别行动者协同障碍及各界别中组织内部协同障碍(Cinar,et al.,2019;Smith,et al.,2019)。互动治理理论范式探讨了不同治理机制的互补嵌合,这一点在解决政府创新的上述困境上至关重要,因此将"协作式创新"概念小幅改造为"协作互动式创新"概念,有助于加深我们对政府创新治理的理解。

造成公共部门内部组织间协同障碍的原因主要包括,组织知识或资源无法配合协同(Lee and Kwak,2012;Yang and Maxwell,2011)、领导力或核心权威缺失(Gassmann,et al.,2010)、持续性创新能力和承诺缺乏(AlNuaimi and Khan,2019)等。公共部门外部协同障碍本质上缘于不同行动者在资源和能力上的差异,导致其在参与公共创新的条件规则、知识产权保护规则、资金支持规则等事项时力有不逮,而这些规则恰恰构成公共创新产生、落地与扩散的制度性基础设施(Lam,et al.,2013;Savitskaya,et al.,2010)。跨界别主体间协作障碍的肇因就更多了,包括较低程度的社会信任导致不同界别组织间的互信不足(Bach,et al.,2022;Powell,et al.,1996;Westergren and Holmström,2012)、权力关系的不对称导致公私合作伙伴关系难以顺利形成(Faerman,et al.,2001;Kutvonen,2011)、专业知识认知与关注重点不同(Bach and Wegrich,2019)、合作的沟通协商成本过高(Laursen and Salter,2006)、利益相关者在利益和策略上存在差异

(Osborne and Brown，2011)等等。

为了应对横向协作失灵的问题,高层级行政力量运用行政机制对协作网络的建构和协作治理的运作实施纵向干预,形成所谓的"受命式协作"(mandated collaboration),即运用行政机制动员下级与多方主体展开协作,能够在一定程度上缓解多方主体横向协作参与力不足的问题(Rodriguez, et al., 2007; McNamara, 2016)。通常而言,在单一制国家,推动受命式协作的主体是中央政府。中央政府能通过干预、规制、动员、财政支持等行政化行动,为横向协作网络中多方主体间的协作与互动提供助力和保障。在中国,行政机制主导的纵向动员式干预在很大程度上是地方或基层协作治理运转的必要条件(周凌一,2020;Zhou and Dai,2022)。但是,高层级行政力量的纵向干预并非协作治理成功的充分条件,行政机制的过度使用有可能在一定程度上会削弱原有协作网络多方主体的主动性和自主权,挤压社群机制运作的空间,因此有可能遭到多方主体的暗中抵触甚至会导致其直接退出合作网络,造成协作治理的失败(Lewis,et al., 2009;Hafer, 2017)。

可见,协作治理中推动"多元主体共治"的种种方式,无论是横向协作还是纵向助推,都不足以确保协作创新的效果,治理机制的嵌合更显必要。首先,尽管多界别主体的创新参与基于某些共同价值和承诺,但参与者之间的知识与注意力本身存在一定的差别,彼此互信并不容易建立。在这方面,基于"选择与竞争"的市场机制嵌入创新网络的运作之中将大有裨益。市场行为伴随着各种各样的契约订立,而守约则是市场行为的标杆。对于政府创新来说,引入市场机制的好处之一便是为多界别行动者的合作提供守约约束。作为市场机制发挥作用的一种途径,声誉信号将可以帮助协作互动网络筛选掉不合格的参与者,同时孵化和培养网络中合格且优质的长期参与者。不合格的参与者并不是经由行政机制被强制剔除,而是在协作互动过程中经由竞争而被筛除(Christiansen and Vendelø, 2003)。在协作互动式创新网络建设初期,尤其是在多方主体间协同信任(或社会资本)尚未形成的情况下,市场机制所蕴含的信号与声誉是吸纳优质非公共部门行动者参与的重要手段和方法。随着协作网络的形成、合作的加深,优质创新参与者将不断推进知识学习、信任增长,多界别行动者的合作成本也逐渐降低,从而进入协作创新与信任增长的良性循环之中(Wang,et al., 2020)。

其次,无论在哪一个界别,即便是在不乏创新精神和创新行动的私立经济组织中,其内部也存在着阻碍与组织外行动者开展协作式创新的障碍,包括控制权威丧失(Alexy, et al., 2009)、组织理念与文化僵化(Lüttgens, et al., 2014; Stone, et al., 2010)和创新能力孱弱(Demircioglu, 2018)。对控制权丧失的顾虑往往是协作式创新的最大思想障碍,此种顾虑广泛存在于各种组织之中,消除这一顾虑需要多种治理机制的互补嵌合。行政机制中公共权威的行使有可能提供一个富有远见而具有平衡性的控制权方案。行政机制运行中的权威行使,还能够强化协作互动式政府创新的合法性,为不同组织的成员间创新性合作提供长期的可信承诺与保障(Crosby and Bryson, 2010)。市场机制能够通过市场契约来调整控制权的收益,对那些控制权丧失的组织进行额外补偿,为他们参与协作互动式创新提供经济激励。引入竞争以提升效率不仅有助于协作互动式创新本身,也能为组织变革提供新的外部刺激,促使参与其中的各类组织保持一定的活力,减缓甚至遏制组织僵化(Ketchen, et al., 2007)。社群机制能够通过社群价值信念引领、道德规范约束和社会资本提升的方式,为那些控制权减弱的组织积极、广泛且持续参与协作式创新提供社会性激励(Bryson, et al., 2015; Cinar, et al., 2021)。创新能力约束着创新发起者或参与者的创新行为,增加了实现创造性变革的难度(Haveri, et al., 2009),而能力的提升不仅需要各类组织自身的努力,社群机制的运作可以在一个制度化的网络中为各类组织赋能,以提升其适应力(Geffen and Judd, 2004)。因此,促进多主体的角色转变与制度化合作,以及不同机制之间的互补嵌合,成为了研究政府创新与公共治理变革的题中应有之义。

再次,协作治理理论以及在此基础上奠立的协作式政府创新理论,如前所述,在很大程度上依赖于社群机制的作用,尤其是作为其子集的网络治理。但是,社群治理在很大程度上并不能独立于行政治理而独善其身。正如奥斯特罗姆通过多国多地案例分析所揭示的,至少需要行政力量赋予合法性以及社群与政府互动以获得行政力量的支持,社群治理才更有可能取得成功(Ostrom, 1990: 20, 54, 101, 223-224)。基于中国经验的研究也显示,即便是包括地方政府在内的多方主体建立协作网络以实施协同治理,也需要在纵向干预有力和有效的情况下才更有可能取得成功(周凌一,2020)。

最后,行政机制、市场机制和社群机制的互补嵌合,尤其需要元治理者的领导作用得到有效发挥。元治理强调的是公共领导力的发挥,协作平台构建过程的领导和推动,在这个过程中,元治理者不是完全依赖于"命令与控制"实施自上而下的行政管理,而是在平台或网络构建过程以及后续运作中与多方主体开展互动和协商(Meuleman,2018)。尽管元治理者常常由政府担任,而且在多级政府涉入时常常由中央政府担任,但元治理者和受命式协作中的受命者不同,其将采用更为平等的方式吸引多方利益相关者加入协作。其中,元治理者可以通过行政机制的运作为资源和能力不足的市场或社会行动者提供公共扶持(public supports),例如财政补贴、信贷优惠、教育培训等方式,即通过赋能缓解其因能力不足而带来的问题(Lewis,et al.,2018)。此外,元治理者还可以利用其自身权威,发挥引导和助推作用,抑制市场和社会行动者可能的机会主义行为,保证可信承诺(credible commitment)的持续性,促进多方参与者进入协作式创新的良性循环之中(Crosby and Bryson,2018;Eisenberger,et al.,1990)。在协作互动式创新的过程中,行政机制的这种运作方式与网络治理蕴含的社群机制的运作具有互补嵌合的特征,可产生相得益彰之效。

三、走向政府创新的协作互动治理理论

创新不仅发生在私人生活之中,也不止于工商经济领域,在公共和社会生活中也层出不穷。政府创新或公共创新的涌现,不仅颠覆了传统的公共行政认知,而且也更新了既有的公共管理理论。在公共治理学术的前沿,政府创新的经验研究为理论范式的演进提供了丰富的素材,而理论范式的转型也为政府创新的研究提供了分析框架和方向指引。

政府创新的先驱性研究是在政策过程的学术框架中展开的,但研究对象局限于那些边缘性、边际性和渐进性的政策创新。在治理变革成为公共管理学界的核心论题之后,以引入市场机制为特征的竞争性政府创新在新公共管理的理论视野中得到检视,以完善行政机制为特征的层级式创新在新韦伯国家的理论视角中得到考察,以网络型社群机制发挥主导作用为特征的协作性政府创新在协作治理的理论框架中得到分析。随着公共管理主流理论范式从新公共管理到新韦伯国家再到新公共治理、共同生产、协作治理和互动治理的演变,协作式创新成为政府创新研究的主流分析思路。

相比于经济领域创新对私人利益最大化的不懈追求,公共部门创新涉及的是多方主体偏好和利益的平衡,强调不同价值和理念的中和。协作性政府创新的本质是分布式的、适应性的和横向拓展型的,是基于不断互动学习、互动调节的集体

行动过程。因此,以命令和控制为基础的行政型领导方式以及单纯基于竞争与淘汰的激励性管理方式无法适应政府创新的治理格局。一方面,在政府创新过程的早期,实施绩效管理和严格的纪律控制可能会为企业、社会组织和公民设立过高的参与门槛,减少了多方参与的可能;另一方面,激励性管理方式针对的是公共部门员工的经济激励,可能会对专业性、社会性、公共性激励(即不忘帮助需要帮助的人、解决紧迫社会问题的初心)构成挤出效应。因此,尽管竞争性和层级式政府创新在某种程度上能够提升政府行动的效率或增强政府对社会需求的反应性,但却无法从根本上解决公共创新中利益和价值均衡的问题,而以社群机制为基础的协作式创新在共创公共价值和共同提供公共服务上具有一定的优势。不止如此,在公共创新的过程中,无论是创新需求的凝聚、知识的生产与扩散、技术开发与应用、能力建设与增进,还是组织变革与优化,运作良好的网络型社群机制都能发挥良好的协调作用,从而使协作式创新相较于竞争式创新和层级式创新具有比较优势。

协作式创新概念明确,政府创新需要来自政府、市场和社会的多方行动者,包括富于企业家精神的政府机构(及其官员)、公共服务组织、企业和社会组织,以协会、联盟、合作伙伴等多种正式和非正式的方式连接起来,形成创新网络,为创新过程所仰赖的互动学习、沟通拓展提供了平台和空间。然而,协作式创新的社会中心论色彩,在正确凸显社群机制重要性的同时,未能把握行政机制、市场机制和社群机制互补嵌合的重要意义,也未能在此基础上就国家、市场和社会行动者应有的角色分化及其互动展开清晰而又深入的分析。在这一点上,以超越国家中心论和社会中心论的分野为特色的互动治理理论,有助于对"协作式创新"概念形成边际性改造,从而形成"协作互动式创新"的新概念。

作为一种概念更新,新概念"协作互动式创新"不仅延续了旧概念"协作式创新"对多方主体协作以促成政府创新的关注,而且还增添了对多种治理机制互补嵌合以及元治理在其中作用的关注。实际上,无论是针对政府创新还是更加广泛的公共治理变革,在既有文献中以主体为中心的思路(actor-centered approach)已经坚如磐石,聚焦于国家、市场和社会关系的论著不计其数,但以机制为中心的思路(mechanism-centered approach)尚未成为主流。本章将多种治理机制互补嵌合与多方主体协作互动并列,视为协作互动式政府创新治理理论的两个维度,是在学术上有所创新的一种尝试。沿着多种治理机制互补嵌合的维度,有可能深入考察多方主体协作互动的异质性。限于本章主题和篇幅,这一学术创新,尤其是对后一个

第十二章 协作互动式政府创新:一个分析性概念框架

维度的深入开掘,还有待他文展开。

在协作互动式政府创新的过程中,多方治理主体协作互动,多种治理机制互补嵌合,构成一个运作良好的公共治理体系。国家、市场和社会的行动者将转变其传统角色,将各自所长的知识和能力积极投入共同的经济社会事务中,通过密集的互动与学习,凝聚共识,共创价值。成功的协作互动式政府创新犹如精彩的戏剧,来自不同背景的行动者在创新网络的参与行动中所扮演的角色固然有别,但又密切互动,相配无间。政府不仅直接参与创新网络中的各种创新行动,而且更重要的是扮演召集人、促进者和助推者的角色,成为"元治理者",在创新网络的平台搭建、愿景确立、互动管理、跨界沟通等方面发挥主导作用。通过行政机制的适当运作,政府可以为多方主体创新网络中互动的可持续性提供制度化的保障,尤其是网络参与者之间长期协作的可信承诺需要一定的政治性权威加以维系。在市场机制的运作下,市场主体可以发挥其竞争优势,在把握社会需求、开发新兴技术、提供经济激励、配置稀缺资源等方面为创新网络的建设和拓展做出贡献。市场声誉也能为创新网络吸纳和培育优质合格的参与者提供信号。通过社群机制的作用,社会主体在丰富与共创价值理念、增强跨组织互信与社会资本、确立和维护行为规范、监督并实施奖惩(尤其是非经济性奖惩)等方面,助力于创新网络的可持续性运作。三种治理机制的互补嵌合与相得益彰,是协作互动式政府创新的公共治理体系现代化的标志(见图 12-1)。

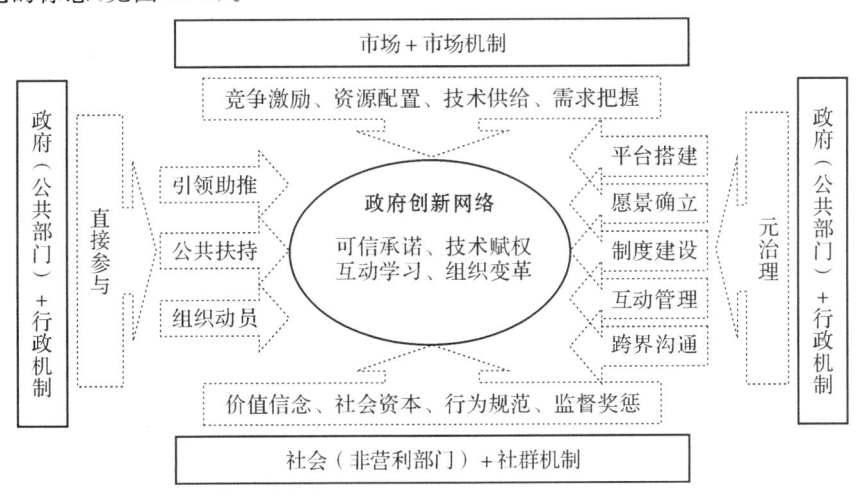

图 12-1 协作互动式政府创新的公共治理体系

在协作互动式创新中,国家—市场—社会主体在公共治理中的角色将被重新界定,这挑战了传统层级制以及层级制创新中不同行动主体的单一角色定位。

一方面,不同类型的行动者究竟在治理过程中扮演什么角色,不再取决于其公私归属,而取决于其拥有的资源、知识和能力,以及所治理事务的某些特性(Brown and Duguid, 1991; Sørensen and Torfing, 2021)。在现代国家发展初期,层级制治理将不同的行动者分为治理者与被治理者,不同行动者的功能都是相对单一的,各司其职。例如,政治家一般是决策者、命令者,公共部门官僚是执行者或服务供给者,市场部门最多是公共服务的协助生产者,民众则大多是被治理者。但在协作互动治理模式中,治理者和被治理者、国家—市场—社会行动者的界限变得模糊了,政府官员、市场企业和社会公众将一改他们被动的参与者形象,将能够主动参与公共服务的发起、设计、生产等环节中来,而国家行动者更显著的角色是跨界参与者和促推者,推动各种类型的行动者通过社群治理就行动目标和行动方案达成共识(Gray, 1989; Bovaird, 2007; Ansell and Gash, 2008)。

另一方面,不同行动者在公共服务过程中的流动性、灵活性也将不断模糊传统科层化行政治理中政治与行政的明晰界限。在协作互动式治理中,多方行动者互动所涉及的事项,既有政治性的也有行政性的,政治家和行政者都需要扮演公共管理学界日趋重视的跨界协调角色(Nicolini, et al., 2012; Ansell, et al., 2017)。不同的行动主体都可以参与公共服务的不同环节中,在服务发起、设计、生产、递送、监督、评估、反馈等不同环节的频密互动将使得政策制定与政策执行的区分显得无足轻重。总之,作为国家行动者的政治家和公共行政者,以及作为非国家行动者的营利性组织、非营利组织和公民社会组织,在行政化治理和互动式治理中的角色,既有一定的重叠性也有相当的差异性,不同主体的角色定位将更加多元和丰富(见表12-1)。总之,协作互动式创新为实现多主体协作互动与多机制互补嵌合的顺畅衔接提供了可能。

表12-1 不同类型行动者在传统的层级制创新与协作互动式创新中的角色

行动者	层级制创新中的单一角色	协作互动式创新中的新增角色
政治家	政治统治者、决策者	理事会理事、跨界协调者
公共行政者	政策执行者、基层公共服务者	创新提出者、行政管理者、跨界协调者、参与者、促推型管理者、赋能者

续 表

行动者	层级制创新中的单一角色	协作互动式创新中的新增角色
公司	被管制者、利益集团	合同供应商、服务设计者、项目伙伴
非营利组织	被管制者、游说组织	合同供应商、服务设计者、项目伙伴
公民及其社会组织	被管制者、投票者、集体行动参与者	服务发起人、消费者、参与型反馈者

四、结语：中国的协作互动式政府创新

协作治理（又称协同治理）的理念在中国治理变革的实践中多有体现，也成为中国学者分析治理变革或政府创新的概念工具（Jing，2015；胡税根、王敏，2016），相对来说，互动治理理论尚未在中国公共管理学界受到广泛重视（顾昕，2019c）。实际上，自改革开放以来，通过纵向政府间关系的重构，中国地方政府通过大量政策试点和治理改革，推动了经济增长和社会发展，也推动了政府职能的重塑，克服了治理困境（Göbel and Heberer，2017；郁建兴、黄飚，2017；朱旭峰、张友浪，2015）。尤其是，中国政府正在逐渐转变治理理念、思路和模式，从国家全能到社会吸纳，再到协作治理和共同生产等理念的践行，在诸多政策领域如社会建设（郁建兴、任泽涛，2012）、基层治理（冯猛，2019）、新冠疫情防控（Cheng, et al.，2020）等，推动了政府、市场和社会在公共服务供给和公共治理变革中协作互动的实践，市场机制和社群机制在行政机制的加持下得到增强和激活的实例也层出不穷。包括地方政府作为参与者在内的多方主体协作，既需要社群机制的有效运作，也需要纵向行政力量的有效作用（周凌一，2020）。换言之，中国政府创新的很多实践，正属于本章所刻画的"协作互动式创新"。

然而，中国各层级政府创新中丰富多彩的实践，尚未对公共管理学中协作互动式政府创新的理论范式以及更大范围内协作互动治理理论的国际学术研究产生深刻的影响。可以说，中国政府创新的实践走在了中国政府创新学术的前面。尽管公共管理学界对中国政府创新的经验研究成果众多，但基本上是在政策过程的传统视角中对致力于创新的政府从激励结构和行为逻辑等方面加以分析，很少聚焦于政府创新中公共治理的变革，尤其是在凸显中国政府创新行政化现象的同时较少关注国家、市场和社会多方主体协作互动的重要性。中国政府创新文献高度重视自上而下运作的行政机制的重要意义(沈满洪,2005),并出现了"指令式创新"的概念(冯猛,2021),但却极少使用国际文献中"层级式创新""竞争式创新"和"协作式创新""受命式协作"等概念,也未能与相应的国际文献展开对话。尤其是,行政、市场和社群机制的互补嵌合对于政府创新的重要性,尽管也曾在使用不同术语(即将"社群机制"称为"社会机制")的案例分析中有所提及(赵琦、顾昕,2022),但其广度和深度远未在经验研究和理论探索中得到应有的展现。

事实上,中国政府增进市场机制和激活社群机制的行动不乏其例,但是,以提出"免费搭车者"而享誉学界的著名经济学家曼瑟·奥尔森(Mancur Olson)在晚年致力于探讨政府如何通过行政机制与市场机制的相得益彰为繁荣奠定制度基础(Olson,2000),提出了"市场增强型政府"(market-augmenting government)的概念(Azfar and Cadwell,2003),但这一概念却极少出现在包括中国政府创新研究在内的治理研究文献之中。与此同时,美国加利福尼亚大学伯克利分校社会福利研究院前院长尼尔·吉尔伯特(Neil Gilbert)提出的能促型国家(the enabling state)理论(Gilbert and Gilbert,1989),探讨了国家如何通过推动社会组织的能力建设实现社会福利的治理创新,也几乎从未在中国政府创新的研究中受到关注。这些概念或理念意味着,行政力量通过行政机制发挥赋能助推、公共扶持的作用,引领多方主体协作互动,对于公共治理的创新以及随之而来的政府创新是至关重要的。当然,在强调市场增强型政府或能促型国家的同时,需要关注行政治理方式的转变,即改变命令与控制型行政机制主宰的格局。在现实中,行政力量有可能过度使用甚至滥用行政机制,从而削弱了市场和社会主体的能力,挤压了市场和社会主体参与的空间,消解了多方主体的互动过程,这样的现象哪怕是在行政力量原本微不足道的基层或部门也并不罕见。因此,重视行政力量施为的异质性(周凌一,2020,2022),亦即行政机制发挥作用方式的多种类型和多种方式,在中国政府创新中多种治理机制如何互补嵌合的未来研究中,将是一个重要的课题。

简言之,中国政府创新的经验研究需要一场范式变革,即分析框架从政策过程理论向协作互动治理理论转变,从而使中国国家治理体系现代化的伟大实践在国际治理的学术前沿上得到提升。本章在借鉴互动治理理论范式的基础上,将国际文献中协作性政府创新的概念加以更新,与协作治理和互动治理理论整合,建构了协作互动式政府创新的概念框架,并尝试开掘出以治理主体为中心和以治理机制为中心的两种思路。这仅仅是发展政府创新治理理论的第一步。不仅理论内容尚需丰富,而且理论的分析力还需经验研究的检验。深化中国政府创新的经验研究,需要在治理理论的高度进一步挖掘和归纳中国政府创新实践的丰富内涵,讲好中国政府创新的学术故事。如何将中国政府创新的丰富实践,在协作互动式政府创新的治理理论中加以凝练、整合和提升,将是近期未来的重要研究课题。

第十三章　政策企业家的涌现:动机激励、创新空间与治理结构[①]

20世纪60年代后期以来,有关政策创新及其扩散的研究成为政策科学的一个重要领域。在中国,政策创新被视为实现经济增长奇迹与解决公共治理难题的重要手段(Heilmann,2008)。很多政策创新在宏观层面固然为大势所趋,但同任何领域的创新一样,其过程离不开微观层面的企业家行动。正是由于政策企业家的主体能动性,新的政策理念才能突破既有制度和组织以及既有利益格局的障碍,在政策的议程设置、决策、执行及评估反馈环节中一一落实。中外学者对于中国政策企业家的研究,一方面为这一学术领域提供了中国素材,另一方面也为中国公共政策变迁的学术探索开辟了新的视界。

最早将经济学中企业家概念引入政治学领域的学者,是民主理论泰斗罗伯特·达尔(Robert A. Dahl),他在《谁在统治?:一个美国城市的民主和权力》一书提出了"政治企业家"的概念,借此考察了政治人物的企业家行为(Dahl,2005)。但政策科学界公认,政策企业家的系统性研究始于20世纪80年代。基于对美国公共行政实践的研究,美国人文与科学院院士、密歇根大学安娜堡校区政治科学教授金登在1984年出版的《议程、备选方案与公共政策》一书中,在政策过程的多溪流分析框架中对政策企业家进行了系统性研究(Kingdon,1984)。此书后来成为政策过程研究领域的经典论著,获得了美国政治学会颁发的阿伦·威尔达夫斯基奖,两次重印(Kingdon,1995,2003)并扩充再版(Kingdon,2013)。在此书中,金登将个体的企业家行动置于政策过程之中,来考察主体行动对于政策创新的作用,形成

[①] 本章的早期版本,曾发表如下:赵琦、顾昕,《政策企业家涌现的中国沃土:动机激励、创新空间与治理结构》,《经济社会体制比较》2022年第3期,第179—188页。本章对相关内容进行了修订、更新、充实。

了一个以行动者为中心的研究思路。相关研究不仅丰富了有关政策过程的知识,而且对官僚体系的运行、制度变迁、国家与社会关系、结构与主体关系等问题的理论研究都产生了影响。政策企业家研究的案例地域也从发达国家拓展到发展中国家。

面对环境的不确定性,中国的政治经济体制展现了强大的适应能力,而这种适应能力在很大程度上依靠政策试验与创新不断得到增进(王绍光,2008;Chen and Göbel,2016)。很自然,关于中国政策创新的研究成为学术探究热点之一(吴建南等,2011;Göbel and Heberer,2017)。政策企业家的概念引入中国研究领域,可追溯到清华大学教授朱旭峰在2008年以"孙志刚事件"为案例对城市流浪者救助管理体制变革的分析,其中他将在此事件中积极发声的宪法学者视为推动政策创新的"政策企业家"(Zhu,2008)。2009年,美国中国问题研究者、时任康奈尔大学教授毛学峰(Andrew Mertha)发表论文,基于对民间组织与公共事务活动家的研究,分析了政府内外政策企业家在具有中国特色的政治多元化进程中所扮演的关键角色(Mertha,2009)。

在这两篇论文的影响下,关于中国政策企业家的学刊论文开始增多。这些论文涉及的政策领域非常广泛,所分析的案例既有全国性政策变革,也有地方性政策创新,还涉及政策创新从地方试点向全国的扩散。就论文类型而言,Teets(2015)是一篇基于多案例分析的理论探讨性论文,以中国经验为基础,对地方官员扮演政策企业家角色的制度激励及其对政治体制改革的影响进行了系统性考察;Te Boekhorst,et al.(2010)和Wan,et al.(2018)属于论述阐发性论文,分别在长江流域生态治理和船舶压舱水处理这两个生态环境政策领域,论述了整体或综合治理体系建构所涉及的诸多问题,其中兼及政策企业家在治理体系建设中应有的作用;另有很多实证研究。在29篇实证研究中,有27篇基于单案例分析,其中4篇分析全国性政策变革案例,即Zhu(2008)探究的城市流浪者收容遣送制度向社会救助制度转型,刘小鹏(2015)考察的高考加分政策改革,王向民、孔萧(2015)研究的红十字会改革,李兆友、姜艳华(2018)聚焦的基础研究推动;其余23篇论文所分析的案例都是地区性的,绝大多数发生在东部经济发达地区,包括广东、浙江、北京、福建、江苏等,仅有Mertha(2009)论及的云贵川水电站建设,Zhu(2012)分析的贵州住房货币化,周凌一、李朔严(2016)讨论的西南某省公益金融创新,以及Tang,et al.(2020)考察的四川汶川水磨镇灾后重建,发生在西部地区。此外,Zhu(2018)以仇和为例对创新政策范式转移的研究涉及江苏宿迁和云南昆明两地。值得注意的是，除了 He and Ma(2020)在分析微信医疗支付在各地试点时论及中部地区的郑州，其余案例分析论文均没有触及中部地区。就政策领域而言，这些论文涉及社会管理、环境保护和生态治理、医疗卫生、社会慈善、教育、城市规划与发展、财政、交通、水电、国际贸易、政府治理、住房、社会救助、救灾、科学政策、空间探索等，非常广泛。中山大学教授朱亚鹏 2012 年发表的一篇关于政策企业家国外案例研究文献的综述（朱亚鹏，2012），对中文学刊中有关中国政策企业家研究的涌现起到了推波助澜的作用。

一、谁是政策企业家：国际文献中的探讨

关于政策企业家的研究，无论论及哪一个国家或地区，必须面对也必须回答的首要问题是，谁是政策企业家？这一问题可以细分为三个子问题：政策企业家的身份类型、活动功能及行动性质是什么，分别涉及拥有何种政治身份或地位的人能成为政策企业家，何种活动构成政策企业家的要件，以及政策企业家行动推动了何种政策变革。然而，对这三个关键性问题以及这三个问题之间的关联性，在既有的国际文献中，要么没有共识性的思路，要么缺乏完整的问题意识。

对于政策企业家的界定，国际文献中广为引证的是金登的经典性研究《议程、备选方案与公共政策》一书。尽管在此之前国际学刊中也有一些零星的研究成果（如 Price，1971），政策企业家研究开始在政策科学中占据核心位置发生在金登经典论著出版之后（Aviram, et al., 2020）。由于这部经典论著的首版和扩充版都有了中译本（金登，2004，2017），因此其定义在中文文献中也得到广泛引证。根据金登的定义：

> 政策企业家——那些愿意投入资源来竭力提出其最得意的政策建议或问题的人们——不仅要负责促使重要人士给予关注，而且还要负责将答案与问题连接起来，并且将问题和答案这两者都与政治连接起来。……这些政策企业家未必在政策共同体的任何一个地方都可以找到。他们既可能在政府内部或政府外部，也可能在选举产生的职位上或在被任命的职位上，还可能在利益集团或研究组织中。但是他们的明显特征犹如一个工商企业家一样：怀着未来有所回报的希望而愿意投入自己的资源——时间、精力、声誉，而且有时还

愿意投入资金。……在许多地方,我们可以见到这些政策企业家的身影。政治系统中没有哪一个正式职位或非正式职位对政策企业家具有垄断权。(金登,2017:19-20、116、169)

对于金登的界定,我们可以从身份类型、活动功能和行动性质三维度加以分析。

(一)政策企业家的身份类型

在金登的界定中,政策企业家的身份类型无所不包,既包括国家行动者(state actors),如公共部门中的官员、各级政府或政府部门领导人甚至政治家,也包括社会行动者(societal actors),即来自民间部门的政策倡导者,如非政府组织、政策咨询者、利益集团活动家及社会议题推动者等。这一广纳性的概念界定,在后来的许多案例研究中得到沿用(如:Cohen,2012)。

然而,这一界定颇具模糊性。有美国批评者吐槽说,在金登的界定中,任何对政策创新有所贡献的人,从里根总统到底层官僚,似乎都有资格成为政策企业家(Roberts and King,1991)。一篇颇有影响力的理论整合性论文指出应该避免将"政策企业家"这一分析性范畴不加区分地应用于所有在政策过程中举足轻重的人,正如不能把工商领域中所有举足轻重的人都视为企业家一样。可是,迄今为止,这一倡议始终没有得到足够的重视,所涉问题更谈不上得到解决。Cohen(2016)在一部政策议程设置研究手册中对政策企业家文献进行评述时指出,既有文献经常使用同一个概念来解释不同的现象,从而使政策企业家行动难以得到恰当的界定、度量和理解。一篇于2020年发表的文献综述论文再次指出,无论研究对象涉及哪一个国家和地区,"政策企业家"都是一个宽泛的、缺乏稳定特指的范畴,这样一种模糊的、不确定的、难以识别的分析范畴,在实证研究中常常会引致选择偏误,在比较分析和理论建构上常常会造成意义混淆(Jarvis and He,2020)。

针对身份类型这一问题,有一些学者专门加以辨析和限定,试图让政策企业家的面貌更加清晰,也让这一概念更具有分析性。例如,Roberts and King(1991)和Roberts(1992)曾建议将上述广纳性的界定留给"公共企业家"(public entrepreneurs)一词,以泛指所有在推动公共部门创新上有突出贡献的人,把"政策企业家"这一概念用来专指那些在政策创新上有所贡献的政府外人士,而把那些对政策创新做出突出贡献的政府内部人员分为三类并赋予新的概念,即(1)政治企业家(political entrepreneurs),他们经过选举并担任领导职务;(2)行政企业家(executive entrepreneurs),他们经任命担任领导职务;(3)官僚企业家(bureaucratic entrepreneurs),他们仅担任普通公职。

尽管"政治企业家""行政企业家"和"官僚企业家"等概念都出现在文献之中,但这两位学者将政策企业家的身份类型局限在社会行动者的倡议也没有得到广泛的响应。例如,作为文献综述,Cohen(2016)依然沿用金登式广纳性界定,将政策企业家区分为三种:(1)公共部门政策企业家,包括在各级政府任职的政治领袖和行政官员;(2)工商部门政策企业家,包括所有在促进公共政策变迁上有突出贡献的工商界人士;(3)第三部门政策企业家,尤其是民间组织中的公共事务积极分子或政策倡导者。

广纳性界定之所以得到广泛接受,有两点原因非常重要:

第一,从政治科学研究的视角来看,广纳性概念界定具有某种便利性,即研究者既可以采用以国家为中心的分析思路,也可以采用以社会为中心的分析思路,还可以通过探究国家与社会的协同与互动来探究政策变迁的治理。如果仅把政策企业家界定为政府外人士或组织,即社会行动者,那么相关研究就只能沿用以社会为中心的思路,政策企业家研究难免会陷入作茧自缚的境地,同时也不利于加深对政策过程中政治和行政因素的了解。同时,如果局限于以社会为中心的思路,很多由国家行动者或行政力量主导的政府创新就会被屏蔽掉。

第二,公共政策的创新终究需要公共部门内部人士采取行动。将政策企业家局限在社会行动者的范围,在很大程度上会将政策创新(policy innovation)局限在政策倡导(policy advocacy)的环节,或者说将政策企业家与政策倡导者混为一谈,尽管无论是在政策创新还是在政策倡导过程中都需要有企业家行动的加持。政策企业家行动绝不应停留在政策倡导阶段,而更有可能出现在政策决策和执行阶段,在此,政府内人士成为政策企业家的可能性更大。与之相比,如果需要克服既有界定太过广纳的缺点,将政策企业家限定在公共部门内部人士或国家行动者的范围,反而更显合理。对照经济或商务领域中企业家的研究,我们可以发现,企业外部的力量,包括来自政府或社会的行动者,对经济创新都有可能产生一定的影响,但是创新行动终究是企业内部人士的作为,而企业家终究来自企业内部。

(二)政策企业家的活动功能

尽管在身份类型上具有广纳性,但金登对政策企业家的活动功能加以了限定,在一定程度上使得这一概念脱离了太过泛指的境况。这意味着,并非所有卷入政策变化过程且对政策变化多少有所贡献的人均为政策企业家。换言之,无论身份如何,只有开展了某些独特活动的人才有资格成为政策企业家。

金登在其经典论著中建构了一个政策过程的三溪流理论模型,并据此界定了政策企业家的活动功能。政策企业家不仅仅是新政策主张的倡导者,也不止于对特定的政策创新有着矢志不渝的追求并有切实的资源投入,而是要在界定政策问题、设计政策方案、纳入政治决策这三个环节发挥主导作用。用金登的理论术语来说,政策企业家独有的活动功能,在于敏锐地把握政策之窗,促成问题溪流、政策溪流、政治溪流的汇合,最终推动新政策的出台(金登,2017)。在这一理论传统中,政策企业家在政策过程中所扮演的角色,被概括为"汇流者"(stream connectors)(Aviram, et al., 2020)。

在三溪流政策过程理论的影响下,对政策企业家的活动结构进行分析,成为这一学术领域的研究热点。这些研究沿着三个方向展开:其一,将三溪流框架拓展为六溪流框架,即在问题溪流、政策溪流、政治溪流之外,还有过程溪流、项目溪流和技术溪流(Mukherjee and Howlett, 2015; Howlett, et al., 2016; Goyal, et al., 2020),实际上是将政策企业家活动场域和功能进一步细化;其二,将议程设置和政治决策环节拓展到政策过程的全链条,使得政策企业家行动在政策创制、政策设计、政策执行和政策制度化这四个环环相扣的过程中均有所体现(Roberts and King, 1991; Roberts, 1992),其中在政策执行环节中,行政企业家和官僚企业家都受到重视,甚至街头官僚也被纳入政策企业家研究的视野(Arnold, 2015; Lavee and Cohen, 2019);其三,将金登给出的汇流者角色进一步提炼概括为政策企业家成功行动策略的各种模型,例如 Mintrom and Norman(2009)提出的"社会敏锐—问题界定—团队建设—样板引领"四策略模型,在很多文献中得到引证及拓展。

(三)政策企业家的行动性质

可是,无论是金登还是后来的研究者,基本上都忽略了一个重要问题,即政策企业家的行动性质。这个问题又可拆分为两个相互关联的子问题:政策变化的层次性和政策创新的突破性。

依照既有的界定,政策企业家是政策变化的推动主体(agents of policy change)。但问题是,何种程度的变化？有学者专门撰文分析,作为一个重要应变量,政策变化本身却没有得到清晰的界定,也没有明确的度量指标,这构成了政策科学中一个重大的理论问题(Capano,2009),而这个问题的严重性在政策企业家研究中没有得到充分的认识,更谈不上解决。在英文中,"change"一词泛指各种程度的变化,但程度不等的变化呈现了变化的层次性。在中文中,"change"一词可译为"变化""变革""变迁",这些不同的表述在一定程度上呈现了这种层次性,但距离明确的度量尚远。那么,政策企业家行动究竟推动了何种程度的政策变化？Mintrom and Norman(2009)意识到了这一问题,提出政策企业家是那些在推动"重大"政策变革中付出努力并取得成功的人,而这类重大政策变革涉及对既有行事方式的打断或终止。但是,对何为"重大",无论是 Mintrom and Norman(2009)还是不少引证此文的后续文献,都没有加以深究。绝大多数政策企业家文献都把重大(significant)政策变革或变迁与渐进增量型(incremental)政策变化混为一谈。

更有甚者,是否所有的政策变化都足以被称为政策创新？这一问题还可分解为两个具体的问题:其一,渐进增量型政策变化是否可归类于政策创新？相应地,在推动渐进增量型政策变化中扮演了重要角色的人,即成为金登意义上的汇流者,是否有资格成为政策企业家？实际上,无论是在决策、执行还是在评估环节,日常的政策过程中总会出现一些变化,即新元素的引入。如果将日常的政策变化都等同于政策创新,这必定会使"政策创新"这一概念的分析力荡然无存。如前所述,Mintrom and Norman(2009)对此问题已经有所意识,而且也提及了重大的政策创新应该伴随着对既定模式的突破,但对此重大问题却只是点到此为止。在政策企业家研究的国际文献中,政策创新的突破性或者对既有政策体系的破坏性并不是研究焦点,也不是亮点。

其二,政策创新离不开政策倡导,并且在很大程度上难以独立于政府外行动者的参与,但政策倡导以及更为广义的政治参与并不等同于政策创新。实际上,很多以政府外力量为重心的政策企业家文献,所研究的现象并非政策创新,而是政策倡导,或者说是广义的政治参与。无论是狭义的政策倡导,还是广义的政治参与,一定会有新元素的引入,但是,如果把政策倡导等同于政策创新,同样有损于这两个概念的分析力,也无助于加深对政治参与的理解。这一点在研究政府外(包括工商部门和第三部门)政策企业家时尤为重要,因为包括游说在内的政策倡导行动有可能成为政策创新的一种重要影响因素,但不是政策创新本身。毫无疑问,无论是政策倡导还是政治参与,本身都需要有企业家行动的加持,但这里的企业家应该是政策倡导企业家或政治参与企业家,即倡导或参与行动的突破者、创新者、引领者,而不是政策企业家——如果我们把后者限定在政策决策、执行和评估环节中的创新者的话。

在相关国际文献中,身份类型、活动功能和行动性质这三个维度上存在的分析缺环,对中国政策企业家研究的理论建构也产生了深远的影响。

二、中国政策企业家的身份类型、活动功能和行动性质

在论及中国政策企业家的文献中,有些其实并非以政策企业家为研究主题。相当一些文献的研究主题属于政治科学或政策科学的重要论题,如 Mertha(2009)探讨的政治参与多元化,王向民、孔萧(2015)分析的媒体动员在制度变迁中的作用、Zhu and Zhang(2016)关注的公共政策决策中的专家参与。另有一些文献探讨公共管理问题,如 Te Boekhorst, et al.(2010)关注长江流域生态综合治理,翟校义(2013)探究地方政府合作(即横向政府间协作治理),Sun(2015)聚焦协作治理中地方知识的运用,章高荣(2017)分析创新型政策的扩散,张克(2015)以及朱光喜、陈景森(2019)着重于官员异地流动对政策过程的影响,Wan, et al.(2018)论述船舶压舱水处理的综合治理体系建设。在这些文献中,政策企业家仅仅是各自关注事务的影响因子之一。

在专研中国政策企业家的文献中,有四种身份群体备受关注:专家学者、社会行动者(民间组织创建人和积极分子)、媒体人和各层级政府官员。绝大多数既有研究文献都在政策过程理论的框架中致力于探讨国家与社会的关系。关注前三类人群的研究采用以社会为中心的分析思路,而聚焦最后一类人群的研究采用以国家为中心的分析思路。

两篇开创性研究文献采用以社会为中心的思路,聚焦政府外人士(或体制外人士)。朱旭峰分析了法学家在城市流浪者收容遣送制度转型过程中的突出作用(Zhu, 2008);毛学峰尽管论述了边缘官僚和官方媒体人的作用,但重点放在考察

社会力量即环保活动家、非政府组织和行业协会在水电建设环境评价和国际贸易争端应诉解决中所发挥的作用(Mertha, 2009)。此后, 亦有论文聚焦政府外力量(个体或组织)所扮演的政策企业家角色, 如 Te Boekhorst, et al.(2010)重点分析了国际非政府组织世界自然基金会(WWF)在长江流域整合型管理体系建设中的政策推促作用, Zhu and Zhang(2016)考察了四位专家学者对于温岭参与式预算改革的推动作用, 李兆友、姜艳华(2018)记载了科学家个体(诺贝尔物理学奖得主、美籍华裔科学家李政道)和群体(89位中国科学院学部委员)促成中国基础科学研究促进政策的出台过程, 谭爽(2019)研究了若干环保草根非政府组织组成的中国零废弃联盟对于城市垃圾处理环保化的影响。

就政府外政策企业家的分析, 有两项研究颇具特色。其一, 中国政策企业家研究中所关注的社会行动者, 大多来自非营利部门, 唯有和经纬、马亮以腾讯在各地推动医疗费用移动支付为例专门分析了企业在公共政策变革中的企业家作用(He and Ma, 2020), 这显示出中国公共政策创新过程的民间推动有宽广的可能和广泛的渠道。如前所述, Cohen(2016)将"工商部门政策企业家"纳入政策企业家领域, 从而将经济、产业和商务政策游说过程中企业推动政策变革的主体作用突出出来, 对国家与市场关系的研究产生了重要影响。在国家与市场关系或政商关系这一学术领域, 有关工商企业家或企业影响政策变革的研究已经颇具规模(例如: 高勇强、田志龙, 2005; 黄冬娅, 2013)。但在中国政策企业家研究领域, 国家与社会关系是关注重点, 而国家与市场关系则不受重视。He and Ma(2020)能否促使这一格局改观, 有待观察。

其二, 政策企业家在政府内外(或体制内外)身份的转换受到关注。周凌一、李朔严(2016)分析了一位曾在国有投资银行、省政府办公厅和官办基金会任职的低层官员辞去公职, 在一个既没有行政也没有事业编制的半官方基金会(由省委党校、省政策研究会等单位组建)任秘书长, 并借助这一平台, 推动公益银行项目的开展。在这个案例中, 政策企业家的身份从体制内官僚转为体制外社会活动家, 但作为其活动平台的基金会却具有半官方身份, 这体现了国家与社会边界的模糊, 也体现了所谓"体制外"政策企业家行动在很大程度上也需要"体制内"力量或资源的支撑。

在采用以社会为中心分析框架的文献中, 专家学者是最早受到关注和经常被提及的身份群体。在前述的开创性论文中, 朱旭峰论述了专家学者在推动城市流浪者收容遣送制度的终结上的重要作用,突出了他们以宪法审查作为政策推促的行动策略,提出"技术不可行"的行动策略对于金登多溪流框架的挑战(Zhu,2008)。可是,这一挑战并未在后续研究中激起共鸣。有学者认为提出"技术不可行"作为推动政策变化的行动策略是一个"有趣的贡献",但这种策略的出现只不过是特例而非普遍现象(Hammond,2013)。张克(2015)则将"技术不可行性"改为"技术可行性",认为给出新政策的技术可行性论证才是政策企业家重要的行动策略之一。同时,无论是朱旭峰对金登政策过程理论框架提出的这一挑战,还是后来的文献对这一挑战的回应,都未引出多溪流框架的拓展。从后来出现的六溪流框架来看,朱旭峰所刻画的技术不可行策略很难归于技术流场域,而更多地属于问题流场域,即以违宪审查来凸显既有制度的问题严重性。

在一篇以温岭市参与式预算改革为案例的论文中,朱旭峰及其合作者对智库和专家在影响政策议程上所扮演的角色进行了较为深入的探讨,并在其主体性作用的微观层次上进行了一定的理论建构。他们认为,专家在理论与实践的关系、专家与官员的关系这两个维度上存在着认知、态度和动机差异,这决定了专家在政策倡导或政策创新中的四种角色:技术传播者、理论论证者、思想推促者和知识经纪人。技术传播者和理论论证者都是以专业理论的发展为导向,旨在传播相对中立的知识,促进知识积累,因此他们只是理性地参与政策过程,提出政策意见,既不会由于政治因素在技术和理论上进行妥协,也不会矢志不渝地投入自身资源以推动政策意见的落地。用多溪流框架的术语来说,这两类专家学者以及由其主导的研究机构或智库,其活动一般停留在问题流或政策流,极少涉入政治流,更谈不上扮演汇流者的角色,因此也就不足以成为政策企业家。思想推促者和知识经纪人则不同,他们介入政策过程的程度更深,不仅涉入政治流,而且在促使多溪流的汇流上发挥了积极作用。他们旨在连接理论与实践,将其偏好的政策理念转化成政策方案与实践,同时也致力于与政府官员建立合作伙伴关系(Zhu and Zhang,2016)。

专家学者大多是个体行动者,而且相当多的中国专家学者在公共部门组织(即事业单位)任职。真正来自第三部门的社会行动者是民间社会组织的创办者或活动家。在国际学界,对社会行动者的政策企业家角色和行动,最早加以关注的学者是多元主义民主理论领军人物达尔(Dahl,1961:6)。此后,利益群体积极分子在政治参与过程中的企业家行动成为多元主义政治理论的一个分析事项(Salisbury,

1969,1984)。在这一学术传统中,社会行动者既包括企业界利益群体,也包括民间社会组织。如前所述,中国政策企业家研究的开创者之一毛学峰,主要关注的就是民间组织的开创者及其积极分子在推进政策创新上的作用(Mertha,2009)。可是,在此之后,尽管社会行动者个体的角色常常被提及,但民间组织在中国政策企业家研究中并未占据应有的分量。周凌一、李朔严(2016)聚焦的S基金会是一个半官方民间组织。只有谭爽专门分析了民间组织的政策企业家行动,而且其分析对象是草根民间组织,并提出应该"将草根NGO纳入我国政策企业家体系,赋予其与政治官僚、专业精英、经济集团等倡导主体同等的重视与认可,并促进各类政策企业家彼此配合、优势互补"(谭爽,2019:88)。

官方媒体组织以及媒体人(记者和编辑)个体的作用,在一些中国政策企业家文献中受到关注甚至成为焦点。朱旭峰论及媒体就"孙志刚事件"的深入报道对收容遣返制度变革的显著影响(Zhu,2008)。毛学峰在水电建设生态影响争议的案例分析中论及《中国青年报》和《南方周末》媒体人的积极作用(Mertha,2009)。王向明、孔萧(2015)则通过对"郭美美事件"中媒体表现的案例分析,集中考察了媒体动员在推动红十字会改革上的作用。就政策企业家作用的发挥而言,正如毛学峰后来在一部研究中国公共政策过程中公民行动主义的专著中所总结的,不少媒体能有效地将民众对政策的不满转化为众所关注的公共议题,并造就新的媒体和政策语言,有效地补充并改变既有的政策话语体系,推动政策变革;而且,无论是致力于推进型公共政策的政府官员还是非政府组织,也都需要通过媒体来宣传政策认知,凝聚核心政策信念,以影响新政策议程的框架(Mertha,2014)。

值得注意的是,中国媒体人作为政策企业家如何在前述Cohen(2016)给出的三部门分类框架中定位,并没有得到专门的考察。这些媒体以及在其中任职的媒体人既不是纯粹的国家行动者也不是纯粹的社会行动者,而是处在国家与社会边缘的跨界者。更广泛地说,相当一部分中国政策企业家文献中所论及的事业单位(包括官方或半官方媒体,也包括科研机构、大学和其他专业机构)以及在事业单位就职的公职人员(包括专家学者),均处在国家与社会的交界地带。因此,相当一部分采用社会为中心分析框架的文献,实际上展示了中国公共部门内部日益呈现的多元化。

更多中国政策企业家论文直接采用以国家为中心的分析思路,把研究重点从社会行动者转移到各层级的公职人员,也就是Roberts(1992)所界定的"行政企业家"和"官僚企业家"。由于以命令与控制为特征的行政治理机制在中国政策过程的每一个链条上都具有主导性,政府官员处于政策过程的核心地位,并拥有直接影响政策过程全环节的能力,对政策创新过程显然具有相对于社会行动者来说更加重要的影响力。因此,将政府官员置于中国政策企业家研究的核心位置,是顺理成章的。2012年,中山大学的一位教授在一篇颇有影响力的文献综述中注意到,当时已发表的从政策企业家视角解释中国公共政策过程的几篇文献,关注的主要是身处政府之外的政策企业家。对此,他提出"专业化程度日益提升的官僚群体依然控制着中国公共政策过程中主要的政策资源和权力,并对政策创置起决定性作用",因此呼吁"学者们应该更多地关注政府内部的政策企业家"(朱亚鹏,2012:164)。在后续的一篇有关地方政府行政官僚如何在推进全民医疗保险上开拓进取的实证性研究中,朱亚鹏与其合作者指出,"中国政府内部的行动者仍在公共政策的决策过程中起着主导作用,因此关注政府内部推动政策变革的政策企业家对于理解中国地方政策创新过程尤为重要"(朱亚鹏、肖棣文,2014:58)。Teets(2015)提出,相当数量的政策创新由地方政府官员推动,因此将地方官僚置于政策企业家研究的显著位置是非常重要的。

事实上,以政府官员为核心的中国政策企业家研究占据了相关成果的多数。其中,有少量文献聚焦各行政层级的政治精英,而更多文献聚焦中低层官员。政治精英既包括中央行政部门的领导,如Besha(2010)分析中共中央委员会下设的专门领导小组在嫦娥一号登月探测器项目启动和实施中的企业家作用和Hammond(2013)分析时任民政部部长多吉才让在推进城镇最低生活保障制度化中的领导作用;也包括各级人大代表和政协委员,如刘小鹏(2015)分析全国两会代表在高考加分政策改革中的推动作用和郭小聪、李密(2016)分析广州市政协委员通过提案对政策创新的推动;尤其包括各级地方党政领导干部,如Zhu(2012)中时任贵州省副省长郭树清,翟校义(2013)中主管交通事务的德清县副县长,张克(2015)中曾在广东省两个城市担任市委书记或市长的Z某,Zhu(2018)中曾任宿迁市委书记和昆明市委书记的仇和,He(2018)中时任福建三明市副市长、党组成员的詹积富,以及朱光喜、陈景森(2019)案例分析中的市委书记和县(区)委书记们。在这些分析党政领导人物的论文中,只有朱旭峰沿用了Roberts(1992)给出的概念界定,将仇和界定为"行政企业家",其余均沿用"政策企业家"的概念。此外,各级地方政府的领导不仅可以在其首个或主要主政地发挥政策企业家作用以推动政策创新(Teets,

2015；章高荣,2017),而且还可能通过异地任职与交流学习的机会,将新的政策进行扩散,从而在政策创新的制度化上发挥主导作用(Zhu,2018;朱光喜、陈景森,2019)。

对中低层官员政策企业家作用的关注始于 Mertha(2009)所论及的"边缘性官员"(peripheral officials),如该论文中所记载的时任国务院环境保护委员会秘书处处长,后来曾任国家环保局政策法规司、资源保护司、监督管理司副司长的牟广丰和商务部进出口公平贸易局的官员。在此之后,至少有七篇基于案例分析的论文聚焦中低层官员,从朱亚鹏、肖棣文(2014)中推动全民医保的东莞市(此文使用化名"南国市")医保事务主管官员,Sun(2015)中在面对邻避效应困扰的情况下以协作治理方式处理垃圾处理厂选址的广州番禺区政府官员,陈天祥等(2018)中创立流动人员积分制管理制度的中山市流动人口管理办公室(流管办)的官员,官华、李静(2018)中推动青年社区学院建设的广东 Z 市团市委干部,王礼鑫、冯猛(2020)中开创使用福利彩票收益购买社区公益服务之举的 K 市民政局局长,Lu,et al.(2020)中的上海绿化委员会干部,到 Tang,et al.(2020)中佛山市派往汶川从事灾后重建的对口支援干部群体。在这些论文中,仅朱亚鹏、肖棣文(2014)以及官华、李静(2018)将"官僚企业家"和"政策企业家"并用,其余未采用"官僚企业家"这一术语。

所谓"边缘型官员"其实是中国行政体系中的中坚力量。他们身处各职能部门,既是行政官僚也是技术官僚,其正式的行政职责限于政策执行。对技术官僚的政策企业家行动加以研究,对政治科学和公共管理学中官僚制理论的创新,有深远的影响。依照韦伯式官僚制理想类型的刻画或在传统的公共行政理论中,作为政策执行者的行政—技术官僚在政策创新上是难有作为的,尤其是在新政策的议程设置和决策环节难有置喙之处。但是,基于各国经验的政策企业家研究早就指出,负责政策执行的官员亦有可能基于其专业知识、社会资本和政治理念跳出政策执行的环节,创新政策项目的方案设计,并推动新项目到新政策的转变(Meier,2009;Mintrom and Norman,2009;Howlett,et al.,2016)。对于中国政策创新实践的研究发现印证了这一观察,即处在中低行政层级的行政—技术官僚是政策企业家中的重要成员。行政—技术官僚尽管无法决定政策目标,但对议程设置和政策决策并非缺乏影响力,可以在政策创新过程中扮演汇流者角色。对于他们来说,引发媒体关注,推进公民参与,增进新政策项目的合法性与声望,使创新方案在议程设置和政策决策的竞争中胜出,并且在政策执行环节中落地,是至关重要的。为了实现这个目的,作为行政—技术官僚,他们需要发现社会敏感点,并将社会不满与偏好转化为政策问题,再通过凝聚共识,推进典型项目,打造政策亮点,从而迎合上级的政策意图,将创新提上施政的议事日程,并最终实现政策创新(Zhu,2012;Hammond,2013;朱亚鹏、肖棣文,2014;He,2018)。Lu,et al.(2020)还专门分析了技术官僚作为政策执行者和政策企业家的双重身份在政策创新上的优势和劣势,优势在于其政策执行者的身份可以帮助他们在新政策的执行过程中扫除障碍,而劣势在于他们与决策者在政策目标上的认知差异有可能使新政策在执行过程中有所打折扣。

在中低层官员中,国际文献中所谓的"街头官僚"(street-level bureaucrats)以及中文中的"基层官员"在政策创新中的角色,亦受到特别关注。Lipsky(1980)开创了对于街头官僚的研究,在公共管理学术中构成了一个独具魅力的领域,但正如Arnold(2015)所指出的,有关"街头政策企业家"的研究一度成为盲点。这一局面近年来有所改观。在国际学术界,有关政策变迁在基层呈现多样性的研究业已发现,街头官僚也会跨越传统的循规蹈矩式的实践边界和模式,以企业家式行动推动政策创新(Gofen,2014),从而汇入更为广泛的"公民企业家行动"(civic entrepreneurship)的既有浪潮之中(Goss and Leadbeater,1998)。专门考察街头官僚扮演政策企业家角色的论文开始出现(如:Aviram, et al., 2018;Lavee and Cohen,2019)。

2020年,在中国政策企业家研究领域,出现了两篇中文论文,将在街道或社区层级任职的基层官员(即中国语境下的街头官僚)纳入了考察视野。黄扬、陈天祥(2020)通过对广东省某市基层家庭医生签约服务创新案例的分析揭示,街头官僚尽管没有直接影响政治决策的权力,但由于他们在一定程度上有执行政策的自由裁量权,并且能够直接与民众打交道,因此有可能通过影响政策执行而反向改变政策目标与设计。赵琦(2020)通过对温岭参与式预算改革的案例分析阐明,在政策创新过程中,街头官僚主要扮演项目操盘手(又译为"项目冠军")的角色,而中上级官员则扮演过程中介者的角色。值得注意的是,赵琦(2020)是引证前述六溪流(或称"六源流")分析框架的首篇中国政策企业家研究论文,并在刻画中外基层政策企业家在技术溪流、过程溪流和项目溪流上扮演汇流者角色的共有空间之外,特意分析了中国街头官僚在问题溪流、政治溪流和政策溪流汇流上可能的施为空间。

由此可见,在中国政策企业家研究的文献中,广纳性的政策企业家界定得到广泛采纳,不同身份类型的政策企业家所采用的行动策略是既有研究的重点。值得注意的是,众多文献对于政府政策企业家的活动功能,并未加以重视,既没有在金登传统中刻画中国政策企业家的汇流者角色,也极少导出新的角色。只有少数论文运用了多溪流(或多源流)框架,而详细描绘了汇流者角色的论文更少,仅刘小鹏(2015)描绘了政协委员、专家学者和新闻记者等政策企业家如何在2014年辽宁和河南两省高考加分造假事件开启政策之窗的背景下推动三流耦合实现高考加分政策的改变,王向明等(2015)描绘了媒体如何在2011年郭美美炫富事件开启政策之窗的背景下实现三流汇合推动红十字会改革。相当一些论文对政策企业家推动政策变化的活动进行了细致入微的描绘,但缺乏概括和抽象,既未建构自己的理论模型,也未同既有的理论框架进行对话。由此,相关研究未能避免 Mintrom and Norman(2009)以及 Jarvis and He(2020)所指的政策企业家内涵飘忽不定的问题。

更有甚者,很少有论文特别关注中国政策企业家的行动性质。首先,可以确定的是,中国政策企业家研究论文,大多聚焦于渐进增量型政策变化,少数聚焦重大的政策变革,但均未触及公共政策的范式变迁(paradigm change)。刘小鹏(2015)聚焦的高考加分政策改革,王向明、孔萧(2015)研究的红十字会改革,和经纬、马亮描绘的医疗移动支付(He and Ma,2020)等,以及多数以行政—技术官僚为主角的案例分析,如翟校义(2013)分析的城际公交线路设立,陈天祥等(2018)探究的流动人员积分制管理制度,朱光喜、陈景森(2019)研究的诸项公共治理改革如民主测评、机构合并、政务监督、规划整合等,均属于渐进增量型政策变化。

有些案例分析所涉及的政策变化,属于较为重大的政策变革。朱亚鹏探讨的住房货币化属于住房政策领域的开创性变革(Zhu,2012)。朱亚鹏、肖棣文(2014)分析的东莞市全民医疗保险实践,发生在全民医保成为国家级新医改战略之前,而全民医保的推进是中国社会保障领域和医疗卫生政策领域的一项重大突破。Hammond(2013)分析的城市最低生活制度在全国推广,是社会救助以及更广范围内社会福利制度的重大变革。Zhu and Zhang(2016)以及赵琦(2020)研究的参与式预算改革属于公共财政领域的重大变革,但这一变革只停留在地方创新的层级而未能在其他地方扩散,也未成为国家级改革战略。

相当一部分案例分析显示,政策企业家行动发生在新政策目标业已确定的情况之下,而政策企业家的工作只是在政治执行中努力找到实现目标的路径,如张克

(2015)所分析的城市规划中的"多规合一",即经济社会发展规划、城乡建设规划和土地利用规划的整合;和经纬所分析的三明市医改(He,2018);官华、李静(2018)所分析的青年社区学院建设;等等。有些案例分析论文如翟校义(2013)对其所分析的政策企业家行动在既有体制内所遭遇的一些障碍有所着墨,突破这些障碍的行动可以构成 Mintrom and Norman(2009)所说的对既有行事方式的打断或终止,但政策创新的破坏性或突破性基本上未成为这些论文的浓墨重彩之处。

无论是在经济政策、社会政策还是其他公共政策领域,中国在40多年波澜壮阔的改革开放历程中,范式变革的例子其实不计其数,例如农村家庭联产承包责任制、双轨制价格体制改革及其后来的并轨、企业破产制度的引入、国有企业股份制改造的兴起、公立医院民营化等,但均未纳入政策企业家分析的视界。中国政策企业家文献中有些案例所涉及的政策创新接近于"范式变革"。朱旭峰所分析的仇和案例是一个例子。仇和在宿迁和昆明所推进的公共服务民营化以及公共工程建设中的"招商引资",被朱旭峰界定为新公共管理运动的实践(Zhu,2018)。这类政策创新之举,尤其是以出售公立医疗机构的方式所推进的医疗民营化,对既有的公立医院占主导位置的医疗卫生体制形成了一定的冲击,无论是在行政体系内部还是在公共舆论中均引起巨大争议(包永辉、徐寿松,2009)。这类对既有体制和组织形成冲击的政策变革,也因相关的制衡滞后而为创新者带来风险。仇和本人因后来在昆明由他自己所创造出来的巨大寻租空间中陷入腐败,于2016年被判入狱。

三、理论反思:在政策企业家研究中注入熊彼特传统

中国政策企业家研究,尤其是其中的案例研究,深入细致地刻画了一些个体或群体在各自专注的政策过程环节,投入精力和资源,促成公共政策的变化,为政策科学中的渐进增量主义、多溪流框架、倡导联盟模型等政策过程理论增添了中国素材。超越政策科学领域,中国政策企业家研究为政治科学中有关国家与社会关系、官僚体系运作、行政分权制、多元主体政治参与等重要议题的学术研究添砖加瓦,也在公共管理领域中诸多论题的学术探讨上有所建树。但是,由于理论关怀的局限性和理论探讨的零散性,中国政策企业家研究在政策企业家理论建设上的贡献,有负于这些研究所展示的精彩纷呈的中国经验,也有负于中国改革开放实践中层出不穷的政策创新,尤其是那些对既有体制形成破坏与突破的革命性的政策创新。

政策企业家理论建设涉及诸多维度和论题,其中身份类型、活动功能和行动性质是相互关联的三个维度,涉及政策企业家和政策企业家行动界定这两个基本论题。正是在这些维度和论题上,基于世界各地实践的经验研究以及在此基础上开展的理论研究,都存在可商榷和无共识之处,即政策企业家身份类型的广纳性引致其活动功能的宽泛性和行动性质的不定性。对这些理论性问题,中国政策企业家研究文献并未给出明确的解决方案——哪怕是方向性的——而相当一部分文献甚至没有意识到这些问题。

首先,针对政策企业家身份类型的广纳性及其所引发的理论问题,中国政策企业家研究者很少给予系统性关注。尽管有些论文会引证有关政策企业家身份类型的一些文献,尤其是 Roberts(1992),有些论文也会尝试使用多样化的术语来刻画不同类型的政策企业家,但中国政策企业家研究者们均未对政策企业家的类型进行系统的划分,也没有如 Jarvis and He(2020)意识到身份类型问题对于经验研究和理论建设的重要意义。

其次,在中国政策企业家研究文献中,案例分析占据了主导地位。从方法论上来讲,这无可厚非,也同研究其他国家或地区的文献具有相似性。问题在于,中国案例的分析对于理论建构的贡献甚微。大多数案例分析精细描绘了所认定的政策企业家在推动相应政策变化中的突出作用,但对于政策企业家行动的构成要件未加梳理,即便对既有的汇流者理论也缺乏回应,因此导致了"政策企业家"和"政策企业家行动"这两个基本概念的所指出现泛化的现象。

最后,中国政策企业家的行动性质及其影响不甚明确。他们究竟是重大政策创新或革命性—范式级政策变革的发起者和促成者,还是对渐进增量型政策变化有所贡献者?他们扮演主角的场域,究竟是政策倡导还是政策创新?

对于政策企业家研究所涉及的这些问题,无论所研究的案例是否来自中国,从经济学或工商研究领域进行借鉴,或有一些突破理论困局的思路。实际上,在企业家或企业家行动的经济学研究中,核心概念泛化的问题也存在。在企业家领域影响力深远的著名宏观经济学家鲍莫尔曾经指出,"企业家"这一概念经常出现在经济学文献之中,并被赋予了维系市场经济活力、推动资本主义发展的重大责任,但由于其身份和功能界定相当模糊,导致对于企业家的数理建模和计量分析都难以展开,致使主流的新古典经济学模型中没有出现企业家,犹如《哈姆雷特》中没有出现丹麦王子(鲍莫尔,2010)。

第十三章　政策企业家的涌现：动机激励、创新空间与治理结构

对于这个问题，创新经济学家一般都试图通过弘扬拓展熊彼特传统加以解决。创新研究先驱者熊彼特给出的"企业家行动"界定，尽管有些捉摸不定，但依然受到广泛推崇。在熊彼特的意义上，企业家行动不仅需要通过各种要素的创新性组合改变企业的生产函数，而且还要通过领导力和动员力的展现推动经济组织和制度的变革，并产生了广泛而深远的影响，即在社会经济结构上产生"创造性破坏"（McCraw，2007）。创造性破坏不仅发生在企业（厂商）层次，更重要的是发生在产业层次，甚至影响到整个经济格局。在熊彼特的理论中，创新不等于发明，也不等于财务意义上的冒险，因此，企业家既不等于创业者或资本家也不等同于管理者，尽管不少企业家身兼企业管理者之职，也不乏资本家扮演了企业家的角色（Baumol，2010）。发明者发明了新技术、新产品、新服务、新商业模式，管理者也会在日常企业管理中采用新的管理手段、技术和激励措施，资本家或投资者不断寻找能带来商机的创新点，但是这些行动均不是企业家行动（鲍莫尔，2010）。企业家行动必定涉及诸多领域生产要素的创新性组合，必须引发既有产品、既有模式、既有组织、既有制度的更新，而这种更新不同于一般的市场竞争，而是构成所谓的"熊彼特竞争"。在创新经济学以及与之相关的技术经济学和产业经济学中，熊彼特竞争占据了中心位置（Dosi and Nelson，2010）。熊彼特模型也被纳入内生经济增长理论之中，从而汇入了宏观经济学的主流（Aghion and Howitt，2008）。

在政策企业家的研究中，熊彼特竞争、熊彼特模型和熊彼特传统是缺失的，甚至熊彼特式的问题意识基本上也不存在。尤其是，尽管偶尔也会提及熊彼特，但在政策企业家的文献中，"创造性破坏"这一概念极少出现。尽管有些研究者也会注意到其所分析的案例所涉及的政策变化是否重大，或者是否对既有的政策格局构成某种意义上的突破，但是很少有研究聚焦公共政策的革命性—范式级变革，更谈不上对公共政策或公共管理领域中"创造性破坏"的案例进行深入探究。相反，有关政策企业家的实证研究大多基于对渐进增量型政策变化的研究，因而仅对政策科学中的渐进增量主义理论有不少渐进增量式的贡献。

中国政策企业家文献也不例外，基本上沿袭了国际文献中对政策企业家的广纳性界定，对中国政策企业家的活动功能开展了深入细致的研究。这些研究成果，一方面为金登的多溪流政策过程理论增添了中国印证，另一方面也为渐进增量主义的公共政策变迁理论提供了细节。但问题在于，中国政策企业家所涉及的行动，并非全都属于政策创新，即便中国政策企业家文献论及政策创新，也极少能同熊彼

特意义上的经济创新等量齐观。中国政策企业家文献中所描述的政策创新,基本上都属于在既有体制框架内的渐进增量式改革,均不属于范式级的政策变革。这些政策创新无论在政治还是在行政上大多具有低风险性,对既有组织和制度基本上并未产生多大冲击力,更谈不上"创造性破坏"。

实际上,无论是在政策科学还是在政治经济学领域,对渐进增量式改革的研究成果在政策企业家研究兴起之前早已蔚为大观,而政策企业家研究的发现尽管丰富了渐进增量主义理论的细节,尤其是在政策变化的推动过程中突出了政策企业家的主观能动角色,但并未构成公共政策理论范式的创新。社会人士以及媒体人对新政策问题的发现和呼吁以及对新政策的推促,无疑对政策创新有重大贡献,甚至举足轻重,但政策倡导并不等于政策创新。企业出于其经济利益最大化的考量推动公共政策的变革,无论事后来看对社会经济发展产生了好的还是坏的影响,这样的事例古今中外比比皆是。人大代表和政协委员的政策提案行为属于其职务行为,其活动功能基本上是在职业领域中响应社会关注或代表业内利益,提出政策改进建议,而且他们在促使新政策理念和方案落地的政策过程诸多环节中很少付出持续性的努力。尽管政府领导人萧规曹随式的守成型行为并不罕见,但各级政府领导的"行政企业家"行为,无论是否使用这个词来刻画,本质上都是职务行为,这种情况比比皆是,而且从古到今举世皆然。相当一批中低层官员所展现的政策企业家行为亦属于其职务行为,即在新政策取向、框架和目标业已确定的情况下找到将新政策付诸执行的方法。为政绩凸显所驱动的所有职务性行为是否构成企业家行为,而在这些方面有所作为的人是否都可纳入政策企业家的分析范畴,都值得细究。

可以说,如何将经济学中地位崇隆的熊彼特传统纳入政策企业家的研究之中,依然是政策创新这一学术领域未来的发展重点之一。如何将熊彼特传统纳入政策企业家研究,从而在政策企业家理论建构上营造新格局,并非本章的工作。这里仅提一点,以示这一理论探索的可行性。在政策企业家研究中,最为成熟的理论成果当属政策过程的多溪流框架。可是,无论是在提出者金登那里,还是在后来的拓展者当中,多溪流框架与熊彼特传统毫不相干。相关文献要么根本没有提及熊彼特,要么仅仅提及而已。其实,多溪流框架所刻画的,正是在政策过程中机会之窗出现之时,政策企业家对多种政策要素的创新性组合,即在议程设置、内容创新和政治落地等场域促成创新因素的汇流。政策企业家研究者未意识到的是,汇流者的角色与熊彼特传统中多要素组合者的角色,有异曲同工之妙。将多溪流框架汇入熊彼特传统,或者将熊彼特传统注入多溪流框架,将成为一种富于成果的学术努力。

政策企业家研究需要学术企业家,在理论上实现"创造性破坏"。中国政策创新的研究者理应肩负起这一重责。毕竟,在新中国的历史中,尤其是改革开放时代,不胜枚举的范式级政策创新,为政策企业家的学术研究和理论建构提供了无与伦比的丰富素材。中国学者不应有负于这个伟大的时代。

在国际学术界,政策科学领域基于世界各地案例所展开的政策企业家研究成果早已非常丰硕,但在理论建设上却有很多不足。其中,最突出的研究短板之一是对于促进或阻碍政策企业家行动的组织和制度尚缺乏强有力的分析(Jarvis and He,2020),尤其是对组织主体性层面和结构制度性层面利于政策企业家发挥其功能的因素缺乏系统性考察(Bakir and Gunduz,2020)。这意味着国际学者们对于如何通过组织和制度建设为培育政策企业家的土壤施肥,尚无头绪。

政策企业家涌现的组织和制度空间这一议题,可以细分为如下几个相关联的问题,即:(1)政策企业家的微观心理动机和宏观制度激励;(2)政策企业家行动并引发政策创新的组织空间;(3)政策企业家行动的治理机制。这些问题与政策企业家目前的研究缺环最直接相关。

四、政策企业家的内在驱动力:动机和激励多元性

政策创新是一个复杂的动态过程,受到多层、多重因素的影响。除宏观的制度因素和中观的组织因素之外,越来越多的政策科学学者关注到微观层次上个体或群体政策企业家在政策过程中所展现的能动力和影响力(Jarvis and He,2020),这涉及政策企业家的动机和激励。

在金登那里,政策企业家"既可能在政府内部或政府外部,也可能在选举产生的职位上或在被任命的职位上,还可能在利益集团或研究组织中",他们"怀着未来有所回报的希望而愿意投入自己的资源——时间、精力、声誉,而且有时还愿意投入资金"(金登,2017)。那么,政策企业家投入自己的资源以推动政策创新的动力之源是什么?该问题涉及两个层面:一是微观层次上的动机(motivation),二是宏观层次上的激励(incentives)。不少公共管理学的研究倾向于将微观层级的动机研究和宏观层级的激励研究融为一体。

在微观层次上，人本主义心理学家马斯洛1943年提出的需要层次理论，虽然在动机层次性上常受质疑，但其所揭示的多元性可为考察人类各种行为的动机提供一定指引。以研究政治组织和官僚组织闻名的威尔逊曾把组织内的激励分为三类，即物质性激励、团结性激励和目的性激励（Wilson，1995），以对应不同的动机。援引威尔逊的分类，金登对政策企业家激励的分类也体现了马斯洛式的动机多元性。在金登看来，政策企业家行动的动机以及相应的激励是多种多样的，一是"增进个人利益"，包括"保住自己的饭碗，扩大自己的机构，提升自己的职位"；二是出于使命感而强力推进自己所属意的政策；三是基于满足感，即为自己处于公共政策中心而乐在其中（Kingdon，1984）。

政策企业家行动的心理动机与相关行动者的人格特征密切相关，对这一问题的探究自这一学术领域兴起以来一直兴盛不衰。早在20世纪80年代，一些美国学者对一些身居政府行政职位且在推动某些政策变革上有着突出贡献的政策企业家开展了心理分析，认定这些人具有以目标为导向的马基雅维利式人格，矢志追求成就，甚至不惜手段（Lewis, et al., 1980）。20世纪90年代初，另有学者对政府外的政策企业家进行研究，发现他们与政府内行政型企业家共享成就取向、倾心变革、拥有领导和管理气质等人格特征，但也有如下不同的人格特征，即具有人际亲和力、灵活施加影响力而不是滥用权力、更多地维护群体的价值观（King and Roberts，1992）。因此，一般认为，具有执着精神、推促意愿及公共服务使命感等人格性动因的政策企业家，更能争取同僚支持与信任，说服他们共担创新风险，推进创新项目。

在多元主义政治制度的背景下，市场组织、第三部门或非营利组织的行动者能够通过游说进行利益表达，参与公共政策设置和决策过程，在实现特定的组织目标与利益的同时，推动政策变革，这一过程早已在"公共企业家"主题下成为政治科学中一个专门的研究领域。针对中国非政府部门的政策企业家的研究亦在一定程度上印证了上述基于国外案例的发现。毛学峰在政治多元化和公民行动主义的主题下对政府外政策企业家开展的开创性研究，论及一位工商企业家通过行业协会的组织化行动，不仅在国际贸易争端中有效地维护自身所处行业的集体利益，还推动与此行业相关的政策创新（Mertha，2009）。和经纬、马亮以腾讯通过政策实验推动医疗服务移动支付的普及为例，揭示了工商行动者成为政策企业家的微观机制，即当商业战略与公共动机相匹配时，工商企业家也可能转化为政策企业家，通过一系列跨越公共—私人界限并推进政商互动的策略性行动,开展政策实验并推动政策创新的扩散(He and Ma,2020)。此外,相当一部分研究聚焦于第三部门的行动者,其中既包括专家学者,也包括社会组织的领导者,以及身处第三部门和公共部门交界处的媒体从业人员:在"孙志刚事件"引发的城市流浪者收容遣返制度的改革中(Zhu,2008),在水电建设与生态保护的平衡中(Mertha,2014),在温岭市参与式公共预算制度的形成中(Zhu and Zhang,2016),在高考加分政策的调整中(刘小鹏,2015),在"郭美美事件"促发的红十字会改革中(王向民、孔萧,2015),在四川公益金融的创新中(周凌一、李朔严,2016),在中国科学院基础研究科学基金制的建立中(李兆友、姜艳华,2018),在推动城市垃圾处理的环保化中(谭爽,2019)。扮演政策企业家角色的工商界人士、专家学者、媒体人及社会组织领导人等,无论个体还是群体,均具有成就取向、使命感驱动及矢志不渝的人格特质。这些研究证明了即便在行政机制主宰的政治体系中,工商部门和第三部门的行动者也可能通过各种渠道推动政策变革。

公共部门政策企业家的出现似乎有些令人困惑。任何政策变革或创新都意味着对既有政策本身及相关行事方式的突破,也意味着打破行政化科层体系中的既有常规,因此无论如何是有一定行政甚至政治风险的。在微观动机层次上,作为官员的政策企业家突破行政化科层体系惰性并勇于承担创新风险的动因何在?韦伯式官僚制中典型的官僚行为是依循上级的命令按章行事,自然缺乏创新的动力。这不一定是刻板印象。基于美国政府雇员的一项实证研究表明,公共部门中企业家行动和企业家精神的缺乏,与其劳动力市场的筛选机制有关,终身就业和官场环境要么削弱了雇员本来就少有的企业家动机,要么将那些有创新精神的雇员挤出公共部门(Özcan and Reichstein,2009)。但依照公共选择理论中的官僚制模型,官僚或更为笼统的公共部门雇员在职业目标上具有多元性,即他们追逐的目标既可能是权力、收入、声望、便利、安全,也可能是忠诚奉献、自豪满足、使命达成和承诺实现。显然,除保守性动机之外,其他几种类型的动机均为官僚型政策企业家行动产生的内在动力,而那些为公众服务的动机或使命感强烈且具有特殊政治人格的官员正是官僚型政策企业家的后备军,在惯常激励和特定机遇的助推下,他们将通过企业家行动推动政策创新。

那么,中国的政府官员是如何突破官僚机制的惯性,推动政策创新的呢?大多数中国政策企业家文献以政府官员为研究对象,这些官员要么是中央政府部门的领导或行政人员,要么是地方政府官员,在公共政策决策和执行中基本上扮演技术官僚的角色。学者们通过质性和定量分析,凸显了这些官员不限于以自我利益追求为核心的人格特质和推进公共服务的动机,在一定程度上回应了国外的研究。例如,哈蒙德突出了时任民政部部长多吉才让在推广城镇最低生活保障制度过程中所展现的对民生保障和社会稳定的关怀(Hammond,2013);朱亚鹏和肖棣文分析了东莞市(化名为"南国市")社保局官员在理念驱动下的创新精神促使他们在中央政策尚未明确的情况下甘冒财政风险并克服种种地方性的障碍推动了医疗保险城乡一体化的改革(朱亚鹏、肖棣文,2014)。苗青等利用心理赋权理论的框架对281位公务员及59位部门领导进行调查发现,政府部门主管发挥企业家型领导力并显示公共服务动机能够有效激励其下属的政策创新行为(Miao, et al.,2018)。Hasmath, et al.(2019)基于对900位地方政府官员的定量分析发现,不同人格类型的政府官员在同样的组织和制度约束与压力下,对推动政策创新有不同的反应。那些具有企业家型人格的政府官员即便在风险增加的情况下也不减开拓进取的意愿。此外,中国研究亦展现了一些特别的创新激励来源,例如,唐娜等描绘了由一群佛山中低层官员组成的团队,面对种种不利情形,发挥集体创新精神,共担风险,在汶川灾后重建中采取了卓有成效的政策企业家行动(Tang, et al.,2020);另有一篇基于智慧城市建设案例的研究揭示,在冒风险和出政绩之间存在着一个"安全区",地方政府不是消极地规避政绩风险,而是通过政策企业家行动积极地化解政绩风险,从而通过政策创新将政绩生产持续下去(张翔 and Zhao,2020)。

综上,中国的政策企业家创新文献进一步印证并补充了基于西方国家的研究。一方面,中国政策企业家同样呈现了利益动机、使命动机和满足感动机等多元性创新激励;另一方面,对中国公共部门政策企业家的研究发现,他们表现出了能超越个人利益,并发挥集体创新精神,积极化解政绩风险的特质。

五、中国政策企业家的创新空间:制度与激励

无论在何时何地何领域都不乏富于使命感并锐意进取的人,因此仅从微观的心理层面对企业家行动进行解释并不够,更需关注改革开放后这类人有机会大展身手并取得成功的宏观空间。创新空间的出现是政策企业家们涌现的宏观条件。政策创新结果的不确定性及随之而来的统治风险,使得许多学者对中国政策企业

家的行动空间是否存在产生疑问,但从现有研究来看,中国政治与行政制度上的分权化为政策企业家成功克服创新风险与组织惰性开辟了不小的空间,提供了不弱的激励。分权化有两个维度:一是由国家向市场和社会分权,或政府为市场和社会赋权,简称政治分权化;二是行政体系内部从中央向地方分权,简称行政分权化。

(一)政治分权化:增进市场、激活社会

政治分权化为政府外政策企业家行动开辟了创新空间。政府外政策企业家可通过各种渠道推动新的政策理念落实为政策实践,而政策企业家行动,对于新公共管理运动、公私合作伙伴关系、网络治理等新公共管理实践的成功来说,是不可或缺的。由政府引领的公共管理变革,为专家学者、媒体、半官方半民间组织、民间组织涉入政策创新,提供了体制性空间。

政治分权化的影响贯穿了政策过程与公共服务的多个环节。首先,尽管社会组织在政策创新中的作用仍然局限于政策倡导,即宣传特定的政策知识与信念,教育公众,为新政策争取支持。但创新空间的持续扩大给了许多社会组织学习和发展其政策倡导能力的机会。相关研究发现,部分草根社会组织已逐步由"服务提供者"向"建议倡导者"的角色拓展:这些组织中的政策企业家积极发挥组织性、专业性等优势,将离散、无序的公众舆论整合并上传,从而推进政策科学化与民主化(谭爽,2019)。并且,这些社会组织也在不断和政府、媒体打交道的过程中,增强了其政策倡导力(Mertha,2014)。

其次,在政策方案的选择与确定上,不仅逐渐成熟的民间组织会减少过去象征式的手段而大规模推进实质性举措,优化国家与社会的交流渠道,推动政策方案的采纳;而且政府部门可能主动开放议程空间,借助外脑,磨合专家学者、民间组织等行动者的专业建议(Zhu,2008;Zhu and Zhang,2016)。此外,半官方组织可以利用体制外扁平化、网络化的权力结构和有效、相容的激励制度提升其政策创新的能力,专业的跨体制政策企业家能够借助规模更大、异质性更高的跨体制社会网络,增强政策支持,从而更有效地影响政策(周凌一、李朔严,2016)。

再次,尽管国家并不直接提供媒体动员的制度安排,但国家通过适度开放媒体报道空间,并反复观察、考量媒体传播中的违规行为,再以默许、鼓励、追认和批准等方式,逐渐形成了某种媒体行动的自主空间。媒体可通过建立主导框架、议题设限、经济软控制等方式有意识地界定问题、塑造话语、传递民意,并开辟新的政策议

程(Mertha,2009;王向民、孔萧,2015)。

最后,政治分权还让许多市场组织参与公共服务的供给中来,不仅拓展了市场组织的经营范围,锻炼其经营能力,也使得公共部门能利用市场的规模效应突破政府的部门和地域边界,增进公共服务的递送效率(He and Ma,2020)。

(二)行政分权化:在政府和公共部门内部引入竞争

行政分权化为政府内政策企业家行动开辟了创新空间,并在政府或公共部门内部引入了竞争。由于全国性政策干预的后果极难预料,为了灵活地应对公共事务的治理压力,找到成本最低的适用政策,中国政府在相当多领域实施行政分权化。正是由于分权化,即便在高度行政化的组织和制度中,也会出现由官员主导并推进的"有远见的反复试验"(Heilmann,2008),并最终经过集中化的试点推广过程实现政策创新的制度化。分散化的政策试点与集中化的试点推广,给予官员型政策企业家推动政策创新和变革的空间与机会(朱亚鹏、肖棣文,2014)。

改革试点或政策试验以自上而下的方式展开。为探索有利于加快发展的新政策体系,中央决策者选择性地确定一些试点地区,赋予其政策创新先行先试权,并在试点地区与一般地区之间进行绩效比较。对于成效显著的试点经验,再通过政府学习和集中推广途径,加快政策创新从试点地区向一般地区扩散。中国大部分的政策创新属于这种情况,如住房改革、医疗改革、城市治理创新等。行政化等级体系中的政策试验在给予地方官员实现创新的空间的同时,也扩散了创新意愿,培养了地方官员政策创新的能力。尽管自上而下赋予的试点空间和机会常会波动,但长期以来逐渐培养起来的地方官员公共服务精神、创新意识和创新领导力,是推动公共服务者继续寻求创新、提高工作效率的内驱力。

地方创新则以自下而上的方式展开。地方政府的某些部门或整体自发地先行进行某些政策创新,得出有益经验,促使该地方内外的政府官员变成政策的扩散者、学习者或推动者(王绍光,2008)。地方创新的蓬勃,根本的激励因素在于行政分权化在公共部门注入了竞争,竞争引入激发了"政策创新律令",为地方政府持续不断的创新提供了强有力的激励。在体制外创新压力和体制内创新取向的共同作用下,内嵌于地方政策网络中的个体官员会因同侪竞争和规范同构的压力倾向于选择创新(Ma,2017)。地方政府的创新实践也在官员间塑造了学习适应机制,将创新有助于晋升的激励在体制内进行了广泛的传播,极大提升了官员所感知的政策创新收益,使得地方官员不管处于哪个层级或部门,都会关注政策创新,推动创新扩散。

值得注意的是,相当一部分中国政策企业家文献聚焦于中低层官员,毛学峰称他们为"边缘性官员"。如前所述,他们实际上是中国行政体系的中坚力量,既包括在各级政府各部门任职的技术官僚(technocrats),也包括在公共服务一线工作的基层公务员,亦即公共管理文献中所谓的"街头官僚"。尽管他们的政治资本、政治资源和政治权力都有限,在公共政策决策环节的功能较弱,但他们是政策执行者,对于政策创新尤其是新政策的落实至关重要。在政策创新过程中,他们比高层行政人员处于更有利的位置,既可以发现社会敏感点并开发新政策项目(He,2018),也能在履行政策执行的琐碎事务中,拓展政策关注点,创新执行手段,实现政策目标与执行过程的平衡。

六、中国政策企业家行动的功能及其治理:行政与社群机制的运用

即便在宏观层次上存在着有利的激励结构,在微观层次上也不乏富于企业家人格特质的行动者,但政策企业家行动能否有效推动政策创新,还取决于其行动是否能发挥特定的作用,以及他们所处的组织与制度所塑造的治理结构是否利于其行动功能的实现。政策企业家行动发生在政策过程的不同层级和不同环节,不同类型的政策企业家在不同层级和不同环节的功能和影响有所不同。无论在哪一个层级和哪一个环节,有利于政策企业家行动的治理结构,需要行政机制和社群机制各自发挥积极作用,更需要两者相得益彰,形成互补嵌合性的格局。

根据金登的多溪流理论,政策企业家是将问题溪流、政策溪流、政治溪流汇合,以推动新政策的出台和实施的汇流者,也就是政策要素的创造性组合者(金登,2017)。这一概括,与经济学家将工商企业家的行动功能视为生产要素创造性组合者的界定,有异曲同工之妙。在这一功能主义理论传统中,金登的三溪流框架在政策企业家的国际文献中已被拓展为六溪流框架,即在问题溪流、政策溪流、政治溪流之外,还有过程溪流、项目溪流和技术溪流(Goyal, et al., 2020)。问题溪流、政策溪流、政治溪流主要发生在决策环节,尤其是在议程设置环节,而过程溪流、项目溪流和技术溪流主要发生在执行环节。任何政策创新都必须至少经由决策和执行环节中诸多政策要素的创造性组合才能完整落地。

以六溪流框架来分析自上而下的政策试点和自下而上的地方创新,中国政策创新的两种模式清晰可辨(见图 13-1)。政策试点在决策环节需要顶层设计和中央引领。在中央层级,政策企业家行动的主要功能是促成问题流、政策流和政治流的汇流,以促成新政策的决策,但是新政策的落地,需要地方层级的政策企业家在项目流、技术流、过程流的汇流中发挥积极作用。地方创新则需要政策企业家在地方层级上项目流、技术流、过程流的汇流中有所作为,继而在持续不懈的政策扩散过程中促成问题流、政治流和政策流在中央的汇流,以利于新政策在全国范围内推广。

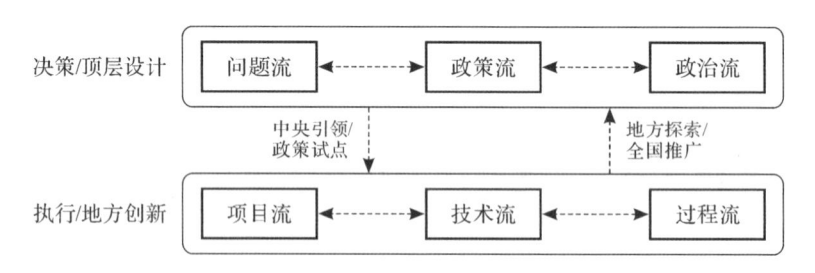

图 13-1 中国政策创新的两种模式

由于自身身份、专业背景及在政策体系中所处位置不同,尤其是与决策者的关系不同,不同类型的政策企业家发挥其功能的政策层级和环节并不相同(见表 13-1)。专家学者因其专业性,主要是在特定新政策理念的驱动下,在政策议题设置(问题流)、政策内容设计(政策流)及执行技术选择(技术流)上行使其汇流者的功能,而具有全国甚至国际知名度的学者也可能拥有一定的政治影响力。媒体从业者处在国家与社会的交界,在政策过程中多扮演中介者角色,一方面将社会关注(尤其是群众不满)转化为政策议题,从而在公共政策的议程设置上发挥作用,在政策内容设计中也可通过评论发挥部分作用,亦有一定的政治影响力;另一方面也能将某些复杂的政策语言转化为大众了解的公共语言,影响公共舆论,从而在政策执行环节促成项目流和过程流的汇流。在利益群体活动尤其是专业性游说非制度化的政治体系中,第三部门或社会组织的政治影响力较弱,但在其他政策溪流的汇流上,均拥有一定的功能空间。

表 13-1　不同类型的政策企业家在政策创新中发挥功能的环节

政策企业家类型	政策决策环节			政策执行环节		
	问题流	政策流	政治流	项目流	技术流	过程流
专家学者	√	√		√		
媒体从业者	√	√	√	√		√
第三部门（社会）组织	√	√		√	√	√
中央政府部门决策者	√	√	√	√		
地方政府核心决策者	√	√	√	√		
技术官僚	√	√	√	√	√	√
基层官员/街头官僚	√			√		

在政府中处在不同层级和位置的官员，发挥汇流者功能的环节也有所不同。中央部门决策者的主要功能体现在政策流、政治流和项目流之中；在议程设置上，他们多依赖于技术官僚和基层官僚所提供的信息，但其政治—社会敏锐度对于政策创新的问题界定来说也非常重要。地方政府核心决策者在诸多政策要素的组合上举足轻重，只是将技术性要素和过程性要素的细节留给技术官僚和基层官员。技术官僚的积极作用在政策创新各个环节中都是不可或缺的，他们只是在政治要素注入上的影响力与决策者相比稍弱，但比专家学者和媒体人的影响力更直接。基层官员或街头官僚的最大优势在于其社会敏锐度，能在与民众的日常接触中捕捉到新的政策问题，同时他们在创新政策的项目实施和过程把控上也行使着重要功能。

很多国际文献着力于将金登给出的汇流者角色提炼为政策企业家成功的行动策略，从而将政策企业家研究的重点从治理分析转向管理策略分析，例如，前文述及的得到广泛引证及拓展的"社会敏锐—问题界定—团队建设—样板引领"四策略模型（Mintrom and Norman，2009）。一项对 47 篇研究发展中国家政策企业家的学刊论文进行的系统性文献分析，总结了 19 种政策企业家成功的行动策略，依照其在所分析文献中论及频率依次排列（Aviram，et al.，2020）。行动策略也是中国政策企业家论文的最重要研究论题之一。在中国政策企业家的研究论文中，我们经过文本分析后发现，既有国际文献中论及的 19 种行动策略均在中国政策企业家论文中有所提及，同时还有 6 种未在国际文献中论及的行动策略（见表 13-2）。

表 13-2 中国政策企业家的行动策略

序号	行动策略	论及频次/%	序号	行动策略	论及频次/%
1	组织间和部门间建立伙伴关系	70.00	14	战略性运用象征符号	26.67
2	确定问题框架	83.33	15	卷入民众参与	50.00
3	探寻解决方案	93.33	16	场所探寻与变化	43.44
4	在政府内建立网络	83.33	17	战略性信息传播	50.00
5	在政府外建立网络	60.00	18	切香肠(循序渐进)	70.00
6	循证论证政策可行性	56.67	19	专注核心、灵活边缘	23.33
7	制定战略规划	43.33	20	争取上级/中央支持	50.00
8	承担风险	23.33	21	开展专项政策学习	26.67
9	发挥团队领导力	50.00	22	集体提案、写信、上坊	20.00
10	树立精神支柱	40.00	23	争取资金支持	16.67
11	激活政治因素	53.33	24	利用自身权威强化正当性	10.00
12	刺激潜在受益者	40.00	25	矫枉过正(技术不可行)	3.33
13	运用媒体	76.67	26	差异化方案与行动	3.33

资料来源:Aviram, et al., 2020。未在国际文献论及但在中国政策企业家论文中出现的行动策略,以灰色底纹标识。表中论及频次基于对截至2020年在中英文学刊发表的32篇中国政策企业家论文的统计分析。

文献中关于行动策略的描绘常常深入细节,呈现出政策企业家"八仙过海各显神通"的手段。但就推动政治科学、公共管理学发展而言,许多学者认为政策企业家研究应与其他重要论题,如公共部门改革的实施、治理、分权化、合作伙伴关系,以及国家与社会的关系,建立联系。因此,本文尝试将表13-2中罗列的行动策略分为两类:一类是行政机制的运用,如制定战略规划、利用自身权威强化正当性、争取上级/中央支持、论证政策可行性等,属于行政治理的范畴,基本上可由单一类型的行动者完成;另一类是社群机制的运用,属于社群治理的范畴,需要多种不同类型的行动者,即国家、市场、社会多方主体形成联盟性社群,建立正式或非正式的网络,互动协作,并深入社会,一方面体会、捕捉、凝聚民众的诉求,另一方面在政府与民众之间扮演中介角色。

政策创新离不开政府内行动者的作用,因此行政机制的运用是必要的,但其运作是有限度的。不同层级官员在职位级别上有差异，这使得不同行政手段的运用及其功能产生差别，政策创新的效能自然有所不同。中高级的官员除了说服的方式外，还能通过权威操纵、威胁、强制等方式促使下一层级的官员群体推进创新，但是较低层级的官员却极难对上施加影响力，因此自下而上的政策创新受阻在任何行政体系中都是一种常态。在中国高度行政化的权力体系中，地方官员政治权力的影响力将极大受限于某一部门或层级中，使得相当一些地方性政策创新难以向外扩散。

由此，在推动政策创新的过程中，政策企业家对社群机制的运用就显得至关重要了。在诸多学术领域中，社群机制同行政机制、市场机制并列，成为人类行动的三大治理机制之一。该机制指的是一群相关的个体，基于共同的价值、规范、认同，建立共同体，以互惠协作的方式，协调成员的努力，以达成社群集体利益的最大化（Williamson，1996）。学者已成功将该机制的适用领域从渔场、林场、河流等公共资源的治理拓展到社会经济生活的所有领域。

政策企业家行动的治理离不开社群机制的运作。政策企业家并非同质化的群体，个体或单一类型的政策企业家能够发挥作用的环节是有限的，正如前文所述，成功的政策创新往往需要不同的政策企业家形成联盟或网络，其成员在不同环节发挥不同的作用。社群治理的核心在于私人信息和社会资本的利用。政策企业家往往是社会资本的拥有者，也掌握重要利益相关者的私人信息，这是他们识别创新机会并推进政策创新的基础。同时，丰厚的社会网络也使他们能快速捕捉政策执行过程中有利的机会窗口，使创新的实践方案设计落地。在中国政策企业家的研究中，政治资本、政治资源的动员或政治同盟的建立被屡屡论及（确定问题框架和探寻解决方案在政策企业家行动中是不可缺少的内容，并非其行动策略。抛开这两项，组织间和部门间伙伴关系的论及频率为70%，与循序渐进并列第三位），显示出行政机制的运用对于政策创新的重要性，私人商业资本也曾被提及（Zhu，2018），但仅有极少数论文论及了社会网络和社会资本，且社会网络的建立和社会资本的使用都并非其案例关注重点。

社群治理对于团体政策企业家尤其是第三部门政策企业家来说更为重要。社会组织行使政策企业家功能，依赖于组织内聚力，即组织成员是否团结并有效合作。在中国研究中，毛学峰分析了不同类型的政策企业家凝聚在一起的关键在于搭建生态群落，凝聚具有核心行动力与领导力的政策企业家、支持理念并积极扩散政策框架的盟友及广泛的群众,构成"倡议联盟"这一最稳固的行动群体,有效推广政策信念,塑造政策话语,改变政策认知,从而实现政策变迁(Mertha,2009)。谭爽分析了NGO组织提升组织凝聚力的关键在于通过"结盟策略"打造"集中力量干大事"的集体型政策企业家,建立内部合作机制以克服集体行动困境(谭爽,2019)。

同时,社群治理有助于提升政策企业家行动的效能。政策企业家基于目标一致、观念一致和优势互补等因素实现有机团结,可以突破原子化个体的"势单力薄",增强群体行动力。尤其对于那些拥有相对较少的社会、政治资本的中低层官僚或街头官僚来说,尤为如此(赵琦,2020)。此外,在基层行政一线工作的街头官僚们,拥有的资源较少,因此出于实现各自目标的实用主义逻辑而团结一致,充分发挥各自优势与资源,以更好地推进政策创新活动(黄扬、陈天祥,2020)。

七、结语:探寻政策企业家的治理理论

改革开放以来,中国的政治经济社会体制在国内外环境变化的冲击下展现了强大的适应能力,这种适应能力在很大程度上依靠政策创新不断得到增进。作为一个微观视角,考察政策创新过程中政策企业家的行动及其功能,对于完善中国公共政策的理论和实践具有重要的意义。近十年来,在朱旭峰、毛学峰、朱亚鹏等学者的推动下,中外学者在国内外学刊上发表了不少运用政策企业家理论解释中国公共政策变迁的论文。在这些论文中,研究对象从政治精英、技术官僚、街头官僚到专家学者、媒体、工商企业、社会组织,从个体到群体,从医疗政策、教育政策等民生保障的政策到环保政策、财政政策等涉及某些政治性议题的政策领域,学术视野不断得到丰富与拓展。

与非中国研究的文献相类似,中国政策企业家研究重点回答如下两个问题:其一,什么样的人更有可能成为政策企业家?其二,政策企业家成功推进政策创新的战略战术是什么?相对来说,当前对于激励政策企业家涌现的组织、制度和公共治理体系,缺乏系统性的考察。因此,近年发表的多篇国际文献综述指出,将有关政策企业家动机和行动策略的微观考察与宏观的治理体系建设以及国家与社会关系的制度性变革勾连起来,是既有政策企业家研究的短板之一,也是其未来发展方向之一(Bakir and Gunduz,2020)。本文对论述中国政策企业家的中英文学刊论文加以回顾,发现这些论文在微观分析与宏观考察的勾连上已经多有涉猎,其成果从

全球视野来看尽管尚不足以弥补既有文献的短板,但可为未来的学术发展提供有益的启示。

中国政策企业家的研究显示,无论其身份类型如何,政策企业家的心理动机和人格特性具有多元性,但其共同点在于富于责任感、使命感和担当精神。个体的素质、组织位置,以及社会资本和政治资本是个体政策企业家成功的主要因素;而组织专业性和内聚力则是群体政策企业家成功的关键因素。无论其动机如何,无论是个体还是群体,打造政策创新以及政策企业家涌现的中国沃土,关键在于政治与行政体制分权化所创造的激励结构。政治分权化改变了政府与市场、国家与社会的关系,为工商部门和第三部门政策企业家在政策创新的推动中发挥积极作用,开辟了广阔的空间;行政分权化激发了政府竞争,提升了创新激励,强化了创新能力,拓展了公共部门各种类型政策企业家发挥积极作用的渠道。

然而,中国政策企业家文献在系统性探究宏观制度结构性因素对微观动机与行动的影响上依然有很大的不足,这一不足体现在两个方面:一是未能深入系统地发掘中国实践的理论意涵;二是未能提供一些具有全球性的理论视角。

第一点集中体现在既有文献未将中国政策企业家行动纳入社会治理的分析视野。社会治理从学界理念上升为国家战略并成为国家治理体系和能力现代化的核心,已有多年历史与实践。置于国际学术视野,社会治理与公共管理学界以协作治理和互动治理为核心内容的理论范式变革密切相关。无论是具有中国特色的社会治理理念和实践,还是国际性的协作互动治理理论和实践,都以国家、市场、社会多方主体共建共治共享作为公共治理体系变革的核心。社会治理共同体的建构和运作本身,离不开政策企业家的积极作用,也能为政策企业家在公共政策与公共服务创新方面提供有力的制度激励和组织保障。

与第一点密切相关,第二点集中体现在既有文献未能基于丰富多彩的政策企业家行动策略探究治理机制的作用。社会治理体系的建构,除了关涉治理主体的多样性之外,还关涉到不同治理机制的互补嵌合性。行政、市场和社群机制是人类生活的三大治理机制,而在公共部门的运行和公共服务的提供上,行政机制和社群机制的作用更为显著,两者如何形成互补嵌合性,以相得益彰的方式促进政策企业家的涌现和政策创新的拓展,不仅是中国新时代改革与开放的重大实践问题,而且在公共管理学领域也具有重大理论意义。中国学者唯有在全球视野和理论高度上讲好政策企业家的中国故事,才能不负于这个伟大的时代。

第十四章 结语与思考:走向社会经济发展的社会治理新范式

社会治理不仅意味着社会事务的治理,更意味着一种全新的治国理念,其核心在于强调多方治理主体的协作互动、多种治理机制的互补嵌合。在中国,这一治国理念已经从学界探索和基层实践上升为国家战略。然而,不大广受注意的是,从中国本土实践中升华而成的社会治理理念,其实也是公共治理变革国际前沿探索思想结晶的体现,尤其与协作治理和互动治理的理论新范式合拍。在治理研究的国际学术前沿,以多方主体协作互动为核心内容但名号各异的多种理论思路,如社会治理、新公共治理、共同生产、网络治理、协作治理和互动治理,风起云涌并有走向整合之势,而协作互动治理有望成为广受欢迎的新名号,因为这一名号与其核心内容相符。社会治理这一治国理念的落实在于社会治理共同体的建构,这需要政府、市场和社会多方主体通过协作互动形成一种合作伙伴式的网络,而网络的形成、有效运作和可持续性发展需要行政、市场和社群机制的互补嵌合以及政府充分发挥行政机制的积极作用,在元治理(即治理的治理)上发挥主导作用。关于政府、市场和社会多方主体协作互动及其对社会经济发展与国家治理现代化意义的学术探究早已成果斐然,但以行政、市场和社群机制及其互补嵌合关系为中心的学术探究仍然有待开拓和发展。以主体为中心的视角和以机制为中心的视角珠联璧合,有望将社会治理的理念在国际学术视野中得到理论的升华,从而成为治理理论的新范式,其适用面也能从基层社会事务拓宽到各种经济、社会、政法、文化乃至国际事务。在这一新范式的视野中重新透视中国诸多政策领域的实践,不仅能在治理理论新范式的发展中注入丰富多彩的中国元素,而且有助于在国际学术界讲好中国故事。

本书首先选择创新型国家、发展型国家和福利国家这三个学术领域来检验社会治理理念新范式的理论价值。

以创新体系尤其是国家层级创新体系的研究为核心的创新研究,早已在经济学界形成了一个重要的分支——创新经济学。创新经济学在演化经济学的视野中将熊彼特传统发扬光大,注重对创新体系发育、形成、运作与发展的动态过程展开深入细致的分析,成果卓著,对创新型国家的建设以及创新政策的实施都具有强烈的参考性。然而,创新经济学同演化经济学一向批判的新古典主义一样,缺乏一种治理的视角,自然也未能建立一种经济创新以及创新体系建设的治理理论。从行政、市场和社群治理互补嵌合性的视角,重新考察在创新体系建设过程中国家—市场—社会的关系,有望将创新经济学的研究成果在公共管理学域的社会治理新范式中加以系统化。三种治理机制在经济创新活动的协调上都发挥着重要作用,但极少单独行之,而是呈现出相互嵌入性。经济创新的主体是创新型企业,创新活动由企业家行动所推动,而创新型企业主要通过社群机制的作用开展其内部的创新活动,但企业运作本身也依赖于市场(尤其是劳动力市场)机制的运作,受益于行政力量通过行政机制的运作所提供的支持,即所谓公共支持。创新过程具有不确定性、累积性、集体性,因此,集聚化和网络化对于创新经济的形成是不可或缺的,这与企业间社群机制的运作密切相关。创新活动的供给与需求通过市场治理来协调,而创新型企业中的创新过程以及创新的集聚化则由社群治理主导。政府通过创新政策的制定和实施在创新体系中扮演三重重要角色,即提供公共物品、引领资源动员和实施元治理。创新政策有三种理想类型,即新制度自由主义、国家引领型配置主义和协作型协调主义。就政府角色以及行政机制的作用而言,新制度自由主义思路最为狭隘,政府基本上只是扮演公共物品提供者的角色;国家引领型配置主义思路有所拓宽,政府不仅要为经济创新活动提供公共物品,或者帮助市场导向的行动者提供公共物品,而且还要扮演发展主义角色,着力通过战略性资源的动员和配置,来推动经济创新;协作型协调主义思路视野宽广,政府在创新体系中将扮演三重角色,以推动多方主体的协作互动并使之制度化、长久化,同时,行政、市场、社群机制在互补嵌合中相得益彰,促使创新过程协调有序,蓬勃开展。

创新是经济发展的第一推动力,而经济发展的关键在于不断有效地实现产业的升级。产业政策的必要性以及政府和市场在推动产业发展过程中的作用一向是经济学界长期争论不休的论题之一,而且这一争论常能吸引顶尖经济学者的参与,尤其是在中国。然而,在中国,产业政策的经济学争论往往与政治经济学界有关发展主义或发展型政府的学术绝缘,而中国政治学者和公共管理学者也从未介入产业政策的争论之中。总体来说,在国内学界,产业发展尤其是产业转型升级缺乏治理理论的关照,而从社会治理理论新范式的视角来透视相关事项,可以获得很多有益的启示,也能为未来的研究提供指引,为现实的实践提供参考。实际上,在世界各地,以产业政策为核心的发展型政府和发展主义无所不在,既有成功的经验,也有失败的教训。发展主义成功与否,并不仅仅在于国家、市场、社会边界是否移动,也不仅仅在于政府职能行使得明智与否,而更在于行政治理、市场治理和社群治理是否导向相得益彰的制度建设和政策选择。在政治经济学、经济社会学或发展社会学界兴起的早期发展主义或发展型政府理论,秉持以国家为中心的思路,将政府通过行政机制的作用在战略性资源动员和配置上发挥的积极作用予以夸大,为新国家主义的学术大潮奔涌推波助澜。然而,随着学界视野的开拓以及现实中产业政策实践多样性的呈现,新国家主义退潮,其弄潮儿也转换了赛道。政府与市场、国家与社会在新的学术赛道中以互动协同和相互增权的方式展开行动。现实中的发展型政府正在发生转型,而发展主义的学术也出现了范式转换。将发展型政府的转型纳入社会治理新范式的视野,有可能形成一个全新的产业政策或发展主义的治理理论。在这一理论中,将政府职能限定在公共物品提供的新古典—新自由主义视角,对于产业政策的开拓来说无法提供切实的新内容,因此产业政策体系或发展型政府的治理可以被概括为两种类型:配置主义型发展型政府注重资源配置,旨在通过行政机制的运作推动市场主体占领经济发展的战略制高点,而协调主义型发展型政府则注重对中介服务发育和成长的支持,旨在通过社群机制的运作克服产业升级中难以避免的协调失灵。在配置主义模式中,政府通过行政机制发挥主导性的作用以试图矫正市场主体间行动的协调失灵,在这一模式中,社群机制是缺位的。在协调主义模式中,政府改变了自上而下式行政主导的行为方式,转而注重发挥能促性或助推性作用,通过合理化和制度化的方式,扶助社群机制发挥主导性的作用来矫正市场行动之间的协调失灵。发展主义或产业政策的成功之道在于政府转型,即走向市场强化型政府和社会增强型政府,实现行政、市场和社群机制的互补嵌合。

在当今中国社会经济发展模式大转型的时代,福利国家在很多人的心目中依然是一个忌讳。这一方面是出于对福利国家的误解,另一方面是忌惮于行政机制的主宰对社会经济生活所产生的负激励,为福利国家行政化的负面经验所困所累所扰。但是,行政化并非福利国家的本质特征。换言之,福利国家并非单靠行政机制的作用就能运转,市场机制和社群机制也可以在福利国家的建设中发挥积极作用。福利国家建设并不一定与市场化建设相悖,也不一定会有损于市场运行的效率,这一点同样适用于社会,即福利国家的发展并不一定会挤压社会。正如市场机制本身有多样性一样,福利国家的制度结构也有多样性。行政化的福利国家在学术上早已成为反思和批判的对象,而在实践中则在世界各地经历着多种多样的治理变革。福利国家治理变革的主要内容就是引入市场力量和社会力量,充分发挥市场机制和社群机制的积极作用。公共管理学界色彩纷呈的治理理论以及国际组织提出的许多社会政策新构想,大多基于福利国家治理转型的实践以及社会政策学者对实践经验的归纳总结。实施"积极的社会政策",建设一个发展型福利国家,使之成为市场与社会蓬勃的社会性基础设施,是中国发展模式转型的社会基础。从社会治理理论新范式的视角来看,中国的福利国家建设既必为也可为。中国学术界对福利国家匪夷所思的忌讳,才应该在迈向经济社会高质量发展和走向共同富裕的新时代中成为一件匪夷所思的事情。

创新型国家、发展型国家和福利国家的建设,为社会治理理论新范式的适用性提供了理论思考的空间。新范式的适用性亦可体现在对经验研究尤其是案例研究的分析指引之上。本书通过对社会扶贫、社会住房和森林防火这三个不同领域的治理实践案例的分析,展示了社会治理理论新范式在经验研究中的适用性。

社会扶贫项目成功的关键,在于政府部门、社会公益组织、基层社区组织和纯市场化组织建立网络型协作关系,其行动协调有赖于以社群机制运作为核心的互动治理发挥作用。作为一种新治理范式,互动治理致力于推动国家行动者、市场主体和社会行动者之间的制度化互动,让社群机制、市场机制和行政机制以互补增强的方式嵌合在一起,从而使多方主体在公共治理中发挥协同之效。其中,国家行动者(具体而言是基层政府官员)发挥合法化和元治理的作用,助推社会扶贫项目的启动和实施;社会公益组织扮演着跨界者的角色,同多层级、多部门的国家行动者及社会行动者(主要是村庄基层自治组织)和市场行动者(有意涉足乡村发展的企业)进行互动;本土的市场行动者和基层自治组织利用其经济信息和社会资本优势,促成关系型契约的制度化。案例研究显示,以社群机制为主导,让行政机制发挥助推和元治理作用,让市场机制发挥激励作用,互动治理的形成才能理顺社会扶贫实践中的政治、社会和经济行动逻辑,真正达成政府主导、社会协同的"大扶贫"

格局。这一思路的深化和拓展,对于后脱贫攻坚时代社会扶贫的高质量发展来说,具有重要的实践意义。

为穷人或低收入者提供一定的住房保障,即公共住房或社会住房的建设和分配,是福利国家的重要体现。在西方发达国家,刻板的印象是非营利组织或社会组织是社会住房领域的主角;在中国,保障性住房的筹资、建设和配置,成为政府独揽的职责。然而,在住房保障领域,无论秉持社会中心论还是国家中心论的视角,都是有所偏差的。实际上,市场与政府双失灵的存在,使非营利组织在欧美发达国家社会住房的提供中的确扮演积极而重要的角色,但更为重要的是,国家、市场与社会多部门组织通过行政、市场和社群机制的互补嵌合,形成了协作互动治理的格局。通过对荷兰社会住房案例的研究,我们可以看到,作为社会组织的住房协会或住房合作社承担着社会住房的资金筹集、房源汇聚和分配管理的工作,社群治理贯穿于所有环节,而社群治理与市场机制和行政机制的运作嵌合在一起。在筹资环节,住房协会采用资产证券化融资模式,将分散的社会资金筹集起来用于社会住房的开发,体现了社群机制的市场嵌入性,而政府则通过公共担保基金的建立和住房协会间互助基金的推动,为融资市场化提供支撑,体现了市场机制的行政嵌入性。在房源汇聚和分配管理环节,住房协会的社群治理也具有行政嵌入性,即政府在目标定位、制度建设、审核监督、鼓励推动等方面发挥着不可或缺的作用,从而一方面赋予社会组织的工作以合法性,另一方面也助推了社会组织各项工作的开展。政府转变既有的行政化治理模式,助推市场机制,培育社群机制,促进了住房领域的公共治理体系创新。值得注意的是,荷兰在社会住房领域多方治理主体协作互动、多种治理机制互补嵌合的经验是长期演化的结果,并且早已稳定并走向了制度化,可以为社会治理新范式的理论发展提供坚实的经验基础。

社会治理新范式可用来透视环境治理领域的实践。森林防火不仅对于环境治理具有重要意义,而且对于民生保障和社会经济发展也具有重要意义。森林火灾具有突发性、高危害性和难处置性的特征。既有基层林火治理依赖于以命令与控制为特征的行政机制,乡镇政府以及相应的治理人员负担沉重,体现在林火多点散发防不胜防、散火扑灭疲于奔命。基于社会治理的治国理念并借鉴国际公共治理变革前沿理论,本书构建了行政引领型社群治理的分析框架,探索更具敏捷性、适应性和韧性特征的基层护林防火治理之道。以S省省级护林防火示范乡镇青林镇为案例,本书发现,乡镇政府通过行政介入、行政赋权、行政监督的方式,在原本社群机制近乎完全失灵的社区创设社群公共议题,培育社群社会资本,整合社群规范制度,激励社群公共参与,实现了行政机制与社群机制的互补嵌合,达成了护林防火的社群善治。本书展示了行政引领型社群治理的理论逻辑及其在中国乡村基层护林防火体系建设的实践经验,借此超越奥斯特罗姆多中心治理理论并践行社会治理理念,探索行政力量是否有可能在社群治理难以自发演进形成的境况下授权赋能社区,激活社群机制。

医疗事业的健康发展是福利国家发展的最重要支撑之一,这一点众所周知,但并非众所周知的是,医疗体系的改革实际上也是治理变革的沃土,尤其是在很多国家开展的新公共管理运动在原本因行政化深陷困境的医疗体系中引入了市场机制,不仅在实践中推动了福利国家公共治理的大变革,而且在学术上推动了从公共行政向公共管理的范式转换。医疗可分为需求侧和供给侧,分别由医疗保险和医疗服务所组成,两者的公共治理体系是否运转良好,至关重要。医疗体制改革包括需求侧改革和供给侧结构性改革两个方面,而医保支付改革则连接着两方面的改革。医疗保险和医疗服务的很多具体工作固然需要由基层工作者来完成,但是医改却并非基层事务,其决定性的内容需要顶层设计,制度建设需要国家级政府和亚国家级地方政府来推动,市场力量和社会力量的参与在大多数情况下也并非呈现在基层层级。中国的新医改一直深受政府与市场之争所困,但长期为人所忽视的是社会力量以及社群机制对于医疗公共治理的重要作用。事实上,医疗领域在行政力量和市场力量广泛和深入地介入之前,一直是由社会力量扮演主要治理者的角色,由社群机制来协调其行动者的行为,这里的社会力量就是医界专业共同体,而社群机制则呈现为专业主义或专业精神的发挥。然而,正如本书所建构的理论所显示,单靠一种治理机制的运作无法达成善治的目标,专业主义即便发挥到极致,也不足以支撑医疗体系的延续,更谈不上高质量发展。医疗体系,无论在需求侧还是在供给侧或是两者的结合部,都需要多方主体协作互动、多种机制互补嵌合。

高质量发展的全民医疗保险是福利国家的最重要支柱之一,也是一个国家迈向共同富裕的最重要社会性基础设施之一。医保体系的功能就在于有效分散百姓因医疗开支所带来的财务风险,尤其是减缓突发性高额医疗费用对收入和财富的冲击。全民医保体系的建立、巩固和发展需要公共治理创新的加持,而公共治理创新之道在于践行社会治理治国理念,在医保筹资和给付两方面均通过社会治理共同体建设推动政府、市场、社会主体协作互动,促进行政、市场和社群机制互补嵌合。其中,政府发挥组织引领、公共支持、授权赋能的元治理角色,激活社群机制,促进社会组织的参与和能力建设,是全民医保社会治理完善的关键。政府行使好公共支持的职能,不仅对于全民医保的实现是不可或缺的,而且也是公共财政转型的一种体现,即政府的积极施为有助于社会资金的动员。政府行使组织引领的职能,是医疗救助体系建立和运转的关键,这是全民医保体系实现公平性的核心环节。政府行使授权赋能的职能,对于民营医疗保险的发展及其与公立医疗保险形成战略性的合作伙伴关系,构成了强大的助推力量。可以说,市场机制和社群机制的积极作用在医保领域得以发挥,政府以正确的方式发挥行政机制的积极作用是关键所在。

医保支付改革是全球性医疗保险改革的核心,也是推动医疗供给侧激励结构转变从而实现高质量发展的关键,在中国医药卫生体制改革中具有战略意义。在社会医疗保险主导的体系中,医保支付改革的实质是行政力量通过行政机制的引领作用,在医保支付者和医疗服务者之间建立公共契约制度,运用市场机制,重构医疗服务供方的激励结构,以期提升效率,遏制供方诱导需求。公共契约制度的形成和良好运转,在学理上基于经济学中契约理论的发展,而契约理论的本质在于对市场机制精致化运作的学术刻画。尽管契约理论的大家纷纷获得诺贝尔经济学奖,而且基于契约理论的医保支付改革现在已经成为卫生经济学的最主要研究领域,但是这一理论的应用在一向弱于数理建模的中国经济学界未能得到应有的发展,更谈不上对理论发展的贡献,而具体到卫生经济学界更是如此。中国的学术共同体并未就医保支付改革贡献应有的知识力量,具体体现在中国高校经济学院尤其是保险专业从未开设医保支付的课程,更谈不上医保支付专业人士的培养。对于在医疗领域具有战略重要性的医保支付改革来说,学术专业主义的缺失,是社群机制孱弱的表现之一,但更为显著的是,在这一过程中,如何充分发挥医界社会组织的作用,无论是在学术探讨还是工作实践中都未引起过关注,更谈不上重视。医保支付方式呈现多样性和复杂性,公共契约制度化还必须依赖于社群机制的运作,其中包括医学学会、医师协会和医院管理协会等在内的医界社会组织为新医保支付方式的选择及其细节游戏规则的制定提供专业性、技术性支撑,这对于医保支付改革的成功推进,是不可或缺的。由于从未认知到这一点,医保支付改革在现实中为行政力量和行政机制所主导的科学主义、精英主义和神秘主义所累,不仅引致在制度建设和政策实施上的诸多细节技术性错误，而且引致医保方与医疗方博弈的扭曲。唯有多方利益相关者协作互动，多种治理机制互补嵌合，政府在此过程中扮演元治理者的角色，让医界社会组织充分有效积极地参与进来，与市场组织和科研机构一起形成运转良好的社会治理共同体，达成社会治理之境，才能推动医保支付改革砥砺前行。

医疗服务由于物品性质具有某些特殊性，如高外部性、强信息不对称与不确定性，以及长时间性，决定着无论是行政机制还是市场机制的单独运作，都决然不可能引致医疗服务体系公共治理的完善。总体而言，在新中国成立之后的前 30 年间，中国医疗服务嵌入在高度行政化的政治经济体制之中。行政协调在当时的中国成为所有社会经济活动的主宰性甚至排他性治理机制，医疗领域也不例外。后 40 年间，在改革与开放的大背景下，中国的医疗政策经历了三个阶段的大转型：第一阶段从 1979 年到 2002 年，以调适性体制改革、行政治理弱化和市场机制发育不良为特征；第二阶段从 2003 年到 2012 年，以国家再介入为特征，寻求行政治理与市场治理的再平衡；第三阶段启动于 2013 年，其特征是明确了新医改"去行政化"的大方向，但在具体执行环节由于去行政化必须要由行政力量来推动这一吊诡局面而进展缓慢，甚至在很多方面裹足不前。"去行政化"着眼于各级政府推动治理范式和制度模式的创新，改变既有的行政力量大包大揽、行政机制主导一切的旧格局，让市场机制和社群机制在资源配置和组织协调方面发挥更积极的作用。政府、市场与社会的互动协同，行政、市场和社群机制的互补嵌合，将成为中国医疗政策大转型的新范式，而真正实现这一社会治理新范式的形成和成熟，无论在学理探讨还是在现实实践中，均任重道远。

医疗服务体系改革的重点之一在于公立医院改革，而这里所说的公立医院改革并不意味着公立医院自身管理的改进，而是公立医院有公共治理体系的变革。公立医院治理变革具有全球性。从传统的行政化治理模式向自主化、法人化的新治理模式转型，是全球性公立医院改革的大趋势。在这一去行政化的变革过程中，政府实现自我创新，大幅度减少命令与控制型的行政机制的旧作用方式，更多地引入市场机制和社群机制，并借助行政力量的独特优势，增进市场，激活社会，从而使行政机制、市场机制和社群机制在医院运营的诸多领域，呈现出不同的互动与组合方式。探寻国家、市场和社群良性相互作用的协同治理之道，是公立医院治理变革研究的核心，其中对于医界社会组织和医学共同体的专业主义如何发挥作用，无论是中外学术界还是实践者都未能予以足够的重视。

公立医院治理模式的创新是中国医疗供给侧结构性改革的核心。绝大多数中国公立医院处在一种行政型市场化的状态,其中尽管市场机制发挥着重要作用,但医院运营的方方面面均为行政力量所主宰,社群机制在医院治理结构中的作用微乎其微。公立医院都处在行政等级体系之中,人力资源配置受到事业单位人事制度的制约,财务资源配置受制于多部门审批,实物资源配置由行政化的价格管制和集中招标所主宰。尽管公立医院的法人化甚至民营化早已成为国家政策,但是行政化的制度结构阻滞了公立医院从行政化、自主化向法人化的治理模式转型。公立医院法人化,无论是个体式还是集团式,都只是在某些地区试点。中国公立医院改革的关键在于去行政化,达成国家—市场—社会的协同,即让市场机制在资源配置上发挥决定性作用,让社群机制在组织协调上发挥关键性作用,同时推动政府改革,让行政机制以强化市场、促进社群的方式发挥积极的作用。

医疗服务供给侧的一个重要组成部分是基本卫生保健。由于基本卫生保健本身基于面向社区的基本特性,在中国,这类服务被归为基层医疗卫生机构的主要职责。建立良好的基本卫生保健体系,为百姓提供优越的基本卫生保健服务,一向是世界卫生组织矢志以求的目标,也是中国卫生行政部门对世界卫生组织和中国政府与人民的庄严承诺。可是,基本卫生保健的高质量长期被基层医疗卫生机构的能力孱弱所累,而"强基层"的政策努力也长期被"强基层"政策中所蕴含的行政化思维所困而无法产生预期效果。响应世界卫生组织"人人享有基本卫生保健"的倡议之后,经过近30年的努力,"强基层"始终在路上,而强化基层医疗卫生机构的服务能力,现在又成为"健康中国"建设的战略目标之一。实际上,在新中国成立之后,经过30多年的努力,一个完整的基本卫生保健体系早已形成。但在高度行政化的医疗卫生健康供给侧,面向城乡社区居民的基本卫生保健提供者(即基层医疗卫生机构)处于庞大等级体系的最底端,始终处于积弱不振的境况。这是行政机制独揽基本卫生保健资源配置治理之责必然会带来的结果。在"健康中国"建设进入新时代之际,基本卫生保健的公共治理亟待创新,其要旨是降低行政机制的主导性并调整行政机制运行的方式,同时引入市场机制和社群机制,并促使行政、市场和社群治理形成互补嵌合的新制度格局。在这里,引入市场机制指的并不是让基层医疗卫生机构(亦即国际文献所称"基本卫生保健提供者")通过在面向社区居民的医疗卫生保健服务中竭力创收,而是通过高质量发展的全民医保或全民健保体系

第十四章　结语与思考:走向社会经济发展的社会治理新范式

借由有效的医保支付改革和公共卫生财政拨付改革,从技术性的环节来说是引入守门人制度和按人头付费来实现。这一新制度格局的落地、萌芽、生根、成熟,不仅与全球性基本卫生保健的改革大趋势相吻合,而且将有可能成为中国公共治理体系现代化在医疗卫生健康领域的重要体现之一。

无论是在社会政策领域还是其他公共政策领域,政府创新是政策创新的第一推动力,这同经济创新是经济发展的第一推动力是一个道理。随着公共管理主流理论范式的演变,协作式创新成为政府创新研究的主流分析思路,然而在学术上,有关协作式政府创新的研究未能与互动治理理论相融合。透过社会治理理论新范式的视角,本书引入互动治理理论,将既有国际文献中的"协作式创新"概念更新为"协作互动式创新",据此建构一套政府创新的协作互动治理分析框架,以期更好地把握政府创新的实质特征,即多方治理主体协作互动、多种治理机制的互补嵌合。一方面,国家、市场和社会行动者转变其传统角色,通过互动学习,凝聚共识,共创价值,其中政府不仅直接参与创新行动,而且更重要的是扮演创新网络召集人、促进者和助推者的角色,成为"元治理者",在网络的平台搭建、愿景确立、互动管理、跨界沟通等方面发挥主导作用;另一方面,行政、市场和社群机制以相互强化增进的方式互补嵌合,促使多方主体更加有效地发挥其比较优势,推动政府创新。中国政府创新的丰富实践,在协作互动治理的理论框架中可以得到凝练、整合和提升。

继而,本书对过去十多年的相关学刊论文进行文献分析,探究政策企业家在中国政府创新和政策创新中不断涌现的微观动机和宏观激励,从而探讨何种治理结构能为政策企业家发挥作用提供更大的空间。结果显示:(1)无论其身份类型如何,政策企业家参与政策创新的心理动机具有多元性,其人格特性也具有多样性,但其共同点在于富于使命感和担当精神;(2)个体素质、组织位置及其拥有的社会和政治资本是个体政策企业家成功的主要因素,而组织专业性和内聚力则是群体政策企业家成功的关键因素;(3)政策企业家行动的中国沃土在于政治与行政体制分权化所创造的激励结构,其中,政治分权化改变了国家、市场与社会的关系,从而为工商部门和第三部门政策企业家推动政策创新发挥积极作用开辟了空间,行政分权化则激发了政府竞争,提升了公共部门政策企业的创新激励,强化了创新能力,拓展了发挥作用的渠道。值得特别指出的是,中国政策企业家文献在系统性探究宏观制度结构性因素对微观动机与行动的影响上仍有不足,体现在两个方面:一是未能深入系统地发掘中国社会治理理念和实践的理论意涵;二是未能基于中国经验提供具有全球性的理论视角。弥补这一不足的可行思路是在政策企业家及政策创新研究中引入社会治理的视角,尤其是探寻社群机制和行政机制的互补嵌合性,从而将中国政策企业家研究推向国际治理理论创新的前沿。

尽管借鉴了国际相关文献的成果,但无论如何,社会治理在中国首先成为一种具有高度本土性特色的学术探讨和知识建构的对象和领域,继而成为政府所确立的具有宏观和战略意义的治国理念。然而,在宏观和战略意义上社会治理理念的重要意义,并未在中国学界得到应有的挖掘,从而也未能为中国公共管理自主知识体系的形成和发展做出应有贡献。在中国的改革开放事业进入新时代之际,公共管理学者不忘的初心、牢记的使命,可以也应该在社会治理理论新范式的高质量发展上得以体现。

参考文献

中文文献

巴格沃蒂,2010,《贸易保护主义》,王世华等译,北京:中国人民大学出版社。

白宇飞,2008,《我国政府非税收入研究》,北京:经济科学出版社。

包永辉、徐寿松,2009,《政道:仇和十年》,杭州:浙江人民出版社。

鲍莫尔,2010,《企业家精神》,孙智君译,武汉:武汉大学出版社。

鲍莫尔、利坦、施拉姆,2008,《好的资本主义,坏的资本主义:以及增长与繁荣的经济学》,刘卫、张春霖译,北京:中信出版社。

鲍威尔主编,2011,《理解福利混合经济》,钟晓慧译,北京:北京大学出版社。

鲍勇,2007,《探索收支两条线管理机制 完善公益公平中国社区卫生服务模式》,《实用全科医学》第2期,第95—96页。

北京市医院管理研究所、国家卫生和计划生育委员会医政医管局,2015,《CN-DRGs分组方案(2014版)》,北京:中国医药科技出版社。

布洛克,2015,《REITs:房地产投资信托基金》,宋光辉、田金华、曲子晖译,北京:机械工业出版社。

蔡江南,2015,《取消编制 解放医生》,《中国卫生》第7期,第32—33页。

曹海军、陈宇奇,2021,《论基层治理网络化的四个着力点》,《理论探索》第3期,第11—15页。

陈虹、吴彧、梁兵,1999,《医院编制管理存在的问题与对策》,《中华医院管理杂志》第11期,第696—697页。

陈珂宇、孟群,2019,《四个公立医院医改示范县分级诊疗政策实践比较》,《中国公共卫生》第3期,第364—367页。

陈仑松、石道金，2021，《社会资本对林农公益林收益权质押贷款行为影响研究》，《林业经济》第5期，第5—16页。

陈少平主编，1992，《国家机关和事业单位工资制度变革》，北京：中国人事出版社。

陈天祥、李仁杰、王国颖，2018，《政策企业家如何影响政策创新：政策过程的视角》，《江苏行政学院学报》第4期，第111—119页。

陈先辉、孙国平，2017，《家庭医生制度实践——深圳市"以病人为中心的医疗之家"模式的发展》，北京：人民卫生出版社。

陈亚光主编，2006，《国有医院薪酬改革与实践》，北京：科学技术文献出版社。

陈仰东，2011，《谈判机制建立迟缓的原因解析》，《中国医疗保险》第9期，第12—14页。

陈郁德、郭岩、王志锋、张拓红、刘桂生、陈娟，2008，《中国农村初级卫生保健发展的回顾与思考》，《中国社会医学杂志》第1期，第1—3页。

陈玉梅、黄志强，2007，《社区卫生服务机构实行"收支两条线"管理的冷思考》，《地方财政研究》第8期，第47—49页。

程念、付晓光、杨志勇、汪早立，2014，《全国新型农村合作医疗支付方式改革现状及问题研究》，《中国卫生经济》第11期，第26—28页。

程熙，2013，《"运动式治理"日常化的困境——以L县基层纠纷化解活动为例》，《社会主义研究》第4期，第111—115页。

迟福林，2013，《处在十字路口的中国经济转型》，《人民论坛·学术前沿》8月号（下），第64—71页。

戴廉、段磊萍，2005，《医改：都是市场惹的祸吗》，《瞭望新闻周刊》第37期，第56—57页。

戴亦欣、胡赛全，2014，《开放式创新对创新政策的影响——基于创新范式的视角》，《科学学研究》第11期，第1723—1731页。

党勇、黄二丹、王小万、李卫平，2007，《试论公立医疗机构的"收支两条线"管理》，《中国医院管理》第5期，第1—3页。

德鲁克，2009，《行善的诱惑》，吴程远译，北京：东方出版社。

德索托，2010，《社会主义：经济计算与企业家才能》，朱海就译，长春：吉林出版集团有限责任公司。

邓明、张柠，2019，《美国捆绑式支付方式对完善我国连续性医疗服务体系的启示》，《中国卫生经济》第2期，第94—96页。

邓小虹主编,2015,《北京 DRGs 系统的研究与应用》,北京:北京大学医学出版社。

邓小虹、张大发、吕飞宇、胡牧,2011,《北京 DRGs-PPS 的组织实施》,《中华医院管理杂志》第 11 期,第 809—812 页。

狄丽颖、孙仁义,2007,《中国森林火灾研究综述》,《灾害学》第 4 期,第 118—123 页。

丁强、王晓东、张正堂、朱卫华、张全,2017,《医院人力资源管理实践创新》,北京:社会科学文献出版社。

董学智,2022,《发展导向下中国式规制国家的法治构造》,《北京大学学报(哲学社会科学版)》第 3 期,第 123—130 页。

杜传忠,2003,《激励规制理论研究综述》,《经济学动态》第 2 期,第 69—73 页。

杜创,2013,《价格管制与过度医疗》,《世界经济》第 1 期,第 116—140 页。

杜创、朱恒鹏,2016,《中国城市医疗卫生体制的演变逻辑》,《中国社会科学》第 8 期,第 66—89 页。

方黎明、顾昕,2006,《突破自愿性的困局:新型农村合作医疗中参合的激励机制与可持续性发展》,《中国农村观察》第 4 期,第 24—32 页。

方敏、罗忆宁、仇保兴,2016,《发展住房合作社的经验与启示——基于西方国家的模式与我国的初步实践》,《城市发展研究》第 4 期,第 19—22 页。

费清、刘方涛、张蕊、田梁裕、张路,2023,《区域差异视角下的我国企业职工养老保险替代率缺口及解决路径探寻》,《保险研究》第 1 期,第 68—83 页。

冯立中、陈旭,2011,《安徽基层医改任务基本完成》,《健康报》1 月 18 日第 1 版。

冯猛,2019,《地方政府创新何以持续?——以浦东新区基层社会治理变迁为线索》,《中国行政管理》第 7 期,第 101—106 页。

——2021,《上下级政府互动模式中的"指令式创新"——以 K 市精神文明创建试点活动为例》,《经济社会体制比较》第 3 期,第 119—128 页。

冯仕政,2013,《当代中国的社会治理与政治秩序》,北京:中国人民大学出版社。

——2014,《政治市场想象与中国国家治理分析:兼评周黎安的行政发包制理论》,《社会》第 6 期,第 70—84 页。

封凯栋,2022,《国家的双重角色:发展与转型的国家创新系统理论》,北京:北京大学出版社。

——2023,《潮起:中国创新型企业的诞生》,北京:中国人民大学出版社。

福格尔,2003,《道格拉斯·诺思和经济理论》,载约翰·N.德勒巴克、约翰·V.C.

奈编,《新制度经济学前沿》,张宁燕等译,北京:经济科学出版社,第22—39页。

傅鸿鹏,2020,《药品集中招标采购的发展和展望》,《中国医疗保险》第3期,第32—36页。

傅家康,2007,《社区卫生服务机构收支两条线改革的实践及思考》,《卫生经济研究》第2期,第51—52页。

弗莱蒙特-史密斯,2016,《非营利组织的治理》,金锦萍译,北京:社会科学文献出版社。

复萱,2015,《福建三明 公立医院薪酬制度改革的探索》,《中国卫生人才》第11期,第25—27页。

高勇强、田志龙,2005,《中国企业影响政府政策制定的途径分析》,《管理科学》第4期,第26—31页。

格兰德,2010,《另一只无形的手:通过选择与竞争提升公共服务》,韩波译,北京:新华出版社。

格罗斯曼、赫尔普曼,2005,《利益集团与贸易政策》,李增刚译,北京:中国人民大学出版社。

格申克龙,2012,《经济落后的历史透视》,张凤林译,北京:商务印书馆。

葛延风、贡森等,2007,《中国医改:问题·根源·出路》,北京:中国发展出版社。

顾海,2020,《提高医保体系治理能力 确保贫困群众应保尽保》,《中国医疗保险》第1期,第24—25页。

顾昕,2004,《公民社会发展的法团主义之道——能促型国家与国家和社会的相互增权》,《浙江学刊》第6期,第64—70页。

——2005a,《能促型国家的角色:事业单位的改革与非营利组织的转型》,《河北学刊》第1期,第11—17页。

——2005b,《走向有管理的市场化:中国医疗体制改革的战略选择》,《经济社会体制比较》第6期,第18—29页。

——2005c,《全球性医疗体制改革的大趋势》,《中国社会科学》第6期,第121—128页。

——2006a,《医疗卫生资源的合理配置:矫正政府与市场双失灵》,《国家行政学院学报》第3期,第39—43页。

——2006b,《社区医疗卫生服务体系建设中的政府角色》,《改革》第1期,第106—114页。

——2007,《医治中国病:医疗体制改革的两条路线之争》,《二十一世纪》12月号,第4—13页。

——2008a,《走向全民医保:中国新医改的战略与战术》,北京:中国劳动社会保障出版社。

——2008b,《收支两条线:公立医疗机构的行政化之路》,《中国卫生经济》第1期,第14—16页。

——2008c,《社区卫生服务应避免"行政化"》,《中国卫生》第6期,第38—39页。

——2008d,《基本药物制度并不一定要搞统购统销》,《21世纪经济报道》3月21日第3版。

——2009a,《全民医保与基本药物的供应保障体系》,《河南社会科学》第6期,第106—110页。

——2009b,《中国基本药物制度的治理变革》,《中国行政管理》第11期,第48—52页。

——2010a,《走向有管理的竞争:医保经办服务全球性改革对中国的启示》,《学习与探索》第1期。

——2010b,《公共财政转型与政府卫生筹资责任的回归》,《中国社会科学》第2期,第119—136页。

——2010c,《超越道德主义的慈善》,《文化纵横》第6期,第16—20页。

——2011a,《贫困度量的国际探索与中国贫困线的确定》,《天津社会科学》第1期,第56—62页。

——2011b,《全民免费医疗的市场化之路:英国经验对中国医改的启示》,《东岳论丛》第10期,第15—31页。

——2012a,《建立新机制:去行政化与县医院的改革》,《学海》第1期,第68—75页。

——2012b,《政府购买服务与社区卫生服务机构的发展》,《河北学刊》第2期,第99—105页。

——2012c,《走向全民健康保险:论中国医疗保障制度的转型》,《中国行政管理》第8期,第64—69页。

——2012d,《走向公共契约模式——中国新医改中的医保付费改革》,《经济社会体制比较》第4期,第21—31页。

——2013,《新医改的公益性路径》,昆明:云南教育出版社。

——2015a,《行政调价:摁了葫芦起了瓢》,《中国卫生》第5期,第45—46页。

——2015b,《剖析药品公共定价制度》,《中国医院院长》第6期,第86—88页。

——2015c,《"重庆医改"夭折后的冷反思》,《中国医院院长》第8期,第52—53页。

——2017a,《走向准全民公费医疗:中国基本医疗保障体系的组织和制度创新》,《社会科学研究》第1期,第102—109页。

——2017b,《中国医疗保障体系的碎片化及其治理之道》,《学海》第1期,第126—133页。

——2017c,《公立医院去行政化:医保支付制度改革的制度基础》,《中国医疗保险》第3期,第20—26页。

——2017d,《论公立医院去行政化:治理模式创新与中国医疗供给侧改革》,《武汉科技大学学报(社会科学版)》第5期,第465—477页。

——2018,《新时代新医改公共治理的范式转型——从政府与市场的二元对立到政府—市场—社会的互动协同》,《武汉科技大学学报(社会科学版)》第6期,第589—600页。

——2019a,《中国新医改的新时代与国家医疗保障局面临的新挑战》,《学海》第1期,第106—115页。

——2019b,《财政制度改革与浙江省县域医共体的推进》,《治理研究》第1期,第5—13页。(此文在2020年获第十届钱学森城市学"城市卫生健康问题"金奖)

——2019c,《走向互动式治理:国家治理体系创新中"国家—市场—社会关系"的变革》,《学术月刊》第1期,第77—86页。

——2019d,《公共财政转型与政府医疗投入机制的改革》,《社会科学研究》第2期,第141—149页。

——2021,《公共财政转型与社会政策发展》,北京:社会科学文献出版社。

——2022a,《人民的健康(上):走向去碎片化中国医保改革》,杭州:浙江大学出版社。

——2022b,《人民的健康(下):走向去行政化中国医疗改革》,杭州:浙江大学出版社。

——2022c,《治理机制的互补嵌合性:公共部门制度创新与激励重构》,上海:格致出版社。

顾昕、方黎明,2004,《自愿性与强制性之间:中国农村合作医疗的制度嵌合性与可持续性发展分析》,《社会学研究》第 5 期,第 1—18 页。

顾昕、高梦滔,2007,《改革医保付费机制迫在眉睫》,《中国社会保障》第 10 期,第 44—45 页。

顾昕、高梦滔、姚洋,2006,《诊断与处方:直面中国医疗体制改革》,北京:社会科学文献出版社。

顾昕、惠文,2022,《共同富裕视域下全民医保的再分配效应研究》,《财经问题研究》第 12 期,第 3—14 页。

——2023,《全民医保的高质量发展与共同富裕:再分配效应的视角》,《社会保障研究》第 3 期,第 3—17 页。

顾昕、吕兵、赵明、常婕、李媛、邱健、蒋斌峰,2021,《浙江 DRGs 分组方案的编订过程、效能参数、动态更新》,《中国医疗保险》第 5 期,第 28—34 页。

顾昕、宁晶,2018,《药占比管制方式及其学术争议》,《中国卫生经济》第 5 期,第 12—15 页。

顾昕、潘捷,2012,《公立医院中的政府投入政策:美国经验对中国医改的启示》,《学习与探索》第 2 期,第 101—106 页。

顾昕、王旭,2007,《从零和博弈到相互增权:中国社团发展政策的新思维》,载岳经纶、郭巍青主编,《中国公共政策评论(第 1 卷)》,上海:上海人民出版社,第 121—132 页。

顾昕、余晖、冯立果,2008,《基本药物供给保障的制度建设》,《国家行政学院学报》第 6 期,第 20—24 页。

顾昕、袁国栋,2014,《从价格管制改革到支付制度改革:美国的经验及其对中国医改的启示》,《国家行政学院学报》第 4 期,第 102—106 页。

官华、李静,2018,《政策企业家与政策创新研究——基于 Z 市青年社区学院案例的分析》,《青年探索》第 1 期,第 71—81 页。

郭凤林、顾昕,2015,《激励结构与整合医疗的制度性条件:兼论中国医联体建设中的政策思维模式》,《广东行政学院学报》第 5 期,第 12—18、32 页。

郭科、顾昕,2016a,《医师双点/多点执业的激励和外部性国际前沿研究》,《卫生经济研究》第 9 期,第 35—40 页。

——2016b,《医师双点/多点执业的政府管制:国际经验比较与理论探索》,《医学与哲学》第 9A 期,第 1—4 页。

——2016c,《政府管制与医生兼差的激励机制:多任务委托代理模型的视角》,《中国卫生经济》第 9 期,第 10—13 页。

——2017,《过度医疗的解决之道:管制价格、强化竞争还是改革付费?》,《广东社会科学》第 5 期,第 176—185 页。

郭小聪、李密,2016,《政策企业家视域下政协提案的政策化研究——基于广州市 Y 区政协十年提案的分析》,《江苏行政学院学报》第 3 期,第 81—89 页。

郭占锋,2012,《被动性"入场"与依附性"运作":对一个国际 NGO 在中国工作过程的社会学分析》,《中国农业大学学报(社会科学版)》第 1 期,第 51—60 页。

国家发改委经济研究所课题组,2014,《中国药品生产流通的体制现状及存在的主要问题》,《经济研究参考》第 31 期,第 4—27 页。

国家统计局编,2003,《2003 中国统计年鉴》,北京:中国统计出版社。

—— 2020,《2020 中国统计年鉴》,北京:中国统计出版社。

国家统计局人口和就业统计司、人力资源和社会保障部规划财务司,2021,《2021 中国劳动统计年鉴》,北京:中国统计出版社。

国家卫生和计划生育委员会,2013,《2013 中国卫生和计划生育统计年鉴》,北京:中国协和医科大学出版社。

—— 2014,《2014 中国卫生和计划生育统计年鉴》,北京:中国协和医科大学出版社。

—— 2015,《2015 中国卫生和计划生育统计年鉴》,北京:中国协和医科大学出版社。

—— 2016,《2016 中国卫生和计划生育统计年鉴》,北京:中国协和医科大学出版社。

—— 2017,《2017 中国卫生和计划生育统计年鉴》,北京:中国协和医科大学出版社。

国家卫生计生委统计信息中心,2015,《2013 第五次国家卫生服务调查发现报告》,北京:中国协和医科大学出版社。

国家卫生健康委统计信息中心,2021a,《2018 年全国第六次卫生服务统计调查报告》,北京:人民卫生出版社。

—— 2021b,《全国第六次卫生服务统计调查专题报告(第一辑)》,北京:中国协和医科大学出版社。

国家卫生健康委员会,2018,《2018 中国卫生健康统计年鉴》,北京:中国协和医科大学出版社。

——2019,《2019中国卫生健康统计年鉴》,北京:中国协和医科大学出版社。

——2020,《2020中国卫生健康统计年鉴》,北京:中国协和医科大学出版社。

——2021,《2021中国卫生健康统计年鉴》,北京:中国协和医科大学出版社。

国家卫生健康委员会医政医管局、北京市卫生计生委信息中心,2019,《CN-DRG分组方案(2018版)》,北京:北京大学医学出版社。

国务院发展研究中心社会部课题组,2017,《推进分级诊疗:经验·问题·建议》,北京:中国发展出版社。

国务院法制办公室,2002,《中华人民共和国法律全书(2001年)》,长春:吉林人民出版社。

国务院纠正行业不正之风办公室,2003,《纠正医药购销中不正之风工作指南》,北京:中国方正出版社。

哈尔、梅志里,2006,《发展型社会政策》,罗敏、范酉庆等译,顾昕审校,北京:社会科学文献出版社。

哈耶克,2012,《科学的反革命:理性滥用之研究》,冯克利译,上海:译林出版社。

何得桂、赵倩林,2023,《多维互动治理:城镇化进程中基层社会治理创新行为研究》,《学术界》第2期,第103—113页。

何迪、鲁利玲编,2012,《反思"中国模式"》,北京:社会科学文献出版社。

何芬华、力晓蓉,2011,《中国药品集中招标采购历程的文献研究:1999—2010》,《中国卫生政策研究》第4期,第64—70页。

赫德森,2010,《保护主义:美国经济崛起的秘诀(1815—1914)》,贾根良译,北京:中国人民大学出版社。

胡善联,2017,《从罗湖和天长看医联体精髓》,《健康报》8月21日第5版。

胡税根、王敏,2016,《协同治理创新的地方探索——基于杭州实践与经验的研究》,《浙江学刊》第5期,第202—210页。

胡税根、翁列恩,2017,《构建政府权力规制的公共治理模式》,《中国社会科学》第11期,第99—117页。

胡毅、张京祥、博尔特、胡梅尔,2013,《荷兰住房协会——社会住房建设和管理的非政府模式》,《国际城市规划》第3期,第36—42页。

胡颖廉、薛澜、刘宗锦,2009,《双向短缺:基本药物政策的制度分析——兼评"新医改"方案的缺陷》,《公共管理评论》第3期,第144—160页。

黄承伟、覃志敏,2015,《我国农村贫困治理体系演进与精准扶贫》,《开发研究》第2

期,第 56—59 页。

黄冲、罗攀柱,2021,《乡规民约与政策法规的耦合对现代森林治理的影响》,《湖南科技大学学报(社会科学版)》第 3 期,第 142—146 页。

黄冬娅,2013,《企业家如何影响地方政策过程——基于国家中心的案例分析和类型建构》,《社会学研究》第 5 期,第 172—196 页。

黄仁宇,2006,《万历十五年(增订纪念版)》,北京:中华书局。

黄树则、林士笑,1986,《当代中国的卫生事业(上)》,北京:中国社会科学出版社。

黄扬、陈天祥,2020,《街头官僚如何推动政策创新?——基层卫生服务领域中的创新案例研究》,《公共管理学报》第 4 期,第 74—86 页。

黄益平,2012,《告别"中国奇迹"》,北京:社会科学文献出版社。

黄智宇,2017,《生态文明语境下我国自然资源多元治理体系之优化》,《江西社会科学》第 10 期,第 218—226 页。

霍添琪、孙晓宇、梅宇欣、胡可,2016,《新一轮医药卫生体制改革背景下我国民营社区卫生服务机构的 SWOT 分析》,《中国医疗管理科学》第 5 期,第 16—19 页。

吉登斯,2000,《第三条道路——社会民主主义的复兴》,郑戈译,北京:北京大学出版社。

吉尔伯特,2004,《社会福利的目标定位——全球发展趋势与展望》,郑秉文等译,北京:中国劳动社会保障出版社。

贾继荣、高广颖、段婷、梁民琳、陈月娟、郇瑞强,2015,《收支两条线管理模式对乡镇卫生院的影响研究——以黑龙江省尚志市、延寿县为例》,《中国初级卫生保健》第 7 期,第 15—18 页。

简伟研、卢铭、胡牧,2011,《北京诊断相关组(BJ-DRGs)分组效果的初步评价》,《中华医院管理杂志》第 11 期,第 854—856 页。

江华、张建民、周莹,2011,《利益契合:转型期中国国家与社会关系的一个分析框架——以行业组织政策参与为案例》,《社会学研究》第 3 期,第 1361—1352 页。

姜启军、顾庆良,2008,《企业社会责任和企业战略选择》,上海:上海人民出版社。

蒋云赟、刘剑,2015,《我国统筹医疗保险体系的财政承受能力研究》,《财经研究》第 12 期,第 4—14 页。

金登,2017,《议程、备选方案与公共政策》(第二版,中文修订版),北京:中国人民大学出版社。

金戈,2010,《产业结构变迁与产业政策选择——以东亚经济体为例》,《经济地理》

第 9 期,第 1517—1523 页。

荆辉,1998,《住院费用单病种结算在医疗保险中的应用》,《卫生经济研究》第 7 期,第 20 页。

敬义嘉,2015,《合作治理:历史与现实的路径》,《南京社会科学》第 5 期,第 1—9 页。

坎贝尔,2013,《激励理论:动机与信息经济学》,王新荣译,北京:中国人民大学出版社。

康赞亮、刘海云、向锦,2006,《药品集中招标采购的信息经济学分析》,《中国卫生经济》第 12 期,第 80—82 页。

科尔奈,2007,《社会主义体制:共产主义政治经济学》,张安译,北京:中央编译出版社。

科尔奈、翁笙和,2003,《转轨中的福利、选择和一致性:东欧国家卫生部门改革》,罗淑锦译,北京:中信出版社。

柯林斯,2014,《规制合同》,郭小莉译,北京:中国人民大学出版社。

孔令敏、冯立中,2015,《取消收支两条线不是走回头路》,《健康报》2 月 16 日第 1 版。

Kringos, D. S. ,Boerma,W. G. W. , 2018,《欧洲初级保健——各国案例研究》,宋涛、祝淑珍译,武汉:华中科技大学出版社。

库珀,2007,《合同制治理》,竺乾威、卢毅、陈卓霞译,上海:复旦大学出版社。

冷向明、郭淑云,2021,《提升社区动员能力:从个体到组织的多重嵌套体系》,《湖北民族大学学报(哲学社会科学版)》第 3 期,第 46—56 页。

李承韩,2018,《禄丰实施医保 DRGs 付费方式改革——医院主动控费用 群众看病得实惠》,《云南日报》4 月 26 日第 3 版。

李罡,2013,《荷兰的社会住房政策》,《城市问题》第 7 期,第 84—91 页。

李光明,2009,《"最彻底"的医改样本可否复制到全国》,《法制日报》12 月 1 日第 4 版。

李嘉、梁城城,2023,《英国住房协会和建筑协会在房地产市场的作用及对我国的启示》,《中国经贸导刊》第 3 期,第 84—87 页。

李锦汤、张艳纯、李劲佩,2018,《广东全面开展按病种分值付费的进程和初步成效》,《中国医疗保险》第 1 期,第 44—46 页。

李林、刘国恩,2008,《我国营利性医院发展与医疗费用研究:基于省级数据的实证分析》,《管理世界》第 10 期,第 53—63 页。

李玲,2010,《健康强国:李玲话医改》,北京:北京大学出版社。

李玲、徐杨、陈秋霖,2012,《整合医疗:中国医改的战略选择》,《中国卫生政策研究》第 9 期,第 10—16 页。

李睿、张亮,2011,《医院与社区卫生机构间连续性医疗服务模型研究》,《医学与社会》第 5 期,第 55—57 页。

李润萍,2017,《云南禄丰:按疾病诊断相关分组付费》,《中国卫生》第 3 期,第 65—66 页。

李婷婷、顾雪非、冯奥、张振忠,2010,《常熟市新农合按病种付费实施效果分析》,《中国卫生经济》第 5 期,第 46—48 页。

李宪法,2005,《政策与模式——药品集中招标采购政策述评》,北京:中国经济出版社。

李秀江,2010,《子长模式:县级公立医院"回归公益"路径》,《小康》第 11 期,第 40—43 页。

李兆友、姜艳华,2018,《政策企业家推动我国基础研究政策变迁的途径与策略分析》,《科技管理研究》第 24 期,第 46—50 页。

李珍、王海东,2012,《基本养老保险目标替代率研究》,《保险研究》第 2 期,第 97—103 页。

李周,2016,《社会扶贫的经验、问题与进路》,《求索》第 11 期,第 41—45 页。

梁鸿,2020,《一疏一堵解决弱势群体参保困难》,《中国医疗保险》第 1 期,第 23—24 页。

梁万年主编,2003,《卫生事业管理学》,北京:人民卫生出版社。

廖晓诚,2019,《我国分级诊疗试点政策效果评估研究——以三个试点地区为例》,汕头:汕头大学出版社。

林恩,2009,《发展经济学》,王乃辉、倪凤佳、范静译,上海:上海人民出版社。

林南,2005,《社会资本:关于社会行动和社会结构的理论》,张磊译,上海:上海人民出版社。

林倩、王冬,2017,《中国台湾 DRGs 支付制度介绍及借鉴》,《中国卫生事业管理》第 9 期,第 643—645 页。

林尚立,2014,《社会协商与社会建设:以区分社会管理与社会治理为分析视角》,《中国高教社会科学》第 4 期,第 135—146 页。

林毅夫,2012a,《新结构经济学:反思经济发展与政策的理论框架》,北京:北京大学出版社。

——2012b,《繁荣的求索:发展中经济如何崛起》,北京:北京大学出版社。

——2013,《〈新结构经济学〉评论回应》,《经济学(季刊)》第 12 卷第 3 期,第 1095—1108 页。

林毅夫、张军、王勇、寇宗来主编,2018,《产业政策:总结、反思与展望》,北京:北京大学出版社。

刘桂林,2012,《省级集中招标采购降低药价和减轻药费负担的效果研究》,《中国卫生经济》第 6 期,第 23—24 页。

刘海兰、何胜红、陈德生、刘春平,2018,《深圳市罗湖区医改的经验及启示》,《医学与哲学(A)》第 3 期,第 74—77 页。

刘继同,2002,《由静态管理到动态管理:中国社会管理模式的战略转变》,《管理世界》第 10 期,第 26—50 页。

刘晶霞,2014,《医院编制管理与人力资源配置的分析讨论》,《人力资源管理》第 7 期,第 278—279 页。

刘军民,2007,《健全公立医院财政补偿机制》,《中国财政》第 1 期,第 71—72 页。

刘军民、张维,2007,《健全我国公立医院财政补偿机制的基本思路——兼议公立医院实行"收支两条线"管理的可行性》,《卫生经济研究》第 2 期,第 11—13 页。

刘诗强、张敏华、孙雅,2008,《社区卫生服务中心实行"收支两条线"改革的探讨》,《中国卫生资源》第 3 期,第 81—86 页。

刘思源、唐晓岚、孙彦斐,2019,《发达国家自然保护地森林资源生态保育制度综述》,《世界林业研究》第 3 期,第 1—6 页。

刘小鲁,2012,《我国劝诱性医疗的成因:管制、市场结构还是信息不对称?》,《经济评论》第 2 期,第 88—99 页。

刘小鹏,2015,《我国高考加分政策改革的议程设置机制分析——以多源流理论为视角》,《教育学术月刊》第 6 期,第 44—50 页。

刘晓苏,2001,《事业单位人事管理改革研究》,上海:上海交通大学出版社。

刘涌,2012,《人社部"提高居民医保个人缴费标准"再惹争议》,《21 世纪经济报道》12 月 20 日第 6 版。

刘峥,2018,《城乡居民医保应警惕泛福利化倾向》,《中国社会保障》第 4 期,第 43 页。

刘忠义,2010,《齐齐哈尔:病种定额结算三方受益》,《中国医疗保险》第 6 期,第 46—47 页。

龙贺兴、张明慧、刘金龙,2016,《从管制走向治理:森林治理的兴起》,《林业经济》第 3 期,第 19—24 页。

龙太江、王邦佐,2005,《经济增长与合法性的"政绩困局"——兼论中国政治的合法性基础》,《复旦学报(社会科学版)》第 3 期,第 169—175 页。

楼继伟,2015,《建立更加公平更可持续的社会保障制度》,《人民日报》12 月 16 日第 7 版。

路风,1989,《单位:一种特殊的社会组织形式》,《中国社会科学》第 1 期,第 71—88 页。

罗娟、汪泓、吴忠,2012,《基于 DRGs 模式的上海医疗保险支付研究》,《现代经济信息》第 12 期,第 259—260 页。

罗庆、刘欢、刘军安、梁渊、卢祖洵,2016,《我国基层医疗机构基本药物制度实施情况及问题分析》,《医学与哲学(A)》第 11 期,第 64—67 页。

吕程、陈友华,2022,《英国共有产权住房实践与启示》,《城市规划》第 11 期,第 123—132 页。

麻宝斌、任晓春,2011,《从社会管理到社会治理:挑战与变革》,《学习与探索》第 3 期,第 95—99 页。

木易,1995,《新加坡已跨入"福利国家"的行列》,《国外社会科学》第 11 期,第 23 页。

倪星、王锐,2017,《从邀功到避责:基层政府官员行为变化研究》,《政治学研究》第 2 期,第 42—51 页。

倪星、原超,2014,《地方政府的运动式治理是如何走向"常规化"的?——基于 S 市市监局"清无"专项行动的分析》,《公共行政评论》第 2 期,第 70—96 页。

聂法良,2016,《基于生态文明的我国城市森林多主体协同治理问题研究》,北京:科学出版社。

宁晶、顾昕,2018,《供给侧制度竞争能否抑制医疗费用上涨?》,《财经问题研究》第 6 期,第 98—106 页。

——2019,《降低药占比能否遏制医疗费用的上涨之势:基于我国省级面板数据的实证分析》,《中国卫生经济》第 5 期,第 15—17 页。

珀金斯,2008,《1950—2006 年的亚洲发展战略》,载青木昌彦、吴敬琏编,《从威权到民主:可持续发展的政治经济学》,北京:中信出版社,第17—46页。

潘利,2010,《牡丹江病种付费14年 费用控制见实效》,《中国医疗保险》第6期,第45—46页。

庞连智、王光荣、宗文红、张敏、朱文英,2008,《对社区卫生服务收支两条线管理模式的思考》,《中国全科医学》第7A期,第1208—1210页。

彭华民,2016,《福利社会:理论、制度和实践》,北京:中国社会科学出版社。

皮尔逊编,2004,《福利制度的新政治学》,汪淳波、苗正民译,北京:商务印书馆。

钱信忠,1992,《中国卫生事业发展与决策》,北京:中国医药科技出版社。

切萨布鲁夫、范哈佛贝克、韦斯特主编,2010,《开放创新的新范式》,北京:科学出版社。

秦晖,2013,《福利的"高低""正负"与中国的转型》,《二十一世纪》10月号,第4—24页。

秦侠、张黎明、胡志、江震、汤志如,2001,《我国农村初级卫生保健工作存在的主要问题与启示》,《中国农村卫生事业管理》第9期,第22—24页。

青木昌彦、金滢基、奥野-藤原正宽主编,1998,《政府在东亚经济发展中的作用:比较制度分析》,张春霖等译,北京:中国经济出版社。

覃志敏,2016,《民间组织参与我国贫困治理的角色及行动策略》,《中国农业大学学报(社会科学版)》第5期,第89—98页。

邱超奕,2023,《完善养老保险体系 提高养老保障水平——访中国社会保障学会副会长、浙江大学国家制度研究院副院长金维刚》,《人民日报》6月7日第13版。

人力资源和社会保障部编,2010,《2010中国人力资源和社会保障年鉴(文献卷)》,北京:中国劳动社会保障出版社。

人力资源和社会保障部法规司编,2011,《社会保险法配套法规规章选编》,北京:中国法制出版社。

人力资源和社会保障部社会保险事业管理中心,2012,《医疗保险付费方式改革经办管理城市实例》,北京:中国劳动社会保障出版社。

Saltman, R. B., Rico, A., and Boerma, W. 编,2010,《欧洲基本保健体制改革——基本保健能否驾驭卫生系统?》,陈宁姗主译,北京:中国劳动社会保障出版社。

萨拉蒙,2007,《全球公民社会:非营利部门视界》,贾西津、魏玉译,北京:社会科学文献出版社。

萨拉尼耶,2004,《市场失灵的微观经济学》,朱保华、方红生译,上海:上海财经大学出版社。

萨瓦斯,2002,《民营化与公私部门的伙伴关系》,周志忍等译,北京:中国人民大学出版社。

桑斯坦,2015,《为什么助推》,马冬梅译,北京:中信出版社。

桑特勒、纽恩,2006,《卫生经济学:理论、案例和产业研究》,程晓明等译,北京:北京大学医学出版社。

山村光三,2010,《警惕:日本的产业政策》,载保罗·克鲁格曼主编,《战略性贸易政策与新国际经济学》,海闻译,北京:中信出版社,第153—191页。

邵宁军、严欣,2018,《金华医保"病组点数法"付费改革成效评析》,《中国医疗保险》第4期,第41—43页。

申曙光、侯小娟,2012,《我国社会医疗保险制度的"碎片化"与制度整合目标》,《广东社会科学》第3期,第19—25页。

沈满洪,2005,《水权交易与政府创新——以东阳义乌水权交易案为例》,《管理世界》第6期,第45—56页。

世界银行,1998,《东亚奇迹:经济增长与公共政策》,财政部世界银行业务司译,北京:中国财政经济出版社。

——2005,《中国:深化事业单位改革、改善公共服务提供》,北京:中信出版社。

史明丽,2013,《我国纵向型区域医疗联合体的进展与挑战》,《中国卫生政策研究》第7期,第28—32页。

史正富,2013,《超常增长:1979—2049年的中国经济》,上海:上海人民出版社。

舒立福、田晓瑞、李红,1998,《世界森林火灾状况综述》,《世界林业研究》第6期,第42—48页。

斯蒂格利茨,2003,《从奇迹到危机再到复苏:东亚过去40年发展的经验教训》,载斯蒂格利茨、尤素福编,《东亚奇迹的反思》,王玉清等译,北京:中国人民大学出版社,第354—363页。

——2009a,《发展与发展政策》,纪沫等译,北京:中国金融出版社。

——2009b,《信息与经济学范式的变革》,载斯蒂格利茨,《信息经济学:基本原理(上)》,纪沫等译,北京:中国金融出版社,第29—102页。

——2013a,《不平等的代价》,北京:机械工业出版社。

——2013b,《全球化世界的发展政策》,周建军译,红色文化网:https://www.hswh.org.cn/wzzx/llyd/zx/2013-05-02/17930.html。

斯蒂格利茨、尤素福编,2003,《东亚奇迹的反思》,王玉清等译,北京:中国人民大学出版社。

宋磊,2016,《追赶型工业战略的比较政治经济学》,北京:北京大学出版社。

宋煜萍、施瑶瑶,2022,《基层社会治理中的赋权式动员》,《东南大学学报(哲学社会科学版)》第6期,第43—50页。

苏海、向德平,2015,《社会扶贫的行动特点与路径创新》,《中南民族大学学报(人文社会科学版)》第3期,第144—148页。

苏立娟、何友均、陈绍志,2015,《1950—2010年中国森林火灾时空特征及风险分析》,《林业科学》第1期,第88—96页。

隋胜伟,2018,《按病种分值付费 中山经验获肯定》,《中山日报》11月15日第1版。

孙飞宇、储卉娟、张闫龙,2016,《生产"社会",还是社会的自我生产？以一个NGO的扶贫困境为例》,《社会》第1期,第151—185页。

孙忠欣,2011,《政府非税收入制度建设与理论探索》,北京:中国财政经济出版社。

泰勒、桑斯坦,2015,《助推:如何做出有缘健康、财富与幸福的最佳决策》,刘宁译,北京:中信出版社。(注:本书第一作者理查德·泰勒为2017年诺贝尔经济学奖得主,在其获奖后,其姓多被中译为"塞勒",更接近于其英文发音。)

泰勒-顾柏,2010,《新风险、新福利:欧洲福利国家的转变》,马继森译,北京:中国劳动社会保障出版社。

谭爽,2019,《草根NGO如何成为政策企业家？——垃圾治理场域中的历时观察》,《公共管理学报》第2期,第79—90页。

谈小燕,2020,《以社区为本的参与式治理:制度主义视角下的城市基层治理创新》,《新视野》第3期,第80—87页。

唐悦,2017,《跨界融合,新公益搭上"顺风车"》,《新华日报》9月12日第11版。

陶意传,1993,《我国初级卫生保健的成就、存在的问题和对策》,《中国卫生经济》第1期,第25—27页。

田凯,2004,《组织外形化:非协调约束下的组织运作——一个研究中国慈善组织与政府关系的理论框架》,《社会学研究》第4期,第64—75页。

童洪志,2021,《多主体参与的深度贫困区精准脱贫联动机制研究》,武汉:武汉大学出版社。

童星,2018,《中国社会治理》,北京:中国人民大学出版社。

涂成悦、刘金龙,2020,《中国林业政策从"经济优先"向"生态优先"变迁——基于多源流框架的分析》,《世界林业研究》第 5 期,第 1—6 页。

涂成悦、刘金龙、董加云,2021,《政府间纵向互动与基层森林治理创新》,《林业经济问题》第 4 期,第 387—395 页。

瓦尔德纳,2011,《国家构建与后发展》,刘娟凤、包刚升译,长春:吉林出版集团有限责任公司。

汪建强,2014《国际经验与中国进路:非营利机构参与保障房建设及运营》,《行政论坛》第 6 期,第 78—83 页。

汪玉凯,2014,《第二次改革与公共治理变革》,《探索与争鸣》第 3 期,第 4—8 页。

——2018,《党和国家机构改革与国家治理现代化》,《领导科学论坛》第 8 期,第 3—16 页。

王朝君,2015,《曾被寄予厚望的"收支两条线"》,《中国卫生》第 10 期,第 49—50 页。

王春光,2015,《制度—行动:社会治理视角下的中国社会保障建设》,《探索与争鸣》第 6 期,第 12—17 页。

王春晓,2018,《三明医改:政策试验与卫生治理》,北京:社会科学文献出版社。

王东进,2011a,《做好保基本架构内的门诊统筹》,《中国医疗保险》第 9 期,第 6—8 页。

——2011b,《完整系统地推进医疗保险支付制度改革》,《中国医疗保险》第 8 期,第 6—7 页。

——2015,《按制度规则规治居民医保》,《中国医疗保险》第 3 期,第 13—15 页。

王光菊、陈毅、陈国兴、杨建洲、修新田,2020,《森林生态—经济系统协同治理分析:机理与案例验证——基于福建省 5 个案例村的调研数据》,《林业经济》第 10 期,第 39—49 页。

王慧慧,2016,《安徽基层医疗机构管理全部取消"收支两条线"》,《安徽日报》5 月 6 日第 1 版。

王家敏,2010,《医改:学习神木好榜样?》,《中国新闻周刊》第 13 期,第 48—50 页。

王俊、顾昕,2017,《新社群主义社会思想与公共政策分析》,《国外理论动态》第 10 期,第 93—104 页。

王俊豪,2014,《管制经济学原理(第二版)》,北京:高等教育出版社。

王凯,2019,《网络治理视域下森林资源治理模式探析》,《世界林业研究》第 3 期,第13—17页。

王礼鑫、冯猛,2020,《地方政府创新中政策企业家知识创造的一个分析模型——以K市公益基金招投标改革为例》,《公共行政评论》第1期,第140—157页。

王泸生,2001,《从"文件治国"到依法治国》,《暨南学报》第3期,第37—42页。

王名,2016,《中国公益慈善:发展、改革与趋势》,《中国人大》第7期,第40—44页。

王名、蔡志鸿、王春婷,2014,《社会共治:多元主体共同治理的实践探索与制度创新》,《中国行政管理》第12期,第16—19页。

王曲、刘民权,2005,《健康的价值及若干决定因素》,《经济学(季刊)》第1期,第1—35页。

王绍光,2008,《学习机制与适应能力:中国农村合作医疗体制变迁的启示》,《中国社会科学》第6期,第111—133页。

王诗宗、宋程成,2013,《独立抑或自主:中国社会组织特征问题重思》,《中国社会科学》第5期,第50—66页。

王文娟,2017,《医改新出路——重新定义医疗服务市场》,北京:北京大学出版社。

王文娟、曹向阳,2016,《增加医疗资源供给能否解决"看病贵"问题?——基于中国省际面板数据的分析》,《管理世界》第6期,第98—106页。

王文婷、陈任、马颖、秦侠、谢瑞谨、冯立中、胡志,2016,《分级医疗背景下的安徽县域医疗服务共同体实施路径》,《中国卫生资源》第6期,第470—474页。

王向民、孔萧,2015,《媒体动员在制度变迁中的角色——以2011年以来的中国红十字会事件为例》,《晋阳学刊》第4期,第114—122页。

王樱,2018,《总额控制下按病种分值结算体系建设实践与思考——基于淮安市15年经验总结与回顾》,《中国医疗保险》第12期,第16—19页。

王颖、吕军、孙梅、励晓红、李程跃、苌凤水、郝模,2015,《全民免费医疗:凝聚民心的医改目标》,《中国卫生资源》第3期,第147—149页。

王永,2014,《城镇居民医保:谨防"泛福利化"倾向》,《中国劳动保障报》7月1日第3版。

王有志、柏晓东、宋阳,2015,《制度成本、林区困境与生态补偿》,《林业经济问题》第4期,第299—306页。

王有志、宋阳、王媛,2021,《我国天然林保护PPP治理框架构建与推进措施》,《世界林业研究》第5期,第91—96页。

韦伯，2010，《马克斯·韦伯社会学文集》，阎克文译，北京：人民出版社。

威尔逊，2006，《官僚机构：政府机构的作为及其原因》，孙艳等译，北京：生活·读书·新知三联书店。

韦星，2015，《医改的"安徽路径"》，《南风窗》第 7 期，第 43—45 页。

卫生部，1985，《关于卫生工作改革若干政策问题的报告》，《中国医院管理》第 8 期，第 5—7 页。

卫生部统计信息中心编，2004，《中国卫生服务调查研究：第三次国家卫生服务调查分析报告》，北京：中国协和医科大学出版社。

——2009，《2008 中国卫生服务调查研究：第四次家庭健康服务询问调查分析报告》，北京：中国协和医科大学出版社。

魏丕信，2003，《18 世纪中国的官僚制度与荒政》，徐建青译，南京：江苏人民出版社。

温考普，2010，《政府公司的法人治理》，高明华译，北京：经济科学出版社。

文丰安，2012，《转型期地方政府社会管理创新的理论思考》，《管理世界》第 9 期，第 176—177 页。

武宁、程明羲、闫丽娜、钱文溢、张光鹏，2018，《中国全科医生培养发展报告（2018）》，《中国全科医学》第 10 期，第 1135—1142 页。

武宁、杨洪伟，2012，《基本药物制度实施成效与问题——基于中西部四省 16 家基层医疗卫生机构的监测数据》，《中国卫生政策研究》第 7 期，第 11—15 页。

吴建南、马亮、苏婷、杨宇谦，2011，《政府创新的类型与特征——基于"中国地方政府创新奖"获奖项目的多案例研究》，《公共管理学报》第 1 期，第 94—103 页。

吴珠明、杨天才、袁海玲，2017，《临床药师在降低药占比中的药学实践及效果评价》，《实用药物与临床》第 10 期，第 1193—1196 页。

小宫隆太郎、奥野正宽、铃木兴太郎，1986，《日本的产业政策》，黄晓勇等译，北京：国际文化出版公司。

谢予昭、顾昕，2019，《中国社会医疗保险中的逆向选择行为：基于 CHNS 2009 年和 2010 年数据的实证检验》，《中国公共政策评论》第 2 期，第 60—54 页。

刑占军、张丹婷，2022，《分层衔接：迈向共同富裕的相对贫困治理机制》，《探索与争鸣》第 4 期，第 133—140 页。

熊彼特，1999，《资本主义、社会主义与民主》，吴良健译，北京：商务印书馆。

徐敢、王冲，2015，《药占比在医院管理评价工作中的管制价值和社会效果分析》，

《中国药房》第 34 期,第 4762—4765 页。

徐漫辰、焦怡雪、张璐、高恒、周博颖,2019,《共有产权住房的国际发展经验及对我国的启示》,《住宅与房地产》第 34 期,第 1—4 页。

徐阳,2017,《政府垂管部门绩效评估中的"形式主义"困境与改进路径——基于 3 个典型案例的实证分析》,《领导科学》第 20 期,第 16—18 页。

徐烨云、郁建兴,2020,《医保支付改革与强基层战略的实施:浙江省县域医共体的经验》,《中国行政管理》第 4 期,第 102—108 页。

徐宇珊,2008,《非对称性依赖:中国基金会与政府关系研究》,《公共管理学报》第 1 期,第 33—40 页。

许廷格、巴特勒,2013,《四千年通胀史:工资和价格管制为什么失败》,余翔译,北京:东方出版社。

严忠文,2012,《行政干预控制药占比的实践与体会》,《医药导报》第 6 期,第 830—831 页。

杨超,2003,《医殇》,北京:光明日报出版社。

杨宏星、赵鼎新,2013,《绩效合法性与中国经济奇迹》,《学海》第 3 期,第 16—32 页。

杨炯、方联、俞传芳、谭申生,2014,《上海市按病种付费现状分析及思考》,《中国卫生质量管理》第 2 期,第 35—37 页。

杨学文、邱波,2010,《片面强调"药占比"让看病更难》,《中外医疗》第 23 期,第 192 页。

杨燕绥、胡乃军、陈少威,2013,《中国实施 DRGs 的困境和路径》,《中国医疗保险》第 5 期,第 21—23 页。

杨燕绥、廖藏宜,2017,《医保助推三医联动重在建立机制——以金华医保为例》,《中国医疗保险》第 9 期,第 11—13 页。

杨中旭,2010,《"天价芦笋片"利益链》,《财经》第 12 期(6 月 21 日),第 48—52 页。

尹红燕、谢瑞瑾、马玉龙、王存慧、王珩,2017,《安徽省医共体模式的探索和实践》,《中国卫生政策研究》第 7 期,第 28—32 页。

应亚珍,2007,《收支两条线:公立医院公益性回归的现实途径》,《财政研究》第 9 期,第 40—43 页。

——2021,《DIP 与 DRG:相同与相异》,《中国医疗保险》第 1 期,第 39—42 页。

应亚珍、戈昕、徐明明、李杰、徐鸿、刘永华、高广颖,2016,《基层医疗卫生机构"收支两条线"的比较研究》,《卫生经济研究》第 9 期,第 8—12 页。

尤素福,2003,《新千年的东亚奇迹》,载斯蒂格利茨、尤素福编,《东亚奇迹的反思》,第 2—39 页。

于德志,2015,《中国医改安徽模式推行之路》,《卫生经济研究》第 11 期,第 3—7 页。

俞灵燕,2001,《结构规制产业政策对产业内贸易的影响》,《数量经济技术经济研究》第 10 期,第 117—120 页。

余晖主编,2014,《一个独立智库笔下的新医改(上册)》,北京:中国财富出版社。

余洋婷、孟贵、张旭峰、吴水荣,2021,《中国林业政策的演进——基于政策力度和政策工具的分析》,《世界林业研究》第 4 期,第 112—117 页。

余永定,2013,《发展经济学的重构——评林毅夫〈新结构经济学〉》,载《经济学(季刊)》第 12 卷第 3 期,第 1075—1078 页。

禹贞恩编,2008,《发展型国家》,曹海军译,长春:吉林出版集团有限责任公司。

郁建兴,2010,《超越发展型国家》,《二十一世纪》10 月号,第 101—104 页。

——2019,《社会治理共同体及其建设路径》,《公共管理评论》第 3 期,第 59—65 页。

郁建兴、关爽,2013,《地方政府社会管理的测量与制度化》,《学术月刊》第 6 期,第 17—26 页。

郁建兴、何子英,2010,《走向社会政策时代:从发展主义到发展型社会政策体系建设》,《社会科学》第 7 期,第 19—26、187 页。

郁建兴、黄飚,2017,《当代中国地方政府创新的新进展——兼论纵向政府间关系的重构》,《政治学研究》第 5 期,第 88—103 页。

郁建兴、任杰,2020,《社会治理共同体及其实现机制》,《政治学研究》第 1 期,第 45—56 页。

郁建兴、任泽涛,2012,《当代中国社会建设中的协同治理——一个分析框架》,《学术月刊》第 8 期,第 23—31 页。

郁建兴、石德金,2008,《发展型政府:一种理论范式的批判性考察》,《文史哲》第 4 期,第 157—168 页。

郁建兴、涂怡欣、吴超,2020,《探索整合型医疗卫生服务体系的中国方案——山西与浙江县域医共体的调查》,《治理研究》第 1 期,第 5—15 页。

约翰逊,2010,《通产省与日本奇迹:产业政策的成长(1925—1975)》,金毅、许鸿艳、唐吉洪译,长春:吉林出版集团有限责任公司。

岳经纶,2010,《建构"社会中国":中国社会政策的发展与挑战》,《探索与争鸣》第10期,第37—42页。

—— 2016,《中国社会政策的扩展与"社会中国"的前景》,《社会政策研究》第1期,第51—62页。

岳经纶、刘璐,2016,《中国正在走向福利国家吗——国家意图、政策能力、社会压力三维分析》,《探索与争鸣》第6期,第30—36页。

岳经纶、王春晓,2016,《堵还是疏:公立医院逐利机制之破除——基于广东省县级公立医院实施药品零差率效果分析》,《武汉大学学报(哲学社会科学版)》第2期,第29—38页。

曾红颖,2019,《创新社会治理:行动者的逻辑》,北京:社会科学文献出版社。

翟校义,2013,《"德杭城际公交"的地方合作政策创新之路》,《公共管理与政策评论》第3期,第51—61页。

詹初航、刘国恩,2006,《不要误读了"政府主导"》,《中国卫生》第9期,第24—26页。

章高荣,2017,《高风险弱激励型政策创新扩散机制研究——以省级政府社会组织双重管理体制改革为例》,《公共管理学报》第4期,第1—15页。

章平、刘婧婷,2013,《公共决策过程中的社会意见表达与政策协商——以新医改政策制定为例》,《政治学研究》第3期,第57—68页。

张朝阳主编,2016,《医保支付方式:改革案例集》,北京:中国协和医科大学出版社。

张东旭、冯文,2019,《我国医生集团注册与运营现状分析》,《中国卫生政策研究》第10期,第66—71页。

张欢,2006,《中国社会保险逆向选择问题的理论分析与实证研究》,《管理世界》第2期,第41—49页。

张洁欣、李森、龚勋、黄伟,2008,《我国城乡初级卫生保健的问题及策略选择》,《中国社会医学杂志》第1期,第14—15页。

张静,2019,《社会治理:组织、观念与方法》,北京:商务印书馆。

张康之、张乾友,2011,《民主的没落与公共性的扩散——走向合作治理的社会治理变革逻辑》,《社会科学研究》第2期,第55—61页。

张克,2015,《地方主官异地交流与政策扩散:以"多规合一"改革为例》,《公共行政评论》第 3 期,第 79—102 页。

张立荣、刘毅,2014,《整体性治理视角下县级政府社会管理创新研究》,《管理世界》第 11 期,第 178—179 页。

张维迎、林毅夫等,2017,《政府的边界》,北京:民主与建设出版社。

张鹏飞、徐朝阳,2007,《干预抑或不干预?——围绕政府产业政策有效性的争论》,《经济社会体制比较》第 1 期,第 28—35 页。

张歆、王禄生,2007,《按病种付费在我国新型农村合作医疗试点地区的应用》,《卫生经济研究》第 2 期,第 20—21 页。

张翔、Zhao,G. W.,2020,《地方政府创新何以持续:基于"政绩安全区"的组织学解释——对一个县级市"智慧市"项目过程的案例观察》,《公共管理学报》第 4 期,第 98—109 页。

张雪、黄海,2017,《公立医院去编制化的难点与对策》,《医学与社会》第 4 期,第 43—45、55 页。

张毓峰、胡雯,2017,《西部民族地区集体林权制度改革路径优化》,《中国人口·资源与环境》第 11 期,第 169—175 页。

张振忠、江芹、于丽华,2017,《全国按疾病诊断相关分组收付费规范的总体设计》,《中国卫生经济》第 6 期,第 5—8 页。

张志坚主编,1994a,《当代中国的人事管理(上)》,北京:当代中国出版社。

——1994b,《当代中国的人事管理(下)》,北京:当代中国出版社。

赵琦,2020,《基层政策企业家如何实现政策的创新与制度化?——基于温岭参与式预算的改革实践分析》,《公共行政评论》第 3 期,第 152—171 页。

赵琦、顾昕,2022,《中国政府创新与公共治理变革:文献综述和理论探索》,《公共行政评论》第 2 期,第 172—194 页。

赵树本、伍丰宇、王姗、秦涛,2020,《我国国家储备林 PPP 模式适用条件与推广策略》,《世界林业研究》第 2 期,第 101—105 页。

赵莹、仇雨临,2014,《英俄印"全民免费医疗"比较》,《中国社会保障》第 5 期,第 77—79 页。

赵越、王海舰、苏鑫,2019,《森林生态资产资本化运营研究综述与展望》,《世界林业研究》第 4 期,第 1—5 页。

赵自勇,2005,《发展型国家理论研究的进展和反思》,《当代亚太》第 11 期,第 3—10 页。

折晓叶、陈婴婴,2011,《项目制的分级运作机制和治理逻辑——对"项目进村"案例的社会学分析》,《中国社会科学》第4期,第126—148页。

郑功成,2013,《中国社会福利的现状和发展取向》,《中国人民大学学报》第2期,第2—10页。

中共中央、国务院,2009,《中共中央国务院关于深化医药卫生体制改革的意见 医药卫生体制改革近期重点实施方案(2009—2011年)》,北京:法律出版社。

《中国卫生年鉴》编辑委员会编,1990,《中国卫生年鉴1990》,北京:人民卫生出版社。

——1991,《中国卫生年鉴1991》,北京:人民卫生出版社。

——1997,《中国卫生年鉴1997》,北京:人民卫生出版社。

——2000,《中国卫生年鉴2000》,北京:人民卫生出版社。

——2001,《中国卫生年鉴2001》,北京:人民卫生出版社。

——2011,《中国卫生年鉴2011》,北京:人民卫生出版社。

中华人民共和国民政部编,2021,《2021中国民政统计年鉴》,北京:中国社会出版社。

中华人民共和国卫生部编,2003,《2003中国卫生统计年鉴》,北京:中国协和医科大学出版社。

——2005,《2005中国卫生统计年鉴》,北京:中国协和医科大学出版社。

——2006,《2006中国卫生统计年鉴》,北京:中国协和医科大学出版社。

——2008,《2008中国卫生统计年鉴》,北京:中国协和医科大学出版社。

——2009,《2009中国卫生统计年鉴》,北京:中国协和医科大学出版社。

——2010,《2010中国卫生统计年鉴》,北京:中国协和医科大学出版社。

——2011,《2011中国卫生统计年鉴》,北京:中国协和医科大学出版社。

——2012,《2012中国卫生统计年鉴》,北京:中国协和医科大学出版社。

周红云,2014,《从社会管理走向社会治理:概念、逻辑、原则与路径》,《团结》第1期,第28—32页。

周黎安,2007,《中国地方官员的晋升锦标赛模式研究》,《经济研究》第7期,第36—50页。

周丽莎,2019,《改制:国有企业构建现代企业制度研究》,北京:中华工商联合出版社。

周凌一,2020,《纵向干预何以推动地方协作治理——以长三角区域环境协作治理为例》,《公共行政评论》第 4 期,第 90—107 页。

——2022,《正式抑或非正式？区域环境协同治理的行为选择——以 2008—2020 年长三角地区市级政府为例》,《公共管理与政策评论》第 4 期,第 120—136 页。

周凌一、李朔严,2016:《跨体制流动与政策创新:制度环境约束下政策企业家的身份选择——以西南省公益金融创新为例》,《公共行政评论》第 5 期,第 45—63 页。

周其仁,2008,《病有所医当问谁》,北京:北京大学出版社。

周雪光,2012,《运动型治理机制:中国国家治理的制度逻辑再思考》,《开放时代》第 9 期,第 105—125 页。

周翼虎、杨晓民,1999,《中国单位制度》,北京:中国经济出版社。

朱敖荣,1990,《农村初级卫生保健中"中国特色"问题的探讨》,《中国初级卫生保健》第 2 期,第 3—4 页。

朱光喜、陈景森,2019,《地方官员异地调任何以推动政策创新扩散？——基于议程触发与政策决策的比较案例分析》,《公共行政评论》第 4 期,第 124—142 页。

朱恒鹏,2007,《医疗体制弊端与药品定价扭曲》,《中国社会科学》第 4 期,第 89—103 页。

——2010,《还医生以体面:医疗服务走向市场定价》,《财贸经济》第 3 期,第 123—129 页。

——2011,《管制的内生性及其后果:以医药价格管制为例》,《世界经济》第 7 期,第 64—90 页。

朱洪革、陈振环、赵梦涵、宁哲、曾培,2021,《印度联合森林管理制度:经验与挑战》,《世界林业研究》第 4 期,第 95—100 页。

朱莉华、马奔、温亚利,2017,《新一轮集体林权制度改革阶段成效、存在问题及完善对策》,《西北农林科技大学学报（社会科学版）》第 3 期,第 143—151 页。

朱铭来、于新亮、王美娇、熊先军,2017,《中国家庭灾难性医疗支出与大病保险补偿模式评价研究》,《经济研究》第 9 期,第 133—149 页。

朱天飚,2005,《发展型政府的衰落》,《社会经济体制比较》第 5 期,第 34—39 页。

朱晓丽、郑英、代涛,2017,《医保支付方式对促进整合医疗卫生服务激励机制分析》,《中国卫生经济》第 9 期,第 24—26 页。

朱旭峰、张友浪,2015,《创新与扩散:新型行政审批制度在中国城市的兴起》,《管理世界》第 10 期,第 91—105 页。

朱亚鹏,2012,《政策过程中的政策企业家:发展与评述》,《中山大学学报（社会科学版）》第 2 期,第 156—164 页。

朱亚鹏、肖棣文,2014,《政策企业家与社会政策创新》,《社会学研究》第 3 期,第 56—76 页。

朱震锋、贯君、冯浩、陈丽荣,2021,《中国共产党森林治理理念的历史变迁及发展实践》,《林业经济问题》第 4 期,第 337—343 页。

英文文献

Abbey, D. C., 2009, *Healthcare Payment Systems: An Introduction*, Boca Raton: CRC Press.

—— 2011, *Fee Schedule Payment System*, Boca Raton: CRC Press.

—— 2012, *Prospective Payment Systems*, Boca Raton: CRC Press.

—— 2013, *Cost-Based, Charge-Based, and Contractual Payment Systems*, Boca Raton: CRC Press.

Acbouri, H., and Jarawan, E., 2003, "Autonomous Structure——With Incomplete. Autonomy: Unusual Hospital Reform in Tunisia," in Preker, A. S. and Harding, A. (eds.), *Innovations in Health Service Delivery*, pp. 485-510.

Acemoglu, D., and Robinson, J., 2012, *Why Nations Fail: The Origins of Power, Prosperity, and Poverty*, New York: Crown Business.

Adelman, J., 2013, *Worldly Philosopher: The Odyssey of Albert O. Hirschman*, Princeton: Princeton University Press.

Agbeshie, A. A., Abugre, S., Atta-Darkwa, T., and Awah, R., 2022, "A Review of the Effects of Forrest Fire on Soil Properties," *Journal of Forestry Research*, 33(2): 1419-1441.

Aghion, P., and Howitt, P., 1992, "A Model of Growth through Creative Destruction," *Econometrica*, 60 (2): 323-351.

—— 2008, *The Economics of Growth*, Cambridge: The MIT Press.

Agranoff, R., 2007, *Managing Within Networks: Value to Public Organizations*, Washington, D. C.: Georgetown University Press.

—— 2012, *Collaborating to Manage: A Primer for the Public Sector*, Washington, D. C.: Georgetown University Press.

Agranoff, R., and McGuire, M., 2003, *Collaborative Public Management: New*

Strategies for Local Governments, Washington, D. C. : Georgetown University Press.

Akerlof, G. A. , 1970, "The Market for 'Lemons': Quality Uncertainty and the Market Mechanism," *The Quarterly Journal of Economics*, 84(3):488-500.

Albury, D. , 2005, "Fostering Innovation in Public Services," *Public Money and Management*, 25 (1): 51-56.

Alchain, A. , and Demesetz, H. , 1972, "Production, Information Costs, and Economic Organization," *American Economic Review*, 62 (5): 777-795.

——1973, "The Property Right Paradigm," *Journal of Economic History*, 33 (1): 16-27.

Alexy, O. , Criscuolo, P. , and Salter, A. , 2009, "Does IP Strategy Have to Cripple Open Innovation?" *MIT Sloan Management Review*, 51 (1): 71-77.

Alford, J. , 2008, "The Limits to Traditional Public Administration, or Rescuing Public Value from Misrepresentation," *Australian Journal of Public Administration*, 67(3): 357-366.

AlNuaimi, B. K. , and Khan, M. , 2019, "Public-Sector Green Procurement in the United Arab Emirates: Innovation Capability and Commitment to Change," *Journal of Cleaner Production*, 233: 482-489.

Amin, A. , 1996, "Beyond Associative Democracy," *New Political Economy*, 1 (3): 309-333.

Amin, A. , and Cohendet, P. , 2004, *Architecture of Knowledge*, Oxford: Oxford University Press.

Amin, A. , and Thomas, D. , 1996, "The Negotiated Economy: State and Civic Institutions in Denmark," *Economy and Society*, 25(2):255-281.

Amin, A. , and Thrift, N. , 1995, "Institutional Issues for the European Regions: From Markets and Plans to Socioeconomics and Powers of Association," *Economy and Society*, 24(1): 41-66.

Amsden, A. , 1989, *Asia's Next Giant: South Korea and Late Industrialization*, New York: Oxford University Press.

——2001, *The Rise of "the Rest": Challenge to the West from Late-Industrializing Economies*, New York: Oxford University Press.

Amstrong, M. , Cowan, S. , and Vickers, J. , 1995, "Nonlinear Pricing and Price

Cap Regulation," *Journal of Public Economics*, 58(1): 33-55.

Anheier, H. K., 2014, *Nonprofit Organizations: Theory, Management, Policy*, New York: Routledge.

Annear, P. L., and Huntington, D. (eds.), 2015, *Case-Based Payment Systems for Hospital Funding in Asia: An Investigation of Current Status and Future Directions*, Geneva: World Health Organisation.

Ansell, C. and Gash, A., 2008, "Collaborative Governance in Theory and Practice," *Journal of Public Administration Research and Theory*, 18(4): 543-571.

Ansell, C., Sørensen, E. and Torfing, J., 2017, "Improving Policy Implementation through Collaborative Policymaking," *Policy and Politics*, 45(3): 467-486.

Ansell, C. and Torfing, J. (eds.), 2021, *Public Governance as Co-creation: A Strategy for Revitalizing the Public Sector and Rejuvenating Democracy*, New York: Cambridge University Press.

——2022, *Handbook on Theories of Governance*, 2nd edition, Cheltenham: Edward Elgar Publishing.

Aoki, M., 2001, *Toward a Comparative Institutional Analysis*, Cambridge: The MIT Press.

Aoki, M., Kim, H. K., and Okuno-Fujiwara, M., 1996, "Introduction," *The Role of Government in East Asian Economic Development: Comparative Institutional Analysis*, Oxford: Clarendon Press, pp. xv-xxii.

Aoki, M., Murdock, K., and Okuno-Fujiwara, M., 1996, "Beyond The East Asian Miracle: Introducing the Market-enhancing View," in Aoki, M., Kim, H. K., and Okuno-Fujiwara, M. (eds.), *The Role of Government in East Asian Economic Development: Comparative Institutional Analysis*, Oxford: Clarendon Press, pp. 1-37.

Aoki, M., and Hayami, Y. (eds.), 2000, *Communities and Markets in Economic Development*, New York: Oxford University Press.

Argiolas, G., 2017, *Social Management: Principles, Governance and Practice*, Cham: Springer International Publishing AG.

Arnold, G., 2015, "Street-Level Policy Entrepreneurship," *Public Management*

Review, 17(3): 307-327.

Arrighetti, A., Bachmann, R. and Deakin, S., 1997, "Contract Law, Social Norms and Inter-firm Cooperation," *Cambridge Journal of Economics*, 21 (2): 171-195.

Arrow, K. J., 1963, "Uncertainty and the Welfare Economics of Medical Care," *American Economic Review*, 53(5): 941-973.

——1970, "Political and Economic Evaluation of Social Effects and Externalities," in Margolis, J. (ed.), *The Analysis of Public Output*, Cambridge: National Bureau of Economic Research, pp. 1-30.

Arts, W., and Gelissen, J., 2002, "Three Worlds of Welfare Capitalism or More? A State-of-the-Art Report," *Journal of European Social Policy*, 12 (2): 137-159.

Ash, A., and Hausner, J. (eds.), 1997, *Beyond Market and Hierarchy: Interactive Governance and Social Complexity*, Cheltenham: Edward Elgar Publishing.

Asheim, B., and Gertler, M., 2005, "The Geography of Innovation: Regional Innovation Systems," in Fagerberg, J., Mowery, D., and Nelson, R. (eds.), *The Oxford Handbook of Innovation*, Oxford: Oxford University Press, pp. 291-317.

Asher, M. G., 1994, *Social Security in Malaysia and Singapore: Practices, Issues, and Reform Directions*, Kuala Lumpur: Institute of Strategic and International Studies.

Asian Development Bank, 2008, *Strategy 2020: Working for an Asia and Pacific Free of Poverty*, Manila: Asian Development Bank.

——2013, *The Social Protection Index: Assessing Results for Asia and the Pacific*, Manila: Asian Development Bank.

——2016, *The Social Protection Indicator: Assessing Results for Asia*, Manila: Asian Development Bank.

——2019, *The Social Protection Indicator for Asia: Assessing Progress*, Manila: Asian Development Bank.

——2023, *The Social Protection Indicator for Asia: Tracking Developments in Social Protection*, Manila: Asian Development Bank.

Asping-Anderson, G., 1990, *Three Worlds of Welfare Capitalism*, Princeton: Princeton Uiversity Press.

Assens, C., and Lemeur, A. C., 2016, *Networks Governance, Partnership Management and Coalitions Federation*, Berlin: Springer.

Assimakopoulos, D. G., 2007, *Technological Communities and Networks: Triggers and Drivers for Innovation*, London and New York: Routledge.

Atkinson, A. B., 1995, "Is the Welfare State Necessarily an Obstacle to Economic Growth?" *European Economic Review*, 39 (3-4): 723-730.

Audretsch, D., and Thurik, R., 2000, "Capitalism and Democracy in the 21st Century: From the Managed to the Entrepreneurial Economy," *Journal of Evolutionary Economics*, 10(1): 17-34.

Audretsch, D., and Walshok, M., 2013, *Creating Competitiveness: Entrepreneurship and Innovation Policies for Growth*, Northampton, MA: Edward Elgar.

Aviram, N. F., Cohen, N., and Beeri, I., 2018, "Low-Level Bureaucrats, Local Government Regimes and Policy Entrepreneurship," *Policy Sciences*, 51(1): 39-57.

——2020, "Policy Entrepreneurship in Developing Countries: A Systematic Review of the Literature," *Public Administration and Development*, 40(1): 35-48.

Azariadis, C., and Drazen, A., 1990, "Threshold Externalities in Economic Development," *Quarterly Journal of Economics*, 105 (2): 501-526.

Azfar, O., and Cadwell, C. A. (eds.), 2003, *Market-Augmenting Government: The Institutional Foundations for Prosperity*, Ann Arbor: The University of Michigan Press.

Bach, T., Jugl, M., Köhler, D., and Wegrich, K., 2022, "Regulatory Agencies, Reputational Threats, and Communicative Responses," *Regulation and Governance*, 16 (4): 1042-1057.

Bach, T., Wegrich, K. (eds.), 2019, *The Blind Spots of Public Bureaucracy and the Politics of Non-Coordination*, Basingstoke: Palgrave Macmillan.

Bagchi-Sen, S., Lee, C. and Poon, J., 2015, "Academic-Industry Collaboration: Patterns and Outcomes," in Farinha, L. M. C., Ferreira, J. J. M., Smith, H. L., and Bagchi-Sen, S. (eds.), *Handbook of Research on Global Competitive Advantage through*

Innovation and Entrepreneurship, Hershey PA: IGI Global, pp. 289-302.

Baker, W. E., Faulkner, R. R., and Fisher, G. A., 1998, "Hazards of the Market: The Continuity and Dissolution of Interorganizational Market Relationships," *American Sociological Review*, 63(2): 147-177.

Bakir, C. and Gunduz, K. A., 2020, "The Importance of Policy Entrepreneurs in Developing Countries: A Systematic Review and Future Research Agenda," *Public Administration and Development*, 40(1): 11-34.

Balogh, B., 2015, *The Associational State: American Governance in the Twentieth Century*, Philadelphia: University of Pennsylvania Press.

Balzat, M., 2006, *An Economic Analysis of Innovation: Extending the Concept of National Innovation Systems*, Cheltenham: Edward Elgar Publishing.

Barber, B., 1995, "All Economies Are 'Embedded': The Career of a Concept, and Beyond," *Social Research*, 62(2): 388-413.

Barbieri, J. S., Nguyen, H. P., Forman, H. P., Bolognia, J. L. and Collins, S. A. B., 2018, "Future Considerations for Clinical Dermatology in the Setting of 21st Century American Policy Reform: The Relative Value Scale Update Committee," *Journal of the American Academy of Dermatology*, 78 (4): 816-820.

Bardhan, P., and Udry, C., 1999, *Development Microeconomics*, New York: Oxford University Press.

Barr, N., 1998, *The Economics of the Welfare State*, 3rd edition, Stanford: Stanford University Press.

Barras, R., 1990, "Interactive Innovation in Financial and Business Services: The Vanguard of the Service Revolution," *Research Policy*, 19 (3): 215-237.

Barros, P. P., 2017, "Competition Policy for Health Care Provision in Portugal," *Health Policy*, 121 (2): 141-148.

Barros, P. P., Brouwer, W. B. F., Thomson, S., and Varkevisser, M., 2016, "Competition among Health Care Providers: Helpful or Harmful?" *European Journal of Health Economics*, 17(3): 229-233.

Barth, E., Moene, K. O., and Willumsen, F., 2014, "The Scandinavian Model—An Interpretation," *Journal of Public Economics*, 117: 60-72.

Bass, B. M., and Riggio, R. E., 2006, *Transformational Leadership*, 2nd

Edition, Mahwah: Lawrence Erlbaum Associates Publishers.

Bayar, A. H., 1996, "The Developmental State and Economic Policy in Turkey," *Third World Quarterly*, 17(4): 773-785.

Baumol, W., 2002, *Free-market Innovation Machine: Analyzing the Growth Miracle of Capitalism*, Princeton: Princeton University Press.

——2010, *The Microtheory of Innovative Entrepreneurship*, Princeton: Princeton University Press.

Beason, R., and Weinstein, D. E., 1996, "Growth, Economies of Scale, and Targeting in Japan," *The Review of Economics and Statistics*, 78 (2): 286-295.

Bebbington, A. J., Hickey, S., and Mitlin, D. C., 2013, *Can NGOs Make a Difference? The Challenge of Development Alternatives*, London: Zed Books Ltd.

Beider, H. (ed.), 2007, *Neighbourhood Renewal and Housing Markets: Community Engagement in the US & UK*, Oxford: Blackwell Publishing.

Bekkers, V., Edelenbos, J., and Steijn, B., 2011, "Linking Innovation to the Public Sector: Contexts, Concepts and Challenges," *Innovation in the Public Sector*, New York: Springer, pp. 3-32.

Bekkers, V., and Tummers, L., 2018, "Innovation in the Public Sector: Towards an Open and Collaborative Approach," *International Review of Administrative Sciences*, 84 (2): 209-213.

Bekkers, V. J., van Duivenboden, H., and Thaens, M., 2006, *Information and Communication Technology and Public Innovation: Assessing the ICT-driven Modernization of Public Administration*, Amsterdam: IOS Press.

Bell, S., and Hindmoor, A., 2009, *Rethinking Governance: The Centrality of the State in Modern Society*, New York: Cambridge University Press.

Bell, S., and Park, A., 2006, "The Problematic Metagovernance of Networks: Water Reform in New South Wales," *Journal of Public Policy*, 26(1): 63-83.

Bellettini, G., and Ceroni, C. B., 1999, "Is Social Security Really Bad for Growth?" *Review of Economic Dynamics*, 2 (4): 796-819.

——2000, "Social Security Expenditure and Economic Growth: An Empirical Assessment," *Research in Economics*, 54 (3): 249-275.

Ben-Ner, A., 1986, "Nonprofit Organizations: Why Do They Exist in Market

Economies,"in Rose-Ackerman, S. (ed.), *The Economics of Nonprofit Institutions*, New York: Oxford University Press, 1986, pp. 94-113.

Berardo, R., 2014, "Bridging and Bonding Capital in Two-Mode Collaboration Networks," *Policy Studies Journal*, 42(2): 197-225.

Bergstrom, T., Blume, L. E., and Varian, H., 1986, "On Private Provision of Public Goods," *Journal of Public Economics*, 29(1): 25-49.

Berman, P., 1996, "The Role of the Private Sector in Health Financing and Provision," in Janovsky, K. (ed.), *Health Policy and Systems Development: An Agenda for Research*, Geneva: World Health Organization, pp. 125-146.

Berman, P., and Cuizon, D., 2004, *Multiple Public-Private Jobholding of Healthcare Providers in Developing Countries: An Exploration of Theory and Evidence*, London: DFID Health Systems Resource Centre.

Besha, P., 2010, "Policy Making in China's Space Program: A History and Analysis of the Chang'E Lunar Orbiter Project," *Space Policy*, 26(4): 214-221.

Best, M. H., 1990, *The New Competition: Institutions of Industrial Restructuring*, Cambridge: Polity Press.

Bevan, G., and Hood, C., 2006, "What's Measured is What's Matters: Targets and Gaming in the English Public Health Care System," *Public Administration*, 84(3): 517-538.

Bianchi, P., and Labory, S., 2006, "From 'Old' Industrial Policy to 'New' Industrial Development Policies," *International Handbook on Industrial Policy*, Cheltenham: Edward Elgar Publishing Limited, pp. 3-27.

Bianchi, C., Nasi, G., and Rivenbark, W. C., 2021, "Implementing Collaborative Governance: Models, Experiences, and Challenges," *Public Management Review*, 23(11): 1581-1589.

Bingham, R. D., 1998, *Industrial Policy American Style: From Hamilton to HDTV*, Armonk, NY: M. E. Sharpe, Inc.

Block, F., 2008, "Swimming Against the Current: The Rise of a Hidden Developmental State inthe United States," *Politics and Society*, 36(2): 169-206.

Bloom, N. D., Umbach, F., and Vale, L. J. (eds.), 2015, *Public Housing Myths: Perception, Reality, and Social Policy*, Ithaca: Cornell University Press.

Bloor, K. and Maynard, A. 2002, "Universal Coverage and Cost Control: The United Kingdom National Health Service," in Thai, K. V., Wimberley, E. T., and McManus, S. M. (eds.), *Handbook of International Health Care Systems*, New York: Marcel Dekker, Inc., pp. 261-286.

Blum, D., and Ullman, C. (eds.), 2013, *The Globalization and Corporatization of Education: Limits and Liminality of the Market Mantra*, London and New York: Routledge.

Boekema, F., Morgan, K., Bakkers, S., and Rutten, S., 2000, *Knowledge, Innovation and Economic Growth: The Theory and Practice of Learning Regions*, Cheltenham: Edward Elgar Publishing.

Boerma, W. G. W., and Rico, A., 2006, "Changing Conditions for Structural Reform in Primary Care," in Saltman, R. B., Rico, A., and Boerma, W. G. W. (eds.), *Primary Care in the Driver's Seat? Organizational Reform in European Primary Care*, Maidenhead: Open University Press, pp. 50-67.

Bogason, P. and Zolner, M. (eds.), 2007, *Methods in Democratic Network Governance*, Basingstoke: Palgrave Macmillan UK.

Bommert, B., 2010, "Collaborative Innovation in the Public Sector," *International Public Management Review*, 11 (1): 15-33.

Bonoli, G., 2013, *The Origins of Active Social Policy: Labour Market and Childcare Policies in a Comparative Perspective*, Oxford: Oxford University Press.

Boon, H., Verhoef, M., O'Hara, D., and Findlay, B., 2004, "From Parallel Practice to Integrative Health Care: A Conceptual Framework," *BMC Health Services Research*, 4 (15): 15-20.

Boon, H., Wynen, J., and Callens, C., 2023, "A Stakehoulder Perspective on Public Sector Innovation: Linking the Target Groups of Innovations to the Inclusion of Sakeholder Idea," *Internatonal Review of Administrative Sciences*, 89 (2): 330-345.

Borins, S., 2008, *Innovations in Government: Research, Recognition and Replication*, Washington, D.C.: Brookings Institution Press.

Bovaird, T., 2006, "Developing New Forms of Partnership with the 'Market' in the Procurement of Public Services," *Public Administration*, 84(1): 81-102.

——2007, "Beyond Engagement and Participation: User and Community

Coproduction of Public Services," *Public Administration Review*, 67 (5): 846-860.

Bowles, S., 2004, *Microeconomics: Behavior, Institutions, and Evolution*, Princeton: Princeton University Press.

Bowles, S., and Gintis, H., 2005, "Social Capital, Moral Sentiments, and Community Governance," in Bowles, S., Gintis, H., Boyd, R., and Fehr, E. (eds.), *Moral Sentiments and Material Interests: The Foundations of Cooperation in Economic Life*, Cambridge: The MIT Press, pp. 379-398.

Bozeman, B., 2002, "Public-Value Failure: When Efficient Markets May Not Do,"*Public Administration Review*, 62(2): 145-161.

Braeutigam, R. R., and Panzar, J. C., 1993, "Effects of the Change from Rate-of-Return to Price-Cap Regulation,"*American Economic Review*, 83(2): 191-198.

Brander, J. A., and Spencer, B. J., 1985, "Export Subsidies and International Market Share Rivalry," *Journal of International Economics*, 18(1/2): 83-100.

Brandsen, T., and Honingh, M., 2016, "Distinguishing Different Types of Coproduction: A Conceptual Analysis Based on the Classical Definitions," *Public Administration Review*, 76 (3): 427-435.

Brekke, K. R., and Sørgard, L., 2007, "Public versus Private Health Care in a National Health Service," *Health Economics*, 16(6): 579-601.

Brekke, K. R., and Straume, O. R., 2017, "Competition Policy for Health Care Provision in Norway," *Health Policy*, 121 (2) : 134-140.

Breznitz, D., 2007, *Innovation and the State: Political Choice and Strategies for Growth in Israel, Taiwan, and Ireland*, New Haven and London: Yale University Press.

Brown, J. S., and Duguid, P., 1991, "Organizational Learning and Communities-of-Practice: Toward a Unified View of Working, Learning, and Innovation," *Organization Science*, 2(1): 40-57.

Brundage, A., 2002, *The English Poor Laws, 1700-1930*, Basingstoke: Palgrave Macmillan.

Brusco, S., 1982, "The Emilian Model: Productive Decentralisation and Social Integration," *Cambridge Journal of Economics*, 6 (2): 167-184.

Brusco, S., and Righi, E., 1989, "Local Government, Industrial Policy and

Social Consensus: The Case of Modena (Italy)," *Economy and Society*, 18 (4): 405-424.

Bryson, J. M., Crosby, B. C., and Stone, M. M., 2015, "Designing and Implementing Cross-Sector Collaborations: Needed and Challenging," *Public Administration Review*, 75 (5): 647-663.

Buchmueller, T. C., and Couffinhal, A., 2004, *Private Health Insurance in France*, Paris: Organisation for Economic Cooperation and Development.

Buchanan, J., Tollison, R., and Tullock, G., 1984, *Toward a Theory of the Rent-Seeking Society*, College Station, TX: Texas A and M University Press.

Buchanan, J. M., and Tullock, G., 1990, *The Calculus of Consent*, Indianapolis, IN.: Liberty Fund, Inc.

Budrys, G., 2013, *How Nonprofits Work: Case Studies in Nonprofit Organizations*, Lanham: Rowman & Littlefield Publishers.

Burik, D., and Nackel, J. G., 1981, "Diagnosis-Related Groups: Tool for Management," *Hospital and Health Services Administration*, 26(1):25-40.

Burns, L. R., and Pauly, M. V., 2002, "Integrated Delivery Networks: A Detour on the Road to Integrated Health Care?" *Health Affairs*, 21(4): 128-143.

Busse, R., 2002, *Health Care Systems: Britain and Germany Compared*, London: Anglo-German Foundation.

Busse, R., and Blümel, M., 2014, "Germany: Health System Review," *Health Systems in Transition*, 16(2):1-296.

Busse, R., Geissler, A., Quentin, W., and Wiley, M. (eds.), 2011, *Diagnosis Related Groups in Europe: Moving Towards Transparency, Efficiency and Quality in Hospitals*, Maidenhead: Open University Press.

Busse, R., and Riesberg, A., 2004, *Health Care Systems in Transition: Germany*, Copenhagen: WHO Regional Office for Europe on Behalf of the European Observatory on Health Systems and Policies.

Caldarano, N., 2002, "Human Ecological Intervention and the Role of Forest Fires in Human Ecology," *Science of the Total Environment*, 292(3): 141-165.

Calder, K. E., 1993, *Strategic Capitalism: Private Business and Public Purpose in Japanese Industrial Finance*, Princeton: Princeton University Press.

Callahan, R., 2007, "Governance: The Collision of Politics and Cooperation," *Public Administration Review*, 67(2): 290-301.

Campbell, J. L., Hollingsworth, J. R., and Lindberg, L. N. (eds.), 1990, *Governance of the American Economy*, New York: Cambridge University Press.

Canadian Institute for Health Information, 2005, *Exploring the 70/30 Split: How Canada's Health Care System Is Financed*, Ottawa: Canadian Institute for Health Information.

Carlsen, F., and Grytten, J., 2000, "Consumer Satisfaction and Supplier Induced Demand," *Journal of Health Economics*, 19(5): 731-753.

Carrin, G., and Hanvoravongchai, P., 2002, *Health Care Cost-containment Policies in High-Income Countries: How Successful Are Monetary Incentives?* Geneva: World Health Organisation.

Carroll, G. R., and Teece, D. J., 1999, *Firms, Marketsand Hierarchies: The Transaction Cost Economics*, New York: Oxford University Press.

Casas, M., and Wiley, M. M. (eds.), 1993, *Diagnosis Related Groups in Europe: Uses and Perspectives*, Berlin: Springer-Verlag.

Cashin, C., Chi, Y., Smith, P. C., Borowitz, M., and Thomson, S. (eds.), 2014, *Paying for Performance in Health Care: Implications for Health System Performance and Accountability*, Maidenhead: Open University Press.

Cashin, C., Gubonova, O., Kadyrova, N., Khe, N., Kutanov, E., McEuen, M., O'Dougherty, S., Routh, S., and Zues, O., 2009, "Primary Health Care Per Capita Payment Systems," in Langenbrunner, J. C., Cashin, C., and O'Dougherty, S. (eds.), *Designing and Implementing Health Care Provider Payment Systems: How-to Manuals*, Washington, D. C.: The World Bank, pp. 27-123.

Cason, T. N., and Gangadharan, L., 2016, "Swords without Covenants Do Not Lead to Self-governance," *Journal of Theoretical Politics*, 28 (1): 44-73.

Casper, S., 2007, *Creating Silicon Valley in Europe: Public Policy towards New Technology Industries*, Oxford: Oxford University Press.

Cantwell, J., 2004, "Innovation and Competitiveness," in Fagerberg, J., Mowery, D. C., and Nelson, R. R. (eds.), *The Oxford Handbook of Innovation*, Oxford: Oxford University Press, pp. 543-567.

Capano, G., 2009, "Understanding Policy Change as an Epistemological and Theoretical Problem," *Journal of Comparative Policy Analysis*, 11(1): 7-31.

Certini, G., 2005, "Effects of Fire on Properties of Forest Soils: A Review," *Oecologia*, 143(1): 1-10.

Chalkley, M., and Malcomson, J. M., 2000, "Government Purchasing of Health Services," in Culyer, A. J. and Newhouse, J. P. (eds.), *Handbook of Health Economics*, Vol. 1A, Amsterdam: North-Holland, pp. 847-890.

Chan, S. H., Erikson, J., and Wang, K., 2003, *Real Estate Investment Trusts: Structure, Performance, and Investment Opportunities*, Oxford: Oxford University Press.

Chandler, J., 1991, "Public Administration: A Discipline in Decline," *Teaching Public Administration*, 9(1): 39-45.

Chang, H. J., 1994, *The Political Economy of Industrial Policy*, London: Macmillan Press.

—— 1999, "The Economic Theory of the Developmental State," in Woo-Cumings, M. (ed.), *The Developmental State*, pp. 182-199.

—— 2004, *Kicking Away the Ladder: Developing Strategy in Historical Perspective*, London: Anthem Press. (中译本:张夏准,2007,《富国陷阱:发达国家为何踢开梯子?》,北京:社会科学文献出版社。)

—— 2008, *Bad Samaritans: The Myth of Free Trade and Secrete History of Capitalism*, London: Bloomsbury.

Chang, K. (ed.), 2021, *Developmental Citizenship in China: Economic Reform, Social Governance, and Chinese Post-Socialism*, London and New York: Routledge.

Charles, C. A., and Badgley, R. F., 1999, "Canadian National Health Insurance: Evolution and Unresolved Policy Issues," in Powell, F. D. and Wessen, A. F. (eds.), *Health Care Systems in Transition: An International Perspective*, London: Sage Publications, pp. 123-130.

Chen, J., Stephens, M., and Man., Y. (eds.), 2013, *The Future of Public Housing: Ongoing Trends in the East and the West*, Berlin and Heidelberg: Springe-Verlag.

Chen, X., and Göbel, C., 2016, "Regulations against Revolution: Mapping

Policy Innovations in China," *Journal of Chinese Governance*, 1(1): 78-98.

Cheng, Y., Yu, J., Shen, Y., and Yu, J., 2020, "Coproducing Responses to COVID-19 with Community-Based Organizations: Lessons from Zhejiang Province, China," *Public Administration Review*, 80 (5): 866-873.

Chesbrough, H., 2003, *Open Innovation: The New Imperative for Creating and Profiting from Technology*, Boston: Havard Business School Press.

Chibber, V., 2003, *Locked in Place: State-Building and Late Industrialization in India*, Princeton: Princeton University Press.

Chiu, S., 1994, *The Politics of Laissez-Faire: Hong Kong's Strategy of Industrialization in Historical Perspective*, Hong Kong: Institute of Asia-Pacific Studies, Chinese University of Hong Kong.

Choné, P., 2017, "Competition Policy for Health Care Provision in France," *Health Policy*, 121 (2): 111-118.

Choung, J. Y. Hwang, H. R., and Song, W., 2014, "Transitions of Innovation Activities in Latecomer Countries: An Exploratory Case Study of South Korea," *World Development*, 54: 156-167.

Christiansen, J. B., and Conrad, D., 2011, "Provider Payment and Incentives," *Oxford Handbook of Health Economics*, Oxford: Oxford University Press, pp. 624-648.

Christensen, J. L., and Lundvall, B., 2004, *Product Innovation, Interactive Learning and Economic Performance*, Oxford: Elsevier Ltd.

Christiansen, J. K., and Vendelø, M. T., 2003, "The Role of Reputation Building in International R&D Project Collaboration," *Corporate Reputation Review*, 5 (4): 304-329.

Cimoli, M., Dosi, G., and Stiglitz, J. E. (eds.), 2009, *Industrial Policy and Development: The Political Economy of Capabilities Accumulation*, New York: Oxford University Press.

Cinar, E., Trott, P., and Simms, C., 2019, "A Systematic Review of Barriers to Public Sector Innovation Process," *Public Management Review*, 21 (2): 264-290.

——2021, "An International Exploration of Barriers and Tactics in the Public Sector Innovation Process," *Public Management Review*, 23 (3): 326-353.

Clapham, C., 2018, "The Ethiopian Developmental State," *Third World Quarterly*, 39(6): 1151-1165.

Coase, R. H., 1937, "The Nature of the Firm," *Economica*, 4 (16): 386-405.

Cohen, A. B., Colby, D. C., Wailoo, K. A., and Zelizer, J. E. (eds.), 2015, *Medicare and Medicaid at 50: America's Entitlement Programs in the Age of Affordable Care*, New York: Oxford University Press.

Cohen, N., 2012, "Policy Entrepreneurs and the Design of Public Policy: Conceptual Framework and the Case of the National Health Insurance Law in Israel," *Journal of Social Research & Policy*, 3(1): 5-26.

——2016, "Policy Entrepreneurs and Agenda Setting," in Zahariadis, N. (ed.), *Handbook of Public Policy Agenda Setting*, Cheltenham: Edward Elgar Publishing, pp. 180-190.

Cole, D. H., and McGinnis, M. D., 2014, *Elinor Ostrom and the Bloomington School of Political Economy: Polycentricity in Public Administration and Political Science*, Lanham: Lexington Books.

—— 2015, *Elinor Ostrom and the Bloomington School of Political Economy: Resource Governance*, Lanham: Lexington Books.

—— 2017, *Elinor Ostrom and the Bloomington School of Political Economy: A Framework for Policy Analysis*, Lanham: Lexington Books.

Coleman, W. D., 1997, "Associational Governance in a Globalizing Era: Weathering the Storm," in Hollingsworth J. R. and Boyer R. (eds.), *Contemporary Capitalism: The Embeddedness of Institutions*, New York: Cambridge University Press, pp. 127-153.

Colla, C. H., Escarce, J. J., Buntin, M. B., and Sood, N., 2010, "Effects of Competition on the Cost and Quality of Inpatient Rehabilitation Care under Prospective Payment," *Health Services Research*, 45(2): 1981-2006.

Collins, H., 1999, *Regulating Contracts*, Oxford: Oxford University Press.

Colombo, F. and Tapay, N., 2003, *Private Health Insurance in Australia: A Case Study*, Paris: Organisation for Economic Cooperation and Development.

Compston, H., 2009, *Policy Networks and Policy Change: Putting Policy Network Theory to the Test*, Basingstoke: Palgrave Macmillan.

Connor, R. A., Feldman, R. D., and Dowd, B. E., 1998, "The Effects of Market Concentration and Horizontal Mergers on Hospital Costs and Prices," *International Journal of the Economics of Business*, 5(2): 159-180.

Conway, K. S., and Kimmel, J., 1998, "Male Labor Supply Estimates and the Decision to Moonlight," *Labour Economics*, 5(2): 135-166.

Cooke, P., and Morgan, K. 1998, *The Associational Economy: Firms, Regions, and Innovation*, Oxford: Oxford University Press.

Cope, H., 1999, *Housing Associations: Policy and Practice of Registered Social Landlords*, London: Macmillan Education.

Corden, S., 2003, "Autonomous Hospitals Become a Commercial Network: Hospital Rationalization in Victoria, Australia," in Preker, A. S., and Harding, A. (eds.), *Innovations in Health Service Delivery*, pp. 345-390.

Cornforth, C., and Brown, W. A. (eds.), 2013, *Nonprofit Governance: Innovative Perspectives and Approaches*, London and New York: Routledge.

Coulter, A., 1995, "Shifting the Balance from Secondary to Primary Care: Needs Investment and Cultural Change," *British Medical Journal*, 311(7018): 1447-1448.

Cowling, K., Oughton, C., and Sugden, R., 2000, "A Reorientation of Industrial Policy? Horizontal Policies and Targeting," in Cowling, K. (ed.), *Industrial Policies in Europe: Theoretical Perspectives and Practical Proposals*, London and New York: Routledge, pp. 17-33.

Cristofoli, D., Markovic, J., and Meneguzzo, M., 2014, "Governance, Management and Performance in Public Networks: How to be Successful in Shared-Governance Networks," *Journal of Management & Governance*, 18(1): 77-93.

Crosby, B. C., and Bryson, J. M., 2010, "Integrative Leadership and the Creation and Maintenance of Cross-Sector Collaborations," *The Leadership Quarterly*, 21 (2): 211-230.

Crosby, B. C., and Bryson, J. M., 2018, "Why Leadership of Public Leadership Research Matters: And What to Do About It," *Public Management Review*, 20 (9): 1265-1286.

Crosby, B. C., 't Hart, P., and Torfing, J., 2017, "Public Value Creation through Collaborative Innovation," *Public Management Review*, 19 (5): 655-669.

Crouch, C., and Streeck, W. (eds.), 1997, *Political Economy of Modern Capitalism*, Thousand Oaks: Sage Publications.

Cutler, D. M., 2002, "Equality, Efficiency, and Market Fundamentals: The Dynamics of International Medical Care Reform," *Journal of Economic Literature*, 40(3): 881-906.

Culter, D. M., and Reber, S. J., 1998, "Paying for Health Insurance: The Trade-off between Competition and Adverse Selection," *Quarterly Journal of Economics*, 113(2): 433-466.

Cutler, D. M., and Zeckhauser, R. J., 1998, "Adverse Selection in Health Insurance," in Cutler, D. M., and Garber, A. M. (eds.), *Frontiers in Health Policy Research*, Cambridge: The MIT Press, pp. 1-32.

——2000, "The Anatomy of Health Insurance", in Culyer, A. J., and Newhouse, J. P. (eds.), *Handbook of Health Economics*, Vol. 1A, Amsterdam: North-Holland, pp. 563-643.

Cumings, B., 1984, "The Origins and Development of the Northeast Asian Political Economy," *International Organization*, 38(1): 1-40.

—— 1999, "Webs with No Spiders, Spiders with No Webs: The Genealogy of the Developmental State," in Woo-Cumings, M. (ed.), *The Developmental State*, Ithaca: Cornell University Press, pp. 61-92.

Czischke, D., 2009, *Financing Social Housing after the Economic Crisis*, Brussels: CE-CODHAS European Social Housing Observatory.

Daguerre, A., 2007, *Active Labour Market Policies and Welfare Reform: Europe and the US in Comparative Perspective*, Basingstoke: Palgrave Macmillan.

Dahl, E., Drøpping, J. A., and Løemel, I., 2001, "Norway: Relevance of the SocialDevelopment Model for Post-War Welfare Policy," *International Journal of Social Welfare*, 10(4): 300-308.

Dahl, R. A., 1961, *Who Governs?: Democracy and Power in an American City*, New Haven: Yale University Press.

Dalmau-Atarrodona, E., and Puig-Junoy, J., 1998, "Market Structure and Hospital Efficiency: Evaluating Potential Effects of Deregulation in a National Health Service," *Review of Industrial Organization*, 13(4): 447-466.

Damanpour, F., and Schneider, M., 2009, "Characteristics of Innovation and Innovation Adoption in Public Organizations: Assessing the Role of Managers," *Journal of Public Administration Research and Theory*, 19(3): 495-522.

Darby, M. R., and Karni, E., 1973, "Free Competition and the Optimal Amount of Fraud," *Journal of Law and Economics*, 16(1): 67-88.

Dasgupta, P., and Stiglitz, J., 1888, "Learning-by-doing, Market Structure and Industrial and Trade Policies," *Oxford Economic Papers*, 40(2): 246-268.

Davidson, N. M., and Malloy, R. P., 2009, *Affordable Housing and Public-Private Partnerships*, Burlington: Ashigate Publishing Company.

Dawson, D., and Dargie, C., 2002, "New Public Management: A Discussion with Special Reference to UK Health," in McLaughlin, K., Osborne, S. P., and Ferlie, E., (eds.), *New Public Management: Current Trends and Future Prospects*, London and New York: Routledge, pp. 34-56.

Dawson, D., Goddard, M., and Street, A., 2001, "Improving Performance in Public Hospitals: A Role for Comparative Costs?" *Health Policy*, 57(3): 235-248.

de Kam, G., 2014, "Inclusionary Housing in the Netherlands: Breaking the Institutional Path?" *Journal of Housing and the Built Environment*, 29(3): 439-454.

de Medeiros, C. A., 2011, "The Political Economy of the Rise and Decline of Developmental States," *Panoeconomicus*, 58(1): 43-56.

de Pietro, C., Camenzind, P., Sturny, I., Crivelli, L., Edwards-Garavoglia, S., Spranger, A., Wittenbecher, F., and Quentin, W., 2015, "Switzerland: Health System Review," *Health Systems in Transition*, 17(4): 1-288.

Dean, H., 2015, *Social Rights and Human Welfare*, 2nd Revised edition, London and New York: Routledge.

Dean, M., 1999, *Governmentality: Power and Rule in Modern Societies*, London: Sage Publications Ltd.

Deen, E. S., 2011, "The Developmental State: An Illusion in Contemporary Times," *African Journal of Political Science and International Relations*, 5(9): 424-436.

Demesetz, H., 1967, "Toward a Theory of Property Rights," *American Economic Review*, 57(2): 347-359.

Demircioglu, M. A., 2018, "The Effects of Empowerment Practices on Perceived Barriers to Innovation: Evidence from Public Organizations," *International Journal of Public Administration*, 41 (15): 1302-1313.

Denenberg, H. S., Eilers, R. D., Hoffman, G. W., Kline, C. A., Melone, J. J., and Snider, H. W., 1964, *Risk and Insurance*, Englewood Cliffs: Prentice Hall.

Denters, B., van Heffen, O., Huisman, J., and Klok, P. J. (eds.), 2003, *The Rise of Interactive Governance and Quasi-markets*, New York: Springer Science.

Desai, K. R., van Deusen Lukas, C., and Young, G. J., 2000, "Public Hospitals: Privatization and Uncompensated Care," *Health Affairs*, 19(2): 167-172.

Deutsche Bank Research, 2006, *Health Policy in Germany: Health Reforms Need a Dose of Market Medicine*, Frankfurt: Deutsche Bank Research.

Deyo, F. C., (ed.), 1987, *The Political Economy of the New Asian Industrialism*, Ithaca: Cornell University Press.

Dickerson, O. D., 1959, *Health Insurance*, Homewood: Irwin.

Dietzt, T., Ostrom, E., and Stern, P. C., 2003, "The Struggle to Govern the Commons," *Science*, 30 (5652): 1907-1912.

Dolgin, A., 2010, *Manifesto of the New Economy: The Second Invisible Hand of the Market*, Berlin and Heidelberg: Springer Verlag GmbH.

Donahue, J. D., and Nye, J. S. Jr. (eds.), 2002, *Market-Based Governance: Supply Side, Demand Side, Upside, and Downside*, Washington, D. C.: The Brookings Institution.

Donahue, J. D., and Zeckhauser, R. J., 2011, *Collaborative Governance: Private Roles for Public Goals in Turbulent Times*, Princeton: Princeton University Press.

Doner, R. F., Ritchie, B. K., and Slater, D., 2005, "Systemic Vulnerability and the Origins of Developmental States: Northeast and Southeast Asia in Comparative Perspective," *International Organization*, 59(2): 327-361.

Dore, R., 2000, *Stock Market Capitalism: Welfare Capitalism: Japan and Germany versus the Anglo-Saxons*, Oxford: Oxford University Press.

Dorn, J. A., Hanke, S. H., and Wlaters, A. A., 1998, *The Revolution in Development Economics*, Washington, D. C.: Cato Institute.

Dosi, G., Freeman, C., Silverberg, G., and Soete, L. (eds.), 1988, *Technical*

Change and Economic Theory, London: Pinter Publishing.

Dosi, G., and Nelson, R. R., 2010, "Technical Change and Industrial Dynamics as Evolutionary Processes," in Hall, B. H., and Rosenberg, N. (eds.), *Handbook of the Economics of Innovation*, Vol. 1, Amsterdam: North Holland, pp. 51-127.

Douglas, J., 1987, "Political Theories of Nonprofit Organizations," in Powell, W. W. (ed.), *The Nonprofit Sector: A Research Handbook*, New Haven: Yale University Press, pp. 43-53.

Dranove, D., 1988, "Demand Inducement and the Physician/Patient Relationship," *Economic Inquiry*, 26 (2): 281-298.

—— 2012, "Health Care Markets, Regulators, and Certifiers," in Pauly, M. V., Mcguire, T. G., and Barros, P. P. (eds.), *Handbook of Health Economics*, Vol. 2, Amsterdam: North Holland, pp. 639-690.

Dranove, D., Shanley, M., and Simon, C., 1992, "Is Hospital Competition Wasteful?" *Rand Journal of Economics*, 23(2): 247-262.

Dredge, R., 2009, "Hospital Global Budget," in Langenbrunner, J. C., Cashin, C., and O'Dougherty, S. (eds.), *Designing and Implementing Health Care Provider Payment Systems: How-to Manuals*, Washington, D. C.: The World Bank, pp. 215-253.

Dror, D. M., and Preker, A. (eds.), 2002, *Social Reinsurance*, Washington, D. C.: The World Bank.

Duckett, J., 2011, *The Chinese State's Retreat from Health: Policy and the Politics of Retrenchment*, London and New York: Routledge.

Dulleck, U., and Kerschbamer, R., 2006, "On Doctors, Mechanics, and Computer Specialists: The Economics of Credence Goods," *Journal of Economic Literature*, 44 (1): 5-42.

——2009, "Experts vs. Discounters: Consumer Free-riding and Experts Withholding Advice in Markets for Credence Goods," *International Journal of Industrial Organization*, 27: 15-23.

Dunn, W. N., and Miller, D. Y., 2007, "A Critique of the New Public Management and the Neo-Weberian State: Advancing a Critical Theory of Administrative Reform," *Public Organization Review*, 7(4): 345-358.

Durán, A., Saltman, R. B. and Dubois, H. F. W., 2011, "A Framework for Assessing Hospital Governance," in Saltman, R. B., Durán, A., and Dubois, H. F. W. (eds.), *Governing Public Hospitals*, pp. 36-48.

Duran, A., Sheiman, I., Schneider, M., and Øvretveit, J., 2005, "Purchaser, Provider and Contracts," in Gigueras, J., Robinson, R., and Jakubowski, E. (eds.), *Purchasing to Improve Health Systems Performance*, Maidenhead: Open University Press, pp. 187-214.

Dutkiewicz, P., 2009, "Missing in Translation: Re-conceptualization of Russia's Developmental State,"*Russia in Global Affairs*, 7(4): 58-72.

Easley, D., and O'Hara, M., 1983, "The Economic Role of the Nonprofit Firm," *Bell Journal of Economics*, 14(2):531-538.

Easterly, W., 2005, *The Elusive Quest for Growth: Economists' Adventures and Misadventures in the Tropics*, Cambridge, MA: The MIT Press.

Edelenbos, J., and van Meerkerk, I., 2016, *Critical Reflections on Interactive Governance: Self-Organization and Participation in Public Governance*, Cheltenham: Edward Elgar Publishing.

——2022, "Normative Considerations of Interactive Governance: Effectiveness, Efficiency, Legitimacy and Innovation," in Ansell, C. and Torfing, J. (eds.), *Handbook on Theories of Governance*, Cheltenham: Edward Elgar Publishing, pp. 429-444.

Edigheji, O., 2010, *Constructing a Democratic Developmental State in South Africa*, Cape Town: Human Sciences Research Council.

Edmunds, M., Sloan, F. A., and Steinwald, A. B. (eds.), 2012, *Geographic Adjustment Factors in Medicare Payment*, Washington, D. C.: The National Academies Press.

Edquist, C., 2005, "System of Innovation: Perspectives and Challenges," in Fagerberg, J., Mowery, D., and Nelson, R. (eds.), *The Oxford Handbook of Innovation*, Oxford: Oxford University Press, pp. 181-208.

—— 2001, "Innovation Policy—A Systemic Approach," in Archibugi, D., and Lundvall, B. Å. (eds.), *The Globalizing Learning Economy: Major Socio-Economic Trends and European Innovation Policy*, Oxford: Oxford University Press, pp.

219-238.

Edquist, C., and Johnson, B., 1997, "Institutions and Organizations in Systems of Innovation," in Edquist, C. (ed.), *Systems of Innovation: Technologies, Institutions and Organizations*, London and New York: Rourledge, pp. 41-63.

Edquist, C., Vonortas, N. S., Zabala-Iturriagagoitia, J. M., and Edler, J., 2015, *Public Procurement for Innovation*, Northampton, MA: Edward Elgar.

Eggleston, K., and Zeckhauser. R., 2002. "Government Contracting for Health Care," in Donahue, J. D., and Nye, Jr. J. S. (eds.), *Market-Based Governance: Supply Side, Demand Side, Upside, and Downside*, Washington, D.C.: Brookings Institution Press, pp. 29-65.

Ehrmann, T., Windsperger, J., Cliquiet, G., and Hendrikse, G. (eds.), 2013, *Network Governance: Alliances, Cooperatives and Franchise Chains*, Berlin and Heidelberg: Physica-Verlag Heidelberg.

Eisenberger, R., Fasolo, P., and Davis-LaMastro, V., 1990, "Perceived Organizational Support and Employee Diligence, Commitment, and Innovation," *Journal of Applied Psychology*, 75 (1): 51-59.

Eliasson, G., 2010, *Advanced Public Procurement as Industrial Policy: The Aircraft Industry as a Technical University*, New York: Springer Science+Business Media.

Ellis, R. P., and McGuire, T. G., 1986, "Provider Behavior under Prospective Reimbursement: Cost Sharing and Supply," *Journal of Health Economics*, 5(2): 129-151.

Elster, J., Offe, C., and Preuss, U. K., 1998, *Institutional Design in Post-communist Societies: Rebuilding the Ship at Sea*, Cambridge: Cambridge University Press.

Elstub, S., 2008, *Towards a Deliberative and Associational Democracy*, Edinburgh: Edinburgh University Press.

Emanuel, E. J. and Gluck, A. R., 2020, *The Trillion Dollar Revolution: How the Affordable Care Act Transformed Politics, Law, and Health Care in America*, New York: Public Affairs.

Emerson, K. and Nabatchi, T., 2015, *Collaborative Governance Regimes*,

Washington, D. C.: Georgetown University Press.

Engel, J., 2006, *Poor People's Medicine: Medicaid and American Charity Care since 1965*, Durham, NC: Duke University Press.

Engen, M., Fransson, M., Quist, J., and Skålén, P., 2021, "Continuing the Development of the Public Service Logic: A Study of Value Co-Destruction in Public Services," *Public Management Review*, 23(6): 886-905.

Enthoven, A. C., 1980, *Health Plan: The Only Practical Solution to Soaring Cost of Medical Care*, Reading, MA: Addison-Wesley.

——1988, *Theory and Practice of Managed Competition in Health Care Finance*, Amsterdam: North-Holland.

Esping-Andersen, G., 1999, *Social Foundations of Postindustrial Societies*, Oxford: Oxford University Press.

Estevez-Abe, M., 2008, *Welfare and Capitalism in Postwar Japan*, New York: Cambridge University Press.

Ettner, S. L., and Hermann, R. C., 2001, "The Role of Profit Status under Imperfect Information: Evidence from the Treatment Patterns of Elderly Medicare Beneficiaries Hospitalized for Psychiatric Diagnoses," *Journal of Health Economics*, 20(1): 23-49.

Etzioni, A., 1993, *The Spirit of Community: Rights, Responsibilities and the Communitarian Agenda*, New York: Crown Publishers, Inc.

—— 1996, *The New Golden Rule: Community and Morality in a Democratic Society*, New York: Basic Books.

Evans, P. B. (ed.), 1995, *Embedded Autonomy: States and Industrial Transformation*, Princeton: Princeton University Press.

——(ed.), 1997, *State-society Synergy: Government and Social Capital in Development*, Berkeley: International and Area Studies, University of California at Berkeley.

——2014, "The Capability Enhancing Developmental State: Concepts and National Trajectories," in Kim, E. M., and Kim, P. H. (eds.), *The South Korean Development Experience: Beyond Aid*, London: Palgrave Macmillan, pp. 83-110.

Evans, P. B., Rueschemeyer, D., and Skocpol, T. (eds.), 1985, *Bringing the*

State Back in, New York: Cambridge University Press.

Ewing, M. T., 2008, *State Children's Health Insurance Program (SCHIP)*, Hauppauge, NY: Nova Science Publishers Inc.

Faerman, S. R., McCaffrey, D. P., and Slyke, D. M. V., 2001, "Understanding Interorganizational Cooperation: Public-Private Collaboration in Regulating Financial Market Innovation," *Organization Science*, 12 (3): 372-388.

Fagerberg, J., 2005, "Innovation: A Guide to the Literature", in Fagerberg, J., Mowery, D., and Nelson, R. (eds.), *The Oxford Handbook of Innovation*, Oxford: Oxford University Press, pp. 1-26.

Falck, O., Gollier, C., and Woessmann, L. (eds.), 2011, *Industrial Policy for National Champions*, Cambridge, MA: The MIT Press.

Fallis, G., and Murray, A., 1990, *Housing the Homeless and Poor: New Partnerships Among the Private, Public, and Third Sectors*, Toronto: University of Toronto Press.

Fama, E., 1980, "Agency Problems and the Theory of the Firm," *Journal of Political Economy*, 88 (2): 288-307.

Farrant, A., and McPhail, E., 2012, "Supporters Are Wrong: Hayek Did Not Favor a Welfare State", *Challenge*, 55 (5): 94-105.

Farrell, H., 2009, *The Political Economy of Trust: Institutions, Interests, and Inter-firm Cooperation in Italy and Germany*, New York: Cambridge University Press.

Fay, M. D., Jackson, D. A., and Vogel, B. B., 2007, "Implementation of a Severity-Adjusted Diagnosis-Related Groups Payment System in a Large Health Plan: Implications for Pay for Performance," *Journal of Ambulatory Care Management*, 30 (3): 211-217.

Feldman, R., and Sloan, F., 1988, "Competition among Physicians, Revisited," *Journal of Health Politics, Policy and Law*, 13(2): 239-261.

Ferlie, E., Pettigrew, A., Ashburner, L. and Fitzgerald, L., 1996, *The New Public Management in Action*, Oxford: Oxford University Press.

Ferrinho, P., van Lerberghe, W., Fronteira, I., Hipólito, F., and Biscaia, A., 2004, "Dual Practice in the Health Care Sector: Review of Evidence," *Human*

Resources for Health, 2(14): 1-17.

Field, M. G., and Twigg, J. L. (eds.), 2000, *Russia's Torn Safety Nets: Health and Social Welfare during the Transition*, New York: St. Martin's Press.

Figueras, J., Robinson, R., and Jakubowski, E. (eds.), 2005, *Purchasing to Improve Health Systems Performance*, Maidenhead, UK: Open University Press.

Flood, C. M., 2000, *International Health Care Reform: A Legal, Economic and Political Analysis*, London and New York: Routledge.

Flynn, R., and Williams, G. (eds.), 1997, *Contracting for Health: Quasi-Markets and the National Health Service*, Oxford: Oxford University Press.

Folland, S., Goodman, A. C., and Stano, M., 2012, *The Economics of Health and Health Care*, 7th edition, Upper Saddle River, NJ: Pearson Education, Inc.

Foucault, M., 1991, "Governmentality," in Burchell, G., Gordon, C., and Miller, P. (eds.), *The Foucault Effect: Studies in Governmentality*, Chicago: University of Chicago Press, pp. 87-104.

Francois, P., 2002, *Social Capital and Economic Development*, London and New York: Routledge.

Frech, H. E., 1996, *Competition and Monopoly in Medical Care*, Washington, D. C.: American Enterprise Institute Press.

Freeman, C., 2002, "Continental, National and Sub-national Innovation Systems—Complementarity and Economic Growth," *Research Policy*, 31 (2): 191-211.

Freixas, X., Guesnerie, R., and Tirole, J., 1985, "Planning under Incomplete Information and the Ratchet Effect," *Review of Economic Studies*, 52(2): 173-191.

Friedman, A., and Phillips, M., 2004, "Balancing Strategy and Accountability: A Model for the Governance of Professional Associations," *Nonprofit Management and Leadership*, 15 (2): 187-204.

Fung, A., and Wright, E. O., 2003, *Deepening Democracy: Institutional Innovations in Empowered Participatory Governance*, London and New York: Verso.

Fye, W. B., 2015, *Caring for the Heart: Mayo Clinic and the Rise of Specialization*, New York: Oxford University Press.

Galster, G., 2007, "Neighbourhood Social Mix as a Goal of Housing Policy: A

Theoretical Analysis," *European Journal of Housing Policy*, 7 (1): 19-43.

Gao, B., 2001, *Japan's Economic Dilemma: The Institutional Origins of Prosperity and Stagnation*, New York: Cambridge University Press.

García-Prado, A., and González, P., 2007, "Policy and Regulatory Responses to Dual Practice in the Health Sector," *Health Policy*, 84(2-3):142-152.

——2011, "Whom Do Physicians Work for? An Analysis of Dual Practicein the Health Sector," *Journal of Health Politics, Policy and Law*, 36(2): 265-294.

Garrigan, R. T., and Parsons, J. F. C., 1998, *Real Estate Investment Trusts: Structure, Analysis, and Strategy*, New York: McGraw-Hill Companies, Inc.

Gassmann, O., Enkel, E., and Chesbrough, H., 2010, "The Future of Open Innovation," *R&D Management*, 40 (3): 213-221.

Gauld, R. D. C., 1998, "A Survey of the Hong Kong Health Sector: Past, Present and Future," *Social Science and Medicine*, 47 (7): 927-939.

Gaynor, M., and Vogt, W. B., 2003, "Competition among Hospitals," *The RAND Journal of Economics*, 34(4): 764-785.

Geffen, C., and Judd, K., 2004, "Innovation through Initiatives—A Framework for Building New Capabilities in Public Sector Research Organizations," *Journal of Engineering and Technology Management*, 21 (4): 281-306.

Geoff, M., 1996, *A Primary Care-Led NHS: Putting it into Practice*, Edinburgh: Churchill Livingstone.

Gerdtham, U., and Jönsson, B., 2000, "International Comparison of Health Expenditure," in Culyer, A. J., and Newhouse, J. P. (eds.), *Handbook of Health Economics*, Vol. 1A, Amsterdam: North-Holland, pp. 11-53.

Gerlach, M. L., 1997, *Alliance Capitalism: The Social Organization of Japanese Business*, Berkeley and Los Angeles: The University of California Press.

Gerth, H. H., and Mills, C. W. (eds.), 1991, *From Max Weber: Essays in Sociology*, new edition, London and New York: Routledge.

Gérvas, J. M., Fernandez, P., and Starfield, B. H., 1994, "Primary Care Financing and Gatekeeping in Western Europe," *Family Practice*, 11 (3): 307-317.

Giaimo, S, 2002, *Markets and Medicine: The Politics of Health Care Reform in Britain, Germany, and the United States*, Ann Arbor: The University of Michigan

Press.

Gibson, C. C., McKean, M. A., and Ostrom, E. (eds.), 2000, *People and Forests: Communities, Institutions, and Governance*, Cambridge, MA: The MIT Press.

Gibson, C. C., Williams, J. T., and Ostrom, E., 2005, "Local Enforcement and Better Forests," *World Development*, 33(2): 273-284.

Gilbert, N., 1995, *Welfare Justice: Restoring Social Equity*, New Haven: Yale University Press.

—— 2002, *Transformation of the Welfare State: The Silent Surrender of Public Responsibility*, New York: Oxford University Press.

Gilbert, N., and Gilbert, B., 1989, *The Enabling State: Modern Welfare Capitalism in America*, New York: Oxford University Press.

Gingrich, J. R., 2011, *Making Markets in the Welfare State: The Politics of Varying Market Reforms*, Cambridge: Cambridge University Press.

Gjaltema, J., Biesbroek, R., and Termeer, K., 2020, "From Government to Governance … to Meta-Governance: A Systematic Literature Review," *Public Management Review*, 2(12): 1760-1780.

Glendinning, C., and Rummery, K., 2003, "Collaboration between Primary Health and Social Care: From Policy to Practice in Developing Services for Older People," in Leathard, A. (ed.), *Interprofessional Collaboration: From Policy to Practice in Health and Social Care*, Hove and New York: Brunner-Routledge, pp. 179-190.

Glied, S., 2000, "Managed Care," in Culyer, A. J. and Newhouse, J. P. (eds.), *Handbook of Health Economics*, Vol. 1A, Amsterdam: North Holland, pp. 707-753.

Glenngard, A. H., Hjalte, F., Svesson, M., Anell, A. and Bankauskaite, V., 2005, *Health Care Systems in Transition: Sweden*, Copenhagen: WHO Regional Office for Europe on Behalf of the European Observatory on Health Systems and Policies.

Göbel, C., and Heberer, T., 2017, "The Policy Innovation Imperative: Changing Techniques for Governing China's Local Governors," in Shue, V., and Thornton, P.

M. (eds.), *To Govern China: Evolving Practices of Power*, New York: Cambridge University Press, pp. 473-523.

Gofen, A., 2014, "Mind the Gap: Dimensions and Influence of Street-level Divergence," *Journal of Public Administration Research and Theory*, 24(2): 473-493.

Goldfield, N., Averill, R., Eisenhandler, J., and Grant, T., 2008, "Ambulatory Patient Groups, Version 3.0—A Classification System for Payment of Ambulatory Visits," *Journal of Ambulatory Care Management*, 31(1): 2-16.

Goldsmith, S., and Eggers, W. D., 2004, *Governing by Network: The New Shape of the Public Sector*, Washington, D. C.: The Brookings Institution.

Goodman, J. C., Musgrave, G. L., and Herrick, D. M., 2004, *Lives at Risk: Single-Payer National Health Insurance around the World*, Lanham, MD: Rowman & Littlefield.

Goodman, R., and White, R., 1998, "Welfare Orientalism and the Search for an East Asian Welfare Model," in Goodman, R., White, R., and Kwon, H. J. (eds.), *The East Asian Welfare Model: Welfare Orientalism and the State*, London and New York: Routledge, pp. 1-22.

Goss, S., and Leadbeater, C., 1998, *Civic Entrepreneurship*, London: Demos.

Goyal, N., Howlett, M., and Chindarkar, N., 2020, "Who Coupled Which Stream(s)? Policy Entrepreneurship and Innovation in the Energy-Water Nexus in Gujarat, India," *Public Administration and Development*, 40(1): 49-64.

Grabowski, D. C., and Hirth, R. A., 2003, "Competitive Spillovers across Non-Profit and For-Profit Nursing Homes," *Journal of Health Economics*, 22(1): 1-22.

Grabowski, R., 1994, "The Successful Developmental State: Where Does It Come From?" *World Development*, 22(3): 413-422.

Granovetter, M., 1985, "Economic Action and Social Structure," *American Journal of Sociology*, 91(3): 481-510.

—— 1998, "Coase Revisited: Business Groups in the Modern Economy," in Dosi, G., Teece, D. J., and Chytry, J. (eds.), *Technology, Organization and Competitiveness: Perspectives on Industrial and Corporate Change*, Oxford: Oxford University Press, pp. 93-130.

—— 2005, "Business Groups and Social Organization," in Smelser, N. J., and Swedberg, R. (eds.), *The Handbook of Economic Sociology*, Princeton: Princeton University Press, pp. 429-450.

Gray, B., 1989, *Collaborating: Finding Common Ground for Multiparty Problems*, San Francisco, CA: Jossey-Bass.

Greenhalgh, T., 2007, *Primary Health Care: Theory and Practice*, Oxford: Blackwell Publishing Ltd.

Greiner, W., and Schulenburg, J. M. G., 1997, "The Health System of Germany", in Raffel, M., (ed.), *HealthCare and Reform in Industrialized Countries*, University Park: Pennsylvania State University Press, pp. 77-104.

Greif, A., Milgrom, P., and Weingast, B. R., 1994, "Coordination, Commitment, and Enforcement: The Case of the Merchant Guild," *Journal of Political Economy*, 102 (4): 745-776.

Greenwald, B. C., and Stiglitz, J. E., 1986, "Externalities in Economics with Imperfect Information and Incomplete Markets," *Quarterly Journal of Economics*, 101 (2): 229-264.

Gruen, R., Anwar, R., Begum, T., Killingsworth, J. R., and Normand, C., 2002, "Dual Job Holding Practitioners in Bangladesh: An Exploration," *Social Science and Medicine*, 54(2): 267-279.

Grytten, J., and Sørensen, R., 2001, "Type of Contract and Supplier-Induced Demand for Primary Physicians in Norway," *Journal of Health Economics*, 20 (3): 379-393.

Gu, E., 2009, "Towards Universal Coverage: China's New Healthcare Insurance Reforms," in Yang, D. L., and Zhao, L. (eds.), *China's Reforms at 30: Challenges and Prospects*, Singapore: World Scientific Publishing Co., pp. 117-135.

Gu, E., 2019, "Predicament of Emerging Collaborative Governance: National Policy, Local Experiments, and Public Hospital Reforms in China," in Yu, J., and Guo, S. (eds.), *The Palgrave Handbook of Local Governance in Contemporary China*, Singapore: Palgrave Macmillan, pp. 483-508.

Gu, E. X., 2001, "Market Transition and the Transformation of the Health Care System in Urban China," *Policy Studies*, 22 (3-4): 197-215.

Gu, E., and Kelly, D., 2007, "Balancing Economic and Social Development: China's New Policy Initiatives for Combating Social Injustice," in Radwan, S., and Riesco, M. (eds.), *The Changing Role of the State*, Cairo: The Economic Research Forum, pp. 201-224.

Gu, E., and Zhang, J., 2006, "Health Care Regime Change in Urban China: Unmanaged Marketization and Reluctant Privatization," *Pacific Affairs*, 79 (1): 49-72.

Guzys, D., Brown, R., Halcomb, E., and Whitehead, D., 2017, *An Introduction to Community and Primary Health Care*, 2nd edition, New York: Cambridge University Press.

Haas-Wilson, D., 2001, "Arrow and the Information Market Failure in Health Care: The Changing Content and Sources of Health Care Information," *Journal of Health Politics, Policy and Law*, 26(5): 1031-1044.

Hacker, J. S., 1997, *The Road to Nowhere: The Genesis of President Clinton's Plan for Health Security*, Princeton: Princeton University Press.

Hadley, J., Zuckerman, S., and Iezzoni, L. I., 1996, "Financial Pressure and Competition Changes in Hospital Efficiency and Cost-Shifting Behavior," *Medical Care*, 34(3): 205-219.

Hafer, J. A., 2018, "Understanding the Emergence and Persistence of Mandated Collaboration: A Policy Feedback Perspective of the United States's Model to Address Homelessness," *The American Review of Public Administration*, 48(7): 777-788.

Haggard, S., 2018, *Developmental States*, Cambridge: Cambridge University Press.

Hagedoon, J., 1993, "Understanding the Rationale of Strategic Technology Partnering: Inter-organizational Modes of Cooperation and Sectoral Differences," *Strategic Management Journal*, 14(5): 371-385.

——2002, "Inter-Firm R&D Partnerships: An Overview of Major Trends and Patterns since 1960s," *Research Policy*, 32(8): 477-492.

Halina, R., Hussein, T., Al-Junid, S., Nyunt-U, S., Baba, Y., and de Geyndt, W., 2003, "Corporatization of a Single Facility: Reforming the Malaysian National Heart Institute," in Preker, A. S., and Harding, A. (eds.), *Innovations in*

Health Service Delivery, pp. 425-450.

Hall, A., and Midgley, J., 2005, *Social Policy for Development*, London: Sage Publications.

Hall, P. A., and Soskice, D. (eds.), 2001, *Varieties of Capitalism: The Institutional Foundations of Comparative Advantage*, New York: Oxford University Press.

Ham, C., 1999, *Health Policy in Britain: The Politics and the National Health Service*, 4th edition. Basingstoke: Macmillan Press Ltd.

——2003, "Betwixt and Between: Autonomization and Centralization of UK Hospitals," in Preker, A. S., and Harding A. (eds.), *Innovations in Health Service Delivery: The Corporatization of Public Hospitals*, Washington, D. C.: The World Bank, pp. 265-296.

Hammond, D. R., 2013, "Policy Entrepreneurship in China's Response to Urban Poverty," *Policy Studies Journal*, 41(1): 119-146.

Handel, B. R., 2013, "Adverse Selection and Inertia in Health Insurance Markets: When Nudging Hurts," *American Economic Review*, 103(7): 2643-2682.

Hansmann, H., 1980, "The Role of Nonprofit Enterprise," *Yale Law Journal*, 89: 835-901.

——2000, *The Ownership of Enterprises*, Cambridge, MA: Belknap Press.

Haque, I. V., 2007, "Rethinking Industrial Policy," *UNCTAD Discussion Paper No. 183*, New York: United Nations Conference on Trade and Development.

Harding, A., 2003, "Introduction to Private Participation in Health Services," in Preker, A. S., and Harding, A. (eds.), *Private Participation in Health Services*, Washington D. C.: World Bank, pp. 7-74.

Harding, A., and Preker, A. S., 2003, "A Conceptual Framework for the Organizational Reforms of Hospitals," in Preker, A. S., and Harding, A. (eds.), *Innovations in Health Service Delivery*, Washington D. C.: World Bank, pp. 52-64.

Harloe, M., 1995, *The People's Home? Social Rented Housing in Europe & America*, Oxford: Basil Blackwell Inc.

Harrison, M. I., 2004, *Implementing Change in Health Systems: Market Reforms in the United Kingdom, Sweden and the Netherlands*, London: Sage

Publications.

Hart, J. A., 2004, "Can Industrial Policy Be Good Policy?" in Nelson, D. (ed.), *The Political Economy of Policy Reform: Essays in Honor of J. Michael Finger*, Bingley, UK: Emerald Group Publishing Limited, pp. 43-58.

Hart, O., 1995, *Firms, Contracts and Financial Structure*, New York: Oxford University Press.

Hart, O., and Holmstrom, B., 1987, "The Theory of Contracts," in Bewley, T. (ed.), *Advances in Economic Theory*, Cambridge: Cambridge University Press, pp. 71-155.

Hartley, J., 2005, "Innovation in Governance and Public Services: Past and Present," *Public Money and Management*, 25 (1): 27-34.

Hartley, J., 2015, "The Creation of Public Value through Step-change Innovation in Public Organizations," in Bryson, J. M., Crosby, B. C., and Bloomberg, L. (eds.), *Public Value and Public Administration*, Georgetown University Press, pp. 82-96.

Hartley, J., Sørensen, E., Torfing, J., 2013, "Collaborative Innovation: A Viable Alternative to Market Competition and Organizational Entrepreneurship," *Public Administration Review*, 73 (6): 821-830.

Hasmath, R., Teets, J. C., and Lewis, O. A., 2019, "The Innovative Personality? Policy Making and Experimentation in an Authoritarian Bureaucracy," *Public Administration and Development*, 39(3): 154-162.

Haveri, A., Nyholm, I., Roiseland, A., and Vabo, I., 2009, "Governing Collaboration: Practices of Meta-Governance in Finnish and Norwegian Local Governments," *Local Government Studies*, 35 (5): 539-556.

Hayashi, S., 2010, "The Developmental State in the Era of Globalization: Beyond the Northeast Asian Model of Political Economy," *The Pacific Review*, 23(1): 45-69.

He, A. J., 2018, "Manoeuvring within a Fragmented Bureaucracy: Policy Entrepreneurship in China's Local Healthcare Reform," *The China Quarterly*, 236: 1088-1110.

He, A. J., and Ma, L., 2020, "Corporate Policy Entrepreneurship and Cross-Boundary Strategies: How a Private Corporation Champions Mobile Healthcare

Payment Innovation in China?" *Public Administration and Development*, 40(1): 76-86.

Heckscher, C., and Adler, P. S. (eds.), 2007, *The Firm as a Collaborative Community: The Reconstruction of Trust in the Knowledge Economy*, Oxford: Oxford University Press.

Heisler, H. (ed.), 1977, *Foundations of Social Administration*, London: Macmillan.

Heilmann, S., 2008, "Policy Experimentation in China's Economic Rise," *Studies in Comparative International Development*, 43(1): 1-26.

Held, P. J., and Pauly, M. V., 1983, "Competition and Efficiency in the End Stage Renal Disease Program," *Journal of Health Economics*, 2(2): 95-118.

Helmsing, A. H. J., 2001, "Externalities, Learning and Governance: New Perspectives on Local Economic Development," *Development and Change*, 32(2): 277-308.

Henke, K. D., and Schreyögg, J., 2005, *Towards Sustainable Health Care Systems: Strategies in Health Insurance Schemes in France, Germany, Japan and the Netherlands*, Geneva: International Social Security Association.

Herring, R. J., 1999, "Embedded Particularism: India's Failed Developmental State," in Woo-Cumings, M. (ed.), *The Developmental State*, Ithaca: Cornell University Press, pp. 306-334.

Hipgrave, D. B., and Hort, K., 2014, "Dual Practice by Doctors Working in South and East Asia: A Review of Its Origins, Scope and Impact, and the Options for Regulation," *Health Policy and Planning*, 29(6): 703-716.

Hirschman, A. O., 1971, "Introduction: Political Economics and Possibilism," *A Bias for Hope: Essays on Development and Latin America*, New Haven: Yale University Press, pp. 1-37.

—— 1991, *The Rhetoric of Reaction: Perversity, Futility, Jeopardy*, Cambridge, MA: The Belknap Press.

Hirst, P., 1993, *Associative Democracy: New Forms of Economic and Social Governance*, Cambridge: Polity Press.

Hoekstra, J., 2003, "Housing and the Welfare State in the Netherlands: An

Application of Esping-Andersen's Typology," *Housing, Theory and Society*, 20 (2): 58-71.

Hoffmeyer, U., and McCarthy, T. (eds.), 1994, *Financing Health Care*, Vol. 1, Dordrecht, Netherlands: Kluwer Academic Publishers.

Holiday, I., 2000, "Productivist Welfare Capitalism: Social Policy in East Asia," *Political Studies*, 48 (4): 706-723.

Hollingsworth, J. R., 1991, "The Logic of Coordinating American Manufacturing Sectors," in Campbell, J. L., Hollingsworth, J. R., and Lindberg, L. N. (eds.), *Governance of the American Economy*, New York: Cambridge University Press, pp. 35-73.

Hollingsworth, J. R., and Boyer, R. (eds.), 1999, *Contemporary Capitalism: The Embeddedness of Institutions*, New York: Cambridge University Press.

Holmstrom, B., 1979, "Moral Hazard and Observability," *The Bell Journal of Economics*, 10(1): 74-91.

—— 1982, "Moral Hazard in Team," *The Bell Journal of Economics*, 13 (2): 324-340.

Holmstrom, B., and Milgrom, P., 1991, "Multitask Principal-agent Analyses: Incentive Contracts, Asset Ownership, and Job Design," *Journal of Law, Economicsand Organization*, 7:24-52.

—— 1994, "The Firm as an Incentive System,"*American Economic Review*, 84 (4): 972-991.

Honda, A., McIntyre, D., Hanson, K. and Tangcharoensathien, V., 2016, *Strategic Purchasing in China, Indonesia and the Philippines*, Geneva: World Health Organization.

Hood, C., 1991, " A Public Management for All Seasons?" *Public Administration*, 69(1): 3-19.

——2011, *The Blame Game: Spin, Bureaucracy, and Self-Preservation in Government*, Princeton: Princeton University Press.

Hood, C., and Dixon, R., 2015, *A Government that Worked Better and Cost Less?: Evaluating Three Decades of Reform and Change in UK Central Government*, Oxford: Oxford University Press.

Hood, C. C., and Margetts, H. Z., 2007, *The Tools of Government in the Digital Age*, London: Macmillan International Higher Education.

Hopt, K. J., and von Hippel, T. (eds.), 2010, *Comparative Corporate Governance of Non-profit Organizations*, New York: Cambridge University Press.

Hovik, S. and Vabo, S. I., 2005, "Norwegian Local Councils as Democratic Meta-governors? A Study of Networks Established to Manage Cross-border Natural Resources," *Scandinavian Political Studies*, 28(3): 257-275.

Howlett, M., Mcconnell, A., and Perl, A., 2016, "Weaving the Fabric of Public Policies: Comparing and Integrating Contemporary Frameworks for the Study of Policy Processes," *Journal of Comparative Policy Analysis: Research and Practice*, 18(3): 273-289.

Hsiao, W. C., Braun, P., Dunn, D. L., Becker, E. R., Yntema, D., Verrilli, D. K., Stamenovic, E., and Chen, S. P., 1992, "An Overview of the Development and Refinement of the Resource-Based Relative Value Scale: The Foundation for Reform of US Physician Payment," *Medical Care*, 30 (11 Suppl.): 1-12.

Huang, Y., 2013, *Governing Health in Contemporary China*, London and New York: Routledge.

Hudson, M., 2010, *America's Protectionist Takeoff 1815-1914: The Neglected American School of Political Economy*, New edition, Kansas City: Institute for the Study of Long Term Economic Trends (Islet).(赫德森,2010,《保护主义:美国经济崛起的秘诀(1815—1914)》,贾根良、马学亮、邓郎等译,北京:中国人民大学出版社。)

Humphrey, C., and Russell, J., 2004, "Motivation and Values of Hospital Consultants in South-East England Who Work in the National Health Service and Do Private Practice," *Social Science and Medicine*, 59(6):1241-1250.

Hussey, P., and Anderson, G. F., 2003, "A Comparison of Single- and Multi-payer Health Insurance Systems and Options for Reform," *Health Policy*, 66 (3): 215-228.

Hyatt, R., 2012, "Collaboration between Primary and Secondary Care is Needed," *British Medical Journal*, 345(7868): 31.

Jaegher, K. D., and Jegers, M., 2000, "A Model of Physician Behavior with Demand Inducement," *Journal of Health Economics*, 19 (2): 231-258.

Jackson-Elmoore, C., Hula, R. C., and Reese, L. A., 2011, *Reinventing Civil Society: The Emerging Role of Faith-Based Organizations*, London and New York: Routledge.

Jakab, M., Preker, A. S., and Harding, A., 2003, "The Missing Link? Hospital Reform in Transition Economies," in Preker, A. S. and Harding, A. (eds.), *Innovations in Health Service Delivery*, pp. 219-220.

Jan, S., Bian, Y., Jumpa, M., Meng, Q., Nyazema, N., Prakongsai, P., and Mills, A., 2005, "Dual Job Holding by Public Sector Health Professionals in Highly Resource Constrained Settings: Problem or Solution?" *Bulletin of the World Health Organization*, 83(10): 771-776.

Jarvis, D. S., and He, A. J., 2020, "Policy Entrepreneurship and Institutional Change: Who, How, and Why?" *Public Administration and Development*, 40(1): 3-10.

Jemison, D. B., 2007, "The Importance of Boundary Spanning Roles in Strategic Decision-Making," *Journal of Management Studies*, 21(2): 131-152.

Jensen, M., 2000, *A Theory of the Firm: Governance, Residual Claims, and Organizational Forms*, Cambridge, MA: Harvard University Press.

Jensen, M., and Mekling, W. H., 1976, "Theory of Firm: Managerial Behavior, Agency Costs and Ownership Structure," *Journal of Financial Economics*, 3(4): 305-360.

Jentoft, S., and Chuenpagdee, R. (eds.), 2015, *Interactive Governance for Small-Scale Fisheries: Global Reflections*, New York: Springer Science+Business Media.

Jérôme-Forget, M., White, J., and Wiener, J. M., (eds.), 1995, *Health Care Reform through Internal Markets*, Montreal: The Institute for Research on Public Policy.

Jessop, B., 1997, "Capitalism and Its Future: Remarks on Regulation, Government and Governance," *Review of International Political Economy*, 3: 561-581.

——2002, "Governance and Meta-governance: On Reflexivity, Requisite Variety and Requisite Irony," in Bang, H. P. (ed.) *Governance as Social and Political*

Communication, Manchester: Manchester University Press, pp. 111-116.

Jing, Y., 2015, "Introduction: The Road to Collaborative Governance in China," in Jing, Y. (ed.), *The Road to Collaborative Governance in China*, New York: Springer, pp. 1-20.

Johnson, C., 1982, *MITI and the Japanese Miracle: The Growth of Industrial Policy, 1925-1975.*, Stanford: Stanford University Press.

——1984, *The Industrial Policy Debate*, San Francisco: Institute for Contemporary Studies.

—— 1995, *Japan, Who Governs? The Rise of the Developmental State*, New York: W. W. Norton.

Johnson, N., 1987, *The Welfare State in Transition: The Theory and Practice of Welfare Pluralism*, Brighton: Wheatsheaf.

Jonas, S., Goldsteen, R. L., and Goldsteen, K., 2007, *An Introduction to the US Health Care System*, New York: Springer Publishing Company.

Joskow, P. L., 1980, "The Effects of Competition and Regulation on Hospital Bed Supply and the Reservation Quality of the Hospital," *Bell Journal of Economics*, 11(2): 421-447.

Kaasch, A., and Martens K., 2015, *Actors and Agency in Global Social Governance*, Oxford: Oxford University Press.

Karaoğuz, H. E., 2022, "The Developmental State in the 21st Century: A Critical Analysis and a Suggested Way Forward,"*Panoeconomicus*, 69 (1):55-72.

Kang, D. C., 2002a,*Crony Capitalism: Corruption and Development in South Korea and the Philippines*, New York: Cambridge University Press.

——2002b, "Bad Loans to Good Friends: Money Politics and the Developmental State in South Korea," *International Organization*,56(1): 177-207.

Kangas, O., and Palme, J. (eds.), 2005, *Social Policy and Economic Development in the Nordic Countries*,Basingstoke, UK: Palgrave Macmillan.

Kankanhalli, A., Zuiderwijk, A., and Tayi, G. K., 2017, "Open Innovation in the Public Sector: A Research Agenda," *Government Information Quarterly*, 34 (1): 84-89.

Karakas, C., 2020, *Public Sector Innovation: Concepts, Trends and Best*

Practices, Brussell: European Parliamentary Research Service.

Kattel, R., 2015, "What would Max Weber Say about Public-Sector Innovation?" *The NISPAcee Journal of Public Administration and Policy*, 8 (1): 9-19.

Keating, M., 1998, *The New Regionalism in Western Europe: Territorial Restructuring and Political Change*, Cheltenham, UK: Edward Elgar Publishing.

Kelly, J., 2006, "Central Regulation of English Local Authorities: An Example of Meta-governance?" *Public Administration*, 84(3): 603-621.

Kemeny, J., 1995, *From Public Housing to the Social Market: Rental Policy Strategies in Comparative Perspective*, London and New York: Routledge.

Kemp, R. L. (ed.), 1991, *Privatization: The Provision of Public Services by the Private Sector*, Jefferson: McFarland & Company, Inc.

Kessler, D. P., and Mcclellan, M. B., 2002, "The Effects of Hospital Ownership on Medical Productivity," *The Rand Journal of Economics*, 33 (3): 488-506.

Ketchen, D. J., Ireland, R. D., and Snow, C. C., 2007, "Strategic Entrepreneurship, Collaborative Innovation, and Wealth Creation," *Strategic Entrepreneurship Journal*, 1 (3-4): 371-385.

Kettl, D. F., 2015, *Transformation of Governance*, Baltimore: Johns Hopkins University Press.

Khoo, H. S., Chia, A., and Lim, V. K. G., 2010, "Good Intentions Gone Awry at the National Kidney Foundation," *Harvard Business Review Case Studies*, purchase available at: https://store.hbr.org/product/good-intentions-gone-awry-at-the-national-kidney-foundation/910m17?sku=910M17-PDF-ENG#.

Kim, H., 2013, *State-Centric to Contested Social Governance in Korea: Shifting Power*, London and New York: Routledge.

Kim, J. I., and Lau, L., 1994, "The Sources of the Growth of the East Asian Newly Industrialized Countries," *Journal of the Japanese and International Economies*, 8(3): 235-271.

Kim, M. M. S., 2015, *Comparative Welfare Capitalism in East Asia: Productivist Model of Social Policy*, Basingstoke, UK: Palgrave Macmillan.

Kim, Y. T., 1999, "Neoliberalism and the Decline of the Developmental State,"

Journal of Contemporary Asia, 29(4): 441-461.

Kimberly, J., Pouvourville, G. D., and Daunno, T., 2008, *The Globalization of Managerial Innovation in Health Care*, New York: Cambridge University Press.

King, D., 1995, *Actively Seeking Work? The Politics of Unemployment and Welfare Policy in the United States and Great Britain*, Chicago: The University of Chicago Press.

King, P. J., and Roberts, N. C., 1992, "An Investigation into the Personality Profile of Policy Entrepreneurs," *Public Productivity and Management Review*, 16(2): 173-190.

Kingdon, J. W., 1984, *Agendas, Alternatives, and Public Policies*, Boston: Little, Brown and Company.

—— 1995, *Agendas, Alternatives, and Public Policies*, 2nd Edition, New York: Longman.

—— 2003, *Agendas, Alternatives, and Public Policies*, 2nd Edition, New York: Longman.

—— 2013, *Agendas, Alternatives, and Public Policies*, 2nd and Updated Edition, Harlow, UK: Pearson Education Limited.

Kirkpatrick, I., Ackroyd, S., and Walker, R. (eds.), 2005, *The New Managerialism and Public Service Professions: Change in Health, Social Services, and Housing*, Basingstoke, UK: Palgrave Macmillan.

Kirton, J. J., and Trebilcock, M. J. (eds.), 2004 *Hard Choices, Soft Law: Voluntary Standards in Global Trade, Environment, and Social Governance*, Aldershot, UK: Ashgate.

Kiser, L. L., and Ostrom, E., 1982, "The Three Worlds of Action: A Metatheoretical Synthesis of Institutional Approaches," in Ostrom, E. (ed.), *Strategies of Political Inquiry*, Beverly Hills, CA: Sage Publications, pp. 179-222.

Klenk, T., 2011, "Ownership Change and the Rise of a For-Profit Hospital Industry in Germany," *Policy Studies*, 32(3): 263-275.

Klijn, E. H., 2008, "Governance and Governance Networks in Europe: An Assessment of 10 Years of Research on the Theme," *Public Management Review*, 10(4): 505-525.

Klijn, E. H., and Koppenjan, J., 2016, "The Impact of Contract Characteristics on the Performance of Public-Private Partnerships (PPPs)," *Public Money & Management*, 36 (6): 455-462.

Klijn, E. H., Steijn, B., and Edelenbos, J., 2010, "The Impact of Network Management on Outcomes in Governance Networks," *Public Administration*, 88(4): 1063-1082.

Kodama, M., 2007, *The Strategic Community-Based Firm*, New York: Palgrave Macmillan.

Koebel, C. T. (ed.), 1998, *Shelter and Society: Theory, Research, and Policy for Nonprofit Housing*, Albany, NY: State University of New York Press.

Kogut, B., and Zander, U., 1996, "What Firms Do? Coordination, Identity, and Learning," *Organization Science*, 7 (5): 502-518.

Kohli, A., 2004, *State-directed Development: Political Power and Industrialization in the Global Periphery*, New York: Cambridge University Press.

Kongstvedt, P. R., 2001, *The Managed Health Care Handbook*, 4th Edition, New York: Aspen Publishers, Inc.

——2019, *Health Insurance and Managed Care: What They Are and How They Work*, 5th edition, Burlington, MA: Jones & Bartlett Learning.

Kooiman, J. (ed.), 1993, *Modern Governance: New Government-Society Interactions*, London: Sage Publications.

——2003, *Governing as Governance*, London: Sage Publications.

Kooiman, J., and Bavinck, M., 2013, "Theorizing Governability — The Interactive Governance Perspective," in Bavinck, M., Chuenpagdee, R., Jentoft, S., and Kooiman, J. (eds.), *Governability of Fisheries and Agriculture: Theory and Applications*, Dordrecht: Spinger, pp. 9-30.

Kooiman, J., and Jentoft, S., 2009, "Meta-Governance: Values, Norms and Principles, and the Making of Hard Choices," *Public Administration*, 87(4): 818-836.

Kooiman, J., Jentoft, S., Pullin, R., and Bavinck, M. (eds.), 2005, *Fish for Life: Interactive Governance for Fisheries*, Amsterdam: Amsterdam University Press.

Koppenjan, J. F. M., 2005, "The Formation of Public-Private Partnerships:

Lessons from Nine Transport Infrastructure Projects in the Netherlands," *Public Administration*, 83(1): 135-157.

Koppenjan, J. F. M., and Klijn, E. H., 2004, *Managing Uncertainties in Networks: A Network Approach to Problem Solving and Decision Making*, London and New York: Routledge.

Kornai, J., 1992, *The Socialist System: The Political Economy of Communism*, Princeton: Princeton University Press.

Kornai, J., and Eggleston, K., 2001, *Welfare, Choice and Solidarity in Transition: Reforming the Health Sector in Eastern Europe*, New York: Cambridge University Press.

Kornreich, Y., Vertinsky, I., and Potter, P. B., 2012, "Consultation and Deliberation in China: The Making of China's Health-Care Reform," *The China Journal*, 68: 176-203.

Kronenfeld, J. J., 2011, *Medicare*, Santa Barbara, CA: Greenwood.

Krabbe-Alkemade, Y. J., Groot, T. L., and Lindeboom, M., 2017, "Competition in the Dutch Hospital Sector: An Analysis of Health Care Volume and Cost," *European Journal of Health Economics*, 18(2): 139-153.

Kringos, D. S., and Boerma, W. G. W., 2015, *Building Primary Care in a Changing Europe: Case Studies*, Copenhagen: The WHO Regional Office for Europe.

Kruger, A. O., 1992, *Economic Policy Reform in Developing Countries*, Oxford: Basil Blackwell.

Krugman, P., 1983, "Targeted Industrial Policies: Theory and Evidence," in *Industrial Change and Public Policy*, Jackson Hole, Wyoming: Proceedings of A Symposium Sponsored by the Federal Reserve Bank of Kansas City, pp. 123-155.

——1984, "Import Protection as Export Promotion: International Competition in the Presence of Oligopoly and Economics of Scale," in Kierzkowski, H. (ed.), *Monopolistic Competition and International Trade*, Oxford: Clarendon Press, pp. 180-193.

—— 1994, "The Myth of Asia's Miracle," *Foreign Affairs*, 73(6): 62-78.

Kuhnle, S., and Hort, S. E. O., 2004, *The Developmental Welfare State in Scandinavia: Lessons for the Developing World*, Geneva: United Nations Research

Institute for Social Development (UNRISD).

Kutvonen, A., 2011, "Strategic Application of Outbound Open Innovation," *European Journal of Innovation Management*, 14(4): 460-474.

Kwon, H. J., 2005a, *Transforming the Developmental Welfare State in East Asia*, Social Policy and Development Programme Paper, No. 22, Geneva: United Nations Research Institute for Social Development.

——(ed.), 2005b, *Transforming the Developmental Welfare State in East Asia*, Basingstoke, UK: Palgrave Macmillan.

——2005, "An Overview of the Study: The Developmental Welfare Stateand Policy Reforms in East Asia," *Transforming the Developmental Welfare State in East Asia*, pp. 1-23.

Laffont, J. J., 2000, *Incentives and Political Economy*, Oxford: Oxford University Press.

Laffont, J. J., and Tirole, J., 1993, *A Theory of Incentives in Procurement and Regulation*, Cambridge, MA: The MIT Press.

Lal, D., 1983/1997/2002, *The Poverty of "Development Economics"*, 1st-3rd edition, London: The Institute of Economic Affairs.

Lall, S., 1996, *Learning from the Asian Tigers: Studies in Technology and Industrial Policy*, Basingstoke, UK: Macmillan Press, Ltd.

——2013, "Reinventing Industrial Strategy: The Role of Government Policyin Building Industrial Competitiveness," *Annals of Economics and Finance*, 14 (2B): 767-811.

Lall, S., and Teubal, M., 1998, "'Market Stimulating' Technology Policies in Developing Countries: A Framework with Examples from East Asia," *World Development*, 26 (8): 1369-1385.

Lam, A., 2004, "Organizational Innovation," in Fagerberg, J., Mowery, D. C., and Nelson, R. R. (eds.), *The Oxford Handbook of Innovation*, Oxford: Oxford University Press, pp. 115-147.

Lam, J. C. K., Hills, P., and Ng, C. K., 2013, "Open Innovation: A Study of Industry-University Collaboration in Environmental R&D in Hong Kong," *International Journal of Technology, Knowledge and Society*, 8 (6): 83-102.

Lamberts, H., and Wood, M. (eds.), 1988, *International Classification of Primary Care*, Oxford: Oxford University Press.

Lancet's Editorial, 2008, "A Renaissance in Primary Health Care," *The Lancet*, 372 (9642): 863.

Langenbrunner, J. C., Cashin, C., and O'Dougherty, S. eds., 2009, *Designing and Implementing Health Care Provider Payment Systems: How-to Manuals*, Washington, D. C. :The World Bank.

Laperche, B., Uzunidis, D., and von Tunz, N., 2008, *The Genesis of Innovation Systemic Linkages between Knowledge and the Market*, Northampton, MA: Edward Elgar.

Lau, L. J., 1996, "The Role of Government in Economic Development: Some Observations from the Experience of China, Hong Kong, and Taiwan," in Aoki, M., Kim, H. K., and Okuno-Fujiwara, M. (eds.), *The Role of Government in East Asian Economic Development: Comparative Institutional Analysis*, Oxford: Clarendon Press, pp. 41-73.

Laursen, K., and Salter, A., 2006, "Open for Innovation: The Role of Openness in Explaining Innovation Performance among UK Manufacturing Firms," *Strategic Management Journal*, 27 (2): 131-150.

Lavee, E., and Cohen, N., 2019, "How Street-Level Bureaucrats Become Policy Entrepreneurs: The Case of Urban Renewal," *Governance*, 32(3): 475-492.

Lawler, E. E., 1990, *Strategic Pay: Aligning Organizational Strategies and Pay Systems*, San Francisco: Jossey-Bass.

—— 2000, *Rewarding Excellence: Pay Strategies for the New Economy*, San Francisco: Jossey-Bass.

Lazonick, W., 2002, "Innovative Enterprise and Historical Transformation," *Enterprise and Society*, 3 (1): 35-54.

—— 2005, "The Innovative Firm", in Fagerberg, J., Mowery, D. C., and Nelson, R. R. (eds.), *The Oxford Handbook of Innovation*, Oxford: Oxford University Press, pp. 29-55.

Le Grand, J., 2007, *The Other Invisible Hand: Delivering Public Services through Choice and Competition*, Princeton: Princeton University Press.

Le Grand, J., and Bartlett, W. (eds.), 1993, *Quasi-Markets and Social Policy*, Basingstoke, UK: Macmillan Press Ltd.

Leatt, P., Pink, G. H., and Naylor, C. D., 1996, "Integrated Delivery Systems: Has Their Time Come in Canada?" *Canadian Medical Association Journal*, 154 (6): 803-809.

Lee, K., 2013, *Schumpeterian Analysis of Economic Catch-up: Knowledge, Path-Creation, and the Middle-Income Trap*, New York: Cambridge University Press.

Lee, K., and Lim, C., 2001, "Technological Regimes, Cattching-up and Leapfrogging: Fidings from the Korean Industries," *Research Policy*, 30(3): 459-483.

Lee, G., and Kwak, Y. H., 2012, "An Open Government Maturity Model for Social Media-Based Public Engagement," *Government Information Quarterly*, 29 (4): 492-503.

Lee, S., 2010, "Necessity as the Mother of Intervention: The Industrial Policy Debate in England." *Local Economy*, 25(8): 622-630.

Leeson, P. T., 2014, *Anarchy Unbound: Why Self-Governance Works Better Than You Think*, New York: Cambridge University Press.

Leffler, K. B., 1978, "Physician Licensure: Competition and Monopoly in American Medicine," *Journal of Law and Economics*, 21(1): 165-186.

Lember, V., Kattel R., and Kalvet, T. (eds.), 2014, *Public Procurement, Innovation and Policy: International Perspectives*, New York: Springer.

Levi, M., 1981, "The Predatory Theory of Rule," *Politics and Society*, 10(4): 431-465.

—— 1988, *Of Rule and Revenue*, Berkeley and Los Angeles: The University of California Press.

Levi-Faur, D., 1998, "The Developmental State: Israel, South Korea and Taiwan Compared," *Studies in Comparative International Development*, Vol. 33, No. 1, pp. 65-93.

—— 2013, "The Regulatory State and the Developmental State," in Dubash, N. K., and Mogan, B. (eds.), *The Rise of the Regulatory State of the South: Infrastructure and Development in Emerging Economies*, Oxford: Oxford University

Press, pp. 235-245.

Levin, R. C., 1987, "Approriating the Return from Industrial Research and Development,"*Brookings Papers on Economic Activity*, 3: 783-831.

Levy, J. D., 2010, "Welfare Retrenchment," in Castles, F. G. (ed.), *The Oxford Handbook of the Welfare State*, Oxford: Oxford University Press, pp. 552-567.

Lewis, B. L., Boulahanis, J., and Matheny, E., 2009, "Joined-up Governance: Mandated Collaboration in US Homeless Services,"*International Journal of Public Sector Management*, 22(5): 392-395.

Lewis, E., Rickover, H., Hoover, J. E., and Moses, R., 1980, *Public Entrepreneurship: Toward a Theory of Bureaucratic Political Power*, Bloomington: Indiana University Press.

Lewis, J. M., Ricard, L. M., and Klijn, E. H., 2018, "How Innovation Drivers, Networking and Leadership Shape Public Sector Innovation Capacity," *International Review of Administrative Sciences*, 84 (2): 288-307.

Leyden, D. P., and Link, A. N., 2015, *Public Sector Entrepreneurship: U. S. Technology and Innovation Policy*, New York: Oxford University Press.

Li, P. (ed.), 2016, *Great Changes and Social Governance in Contemporary China*, Heidelberg and Berlin: Springer-Verlag.

Li, X., Lu, J., Hu, S., Cheng, K. K., De Maeseneer, J., Meng, Q., Mossialos, E., Xu, D. R., Yip, W., Zhang, H., Krumholz, H. M.,Jiang, L., and Hu, S. H., 2017, "The Primary Health-Care System in China," *The Lancet*, 390 (10112): 2584-2594.

Li, Y., 2021, "A Framework in Analysing the Strategies for Governing Innovation Networks for Public Innovation," *Policy Studies*, 42 (2): 193-209.

Libecap, G. D., 2005, *University Entrepreneurship and Technology Transfer: Process, Design, and Intellectual Property*, San Diego, CA: Elsevier Ltd.

Lieberman, S. S., and Alkatiri, A., 2003, "Autonomization in Indonesia: The Wrong Path to Reduce Hospital Expenditures," in Preker, A. S., and Harding, A. (eds.), *Innovations in Health Service Delivery*, pp. 511-532.

Lim, M. K., 2005, "Transforming Singapore Health Care: Public-Private

Partnership," *Annals Academy of Medicine*, 34(7): 461-467.

Lindert, P. H., 2004, *Growing Public: Social Spending and Economic Growth since the Eighteenth Century*, Vol. Ⅰ-Ⅱ, New York: Cambridge University Press.

Lindsey, B., and Lucas, A., 1998, *Revisiting the "Revisionists": The Rise and Fall of the Japanese Economic Model*, Cato Institute: Trade Policy Analysis, No. 3.

Link, A. N., 2006, *Public Private Partnerships: Innovation Strategies and Policy Alternatives*, New York: Springer.

Lipsky, M., 1980, *Street-Level Bureaucracy: Dilemmas of the Individual in Public Service*, New York: Russell Sage Foundation.

Lister, R., 2004, "The Third Way's Social Investment State," in Lewis, J., and Surender R. (eds.), *Welfare State Change Towards a Third Way?* Oxford: Oxford University Press, pp. 157-181.

Liston, C., 1993, "Price-Cap versus Rate-of-Return Regulation," *Journal of Regulatory Economics*, 5(1): 25-48.

Liu, G. G., Li, L., Hou, X., Xu, J., and Hyslop, D., 2009, "The Role of For-profit Hospitals in Medical Expenditures: Evidence from Aggregate Data in China," *China Economic Review*, 20(4): 625-633.

Liu, J., and Chen, T., 2013, "Sleeping Money: Investigating the Huge Surpluses of Social Health Insurance in China," *International Journal of Health Care Finance and Economics*, 13(3): 319-331.

Liu, J., Liang, M., Li, L, Long, H., and De Jong, W., 2017, "Comparative Study of the Forest Transition Pathways of Nine Asia-Pacific Countries," *Forest Policy and Economics*, 76: 25-34.

Liu, X., and Mills, A., 2007, "Payment Mechanisms and Provider Behavior," in Preker, A. S., Liu, X., Velenyi, E. V., and Baris, E. (eds.), *Public Ends, Private Means: Strategic Purchasing of Health Services*, Washington, D. C.: The World Bank, pp. 259-278.

Lohmann, R. A., and Lohmann, N., 2001, *Social Administration*, New York: Columbia University Press.

Loriaux, M., 1999, "The French Developmental State as Myth and Myral Ambition," in Woo-Cumings, M. (ed.), *The Developmental State*, Ithaca, NY:

Cornell University Press, pp. 235-275.

Low, L., 2001, "The Singapore Developmental State in the New Economy and Polity," *The Pacific Review*, 14(3): 411-441.

Lowery, D., 1998, "Consumer Sovereignty and Quasi-market Failure," *Journal of Public Administration Research and Theory*, 8(2): 137-172.

Lu, H., Mayer, A. L., Wellstead, A. M., and Zhou, S., 2020, "Can the Dual Identity of Policy Entrepreneur and Policy Implementer Promote Successful Policy Adoption? Vertical Greening Policymaking in Shanghai, China," *Journal of Asian Public Policy*, 13(1): 113-128.

Lü, X., and Perry, E. J. (eds.), 1997, *Danwei: The Changing Chinese Workplace in Historical and Comparative Perspective*, Armonk, NY: M. E. Sharpe.

Lu, Y., 2009, *Non-governmental Organizations in China: The Rise of Dependent Autonomy*, London and New York: Routledge.

Lundvall, B-Å., 1985, *Product Innovation and User-Producer Interaction*, Aalborg: Aalborg Universitetsforlag.

—— 1988, "Innovation as an Interactive Process: From User-Producer Interaction to the National System of Innovation," in Dosi, G., Freeman, C., Nelson, R., Silverberg, G., and Soete, L. (eds.), *Technical Change and Economic Theory*, pp. 349-369.

—— 2004, "Science, Technology, and Innovation Policy," in Fagerberg, J., Mowery, D. C., and Nelson, R. R. (eds.), *The Oxford Handbook of Innovation*, Oxford: Oxford University Press, pp. 599-631.

—— 2010, *National Systems of Innovation: Toward a Theory of Innovation and Interactive Learning*, revised edition, London: Anthem Press.

Lundvall, B., and Johnson, B., 1994, "The Learning Economy," *Journal of Industry Studies*, 1(2): 23-42.

Lungen, M., and Lapsley, I., 2003, "The Reform of Hospital Financing in Germany: An International Solution?" *Journal of Health Organization and Management*, 17 (5): 360-372.

Lüttgens, D., Pollok, P., Antons, D., and Piller, F., 2014, "Wisdom of the Crowd and Capabilities of a Few: Internal Success Factors of Crowdsourcing for

Innovation," *Journal of Business Economics*, 84 (3): 339-374.

Macq, J., Ferrinho, P., De Brouwere, V., and van Lerberghe, W., 2001, "Managing Health Services in Developing Countries: Between the Ethics of the Civil Servant and the Need for Moonlighting," *Human Resources for Health Development Journal*, 5(1-3): 17-24.

Macq, J., and van Lerberghe, W., 2000, "Managing Health Services in Developing Countries: Moonlighting to Serve the Public?" in Ferrinho, P., and van Lerberghe, W. (eds.), *Providing Health Care under Adverse Conditions: Health Personnel Performance and Individual Coping Strategies*, Antwerpen: ITG Press, pp. 177-186.

Maioni, A., 2002, "Federalism and Health Care in Canada," in Banting, K. G., and Corbett, S. (eds.), *Health Policy and Federalism: A Comparative Perspective on Multi-level Governance*, Montreal and London: McGill-Queen's University Press, pp. 180-196.

Majone, G., 1997. "From the Positive to the Regulatory State," *Journal of Public Policy*, 17(2): 139-167.

Malerba, F. (ed.), 2004, *Sectoral System of Innovation: Concepts, Issues and Analyses of Six Major Sectors in Europe*, Cambridge: Cambridge University Press.

Malerba, F., and Mani, S., 2009, *Sectoral Systems of Innovation and Production in Developing Countries: Actors, Structure and Evolution*, Cheltenham, UK: Edward Elgar.

Malerba, F., and Vonortas, N. S., 2009, *Innovation Networks in Industries*, Cheltenham, UK: Edward Elgar.

Maman, D., 1998, "The Social Organization of the Israeli Economy: A Comparative Analysis," *Israel Affairs*, 5(2-3): 87-102.

Mann, M., 1984, "The Autonomous Power of the State: Its Origins, Mechanisms and Results," *European Journal of Sociology*, 25 (2): 185-213.

Mansini, R., and Speranza, M. G., 2002, "A Multidimensional Knapsack Model for Asset-backed Securitization," *Journal of the Operational Research Society*, 53 (8): 822-832.

March, J. G., and Olsen, J. P., 1995, *Democratic Governance*, New York: The

Free Press.

Markussen, T., 2011, "Democracy, Redistributive Taxation and the Private Provision of Public Goods," *European Journal of Political Economy*, 27(1): 201-213.

Marshall, W., and Schram, M., 1993, *Mandate for Change*, New York: Berkley Books.

Martens, K., Niemann, D., and Kaasch, A., 2021, *International Organizations in Global Social Governance*, New York: Palgrave Macmillan.

Martínez-Sánchez, J. J., Ferrandis, P., de las Heras, J., and Herranz, D. L., 1999, "Effect of Burnt Wood Removal on the Natural Regeneration of *Pinus halepensis* after Fire in a Pine Forest in Tus Valley (SE Spain)," *Forest Ecology and Management*, 123(1): 1-10.

Maskell, P., and Malmberg, A., 1999, "Localised Learning and Industrial Competitiveness," *Cambridge Journal of Economics*, 23(2): 167-186.

Maskin, E., and Tirole, J., 1990, "The Principal-Agent Relationship with an Informed Principal: The Case of Private Values," *Econometrica*, 58(2): 379-409.

—— 1992, "The Principal-Agent Relationship with an Informed Principal, II: Common Values," *Econometrica*, 60(1): 1-42.

Mathauera, I., and Wittenbecher, F., 2013, "Hospital Payment Systems Based on Diagnosis-Related Groups: Experiences in Low and Middle-income Countries," *Bulletin of World Health Organization*, 91(10): 746-756.

Matsuyama, K., 1996, "Economic Development as Coordination Problems," in Aoki, M., Kim, H. K., and Okuno-Fujiwara, M. (eds.), *The Role of Government in East Asian Economic Development: Comparative Institutional Analysis*, Oxford: Clarendon Press, pp. 134-160.

Mayes, R., and Berenson, R. A., 2006, Medicare Prospective Payment and the Shaping of U.S. Health Care, Baltimore: The Johns Hopkins University Press.

Mays, N., Wyke, S., Malbon, G. and Goodwin, N. (eds.), 2001, *The Purchasing of Health Care by Primary Care Organizations*, Buckingham, UK: Open University Press.

Mazzucato, M., 2014, *The Entrepreneurial State: Debunking Public vs. Private Myths in Risk and Innovation*, revised edition, London: Anthem Press.

McAllister, M. L., 2005, *Governing Ourselves?: The Politics of Canadian Communities*, Vancouver: University of British Columbia.

McCraw, T. K., 2007, *Prophet of Innovation. Joseph Schumpeter and Creative Destruction*, Cambridge, MA: Harvard University Press.

McDonald, D. (ed.), 2014, *Rethinking Corporatization and Public Services in the Global South*, London and New York: Zed Books.

McGann, M., Blomkamp, E., and Lewis, J. M., 2018, "The Rise of Public Sector Innovation Labs: Experiments in Design Thinking for Policy," *Policy Sciences*, 51 (3): 249-267.

McPake, B., Kumaranayake, L., and Normand, C., 2002, *Health Economics: An International Perspective*, London and New York: Routledge.

McPake, B., and Normand, C., 2008, *Health Economics: An International Perspective*, 2nd edition, London and New York: Routledge.

Meads, G., 2006, *Primary Care in the Twenty-First Century: An International Perspective*, Boca Raton, FL: CRC Press.

Medicare Payment Advisory Commission, 2016, *Outpatient Hospital Services Payment System*, Washington, D.C.: Medicare Payment Advisory Commission.

——2017, *Report to the Congress: Medicare Payment Policy*, Washington, D.C.: Medicare Payment Advisory Commission.

Meier, K. J., 2009, "Policy Theory, Policy Theory Everywhere: Ravings of a Deranged Policy Scholar," *Policy Studies Journal*, 37(1): 5-11.

Meisenhelder, T., 1997, "The Developmental State in Mauritius," *Journal of Modern African Studies*, 35(2): 279-297.

Mergel, I., and Desouza, K. C., 2013, "Implementing Open Innovation in the Public Sector: The Case of Challenge.gov," *Public Administration Review*, 73 (6): 882-890.

Merges, R. P., and Nelson, R. R., 1994, "On Limiting or Encouraging Rivalry in Technical Progress: The Effect of Patent Scope Decisions," *Journal of Economic Behavior and Organization*, 25 (1): 1-24.

Mertha, A. C., 2009, "'Fragmented Authoritarianism 2.0': Political Pluralization in the Chinese Policy Process," *The China Quarterly*, 200: 995-1012.

——2014, *China's Water Warriors: Citizen Action and Policy Change*, Ithaca: Cornell University Press.

Meuleman, L., 2008, *Public Management and the Metagovernance of Hierarchies, Networks and Markets*, Heidelberg: Physica Verlag.

——2018, *Metagovernance for Sustainability: A Framework for Implementing the Sustainable Development Goals*, London and New York: Routledge.

Meyns, P., and Charity, M. (eds.), 2010, *The Developmental State in Africa: Problems and Prospects*, Institute for Development and Peace, University of Duisburg-Essen (INEF-Report, 101).

Miao, Q., Newman, A., Schwarz, G., and Cooper, B., 2018, "How Leadership and Public Service Motivation Enhance Innovative Behavior," *Public Administration Review*, 78(1): 71-81.

Midgley, J., 1975, *Social Development: The Developmental Perspective in Social Welfare*, London: Sage Publications.

——1996, "Toward a Developmental Model of Social Policy: Relevance of the Third World Experience," *Journal of Sociology and Social Welfare*, 23(1): 59-74.

——1999, "Growth, Redistribution, and Welfare: Toward Social Investment," *Social Service Review*, 73(1): 3-21.

——2006, "Developmental Social Policy: Theory and Practice," *Asian Journal of Social Policy*, 2(1): 1-22.

Migdal, J. S., 1988, *Strong Societies and Weak States: State-Society Relations and State Capabilities in the Third World*, Princeton: Princeton University Press.

Milgrom, P., and Roberts, J., 1992, *Economics, Organization and Management*, Englewood Cliffs, NJ: Prentice Hall.

Miller, G. J., 2005, "The Political Evolution of Principal-Agent Models," *Annual Review of Political Science*, 8: 205-206.

Mintrom, M., and Norman, P., 2009, "Policy Entrepreneurship and Policy Change," *Policy Studies Journal*, 37(4): 649-667.

Mitchell, J., 1999, *The American Experiment with Government Corporations*, New York: M. E. Sharpe.

Mkandawire, T., 2001, "Thinking about developmental states in Africa,"

Cambridge Journal of Economics, 25 (3): 289-313.

Moe, T. M., 1984, "The New Economics of Organization," *American Journal of Political Science*, 28(4): 737-777.

Mok, K., 2022, *Cities and Social Governance Reforms: Greater Bay Area Development Experiences*, Basingstoke, UK: Palgrave Macmillan.

Moon, C. I., and Prasad, R., 1998, "Networks, Politics, and Institutions," in Chan, S., Clark, C., and Lam, D. (eds.), *Beyond the Developmental State: East Asia's Political Economies Reconsidered*, New York: St. Martin's Press, pp. 9-24.

Moore, M., and Hartley, J., 2008, "Innovations in Governance," *Public Management Review*, 10 (1): 3-20.

Moran, M., 1999, *Governing the Health Care State*, Manchester: Manchester University Press.

Morgan, K., 1997, "The Learning Region: Institutions, Innovation and Regional Renewal," *Regional Studies*, 31(5): 491-503.

Morgan, K., and Nauwelaers, C. (eds.), 1999, *Regional Innovation Strategies: The Challenge for Less-Favored Regions*, London: The Stationery Office.

Morrisey, M. A., 2001, "Competition in Hospital and Health Insurance Markets: A Review and Research Agenda," *Health Services Research*, 36 (1): 191-221.

Mothe, J., and Paquet, G., 1998, *Local and Regional Systems of Innovation*, New York: Springer Science+Business Media.

Mu, R., and Wang, H., 2020, "A Systematic Literature Review of Open Innovation in the Public Sector: Comparing Barriers and Governance Strategies of Digital and Non-Digital Open Innovation," *Public Management Review*, 24 (4): 489-511.

Mukherjee, I., and Howlett, M. P., 2015, "Who is a Stream? Epistemic Communities, Instrument Constituencies and Advocacy Coalitions in Multiple Streams Subsystems," *Politics and Governance*, 3(2): 65-75.

Mullins, D., and Murie, A., 2006, *Housing Policy in the UK*, London: Palgrave Macmillan.

Murphy, K. M., Shleifer, A., and Vishny, R. W., 1989, "Industrialization and the Big Push," *Journal of Political Economy*, 97 (5): 1003-1026.

Musgrove, P., 1996, *Public and Private Roles in Health: Theory and Financing Patterns*, Washington, D. C.: The World Bank.

Myers, R., 1999, *Self-Governance and Cooperation*, New York: Oxford University Press.

Myrdal, G., 1956, *Development and Underdevelopment*, Cairo: National Bank of Egypt.

Naudé, W., 2010, *Industrial Policy: Old and New Issues*, Helsinki: UNU-WIDER Working Paper No. 2010/106.

Nelson, P., 1970, "Information and Consumer Behavior," *Journal of Political Economy*, 78(2): 311-329.

Nelson, R. R., 1988, "Institutions Supporting Technical Change in the United States," in Dosi, G., Freeman, C., Nelson, R., Silverberg, G., and Soete, L. (eds.), *Technical Change and Economic Theory*, pp. 312-329.

——1990, "Capitalism as an Engine of Progress," *Research Policy*, 19(3): 193-214.

——1991, "What Do Firms Differ, and How Does It Matter?" *Strategic Management Journal*, 12 (Special Issue): 61-74.

——1992, "National Innovation System: A Retrospective on a Study," *Industrial and Corporate Change*, 1(2): 347-374.

——1993, *National Innovation System: A Comparative Analysis*, New York: Oxford University Press.

Nelson, R. R., and Winter, S., 1982, *An Evolutionary Theory of Economic Change*, Cambridge, MS: Harvard University Press.

Newhouse, J. P., 1984, "Cream Skimming, Asymmetric Information, and a Competitive Insurance Market," *Journal of Health Economics*, 3(1): 97-100.

—— 1992, "Medical Care Costs: How Much Welfare Loss?" *Journal of Economic Perspectives*, 6(3): 3-21.

Newman, J., Raine, J., and Skelcher, C., 2001, "Developments: Transforming Local Government: Innovation and Modernization," *Public Money and Management*, 21(2): 61-68.

Nicolini, D., Mengis, J., and Swan, J., 2012, "Understanding the Role of

Objects in Cross-disciplinary Collaboration," *Organization Science*, 23(3): 612-629.

Nordlinger, E., 1981, *On the Autonomy of Democratic State*, Cambridge, MA: Harvard University Press.

North, D. C., 1981, *Structure and Change in Economic History*, New York: W. W. Norton.

——1989, "Comments 2," in Heertje, A. (ed.), *The Economic Role of the State*, Oxford: Basil Blackwell, pp. 107-115.

——1990a, "A Transaction Cost Theory of Politics," *Journal of Politics*, 2 (4): 355-367.

——1990b, *Institutions, Institutional Change and Economic Performance*, New York: Cambridge Uiversity Press.

Norton, R. D., 1986, "Industrial Policy and American Renewal," *Journal of Economic Literature*, 24(1): 1-40.

Nutting, P. A., 1990, *Community-Oriented Primary Care: From Principle to Practice*, Albuquerque, NM: University of New Mexico Press.

OECD, 1989, *The Path to Full Employment: Structural Adjustments for an Active Society*, Paris: Organisation for Economic Cooperation and Development.

——1992, *The Reform of Health Care: A Comparative Analysis of Seven OECD Countries*, Paris: Organisation for Economic Cooperation and Development.

——1994, *The Reform of Health Care Systems: A Review of Seventeen OECD Countries*, Paris: Organisation for Economic Cooperation and Development.

—— 1995, *Governance in Transition: Public Management Reforms in OECD Countries*, Paris: Organisation of Economic Cooperation and Development.

——2004, *Private Health Insurance in OECD Countries*, Paris: Organisation for Economic Cooperation and Development.

—— 2005, *Governance of Innovation Systems. Vol 1: Synthesis Report*, Paris: Organisation for Economic Cooperation and Development.

——2010, "Health Care Systems: Getting More Value for Money," *OECD Economics Department Policy Notes*, No. 2, Paris: Organisation for Economic Cooperation and Development.

——2012, *OECD Reviews of Health Systems: Russian Federation*, Paris:

Organisation for Economic Cooperation and Development.

—— 2013, *Industrial Polycies in a Changing World: Shifting up a Gear*, Paris: Organisation for Economic Cooperation and Development.

—— 2017a, *Fostering Innovation in the Public Sector*, Paris: Organisation for Economic Cooperation and Development.

—— 2017b, *Public Procurement for Innovation: Good Practices and Strategies*, Paris: Organisation for Economic Cooperation and Development.

Offer, J., and Pinker, R. (eds.), 2018, *Social Policy and Welfare Pluralism: Selected Writings of Robert Pinker*, Bristol: Policy Press.

Okimoto, D. I., 1989, *Between MITI and the Market: Japanese Industrial Policy for High Technology*, Stanford: Stanford University Press.

Olson, M., 1971, *The Logic of Collective Action: Public Goods and the Theory of Groups*, 2nd edition, Cambridge, MA: Harvard University Press.

—— 2000, *Power and Prosperity: Outgrowing Communist and Capitalist Dictatorships*, New York: Basic Books.

Omoweh, D. A. (ed.), 2012, *The Feasibility of the Democratic Developmental State in the South*, Dakar: Council for the Development of Social Science Research in Africa.

Önis, Z., 1991, "The Logic of the Developmental State," *Comparative Politics*, 24(1): 109-126.

Opdycke, S., 2000, *No One Was Turned Away: The Role of Public Hospitals in New York City since 1900*, New York: Oxford University Press.

ÓRiain, S., 2000, "The Flexible Developmental State: Globalization, Information Technology, and the 'Celtic Tiger'," *Politics and Society*, 28(2): 157-193.

—— 2004, *The Politics of High Tech Growth: Developmental Network States in the Global Economy*, Cambridge: Cambridge University Press.

Ortiz, I. (ed.), 2001, *Social Protection in Asia and the Pacific*, Manila: Asian Development Bank.

Osborne, S. (ed.), 2010, *The New Public Governance: Emerging Perspectives on the Theory and Practice of Public Governance*, London and New York: Routeldge.

Osborne, S. P., and Brown, L., 2011, "Innovation, Public Policy and Public

Services Delivery in the UK. The Word that Would be King?" *Public Administration*, 89 (4): 1335-1350.

Osborne, D., and Gaebler, T., 1992, *Reinventing Government: How the Entrepreneurial Spirit is Transforming the Public Sector*, Boston, MA: Addison-Wesley.

Osborne, S. P., and Strokosch, K., 2013, "It Takes Two to Tango? Understanding the Co-production of Public Services by Integrating the Services Management and Public Administration Perspectives," *British Journal of Management*, 24(S1): 31-47.

Osborne, S. P., Radnor, Z., and Strokosch, K., 2016, "Co-production and the Co-creation of Value in Public Services: A Suitable Case for Treatment?" *Public Management Review*, 18(5): 639-653.

Ostrom, E., 1990, *Governing the Commons: The Evolution of Institutions for Collective Action*, New York: Cambridge University Press.

Ostrom, E., Parks, R. B., Whitaker, G. P. and Percy, S. L., 1978, "The Public Service Production Process: A Framework for Analyzing Police Services," *Policy Studies Journal*, 7(1): 381-389.

Ostrom, E., Walker, J., and Gardner, R., 1992, "Covenants with and without a Sword: Self-governanceis Possible," *American Political Science Review*, 86 (2): 404-417.

O'Sullivan, 2000, "The Innovative Enterprise and Corporate Governance," *Cambridge Journal of Economics*, 24(4): 393-414.

Otieno, G. A., Mulumba, J. W., Wedajoo, A. S., Lee, M. J., Kiwuka, C., Omara, R. O., Adokorach, J., Zaake, E., and Halewood, M., 2016, "Networks and Coalitions in the Implementation of the International Treaty on Plant Genetic Resources for Food and Agriculture in Uganda," *Journal of Public Administration and Policy Research*, 8(6): 65-79.

O'toole, L. J., 1997, "Treating Networks Seriously: Practical and Research-Based Agendas in Public Administration," *Public Administration Review*, 57 (1): 45-52.

Ouchi, W. G., 1980, "Markets, Bureaucracies, and Clans," *Administrative*

Science Quarterly, 25(1): 129-141.

Ouwehand, A., and van Daalen, G., 2002, *Dutch Housing Association*, Delft: Delft University of Technology Press.

Over, M., and Watanabe, N., 2003, "Evaluating the Impact of Organizational Reforms in Hospitals," in Preker, A. S., and Harding, A. (eds.), *Innovations in Health Service Delivery*, pp. 105-165.

Oxley, M., Elsinga, M., Haffner, M., and van der Heijden, H., 2008, "Competition and Social Housing in Europe," *Economic Affairs*, 28 (2): 31-36.

Özcan, S., and Reichstein, T., 2009, "Transition to Entrepreneurship from the Public Sector: Predispositional and Contextual Effects," *Management Science*, 55(4): 604-618.

Palmer, G. R., and Wood, T., 1984, "Diagnosis Related Groups: Recent Developments and Their Adaption and Application in Australia," *Australian Health Review*, 7(2): 67-80.

Pappas, G., Hadden, W. C., Kozak, L. J., and Fisher, G. F., 1997, "Potentially Avoidable Hospitalizations: Inequalities in Rates between US Socioeconomic Groups," American Journal of Public Health, 87(5): 811-816.

Parchman, M. L., and Culler, S. D., 1999, "Preventable Hospitalizations in Primary Care Shortage Areas: An Analysis of Vulnerable Medicare Beneficiaries," *Archives of Family Medicine*, 8 (6): 487-491.

Park, Y. S., 2011, "Revisiting the South Korean Developmental State after the 1997 Financial Crisis," *Australian Journal of International Affairs*, 65 (5): 590-606.

Parks, R., Baker, P. C., Kiser, L., Oakerson, R., Ostrom, E., Ostrom, V., Percy, S. L., Vandivort, M. B., Whitaker, G. P., and Wilson, R., 1981, "Consumers as Coproducers of Public Services: Some Economic and Institutional Considerations," *Policy Studies Journal*, 9 (7): 1001-1011.

Partner, S., 1999, *Assembled in Japan*, Berkeley and Los Angeles: The University of California Press.

Patriquin, L., 2007, *Agrarian Capitalism and Poor Relief in England, 1500-1860: Rethinking the Origins of the Welfare State*, Basingstoke, UK: Palgrave Macmillan.

Paul II, C. W., 1982, "Competition in the Medical Profession: An Application of the Economic Theory of Regulation," *Southern Economic Journal*, 48 (3): 559-569.

Pauly, M. V., 1986, "The Changing Health Care Environment," *The American Journal of Medicine*, 81 (suppl. 6c): S3-S8.

——1987, "Nonprofit Firms in Medical Markets," *American Economic Review*, 77(2): 257-262.

Pauly, M. V., and Satterthwaite, M. A., 1981, "The Pricing of Primary Care Physicians Services: A Test of the Role of Consumer Information," *The Bell Journal of Economics*, 12(2): 488-506.

Pavitt, K., 1984, "Sectoral Patterns of Technical Change: Towards a Taxonomy and a Theory,"*Research Policy*, 13 (6): 343-373.

Pelkmans, J., 2006, "European Industrial Policy," in Bianchi, P., and Labory, S. (eds.), *International Handbook on Industrial Policy*, Cheltenham, UK: Edward Elgar, pp. 45-78.

Pempel, T. J., 1998,*Regime Shift: Comparative Dynamics of the Japanese Political Economy*, Ithaca: Cornell University Press.

—— 1999, "The Developmental Regime in a Changing World Economy," in Woo-Cumings, M. (ed.), *The Developmental State*, Ithaca: Cornell University Press,pp. 137-181.

Penrose, E., 1995, *The Theory of the Growth of the Firm*, New York: Oxford University Press.

Perez, C., 1983, "Structural Change and Assimilation of New Technoligies in the Economic and Social System,"*Future*, 15 (5): 357-375.

——2002, *Technological Revolution and Financial Capital: The Dynamics of Bubbles and Golden Ages*, Cheltenham, UK: Edward Elgar Pubilishing.

Perez, C., and Soete, L., 1988, "Catching Up in Technology: Entry Barriers and Windows of Opportunity," in Dosi, G., Freeman, C., Nelson, R., Silverberg, G., and Soete, L. (eds.), *Technical Change and Economic Theory*, pp. 458-479.

Perez, W., and Primi, A., 2009, *Theory and Practice of Industrial Policy: Evidence from the Latin American Experience*, Santiago de Chile: CEPAL, United Nations.

Peters, B. G., and Pierre, J. (eds.), 2003, *Handbook of Public Administration*, London: Sage Publications.

Pierre, J., and Peters, B. G., 1998, "Governance without Government? Rethinking Public Administration," *Journal of Public Administration Research and Theory*, 8 (2): 223-243.

Pierson, P. (ed.), 2001, *The New Politics of the Welfare State*, New York: Oxford University Press.

Piven, F. F., 2015, "Neoliberalism and the Welfare State," *Journal of International and Comparative Social Policy*, 31 (1): 2-9.

Polanyi, K., 1965 [2001], *The Great Transformation: The Political and Economic Origins of Our Time*, Boston, MA: Beacon Press.

Pollitt, C., 1993, *Managerialism and the Public Services: Cuts or Cultural Change in the 1990s*, 2nd edition, Oxford: Blackwell.

Pollitt, C., and Bouckaert, G., 2011, *Public Management Reform: A Comparative Analysis—New Public Management, Governance, and the Neo-Weberian State*, 3rd edition, Oxford: Oxford University Press.

Pollitt, C., Bouckaert, G., Randma-Liiv, T., and Drechsler, W., 2008, "Special Issue: A Distinctive European Model? The Neo-Weberian State," *The NISPAcee Journal of Public Administration and Policy*, 1 (2): 7-99.

Poocharoen, O. O., and Ting, B., 2015, "Collaboration, Co-production, Networks: Convergence of Theories," *Public Management Review*, 17(4), 587-614.

Porter, M. E., Takeuchi, H., and Sakakibara, M., 2000, *Can Japan Compete?* London: Macmillan Press.

Powell, M. (ed.), 1999, *New Labour, New Welfare State? The "Third Way" in British Social Policy*, Bristol: Policy Press.

Powell, W. W., 1990, "Neither Hierarchy nor Market: Network Forms of Organization," *Research in Organizational Behavior*, 12: 295-336.

Powell, W. W., and DiMaggio, P., 1983, "The Iron Cage Revisited: Institutional Isomorphismand Collective Rationality in Organizational Fields," *American Sociological Review*, 48(2): 147-160.

Powell, W., and Grodal, S., 2005, "Networks of Innovation," in Fagerberg, J.,

Mowery, D. , and Nelson, R. (eds.), *The Oxford Handbook of Innovation*, Oxford: Oxford University Press, pp. 56-85.

Powell, W. W., Koput, K. W., and Smith-Doerr, L., 1996, "Interorganizational Collaboration and the Locus of Innovation: Networks of Learning in Biotechnology," *Administrative Science Quarterly*, 40 (1): 116-145.

Prado, M., and Trebilcock, M., 2009, "Path Dependence, Development, and the Dynamics of Institutional Reform," *University of Toronto Law Journal*, 59 (3): 341-380.

Preker, A. S., and Harding, A. (eds.), 2003, *Innovations in Health Service Delivery: The Corporatization of Public Hospitals*, Washington, D. C.: The World Bank.

Preker, A. S., and Langenbrunner, J. (eds.), 2005, *Spending Wisely: Buying Health Services for the Poor*, Washington, D. C.: The World Bank.

Preker, A. S., Liu, X., Velenyi, E. V., and Baris, E. (eds.), 2007, *Public Ends, Private Means: Strategic Purchasing of Health Services*, Washington, D. C.: The World Bank.

Price, D. E., 1971, "Professionals and 'Entrepreneurs': Staff Orientations and Policy Making On Three Senate Committees," *The Journal of Politics*, 33 (2): 316-336.

Priemus, H., 2001, "A New Housing Policy for the Netherlands (2000-2010): A Mixed Bag," *Journal of Housing and the Built Environment*, 16 (3-4): 319-332.

—— 2003, "Social Housing Management: Concerns about Effectiveness and Efficiency in the Netherlands," *Journal of Housing and the Built Environment*, 18 (3): 269-279.

—— 2010, "Housing Finance Reform in the Making: The Case of the Netherlands," *Housing Studies*, 25 (5): 755-764.

Quadagno, J., 2005, *One Nation Uninsured: Why the U. S. has No National Health Insurance*, New York: Oxford University Press.

Qvist, M., 2017, "Meta-governance and Network Formation in Collaborative Spaces of Uncertainty: The Case of Swedish Refugee Integration Policy," *Public Administration*, 95(2): 498-511.

Ramos, C., and Milanesi, A., 2020, "The Neo-Weberian State and the Neo-developmentalist Strategies in Latin America: The Case of Uruguay," *International Review of Administrative Sciences*, 86 (2): 261-277.

Ramseyer, J. M., and Rosenbluth, F. M., 1993, *Japan's Political Marketplace*, Cambridge, MA: Harvard University Press.

Ranade, W., 1998, *Markets and Health Care: A Comparative Analysis*, London: Longman.

Reddel, T., 2005, "Local Social Governance and Citizen Engagement," in Smyth, P., Reddel, T. and Jones, A. (eds.), *Community and Local Governance in Australia*, Sydney: University of New South Wales Press, pp. 187-204.

Reeves, P., 2005, *An Introduction to Social Housing*, 2nd Edition, Oxford: Elsevier Butterworth-Heinemann.

Reibling, N., and Wendt, C., 2012, "Gatekeeping and Provider Choice in OECD Healthcare Systems," *Current Sociology*, 60 (4): 489-505.

Reid, B., and Sutch, S., 2008, "Comparing Diagnosis-Related Group Systems to Identify Design Improvements," *Health Policy*, 87 (1): 82-91.

Reuer, J. J., Devarakonda, S., and Klijn, E., 2010, *Cooperative Strategies: Alliance Governance*, Northampton, MA: Edward Elgar.

Rhodes, R. A. W., 1996, "The New Governance: Governing without Government," *Political Studies*, 44(4): 651-667.

—— 1997, *Understanding Governance: Policy Networks, Governance, Reflexivity and Accountability*, Bukingham, UK: Open University Press.

Rice, T. H., and Labelle, R. J., 1989, "Do Physicians Induce Demand for Medical Services?" *Journal of Health Politics, Policy and Law*, 14 (3): 587-600.

Rice, T., Rosenau, P., Unruh, L. Y., Barnes, A. J., Saltman, R. B., and van Ginneken, E., 2013, "United States of America: Health System Review," *Health Systems in Transition*, 15(3): 1-431.

Rice, N., and Smith, P. C., 2001, "Capitation and Risk Adjustment in Health Care Financing: An International Progress Report," *The Milbank Quarterly*, 79(1): 81-113.

Richardson, J. J., 1995, "Actor-Based Models of National and EU Policy

Making," in Kassim, H., and Menon, A. (eds.), *The European Union and National Industrial Policy*, London and New York: Routledge, pp. 26-51.

Rizza, P., Bianco, A., Pavia, M., and Angelillo, I. F., 2007, "Preventable Hospitalization and Access to Primary Health Care in an Area of Southern Italy," *BMC Health Services Research*, 7 (1): 134-142.

Roberts, N. C., 1992, "Public Entrepreneurship and Innovation," *Review of Policy Research*, 11(1): 55-74.

—— 2000, "Wicked Problems and Network Approaches to Resolution," *International Public Management Review*, 1 (1): 1-19.

Roberts, N. C., and King, P. J., 1991, "Policy Entrepreneurs: Their Activity Structure and Function in the Policy Process," *Journal of Public Administration Research and Theory*, 1(2): 147-175.

—— 1996, *Transforming Public Policy: Dynamics of Policy Entrepreneurship and Innovation*, San Francisco: Jossey-Bass.

Robinson, M. (ed.), 2007, *Performance Budgeting: Linking Funding and Results*, Basingstoke, UK: Palgrave Macmillan.

Robinson, M., and White, G. (eds.), 1999, *The Democratic Developmental State: Political and Institutional Design*, Oxford: Oxford University Press.

Robinson, R., Jakubowski, E., and Figueras, J., 2005, "Introduction," in Gigueras, J., Robinson, R. and Jakubowski, E. (eds.), *Purchasing to Improve Health Systems Performance*, Maidenhead, UK: Open University Press, pp. 3-12.

Robinson, R., and Le Grand, J., 1995, "Contracting and the Purchaser-provider Split," in Saltman, R., and von Otter, C. (eds.), *Implementing Planned Markets in Health Care*, Bristol: Open University Press, pp. 25-44.

Rodger, J. J., 2000, *From a Welfare State to a Welfare Society*, London: Macmillan Press.

Rodrik, D., 2007, *One Economics, Many Recipes: Globalization, Institutions, and Economic Growth*, Princeton: Princeton University Press.

—— 2008, "Industrial Policy: Don't Ask Why, Ask How," *Middle East Development Journal*, 1 (1): 1-29.

—— 2011, *The Globalization Paradox: Why Globel Market, States, and*

Democracy Can't Coexist, New York: Oxford University Press.

Rogers, E. M., 1962, *Diffusion of Innovations*, Glencoe, IL: Free Press.

Romer, T., and Rosenthal, H., 1982, "Median Voters or Budget Maximizers: Evidence From School Expenditure Referenda," *Economic Inquiry*, 20 (4): 556-578.

Rose, R., 1986, "Common Goals but Different Roles: The State's Contribution to the Welfare Mix," in Rose, R., and Shiratori, R. (eds.), *The Welfare State East and West*, Oxford: Oxford University Press, pp. 13-39.

Rosenberg, N., 1985, "The Commercial Exploitation of Science by American Industry," in Clark, C., Hayes, A., and Lorenz, C. (eds.), *The Uneasy Alliance: Managing the Productive-Technology Dilemma*, Boston: Havard Business School Press, pp. 19-51.

Rosenstein-Rodan, P. N., 1943, "Problems of Industrialization of Eastern and South-Eastern Europe," *Economic Journal*, 53 (210/211): 202-211.

—— 1964, *Capital Formation and Economic Development: Studies in the Economic Development of India*, London and New York: Routledge.

Rothschild, M., and Stiglitz, J., 1976, "Equilibrium in Competitive Insurance Markets: An Essay on the Economics of Imperfect Information," *Quarterly Journal of Economics*, 90 (4):629-649.

Rothwell, R., and Gardiner, P., 1985, "Invention, Innovation, Re-innnovation and the Role of the User: A Case Study of British Hovercraft Development," *Technovation*, 3 (3): 167-186.

Rose, N., 1999, *Powers of Freedom: Reframing Political Thought*, Cambridge: Cambridge University Press.

Rosenau, J. N., and Czempiel, E. O., 1992, *Governance without Government: Order and Change in World Politics*, New York: Cambridge University Press.

Rudoler, D., Deber, D., Barnsley, J., Glazier, R. H., Dass, A. R., and Laporte, A., 2015, "Paying for Primary Care: The Factors Associated with Physician Self-selection into Payment Models," *Health Economics*, 24(9): 1229-1242.

Ruggie, M., 1996, *Realignments in the Welfare State: Health Policy in the United States, Britain, and Canada*, New York: Columbia University Press.

Sabatier, P. A., and Weible, C. M. (eds.), 2014, *Theories of the Policy

Process, Boulder, CO: Westview Press.

Sabel, C., Fernández-Arias, E., Hausmann, R., Rodríguez-Clare, A., and Stein, E. (eds.), 2012, *Export Pioneers in Latin America*, Washington, D.C.: Inter-American Development Bank.

Sabetti, F., and Castiglione, D. (eds.), 2016, *Institutional Diversity in Self-governing Societies: The Bloomington School and Beyond*, Lanham, MD: Lexington Books.

Saha, S., Solotaroff, R., Oster, A., and Bindman, A. B., 2007, "Are Preventable Hospitalizations Sensitive to Changes in Access to Primary Care? The Case of the Oregon Health Plan," *Medical Care*, 45 (8): 712-719.

Salamon, L. M., 1995, *Partners in Public Service: Government-Nonprofit Relations in the Modern Welfare State*, Baltimore: The Johns Hopkins University Press.

——(ed.), 2002, *The Tools of Government*, New York: Oxford University Press.

Salisbury, R. H., 1969, "An Exchange Theory of Interest Groups," *Midwest Journal of Political Science*, 13(1): 1-32.

—— 1984, "Interest Representation: The Dominance of Institutions," *American Political Science Review*, 78(1): 64-76.

Saltman, R., Busse, R., and Figueras, J. (eds.), 2004, *Social Health Insurance Systems in Western Europe*, Maidenhead, UK: Open University Press.

Saltman, R. B., and Durán, A., 2016, "Governance, Government, and the Search for New Provider Models," *International Journal of Health Policy and Management*, 5(1): 33-42.

Saltman, R. B., Durán, A., and Dubois, H. F. W. (eds.), 2011, *Governing Public Hospitals: Reform Strategies and the Movement towards Institutional Autonomy*, Copenhagen: The European Observatory on Health Systems and Policies.

Saltman, R. B., Rico, A. and Boerma, W. (eds.), 2006, *Primary Care in the Driver's Seat? Organizational Reform in European Primary Care*, Buckingham, UK: Open University Press.

Saltman, R. B., and von Otter, C., 1992, *Planned Markets and Public*

Competition: Strategic Reform in Northern European Health Systems, Ballmoor, UK: Open University Press.

——(eds.), 1995, *Implementing Planned Markets in Health Care: Balancing Social and Economic Responsibility*, Buckingham, UK: Open University Press.

Sambrook, S., and Stewart, J. (eds.), 2007, *Human Resource Development in the Public Sector: The Case of Health and Social Care*, London and New York: Routledge.

Sandbrook, R., 2005, "Origins of the Democratic Developmental State: Interrogating Mauritius," *Canadian Journal of African Studies / Revue Canadienne des Études Africaines*, 39(3): 549-558.

Sappington, D. E. M., and Sibley, D. S., 1992, "Strategic Nonlinear Pricing under Price-Cap Regulation," *The RAND Journal of Economics*, 23(1): 1-19.

Savas, E. S., 2000, *Privatization and Public-Private Partnerships*, New York: Chatham House Publishers.

Savitskaya, I., Salmi, P., and Torkkeli, M., 2010, "Barriers to Open Innovation: Case China," *Journal of Technology Management & Innovation*, 5(4): 10-21.

Sazama, G. W., 2000, "Lessons From the History of Affordable Housing Cooperatives in the United States: A Case Study in American Affordable Housing Policy," *American Journal of Economics and Sociology*, 59(4): 573-608.

Scharpf, F. W., 1994, "Games Real Actors Could Play: Positive and Negative Coordination in Embedded Negotiations," *Journal of Theoretical Politics*, 6(1): 27-53.

Schmid, G., Büchtemann, C., O'Reilly, J., and Schömann K. (eds.), 1996, *International Handbook of Labour Market Policy and Evaluation*, Cheltenham, UK: Edward Elgar.

Schreyögg, G., and Sydow, J., 2010, *The Hidden Dynamics of Path Dependence: Institutions and Organizations*, Basingstoke, UK: Palgrave Macmillan.

Schuster, J. R., and Zingheim, P. K., 1996, *The New Pay: Linking Employee and Organizational Performance*, new edition, New York: Lexington Books.

Schut, F. T., and Varkevisser, M., 2017, "Competition Policy for Health Care

Provision in the Netherlands," *Health Policy*, 121（2）: 126-133.

Scotchmer, S., 2004, *Innovation and Incentives*, Cambridge, MA: The MIT Press.

Scott, C., 2001, *Public and Private Roles in Health Care Systems: Reform Experience in Seven OECD Countries*, Buckingham, UK: Open University Press.

Sen, A, 1977, "Foreword," in Hirschman, A. O., *The Passions and the Interest: Political Arguments for Capitalism Before Its Triumph*, Princeton: Princeton University Press, pp. ix-xx.

——1999, *Development as Freedom*, New York: Alfred A. Knopf, Inc.

Sepulveda, L., and Amin, A., 2006, "Decentralizing Industrial Policies: Threat or Opportunity in Developing Countries?" in Bianchi, P., and Labory, S. (eds.), *International Handbook on Industrial Policy*, Cheltenham, UK: Edward Elgar Publishing Limited, pp. 321-341.

Sharpe, M., 2001, "The Need for New Perspectives in European Commission Innovation Policy," in Archibugi, D., and Lundvall, B. (eds.), *The Globalizing Learning Economy: Major Socio-Economic Trends and European Innovation Policy*, Oxford: Oxford University Press, pp. 239-252.

Sheaff, R., Gené-Badia, J., Marshall, M., and Švab, I., 2006, "The Evolving Public-private Mix," in Saltman, R. B., Rico, A., and Boerma, W. (eds.), *Primary Care in the Driver's Seat?* Maidenhead: Open University Press, Organizational Reform in European Primary Care, pp. 129-147.

Shi, L., and Singh, D. A., 2012, *Delivering Health Care in America: A Systems Approach*, 5th edition, Boston: Jones and Bartlett Learning.

Shishko, R., and Rostker, B. 1976, "The Economics of Multiple Job Holding," *American Economic Review*, 66(3): 298-308.

Shleifer, A., 1985, "A Theory of Yardstick Competition," *The RAND Journal of Economics*, 16 (3): 319-327.

Shortell, S. M., Gillies, R. R., Anderson, D. A., Mitchell, J. B., and Morgan, K. L., 1992, "Creating Organized Delivery Systems: The Barriers and Facilitators," *Hospital and Health Services Administration*, 38(4):447-466.

Shortell, S. M., Gillies, R. R., Anderson, D. A., Erickson, K. M., and

Mitchell, J. B., 1996, *Remaking Health Care in America: Building Organized Delivery Systems*, San Francisco: Josey-Bass.

——2000, *Remaking Healthcare in America: The Evolution of Organized Delivery Systems*, 2nd edition, San Francisco: Jossey-Bass.

Sibley, D. S., 1989, "Asymmetric Information, Incentives and Price-Cap Regulation," *The RAND Journal of Economics*, 20(3): 392-404.

Silverman, E., and Skinner, J., 2004, "Medicare Upcoding and Hospital Ownership," *Journal of Health Economics*, 23(2):369-389.

Sinha, A., 2003, "Rethinking the Developmental State Model: Divided Leviathan and Subnational Comparisons in India," *Comparative Politics*, 35(4): 459-476.

Skocpol, T., 1996, *Boomerang: Clinton's Health Security Effort and the Turn against Government in U. S. Politics*, New York: W. W. Norton & Company.

Sloan, F. A., 2000, "Not-for-Profit Ownership and Hospital Behavior," in Culyer, A. J., and Newhouse, J. P. (eds.), *Handbook of Health Economics*, Vol. 1A, Amsterdam: North Holland, pp. 1141-1174.

Sloan, F. A., Picone, G. A., Taylor, D. H., and Chou, S. Y., 2001, "Hospital Ownership and Cost and Quality of Care: Is There A Dime's Worth of Difference?" *Journal of Health Economics*, 20(1): 1-21.

Smith, B. C., 2007, *Good Governance and Development*, London: Palgrave Macmillan.

Smith, G., Sochor, J., and Karlsson, I. M., 2019, "Public-Private Innovation: Barriers in the Case of Mobility as a Service in West Sweden," *Public Management Review*, 21 (1): 116-137.

Smith-Doerr, L., and Powell, W. W., 2005, "Network and Economic Life," in Smelser, N. J., and Swedberg, R. (eds.), *The Handbook of Economic Sociology*, Princeton: Princeton University Press, pp. 379-402.

Sobel, J., 1999, "A Reexamination of Yardstick Competition," *Journal of Economics and Management Strategy*, 8 (1):33-60.

Soete, L., Verspagen, B., and Weel, B. T., 2010, "Systems of Innovation," in Hall, B. H., and Rosenberg, N. (eds.), *Handbook of the Economics of Innovation*, Volume 2, Amsterdam: Elsevier, pp. 1159-1180.

Solow, R., 1998, *Work and Welfare*, Princeton: Princeton University Press.

Sørensen, E., 2006, "Metagovernance: The Changing Role of Politicians in Processes of Democratic Governance," *American Review of Public Administration*, 36(1): 98-114.

Sørensen, E., and Torfing, J., 2007, *Theories of Democratic Network Governance*, Basingstoke, UK: Palgrave Macmillan.

——2009, "Making Governance Networks Effective and Democratic through Metagovernance," *Public Administration*, 2009, 87(2): 234-258.

——2011, "Enhancing Collaborative Innovation in the Public Sector, *Administration & Society*, 43(8): 842-868.

——2017, "Metagoverning Collaborative Innovation in Governance Networks," *American Review of Public Administration*, 47(7): 826-839.

——2021, "Radical and Disruptive Answers to Downstream Problems in Collaborative Governance?" *Public Management Review*, 23(11), 1590-1611.

Starke, P., 2006, "The Politics of Welfare State Retrenchment: A Literature Review," *Social Policy and Administration*, 40(1): 104-120.

Stephens, S. L., Burrows, N., Buyantuyev, A., Gray, R. W., Keane, R. W., Kubian, R., Liu, S., Seijo, F., Shu, L., Tolhurst, K. G., and van Wagtendonk, J. W., 2014, "Temperate and Boreal Forest Mega-fires: Characteristics and Challenges," *Frontiers in Ecology and the Environment*, 12(2): 115-122.

Stevens, R., and Stevens, R., 2003, *Welfare Medicine in America: A Case Study of Medicaid*, New Brunswick, NJ: Transaction Publishers.

Stigler, G. J., 1971, "The Theory of Economic Regulation," *Bell Journal of Economics and Management Sciences*, 2(1): 3-21.

Stiglitz, J. E., 1989, "Imperfect Information in the Product Market," in Schmalensee, R., and Willig, W. (eds.), *Handbook of Industrial Organization*, Vol. I, Amsterdam: North-Holland, pp. 769-847.

——2002, "Information and the Change in the Paradigm in Economics," *American Economic Review*, 92(3): 460-501.

Stiglitz, J. E., and Greenwald, B. C., 2015, *Creating a Learning Society: A New Approach to Growth, Development, and Social Progress*, New York: Columbia

University Press.

Stiglitz, J. E., and Rosengard, 2015, *Economics of the Public Sector*, 4rd edition, New York: W. W. Norton & Company.

Streeck, W., and Yamamura, K. (eds.), 2001, *The Origins of Non-liberal Capitalism: Germany and Japan in Comparison*, Ithaca: Cornell University Press.

Stringham, E. P., 2015, *Private Governance: Creating Order in Economic and Social Life*, New York: Oxford University Press.

Stone, M. M., Crosby, B. C., and Bryson, J. M., 2010, "Governing Public—Nonprofit Collaborations: Understanding their Complexity and the Implications for Research," *Voluntary Sector Review*, 1(3): 309-334.

Strokosch, K., and Osborne, S. P., 2020, "Co-experience, Co-production and Co-governance: An Ecosystem Approach to the Analysis of Value Creation," *Policy & Politics*, 48(3): 425-442.

Sun, Y., 2015, "Facilitating Generation of Local Knowledge Using a Collaborative Initiator: A NIMBY Case in Guangzhou, China," *Habitat International*, 46: 130-137.

Sutherland, J. M., 2011, *Hospital Payment Policy in Canada: Options for the Future*, Ottawa: Canadian Health Services Research Foundation.

Swann, G. M. P., 2009, *The Economics of Innovation: An Introduction*, Cheltenham, UK: Edward Elgar Publishing.

Tang, N., Cheng, L., and Cai, C., 2020, "Making Collective Policy Entrepreneurship Work: The Case of China's Post-Disaster Reconstruction," *Journal of Asian Public Policy*, 13(1): 60-78.

Tang, S., Meng, Q., Chen, L., Bekedam, H., Evans, T., and Whitehead, M., 2008, "Tackling the Challenges to Health Equity in China," *The Lancet*, 372 (9648): 1493-1501.

Tanner, M., 1996, *The End of Welfare: Fighting Poverty in the Civil Society*, Washington, D. C.: The Cato Institute.

Tanzi, V., 2011, *Government versus Markets: The Changing Economic Role of the State*, New York: Cambridge University Press.

Taroni, F., 1990, "Using Diagnosis-Related Groups for Performance Evaluation of Hospital Care," in Leidl, R., Potthoff, P., and Schwefel, D. (eds.), *European*

Approaches to Patient Classification Systems: Methods and Applications Based on Disease Severity, Resource Needs, and Consequences, Berlin: Springer-Verlag, pp. 52-68.

Taylor, M. G., 1987, *Health Insurance and Canadian Public Policy: The Seven Decisions that Created the Canadian Health Insurance System and Their Outcomes*, Kinston, Ontario: McGill-Queen's University Press.

——1990, *Insuring National Health Care: The Canadian Experience*, Chapel Hill: University of North Carolina Press.

Te Boekhorst, D. G., Smits, T. J., Yu, X., Li, L., Lei, G., and Zhang, C., 2010, "Implementing Integrated River Basin Management in China," *Ecology and Society*, 15(2): 23-40.

Teece, D. J., 1999, "Design Issues for Innovative Firms: Bureaucracy, Incentives and Industrial Structure," in Chandler, Jr., A. D., Hagström, P., and Slövell, Ö. (eds.), *The Dynamic Firm: The Role of Technology, Strategy, Organization, and Regions*, New York: Oxford University Press, pp. 134-165.

Teece, D. J., Pisano, G., and Shuen, A., 1997, "Dynamic Capabilities and Strategic Management," *Strategic Management Journal*, 18(7): 509-533.

Teets, J. C., 2015, "The Politics of Innovation in China: Local Officials as Policy Entrepreneurs," *Issues and Studies*, 51(2): 79-109.

Terry, M. (ed.), 2001, *Redefining Public Sector Unionism: UNISON and the Future of Trade Unions*, London and New York: Routledge.

Thai, K. V., Wimberley, E. T., and McManus, S. M. (eds.), 2002 *Handbook of International Health Care Systems*, New York: Marcel Dekker, Inc.

Thaler, R., and Sunstein, C., 2008, *Nudge: Improving Decisions about Health, Wealth, and Happiness*, New Haven: Yale University Press.

The Economist, 2010, "The Global Revival of Industrial Policy: Picking Winners, Saving Losers," *The Economist*, August 7th, pp. 19-21.

The Health Insurance Association of America, 1996a, *Managed Care: Integrating the Delivery and Financing of Health Care*, Part A, 2nd edition, Washington, D. C.: The Health Insurance Association of America.

——1996b, *Managed Care: Integrating the Delivery and Financing of Health*

Care, Part B, Washington, D. C. : The Health Insurance Association of America.

Thompson, G. , 1989, *Industrial Policy: USA and UK Debate*, London and New York: Routledge.

Thompson, G. , Frances J. , Levačič, R. , and Mitchell J. (eds.), 1991, *Markets, Hierarchies and Networks: The Coordination of Social Life*, London: Sage Publications.

Thynne, I. (ed.), 1995, *Corporatization, Divestment and the Public-Private Mix*, Hong Kong: International Association of Schools and Institutes of Administration.

Tirole, J. , 1988, *The Theory of Industrial Organization*, Cambridge, MA: The MIT Press.

—— 1999, "Incomplete Contracts: Where Do We Stand?" *Econometrica*, 67 (4): 741-781.

Tomkins, L. , Hartley, J. , and Bristow, A. , 2020, "Asymmetries of Leadership: Agency, Response and Reason," *Leadership*, 16 (1): 87-106.

Torfing,J. ,2019, "Collaborative Innovation in the Public Sector: The Argument," *Public Management Review*, 21 (1): 1-11.

—— 2022, "Metagovernance," in Ansell, C. , and Torfing,J. (eds.), *Handbook on Theories of Governance*, Cheltenham: Edward Elgar Publishing, pp. 567-579.

Torfing,J. , and Ansell, C. , 2017, "Strengthening Political Leadership and Policy Innovation through the Expansion of Collaborative Forms of Governance," *Public Management Review*, 19 (1): 37-54.

Torfing, J. , Ferlie, E. , Jukič, T. , and Ongaro, E. , 2021, "A Theoretical Framework for Studying the Co-creation of Innovative Solutions and Public Value," *Policy & Politics*, 49 (2): 189-209.

Torfing,J. , Peters, B. G. , Pierre, J. , and Sørensen, E. , 2012, *Interactive Governance: Advancing the Paradigm*, New York: Oxford University Press.

Torfing, J. , Sørensen, E. , and Røiseland, A. , 2019, "Transforming the Public Sector into an Arena for Co-creation: Barriers, Drivers, Benefits, and Ways Forward," *Administration & Society*, 51 (5): 795-825.

Torfing, J. , and Triantafillou, P. (eds.), 2016, *Enhancing Public Innovation by*

Transforming Public Governance, Cambridge: Cambridge University Press.

Trigilia, C., 2002, *Economic Sociology: State, Market, and Society in Modern Capitalism*, Oxford: Wiley Blackwell.

United Nations, 1997, *Cooperative Enterprise in the Health and Social Care Sectors*, New York: United Nations.

Uzzi, B., 1996, "The Sources and Consequences of Embeddedness for the Economic Performance of Organizations: The Network Effect," *American Sociological Review*, 61(4): 674-698.

van Acker, W., and Boukaert, G., 2017, "What Makes Public Sector Innovations Survive? An Exploratory Study of the Influence of Feedback, Accountability and Learning," *International Review of Administrative Sciences*, 84 (2): 249-268.

van Berkel, R., de Graaf, W., and Sirovátka, T., 2011, *The Governance of Active Welfare States in Europe*, Basingstoke: Palgrave Macmillan.

van Dijk, C. E., Korevaar, J. C., Koopmans, B., de Jong, J. D., and de Bakker, D. H., 2014, "The Primary-secondary Care Interface: Does Provision of More Services in Primary Care Reduce Referrals to Medical Specialists?" *Health Policy*, 118 (1): 48-55.

van de Ven, A. H., 1993, "A Community Perspective on the Emergence of Innovations," *Journal of Engineering Technology Management*, 10 (1-2): 23-51.

van der Veer, J., and Schuiling, D., 2005, "The Amsterdam Housing Market and the Role of Housing Associations," *Journal of Housing and the Built Environment*, 20 (2): 167-181.

van Ginneken, Schäfer, W., and Kroneman, M., 2011, "Managed Competition in the Netherlands: An Example for Others?" *Eurohealth*, 16 (4): 23-26.

van Heffen, O., Kickert, W., and Thomassen, J. (eds.), 2000, *Governance in Modern Society*, Dordrecht: Kluwer Academic Publishers.

van Kempen, R., and Premus, H., 2002, "Revolution in Social Housing in the Netherlands: Possible Effects of New Housing Policies," *Urban Studies*, 39 (2): 237-253.

van Meerkerk, I., and Edelenbos, J., 2014, "The Effects of Boundary Spanners on Trust and Performance of Urban Governance Networks: Findings from Survey

Research on Urban Development Projects in the Netherlands," *Policy Sciences*, 47(1): 3-24.

van Waarden, F., 1992, "Dimensions and Types of Policy Networks," *European Journal of Political Research*, 21(1-2): 29-52.

Vestal, J., 1993, *Planning for Change: Industrial Policy and Japanese Economic Development, 1945-1990*, Oxford: Clarendon.

Vetter, H., and Karantininis, K., 2002, "Moral hazard, Vertical Integration, and Public Monitoring in Credence Goods," *European Review of Agricultural Economics*, 29(2): 271-279.

Vihnanek, R. E., and Ballard, T. M., 1988, "Slashburning Effects on Stocking, Growth, and Nutrition of Young Douglas-fir Plantations in Salal-dominated Ecosystems of Eastern Vancouver Island," *Canadian Journal of Forest Research*, 18(6): 718-722.

Vining, A. R., and Weimer, D. L., 1988, "Information Asymmetry Favoring Sellers: A Policy Framework," *Policy Sciences*, 21(4): 281-303.

Vincent, G., and Nico, N., 2006, "Social Housing Investment without Public Finance: The Dutch Case," *Public Finance and Management*, 6(1): 122-124.

Vogel, E. F., 1979, *Japan as Number One: Lessons for America*, Cambridge, MA: Harvard University Press.

Vogel, S. K., 1998, *Freer Markets, More Rules: Regulatory Reform in Advanced Industrial Countries*, Ithaca: Cornell University Press.

von Hippel, E., 1976, "The Dominant Role of Users in the Scientific Instrument Innovation Process," *Research Policy*, 5(3): 212-239.

——2010, "Open User Innovation," in Hall, B. H., and Rosenberg, N. (eds.), *Handbook of the Economics of Innovation*, Vol. 1, Amsterdam: North Holland, pp. 411-427.

von Mises, L., 2010, *Socialism: An Economic and Sociological Analysis*, 2nd edition, New Haven: Yale University Press.

Wade, R., 1990/2000, *Governing the Market: Economic Theory and the Role of Government in East Asian Industrialization*, Revised edition, Princeton: Princeton University Press.

Walder, A. G. , 1988, *Communist Neo-traditionalism: Work and Authority in Chinese Industry*, Berkeley and Los Angeles: The University of California Press.

Walker, J. L. , 1969, "The Diffusion of Innovations among the American States," *American Political Science Review*, 63 (3): 880-899.

Walker, R. M. , Jeanes, E. , and Rowlands, R. , 2002, "Measuring Innovation—Applying the Literature-based Innovation Output Indicator to Public Services," *Public Administration*, 80 (1): 201-214.

Walsh, K. , 1995, *Public Services and Market Mechanisms: Competition, Contracting and the New Public Management*, Basingstoke, UK: Macmillan International Higher Education.

Walter, A. , 2006, "From Developmental to Regulatory State? Japan's New Financial Regulatory System," *The Pacific Review*, 19(4): 405-428.

Wan, Z. , Chen, J. , and Sperling, D. , 2018, "Institutional Barriers to the Development of a Comprehensive Ballast-Water Management Scheme in China: Perspective from a Multi-stream Policy Model," *Marine Policy*, 91: 142-149.

Wang, L. , Lin, J. , Yi, T. , and Fan, W. , 2020, "Influence of Reputation on Cooperative Behavior in Crowd Innovation Network," *Social Science Quarterly*, 101 (1): 172-182.

Wang, W. , Wu, Y. , and Choguill, C. , 2021, "Prosperity and Inclusion: The Impact of Public Housing Supply on Urban Inclusive Growth in China," *Land Use Policy*, 105: 105399.

Wang, X. , 1999, "Mutual Empowerment of State and Society: Its Nature, Conditions, Mechanism, and Limits," *Comparative Politics*, 31(2): 231-249.

Weaver, R. K. , 1986, "The Politics of Blame Avoidance," *Journal of Public Policy*, 6(4): 371-398.

Weber, M. , 1981, *General Economic History*, Knight, F. H. (trans.), New Brunswick: Transaction Books.

Wei, L. , 2021, *General Theory of Social Governance in China*, Singapore: Springer Nature.

Weisbrod, B. A. , 1975, "Toward a Theory of the Voluntary Non-profit Sector in a Three-Sector Economy," in Phelps, E. S. (ed.), *Altruism, Morality and*

Economic Theory, New York: Russel Sage Foundation, pp. 171-196.

——1977, *The Voluntary Nonprofit Sector: An Economic Analysis*, Lexington, MA: Lexington Press.

——1988, *The Nonprofit Economy*, Cambridge, MA: Harvard University Press.

Weiss, L., 1998, *The Myth of the Powerless State*, Ithaca: Cornell University Press.

—— 2000, "Developmental States in Transition: Adapting, Dismantling, Innovating, not 'Normalizing'," *The Pacific Review*, 13(1): 21-55.

—— 2005, "The State-Augmenting Effects of Globalisation," *New Political Economy*, 10(3): 345-353.

Weiss, L., and Hobson, J. M., 1995, *States and Economic Development: A Comparative Historical Analysis*, Cambridge: Polity Press.

Westergren, U. H., and Holmström, J., 2012, "Exploring Preconditions for Open Innovation: Value Networks in Industrial Firms," *Information and Organization*, 22(4): 209-226.

Whitehead, C. M. E., 2003, "The Economics of Social Housing," in O'Sullivan, T., and Gibb, K. (eds.), *Housing Economics and Public Policy*, Oxford: Blackwell Science.

Whitehead, C., and Scanlon, K. (eds.), 2007, *Social Housing in Europe*, London: London School of Economics and Political Science.

Whitehead, M., 2003, "'In the Shadow of Hierarchy': Meta-governance, Policy Reform and Urban Regeneration in the West Midlands," *Area*, 35(1): 6-14.

WHO, 1978, *Primary Health Care*, Geneva: World Health Organisation.

—— 2000, *The World Health Report 2000: Health Systems, Improving Performance*, Geneva: World Health Organisation.

—— 2002, *The Selection of Essential Medicines*, Geneva: Policy Perspectives on Medicines, World Health Organisation.

—— 2004, *Equitable Access to Essential Medicines: A Framework for Collective Action*, Geneva: Policy Perspectives on Medicines, World Health Organisation.

—— 2008, *The World Health Report 2008: Primary Health Care Now More Than Ever*, Geneva: World Health Organisation, 2008.

—— 2014, *Germany Health System Review*, Copenhagen: WHO European Observatory on Health Care Systems.

—— 2015a, *Case-Based Payment Systems for Hospital Funding in Asia: An Investigation of Current Status and Future Directions*, Geneva: World Health Organization.

—— 2018a, *Japan Health System Review*, New Delhi: WHO Regional Office for South-East Asia.

Williams, J., and Aridi, A., 2015, "Intellectual Property, Standards," in Vonortas, N. S., Rouge, P. C., and Aridi, A. (eds.), *Innovation Policy: A Practical Introduction*, New York: Springer, pp. 107-122.

Williams, P., 2002, "The Competent Boundary Spanner," *Public Administration*, 80(1): 103-124.

Williamson, O. H., 1985, *The Economic Institutions of Capitalism*, New York: The Free Press.

—— 1996, *The Mechanisms of Governance*, New York: Oxford University Press.

—— 1999, "Public and Private Bureaucracies: A Transaction Cost Economics Perspective," *Journal of Law, Economics, and Organization*, 15(1): 306-342.

Williamson, O. H., and Masten, S. E., 1999, *The Economics of Transaction Costs*, Northampton: Edward Elgar Publishing, Inc.

Wilson, J. Q., 1995, *Political Organizations*, Princeton: Princeton University Press.

—— 1989[2000], *Bureaucracy: What Government Agencies Do and Why They Do It*, New York: Basic Books. (此书有两个中译本，都基于英文2000年新版，其一为《官僚机构：政府机构的作为及其原因》，孙艳等译，北京：生活·读书·新知三联书店，2006；其二为《美国官僚体制：政府机构的行为及其动因》，李国庆译，北京：社会科学文献出版社，2019。)

Wolfe, S., 2000, "Structural Effects of Asset-Backed Securitization," *The European Journal of Finance*, 6(4): 364-365.

Wolfenden, J., 1978, *The Future of Voluntary Organizations: Report of the Wolfenden Committee*, London: Croom Helm.

Wolper, L. F. (ed.), 2011, *Health Care Administration: Managing Organized*

Delivery Systems, 5th edition, Sudbury: Jones and Bartlett Publishers.

WONCA International Classification Committee, 1998, *International Classification of Primary Care: ICPC-2*, Oxford: Oxford University Press.

—— 2005, *International Classification of Primary Care: ICPC-2-R*, Oxford: Oxford University Press.

Woo, J., 1991, *Race to the Swift: State and Finance in Korean Industrialization*, New York: Columbia University Press.

Woo-Cumings, M. (ed.), 1999, *The Developmental State*, Ithaca: Cornell University Press.

World Bank, 1993a, *World Development Report 1993: Investing in Health*, Washington, D. C. : The World Bank.

World Bank, 1993b, *The East Asian Miracle: Economic Growth and Public Policy*, New York: Oxford University Press.

——1997, *World Development Report 1997: The State in a Changing World*, Washington, D. C. : The World Bank.

—— 2010a, *Fixing the Public Hospital System in China*, Washington, D. C. : The World Bank.

—— 2010b, *Health Provider Payment Reforms in China: What International Experience Tells Us*, Washington, D. C. : The World Bank.

Xirasagar, S., and Lin, H. C., 2004, "Cost Convergence between Public and For-profit Hospitals under Prospective Payment and High Competition in Taiwan," *Health Services Research*, 39(6): 2101-2116.

Xu, K., Evans, D. B., Kawabata, K., Zeramdini, R., Klavus, J., and Murray, C. J. L., 2003, "Household Catastrophic Health Expenditure: A Multicountry Analysis," *The Lancet*, 362 (9378): 111-117.

Yamamura, K., and Streeck, W. (eds.), 2003, *The End of Diversity? Prospects for German and Japanese Capitalism*, Ithaca: Cornell University Press.

Yang, T., and Maxwell, T. A., 2011, "Information-Sharing in Public Organizations: A Literature Review of Interpersonal, Intra-organizational and Inter-organizational Success Factors," *Government Information Quarterly*, 28 (2): 164-175.

Yip, W. C., and Hsiao, W. C., 2003, "Autonomizing a Hospital: Corporate

Control by Central Authorities in Hong Kong," in Preker, A. S., and Harding, A. (eds.), *Innovations in Health Service Delivery*, Washington D. C.: World Bank, pp. 391-424.

Yip, W. C. M., and Hsiao, W. C., 2008, "The Chinese Health System at a Crossroads," *Health Affairs*, 27 (2): 460-468.

Yip, W. C. M., Hsiao, W. C., Chen, W., Hu, S., Ma, J., and Maynard, A., 2012, "Early Appraisal of China's Huge and Complex Health-Care Reforms," *The Lancet*, 379(9818): 833-842.

Young, A., 1992, "A Tale of Two Cities: Factor Accumulation and Technological Change in Hong Kong and Singapore," in Blanchard, O. J., and Fischers. S. (eds.), *NBER Macroeconomic Annual 1992*, Cambridge, MA: The MIT Press, pp. 13-64.

—— 1995, "The Tyranny of Numbers: Confronting the Statistical Realities of the East Asian Growth Experience," *Quarterly Journal of Economics*, 110 (3): 641-680.

Young, D. R., 1983, *If Not for Profit, for What?: A Behavioral Theory of the Nonprofit Sector Based on Entrepreneurship*, Lexington, MA: Lexington Books.

Yu, H., 2015, "Universal Health Insurance Coverage for 1.3 Billion People: What Accounts for China's Success?" *Health Policy*, 119 (9): 1145-1152.

Zelizer, V. A., 2017(1979), *Morals and Markets: The Development of Life Insurance in the United States*, Legacy Editions, New York: Columbia University Press.

Zheng, Z, 2020, *Middle-Income Trap: An Analysis Based on Economic Transformations and Social Governance*, Singapore: Springer.

Zhou, L., and Dai, Y., 2023, "Within the Shadow of Hierarchy: The Role of Hierarchical Interventions in Environmental Collaborative Governance," *Governance*, 36 (1): 187-208.

Zhu, X., 2008, "Strategy of Chinese Policy Entrepreneurs in the Third Sector: Challenges of 'Technical Infeasibility'," *Policy Sciences*, 41(4): 315-334.

—— 2018, "Executive Entrepreneurship, Career Mobility and the Transfer of Policy Paradigms," *Journal of Comparative Policy Analysis: Research and Practice*, 20(4): 354-369.

Zhu, X., and Zhang, P., 2016, "Intrinsic Motivation and Expert Behavior: Roles of Individual Experts in Wenling Participatory Budgeting Reform in China," *Administration and Society*, 48(7): 851-882.

Zhu, Y., 2012, "Policy Entrepreneur, Civic Engagement and Local Policy Innovation in China: Housing Monetarisation Reform in Guizhou Province," *Australian Journal of Public Administration*, 71(2): 191-200.

Zysman, J., 1994, "How Institutions Create Historically Rooted Trajectories of Growth," *Industrial and Corporate Change*, 3 (1): 243-283.

图书在版编目（CIP）数据

社会治理：理念的普适性与实践的复杂性 / 顾昕著.
-- 杭州：浙江大学出版社，2024.12. -- ISBN 978-7-308-25715-2

Ⅰ.D63

中国国家版本馆CIP数据核字第2024NA0164号

社会治理：理念的普适性与实践的复杂性
顾　昕　著

责任编辑	陈佩钰
文字编辑	蔡一茗
责任校对	金　璐
封面设计	雷建军
出版发行	浙江大学出版社
	（杭州市天目山路148号　邮政编码310007）
	（网址：http://www.zjupress.com）
排　　版	浙江时代出版服务有限公司
印　　刷	杭州捷派印务有限公司
开　　本	710mm×1000mm　1/16
印　　张	38.5
字　　数	664千
版印次	2024年12月第1版　2024年12月第1次印刷
书　　号	ISBN 978-7-308-25715-2
定　　价	188.00元

版权所有　侵权必究　　印装差错　负责调换

浙江大学出版社市场运营中心联系方式：0571-88925591；http://zjdxcbs.tmall.com